欽定四庫全書總目卷一

經部總敘

經稟聖裁垂型萬世刪定之旨如日中天無所容
其贊述所論次者詁經之說而已自漢京以後垂
二千年儒者沿波學凡六變其初專門授
受遞稟師承非惟詁訓相傳莫敢同異卽篇
章字句亦恪守所聞其學篤實謹嚴及其弊
也拘王弼王肅稍持異議流風所扇或信或疑越
孔賈啖趙以及北宋孫復劉敞等各自論說不相統攝
及其弊也雜

一

清·乾隆钦定

精注精译版

主编◎赖 咏

中国书店

中華典籍

四庫全書

【精注精译版】

图书在版编目 (CIP) 数据

四库全书 : 精注精译版 / 赖咏主编. -- 北京 : 中国书店, 2013.8
ISBN 978-7-5149-0945-6

Ⅰ. ①四… Ⅱ. ①赖… Ⅲ. ①《四库全书》 – 注释②《四库全书》 – 译文 Ⅳ. ①Z121.5

中国版本图书馆CIP数据核字(2013)第179443号

四库全书(精注精译版)

责任编辑：钟　书
封面设计：郭英英
出版发行：中国书店
地　　址：北京市宣武区琉璃厂东街115号
邮　　编：100050
总 经 销：全国新华书店
印　　刷：北京楠萍印刷有限公司
开　　本：787 × 1092 毫米　1/16
印　　张：215
字　　数：5580千字
版　　次：2013 年 8 月第 1 版 第 1 次印刷
书　　号：ISBN 978-7-5149-0945-6
定　　价：1560. 00元（全6卷）

《四库全书》（精注精译版）编辑特色

1.推进文化育德，注重潜移默化，强化养成教育。

本书集成了中华文化的精粹，收录了四库全书的精华名篇，将国学经典编成普及读本，所选篇目全部精注精译，更方便读者学习、阅读，真正使这部旷世巨著更容易被当代读者所接受，使之成为人们诵读国学的案头常备资料。本书重在推进文化育德，既强化了养成教育，又提升了精神文明。

2.将“精注精译”真正变为“四库入门读本”。

本书满足了普通百姓的收藏愿望，是一部黎民百姓真正“买得起，藏得下，用得着”的大型国学经典藏本。本书的“精”，不只有经典的意思，还蕴含有珍藏的意义。而“精注精译”四字，则表达了编者整理典籍和普及国学知识的意愿所在，从而将“精注精译”版本编辑成读者喜爱的“四库全书入门读本”。

3.选目广博专深，既追求全面，又突出精华，一全二精，取舍得当。

本书为使读者对国学经典有一个整体的印象，编者按经、史、子、集，采集《四库全书》精彩名篇，对四部中一些重要的、稀见的古籍全文收录。全书选取了从先秦至清代具有传世价值的经典著作，是一部真正保留了《四库全书》全部精华的了解国学、快读经典的最佳普及读本，也是家庭收藏首选的国学精品。

4.版本以善为本，编辑精益求精，新式标点，简体横排，通俗易读。

本书广泛吸收了当今古籍整理研究的最新成果，版本选择上多以内容完整，影响较大，错误较少的善本为底本，并辅以多种版本参校。同时，本书也采用部分专业的国学研究机构提供的相关古籍电子数据，并依底本进行复勘和复校。全书简体横排，新式标点，是目前出版物中质量较高的横排简体版本。

《四库全书补注》

《四库全书总目提要》

《四库全书》线装本

经部：四部之首　十三经为要

《四库全书》经史子集四部名篇精选导读

四书

《大学》儒家“修身齐家治国平天下”的理论大纲

《中庸》儒家最为推崇的处世哲学经典

《论语》儒家创始人孔子及弟子言行著作，后世君主治天下之宝典

《孟子》儒家“性善论”的理论经典

五经

《周易》中国古代第一部哲学原典，历代尊为群经之首

《尚书》中国古代第一部记言体史书

《春秋左传》中国古代第一部编年体史书

《仪礼》中国古代第一部礼仪制度之书

《诗经》中国古代第一部诗歌总集

孝经

《孝经》中国古代以“孝”治国的理论基础

训诂

《尔雅》中国古代最早的字典，史上第一部百科名物词典

《广注中庸读本》

《孝经注疏》

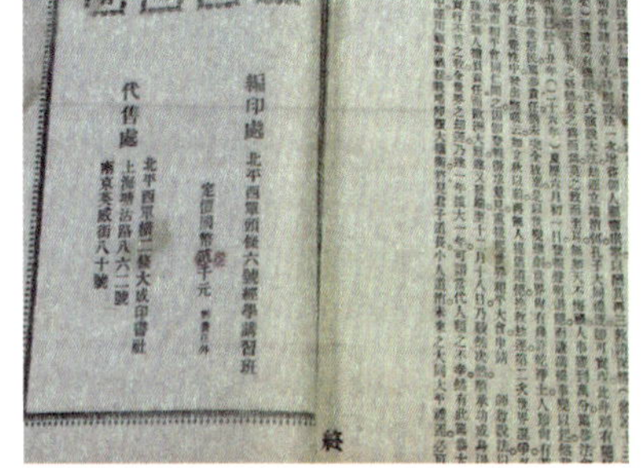

《大学中庸》

史部：史书汇萃　成春秋笔法

正史

《史记》中国古代第一部纪传体通史，开创纪传体史学及传记文学之先河

史评

《史通》中国古代第一部史学评论专著

杂史

《国语》中国古代最早的国别史

《战国策》战国时期谋臣策士游说和辩论总集

《贞观政要》古代帝王统治术之专著，后世治国者之圭臬

地理

《水经注》古代六世纪前最为全面系统的综合性地理名著

《洛阳伽蓝记》中国古代地理名著，寺塔记的典范之作

《史　记》

《史　通》

《国　语》

《水经注》

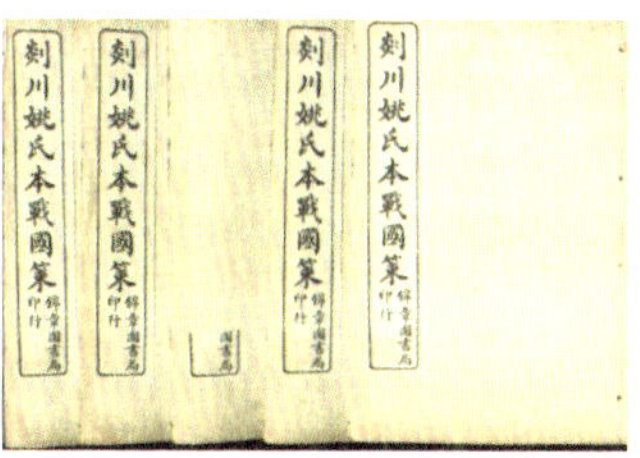

《姚本战国策》

《洛阳伽蓝记》

子部：诸子百家　为国学主流

诸子百家

◎道家

《老子》梁启超称为道家最精要之书

《庄子》道家经典，先秦最有文彩的哲学名著

《阴符经》道家秘笈，相传苏秦得此书而为六国之相

《抢朴子》道家名著，两晋时期道家集大成之作

《淮南子》汉初道家的代表作

《太上感应篇》中国古代民间广为流传的劝善奇书

◎儒家

《荀子》先秦儒家学说集大成的著作

◎法家

《韩非子》战国时期法家学说集大成的著作

◎兵家

《孙子兵法》中国古代现存最早的兵书，也是世界最早的军事名著

《鬼谷子》先秦纵横家始祖，兵家法宝，古代最早的谋略名著

《新书》汉代杰出的政论文集，鲁迅誉为“西汉鸿文”

◎释家禅宗

《六祖坛经》中国禅宗最重要的典籍，也是中国第一部原创性佛学经典

《老子道德经》

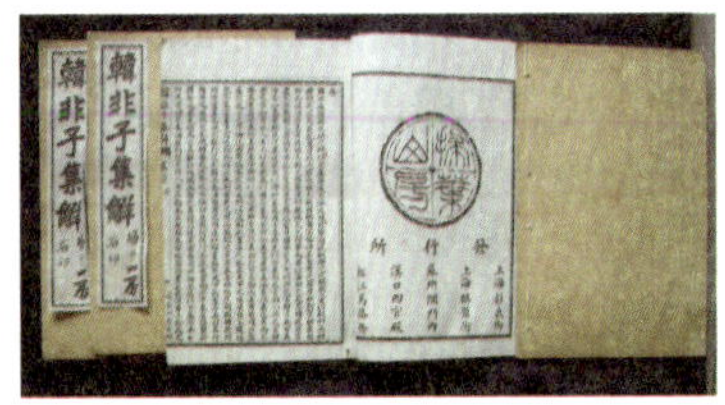

《韩非子集解》

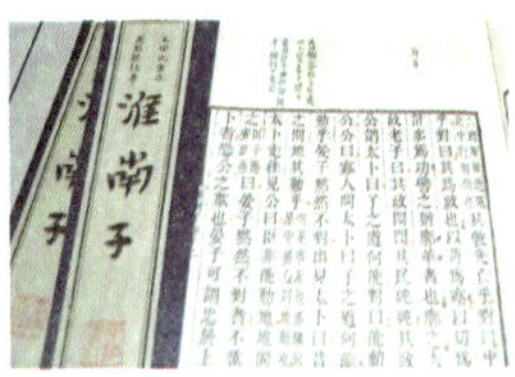

《淮南子》

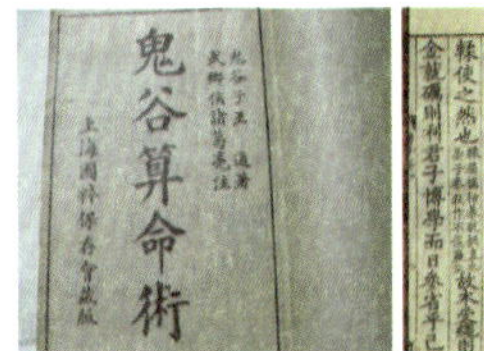

《鬼谷算命术》　《荀子》

子部：术数奇书　成藏典大观

◎医家

《黄帝内经·素问》《黄帝内经·灵枢经》
中国古代现存最早的系统完整的医学典籍

◎杂家

《墨子》战国时期墨家学派的代表作
《颜氏家训》古今家训，以此为祖

术数

《遁甲演义》中国古代术数类阴阳五行奇书，遁甲之学集大成者
《玉管照神局》中国古代术数命相奇书，最具代表性的相术专著

小说家·异闻

《山海经》中国古代最古老的地理学著作，第一部博物书和神话故事

谱录·饮馔

《茶经》中国古代第一部论茶著作

蒙学

《三字经》《千字文》《声律启蒙》《龙文鞭影》
中国古代广为流传的儿童启蒙知识性读物

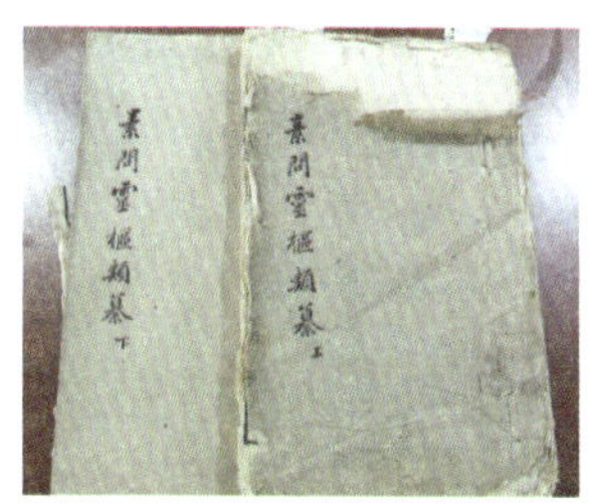

《素问灵枢类纂》

《颜氏家训》

《龙文鞭影》

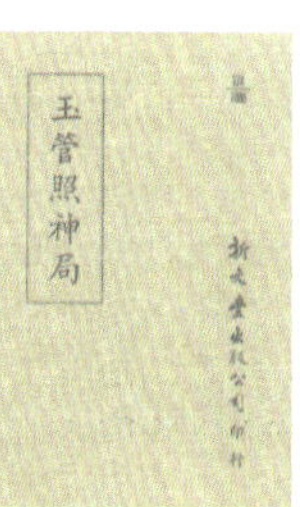

《玉管照神局》

集部：诗文词曲 颂华夏文化

楚辞

《楚辞》中国古代最早的辞赋总集，与《诗经》并列为古典文学两大源头

总集

《唐诗三百首》清代以来流传最广的唐诗选集
《宋词三百首》（附篇）近代以来流传最广的宋词选集
《元曲三百首》（附篇）现代以来流传最广的元曲选集

别集

《六朝文絜》中国古代最有代表性的骈文选集
《古文观止》学习中国古代散文的最好选本

词集

《绝妙好词》中国古代词选之中最佳选本

词话及文评类

《词源》宋代最具权威性的词学理论批评专著
《六一诗话》中国古代最早的诗话，开后世诗歌理论著作新体裁
《人间词话》第一部融贯中西美学思想的文论巨著
《文心雕龙》中国古代第一部系统的文学理论专著

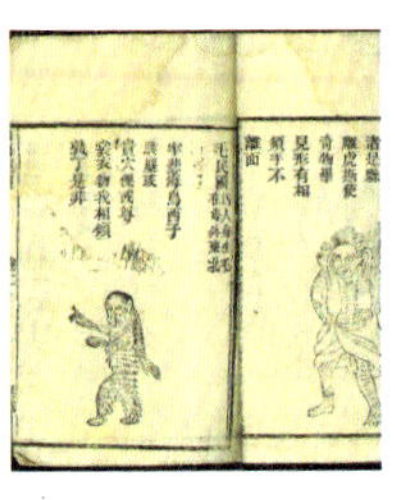
《山海经》

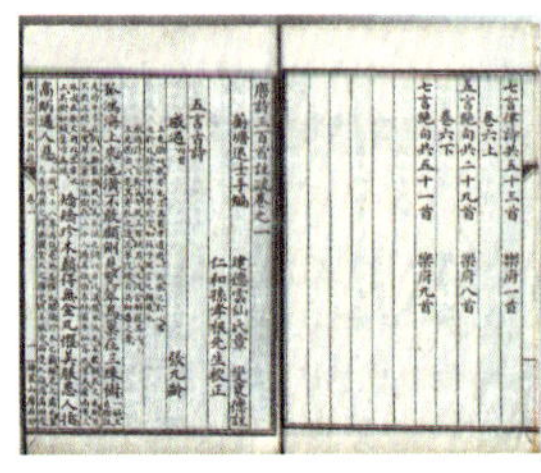
《唐诗三百首》

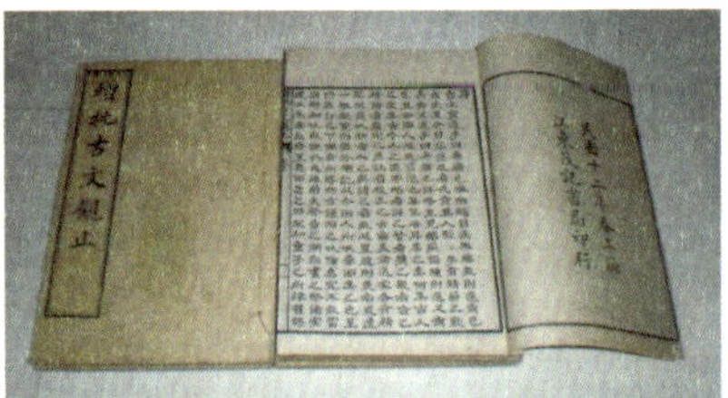
《增补古文观止》

为往圣继绝学　为万世开太平

——《四库全书》（精注精译版）·序

一个民族的历史、文化、精神、价值往往浓缩在其民族的文化典籍当中。纵观人类历史，我们可以看到英、美、德、法等民族的历史、文化、精神、价值可溯源于基督教经典《圣经》；犹太民族的历史、文化、精神、价值集中反映在犹太教经典中；穆斯林民族的历史、文化、精神、价值可从伊斯兰教经典《古兰经》中寻找源流；而中华民族的历史、文化、精神、价值则蕴藏在中华典籍之中。这些经典就是一个民族的历史、文化、精神与价值的集中体现，在人类文明中永远闪烁着灿烂的光芒。

中华民族是最重视文化的民族，中华民族步入文明社会的历史已经有五千多年了，中国的学术发展如从西周“学在官府”算起，至少也有三千年以上的历史。这数千年的学术传统，宛如滔滔长江，源远流长而接续不断；犹似浩瀚大海，汇集百川而兼容并蓄。中华历史的悠久和强大的兼容力，使我国的学术文化博大精深，因此集中反映我国学术文化的典籍也浩如烟海。继春秋战国学术繁荣发展之后，汉代刘向、刘歆曾将古代典籍概括为六艺、诸子、诗赋、兵书、术数、方技等“六略”。此后，学术文化典籍的分类历经各种新的组合与分化，逐步形成了以《四库全书》为代表的经、史、子、集四部为主导的分类体系。总之，我国数千年学术文化与典籍大致可以归纳为经学、史学、文学、佛教、道教、兵家、科技、小学、类书、丛书等十个方面。

“21世纪是世界大变革、大转折、大发展的时代，中华民族迎来了千载难逢的大好机遇，正处在伟大复兴的历史新起点。伟大的复兴需要伟大的文化。作为中华儿女，中华文化是我们共同的骄傲，共同的身份，是抹不去的生命“痕迹”。我们都是中华文化的承载者、传播者，有义务、有责任大力弘扬中华民族优秀文化，使烛照中华数千年的人文之光薪火相传、熠熠生辉，成为中华民族在新世纪实现伟大复兴的强大精神力量。”①

---

① 参见刘延东2005年9月27日在中华文化论坛上的演讲。

在中国特色社会主义道路上实现中华民族的伟大复兴，这是历史和时代赋予我们的庄严使命。保存我国优秀古代典籍，培育中华文化的传人，使中华文明薪火代代相传，便成为我们义不容辞的责任。为此我们特邀重点出版工程《中华藏书集成》的部分编撰人员，在学界泰斗、大师、专家、教授的指导下精心编辑成这部精注精译版《四库全书》。

《四库全书》（精注精译版）仍按照《四库全书》原典经、史、子、集四部体例编排。经部广收《诗经》、《尚书》、《礼记》等经典名篇；史部所收名篇以“史家之绝唱、无韵之离骚”的《史记》和有“历代皇室教科书”之誉的《资治通鉴》为代表；子部将诸子百家的主要代表作网罗其中；集部则基本上反映了中国古代文学诗文词曲赋的梗概。

《四库全书》（精注精译版），全书配以注释和白话译文，将《四库全书》国学经典变为普及读本，更符合当代读者的阅读习惯，是每一个中国家庭都可以收藏的《四库全书》优质读本。

中华民族的祖先曾追求这样一种境界——“为天地立心，为生民立命，为往圣继绝学，为万世开太平。”今天人类正处在社会急剧大变革的时代，回溯历史源头、传承文化命脉、相互学习、开拓创新是我们弘扬本民族优秀文化的明智选择。我们希望中华儿女以共同的智慧和力量去推动人类文明的进步和发展。我们的努力将承继先贤、泽被后世，将有助于为子孙后代造就一个更加和平、安定和繁荣的世界。我们坚信这样一个无限光明、无限美好的明天必将到来。

《四库全书》（精注精译版）编委会

皇家官修典籍之最　经史子集藏书大成

——《四库全书》（精注精译版）·前言

《四库全书》的由来

《四库全书》是中国古代最大的一部官修书，也是中国古代最大的一部丛书。据文津阁藏本，该书共收录古籍3503种、79337卷。“四库”之名，源于初唐，初唐官方藏书分为经、史、子、集四个书库，号称“四部库书”，或“四库之书”。经史子集四分法是古代图书分类的主要方法，它基本上囊括了古代所有图书，故称“全书”。

清代乾隆初年，学者周水年提出“儒藏说”，主张把儒家著作集中在一起，供人借阅。此说得到社会的广泛响应，乾隆三十七年（1772年）十一月，安徽学政朱筠提出《永乐大典》的辑佚问题，得到乾隆皇帝的认可，接着便诏令将所辑佚书与“各省所采及武英殿所有官刻诸书”，汇编在一起，名曰《四库全书》。

《四库全书》的编纂流程

《四库全书》的编纂过程共分四步：

第一步是征集图书。

征书工作从乾隆三十七年（1772年）开始，至乾隆四十三年（1778年）结束，历时七年之久。为了表彰进书者，清廷还制定了奖书、题咏、记名等奖励办法：“奖书”即凡进书500种以上者，赐《古今图书集成》一部；进书100种以上者，赐《佩文韵府》一部。“题咏”，即凡进书百种以上者，择一精醇之本，由乾隆皇帝题咏简端，以示恩宠。“记名”即在提要中注明采进者或藏书家姓名。在地方政府的大力协助和藏书家的积极响应下，征书工作进展顺利，共征集图书 12237 种。

第二步是整理图书。

《四库全书》的底本有四个来源：一是内府藏书，二是清廷官修书，三是从各地征集的图书，四是从《水乐大典》中辑出的佚书。四库馆臣对以上各书提出应抄、应刻、应存的具体意见。应抄之书是认为合格的著作，可以抄入《四库全书》。应刻之书是认为最好的著作，这些著作不仅抄入《四库全书》，而且还应另行刻印，以广流传。应存之书是认为不合格的著作，不能抄入《四库全书》，而在《四库全书总目》中仅存其名，列入存目。对于应抄、应刻的著作，要比较同书异本的差异，选择较好的本子作为底本。一种图书一旦定为四库底本，还要进行一系列加工，飞签、眉批就是加工的产物。飞签也叫夹签，是分校官改正错字、书写初审意见的纸条。这种纸条往往贴于卷内，送呈纂修官复审。纂修官认可者，可用朱笔径改原文，否则不作改动。然后送呈总纂官三审，总纂官经过分析之后，可以不同意纂修官的复审意见，而采用分校官的初审意见。三审之后，送呈御览。

第三步是抄写底本。

抄写人员初由保举而来，后来，发现这种方法有行贿、受贿等弊病，又改为考查的办法，具体做法是：在需要增加抄写人员时，先出告示，应征者报名后，令当场写字数行，品其字迹端正与否，择优录取。考查法虽比保举法优越，但也有不便之处，因此最后又改为从乡试落第生徒中挑选，择其试卷字迹匀净者予以录用。这样，先后选拔了 3826 人担任抄写工作，保证了抄写《四库全书》的需要。为了保证进度，还规定了抄写定额：每人每天抄写 1000 字，每年抄写 33 万字，5 年限抄 180 万字。五年期满，抄写 200 万字者，列为一等；抄写 165 万字者，列为二等。按照等级，分别授予州同、州判、县丞、主簿等四项官职。发现字体不工整者，记过一次，罚多写 10000 字。由于措施得力，赏罚分明，所以《四库全书》的抄写工作进展顺利，每天都有600人从事抄写工作，至少可抄60余万字。

第四步是校订。

这是最后一道关键性工序。为了保证校订工作的顺利进行，四库全书馆制定了《功过处分条例》，其中规定：所错之字如系原本讹误者，免其记过；如原本无讹，确系誊录致误者，每错一字记过一次；如能查出原本错误，签请改正者，每一处记功一次。各册之后，一律开列校订人员衔名，以明其责。一书经分校，复校两关之后，再经总裁抽阅，最后装潢进呈。分校、复校、总裁等各司其职，对于保证《四库全书》的质量确实起了重要作用。

《四库全书》的主要内容

《四库全书》的内容是十分丰富的。按照内容分类，包括4部44类66属。

经部包括：易类、书类、诗类、礼类、春秋类、孝经类、五经总义类、四书类、乐类、小学类等10个大类，其中礼类又分周礼、仪礼、礼记、三礼总义、通礼、杂礼书6属，小学类又分训诂、字书、韵书3属。

史部包括：正史类、编年类、纪事本末类、杂史类、别史类、诏令奏议类、传记类、史钞类、载记类、时令类、地理类、职官类、政书类、目录类、史评类等15个大类，其中诏令奏议类又分诏令、奏议2属，传记类又分圣贤、名人、总录、杂录、别录5属，地理类又分官殿疏、总志、都会郡县、河渠、边防、山川、古迹、杂记、游记、外记10属，职官类又分官制、官箴2属，政书类又分通制、典礼、邦计、军政、法令、考工6属，目录类又分经籍、金石2属。

子部包括：儒家类、兵家类、法家类、农家类、医家类、天文算法类、术数类、艺术类、谱录类、杂家类、类书类、小说家类、释家类、道家类等14大类，其中天文算法类又分推步、算书2属，术数类又分数学、占侯、相宅相墓、占卜、命书相书、阴阳五行、杂技术7属，艺术类又分书画、琴谱、篆刻、杂技4属，谱录类又分器物、食谱、草木鸟兽虫鱼3属，杂家类又分杂学、杂考、杂说、杂品、杂纂、杂编6属，小说家类又分杂事、异闻、琐语3属。

集部包括：楚辞、别集、总集、诗文评、词曲等5个大类，其中词曲类又分词集、词选、词话、词谱词韵、南北曲5属。除了章回小说、戏剧著作之外，以上门类基本上包括了社会上流布的各种图书。就著者而言，包括妇女，僧人、道家、宦官、军人、帝王、外国人等在内的各类人物的著作。

《四库全书》的“七阁收藏”

抄写完成的七部《四库全书》，分贮文渊阁、文溯阁、文源阁、文津阁珍藏，这就是所谓的“北四阁”；而分贮于江南文宗阁、文汇阁和文澜阁珍藏，这就是所谓的“南三阁”。七阁之书都钤有玺印，如文渊阁藏本册首钤“文渊阁宝”朱文方印，卷尾钤“乾隆御览之宝”朱文方印。每部《四库全书》装订为36300册，6752函。总字数为九亿九千七百余万。全书共二百三十万页，连结在一起，足够绕地球赤道一圈有余。

《四库全书》（精注精译版）的特点

《四库全书》规模如此宏大，卷帙繁多，其昂贵的价格又使人望而却步，世人难得一见。为保存和弘扬中华五千年文化，使这部巨著走入寻常百姓之家，使之成为人们案头常备的资料，同时满足人们收藏的愿望，我们精选了《四库全书》中经史子集文章之精华，编撰了这部《四库全书》（精注精译版）。

《四库全书》（精注精译版）仍旧按经、史、子、集四部编排，在各部之中，基本上做到不遗漏各家代表作。

经部收载《诗经》、《尚书》、《礼记》、《周易》、《论语》、《孟子》、《春秋左传》，而且所收均为最权威的注释本。

史部以“史家绝唱”《史记》为首，《汉书》、《后汉书》、《三国志》、

《资治通鉴》、《国语》、《战国策》均汇入本书。

子部收书更为丰富，诸子百家中的法家、名家、墨家、纵横家、杂家、农家、兵家、医家、术数家的代表作基本网罗其中，如《老子》、《庄子》、《墨子》、《荀子》、《韩非子》、《孙子兵法》、《吴子兵法》、《商君书》、《管子》、《盐铁论》、《论衡》等等。

集部所收诸书，基本上反映了中国古代文学的梗概，包括《昭明文选》、《陶渊明集》、《李太白集》、《杜子美工部集》、《白香山集》、《陆放翁剑南诗集》、《韩退之昌黎集》、《柳子厚柳州集》、《欧阳永叔文忠集》、《苏明允老泉集》、《苏子瞻东坡集》、《苏子由栾城集》、《曾子固南丰集》、《王介甫临川集》、《归熙甫震川集》、《侯朝宗壮悔堂集》、《魏冰叔叔子集》、《汪苕文尧峰集》、《方灵臯望溪集》、《姚姬传惜抱轩集》、《恽子居大云山房集》、《龚定盦集》等等。

由此可见《四库全书》（精注精译版）收录的典籍均为传世珍藏，是中华文化的精粹。学者倘寻此路径而反复熟读，则于各种国学，皆能得其门径，由是精进，不难收整理国故之宏功；新学之人，舍此途则无窥其堂奥；即便以此为止境，开卷下笔之际，亦能沛然豁然。

《四库全书》（精注精译版）主编　赖咏

四庫全書

一

清·乾隆钦定

精注精译版

主编◎赖　咏

中国书店

目　录

经　部

诗　经

国　风

小　雅

大　雅

鲁　颂

商　颂

尚　书

虞　书

夏　书

商　书

周　书

礼　记

周　　易

经 部

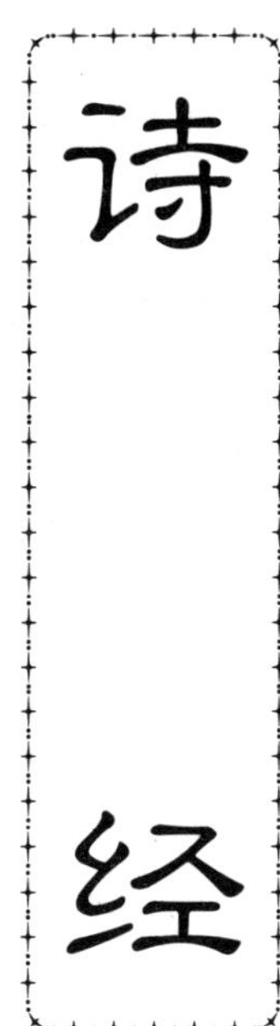
诗经

国 风

周 南

关 雎

关关雎鸠，[①]在河之洲。[②]
窈窕淑女，[③]君子好逑。[④]

参差荇菜，[⑤]左右流之。[⑥]
窈窕淑女，寤寐求之。[⑦]

求之不得，寤寐思服。[⑧]
悠哉，悠哉，[⑨]辗转反侧。[⑩]

参差荇菜，左右采之。
窈窕淑女，琴瑟友之。

参差荇菜，左右芼之。[⑪]
窈窕淑女。钟鼓乐之。

【注释】

①关关：水鸟叫声。王先谦《集疏》引《禽经》："雎（jū），雎鸠：指鱼鹰（像鹘鸠那样的水鸟）。②洲：河中的陆地。③窈窕（yǎo、tiáo）：美好貌。④君子：一是妻对夫的敬称；一是当时对贵族男子的称呼。逑：仇的假借字，这里指配偶。⑤参差（cēn、cī）：长短不齐貌。荇（xìng）菜：可以食用的水生植物。⑥左右：指采荇菜的女子的双手。流：求的假借字，摘取之意。⑦寤寐（wù、mèi）：寤，醒时。寐，睡时。⑧思服：思，语助词。服，思念。⑨悠哉：思念深长貌。⑩辗转：身体翻来覆去。⑪芼（mào）：择取，选择。

【译文】

关关鸣叫的水鸟，双栖在水中的沙洲。那贤淑贞静的姑娘，正是这俊俏男子理想的佳偶。

长长短短的荇菜，忽左忽右地顺手可摘。那贤淑贞静的姑娘，睡梦中还在追求她。求之而得不到呀，睡梦中苦苦地思念她。老在想呵，老在想呵！翻来覆去地夜不成眠。

长长短短的荇菜，忽左忽右地顺手可采。那贤淑贞静的姑娘。我将弹琴奏瑟亲近她。长长短短的荇菜，忽左忽右地挑好的摘。那贤淑贞静的姑娘，我将敲钟打鼓欢迎她。

葛　覃

葛之覃兮，①施于中谷，②
维叶萋萋。③黄鸟于飞，④
集于灌木，其鸣喈喈。⑤

葛之覃兮，施于中谷，
维叶莫莫。⑥是刈是濩，⑦
为絺为绤，⑧服之无斁。⑨

言告师氏，⑩言告言归。
薄污我私，⑪薄浣我衣。⑫
害浣害否，⑬归宁父母。⑭

【注释】

①葛：多年生草本植物，其纤维可以织葛布。覃：延长。②施（yì）：蔓延。③维：语助词。萋萋：茂盛的景象。④黄鸟：黄鹂。于：助词。⑤喈喈（jiē）：鸟的鸣叫声。⑥莫莫：茂盛的景象。⑦刈（yì）：割。濩（huò）：煮。⑧絺（chī）：细夏布。绤：粗夏布。⑨斁（yì）：厌弃。⑩言：第一人称，作语助词。师氏：类似管家，本身却是奴隶。⑪薄：语助词。污：搓揉着洗。私：内衣。⑫浣：洗濯。⑬害（hé）：疑问词，何。否：不要。⑭归宁：宁，安也，意谓向安也。

【译文】

葛麻枝蔓延起来，逶迤爬到谷中来，叶儿繁茂地迎风摇曳。黄鸟振翅地飞翔，云集在灌木丛林，喈喈地歌唱。

葛麻枝蔓延起来，逶迤爬到谷中来了，叶儿密密丛丛长势旺。砍下它，煮制它，纺成细布和粗布，穿着得体令人喜悦。

我告诉老姆姆，说："要回家探望了"！呵，洗净我内衣，呵，洗净我外裳。洗与不洗的分开来，回家了，让爹娘心欢畅。

卷　耳

采采卷耳，①不盈顷筐。②
嗟我怀人，③置彼周行。④

陟彼崔嵬，⑤我马虺隤。⑥
我姑酌彼金罍，⑦维以不永怀。

陟彼高冈，我马玄黄。[8]
我姑酌彼兕觥，[9]维以不永伤。[10]

陟彼砠矣，[11]我马瘏矣。[12]
我仆痡矣，[13]云何吁矣！[14]

【注释】

①卷耳：又名苍耳子，可以入药。②顷筐：前高后低的浅竹筐。③嗟：这里是叹词。④置（zhì）：搁置，放。周行（háng）：大道。⑤陟：升或登。崔嵬（wéi）：高低不平的山丘。⑥我：诗中丈夫的自称。虺隤（huī、tuí）：劳累过度而腿脚发软的病。⑦姑：姑且。金罍：青铜制的酒器。⑧玄黄：这里形容马匹疲劳不堪，毛色变得黑黄。⑨兕觥（sì、gōng）：野牛角制的大酒杯。⑩永伤：永远的思念。⑪砠（jú）：多土的石山。⑫瘏（tú）：因疲劳而生病。⑬痡（pù）：病，过度疲劳。⑭云：语助词。吁（xū）：同忬，忧伤。

【译文】

采呀采呀卷耳菜，还不满那小浅筐。嗟叹我想念的丈夫，索性把竹筐放路旁。

登上乱石嶙嶙的山巅，我的马儿力尽腿软。姑且饮一杯美酒，莫让情思久久怀。

登上高高的高冈，我的马儿羸弱病怏怏。姑且饮一杯美酒，莫叫忧伤耿耿于怀。

登上了那个石头山，我的马儿病倒躺一旁，我的仆人也发病，怎么不令人长吁短叹。

樛　木

南有樛木，[1]葛藟累之。[2]
乐只君子，[3]福履绥之。[4]

南有樛木，葛藟荒之。[5]
乐只君子，福履将之。

南有樛木，葛藟萦之，[6]
乐只君子，福履成之。

【注释】

①樛（jiū）木：弯曲的树木。②葛藟（lěi）：野葡萄。累：挂，系。③只：语助词。④福履：福禄。绥：通妥，下降之意。⑤荒：掩盖，覆盖。⑥萦：缠绕。

【译文】

南山有枝条弯曲的大树，葛藤层层缠绕着它。欢乐的俊俏男子，福禄使他如意吉祥。

南山有枝条弯曲的大树，葛藤密密掩埋着它。欢乐的俊俏男子，荣华富贵使他的心广体胖。

南山有枝条弯曲的大树，葛藤紧紧接连着它，欢乐的俊俏男子，荣华富贵使他成就丰功。

螽　斯

螽斯羽，[①]诜诜兮。[②]
宜尔子孙，[③]振振兮。[④]

螽斯羽，薨薨兮。[⑤]
宜尔子孙，绳绳兮。[⑥]

螽斯羽，揖揖兮。
宜尔子孙，蛰蛰兮。[⑦]

【注释】

①螽（zhōng）斯：蝗虫。②诜诜（shēn）：同莘莘，众多群集的样子。③宜：多的意思。④振（zhēn）振：繁盛振奋的样子。⑤薨（hōng）薨：昆虫群飞的声音。⑥绳绳（mǐn）：多而谨慎的样子。⑦蛰蛰（zhé）：众多而安静的样子。

【译文】

多如羽毛的蝈蝈儿，生生不息地繁衍，像是你美好的子孙，盛况空前呵。

多如羽毛的蝈蝈儿，群聚蔽日。像是你美好的子孙，连绵不绝呵。

多如羽毛的蝈蝈儿，纷纷地聚在一起。像是你美好的子孙，不计其数呵。

桃　夭

桃之夭夭，[①]灼灼其华。[②]
之子于归，[③]宜其室家。[④]

桃之夭夭，有蕡其实。
之子于归，宜其家室。

桃之夭夭，其叶蓁蓁。[⑤]
之子于归，宜其家人。

【注释】

①夭夭：桃花含苞欲放，茂盛艳丽的样子。②灼灼（zhuó）：鲜艳。③归：旧时女子出嫁叫做归。④宜：同仪，善。室家：配偶。⑤蓁（zhēn）：树叶茂盛的样子。

【译文】

随风摇曳的桃树枝，火红的花儿盛开着。这个女郎要出嫁了，夫唱妇随和美欢洽。

随风摇曳的桃树枝，红白的果儿密密麻麻。这个女郎要出嫁了，妇随夫唱共享荣华。

随风摇曳的桃枝，繁茂的叶儿招展着。这个女郎要出嫁了，举家的人兴旺发达。

兔　罝

肃肃兔罝，[①]椓之丁丁。[②]
赳赳武夫，公侯干城。[③]

肃肃兔罝，施于中逵。[④]
赳赳武夫，公侯好仇。[⑤]

肃肃兔罝，施于中林。
赳赳武夫，公侯腹心。

【注释】

①肃肃：繁密整齐的样子。罝（jū）：捕兽的网。②椓（zhuó）：打击的意思。丁（zhēng）丁：伐木声。③干：盾。城：城墙。④逵：四通八达的大路。⑤仇：同逑，伴侣。

【译文】

繁密地捕兔的网，木桩布网其声丁丁。雄赳赳的武士，公侯卫国的屏障。

整齐繁密捕兔的网，布在郊外途中。雄赳赳的武士，公侯的辅佐儿郎。

茂密地捕兔的网，布在森林之中。雄赳赳的武士，公侯的心腹人。

芣　苢

采采芣苢，[①]薄言采之。[②]
采采芣苢，薄言有之。[③]

采采芣苢，薄言掇之。[④]
采采芣苢，薄言捋之。[⑤]

采采芣苢。薄言袺之。[⑥]
采采芣苢，薄言襭之。[⑦]

【注释】

①芣苢（fǒuyǐ）：又名“车前子”，一种草药。②薄：发语词。③有：取得。④掇（duō）：拾取。⑤捋（luō）：从茎上成把地捋取，多比喻采摘植物，如捋桑叶。⑥袺（jié）：手执衣襟以承物。⑦襭（xié）：翻转衣襟插于腰带以承物。

【译文】

采摘采摘车前子，匆匆忙忙采摘它。采摘采摘车前子，匆匆忙忙采到它。

采摘采摘车前子，急急忙忙捡起它。采摘采摘车前子，急急忙忙摘到它。

采摘采摘车前子，急急忙忙用衣襟收起它。采摘采摘车前子，急急忙忙用衣袖兜起它。

汉　广

南有乔木，不可休思。①
汉有游女，②不可求思。
汉之广矣，不可泳思。
江之永矣，③不可方思。④

翘翘错薪，⑤言刈其楚。⑥
之子于归，言秣其马。⑦
汉之广矣，不可泳思。
江之永矣，不可方思。

翘翘错薪，言刈其蒌。⑧
之子于归，言秣其驹。
汉之广矣，不可泳思。
江之永矣，不可方思。

【注释】

①休：树荫。思：语末助词。②游女：指汉水女神。③永：长久。④方：同舫，此处指乘筏渡河。⑤翘翘：高高挺立的样子。错薪：杂乱的枝丫。⑥楚：荆条。砍下柴草扎成火把，是旧时婚嫁的一种习俗。⑦秣：喂马。旧时婚嫁时，男方要喂马驾车去接新娘。⑧蒌（lóu）：指蒌蒿，是一种生于湿地的植物，嫩时可食，老则可为薪。

【译文】

南山高树入云霄，不可在那里歇息呀。汉水之滨有游女，不能追求她呀。汉水宽广呢，不能泅水游过呀。汉水流长呢，不可用皮筏航行呀。

层层簇拥的错杂从林，我要砍取这里的荆条。这个游女要出嫁了，我要喂饱她乘的马。汉水宽广呢，不可泅水游过呀。江水流长呢，不可用皮筏航行呀。

层层紧簇的错杂丛林，我要割掉这里的蒌蒿。这个游女要出嫁了，我要喂饱他乘的驹，汉水宽广呢，不能泅水渡过呀。江水流长呢，不可用皮筏航行呀。

汝　坟

遵彼汝坟，①伐其条枚。②
未见君子，惄如调饥。③

遵彼汝坟，伐其条肄。④
既见君子，不我遐弃。⑤

鲂鱼赪尾，⑥王室如毁。⑦
虽则如毁，父母孔迩。⑧

【注释】

①遵：沿着。坟：大堤。②枚：树干。③惄（nì）：饥饿貌。调：同朝，早晨。④肄（yì）：树砍后再生的小枝。⑤遐：远。⑥鲂鱼：鳊鱼。赪（zhēng）尾：红色的鱼尾。⑦毁：火。⑧孔：很。迩：近。此句的意思是“儿子不要远离父母身边”。

【译文】

沿着那汝水堤岸循行，砍掉大小的树枝。还没有看到你，想念，如早饥思食。

沿着那汝水之滨堤岸，砍伐再生的枝条。已经看到了你，不用担心你会抛弃我。

鲂鱼碌碌尾通红，王室荒淫有如火烧。虽说有如火烧，父母在旁不必忧心忡忡。

麟 之 趾

麟之趾，①振振公子，②于嗟麟兮！③

麟之定，④振振公姓，⑤于嗟麟兮！

麟之角，振振公族，⑥于嗟麟兮！

【注释】

①麟：麒麟。趾：蹄，足，指麒麟的蹄。②振（zhēn）振：诚实。③于（xú）嗟：通吁，叹词。④定：颠的假借字，额。⑤公姓：诸侯的子。⑥公族：诸侯，子孙以下称公族。

【译文】

麒麟的脚趾，公子个个仁慈宽厚，美哉，麒麟呵！

麒麟的额头，公姓个个仁慈宽厚，美哉，麟麟呵！

麒麟的犄角，公侯个个仁慈宽厚，美哉，麟麟呵！

召 南

鹊 巢

维鹊有巢，①维鸠居之。②

之子于归，百两御之。③

维鹊有巢，维鸠方之。④
之子于归，百两将之。⑤

维鹊有巢，维鸠盈之。⑥
之子于归，百两成之。⑦

【注释】

①维：语助词。鹊：喜鹊。②鸠：鸤鸠，又名“八哥”，一说鸠即布谷鸟。③百：虚数，即“许多”之意。两：现在作“辆”。御：音义同迓，迎接。④方：占据，占有。⑤将：送。⑥盈：满。⑦成：迎送成礼。

【译文】

喜鹊筑好了窠巢，八哥占住了它。这个姑娘要出嫁了，百辆马车去接她。
喜鹊筑好了窠巢，八哥占居了它。这个姑娘要出嫁了，百辆马车欢送她。
喜鹊筑好了窠巢，八哥住满了它。这个姑娘要出嫁了，百辆马车迎娶她。

采　蘩

于以采蘩？①于沼于沚。②
于以用之？公侯之事。③

于以采蘩？于涧之中。④
于以用之？公侯之宫。⑤

被之僮僮，⑥夙夜在公。⑦
被之祁祁，⑧薄言还归。

【注释】

①于以：在什么地方。蘩：白蒿，一种生长在水中的植物，根茎可食。②沼：池。沚：小洲。③事：指蚕事。④涧：山间流水的“沟”。⑤宫：蚕室。⑥被（bì）：妇人头上用的假发。僮僮：形容妇人头上发髻高耸的样子。⑦夙夜：早晚。公：指公桑，即为公侯采蒿养蚕。⑧祁祁：本义是形容云多的样子，此处是形容蚕妇回去，簇拥如云的样子。

【译文】

去哪里采白蒿呢？在池塘，在小洲之旁。采了白蒿有何用？用于王侯的祭祀。
到哪里摘白蒿呢？在山涧溪流旁。摘了白蒿有何用？用于公侯的祭祀。
美发的蚕娘服饰隆盛，日夜助祭在宗庙之中。美发的蚕娘舒缓从容，谈笑自若携手回乡。

草 虫

喓喓草虫,①趯趯阜螽。②
未见君子，忧心忡忡。③
亦既见止,④亦既觏止,⑤
我心则降。

陟彼南山，言采其蕨。
未见君子，忧心惙惙,⑥
亦既见止，亦既觏止，
我心则说。⑦

陟彼南山，言采其薇。⑧
未见君子，我心伤悲。
亦既见止，亦既觏止，
我心则夷。⑨

【注释】

①喓喓：虫叫声。草虫：指蝈蝈。②趯趯（tì）：虫跳的样子，趯通跃。③忡忡（chōng）：心神不安的样子。④止：语气助词。⑤觏（gòu）：通媾，夫妻相聚。止：语尾助词。⑥惙（chuò）：忧，心慌气短的样子。⑦说：通悦，欢喜。⑧薇：山菜，又名为野豌豆苗。⑨夷：平，此处指心安。

【译文】

草虫振翅鸣叫，幼虫环绕它蹦跳。没有看到你呵，忧思重重。既然看见了你，既然同你相亲，忐忑之心安定镇静。

登上高高南山，采摘鲜嫩蕨菜。没有看见你呵，忧心戚戚。既然看见了你，既然同你相亲，喜悦之情油然而生。

登上高高南山，采摘鲜嫩薇菜。未能看见你呵，我心悲伤。既然看见了你，既然同你相爱，惦念之心平和安宁。

采 蘋

于以采蘋?①南涧之滨。
于以采藻？于彼行潦。②

于以盛之？维筐及筥。③
于以湘之?④维锜及釜。⑤

于以奠之?⑥宗室牖下。⑦

谁其尸之？[8]有齐季女。[9]

【注释】

①蘋：浮萍，水生植物，可以食用。②行潦：沟水。潦（liǎo），指雨后积水。③筐、筥：竹器，方者名筐，圆者名筥。④湘：煮，烹煮。⑤锜（yǐ）：镬的一种，即有三只脚的锅。釜（fǔ）：没有脚的锅。⑥尊：置，放。⑦牖（yǒu）：天窗。⑧尸：主持祭祀。⑨齐：亦作斋，美好与恭敬之意。季女：少女。

【译文】

到那里采浮萍？在南涧的水边。到何处采藻？在那河水当中。

用什么盛？方筐和圆筐。煮它用什么？带脚和无脚锅。

在何处祭奠？在宗庙房中。何人主祭？斋戒肃静的女娃。

甘　棠

蔽芾甘棠，[1]勿剪勿伐，[2]
召伯所茇。[3]

蔽芾甘棠，勿剪勿败，[4]
召伯所憩。

蔽芾甘棠，勿剪勿拜，
召伯所说。[5]

【注释】

①蔽芾（fèi）：高大茂盛的样子。甘棠：棠梨树。②剪：原为翦，二字通。③召伯：名虎，姬姓，周宣王时封于“召”，伯爵。④败：毁坏。⑤说（shuì）：停留，歇下。

【译文】

枝繁叶茂的棠梨，不要砍它，召伯曾在此居息。

枝繁叶茂的棠梨，不要剪它，不要毁它。召伯曾在此休息。

枝繁叶茂的棠梨，不要剪它，不要拔它，召伯曾在此居住。

行　露

厌邑行露，[1]岂不夙夜，[2]
谓行多露。[3]谁谓雀无角？[4]
何以穿我屋？谁谓女无家？[5]
何以速我狱？虽速我狱，[6]
室家不足！[7]

谁谓鼠无牙？何以穿我墉？[8]
谁谓女无家？何以速我讼？
虽速我讼，亦不女从！[9]

【注释】

①厌邑：露水潮湿的样子。②夙夜：天还没有亮的时候。③谓：同畏。④角：鸟嘴。⑤女：通汝。⑥速：招致。⑦室家：指结婚成家。⑧墉：墙。⑨女从：女通汝。女从为倒装，即从汝。

【译文】

潮湿的路上露水淋淋，难道不想清晨启程？我怕道上的露水太大。

谁说麻雀没有嘴？为何穿过我的屋？谁说你未娶妻？为什么使我去狱房？虽然叫我坐牢狱，你没有娶我的理由。

谁说老鼠没长牙？为何打穿我的墙？谁说你未娶妻？为什么和我打官司？虽说和我打官司，我也不会屈服顺从你。

羔 羊

羔羊之皮，素丝五纶，[1]
退食自公，[2]委蛇委蛇。[3]

羔羊之革，[4]素丝五绒。[5]
委蛇委蛇，自公退食。

羔羊之缝，素丝五总。
委蛇委蛇，退食自公。

【注释】

①五纶（tuó）：五同午，纶通佗，此处指针脚交织连缝的线路痕迹。②公：公门。退食自公：从公家吃饱饭回家。③委蛇（wēiyí）：悠闲自在，摇摆慢步的样子。④革：去了毛的兽皮。此指皮袍的里子。⑤绒（yù）：指丝数，四纶为绒。

【译文】

大夫穿着羊皮袍，洁白之丝交叉纵横。公所食下朝来，逍遥自在神态从容。

大夫穿着羊皮袍，洁白之丝整齐划一。心怀坦然神态从容，食于公所回家转。

大夫穿着羊皮袍，洁白之丝亮闪闪。心怀坦然从容自在，退朝之后食在公门。

殷其雷

殷其雷，[1]在南山之阳。[2]
何斯违斯，[3]莫敢或遑？[4]

振振君子，[5]归哉归哉！

殷其雷，在南山之侧。
何斯违斯，莫敢遑息？
振振君子，归哉归哉！

殷其雷，在南山之下。
何斯违斯，莫敢遑处[6]？
振振君子，归哉归哉！

【注释】

①殷（yīn）：雷声。②阳：靠南面的山坡称阳，即阳光照耀的地方。③违斯：此地之意。斯：指示词，这，前一个斯字指时间，后一个斯字指地点。违：离。④或：有。遑：闲暇。⑤振振：形容诚实，忠厚。君子：此处指主人公的丈夫。⑥处（chù）：居、呆着。

【译文】

轰轰的雷声，响彻在周南山向阳峰。为何这俊俏男子远离家乡，匆匆忙忙不敢怠慢。忠厚敦敦的俊俏男子，归来吧，归来吧！

轰轰的雷声，响彻在南山下。为何这俊俏男子远离家乡，匆匆忙忙不敢休息。忠厚敦敦的俊俏男子，归来吧，归来吧！

殷殷的雷声，响彻在周南山之下。为何这君子远离家乡，匆匆忙忙不敢居息。忠厚敦敦的俊俏男子，归来吧，归来吧！

摽有梅

有梅，[1]其实七兮。[2]
求我庶士，[3]迨其吉兮。[4]

摽有梅，其实三兮。
求我庶士，迨其今兮。

摽有梅，顷筐塈之。[5]
求我庶士，迨其谓之。[6]

【注释】

①摽（biào）：落下。有：词头，无意义。②七：表示多数。旧时多以七到十表示多，并非实数。③庶：众。士：未婚的男子。④迨（dài）：及时，趁着。吉：好日子。⑤顷筐：竹筐，斜口浅筐，类似畚箕。塈（jì）：取。⑥谓：通会，相会。旧时有“仲春会男女”的制度，在这期间，未婚的青年男女可以自由同居。

【译文】

梅儿熟了落下来，十个只剩下七个。追求我的小伙子，别错过这吉日良辰。

梅儿熟了落下来，十个只剩下三个。追求我的小伙子，就在今天吧！

梅儿熟了落下来，把这满筐梅儿送给他！追求我的小伙子，就在这时娶亲吧！

小 星

彼小星，① 三五在东。②
肃肃宵征，③ 夙夜在公。
命不同！④

嘒彼小星，维参与昴。⑤
肃肃宵征，抱衾与裯。⑥
寔命不犹！⑦

【注释】

①嘒（huì）：小星微光貌。嘒彼：等于叠字"嘒"。②三五：一意为参三星、昴五星；另一意为泛指天上星星的数。言其稀少，指凌晨或天将亮时。③肃：同速，飞速行走之貌。宵征：夜行。宵，夜。征，行。④寔：同是，这，此。⑤参（shēn）、昴（mǎo）：二十八星宿中的星名，也就是上一节中提到的"三五在东"的星。⑥抱：抛弃。衾：被。裯（chóu）：床帐。⑦犹：若，如，同。

【译文】

微光闪闪的小星星，被东方大星淹没了。卑官小吏半夜赶路，早早晚晚力疾从公，自叹命运不如于人。

微光闪闪的小星星，被"参"星"昴"星掩盖了。卑官小吏半夜赶路，扛着被盖，蚊帐随行，自叹命运不同他人。

江有汜

江有汜，① 之子归，②
不我以。③ 不我以，
其后也悔。

江有渚，④ 之子归，
不我与。⑤ 不我与，
其后也处。⑥

江有沱，⑦ 之子归，
不我过。不我过，
其啸也歌。⑧

【注释】

①汜（sì）：江水分出支流而复汇合的河水。②归：于归，出嫁。③不我以：不用我。以：用，需要。④渚（zhǔ）：江心中的小洲，也指洲旁的细流。⑤不我与：不要我。“与”与“以”音异义同。⑥处：忧愁。⑦沱（tuó）：长江的支流，于泸洲入长江。亦指小水入大水。⑧啸（xiào）：号哭。

【译文】

支流江水流回到大江，你归来吧！你置我于不顾。你置我于不顾，最后必将懊悔无及。

支流渚水流回到大江，你归来吧！你抛弃了我。你抛弃了我，最后必将烦闷不已。

支流沱水流回到大江，你归来吧！你对我掉头不顾。你对我掉头不顾，抒发愤怒悲歌当哭。

野有死麕

野有死麕，[①]白茅包之。
有女怀春，吉士诱之。[②]

林有朴樕，[③]野有死鹿。
白茅纯束，[④]有女如玉。

舒而脱脱兮，[⑤]无感我帨兮，[⑥]
无使尨也吠。[⑦]

【注释】

①麕（jūn）：獐子，鹿一类的小兽。②吉士：对男子的美称，此处指男猎人。③朴樕（sù）：小灌木。④纯（tún）：通屯，捆扎之意。⑤舒而：徐徐地、慢慢地。脱脱：舒缓的样子。⑥感：古撼字。动摇。帨（shuì）：古代女子系在身上的佩巾，像现代的围裙。⑦尨（máng）：多毛凶猛的狗。

【译文】

郊野猎中打死獐，用白茅包裹了它。这娇美村姑情窦开了，美男子用獐引诱她。

林里有美好的薪柴，郊野荒外有只死鹿。用白茅包捆上它，这娇美村姑如花似玉。

“稳重些一点一点来吧！不要触动我围裙，不要惊动猎狗狂叫”！

何彼秾矣

何彼秾矣，[①]唐棣之华？[②]
曷不肃雍？[③]王姬之车。

何彼秾矣，华如桃李？
平王之孙，[④]齐侯之子。

其钓维何？[5]维丝伊缗。[6]
齐侯之子，平王之孙。

【注释】

①秾（nóng）：艳盛的样子。②唐棣（dì）：一种落叶小乔木。华：古花字。③肃雍（yōng）：庄重雍容的样子。④平王：指周平王。⑤维：通为，做。⑥维：语助词，是。伊：同维。缗（mín）：钓鱼的线。

【译文】

为什么那样艳丽，唐棣盛开的花朵。为什么这样庄重和睦，王姬所乘鸾驾。

为什么那样浓艳葱郁，唐棣之花盛如桃李。那周平王的孙女，嫁给齐侯的儿子。

钓鱼用什么，用丝织成的绳。齐侯的公子，娶得了周平王的孙女。

驺　虞

彼茁者葭，[1]壹发五豝，[2]
于嗟乎驺虞！[3]

彼茁者蓬，[4]壹发五豵，[5]
于嗟乎驺虞！

【注释】

①茁（zhuó）：刚长出来的小草。葭（jiā）：芦苇。②壹：发语词，无意义。发：发箭，指发箭射中。豝（bá）：母猪。③驺（zōu）虞：当时的兽官名称，这里指猎人。④蓬：蒿，草名。⑤豵（zōng）：小猪。小野猪。

【译文】

茁壮丛生的芦苇，拔开芦苇发现有五只母猪，哎，这可怕的射手——驺虞。

繁茂茸茸的草丛，拔开草丛发现有五只小猪。哎，这可怕的射手——驺虞。

邶　风

柏　舟

彼柏舟，[1]亦汎其流。[2]
耿耿不寐，[3]如有隐忧。[4]
微我无酒，[5]以敖以游。

我心匪鉴，[6]不可以茹。[7]

亦有兄弟，不可以据。
薄言往愬，[8]逢彼之怒。

我心匪石，不可转也。
我心匪席，不可卷也。
威仪棣棣，[9]不可选也。[10]

忧心悄悄，[11]愠于群小。[12]
觏闵既多，[13]受侮不少。
静言思之，寤辟有摽？[14]

日居月诸，[15]胡迭而微？[16]
心之忧矣，如匪浣衣。
静言思之。不能奋飞。

【注释】

①汎（fàn）：同泛，在水上浮行。柏舟：柏木制作的船。②流：水中央，中流。③耿耿：心中焦灼不安的样子。④隐忧：深忧。伤痛，痛苦。⑤微：不是，非。⑥鉴：镜子，指古代的青铜镜。⑦茹：容纳。⑧愬：同诉。诉说，告诉。⑨威仪：容貌尊严。棣棣：娴雅雍容貌。⑩选：屈挠退让。⑪悄悄：心中忧郁的样子。⑫愠（yùn）：怨恨。⑬闵（mǐn）：忧伤。⑭寤：睡醒。辟（pì）：同擗，捶胸。有摽：形容拍胸的情态。⑮居（jī）、诸：语助词，相当于“乎”。⑯迭：更动，变换。微，昏暗不明，无光。

【译文】

那柏木舟在漂流，让它漂流吧！目光炯炯不眠，心如石系舟地忧愁。不是我无美酒，去散心遨游。

我心不是青铜，不能洞察一切，虽有哥哥和弟弟，都是依靠不可了的。我刚要去诉苦，暴跳如雷地斥责我。

我心不是大石磐，不能任人搬动，我心不是芦苇席，不能任人卷曲。威仪庄重呵，不能让人欺凌。

愁思忡忡，因为惹怒了群小，遇到的灾祸太多，遭受的侮辱不少。心平气和想又想，醒悟之后捶胸顿足。

红太阳呀，明月亮呵！为何日蚀月蚀不间断？我心忧虑哀伤呵，有如身穿着脏衣。平心静气想又想，还是不能振翅翱翔。

绿　衣

绿兮衣兮，绿衣黄里。[1]
心之忧矣，曷维其已！[2]

绿兮衣兮，绿衣黄裳。
心之忧矣，曷维其亡！③

绿兮丝兮，女所治兮。
我思古人，④俾无訧兮！⑤

𫄨兮绤兮，⑥凄其以风。⑦
我思古人，实获我心！

【注释】

①里：衣服的衬里。②已：止，停。③亡：通忘。④古人：故人，此处指亡妻。古通故。⑤俾（bǐ）：使。訧（yóu）：过失，错误。⑥𫄨：细葛布。绤：粗葛布。⑦凄：凉爽。凄凉。以：通似，像。

【译文】

绿色的衣呵！绿外衣黄内衣。本末倒置内心忧虑，忧虑何时是终期？
绿色的衣呵，绿上衣黄下衣。贵贱颠倒内心忧虑，忧虑啥时能忘却？
绿色的丝线呵，是你亲手染治的呢！我想念故人，让我不能越礼犯规。
细葛衣衫粗葛衣衫，寒风飕飕无限凄凉，使我想念故人，恰好同我的心一样。

燕　燕

燕燕于飞，①差池其羽。②
之子于归，远送于野。
瞻望弗及，泣涕如雨。

燕燕于飞，颉之颃之。③
之子于归，远于将之。
瞻望弗及，伫立以泣。④

燕燕于飞，下上其音。
之子于归，远送于南。⑤
瞻望弗及，实劳我心。

仲氏任只，⑥其心塞渊。
终温且惠，⑦淑慎其身。
先君之思，以勖寡人。⑧

【注释】

①燕燕：即燕子，一名玄鸟。燕子燕子，重叠词。②差（cī）池：形容不齐。差池其羽：形容燕子展

翅参差不齐。③颉（xié）：向下飞。颃（háng）：向上飞。④伫（zhù）：久立等待。⑤南：野外，南方。⑥仲氏：二妹。信：信任。只：语助词。⑦终：既。温：温和。惠：柔顺。⑧勖（xù）：辅助。寡人：古代国君的自称。

【译文】

燕呵，自由地飞翔，参差不齐的毛羽肃肃伸展，你要回去了，送你到郊外远方。望呵，望不见了你，泪水如雨地倾泻。

燕呵，自由地飞翔，忽上忽下地翻转。你要回去了，送你远行回归故乡。望呵，望不见了你，久久站立轻声哭泣。

燕呵，自由自在地飞翔，上上下下地喃喃歌唱。你要回去了，送你南路归往。望呵，望不见了你，我心憔悴悲伤。

胸襟宽阔的妹妹呵，你的心肠善良诚实。既温柔且贤惠，善于庄重地对待自己。思念已故的人呵，深深地鼓励了我。

日　月

日居月诸，[1]照临下土。
乃如之人兮，逝不古处。[2]
胡能有定，[3]宁不我顾。[4]

日居月诸，下土是冒。[5]
乃如之人兮，逝不相好。
胡能有定，宁不我报。[6]

日居月诸，出自东方。
乃如之人兮，德音无良。[7]
胡能有定，俾也可忘。

日居月诸，东方自出。
父兮母兮，畜我不卒。[8]
胡能有定，报我不述。

【注释】

①居、诸：语气助词。②逝：及。逝不：倒文，即不逝。古处：故居，过去和谐相处的地方。③定：正，准，定准。④宁：岂，难道。⑤冒：覆盖，照在。⑥报：回报，报答，旧时称夫不理妻为“不见答”。⑦德音：道德名誉，好名声。德音无良：一点好话也不讲。⑧畜：取悦，讨好，喜欢。卒：终，终于。

【译文】

红太阳呀，明月亮呀！光辉普照大地。就是你这个人呀，一反常态忘却往昔，哪里能够安

定？如此全然不顾。

红太阳呀，明月亮呀！覆照下土，就是这个人呀，一反初衷不与我相爱，那里能够稳定？如此对我不理。

红太阳呀，明月亮呀！升自东方，就是你这个人呀，好话说尽丧尽天良，那里能够安定？怎么会使我全忘光。

红太阳呀，明月亮呀！从东方升起，爹呀，妈呵！养育我还没有终止，怎么能够安定？他对我粗暴失常。

终 风

终风且暴，①顾我则笑，
谑浪笑敖，②中心是悼。

终风且霾，③惠然肯来，
莫往莫来，悠悠我思。

终风且曀，④不日有曀，
寤言不寐，愿言则嚏。⑤

曀曀其阴，虺虺其雷，⑥
寤言不寐，愿言则怀。

【注释】

①终：终日，既。暴：暴雨。或作“瀑”。②谑浪笑敖：戏谑。谑：开玩笑。浪：放荡。敖：通傲，傲慢。③霾（mái）：阴霾。④曀：阴而有风，夹着尘土。⑤嚏：打喷嚏。⑥虺虺（huī）：雷始发之声。

【译文】

既是狂风又是暴雨，见了我嬉笑放荡。戏谑侮弄傲慢无礼，心中无限哀伤。

既刮狂风又尘土飞扬，你偶尔也来我这里。你若不来我也不往，绵绵相思压我心。

既刮狂风又阴云蔽日，阴云惨淡遮住阳光。醒后难入睡，想起来喷嚏不止。

乌云惨惨暗淡无光，雷声轰鸣，醒来不能入睡，想起来哀伤不已。

击 鼓

击鼓其镗，①踊跃用兵。②
土国城漕，③我独南行。

从孙子仲，平陈与宋。④
不我以归，忧心有忡。

爰居爰处？[5]爰丧其马？
于以求之？[6]于林之下。

死生契阔，[7]与子成说。[8]
执子之手：与子偕老。

于嗟阔兮，[9]不我活兮。
于嗟洵兮，[10]不我信兮。[11]

【注释】

①镗（tāng）：击鼓声。②踊跃：形容振作精神。兵：兵器。③土：在国内服役做土工。土国：役土功于国。城：筑城墙，这里城作动词。④平：和、合。⑤爰（yuán）：在何处，疑问代词。⑥于以：与爰同义。⑦契阔：契，契合，阔，疏阔。契阔：离合聚散。这里偏指离散。⑧成说：诺言。⑨阔：远离别，路途遥远。⑩洵（xún）：久别。⑪信：信用。不我信：使我不能实现诺言。

【译文】

战鼓冬冬响，拿着刀枪练兵。举国修路筑漕城，唯我从军南行。

跟随将军孙子仲，联合友邦陈与宋，不准我归，忧心重重。

哪里居住哪里留停，哪里丢失我的马？去何地去寻找？只有到密密山林之中。

我俩誓约同生死，誓言要永久牢记，握紧你的手呵，我们要同偕白头。

呵，我俩隔山又隔水，再也不能相会呵！呵，戍役无止境，白头之约难以如愿呵！

凯　风

凯风自南，[1]吹彼棘心。[2]
棘心夭夭，母氏劬劳。[3]

凯风自南，吹彼棘薪。
母氏圣善，我无令人。

爰有寒泉，[4]在浚之下。
有子七人，母氏劳苦。

睍睆黄鸟，[5]载好其音。
有子七人，莫慰母心。

【注释】

①凯风：和风，南风。②棘：酸枣树。心：酸枣棘初生之时，先见尖刺，尖刺就是心，所以这里的“心”即纤小之义。③劬（qú）：辛苦，辛劳。④爰：发语词，无意义。寒泉：在卫地浚邑，水冬夏常冷，

所以称为寒泉。⑤睍睆（xiànhuǎn）：美丽，好看。这里指清丽的鸟鸣声。

【译文】

和风吹来自南方，吹拂那枣树的枣花。枣花长势茁壮，出自母亲的勤劳。

和风吹来自南方，吹拂到那枣树上。母亲殷殷关怀我们，却无善德报娘亲。

那里有清冽"寒泉"，流经浚城益于民。有了七个儿子不算少，那是母亲的辛勤。

美丽的黄鸟，唱着婉转动听歌。有了七个儿子不算少，还不能慰藉母亲心。

雄　雉

雄雉于飞，泄泄其羽。①
我之怀矣，自诒伊阻。②

雄雉于飞，下上其音。
展矣君子，③实劳我心。

瞻彼日月，悠悠我思。
道之云远，④曷云能来？

百尔君子，不知德行。
不忮不求，⑤何用不臧。⑥

【注释】

①泄泄（yì）：鼓翅舒缓地飞翔。形容动作迟缓。②诒：同遗，留下，遗留。伊：同医，此，这。阻：忧。③展：诚，老实，诚实。君子：指丈夫。④云：语助词。⑤忮（zhì）：嫉妒，嫉恨。求：贪心。⑥臧：善，好。

【译文】

雄山鸡飞翔，自由伸展翅羽。想念久役军旅的丈夫，关山远阻天各一方。

雄山鸡飞翔，忽高忽低地展翅作响。这位诚实的丈夫，服役在外使我牵肠。

看那日月渐渐流逝，我相思之情殷切难忘。你身在遥远的地方，何时可以归故乡。

达官显贵之人们呵，寡廉鲜耻丧尽了天良。不嫉害不贪求，处处如意幸福吉祥。

匏有苦叶

匏有苦叶，①济有深涉。②
深则厉，③浅则揭。④

有弥济盈，⑤有雉鷕鸣。⑥
济盈不濡轨，⑦雉鸣求其牡。

雝雝鸣雁，[8]旭日始旦。
士如归妻，[9]迨冰未泮。[10]

招招舟子。[11]人涉卬否。[12]
人涉卬否，卬须我友。[13]

【注释】

①匏（pǎo）：葫芦。古人常将干葫芦拴在腰上渡水。苦：一说指苦味；一说是枯。②济：河流名称。涉：涉水过河。③厉：带，穿，动词，这里指穿着衣过河。④揭：扛起衣服渡水。⑤弥：即弥弥，河水满盈的样子。⑥鷕（yǎo）：雌雉的叫声。⑦濡：沾湿。轨：车轴的两端。⑧雝雝：雁鸟声。古代婚嫁常用雁作礼物。⑨归妻：娶妻。⑩迨：及，趁。泮（pàn）：融化。古代婚嫁常在秋冬两季。⑪招招：船夫摇船时身体屈伸动摇的样子。⑫卬（áng）：我。卬否：即我不走之意。⑬友：朋友，这里指爱侣。

【译文】

葫芦上挂枯黄叶，渡水须涉过深水。深水和衣趟过，水浅提起衣裳走。

济河茫茫满河流泛，山鸡挑逗地咕咕鸣叫。渡水要渍湿车轮，山鸡鸣叫志在雄雉。

雁儿嘹亮地鸣叫，旭日东升放光芒。你要娶妻，不要等到封冰雪冻。

摆渡人热情地招呼，人已渡河我观看。人已渡河我观看，我在等待我的挚友。

谷　风

习习谷风，[1]以阴以雨。
黾勉同心，[2]不宜有怒。
采葑采菲，[3]无以下体？[4]
德音莫违，及尔同死。

行道迟迟，[5]中心有违。[6]
不远伊迩，薄送我畿。[7]
谁谓荼苦，[8]其甘如荠。[9]
宴尔新婚，[10]如兄如弟。

泾以渭浊，湜湜其沚。[11]
宴尔新婚，不我屑以。
毋逝我梁，[12]毋发我笱。[13]
我躬不阅，[14]遑恤我后。[15]

就其深矣，方之舟之。
就其浅矣，泳之游之。

何有何亡，黾勉求之。
凡民有丧，匍匐救之。⑯

不我能慉，⑰反以我为雠。⑱
既阻我德，贾用不售。⑲
昔育恐育鞫，⑳及尔颠覆。㉑
既生既育，比予于毒。

我有旨蓄，㉒亦以御冬。
宴尔新婚，以我御穷。
有洸有溃，㉓既诒我肄。㉔
不念昔者，伊余来塈。㉕

【注释】

①习习：风的声音，象声词。谷风：山谷吹来的风；另一说东风，暴风。②黾（mǐn）勉：努力，勤勉。③葑（fēng）：萝卜。菲（fěi）：芜青。④下体：指根部。葑、菲都是茎叶，根均可食用的植物，但根部是主要食用部分，茎叶过时会枯萎。这里用根喻美德，用茎叶喻色衰。“无以下体”即要叶不要根，引申义为喜新厌旧。⑤迟迟：迟缓，慢行之貌。⑥违：通帏。遗憾。⑦畿（jī）：门槛。⑧荼（tú）：苦菜。⑨荠：荠菜。⑩晏:安乐，快乐。⑪湜湜（shí）：形容水清见底。沚：河底。⑫逝：往。梁：河中用石垒起以捕鱼的堤。⑬发：同拨，搞乱。笱（gǒu）：捕鱼用的竹篓。⑭阅：容纳。⑮恤（xù）：担忧、顾及。⑯匍匐：在地上爬行，即竭尽全力的样子。⑰能（néng）：通宁。慉（xù）：通畜，喜好，爱。⑱雠（chóu）：同仇。⑲贾（gù）：卖，经商。⑳育恐：生活恐慌。充鞫：生活穷困。鞫：穷。㉑颠覆：艰难，患难。㉒旨蓄：佳肴。旨：味美。蓄：指积蓄的蔬菜。㉓洸（guàng）：威武的样子。溃（kuì）：发怒的样子。㉔既：尽，全部。诒：通贻，留给，遗留。肄（yì）：劳苦。㉕来：语气词。

【译文】

山谷之风飒飒迅猛，一阵乌云一阵暴雨。夫妻要同心互勉，不要怒气汹汹横加指责。采摘蔓菁和萝卜，不要鄙视地下茎。只要不违背昔日誓言，愿和你同生共死共存荣。

我迟迟地离家，不愿分别了你。你连远处不愿相送，仅仅送我到门庭。谁说荼菜味最苦，比我放逐还要甜。你欢乐于新婚，如兄如弟的亲密。

泾水因渭水而混浊，水波不兴澄澈见底。你又欢乐于新婚，对我却全然不顾。不要到我捕鱼的水坝，不要搞乱我的鱼笼。我自身不能被接纳，那有闲暇顾及今后。

遇到深水，用船和竹筏渡过它。遇到浅水，只好泅水游过它。有时富裕有时贫，尽心竭力谋求它。若是邻居遇灾难，想方设法解救他。

你不爱我人，反以我为仇还不算。你既拒绝我的好意，把我当作滞货无处售。当你害怕潦倒时，与我患难与共颠沛流离。今天你日子好转，把我当作毒蛇猛兽。

我有可口的干莱，可以度过严冬。你欢乐于新婚，忘记了我为你支撑。难道忘记春水泛滥时的游乐，你送我嫩叶。难道不念昔日情丝绵绵，那时我是你心爱人。

式微

式微式微，[①]胡不归？
微君之故，胡为乎中露！[②]

式微式微，胡不归？
微君之躬，[③]胡为乎泥中！

【注释】

①式：发语词，无意义。微：昏暗不明，指天黑。②中露：倒装词，在露中之意。③躬：身体。

【译文】

天快黑啦，天快黑啦，为何还不让我归？如果不是君主的原因，为什么滞留在霜露。

天快黑啦，天快黑啦，为何还不让我归？如果不是为了君主养贵体，为什么滞留在泥水中。

（附注：一说这是男女黑夜中幽会的诗，为男女问答之词，译文如下。）

“夜已深呵，夜已深呵！露水涟涟为何不归去？”“倘若不是等你呵，怎会在露水中伫立。”

“夜已深呵，夜已深呵！泥泞渍渍为何不归去？”“倘若不是等你呵，怎会在泥泞中伫立。”

旄丘

旄丘之葛兮，[①]何诞之节兮。[②]
叔兮伯兮，何多日也？

何其处也？必有与也！
何其久也？必有以也！

狐裘蒙戎，[③]匪车不东。[④]
叔兮伯兮，靡所与同。

琐兮尾兮，[⑤]流离之子。[⑥]
叔兮伯兮，褎如充耳。[⑦]

【注释】

①旄（máo）丘：卫地，在今河南濮阳县，是一个前高后低的土山。②诞：同覃，延长。节：葛藤的枝节。③蒙戎：蓬乱之貌。④匪：非。东：东方。此处疑指流亡人居于东方。⑤琐：细小，少。尾：通微，微小，卑贱，卑微。⑥流离：鸟名，即黄鹂，黄莺。转徒离散。⑦褎（xiù）：盛服。充耳：堵住耳朵，充耳不闻。

【译文】

高山坡的葛藤呵，为什么蔓延这样宽阔！情郎啊好哥哥，为什么长久不看我们。

为什么住在此处，想必你们有所赏赐。为什么滞留这样久，想必你们有缘故。

衣冠楚楚乱公卿，你们兵车不朝东来救援。情郎啊好哥哥，对我们的苦衷不动情。

多么美丽多么年轻，只因流离鸟变成丑八怪。情郎啊好哥哥，盛装艳服却不听。

简　兮

简兮简兮，①方将万舞。②
日之方中，在前上处。③

硕人俣俣，④公庭万舞。
有力如虎，执辔如组。⑤

左手执籥，⑥右手秉翟。⑦
赫如渥赭，⑧公言锡爵。⑨

山有榛，⑩隰有苓。⑪
云谁之思？西方美人。
彼美人兮，⑫西方之人兮。

【注释】

①简：鼓声。②万舞：一种舞名，在周天子宗庙中演出，分文舞和武舞两部分。③在前上处：言领舞者在最前列。处：处于某位置。④硕（shuò）：高大而壮美的人。俣俣（yǔ）：形容身材魁梧貌。⑤辔：马缰绳。组：编织成排的丝线。⑥籥：古时乐器名，形似笛，三孔。⑦翟（dí）：野鸡的尾羽。⑧赫：红，这里形容脸色红而发亮。渥（wò）：涂抹。赭（zhě）：红土，赭石。⑨锡：通赐，赏赐。⑩榛（zhēn）：榛树，落叶乔木，籽可食。⑪隰（xí）：低洼潮温的地方。苓：甘草。⑫美人：指领舞者。

【译文】

潇洒大方潇洒大方，大型舞会将开场。太阳悬挂在空中，那人正在舞队最前列。身材高大仪表堂堂，公庭舞蹈喜气洋洋。

威武有力如猛虎，手执缰绳如织锦成行。左手拿着笙籥管，右手拿着雉毛指。满脸彤彤红光耀目，卫候赏赐满杯酒。

山上长着榛栗，潮湿地苓菜滋生。我想谁呢？思念西方美男子。那个美男子，就是西方来的人。

泉　水

毖彼泉水，①亦流于淇。
有怀于卫，靡日不思。

娈彼诸姬，[2]聊与之谋。[3]

出宿于泲，饮饯于祢。
女子有行，[4]远父母兄弟。
问我诸姑，遂及伯姊。

出宿于干，饮饯于言。
载脂载舝，还车言迈。[5]
遄臻于卫，不瑕有害？

我思肥泉，[6]兹之永叹。
思须与漕，[7]我心悠悠。[8]
驾言出游，以写我忧。[9]

【注释】

①毖（bì）：通泌，形容泉水流动不止的样子。泉水：卫地水名。②诸姬：一些姬姓的女子。卫君姓姬，卫女嫁于诸侯，以同姓之女陪嫁。娈（luán）：美貌。③聊：姑且，暂且。④行：嫁。⑤还车：掉转车头。迈：远。⑥肥泉：即前一节中提到的泉水。⑦须、漕：卫国的地名。（8）悠悠：形容忧虑不已。⑨写：通卸，消除。

【译文】

那泉水汩汩涌流，滚滔流入淇水。怀念卫国我故乡，无时无地不在萦回。那些貌美的姊妹，姑且同她们商计谋。

我遐想从泲地起程，在祢饮了送行酒。姑娘既已出嫁，远离父母亲兄弟。临别问候我的姑姑们，还要问候姐姐们。

我想起从干地出发，在言喝了送行酒。加足车油装好车轴，让我乘出嫁时车归还。要快速回到卫，难道还有啥过错。

我心中想起了肥泉，使我长吁短叹。想到故里须与漕，情思绵绵如缕不断。如此虚构出游归去，借以纾解我的忧然。

北　门

出自北门，忧心殷殷。
终窭且贫，[1]莫知我艰。
已焉哉！天实为之，
谓之何哉！[2]

王事适我，[3]政事一埤益我。[4]
我入自外，室人交遍谪我。[5]

已焉哉！天实为之，
谓之何哉！

王事敦我，[6]政事一埤遗我。
我入自外，室人交遍谪摧我。[7]
已焉哉！天实为之。
谓之何哉！

【注释】

①窭（jù）：贫寒。②谓之何：奈何，怎么办。③王事：有关周王朝的事。适：扔，抛。④政事：公家的事。⑤谪（zhé）：谴责。⑥敦：逼迫。⑦摧：讽刺，打击。

【译文】

从北门走了出来，忧心忡忡。既寒酸而又困窘，谁知道我的艰辛。算了呀，这是上天注定了的，无话可说呵！

国王的事情分给我，公事一个劲地儿推给我。我从外面归来，家人个个斥责我。算了呀，这是上天注定了的，无可奈何呵！

国王的差事逼迫我，公事一个劲地儿留给我。我从外面归来，家人个个挖苦我。算了呀！这是上天注定了的，无话可说呵！

北　风

北风其凉，雨雪其雱。[1]
惠而好我，[2]携手同行。
其虚其邪？[3]既亟只且！[4]

北风其喈，[5]雨雪其霏。[6]
惠而好我，携手同归。
其虚其邪？既亟只且！

莫赤匪狐，莫黑匪乌。[7]
惠而好我，携手同车。
其虚其邪？既亟只且！

【注释】

①雨雪：下雪，此处雨是动词，即“下”。雱（pāng）：雪花纷纷貌。形容雪盛。②惠：承蒙，爱护，关照。③虚：通舒。邪：通徐。形容缓慢而犹豫不决貌。④亟：同急。只且：语尾助词。⑤喈（jiē）：快速、迅猛貌。形容风急。⑥霏：雪花纷飞貌。形容雪大。⑦莫赤匪狐，莫黑匪乌：意思是赤狐乌鸦。天下赤狐都是狡猾的，天下乌鸦一般黑。旧时将狐狸和乌鸦当成不祥之物，这里借用来比喻祸国殃民的当权

者。

【译文】

北风袭来，雨雪纷飞。真心与我相好的人，挽手同行而去。胸襟宽广从容不迫呵，匆忙地离开了呵！

北风怒号，雨雪凄凄。真心与我相好的人，手挽手地投奔安乐乡。胸襟宽广从容不迫呵，匆忙地离去了呵！

赤色的都是狐狸，黑色的没有不是乌鸦。真心与我相好的人，手挽手地同车闯天下。胸襟宽广从容不迫呵，急忙地离去呵！

（附注：朱熹说：卫以淫乱亡国，未闻其有威虐之政。后人认为这是新妇赠婿之诗。译文如下）

北风凄凉，雨雪飞扬。你若是衷心爱我，任凭风吹雨打与你同行。如此文雅如此从容，但有一颗火热温暖的心。

北风怒号，雨雪滂沱。你若是诚心爱我，任凭风吹雨打与你同归。如此文雅如此从容，但有一颗火热温暖的心。

赤色的都是狐狸，黑色的都是乌鸦。你若是诚心爱我，任凭恶霸当道与你同车。如此文雅如此从容，但有一颗火热温暖的心。

静 女

静女其姝，①俟我于城隅。②
爱而不见，③搔首踟蹰。④

静女其娈，⑤贻我彤管。⑥
彤管有炜，⑦说怿女美。⑧

自牧归荑，⑨洵美且异。⑩
匪女之为美，美人之贻。

【注释】

①静：贞静，文静，善良。姝：美丽娴淑容貌漂亮。②城隅：城楼上的角楼。③爱：通薆，隐蔽，躲藏。④踟蹰：徘徊不定，犹豫不决的样子。⑤娈：年轻美丽，容貌俊俏。⑥彤管：红管草。⑦炜（wěi）：红而泛光。形容花朵鲜艳。⑧说怿（yuèyì）：喜悦，喜欢。⑨牧：郊外。荑（tí）：香草名，芍药。归：通馈，赠。⑩洵：确实，实在。

【译文】

贞静的姑娘一朵花，约我幽会于城隅。为什么隐藏不见面，抓着头皮左右徘徊。

贞静的姑娘美婵娟，送我一支红笔管。这支笔管闪闪发光。爱它，就是喜欢你的貌美。

野外归来赠白茅，真真美好目悦神怡。不是白茅多么美好，因它是美人所赌赠。

新 台

新台有泚，[①]河不弥弥。[②]
燕婉之求，[③]蘧篨不鲜。[④]

新台有洒，[⑤]河水浼浼。[⑥]
燕婉之求，蘧篨不殄。[⑦]

鱼网之设，鸿则离之。[⑧]
燕婉之求，得此戚施。[⑨]

【注释】

①泚：形容鲜明的样子。②弥弥：水满貌。③燕婉：夫妻美好和满。燕：安；婉：顺。④蘧篨（qúchú）：癞蛤蟆一类的东西，即鸡胸，驼背。鲜：善。⑤洒：形容高峻。⑥浼浼（miǎn）：形容水盛。⑦殄（tiǎn）：通腆，善，美。⑧鸿：蛤蟆。离：通罹，获得。⑨戚施：一种腰不能直的残疾人，即“驼背”。

【译文】

新台光耀夺目多辉煌，黄河之水一片茫茫。我想的是英俊美少年，遇到臃肿的丑家伙。

新台高耸入云，黄河之水一片荡漾。我想的是英俊美少年，遇到腼腆的怪家伙。

张开鱼网捕捞鱼儿，一只虾蟆闯进来。我想的是英俊美少年，遇到佝偻的鬼家伙。

二子乘舟

二子乘舟，泛泛其景。[①]
愿言思子，[②]中心养养！[③]

二子乘舟，泛泛其逝。
愿言思子，不瑕有害？

【注释】

①泛泛：漂浮的样子。景：通憬（jǐng），远行的样子。②愿：每。思念。③养养：即恙恙，心神不定。忧愁不安。

【译文】

哥俩乘着一扁舟，顺水流到遥远的地方。每逢想到他们俩，忧心忡忡的不知所措。

哥俩乘着木船，迅速地流往远方。每逢想到他们俩，不知他们到底有什么过错？

鄘　　风

柏　　舟

泛彼柏舟，在彼中河。
髧彼两髦，[①]实维我仪。[②]
之死矢靡它。[③]母也天只，
不谅人只！

泛彼柏舟，在彼河侧。
髧彼两髦，实维我特。[④]
之死矢靡慝。[⑤]母也天只，[⑥]
不谅人只。

【注释】

①髧（dàn）：头发下垂的样子。两髦：古时未成年男子的发式，披着头发，下齐眉毛，分向两边梳着。②实：通是。维：句中助词，有加强判断语气的作用。仪：配偶。③之：至。矢：通誓。靡（mǐ）：无。它（tuō）：别的，其他。这里指别有二心。④特：配偶，匹配。⑤慝（tè）：更改，变心。⑥只：语气词。

【译文】

那只柏木船漂流在河的中央。两鬓垂发的那个人，正是我追求的夫君，对他之爱至死毫无异心。娘呀爹呀，为何不相信我的誓言。

那只柏木船漂流，在河的边缘。两鬓垂发的那个人，正是我追求的配偶，对他之爱至死毫无邪念。娘呀爹呀，为何不相信我的誓言。

墙有茨

墙有茨，[①]不可埽也。
中冓之言，[②]不可道也。
所可道也，言之丑也。

墙有茨，不可襄也。[③]
中冓之言，不可详也，[④]
所可详也，言之长也。

墙有茨，不可束也。
中冓之言，不可读也。[⑤]

所可读也，言之辱也。

【注释】

①茨（cí）：草名。即蒺藜。②中冓（gòu）：宫闱，宫庭内部。冓：通构，室。③襄:除去，消除。④详：细说，详述。⑤读：宣露，宣扬。反复地说。

【译文】

墙上爬满了蒺藜，不能扫掉它。夜半房中悄悄话，不能传播开来。如果传播开来，君王的丑态暴露天下。

墙上爬满了蒺藜，不能割除它。夜半房中悄悄话，不能宣扬出来。如果宣扬出来，君王的丑恶让人丢脸。

墙上生满了蒺藜，不能除掉它。夜半房中悄悄话，不能开口吐露出来。如果开口吐露出来，君王的羞辱令人无地自容。

君子偕老

君子偕老，副笄六珈。[①]
委委佗佗，[②]如山如河。
象服是宜。子之不淑，
云如之何？

玼兮玼兮，[③]其之翟也。
鬒发如云，[④]不屑髢也。[⑤]
玉之瑱也，象之揥也。[⑥]
扬且之皙也。胡然而天也？
胡然而帝也？

瑳兮瑳兮，[⑦]其之展也，[⑧]
蒙彼绉絺，是绁袢也。[⑨]
子之清扬，扬且之颜也。
展如之人兮，邦之媛也！[⑩]

【注释】

①副：首饰。笄（jī）：簪子。珈（jiā）：珠玉。副、笄、珈都是古代贵夫人的首饰。②委委佗佗：形容行走庄重而从容自得。佗：通蛇。③玼：形容鲜艳。④鬒（zhěn）：黑头发，稠发。⑤髢（dí）：假头发。⑥揥（dì）：用以搔头和绾发的簪子。⑦瑳（cuō）：像玉一样鲜明洁净。⑧展：后妃和命妇们的一种礼服。⑨绁袢（xièbàn）：白色的内衣。⑩帮:国。媛（yuàn）：美女。

【译文】

这对夫妇要白头到老，假鬓玉簪步摇珠颗颗。仪态从容不迫潇洒大方，如山稳重如河宽广，镶边的礼服体态自如。这样的人原非品行端庄，对她无计可施。

如玉鲜艳呵如玉鲜艳呵，穿着绘制锦山鸡的礼服。黑油油的鬓发酷似阴云，不披假发也很漂亮，耳旁的碧玉闪闪发光，还有象牙发簪插发间，吊梢眉毛白皙皮肤。骤然一瞥好像出自尘世的天仙，骤然一瞥好像出自尘世的上帝。

如玉艳丽呵如玉艳丽呵，穿着红色绉纱的会客服。披上薄薄的细绉衣，还有无色透明的贴身内衣，目光有神脸庞丰盈，眉飞色舞润泽光彩多姿。俨然国王夫人，是这个国家的国色天香。

桑　中

爰采唐矣？①沫之乡矣。②
云谁之思？美孟姜矣。③
期我乎桑中，要我乎上宫，
送我乎淇之上矣。

爰采麦矣？沫之北矣。
云谁之思？美孟弋矣。④
期我乎桑中，要我乎上宫，
送我乎淇之上矣。

爰采葑矣？⑤沫之东矣。
云谁之思？美孟庸矣。⑥
期我乎桑中，要我乎上宫，
送我乎淇之上矣。

【注释】

①爰：于何处。唐：唐蒙，即娄，菟丝子，一种蔓生植物名。②沫（mèi）：卫国的首都朝歌。③孟：排行居长。姜：姓。孟姜：泛指美人。④弋（yì）：姓，通姒。⑤葑（fēng）：萝卜。⑥庸：姓，金文作“鄘”。

【译文】

采女萝到那里去呢？在沫邑那郊野。你说“我在想着谁？”想那漂亮的孟姜。她在桑林中等我，约我相会到上宫，送别我在淇河边上。

采枣到那里去呢？在沫邑正北边。你说“我在想着谁？”想到美丽的孟弋。她在桑林中等我，约我相会到上宫，送别我在淇河边上。

采蔓菁到那里去呢？在沫邑正东边。你说“我在想着谁？”想那妩媚的孟庸。她在桑林中等我，约我相会到上宫，送别我在淇河边上。

鹑之奔奔

鹑之奔奔，①鹊之彊彊。②

人之无良。我以为兄！

鹑之奔奔，鹊之彊彊。
人之无良。我以为君！[3]

【注释】

①鹑（chún）：鹌鹑。奔奔：等于翩翩，形容成双成对飞翔。②彊彊：同奔奔。③君：寡小君，国君夫人，指宣姜。

【译文】

鹌鹑双双对对飞翔，喜鹊亲亲昵昵依傍。这个人品行卑劣，我却把他作为兄长。

喜鹊亲亲昵昵依傍，鹌鹑双双对对飞翔。这个人品行卑劣，我却把她作为女君。

定之方中

定之方中，[1]作于楚宫。
揆之以日，[2]作于楚室。
树之榛栗，[3]椅桐梓漆，[4]
爰伐琴瑟。

升彼虚矣，[5]以望楚矣。
望楚与堂，景山与京。[6]
降观于桑，卜云其吉，
终焉允臧。

灵雨既零，命彼倌人，[7]
星言夙驾，说于桑田。
匪直也人，秉心塞渊，
騋牝三千。[8]

【注释】

①定：星名，又名营室。方中：言黄昏时定星正在天中的正中间。②揆：度、测量。言根据日影测定方位。日：日影。③树：种植，动词。榛、栗：都是树名。④椅（yī）：树名，近似梧桐。梓（zǐ）、漆：都是树名。⑤虚：亦作墟，山丘。⑥京：高丘。⑦倌人：管驾车的小官。⑧騋（lái）：公马，大马。牝：母马。騋牝三千：预言卫国富强。

【译文】

定星灿烂挂中天，楚丘建造卫新宫。测量日影定出方向，在楚丘建造宫室。栽种榛树和栗树，还栽椅、桐、梓和漆树，砍伐它们，制作琴瑟响铮铮。

登上那漕邑故城，眺望楚丘。瞻望楚丘和堂邑，还遍历大山和高丘。下山看见桑田，占卜卦辞预示吉利，美好未来果然妥当。

时雨已经淅淅落，吩咐那驾车的人。雨后星明早起程，文公停留在桑田。他不但不是无为之君，虚心诚实深谋远虑，奔驰骏马多达三千。

蝃 蝀

蝃蝀在东，①莫之敢指。
女子有行，②远父母兄弟。

朝隮于西，③崇朝其雨。④
女子有行，远父母兄弟。

乃如之人也，怀婚姻也。⑤
大无信也，不知命也！⑥

【注释】

①蝃蝀（dìdòng）：虹。②女子：指私奔的女子。行：嫁。③朝：早上。隮（jī）：即虹。虹为通称，细分之，见于东方者谓之蝃蝀，见于西方者谓之隮。④崇：通终。崇朝：整个早上。⑤怀：通坏，破坏。⑥不知命：不知婚姻当听父母之命。

【译文】

彩虹显现在东方，谁也不敢用手指着它。姑娘是要出嫁的，远离父母和兄弟。

虹气升于西方，整个早晨直下雨。姑娘是要出嫁的，远离父母和兄弟。

就是这个姑娘呵，一心想实现自己的婚姻。遗弃了婚约之言，也不听父母之命。

相 鼠

相鼠有皮，①人而无仪！②
人而无仪，不死何为？

相鼠有齿，人而无止！③
人而无止，不死何俟？

相鼠有体，人而无礼！
人而无礼，胡不遄死？④

【注释】

①相（xiàng）：看。此句是兴，以鼠有皮反衬人无仪。②仪：威仪。③止：容止，指守礼法的行为。无止，就是无所不为，不顾脸面，不知道耻。④遄（chuán）：快。

【译文】

请看老鼠的毛皮，好像毫无威仪的人。人要是毫无威仪，不死还有什么意义？

请看老鼠的牙齿，好像恬不知耻的人。人要是恬不知耻，不死还等什么时候？

请看老鼠的肢体，好像缺乏礼仪的人。人要是缺乏礼仪，为什么还不快死？

干　旄

孑孑干旄，①在浚之郊。②
素丝纰之，③良马四之。
彼姝者子，何以畀之？④

孑孑干旌，在浚之都。
素丝组之，⑤良马五之。
彼姝者子，何以予之？

孑孑干旌，⑥在浚之城。
素丝祝之，⑦良马六之。
彼姝者子，何以告之？

【注释】

①孑孑（jié）：形容特立，独立貌。干：同竿，竹竿。旄：旗杆头上用旄牛尾做装饰的旗。旄：一种牛。②浚：卫国的地名，其址在今河南省濮阳县南。③纰（pí）：在衣冠或旗帜上镶边。④畀（bì）：给予，赠予。⑤组：丝带，指马缰绳。⑥干旌：将五彩羽毛加在竿顶的旗子。⑦祝：丝带，指马缰绳。

【译文】

干旄之旗随风飘扬，在浚邑的城郊。它用白丝线绣边，四匹骏马驾御了它。这样一个美丽绝色女，用什么送与他好。

鸟隼之旗随风飘扬，在浚邑的都城。它用白丝线缝成，五匹良马车上套。这样一个美丽绝色女，用什么给予他好。

羽毛为饰之旗随风飘扬，在浚邑的城中。它用白丝线连成，六匹良马车上套。这样一个美丽绝色女，用什么忠告他好。

载　驰

载驰载驱，①归唁卫侯。②
驱马悠悠，言至于漕。③
大夫跋涉，我心则忧。

既不我嘉，④不能旋反？

视尔不臧，[5]我思不远？
既不我嘉，不能旋济？[6]
视尔不藏，我思不閟？[7]

陟彼阿丘，[8]言采其蝱。[9]
女子善怀，亦各有行。
许人尤之，众稚且狂。[10]

我行其野，芃芃其麦。[11]
控于大邦，谁因谁极？[12]
大夫君子，[13]无我有尤。
百尔所思，不如我所之。

【注释】

①载：发语词，无意义。驰、驱：赶马快跑。②唁：吊失国曰唁，慰问死者的亲属。③言：语助词。漕：卫国的地名。位于今河南省滑县东南白马城。④既：都。嘉：赞成。⑤臧：善，好。⑥济：同霁，雨止。⑦閟（bì）：闭塞行不通。⑧陟（zhì）：登。阿丘：一边偏高的山丘。⑨蝱（méng）：贝母，一种草药。⑩稚（zhì）：幼稚。⑪芃芃（péng）：茂盛。⑫因：亲。极：同急。⑬大夫君子：指许国的大夫们。

【译文】

奔驰吧快马加鞭，回故国去吊唁卫侯。策马踏上漫长的道途，就要回到漕邑。大夫远途跋涉前来劝阻，我的内心无限忧愁。

既不赞同我去卫，无法还归卫都，我看你们无良策，思卫之情怎能忘怀。既不赞同我去卫，不能渡河归返。看你们无良策，我思卫之情怎能止息。

登上那个高高小山，去采摘一把贝母。女子多愁善感，也各有不同的道理。许国大夫偏要责备我，他们幼稚轻狂不知羞。

我走到故国郊野，麦浪滚滚蓬勃长。向大国控诉求救吧，那国能依靠那国能救亡。

大夫们君子们，不要非难我吧！你们各种各样的主张，不如我亲自走一趟。

卫　风

淇　奥

瞻彼淇奥，[1]绿竹猗猗。[2]
有匪君子，如切如磋，
如琢如磨，瑟兮僩兮[3]
赫兮咺兮，[4]在匪君子，
终不可谖兮。[5]

瞻彼淇奥，绿竹青青。
有匪君子，充耳琇莹，⑥
会弁如星，⑦瑟兮僩兮，
赫兮咺兮，有匪君子，
终不可谖兮。

瞻彼淇奥，绿竹如箦。⑧
有匪君子，如金如锡，
如圭如璧，宽兮绰兮，
猗重较兮⑨，善戏谑兮，
不为虐兮。⑩

【注释】

①淇：淇水，源出河南省林县，东南经淇县流入卫河。奥：水岸深曲处。②猗猗（è）：通阿，修长而美丽。③僩（xiàn）：宽大貌。④赫：威严貌。咺（xuān）：形容威仪貌。⑤谖（xuān）：忘记。⑥琇莹：美石。⑦会弁（guìbiàn）：在鹿皮帽上鹿皮会合处。弁：鹿皮帽。会：鹿皮会合处。⑧箦：同積，积，堆积。⑨猗（yǐ）：通倚，车箱上有二重横木的车子。⑩虐：粗暴，以言语伤人。

【译文】

遥望那淇水的深处，绿竹郁郁葱葱。文采风流美君子，好像细切细磋了的象牙，好像精雕琢磨了的美玉。他容仪庄重呵宽大呵，光明磊落呵成仪端正呵。文采风流美君子，自始至终不会被人遗忘。

瞻望那淇水的深处，绿竹蓬蓬勃勃。文采风流美君子，耳旁珍珠闪闪发光，帽上镶嵌美玉似点点繁星。他容仪庄重呵宽大呵，光明磊落呵威仪端正呵！文采风流美君子，自始至终不会被人遗忘。

远望那淇水的深处，绿竹叠叠重重。文采风流美君子，论德才如金如锡地光辉，质精纯如圭如璧地洁净。他胸襟宽大呵从容不迫呵！乘着卿大夫的车子，善于辞令说笑风趣，恰如其分不轻狂呵！

考 槃

考槃在涧，①硕人之宽。②
独寐寤言，永矢弗谖。③

考槃在阿，④硕人之迈。⑤
独寐寤歌，永矢弗过。

考槃在陆，硕人之轴。⑥

独寐寤宿，永矢弗告。

【注释】

①考：成。槃（pán）：乐，快乐。②硕（shuò）人：贤人，美人。宽：宽宏，宽广。③矢：发誓。谖（xuān）：忘记。④阿：山阿，山的曲隅。⑤迈：同侳，美貌。⑥轴：进展。

【译文】

在偏僻的山涧，这胸怀宽大的隐士。一人独卧醒后独自语，“自适其意此乐誓不忘”。

在山曲之间，这潇洒自若的隐士。一人独卧醒后独唱歌，“自知其志超然不与人来往”。

在山野之中，这胸怀道义的隐士。一人独卧醒后独安歇，“处适其志乐趣攀谈妙难言”。

硕　人

硕人其颀，①衣锦褧衣。②
齐侯之子，卫侯之妻。
东宫之妹，邢侯之姨，
谭公维私。③

手如柔荑，④肤如凝脂，
领如蝤蛴，⑤齿如瓠犀。⑥
螓首蛾眉。⑦巧笑倩兮，
美目盼兮。

硕人敖敖，⑧说于农郊。
四牡有骄，朱幩镳镳。⑨
翟茀以朝。⑩大夫夙退，
无使君劳。

河水洋洋，北流活活。
施罛涉涉，⑪鳣鲔发发。⑫
葭菼揭揭，⑬庶姜孽孽，⑭
庶士有朅。⑮

【注释】

①颀（qí）：身材修长。②褧（jiǒng）：同䌹。褧衣：女子出嫁用麻衣做成的罩衫，以御路途的灰尘。③私：女子称姐妹的丈夫为私。④荑：茅草的嫩芽，比喻又白又嫩。⑤蝤蛴（qiúqí）：天牛的幼虫。⑥瓠（hù）：葫芦。瓠犀：葫芦籽，洁白整齐。⑦螓（qín）：虫名，似蝉而小，前额宽而方正。蛾：蚕蛾，触须细长而弯曲。⑧敖敖：形容身材高大的样子。⑨镳镳（biāo）：马嚼子。⑩翟茀（dífú）：在遮蔽车后的围子上，以雉羽为饰者叫翟茀。⑪施：设。罛（gū）：大的鱼网。涉涉（huò）：撒网入水的声音，形声词。

⑫鳣（zhān）：鳇皇。鲔（wéi）：鲟鱼。发发（pō）：鱼在水中跳跃的声音。⑬葭菼（jiātān）：初生的芦苇、荻。揭揭：修长的样子。⑭庶姜：陪嫁的姜姓众女子。庶：众多。姜：齐国姜姓。孽孽（niè）：形容服饰华美。⑮朅（qiè）：形容勇武貌。

【译文】

这高大美人欣长俊丽，身穿锦衣外披罩衫。她是齐侯千金女，卫侯的娇妻，齐太子的胞妹，刑侯的小姨，谭公是她的妹婿。

手如洁白柔软的嫩芽，皮肤如洁润凝结的油膏。颈如白而长的蝤蛴，洁白整齐牙齿如瓠中瓜子，额似蝉首眉似蚕蛾。浅笑丰盈显出两酒窝，闪亮的眸子黑白分明。

修长美人器宇轩昂，出嫁的马车停留近郊。驾车雄马四匹壮矫健，马笼头红绸迎风飘扬。乘坐彩车朝见国君。上朝大夫早退朝，不要使卫君疲劳。

黄河水势一片茫茫，北流河水水声哗哗。撒网打鱼水花唧唧，鱼儿泼泼落网。芦苇荻杆高高排成行。媵妾个个倒蛮漂亮，庶士人人康健雄壮。

氓

氓之蚩蚩，①抱布贸丝，②
匪来贸丝，来即我谋。
送子涉淇，至于顿丘。
匪我愆期，③子无良媒。
将子无怒，秋以为期。

乘彼垝垣，④以望复关。
不见复关，泣涕涟涟。
既见复关，载笑载言。
尔卜尔筮，⑤体无咎言。⑥
以尔车来，以我贿迁。

桑之未落，其叶沃若。
于嗟鸠兮，无食桑葚！
于嗟女兮，无与士耽！⑦
士之耽兮，犹可说也；
女之耽兮，不可说也。

桑之落矣，其黄而陨。
自我徂尔，⑧三岁食贫。
淇水汤汤，⑨渐车帷裳。
女也不爽，⑩士贰其行。
士也罔极，⑪二三其德。

三岁为妇，靡室劳矣。
夙兴夜寐，靡有朝矣。
言既遂矣，至于暴矣。
兄弟不知，咥其笑矣。⑫
静言思之，躬自悼矣。

及尔偕老，老使我怨。
淇则有岸，隰则有泮。⑬
总角之宴，言笑晏晏。⑭
信誓旦旦，⑮不思其反。⑯
反是不思，⑰亦已焉哉！

【注释】

①氓（méng）：流亡者。蚩蚩（chī）：敦厚的样子。②布：一说布匹；一说古时的一种货币。贸：交换。③愆（qiān）：拖延，错过。④垝垣（guǐyuān）：毁坏的墙。垝：毁坏，倒塌。⑤卜（bǔ）：用龟甲卜吉凶。筮（shī）：用蓍草占吉凶。⑥咎言：不吉之言。⑦耽：凡乐过其节谓之耽，迷恋。⑧徂（cú）：往，到。这里指出嫁。⑨汤汤：形容水大。⑩爽：差错。⑪罔极：反复无常，不可测，没有准。⑫咥：大笑貌。⑬隰：同湿，水名。泮（pán）：通畔，岸。⑭晏晏：形容温和，柔和。⑮旦旦：诚恳貌。⑯反：违反，变心。⑰反是：违反此誓。不思：不思旧情。

【译文】

这个小伙子笑嘻嘻，拿着布匹来换丝，不是来换丝。原来同我谈婚事。送你渡过淇水，一直送到顿丘。不是我拖延婚期，你未找到好媒人。请你不要恼怒，约定秋天是迎亲的好日期。

登上高高破城墙，去远眺复关盼夫郎。没有见你来复关，心中焦急热泪盈眶。既见夫郎到复关，有笑有说心欢畅。你占卜问卦求神帮，卦象吉利无凶险。你娶我的车子来了，连同嫁妆随你往上装。

桑叶还没凋零，叶儿的色泽鲜艳夺目。哎呀斑鸠呀，不要贪吃桑葚。哎呀女子呀，不要同男子爱恋亲昵。男子同女子亲昵，可以托词解说。女子同男子亲昵，耻辱终身无法解脱。

桑叶将要凋落了，色变枯黄在飘零。自我作妻嫁了你，过着三年贫穷的生活。想起淇水盛时的欢乐，把车篷也浸透。为妻我问心无愧，你却作事无准。坏到极点，背信弃义无德行。

做了三年妻子，举家之事忙着未停闲。清晨早起夜半始睡，没有一天偷过懒。现在家成业安定，你却对我粗暴无礼。我的兄弟不知我处境，见我回家哈哈地笑。静静地想了又想，只有哀悼心悲酸。

曾约与你同偕到老，如此偕老让我怨。记起在淇水岸的欢聚，在渭河畔的细语。那青梅竹马的欢乐，声音笑貌还隐约重现。海誓山盟言犹耳，不想想相恋的情景。相恋情一去不返，昔日欢乐烟消云散。

竹竿

竹竿，①以钓于淇。

岂不尔思？远莫致之。

泉源在左，淇水在右。
女子有行，远兄弟父母。

淇水在右，泉源在左。
巧笑之瑳，[②]佩玉之傩。[③]

淇水悠悠，桧楫松舟。[④]
驾言出游，以写我忧。

【注释】

①籊籊（tì）：长而尖削的样子。②瑳（cuō）：开口见齿而笑貌。③傩（nuó）：形容婀娜、轻盈的样子。④桧楫：桧木做成的楫。松舟：松木做的舟。

【译文】

长而细小的竹竿，用它垂钓在淇水之滨。难道不思乡吗？路远山遥回不去呀！

泉水左边汩汩流，淇水荡荡流右侧。女子出嫁别故国，远离了父母兄弟。

淇水荡荡流右边，泉水汩汩流左侧。嫣然巧笑显露玉齿粲然，身佩玉珰节奏赛天仙。

淇水漫漫日夜流，桧木作桨松木舟。遐想出游归卫，发泄我的思乡愁。

（附注：闻一多说，谓女子出嫁以后思念以前相恋者，此为见物伤怀之作。译文如下女）

记否细又长的竹竿，我俩垂钓在淇水之滨。我怎能不想你，远离了不能再回来呵！

泉水在左，淇水在右。我出嫁了，父母兄弟也远离我了呢！

淇水在右，泉水在左。那嫣然巧笑，佩玉玎珰难道真的再也看不见了呵！

淇水悠悠不断流，似乎我同你荡桨同舟。我冥冥地初想同你共游，消遣思念你的忧愁。

芄　兰

芄兰之支，[①]童子佩觿。[②]
虽则佩觿，能不我知。
容兮遂兮，垂带悸兮。[③]

芄兰之叶，童子佩韘。[④]
虽则佩韘，能不我甲。[⑤]
容兮遂兮，垂带悸兮。

【注释】

①芄（wán）兰：又名萝，一种蔓生草本植物。②觿（xī）：用象牙制成的小锥。③悸：带子下垂，形容摇动有节奏的样子。④韘（shè）：旧时射箭时套在右手大拇指上钩弦的一种用具，用骨或玉做成。又称

“抉拾”。⑤甲：同狎，亲昵。

【译文】

芄兰的枝桠荚儿垂，童子佩带解结锥。虽佩戴解结锥，我俩无共同的话语。佩带客刀和佩玉，绅带飘垂东西晃荡。

芄兰之叶多娇弱，童子佩带扳指环。虽佩带钩弦扳指环，我俩无亲近的渊源。佩带客刀和瑞玉，绅带飘垂东西晃荡。

河　广

谁谓河广？一苇杭之。①
谁谓宋远？跂予望之。②

谁谓河广？曾不容刀。③
谁谓宋远？曾不崇朝。④

【注释】

①一苇：一片苇叶，比喻小船。杭：通航，渡。②跂（qì）：踮起脚跟。③曾：可是。不容刀：容不下一把刀，比喻河之狭窄。④崇朝：即终朝，整个早上。崇：终。

【译文】

谁说黄河广又广，一叶扁舟飘过岸。谁说宋国远又远，踮起脚跟能望见。

谁说黄河广又广，一只小舸飘过岸。谁说宋国远又远，一个早晨能回还。

伯　兮

伯分朅兮，①邦之桀兮。②
伯也执殳，③为王前驱。

自伯之东，首如飞蓬。
岂无膏沐？④谁适为容！

其雨其雨，杲杲出日。⑤
愿言思伯，甘心首疾。

焉得谖草？⑥言树之背。
愿言思伯，使我心痗。

【注释】

①伯：指兄弟排行中的老大。朅（qiè）：威武健壮。②桀：优秀、高出。才智出众。③殳（shū）：一

种古代兵器，竹制的，杖类。④膏沐：妇女用来润发的油脂。⑤杲杲（gǎo）：形容日出貌。⑥谖草：又名萱草，金针草，古人认为可使人忘忧。

【译文】

阿哥英武俊俏呀！国家名副其实的英豪。阿哥手执丈二长矛，为王冲锋陷阵的先驱。

自从阿哥往东征，阿妹头发乱如飞蓬。难道没有润发，我为谁欢去美容？

好比久旱盼下雨，阳光闪闪挂中天。只要想到我的阿哥，想得头痛也心甘。

哪里去找忘忧草，把它种在北檐上。只要想到我的阿哥，心胆俱裂意难通。

有 狐

有狐绥绥，[①]在彼淇梁。[②]
心之忧矣，之子无裳。[③]

有狐绥绥，在彼淇厉。[④]
心之忧矣，之子无带。

有狐绥绥，在彼淇侧。
心之忧矣，之子无服。

【注释】

①狐：狐狸；另有一说指男人。绥绥：形容行动迟缓的样子。②梁：桥梁。河中垒石而成，可以过人，也可用以拦鱼。③裳：衣服。古时上称衣，下称裳。④厉：通濑（lài），水边有沙石的浅滩。

【译文】

一只小狐慢慢独行，徘徊在淇水石桥。我心里真担忧呢！这人无衣裳。

一只小狐慢慢独行，徘徊在淇水浅滩。我心里真担忧呢！这人没有腰带。

一只小狐慢慢独行，徘徊在淇水堤岸。我心里真担忧呢，这人没有衣裳。

木 瓜

投我以木瓜，报之以琼琚。[①]
匪报也，永以为好也！

投我以木桃，报之以琼瑶。[②]
匪报也，永以为好也！

投我以木李，报之以琼玖。[③]
匪报也，永以为好也！

【注释】

①琼：赤色玉，亦泛指美玉。琚（jū）：佩玉。②瑶：美玉。一说似玉的美石。③玖（jiǔ）：浅黑色玉石。

【译文】

你送给我一只大木瓜，我把佩玉回报你。不是什么报酬，永远秦晋好。
你送给我一只大木桃，我把美玉回报你。不是什么报酬，永远秦晋好。
你送给我一只大木李，我把玉石回报你。不是什么报酬，永远百年好。

王　风

黍　离

彼黍离离，[①]彼稷之苗。[②]
行迈靡靡，[③]中心摇摇。[④]
知我者，谓我心忧；
不知我者，谓我何求。
悠悠苍天，此何人哉？

彼黍离离，彼稷之穗。
行迈靡靡，中心如醉。
知我者，谓我心忧；
不知我者，谓我何求。
悠悠苍天，此何人哉？

彼黍离离，彼稷之实。
行迈靡靡，中心如噎。[⑤]
知我者，谓我心忧；
不知我者，谓我何求。
悠悠苍天，此何人哉？

【注释】

①黍：黍子，碾成米叫黄米，有黏性。离离：排列有序之貌。②稷（jì）：高粱。③靡靡（mǐ）：形容行动迟缓貌。④摇摇：形容心神不安貌。⑤噎（yē）：咽喉梗塞，此处比喻心情郁闷得透不过气来。

【译文】

黍子长得繁茂摇曳，我以为是绿油油的高粱的苗。慢悠悠走着，心里是凄凄惨惨。了解我的朋友，知道我的难言之隐，不熟悉我的人，以为我有什么寻求。晴空碧朗的茫茫苍天，这是

为什么要弃家出走。

黍子低垂摇摆，我以为是高粱的穗低下头。慢悠悠地走着，心里心烦意乱。了解我的人，知道我的哀愁，不了解我的人，以为我有何贪求。无边无际的苍天，这是为什么要弃家出走。

黍子低低摇动，我以为是高粱秀穗随风动。慢悠悠地走着，心里憋闷真难受。了解我的人，知道我的忧伤，不了解我的人，以为我有何寻求。无边无际的苍天，这是为什么要弃家出走。

君子于役

君子于役，①不知其期。
曷至哉？②鸡栖于埘。③
日之夕矣，羊牛下来。
君子于役，如之何勿思！

君子于役，不日不月。
曷其有佸？④鸡栖于桀。⑤
日之夕矣，羊牛下括。
君子于役，苟无饥渴！

【注释】

①君子：妻子对丈夫的称呼。于役：在外地服役。②曷：何，指何时。至：到家，归来。③埘（shí）：在墙上挖洞砌成的鸡窝。④有佸（yǒuhuó）：相会。⑤桀：鸡的栖木。

【译文】

丈夫远行外服劳役，不知行期有多久。哪一天能归呀，连鸡也回窝了。太阳偏西。羊牛也陆续奔回圈。丈夫远行服劳役，叫我怎能不想他。

丈夫远行服劳役，无年无月没有终期。何时能重相会，黄昏鸡也上架了。太阳偏西，羊牛也陆续下山进圈。丈夫远行服劳役，但愿他饮食充足不饿肚皮。

君子阳阳

君子阳阳，①左执簧，②
右招我由房，其乐只且！③

君子陶陶，左执翿，④
右招我由敖，⑤其乐只且！

【注释】

①阳阳：快乐得意的样子。②簧（huáng）：一种乐器名，类似笙。③只且（jū）：语助词。④翿（dào）：即纛，用羽毛做成的舞具。⑤敖：舞曲名。

【译文】

喜气洋洋的君子，左手拿笙，右手招我奏“由房”。无所用心多舒畅。

欢乐陶陶的君子，左手拿羽扇，右手招我奏“由敖”。无所用心多么开心舒畅。

扬之水

扬之水，不流束薪。
彼其之子，不与我戍申。①
怀哉怀哉，曷月予还归哉！

扬之水，不流束楚。②
彼其之子，不与我戍甫。③
怀哉怀哉，曷月予还归哉！

扬之水，不流束蒲。
彼其之子，不与我戍许。④
怀哉怀哉，曷月予还归哉！

【注释】

①申、甫、许：均为古地名，在现在的河南省唐河县。②楚：一种丛木，又名荆，即牡荆。荆条。③蒲：蒲柳。④许：古国名，姜姓。

【译文】

缓缓流动的河水，水小难漂一捆薪柴。你们这些人，迫使我卫守申地。想家呀想家呀，那月让我归还呢！

缓缓流动的河水，水小难漂一捆荆条。你们这些人，迫使我卫守甫地。想家呀想家呀，那月让我归还呢！

缓缓流动的河水，水小难漂一捆蒲柳。你们这些人，迫使我卫守许地。想家呀想家呀，那月让我归还呢！

中谷有蓷

中谷有蓷，①暵其干矣。②
有女仳离，③嘅其叹矣。④
嘅其叹矣。遇人之艰难矣。

中谷不蓷，暵其脩矣。⑤
有女仳离，条其歗矣，⑥
条其歗矣，遇人之不淑矣。

中谷有蓷，暵其湿矣。
有女仳离，啜其泣矣。[⑦]
啜其泣矣，何嗟及矣。[⑧]

【注释】

①蓷（tuī）：即益母草，一种草药名。②暵（hàn）：形容水濡而干的样子。③仳（pǐ）离：分离。这里指遭遗弃。④嘅：同慨，慨然。⑤脩（xiū）：脯，干肉。这里引申为干枯。⑥条：长。歗：同啸。这里指长叹。⑦啜（chuò）：哭泣时抽噎。⑧何嗟及矣：即嗟何及矣。

【译文】

谷中长满益母草，天旱草干枯萎了。你把我离弃，唉声叹气哪。唉声叹气，碰到这样穷困人。

谷中长满益母草，天旱草干抽缩了。你把我离弃，长叹辜负春光好。长叹辜负春光好，遇上这样薄情人。

谷中长满益母草，天旱草干枯焦了。你把我抛弃，让我泣不成声哪。让我泣不成声哪，哀叹当初太草率。

兔　爰

有兔爰爰，[①]雉离于罗。[②]
我生之初，尚无为；
我生之后，逢此百罹。[③]
尚寐无吪。[④]

有兔爰爰，雉离于罦。[⑤]
我生之初，尚无造；
我生之后，逢此百忧。
尚寐无觉。[⑥]

有兔爰爰，雉离于罿。[⑦]
我生之初，尚无庸；[⑧]
我生之后，逢此百凶。
尚寐无聪。[⑨]

【注释】

①爰爰：形容缓慢从容，自由自在的样子。②罗：捕鸟的网。③罹（lí）：遭遇。这里为遭受灾祸。④无吪（é）：不想说话。⑤罦（fú）：一种装有机关，可自动捕鸟兽的网。又叫做“覆车网”。⑥无觉：不想看见。觉：醒，睁开眼睛。⑦罿（tóng）：捕鸟的网。⑧庸：劳作。⑨无聪：不想听见。

【译文】

狡兔放纵缓缓行，笨拙山鸡投入网。当我出生时，人们纯朴少征战。待我长大成人后，遭遇无穷无尽的苦难。好好安眠别惊动呵！

狡兔得意缓缓行，笨拙山鸡落入网。当我出生时，人们相安挺太平。待我长大成人后，遭遇连续不断的哀愁。好好长眠别醒来呵！

狡兔得意缓缓行，笨拙山鸡掉入网。当我初生时，人们无事不征战。待我长大成人后，遭遇一直持续祸乱，好好睡吧充耳不闻。

葛　藟

绵绵葛藟，①在河之浒。②
终远兄弟，谓他人父。
谓他人父，③亦莫我顾！

绵绵葛藟，在河之涘。④
终远兄弟，谓他人母。
谓他人母。亦莫我有！⑤

绵绵葛藟，在河之漘。⑥
终远兄弟，为他人昆，⑦
谓他人昆，亦莫我闻！⑧

【注释】

①葛藟（lěi）：葛藤，野葡萄。②浒（hǔ）：水边。③谓：称呼。④涘：水边。⑤有：同友，亲近、亲爱。⑥漘：（chú）：深水岸。⑦昆：兄，哥哥。⑧闻：通问，过问。

【译文】

接连不断的野葡萄，蔓延在河畔。远离兄弟去逃荒，呼他为父声音响。呼他为父声音响，仍然视我不顾多凄凉。

接连不断的野葡萄，蔓延在河岸。远离兄弟去逃荒，呼他为母声音亮。呼他为母声音亮，仍不助我多悲伤。

接连不断的野葡萄，蔓延在在河边。远离兄弟去逃荒，呼他为兄声音响。呼他为兄声音响，仍然置我不闻饿断肠。

采　葛

彼采葛兮，①一日不见，
如三月兮！

彼采萧兮，[2]一日不见，
如三秋兮！

彼采艾兮！[3]一日不见，
如三岁兮！

【注释】

①葛：葛麻。茎皮纤维可织布。②萧：蒿类植物，古代人祭祀时所用。③艾：艾蒿，有香气，针灸时用。

【译文】

采葛的美姑娘呵，一天没看见她，似乎隔了三月呵！
采萧的美姑娘呵，一天没看见她，似乎隔了三秋呵！
采艾的美姑娘呵，一天没看见她，似乎隔了三年呵！

大　车

大车槛槛，[1]毳衣如菼。[2]
岂不尔思？[3]畏子不敢。

大车啍啍，毳衣如璊，[4]
岂不尔思？畏子不奔。

谷则异室，[5]死则同穴。
谓予不信，有如皦日！[6]

【注释】

①槛槛（kǎn）：大车行走的声音。②毳（cuì）衣：一说毡子和车衣，一说类似披毡。菼（tǎn）：初生的芦荻。③尔思：即思尔，倒装，想你。④璊（mén）：赤色的玉；一说赤色的谷。⑤谷：活着。⑥皦：同皎，光亮。

【译文】

大夫乘车车声隆隆，锦袍像芦杆一样青。难道我会不想你？怕他，不敢拉手同你亲近。

大夫乘车车行缓缓，锦袍似赤玉一样颜色红。难道我会不想你？怕他，不敢携手同你私奔。

生时我们不能同鸾帐，死后愿在一穴结鸳鸯。要是不信我话，有如当空红灿灿的太阳。

丘中有麻

丘中有麻，彼留子嗟。[1]

彼留子嗟，将其来施施。②

丘中有麦，彼留子国。③
彼留子国，将其来食。④

丘中有李，彼留之子。
彼留之子，贻我佩玖。⑤

【注释】

①留：一说指刘姓，一说留客的留。留、刘两字古时通用。子嗟、子国，均为人名，即刘子嗟，刘子国，子嗟为子国之子。之子：指子嗟。②施施：高兴的样子。③子国：人名。④食（sì）：给人食物吃。⑤玖：比玉稍次的黑色美石。

【译文】

丘陵坡地种上麻，是那个留子嗟所种。那位留子嗟，自食其力不谋取名利。

丘陵坡地种上麦，是那个留子所种。那位那个留子，为尊敬的人准备美味佳肴。

丘陵坡地种上李，是刘大夫所种。那位刘大夫，送我一块美玉寄相思。

郑　　风

缁　　衣

缁衣之宜兮，①敝予又改为兮。②
适子之馆兮。③还予授子之粲兮。④

缁衣之好兮，敝予又改造兮。
适子之馆兮，还予授子之粲兮。

缁衣之席兮，⑤敝予又改作兮。
适子之馆兮，还予授子之粲兮。

【注释】

①缁衣：黑色的朝服。宜：适宜。②敝：破。为：制作。③馆：官舍。④粲（cān）：通餐，饭食。本意为上等白米，此作“餐”的假借。⑤席：宽大。

【译文】

黑色朝服多么合你身，穿破改旧如新呵。到馆舍去看望你吧！归时以美味佳肴盛情款待。

黑色朝衣多么称你心，穿破翻改一新呵。到馆舍去看望你吧！归时以美味佳肴盛情款待。

黑色朝服多么称你身，穿破改作更新呵。到馆舍去看望你吧！归时以美味佳肴盛情款待。

将仲子

将仲子兮，[①]无逾我里，[②]
无折我树杞。[③]岂敢爱之？[④]
畏我父母。仲可怀也，[⑤]
父母之言，亦可畏也。

将仲子兮，无逾我墙，
无折我树桑。岂敢爱之？
畏我诸兄。仲可怀也，
诸兄之言，亦可畏也。

将仲子兮，无逾我园，
无折我树檀。[⑥]岂敢爱之？
畏人之多言。仲可怀也，
人之多言，亦可畏也。

【注释】

①将（qiāng）：愿，请。仲子：兄弟排行中的老二，即伯、仲、叔、季。当时女子多以仲子称呼自己所爱的男人。②逾：跳过，翻越。里：里墙。③树杞：杞树，又名榉树，倒装词。树桑：即桑树。树檀：檀树。④爱：吝惜，舍不得。之：指杞。⑤怀：思念。⑥檀：檀树，木质坚硬。

【译文】

二哥呀，不要越进我里弄的墙。不要攀折我的枸杞树，难道我真爱惜它吗？害怕我的父母听见声响。二哥我时刻怀念你。父母的言语，可怕呵让人心慌。

二哥呀，不要翻过我家的院墙。不要折伤我的桑树，难道我真爱惜它吗？害怕我的哥哥弟弟说三道四。二哥我时刻想念你，兄弟们的言语，让我可怕呵！

二哥呵，不要翻过我的家园，不要攀折我的檀树。难道我真爱惜它吗？害怕人们七嘴八舌。二哥我时刻想念你，人们七嘴八舌，可怕呵！

叔于田

叔于田，[①]巷无居人。
岂无居人？不如叔也。
洵美且仁。[②]

叔于狩，[③]巷无饮酒。
岂无饮酒？不如叔也。

洵美且好。

叔适野，[4]巷无服马。[5]
岂无服马？不如叔也。
洵美且武。

【注释】

①田：打猎。②洵美：仁厚俊美。③狩：冬猎。④野：郊外。⑤服马：驾驭马；这里指驾驭马的人。

【译文】

老三猎禽去了，里巷静寂空无一人，难道真的没有一人？那些人都不如老三长的帅，老三真正俊秀而爱人。

老三猎兽去荒郊，巷里中无善饮酒的人，难道真的没有善饮酒的人？那些人都不如老三长得帅，老三真正俊秀胆气豪。

老三往野外去了，巷里无人会驾马，难道真的没有人会驾马？那些人都不如老三长得帅，老三真正漂亮而勇武。

大叔于田

叔于田，乘乘马。[1]
执辔如组，两骖如舞。[2]
叔在薮，[3]火烈具举。[4]
襢裼暴虎，[5]献于公所。
将皮勿狃，[6]戒其伤女。

叔于田，乘乘黄。
两服上襄，[7]两骖雁行。
叔在薮，火烈具扬。
叔善射忌，[8]又良御忌。
抑磬控忌。[9]抑纵送忌！[10]

叔于田，乘乘鸨。[11]
两服齐首，两骖如手。
叔在薮，火烈具阜。[12]
叔马慢忌，叔发罕忌，[13]
抑释掤忌，[14]抑鬯弓忌。[15]

【注释】

①乘（chéng）乘（shéng）：旧时四马一车叫一乘。这里前一乘字是动词，后一乘字为名词，即乘坐四

马驾的车。②两骖（cān）：驾车的四匹马中辕马两边的两匹马。③薮（sǒu）：低洼多草，禽兽出没的地方。④火烈：放火烧草，隔断野兽逃跑的路。具：通俱。⑤襢裼（tánxī）：赤膊。暴虎：赤手空拳打老虎。暴：徒手搏击。⑥狃（niù）：熟练。无狃：不要因为熟练而大意。⑦两服：四匹马中中央驾辕的两匹马。上襄：马昂起头。⑧忌：语助词。⑨抑：语助词。磬控：骋马曰磬，止马曰控。⑩纵：发矢曰纵，从禽曰送。⑪鸨（bǎo）：通駂，有黑白杂毛的马。⑫阜：旺盛。⑬罕：稀少。⑭掤（bīng）：箭筒盖。⑮鬯（chàng）：弓囊。

【译文】

老三郊外打猎，驾了四马之车真威武。手执辔绳如梭织锦，两旁骏马飞奔驰骋。老三在山泽之中，火炬齐明把兽捕。赤膊上阵擒猛虎，抬上献给国君所有。请老三勿麻痺大意，警惕老虎伤害你！

老三郊外打猎，驾着四匹黄马拉车。驾辕两马头昂扬，两旁参马似雁行。老三在山泽之中，火炬齐明烈焰旺。老三会射箭，又会驾车啦。操纵自如急煞车，纵辔驰骋啦马狂奔。

老三郊外打猎，驾车四匹斑斓马。驾辕两马齐驾齐驱，两旁边马跑得欢。老三在山泽之中，火炬齐明烈火燃。老三马缓缓徐行啦，老三射箭也少啦，揭开箭筒盖箭矢，把弓套在弓袋里边。

清　　人

清人在彭，①驷介旁旁。②
二矛重英，③河上乎翱翔。

清人在消，驷介麃麃。④
二矛重乔，⑤河上乎逍遥。

清人在轴，驷介陶陶。⑥
左旋右抽，⑦中军作好。

【注释】

①清水：清邑的人。清，以及后面的彭、消、轴均为郑国的地名。②驷：即驾车的四匹马。介：甲。旁旁：强壮貌（指马）。③重英：两层缨络。英：毛制的缨络，装在矛头下作装饰。旧时的战车上都要树两支矛。④麃：形容威武。⑤重乔：两层羽饰。乔：同鷮，长尾野鸡。这里指用野鸡尾羽作为矛饰。⑥陶陶：通騊騊，驰骋的样子。⑦旋：转，还车。抽：拔刀击刺。

【译文】

清邑之军驻彭地，披甲战马好强壮。两支长矛缨饰重，河上往来逡巡似鸟翔。

清邑之军驻消地，披甲战马威风骄。两支长矛缨饰光，河上闲逛乐逍遥。

清邑之军驻轴地，披甲战马跑如风。左右抽刀习砍杀，军中对玩气势好。

羔　　裘

羔裘如濡，①洵直且侯。②

彼其之子，舍命不渝。[③]

羔裘豹饰，[④]孔武有力。[⑤]
彼其之子，邦之司直。[⑥]

羔裘晏兮，[⑦]三英粲兮。[⑧]
彼其之子，邦之彦兮。[⑨]

【注释】

①羔裘：羊羔皮袄。如：而。濡（rú）：柔润有光泽。②洵（xún）：诚实、实在。直：顺。侯：美。③舍命：舍出生命。不渝：不变。④豹饰：用豹皮镶边。⑤孔：很。⑥司直：一种官名。掌管劝谏君主过失之事。⑦晏：鲜艳，华美。⑧英：裘饰。三英：三道裘饰，即上面提到的豹饰。粲：光耀，鲜明。⑨彦：美士，模范。有才德的人。

【译文】

羊皮袍子润泽柔软，真是正直而美好。他这种人，临危受命保节操。
羊皮袍豹皮饰袖，穿上皮衣显得英武有力。他这种人，是效忠国家的坚强柱石。
羊皮袍光彩夺目，三道豹皮光辉闪烁。他这种人，是国之俊杰人之赞。

遵大路

遵大路兮，[①]掺执子之袪兮。[②]
无我恶兮，不寁故也！[③]

遵大路兮，掺执子之手兮。
无我魗兮，[④]不寁好也！[⑤]

【注释】

①遵：沿着。②掺（shǎn）：拉着。袪（qū）：袖口，袖子。③寁（jié）：速离。故：故旧，故人。④魗（chóu）：同丑。⑤好：旧好，好友。

【译文】

顺着大路走吧，挽着你的衣袖不松手。不要厌恶我吧，不要离弃故旧呵！
顺着大路走吧，紧拉着你的手呵！不要轻视我吧，不要抛弃旧好呵！

女曰鸡鸣

女曰鸡鸣，士曰昧旦。[①]
子兴视夜，[②]明星有烂。[③]
将翱将翔，[④]弋凫与雁。[⑤]

弋言加之，[6]与子宜之。[7]
宜言饮酒，与子偕老。
琴瑟在御，[8]莫不静好。[9]

知子之来之，杂佩以赠之。
知子之顺之，杂佩以问之。[10]
知子之好之，杂佩以报之。

【注释】

①昧旦：天要亮还没亮的时候。②兴：起床。③明星：启明星，即金星。有：助词。烂：灿烂，明亮。④将翱将翔：指行动快。⑤弋：古代用生丝作绳。系在箭上射鸟，称为弋。凫（fú）：野鸭。⑥言：语助词。加：射中。⑦宜：烹调，烹饪。⑧御：用。⑨静好：美好，和睦。⑩杂佩：古人身上带的各种玉制佩物。

【译文】

女的说："鸡都叫了"，男的说："天还不太亮"。"你快起来看看夜色吧"，"星光还灿烂亮晶晶"。"起来背弓习射，去射野鸡与飞雁"。

射来野鸡与飞雁，把它烹调煮好共分享。美味佳肴加美酒，愿与你同偕到老百年长。如鼓琴瑟乐陶陶，永远安静和好胜鸳鸯。

知道你勤劳勇敢，一组佩玉赠你心相连。知道你善良和顺，一组佩玉予你情不断。知道你友好亲爱，一组佩玉报答你恩情无限。

有女同车

有女同车，颜如舜华。[1]
将翱将翔，佩玉琼琚。
彼美孟姜，洵美且都。[2]

有女同行，颜如舜英。
将翱将翔，佩玉将将。[3]
彼美孟姜，德音不忘。[4]

【注释】

①舜华、舜英：均为花名，即芙蓉花，亦称木槿。华、英：即花。②都：娴雅。③将将：即锵锵，佩玉碰撞发出的声音，象声词。④德音：善言，妙语，美好品行。

【译文】

这一姑娘和我同车回家，颜面如木槿花朵。行动如鹌如翔，佩玉美石身上挂。这是姜家漂亮大姑娘，俊俏美好落落大方。

这一姑娘和我同车回家，脸庞如木槿花的蓓蕾。行动如�如翔，身上佩玉钉珰响。这美女是姜家大姑娘，她的品德高洁令人念念不忘。

山有扶苏

山有扶苏，①隰有荷华。
不见子都，肪见狂且。②

山有桥松，隰有游龙，③
不见子充，④乃见狡童。⑤

【注释】

①扶苏：茂木，一说桑树。②且（jū）：者。③隰（xí）：低洼潮湿的地方。游龙：一种植物名，又名红草。④子充：美男子的名字。⑤狡童：狡猾的少年。

【译文】

山上小树多枝杈，你这荷花盛开。没见美男子子都，偏遇见低洼地轻薄的狂徒。

山上松树参天挺拔，低洼地红草重重。没见美男子子充，偏遇见你这狡猾的狂童。

萚　兮

萚兮萚兮，①风其吹女。
叔兮伯兮，②倡予和女。③

萚兮萚兮，风其漂女。④
叔兮伯兮，倡予要女。⑤

【注释】

①萚（tuò）：脱落的树皮、树叶。②叔兮伯兮：古代女子称爱人或伯或叔，或叔伯，叔兮伯兮实际上是指一个人。③倡：唱。和（hè）：跟着唱。④漂：通飘。吹，刮。⑤要（yāo）：和。

【译文】

树落叶了落叶了，秋风把你轻轻吹起。弟弟呵哥哥呵，唱吧，我和你来领唱！

树落叶了落叶了，秋风把你轻轻刮起。弟弟呵哥哥呵，唱吧，我打拍子你来领唱。

狡　童

彼狡童兮，①不与我言兮。
维子之故，②使我不能餐兮。

彼狡童兮，不与我食兮。
维子之故，使我不能息兮。③

【注释】

①狡童：狡猾的小伙子。②维：为，因为。子：指狡童。③息：休息。

【译文】

你这个小滑头呵，不同我谈话了呵。就是你的缘故，叫我不思饮食呵！

你这个小滑头呵，不同我一起进餐呵！就是你的缘故，叫我寝食不安呵！

褰 裳

子惠思我，①褰裳涉溱。②
子不我思，岂无他人？
狂童之狂也且！③

子惠思我，褰裳涉洧。④
子不我思，岂无他士？
狂童之狂也且！

【注释】

①子：你。惠：爱。②褰（qiān）：提起。褰裳：提起衣裳。溱：郑国水名，源出河南源县，下流与洧水合流。③也且：语助词。④洧（wěi）：郑国水名。即当今河南双洎河。

【译文】

你要是真心爱我想我，提起裤腿渡过溱水来。你要是变心不想我，难道我没朋友了，你这个傻瓜够傻呵！

你要是真心爱我想我，提起裤腿渡过洧水来。你要是变心不想我，难道我没朋友了，你这个傻瓜够傻呵！

丰

子之丰兮，①俟我乎巷兮。②
悔予不送兮！③

子之昌兮，④俟我乎堂兮。
悔予不将兮！⑤

衣锦褧衣，⑥裳锦褧裳。
叔兮伯兮，⑦驾予与行。

裳锦褧裳，衣锦褧衣。
叔兮伯兮，驾予与归。

【注释】

①丰：脸庞丰满标致。②俟（sì）：等待。巷：门外的巷子。③送：将女儿交给迎亲的女婿同往夫家。④昌：健壮，棒。⑤将：出嫁时的迎送。⑥褧（jiǒng）衣：女子出嫁时用麻制成，同以遮灰的罩衣。⑦叔、伯：弟弟、哥哥，均指曾来求婚的小伙子。

【译文】

你体态丰满呵，在门外亲自迎接我呵，后悔呵没有随之而去。

你性格开朗英俊大方呵，在堂上亲自迎接我呵，悔恨呵没有随你同行。

穿着锦绣绫绢衣，穿着锦绣绫绢裳。弟弟呵哥哥呀，驾车吧这回我要与之偕行。

穿着锦绣绫绢裳，穿着锦绣绫绢衣。弟弟呵哥哥呀，驾车吧这回我要与之同归。

东门之墠

东门之墠，[①]茹藘在阪。[②]
其室则迩，[③]其人甚远。

东门之栗，[④]有践家室。[⑤]
岂不尔思？子不我即！[⑥]

【注释】

①墠（shàn）：经过清除平整的场地。②茹藘（lǘ）：茜草，可用来作红染料。阪（bǎn）：土坡，山坡。③迩：近。④栗：栗树。⑤有践：行列貌。家室：房屋、住宅。⑥即：就，到……来。

【译文】

东门外有平坦整齐田，茜草长满山坡间。她家就在眼前，她人儿却远在天边。

东门外有栗树，在那住着窗明几净好人家。难道我会不想你，你不来提亲成就婚姻为了啥。

风　雨

风雨凄凄，[①]鸡鸣喈喈，[②]
既见君子。云胡不夷？[③]

风雨潇潇，[④]鸡鸣胶胶。[⑤]
既见君子，云胡不瘳？[⑥]

风雨如晦，⑦鸡鸣不已。
既见君子，云胡不喜？⑧

【注释】

①凄凄：寒凉。②喈喈（jiē）：鸟鸣声。③云：句首助词。胡：为什么。夷：通怡。一说平。④潇潇：风雨急骤声。⑤胶胶：鸡鸣声错杂。⑥瘳（chōu）：病愈。⑦晦：昏暗。黑夜。⑧胡：何。

【译文】

风雨交加冷凄凄，雄鸡喔喔声断肠。既然看到了你，怎么不舒展。

暴风骤雨呼呼响，雄鸡咯咯声断肠。既然看到了你，怎么不精神抖擞。

风雨连绵阴阴沉沉，雄鸡啼鸣叫得欢。既然看到了你，怎么不赏心悦目。

子　衿

青青子衿，①悠悠我心。
纵我不往，子宁不嗣音？②

青青子佩，③悠悠我思。
纵我不往，子宁不来？

挑兮挞兮，④在城阙兮。⑤
一日不见，如三月兮。

【注释】

①衿（jīn）：同襟，衣领。②嗣：通治，寄。③佩：佩玉。④挑、挞（tāo、tà）：往来行走的样子。⑤城阙：城门两边的观楼。

【译文】

那青青衣领使你俊俏大方，你那形象铭记在我心房。纵然我没有前去找你，你为什么不捎个音讯来！

你那青青闪亮的佩带潇洒风流，你那形象深深印在我心坎上。纵然我没有去找你，你为何不到我这里来。

多么悠闲自得呵多么轻松愉快呵，在城阙下面见你来呵。要是一天不见面，好像隔了三月九十天呵。

扬之水

扬之水，①不流束楚。②
终鲜兄弟，③维予与女。
无信人之言，人实狂女。④

扬之水，不流束薪。
终鲜兄弟，维予二人。
无信人之言，人实不信。⑤

【注释】

①扬之水：当时民歌的开头语。扬：悠扬，形容水流缓慢。②束楚：荆条捆。③鲜（xiǎn）：少。④狂（kuáng）：同诳，诳骗，欺骗。⑤信：诚实。

【译文】

缓缓流动的河水，飘不走一捆荆条。兄弟寥寥无几，只有我和你友谊牢。不要轻信别人的话，他们在欺骗你。

缓缓流动的河水，飘不走一捆薪柴。兄弟寥寥无几，只有你我二人情谊深。不要轻信别人的话，他们在哄你钻圈套。

出其东门

出其东门，有女如云。
虽则如云，匪我思存。①
缟衣綦巾，②聊乐我员。③

出其闉阇，④有女如荼。⑤
虽则如荼，匪我思且。⑥
缟衣茹藘，⑦聊可与娱。

【注释】

①匪：通非，不是。思：语助词。②缟：白色，或未染色的绢。綦（qí）：草绿色。巾：佩巾。缟衣綦中是当时妇女俭朴的服装。③员（yún）：友爱，友好，亲爱。④闉（yīn）阇（dū）：城门外屋曲城的重门。⑤荼：白茅花。如荼：形容女子漂亮而且多。⑥且：同徂，语助词。⑦茹藘：茜草，可用来作红染料，这里指红佩巾。

【译文】

漫步走出了东门，姑娘成群多如彩云。虽说美女多如彩云，我为此无动于衷。白布衣衫青佩巾，正是让我寻觅依恋的人。

漫步走出了城门，姑娘成群多如白荼花。虽说美女多如白荼花，我为此毫不动心。白色衣裳红色围腰巾，正是让我愉悦的人。

野有蔓草

野有蔓草，①零露漙兮。②

有美一人，清扬婉兮。③
邂逅相遇，适我愿兮。

野有蔓草，零露瀼瀼。④
有美一人，宛如清扬。⑤
邂逅相遇，与子偕臧。⑥

【注释】

①蔓草：遍地蔓延的野草。②零：落下。漙（tuán）：露多的样子。③婉：妩媚。清扬：眉清目秀。④瀼瀼（ráng）：露浓的样子。⑤清扬：眉清目秀。婉：美好。⑥臧：善。

【译文】

野外杂草宛延，露水圆润晶莹漫及草。有一个美姑娘，眉目清秀婉丽姿容。同我不期而遇，她正是我称心如意的伊人。

野外杂草宛延，露水层层密密湿透草。有一个美姑娘，姿色艳丽眉目传情。同我不期而遇，愿与她共度美好时光。

溱 洧

溱与洧，方涣涣兮。①
士与女，方秉蕑兮。②
女曰观乎？士曰既且。③
且往观乎？洧之外，
洵訏且乐。④维士与女，
伊其相谑，⑤赠之以勺药。

溱与洧，浏其清矣。⑥
士与女，殷其盈矣。⑦
女曰观乎？士曰既且。
且往观乎？洧之外，
洵訏且乐。维士与女，
伊其将谑，⑧赠之以勺药。

【注释】

①涣涣：形容春水盛大的样子。②秉：执。蕑（jiān）：一种香草名，又名兰草，大泽兰。③既：已经。且：同徂，往、去。④訏（xū）：广大。⑤伊其：即伊伊，嘻笑的样子。⑥浏：河水清澈。⑦殷：众多。盈：满。⑧将：相，相互。

【译文】

溱河呵洧河呵，春水泛滥波浪通。哥儿们姑娘们，拈着泽兰香气四溢。姑娘说："去看看吧"，哥儿说："已经去过了"。"不会再去一次吧"，洧水之外沙滩上，真正广阔纵情新天地"。哥儿们姑娘们，相互尽情调笑，彼此赠情以芍药。

溱河呵洧河呵，水流清清。哥儿们姑娘们，轻轻地说笑无比快乐。姑娘说："去看看吧"，哥儿说"已经去过了"。"不会再去一次吧，洧水之外沙滩地，真正宽阔纵情欢乐。"哥儿们姑娘们，相互调情戏谑，彼此赠情以芍药。

齐　风

鸡　鸣

鸡既鸣矣，朝既盈矣。①
匪鸡则鸣，苍蝇之声。

东方明矣，朝既昌矣，②
匪东方则明，月出之光。

虫飞薨薨，③甘与子同梦。
会且归矣，无庶予子憎。④

【注释】

①朝：朝堂；说早集。②昌：人多貌。③薨薨（hōng）：形容虫子群飞的样子。④无庶：即庶无，倒文。予：给予。子：指丈夫。

【译文】

"雄鸡啼叫了，朝会的人站满堂！""那不是鸡叫，是苍蝇发出的声音。"

"东方发白渐亮，朝会之人正在热烈争论！""那不是东方白，是月儿发出的亮光！"

"夜间虫子嗡嗡地飞鸣，本想和你共床续梦。但，朝会之人快要散了，不要让人责骂恋枕不理朝政！"

还

子之还兮，①遭我乎猛之间兮。②
并驱从两肩兮，③揖我谓我儇兮。④

子之茂兮，⑤遭我乎猛之道兮。⑥
并驱从两牡兮，揖我谓我好兮。

子之昌兮，遭我乎猺之阳兮。⑦
并驱从两狼兮，揖我谓我臧兮。⑧

【注释】

①子：你。还：形容轻捷的样子。②猺（náo）：齐国的山名。位于今山东临淄南。③肩：一说大猪。④揖：作揖。儇（xuān）：伶俐、轻捷。⑤茂：美好。⑥牡：公兽。⑦阳：山的南面。⑧臧：善。

【译文】

你这个猎手便捷麻利呵，在猺山遇到了我。并肩追逐两只野兽呵，向我致意夸我敏捷呢！

你这个猎手英俊美好呵，在猺山道边遇到了我。并肩追逐两只雄兽呵，向我致意夸我的本领呢！

你这个猎手壮健英武呵，在猺山之南碰到了我。并肩驱逐两只狼呵，向我致意夸我技艺呢！

著

俟我于著乎而，①充耳以素乎而，②
尚之以琼华乎而。③

俟我于庭乎而，④充耳以青乎而，
尚之以琼莹乎而。

俟我于堂乎而，⑤充耳以黄乎而，⑥
尚之以琼英乎而。⑦

【注释】

①著：通宁（zhù），大门和屏风之间曰著。②充耳：也叫瑱（tiān），古代男子的一种装饰品。素：白丝。③琼华、琼莹、琼英：都是玉佩。④庭：中庭，院中。⑤堂：堂前。⑥黄：指黄丝。⑦琼英：用以塞耳的玉名。

【译文】

郎君在门庭等我呵，帽边白丝悬着白丝线呵，美玉斑斓发光呵！

郎君在庭院等我呵，帽边青丝悬着青丝线呵，美玉灿烂发光呵！

郎君在堂上等我呵，帽边黄丝悬着黄丝线呵，美玉晶莹发光呵！

东方之日

东方之日兮，彼姝者子，①
在我室兮。在我室兮，
履我即兮。②

东方之月兮，彼姝者子，
在我闼兮。[3]在我闼兮，
履我发兮。[4]

【注释】

①姝：美。子：女子。②履：踩，踏。即：迹，即脚迹。③闼（tà）：夹室，寝室左右的小屋。④发：指脚。

【译文】

日出东方红艳艳呵，那少女美色绝伦，正在我内室呵。正在我内室呵，少女跟我而就我呵！

皓月出东方亮晶晶呵，那少女美色无比，正在我门屏间呵。正在我门屏间呵，少女跟我而随我呵！

东方未明

东方未明，颠倒衣裳。
颠之倒之，自公召之。[1]

东方未晞，[2]颠倒裳衣。
倒之颠之，自公令之。

折柳樊圃，[3]狂夫瞿瞿。[4]
不能辰夜，[5]不夙则莫。[6]

【注释】

①公：公家。②晞（xī）：通昕，太阳将出之时。③樊：篱笆。圃：菜园。④狂夫：疯汉，此处是妻子骂她的丈夫。瞿瞿：瞪起双眼看的样子。⑤辰夜：辰同时，此处为人能掌握时间之间。⑥夙：早。莫（mù）：古暮字，晚。

【译文】

东方未天明，匆匆起床把上衣当裤穿。颠三倒四地穿颠倒，公侯派人召唤我。

东方未发白，匆匆起床把裤子当上衣穿。倒四颠三地衣裤不分，公侯命令我早到。

攀折柳枝扎篱笆，凶恶监工瞪眼盯着我。日夜不分无法安宁，不是早起就是贪晚。

南　山

南山崔崔，[1]雄狐绥绥。[2]
鲁道有荡，[3]齐子由归。[4]

既曰归止，[5]曷又怀止？

葛屦五两，[6]冠绣双止。[7]
鲁道有荡，齐子庸止。[8]
既曰庸止，曷又从止？

艺麻如之何？[9]衡从其亩。[10]
取妻如之何？[11]必告父母。
既曰告止，曷又鞠止？[12]

析薪如之何？匪斧不克。[13]
取妻如之何？匪媒不得。
既曰得止，曷又极止？[14]

【注释】

①崔崔：形容高大的样子。②绥绥：形容追求配偶的样子。③有荡：即荡荡，平坦的样子。④齐子：提文姜。由归：从这条路去出嫁。⑤止：语助词。⑥葛屦：麻布做的鞋。⑦绣：帽带结在下巴处的下垂部分。⑧庸：用，由。⑨艺（yì）：种植。⑩衡从：横纵。⑪取：同娶。⑫鞠：穷，放任无束。⑬克：成功，能。⑭极：放纵无束。

【译文】

在那势高崔嵬的南山，有只雄狐徘徊徬徨。到鲁的道路坦荡无碍，齐女早已出嫁。既已出嫁了，为何襄公还追念她。

葛鞋两只纵横交错的放，帽缨锦冠双双纠缠一起。到鲁的道路平坦无阻，齐女已有匹配。既已有了匹配，为何襄公还眷恋她。

农家怎样种麻，要纵横耕耘田亩把籽撒。怎样娶妻，必须禀告父母。桓公既已禀告父母，为何让齐女放纵无耻。

上山怎样伐木，不用斧头不能。要想娶妻有何法，没有媒人牵线不能成。桓公已娶得齐女，为何让她如此不成体统。

甫 田

无田甫田，[1]维莠骄骄。[2]
无思远人，劳心忉忉。[3]

无田甫田，维莠桀桀。[4]
无思远人，劳心怛怛。[5]

婉兮娈兮。[6]总角丱兮。[7]

未几见兮，突而弁兮！⑧

【注释】

①无田甫田：前一田字同佃，动词，后一田字为名词。甫：大。甫田：大田。②维：语助词。莠（yǒu）：稗子草，野草。骄骄：形容高而挺立的样子。③忉忉（dāo）：形容忧伤的样子。④桀桀：高高的样子，同骄骄。⑤怛（dá）怛：忧伤不安。⑥婉、娈：形容年少秀美的样子。⑦丱（guàn）：像羊角一样，象形字，这里指小孩头上两条上翘的小辫像羊角一样。⑧弁（biàn）：冠，动词，即戴的意思。古代贵族男子穿礼服时戴的帽子。

【译文】

寥寥数人种大田，田中莠草密密麻麻。渴望远方人帮助，将使你忧心忡忡。

寥寥数人种大田，田中莠草长得高。指望远方人帮助，将使你忧郁寡欢。

年轻娇好活泼可爱，还是两鬓总角的小孩。不知何时，突然戴上成人帽！

卢令

卢令令，①其人美且仁。

卢重镅，其人美且鬈。②

卢重环，③其人美且偲。④

【注释】

①卢：黑色猎狗。令令：狗项下套环发出的声音，象声词。②鬈（quán）：勇敢强壮。③重镅（méi）：一个大环套上两个小环。④偲（cāi）：多才。

【译文】

猎犬颈上玲声珰珰，俊俏的猎人仁义善良。

猎犬颈上玲珰珰，俊俏的猎人英勇无双。

猎犬颈上玲珰珰，俊俏的猎人才智超常。

敝笱

敝笱在梁，①其鱼鲂鳏②。
齐子归止，③其从如云。

敝笱在梁，其鱼鲂鱮。④
齐子归止，其从如雨。

敝笱在梁，其鱼唯唯。⑤

齐子归止，其从如水。

【注释】

①敝笱（gǒu）：破旧捕鱼笼。②鲂鳏：鳊鱼，鲊鱼。③齐子：指文姜。归：回齐国。止：语气助词。④鲊（xù）：鲌，即鲢鱼。⑤唯唯：自由自在地游来游去的样子。

【译文】

破鱼网投入水梁，大鱼鲂鳏任来往。文姜回到了齐国，随从如流云一样。

破鱼网投入水梁，巨鱼鲂鲊任来往。文姜回到了齐国，从人如雨随身旁。

破鱼网投入水梁，网中鱼儿出入来往。文姜回到了齐国，从人如水随身旁。

载　驱

载驱薄薄，[1]蕈茀朱鞹。[2]
鲁道有荡，齐子发夕。[3]

四骊济济，[4]垂辔沵沵。[5]
鲁道有荡，齐子岂弟。[6]

汶水汤汤，行人彭彭。[7]
鲁道有荡，齐子翱翔。

汶水滔滔，行人儦儦。[8]
鲁道有荡，齐子游敖。[9]

【注释】

①薄薄：车轮转动的声音。象声词。②簟（diàn）茀：竹席制的窗帘。朱鞹（kuò）：红色兽布制的车盖。③齐子：此诗指文姜。④骊（lí）：黑色的马。济济：美好的样子。⑤沵：柔软的样子。⑥岂（kǎi）弟：天明，天亮。⑦彭彭：形容人员多貌。⑧儦儦（biāo）：形容人员众多，来回走的样子。⑨游敖：即遨游。敖：通遨。

【译文】

风驰电掣驱车前往，这竹席朱草车，鲁国大路平坦无阻，文姜朝夕驰驱在道。

黑色四马毛色齐一，缰绳挥舞光彩耀目。鲁国大路平坦无阻，文姜齐襄纵情尽兴。

汶水波澜澎湃流荡，水上游人熙熙攘攘。鲁国大路平坦无碍，文姜齐襄双飞双宿无忌惮。

汶水波澜滔滔浪打浪，水上游人络绎不绝。鲁国大路平坦无阻，文姜齐襄尽情游乐。

猗　嗟

猗嗟昌兮，[1]颀而长兮。[2]

抑若扬兮，美目扬兮。
巧趋跄兮，③射则臧兮。④

猗嗟名兮，美目清兮。
仪既成兮，终日射侯，
不出正兮，展我甥兮。⑤

猗嗟娈兮，清扬婉兮。
舞则选兮，射则贯兮，
四矢反兮，⑥以御乱兮。⑦

【注释】

①猗（yī）嗟：叹美之辞。昌：壮盛，美好的样子。②颀（qí）：身材修长高大的样子。③趋：快步。跄：舞姿。④则：法则。⑤展：确实，诚然。⑥反：反复射中一个地方。⑦御：防御，抵御。

【译文】

鲁侯英姿焕发英俊无比，高大魁梧年青力壮。抬头仰视器宇无量，举目顾盼眼光明亮，步履敏捷行动迅速！射则百步必穿杨！

鲁侯凝视气概万千，俯视明晰清彻。射箭仪表大方！整天设靶射箭，支支射中了靶的心，不愧我襄公的外甥！

鲁侯美好体力壮，炯炯目光神采奕奕呵。娴习舞姿舞技出类拔萃，射箭贯穿靶的心，四箭连发命中一个孔，鲁侯才智足以御外侮！

魏　　风

葛　　屦

纠纠葛屦，①可以履霜：②
掺掺女手，③可以缝裳？
要之襋之，④好人服之。

好人提提，⑤宛然左辟，⑥
佩其象揥。⑦维是褊心，⑧
是以为刺。⑨

【注释】

①纠纠：绳索纠缠交错的样子。②履霜：踩霜雪。③掺掺（xiān）：同纤纤，形容女子纤细的手。④襋（jí）：衣领，用为动词，缝衣领。要：同腰。⑤提提：通媞媞，端庄安详的样子。⑥左辟：辟同避。回

避，躲开。即向左避开。⑦揥（tí）：象揥，用象牙制作的搔头的簪子。⑧褊心：心量狭窄。⑨刺：讽刺。

【译文】

稀稀疏疏葛布鞋，天寒地冻御寒霜。缝衣女子纤纤细手，锦绣衣裳缝制了。缝好扣眼缝好衣领，高贵大人试穿装。

贵人看似安详自若，人们向左躲避他。带着象发簪巧梳妆，贵人心偏狭自私，所以用诗讽刺他有何妨。

汾沮洳

彼汾且洳，①言采其莫。②
彼其之子，美无度。③
美无度，殊异乎公路。④

彼汾一方，言采其桑。
彼其之子，美如英，
美如英，殊异乎公行。

彼汾一曲，言采其荬。⑤
彼其之子，美如玉。
美如玉，殊异乎公族。⑥

【注释】

①汾（fén）：水名，即汾河，在山西中部。沮洳（jùrú）：水旁低湿的地方。②莫（mù）：一种草名，又名酸模，可食。③无度：无比。④公路、公行、公族：均为当时的官名。公路掌管魏的路车；公行掌管兵车，公族掌管宗族事务，这些官都是世袭贵族。⑤荬（xù）：药名，亦可作菜（野菜），又名泽泻。⑥公族：春秋时官名，掌管国君宗族的事务。

【译文】

在那汾水岸边低洼地方，去采摘酸迷草。那个人呵，长得俊美无与伦比。长得俊美无与伦比，将军“公路”无法与他比。

在那汾水河的一角，去采摘鲜嫩的桑叶。那个人呵，长得俊美如绚丽的花朵。长得俊美如绚丽的花朵，将军“公行”无法与他比。

在那汾水河弯上，去采摘泽泻。那个人呵，长得俊美如洁玉无瑕。长得俊美如洁玉无瑕，将军“公族”不一样。

园有桃

园有桃，其实之殽。①
心之忧矣，我歌且谣。

不知我者，谓我士也骄。
彼人是哉，子曰何其？
心之忧矣，其谁知之？
其谁知之，盖亦勿思！②

园有棘，其实之食。
心之忧矣，聊以行国。③
不知我者，谓我士也罔极。④
彼人是哉，子曰何其？
心之忧矣，其谁知之？
其谁知之，盖亦勿思！

【注释】

①殽（yáo）：通肴，即烧好的菜。之：是。②盖：何。③行国：周游于国中。④罔极：无。极：中。罔极：失其中正之心，即不适当之意。

【译文】

果园有桃树，桃儿味美可吃饱。我心忧虑愁满怀，唱支歌聊以自慰。不知道我的人，就以为我“过于骄傲”。那些人的话对吗？你以为该怎样？内心忧伤愁满怀，谁能知道我烦恼。谁能知道我烦恼，该怎样置之不理也挺好！

果园有枣树，枣儿味美可吃饱。我心忧虑愁满怀，在都城中游逸。不了解我的人，说我“过于偏激”。那些人的话对吗？你以为该怎样？内心忧伤我知道，谁能了解它。谁能了解它，置之不理也挺好。

陟　岵

陟彼岵兮，①瞻望父兮。
父曰嗟：予子行役，
夙夜无已。②上慎旃哉，③
犹来无止！④

陟彼屺兮，⑤瞻望母兮。
母曰嗟：予季行役，
夙夜无寐。上慎旃哉，
犹来无弃！

陟彼冈兮，⑥瞻望兄兮。
兄曰嗟：予弟行役，
夙夜必偕。⑦上慎旃哉，

犹来无死!

【注释】

①陟（zhì）：登。岵（hù）：多草木的山，青山。②夙夜：朝夕、日夜。已：停止。无已：无休无止。③上：同尚。旃（zhān）：助词，勉旃。④犹来：可以回来。⑤屺（qí）：没有草木的山，荒山。⑥冈：山冈，山脊。⑦偕：一起，指和同伴一起服役。

【译文】

登上那野草繁茂的山巅，远望分离的的父亲。爹唉声叹气说："呵，我儿出征了，昼夜不停神力伤，要小心谨慎保安康呵，回来吧不要滞留他乡!"

登上那光秃秃小山岗，远望分离了的母亲。妈唉声叹气把话讲："呵，小儿出征了，日夜不眠地奔忙，要小心谨慎呵，回来吧不要流落他乡"。

登上那荒芜小山冈，远望离别了的兄长。哥说："呵，我弟出征了，日夜不息地奔忙，要小心谨慎呵，回来吧不要命丧黄泉死他乡"。

十亩之间

十亩之间兮，[①]桑者闲闲兮，[②]
行与子还兮。[③]

十亩之外兮，桑者泄泄兮，[④]
行与子逝兮。[⑤]

【注释】

①十亩：是举数，而非确数。之间：旧时桑树常种在空地上。②闲闲：悠闲的样子。③行：且。子，你，指同伴。④泄（yì）泄：驰缓舒散的样子。一说人多的样子。⑤逝：往，回走。

【译文】

在十亩葱郁桑园内呵，采桑姑娘悠然自得呵，走吧同你一块归去呵!

在十亩葱郁桑园外呵，采桑姑娘潇洒自如呵，走吧同你一块远走高飞呵!

伐　檀

坎坎伐檀兮，[①]置之河之干兮。[②]
河水清且涟漪。[③]不稼不穑，[④]
胡取禾三百廛兮?[⑤]不狩不猎，
胡瞻尔庭有县貆兮?[⑥]彼君子兮，[⑦]
不素餐兮![⑧]

坎坎伐辐兮，[⑨]置之河之侧兮。

河水清且直猗。[10]不稼不穑，
胡取禾三百亿兮？[11]不狩不猎，
胡瞻尔庭有县特兮？[12]彼君子兮，
不素食兮！

坎坎伐轮兮，[13]置之河之漘兮。[14]
河水清且沦猗。[15]不稼不穑，
胡取禾三百囷兮？[16]不狩不猎，
胡瞻尔庭有县鹑兮？[17]彼君子兮，
不素飧兮！[18]

【注释】

①坎坎：伐木的声音，象声词。檀：青檀，树名，可以造车。②置：同寘。干：河岸。③涟：波纹，即风吹在水面上形成的纹路。猗（yī）：语助词。④稼：耕种，动词。穑（sè）：收割，动词。⑤廛（chán）：束。三百廛：其中三百系虚数，指数量很多。⑥县：同悬。貆（huán）：一种小兽名，猪獾。⑦君子：指贵族。⑧素餐：白吃饭，光吃饭不干活。⑨辐：车轮的辐条。这里指伐木做车辐。⑩直：水流平直。⑪亿：束。一说周代十万为亿。三百亿泛指数量很多。⑫特：大野兽。⑬轮：车轮。这里指伐木做车轮。⑭漘（chún）：水边，河滨。⑮沦：微波。⑯囷：束，捆。一说为圆形谷仓，也就是囤。⑰鹑：鹌鹑。这里泛指禽类。⑱飧（sūn）：晚餐。这里引申为熟食。

【译文】

丁丁冬冬砍伐檀树呵，把它放在黄河旁。清清河水起波纹。既不耕种又不收割，为何收走三百顷谷子呵！巡狩射猎你不干，为何你家庭院挂满獾子呵！那些大人呵，只知道白吃闲饭呵！

丁丁冬冬砍伐车辐呵，砍好放在河岸边。清清河水闪波纹。既不耕种又不收割，为何拿走三百亿谷子呵。巡狩打猎全不干，为何你家庭院挂满野兽呵。那些大人先生呵，只知道白吃闲饭呵！

丁丁冬冬砍伐车轮呵，砍好放在河岸上。清清河水耀眼的波纹，既不耕种也不收获，为何收走三百担谷子呵！巡狩射猎全不干，为何你家庭院里挂满鹌鹑呵，那些大人先生呵，仅仅知道白吃白喝呵！

硕　鼠

硕鼠硕鼠，[1]无食我黍！[2]
三岁贯女，[3]莫我肯顾。[4]
逝将去女，[5]适彼乐土。
乐土乐土，爰得我所。[6]

硕鼠硕鼠，无食我麦！

三岁贯女，莫我肯德。[7]
逝将去女，适彼乐国。
乐国乐国，爰得我直。[8]

硕鼠硕鼠，无食我苗！
三岁贯女，莫我肯劳。[9]
逝将去女，适彼乐郊。
乐郊乐郊，谁之永号！[10]

【注释】

①硕：大。②黍（shǔ）：一种谷物。这里泛指庄稼。③贯：侍奉，供养。④莫我肯顾：即莫肯顾我，倒文。⑤逝：同誓，发誓。去：离开。⑥爰（yuán）：乃，于是，在那里。所：处所。⑦德：感激。莫我肯德即莫肯德我，倒文。⑧直：通职，处所。⑨劳（lào）：慰问。⑩永：长，久。号（háo）：喊叫，号哭。

【译文】

大老鼠大老鼠，不要吃我种的黍。三年来把你养肥了，你却一点也不顾及我。我一定要躲开你，到那理想的地方去。乐土呵乐土呵，那是我理想的安乐住所。

大老鼠大老鼠，不要吃我种的麦。三年来把你养肥了，你却对我一点好处也没有。我一定要离开你，到那理想安乐的国家去。乐国呵乐国呵，那是我理想的安乐居所。

大老鼠大老鼠，不要吃我种的禾苗。三年来把你养肥了，你却一点也不怜惜我。一定要远远离开你，到那理想安乐的郊野去。乐郊呵乐郊呵，那里无人长久哭泣！

唐　风

蟋　蟀

蟋蟀在堂，[1]岁聿其莫。[2]
今我不乐，日月其除。[3]
无已大康，[4]职思其居。[5]
好乐无荒，良士瞿瞿。[6]

蟋蟀在堂，岁聿其逝。
今我不乐，日月其迈。[7]
无已大康，职思其外。[8]
好乐无荒，良士蹶蹶。[9]

蟋蟀在堂，役车其休。

今我不乐，日月其慆。[⑩]
无已大康，职思其忧。
好乐无荒，良士休休。[⑪]

【注释】

①蟋蟀：昆虫名，俗称蛐蛐。在堂：在堂屋。蟋蟀进了堂屋。说明时置天寒岁暮。②岁：年。聿(yù)：语助词。莫：同暮。③除：过去。④已：甚，过度。大康：大通泰，大康即泰康，快乐。⑤职：尚，还要。居：担任的工作，所坐的位子。⑥瞿瞿：收敛的样子。一说惊顾的样子。⑦迈：逝去。⑧外：自己工作以外的事情。⑨蹶蹶：动作敏捷的样子。⑩慆：过去，逝去。⑪休休：安闲自得，乐而有节的样子。

【译文】

蟋蟀栖息屋内振翅歌，眼看一年快要终了。今天不及时享乐，日月将要舍我消逝而去。乐而有节不要过分，时时想念创业的艰巨。好乐而不荒淫无度，有志之士时刻警惕美行多。

蟋蟀栖息屋内振翅歌，预示一年快要完结了。今天我不及时行乐，日月就要匆匆快如梭。乐而有节不要放纵，时刻小心突然的袭击。好乐而不荒淫过度，有志之士兢兢业业行楷模。

蟋蟀栖息屋内振翅歌，农忙大车应该停止奔波。今天我不及时享乐，日月就要转瞬即逝。乐有节不放纵，要警惕别国的侵夺。好乐并不荒淫过度，有志之士谨慎戒惧多洒脱。

山有枢

山有枢，[①]隰有榆。[②]
子有衣裳，弗曳弗娄，[③]
子有车马，弗驰弗驱。
宛其死矣，[④]他人是愉。[⑤]

山有栲，[⑥]隰有杻。[⑦]
子有廷内，[⑧]弗洒弗埽。[⑨]
子有钟鼓，弗鼓弗考。[⑩]
宛其死矣，他人是保。[⑪]

山有漆，[⑫]隰有栗。
子有酒食，何不日鼓瑟？
且以喜乐，[⑬]且以永日。[⑭]
宛其死矣，他人入室。

【注释】

①枢：一种树名，刺榆。②隰：低洼潮湿的地方。③弗；不。曳（yì）：拖。娄：提起。古时裳长拖地，故曳、娄均指穿衣裳。④宛：通苑，即枯死的样子。⑤愉：快乐、享受。⑥栲：树名，也叫山樗

(chū)，又名臭椿。⑦杻：树名，也叫媞（yì），俗称菩提树。⑧廷：通庭，即院子。内：指堂和室。⑨埽：通扫。⑩考：敲击。⑪保：占有。⑫漆：漆树。⑬且：姑且。⑭永日：延长岁月。

【译文】

高高山上长满刺榆，低洼地白榆遍野。你有衣和裳，不用也不穿压箱底。你有车和马，不驾也不骑实在愚。如死了一样瘫痪活不长，留待他人去安享。

高高山上长满山樗，低洼地杻树遍野。你有庭院堂屋，不洗涤也不打扫尘土脏。你有钟和鼓，不敲不打太糊涂。如死了一样瘫痪，留待他人享受全占上。

高高山上长满漆树，低洼地栗树遍野。你有酒有肉，为什么不弹琴鼓瑟观歌舞。姑且借此行乐，姑且借此渡春光。如形体干枯瘫痪，留待别人占有卧室。

扬之水

扬之水，[①]白石凿凿。[②]
素衣朱襮。[③]从子于沃。[④]
既见君子，[⑤]云何不乐？

扬之水，白石皓皓。[⑥]
素衣朱绣，[⑦]从子于鹄。[⑧]
既见君子，云何其忧？

扬之水，白石粼粼。[⑨]
我闻有命，不敢以告人。

【注释】

①扬之水：形容缓缓流动的河水。②凿凿：鲜明的样子。③襮（bó）：绣有花纹的衣领。素衣朱襮：白缯内衣，红色花纹衣领。这是一种诸侯的服饰。④沃：地名，曲沃。子：指潘父，晋大夫。⑤君子：指曲沃的桓叔。⑥皓皓：洁白的样子。⑦绣：红边领上绣有五彩花纹的诸侯服饰。⑧鹄：同皋，即曲沃邑名。位于今山西闻喜县东。⑨粼粼：清澈的样子。

【译文】

汹涌澎湃的流水，水底白石洁净光泽。穿白衫红领的那人，到曲沃紧紧追随他。既然看见了他，为什么不满脸笑盈盈。

汹涌澎湃的流水，水底白石皑皑光亮。穿白衫红领的那人，到鹄地紧紧追随他。既然看见了他，还有什么忧愁不可消。

汹涌澎湃的流水，水底白石光亮莹泽。听说曲沃已发政变令，不敢告人诉说。

椒　聊

椒聊之实，[①]蕃衍盈升。[②]

彼其之子，硕大无朋。
椒聊且，[3]远条且。[4]

椒聊之实，蕃衍盈匊。[5]
彼其之子，硕大且笃。[6]
椒聊且，远条且。

【注释】

①椒：花椒。聊：同莱，草木结成一串串果实。②蕃衍：繁盛众多。盈：满。③且（jū）：语助词。④远条：指香气传得远。条，通修。⑤匊（jū）：古掬字，即两手合捧。⑥笃：忠厚，厚实。

【译文】

椒聊的一串串儿，繁殖起来满升量。桓叔的子孙，健壮美好世无双，椒聊串串远播芬香，枝条伸向四方。

椒聊的一串串儿，繁殖起来捧手上。桓叔的子孙，健壮美好高大诚实。椒聊串串芬香远播，枝条伸展朝向四方。

绸　缪

绸缪束薪，[1]三星在天。[2]
今夕何夕，见此良人？
子兮子兮，[3]如此良人何？[4]

绸缪束刍，[5]三星在隅。
今夕何夕，见此邂逅？
子兮子兮，如此邂逅何？

绸缪束楚，三星在户。
今夕何夕，见此粲者？[6]
子兮子兮，[7]如此粲者何？

【注释】

①绸缪（chóu móu）：缠绵，紧密束缚。②三星：参三星。一说三是虚数。③子兮：你呀。是诗人兴奋的自呼。④何：怎么办。⑤刍（chú）：喂牲口的青草。⑥粲：鲜明的样子。⑦子：指新郎。

【译文】

薪柴紧捆扎整齐，三星高高挂中天。今晚是什么日子，看见了自己的新郎。我呵我呵，有这样美好的新郎。

刍草紧捆扎整齐，三星正挂天边。今晚是什么日子，我们喜结良缘。我们呵我们呵，有这

样幸福会见。

荆条紧捆扎整齐，三星正挂门前光闪闪。今晚是什么日子，看见了漂亮娇妻。新郎官呵新郎官呵，有这样美丽的娇妻。

杕 杜

有杕之杜，①其叶湑湑。②
独行踽踽。③岂无他人？
不如我同父。嗟行之人，
胡不比焉？人无兄弟，
胡不佽焉？④

有杕之杜，其叶菁菁。⑤
独行睘睘。⑥岂无他人？
不如我同姓。⑦嗟行之人，
胡不比焉？人无兄弟，
胡不佽焉？

【注释】

①有：助词。杕（dì）：树木挺立的样子。杜：杜梨、棠梨。②湑湑（xù）：树叶茂盛的样子。③踽踽（jǔ）：孤独的样子。④佽（cì）：资助。⑤菁菁：形容葱郁貌。⑥睘睘（qióng）：形容孤独无依貌。⑦同姓：同母的兄弟。

【译文】

一株卓然独立的棠梨，树叶茂盛葱郁。一人孤零零地独行，难道左右无人同路行，不如同胞兄弟。可叹行路的人，为什么不来近我身。我没有同胞弟兄，怎能得到别人帮助。

一株卓然独立的堂梨，枝叶茂盛葱葱，一人独行孤苦伶仃，难道左右没有他人？不如同姓的人。呵哎行路的人，为什么不帮我走一程。我没有同胞兄弟，怎能得到他人资助。

羔 裘

羔裘豹祛，①自我人居居。②
岂无他人？维子之故。

羔裘豹褎，③自我人究究。
岂无他人？维子之好。

【注释】

①豹祛：镶着豹皮的袖口。祛（qū）：袖口。②自：对于。我人：我们。居居：同倨倨，态度倨傲的样子。究究：和居居同义。③褎（xiù）：同袖。

【译文】

身着皮袍豹袖的大夫，对我们怀有敌意。难道我无他人可爱，因你是我故旧之人。

身着皮袍豹袖的大夫，对我们怀有敌意。难道我无别人可爱，因你是我尊敬的人。

鸨　羽

肃肃鸨羽，①集于苞栩。②
王事靡盬，③不能艺稷黍。④
父母何怙？⑤悠悠苍天，
曷其有所？

肃肃鸨翼，集于苞棘。⑥
王事靡盬，不能艺黍稷。
父母何食？悠悠苍天，
曷其有极？

肃肃鸨行，集于苞桑，
王事靡盬，不能艺稻粱。
父母何尝？⑦悠悠苍天，
曷其有常？⑧

【注释】

①肃肃：鸟的振翅声。鸨：鸟名，即野雁。②集：栖息。苞：草木丛生。栩：树名。③王事：公务，征役。靡：没有。盬（gǔ）：止息。④艺：种植。⑤怙（hù）：依靠。⑥棘（jí）：酸枣树。⑦尝：食。⑧常：正常。

【译文】

大雁飞翔羽声沙沙，栖息在柞树丛里。官家徭役无休无止，不能播种稷黍田园荒。父母无所依靠，天啦天啦，什么时候能够安处。

大雁飞翔翼声沙沙，栖息在枣树丛里。官家徭役无休无止，不能种植黍稷荒田地。父母吃什么？天啦天啦，这样的日子何时终止有转机。

大雁飞翔其声沙沙，栖息在桑树丛里。官家徭役无休无止，不能种植稻谷粱米。父母饥饿啥充饥？天啦天啦，何时生活安定回到田亩中。

无　衣

岂曰无衣七兮？①不如子之衣，②
安且吉兮！③

岂曰无衣六兮？不如子之衣，
安且燠兮！④

【注释】

①七、六：均为虚数，指衣服之多。②子：您。指制衣人，应是一女子。③安：安适、舒适。吉：善，美。④燠（yù）：暖和，温暖。

【译文】

难道不能有候伯的官服，不如君王所赐名正言顺。受君王之命心安理得呵！

难道不能穿卿士的官服，不如君王所赐名正言顺。受君王之命理直气壮呵！

有杕之杜

有杕之杜，①生于道左。
彼君子兮，噬肯适我？②
中心好之，曷饮食之？③

有杕之杜，生于道周。④
彼君子兮，噬肯来游？
中心好之，曷饮食之？

【注释】

①杕（dì）：孤生而独特的样子。杜：杜梨，常梨。②噬（shì）：通逝，语首助词。适：之、到。③曷：何不。④周：右的假借字。

【译文】

一棵孤独的赤裳，长在道的东边上。那位谦谦君子呵，请到我身边来。内心有所爱恋，何不让我饱餐。

一棵孤独的赤裳，屹立在道路的道边上。那位谦谦君子呵，请到我这里游逛。内心有所爱恋，何不让我饱餐。

葛　生

葛生蒙楚，①蔹蔓于野。②
予美亡此，③谁与独处？

葛生蒙棘，蔹蔓于域。④
予美亡此，谁与独息？

角枕粲兮，⑤锦衾烂兮。⑥

予美亡此，谁与独旦？[7]

夏之日，冬之夜。
百岁之后，[8]归于其居。[9]

冬之夜，夏之日。
百岁之后，归于其室。

【注释】

①葛：葛藤。蒙：覆盖，遮盖。楚：荆条。②蔹（liǎn）：植物名，蔓生植物，又名白蔹。③予美：我的爱人。亡：离去。这里指离开人世。④域：墓地，坟地。⑤角枕：牛角枕头，是一种敛尸的特品。粲：同灿，鲜明华丽貌。⑥锦衾：锦被，也是一种敛尸物品。烂：色彩艳丽貌。⑦独旦：独处到天亮。⑧百岁：死的讳称。⑨居、室：均指坟墓。

【译文】

葛藤缠绕满荆树，蔹草蔓延荒郊野。我的丈夫不在世，和谁一起只有独处。
葛藤缠绕着枣树，蔹草蔓延草墓地。我的丈夫不在世，和谁一起唯有孤独。
多么漂亮牛角枕，多么鲜艳的锦被。我的丈夫不在世，和谁一起独自呆到天明。
夏季悠悠白日长，冬季漫漫的长夜。愿死了以后，同我的郎君葬在一起。
寒冬漫漫的长夜，夏季悠悠白日长。愿死了以后，同我的郎君卧于一穴。

采　苓

采苓采苓，[1]首阳之巅。[2]
人之为言，[3]苟亦无信。
舍旃舍旃，[4]苟亦无然。[5]
人之为言，胡得焉？

采苦采苦，首阳之下，
人之为言，苟亦无与。[6]
舍旃舍旃，苟亦无然。
人之为言，胡得焉？

采葑采葑，首阳之东。
人之为言，苟亦无从。
舍旃舍旃，苟亦无然。
人之为言，胡得焉？

【注释】

①苓：甘草。②首阳：山名。位于今天的山西省永济县南。③为：通伪。为言：谎话，谗言。④舍旃(zhān)：舍弃它，抛弃之。旃：之，作代词。⑤无然：不要以为然。这里是认为对的意思。⑥无与：不要理会。

【译文】

采摘甘草采摘甘草，首阳山巅风光好。有人尽说伪言词，如果毫无信义，抛弃它吧丢掉它吧。如对伪言不屑一顾，虚伪的言词，那就不能施其技了。

摘苦菜摘苦菜，在那首阳山脚下。有人尽说伪言词，如果毫无所需，丢掉它吧抛弃它吧。如对伪言不屑一顾，虚伪的言词，那就不能施其技了。

采葑菜摘葑菜，那首阳山东风光好。有人尽说伪言词，如果毫无根据，抛弃它吧扔掉它吧。如对伪言毫不理会，虚伪的言词，那就无所施其技了。

秦　风

车　邻

有车邻邻，①有马白颠。②
未见君子，寺人之令。③

阪有漆，④隰有栗。
既见君子，并坐鼓瑟。⑤
今者不乐，逝者其耋。⑥

阪有桑，隰有杨。
既见君子，并坐鼓簧。⑦
今者不乐，逝者其亡。

【注释】

①邻邻：同辚辚，车行声。②白颠：马额中一块白毛。③寺人：古代宫廷中供使唤的小官。④阪(bǎn)：山坡。⑤鼓：弹。⑥逝者：将来。耋（dié）：八十岁叫做耋。⑦簧：一种古时乐器，形状像笙。

【译文】

车子飞驰辚辚响，白额骏马驾车行。没有看见秦仲公，必得宦者传命令。

坡上漆树来回摇，洼地栗树一片。已经看见秦仲公，君臣并肩而坐鼓瑟为乐。今天倘不及时行乐，时光消逝无可奈何。

坡上桑树摇曳，坡下杨树长势强。已经看见秦仲公，君臣并肩而坐鼓簧为乐。今天倘不及时行乐，时光消逝人将亡。

驷驖

驷驖孔阜，[①]六辔在手。
公之媚子，[②]从公于狩。

奉时辰牡，[③]辰牡孔硕。
公曰左之，[④]舍拔则获。[⑤]

游于北园，四马既闲。
輶车鸾镳，[⑥]载猃歇骄。[⑦]

【注释】

①驷驖（tiě）：四匹黑如铁的马。孔：甚。阜：肥硕。②媚子：宠爱的人，亲信。③奉：供给。时：这个。辰：时辰，应时。④左之：向左。⑤舍：放。拔：箭末。舍拔：放箭。⑥輶（yóu）：古代的一种轻便车。鸾：铃。镳（biáo）：马口旁边的勒具。因为铃是挂在镳上，所以称铃镳。⑦猃（xiǎn）：一种长嘴猎犬。歇骄：一种短嘴猎犬。

【译文】

四匹纯黑铁青马，六支缰绳握在赶车人的手。襄公宠信的那些人，追随他野外打猎当随从。

碰到了一只大公鹿，这只公鹿肥又大。襄公说"往左快追逐"，箭出应弦不虚发。

襄公游罢归北园，四马驾车技纯熟。轻车缓缓铃声响，载着猎犬息中间。

小戎

小戎俴收，[①]五楘梁辀。[②]
游环胁驱，[③]阴靷鋈续。[④]
文茵畅毂，[⑤]驾我骐异。[⑥]
言念君子，温其如玉。
在其板屋，乱我心曲。

四牡孔阜，六辔在手。
骐駵是中，[⑦]騧骊是骖。[⑧]
龙盾之合，[⑨]鋈以觼軜。[⑩]
言念君子，温其在邑。
方何为期？胡然我念之！

俴驷孔群，[⑪]厹矛鋈錞。[⑫]
蒙伐有苑，[⑬]虎韔镂膺。[⑭]

交韔二弓，[15]竹闭绲滕。[16]
言念君子，载寝载兴。[17]
厌厌良人，[18]秩秩德音。[19]

【注释】

①小戎：一种较小的兵车。俴（jiàn）：浅。收：轸，车后的横木。这种车因车后的横木较低，所以车厢也较小。②辀（zhōu）：有花纹的皮条。梁辀：弯曲的车辕像船一样，故叫“梁辀”。③游环：活动皮环，用以系于服马之颈套，并贯串两边骖马的外辔，以控制骖马。胁驱：驾具名，装在马胁两旁的皮扣，联在拉车的皮带上，也是用来控制骖马的。④阴：车轼前的横板。靷（yǐn）：引车前进的皮带。古代驾四马的车，服马夹辕，其颈轭，两骖马在旁挽鋈助之。鋈（wò）：白铜。鋈续：白铜制的环，与车靷联结。⑤文茵：虎皮坐垫。畅：长。毂（gù）：车轮中心的圆木，周围的车辐的一端相接，中间有孔，用以插车轴。⑥骐：青黑色毛相杂如棋盘格子的马。异（zhù）：左脚白马。⑦骝（liú）：通骝，红黑色的马。⑧騧（guā）：黑嘴黄马。骊，黑色马。骖：四匹马中靠两边的两匹马。⑨龙盾：画了龙的盾牌。⑩觼（jué）軜（nà）：有舌的环，以舌穿过皮带，使内辔固定。軜：用以贯骖内辔的环。軜骖内辔。⑪俴驷：披薄金甲的四匹马。孔群：（马群）很协和。⑫厹（jiū）：三隅矛。鋈錞（dùn）：以白铜做的矛柄套。⑬蒙：覆盖，涂抹，此处指画。伐：盾。苑（yuàn）：花纹。⑭虎韔（chāng）：用虎皮做的弓囊。镂膺：在弓囊的正面镂刻。膺：弓囊的正面。⑮交韔：将弓放进弓囊。交：指二弓交叉顺倒放入。⑯闭：竹檠。即用竹制的纤正弓弩的用具。绲（gùn）：绳子。縢（téng）：缠束。⑰载寝载兴：睡睡起起的样子。⑱厌厌：安静。⑲秩秩：有秩序的样子，这里指进退有礼节。

【译文】

轻巧精锐的浅箱兵车，五根革带饰车辕。皮环皮带控制四马，镶圈皮带牵引车。虎皮坐垫铺中央，驾着白足的骏马。想到自己的丈夫，如玉般温文尔雅。夫住西戎小板屋，想到他心忧伤乱如麻。

四匹公马肥硕高大，六支缰绳牵手中。红色骏马驾车辕，黑马黄马在辕两旁。两臂挟描龙盾牌，镶金绳环缓带扬。想起自己好丈夫，深居西垂性情温和。何日是归期，为什么这样苦苦惦念他。

披着轻甲的驷马协调，长矛把末金套发光。御敌漆盾文彩斑，虎皮弓袋绣花纹。两弓交叉插袋中，弓和弓檠捆扎好。想念自己的丈夫，时座时立坐卧不安。夫君安安静静，彬彬有礼捷报频传。

蒹 葭

蒹葭苍苍，[1]白露为霜。
所谓伊人，在水一方。
溯洄从之，[2]道阻且长。[3]
溯游从之，[4]宛在水中央。

蒹葭萋萋，[5]白露未晞。[6]
所谓伊人，在水之湄。[7]

溯洄从之，道阻且跻。
溯游从之，宛在水中坻。

蒹葭采采，[8]白露未已。
所谓伊人，在水之涘。[9]
溯洄从之，道阻且右。[10]
溯游从之，宛在水中沚。[11]

【注释】

①蒹葭（jiānjiā）：没长穗的芦苇和初生的芦苇。苍苍：鲜明、茂盛的样子。②溯（sù）回：逆流而上。③阻：障碍。④溯游：顺流而下。⑤萋萋：茂盛的样子。⑥晞（xī）：干。⑦湄：岸边，水与草交接的地方。⑧采采：茂盛的样子。⑨涘（sì）：水边。⑩右：向右移，迂回弯曲。⑪沚：水中的小沙洲。

【译文】

秋天芦苇一片苍茫，白露凝结变成霜。我所想象意中人，远隔河水那一方。逆流而上去寻他，水道艰险多漫长。顺流下去寻他，仿佛他又在水中央。

秋天芦苇一片凉凄，湿湿白露还未干。我所想象的心上人，远隔河水那一边。逆流而上去寻他，水道艰险不可攀。顺流而上去寻他，仿佛他不在小洲间。

秋天芦苇密麻麻，淋淋白露还未停。我所想象的心上人，远隔河水那一方。逆流而上去寻他，艰险水道迂回曲折。顺流而下去追寻他，好像他又在水中小岛中。

终　南

终南何有？[1]有条有梅。[2]
君子至止，[3]锦衣狐裘。
颜如渥丹，[4]其君也哉！[5]

终南何有？有纪有堂。[6]
君子至止，黻衣绣裳。[7]
佩玉将将，[8]寿考不忘！[9]

【注释】

①终南：山名，位于今天的陕西省境内。②条：柚树。一说楸树。③止：此地。④渥（wò）：涂。丹：赤石制的红涂料。⑤君：尊严如君王。⑥纪：通杞，树名。堂：棠。均为树名。⑦黼（fú）：旧时礼服上黑青相间的花纹。绣：五彩图案。⑧将将：佩玉碰撞发出的声音。象声词。⑨忘：通亡，已，止。

【译文】

终南山上有什么？山楸林立梅树成行。君子受封到了终南山，穿着锦绣衣衫。红光满面润如涂丹，真是我们的君王。

终南山上有什么？崖岸壁立枸棠在。君王受封到了终南山，穿着锦绣衣裳。身上佩玉铿铿悦耳，祝你“万寿无疆”！

黄 鸟

交交黄鸟，[①]止于棘。[②]
谁从穆公？[③]子车奄息。[④]
维此奄息，百夫之特。[⑤]
临其穴，惴惴其栗。[⑥]
彼苍者天，歼我良人！[⑦]
如可赎兮，人百其身！[⑧]

交交黄鸟，止于桑。
谁从穆公？子车仲行。
维此仲行，百夫之防。[⑨]
临其穴，惴惴其栗。
彼苍者天，歼我良人！
如可赎兮，人百其身！

交交黄鸟，止于楚。[⑩]
谁从穆公？子车鍼虎。
维此鍼虎，百夫之御。[⑪]
临其穴，惴惴其栗。
彼苍者天，歼我良人！
如可赎兮，人百其身！

【注释】

①交交：鸟往来飞翔的样子。②棘：酸枣树。③穆公：秦穆公。从：从死，殉葬。④子车：秦国大夫的姓。奄息：秦国的贤人。⑤特：杰出，超凡。⑥惴惴（zhuì）：恐惧的样子。⑦歼：消灭，灭绝，杀尽。良人：善人。⑧人百其身：别人替他死百次。⑨防：比，比较。⑩楚：一种小灌木，又名荆，荆条。⑪御：抵御，匹敌。

【译文】

啾啾悲鸣的黄鸟，在枣树丛里栖息。谁殉穆公之葬，姓子车氏的奄息。就是这个子车奄息，百人之中的俊杰。走近这个墓穴，身惊胆战心战栗。啊呀苍苍上天，残杀了我善良的人。如果能够赎他，愿以百人换他命。

啾啾悲鸣的黄鸟，在桑树丛里栖息。谁殉穆公之葬，姓子车名仲行。就是这个子车仲行，百人之中的豪杰。看到了这个墓穴，身惊胆战心战栗。啊呀苍苍上天，杀死了我善良的人。倘若能够赎他，愿以百人易其命。

啾啾悲鸣黄鸟，飞落荆树上栖息。谁殉穆公之葬，姓子车名铖虎。就是这个子车铖虎，百人之中的英杰。看到了这个墓穴，浑身颤动心战栗。啊呀苍天上天，杀死了善良人太无理。如果能够赎他，愿以百人换他命。

晨　　风

鴥彼晨风，[①]郁彼北林。[②]
未见君子，忧心钦钦。[③]
如何如何，忘我实多！

山有苞栎，[④]隰有六驳。[⑤]
未见君子，忧心靡乐。[⑥]
如何如何，忘我实多！

山有苞棣，[⑦]隰有树惑。[⑧]
未见君子，忧心如醉。
如何如何，忘我实多！

【注释】

①鴥（yù）：鸟疾飞的样子。晨风：又作在鹯风。鸟名。即鹯，一种似鹞的猛禽。②郁：形容茂密的样子。③钦钦：形容忧愁的样子。④苞：丛生貌。栎：栎树。⑤六：指多数。驳：梓榆树，因其树皮青白驳（bó）荦，遥似驳马，所以叫做驳树。⑥靡乐：不快乐。⑦棣：树名，即唐棣。又名郁李。⑧檖：树名，山梨树。又名赤罗。

【译文】

迅速疾飞晨风鸟，落在树木葱茏的北林。没有看见心上人，忧心如焚神不安宁。怎么办呢怎么办呢？你把我忘得干干净净。

山上栎树丛生，山下赤罗一片。没有看见心上人，忧闷不乐心苦凄。怎么办呢怎么办呢？你把我忘得干干净净。

山上郁李丛生，洼地山梨一片。没有看见心上人，忧闷如醉意惑迷。怎么办呢怎么办呢？你把我忘得干干净净。

无　　衣

岂曰无衣？与子同袍。[①]
王于兴师，[②]修我戈矛。
与子同仇！

岂曰无衣？与子同泽。[③]
王于兴师，修我矛戟。

与子偕作！[4]

岂曰无衣？与子同裳。[5]
王于兴师，修我甲兵。[6]
与子偕行！[7]

【注释】

①袍：形如斗篷的长衣，行军时，白天当衣穿，夜里当被盖。②王：一说指周王。西戎是周民族的共同敌人，秦王伐戎，也要打起王命的旗号。③泽：贴身内衣。④作：行动起来。⑤裳（cháng）：下衣。⑥甲：铠甲。兵：武器。⑦偕行：一起出征。

【译文】

怎能说没有衣裳，与你同穿一件战袍。王师出兵作战，磨好我的戈矛，你我敌忾同仇决不把敌人轻饶。

怎能说没有衣裳，与你同穿一样的内衣。王师出兵作战征伐，磨好我的长矛，你我协力同心投入战斗队伍中。

怎能说没有衣裳，与你同穿一件裤子。王师出兵征讨，磨好我的兵器，你我齐步向前同仇敌忾共杀敌。

渭　阳

我送舅氏，曰至渭阳。[1]
何以赠之？路车乘黄。[2]

我送舅氏，悠悠我思。[3]
何以赠之？琼瑰玉佩。[4]

【注释】

①曰：语气词，无义。渭：水名。阳：山的南面或水的北面。渭阳，即渭水的北面。②乘黄：四匹黄马拉的车。黄：指黄马。③悠悠：形容忧思不已。④琼瑰：美玉。

【译文】

我送别我的舅父，送到渭水的北边。用什么赠他作礼品，一辆车和四匹营马。

我送别我的舅父，思念情绵心悲切。用什么送他为礼品，美石和佩玉。

权　舆

于我乎，[1]夏屋渠渠，[2]今也每食无余。
于嗟乎，不承权舆！[3]

于我乎，每食四簋，[④]今也每食不饱。
于嗟乎，不承权舆！

【注释】

①于：叹词，古作“於”。②夏屋：大俎，大的食器。渠渠：丰盛貌。③权舆：本为草木萌芽的状态，此处引申为当初，初时。④簋（guǐ）：古代食器，圆口，圈足，两耳，方座，青铜或陶制的食器。

【译文】

呵哎我呢，从前住在高楼大厦之中。今天吃饭一点也无剩余。呵哎，为什么与原来不同。
呵哎我呢，从前每次吃饭满满的四盘。现在却腹中空空。呵哎，为什么与昔日不同。

陈　　风

宛　　丘

子之汤兮，[①]宛丘之上兮。[②]
洵有情兮，[③]而无望兮。

坎其击鼓，[④]宛丘之下。
无冬无夏，值其鹭翿。[⑤]

坎其击缶，[⑥]宛丘之道。
无冬无夏，值其鹭翿。[⑦]

【注释】

①汤（dàng）：荡，游荡，放荡。②宛丘：陈国的山丘名。一说指四方高，中央低的土山。③洵：确实，实在。④坎：击鼓声。⑤值：持。鹭翿（dào）：用鹭鸶羽毛制成的伞形舞具。翿：古代一种舞具。⑥缶（fǒu）：瓦盆，一种用以打击节拍的乐器。⑦鹭翿（dào）：即鹭鸟之羽。

【译文】

那女巫放荡不羁呵，嬉游在宛丘高地上！真够纵情享乐呵，威仪丧没有指望呵！
击鼓冬冬响，在宛丘山下。不论严寒或酷夏，手持鹭羽翩翩起舞。
击缶镗镗，在宛丘道旁大树下。不论严冬或盛夏，手拿羽扇翩翩起舞。

东门之枌

东门之枌，[①]宛丘之栩。[②]
子仲之子，[③]婆娑其下。[④]

縠旦于差。[5]南方之原。
不绩其麻，市也婆娑。

縠旦于逝，[6]越以鬷迈。[7]
视尔如荍，[8]贻我握椒。[9]

【注释】

①枌（fén）：树名，即白榆树。②栩（xǔ）：树名，即柞树。③子仲：是当时的姓氏。子：女儿。④婆娑：舞蹈。⑤縠旦：吉日，良辰。縠吉，善。差（chāi）：选择。⑥逝：往。⑦越以：发语词。鬷（zōng）：屡次。迈：行，去，往。⑧荍（qiáo）：草名，锦葵。一种开紫花或白花的草本植物。⑨贻：赠送。握椒：一把花椒。

【译文】

东门白榆耸云天，宛丘栎树真高大。子仲氏的儿女们，起舞盘旋树阴之下。

选择一个吉日良辰，聚集在南面平地上。姑娘也不绩麻纺线了，在闹市中翩翩舞蹈。

吉日良辰我前往，男女聚会频仍。“看你如盛开锦葵花”，“请给我香椒一大把。”

衡　门

衡门之下，[1]可以栖迟。[2]
泌之洋洋，[3]可以乐饥。[4]

岂其食鱼，必河之鲂？
岂其取妻，[5]必齐之姜？[6]

岂其食鱼，必河之鲤？
岂其取妻，必宋之子？[7]

【注释】

①衡门：指东西头的门。衡：通横。②栖迟：游息。③泌：泉水名。洋洋：水流盛大的样子。④乐：古通疗，治疗。乐饥：充饥。指欣赏清泉，可使人忘记饥饿。⑤取：通娶。⑥姜：齐国贵族的姓。齐姜：齐国姜姓贵族女子。⑦子：宋国贵族的姓。宋子：宋国子姓贵族女子。

【译文】

一支横木支撑的茅舍里，此能游玩栖身。汩汩的泉流向前奔，可以充饥。

你要吃鲜鱼，难道不是黄河之鲂不食。你要娶娇妻，非齐国贵族之女不娶。

你要吃鲜鱼，难道不是黄河之鲤不食。你要娶娇妻，非宋国贵族子姓之女不娶。

东门之池

东门之池，[1]可以沤麻。[2]

彼美淑姬，可与晤歌。[3]

东门之池，可以沤纻。[4]
彼美淑姬，可与晤语。[5]

东门之池，可以沤菅。[6]
彼美淑姬。可与晤言。

【注释】

①池：护城河。②沤：浸泡，渍。沤麻：用水浸泡待用的麻。③晤歌：对唱。④沤纻：用水浸泡苎麻。纻（zhù）：苎麻。⑤晤语：谈话。⑥菅（jiān）：草名，也叫巴茅，沤之使柔，可以织席编筐。

【译文】

东门城下护城河，在这里可以沤麻作衣裳。那位美丽的淑姬，可以同她相对唱。

东门城下护城河，在这里可以沤麻作衣裳。那位美丽的贤姬，可以同她共倾谈。

东门城下护城河，在这里可以沤麻作衣裳。那位美丽贤淑好姑娘，可以同她诉衷肠。

东门之杨

东门之杨，其叶牂牂。[1]
昏以为期，明星煌煌。[2]

东门之杨，其叶肺肺。[3]
昏以为期，明星晢晢。[4]

【注释】

①牂牂（zāng）：风吹树叶发出的声音。一说为茂盛的样子。②明星：启明星。煌煌：灿烂的样子。③肺肺（pèi）：同芾芾，形容茂盛。④晢晢（zhē）：形容明亮。

【译文】

东门白杨迎风摇，叶子茂密能纳凉。昏夜在这里幽会，灿烂的启明星空照西方。

东门白杨迎风摇，叶子茂密能纳凉。昏夜在这里幽会，明亮的启明星空照上天。

墓　门

墓门有棘，[1]斧以斯之。[2]
夫也不良，国人知之。
知而不已，谁昔然矣。[3]

墓门有梅，有鸮萃止。[4]

夫也不良，歌以讯之。[⑤]
讯予不顾，[⑥]颠倒思予。[⑦]

【注释】

①棘：荆棘。②斯：砍。③谁昔：往昔。④鸮（xiāo）：鸟名，又名猫头鹰。萃（cuì）：杂草丛生的样子，这里引申为聚集。⑤讯：告诫，警告。⑥讯：通谇（suì），责骂。⑦颠倒：跌倒。

【译文】

墓门外枣树丛生，用斧头去清除它。这个人存心不良，国人都知道他品行不端。知道了他依然不改，卑鄙下流一贯如此。

墓门外梅树笔立，猫头鹰停在这里。这个人不是好东西，唱支歌儿教训他。教训了他掉头不顾，是非颠倒狼狈不堪。

防有鹊巢

防有鹊巢，[①]邛有旨苕。[②]
谁侜予美？[③]心焉忉忉。[④]

中唐有甓，[⑤]邛有旨鹝。[⑥]
谁侜予美？心焉惕惕。[⑦]

【注释】

①防：堤岸。②邛（qióng）：山丘。旨：味美。苕（tiáo）：苕草，一种蔓生植物。一说指苇苕，即苇花。③侜（zhōu）：欺诳。④忉忉：形容忧劳的样子。⑤唐：朝堂前和宗庙内的大路。甓（pì）：古代的一种砖，用以作瓦沟。⑥鹝（yì）：绶草，一种杂色草。⑦惕惕：形容担心，提心吊胆。

【译文】

堤上有喜鹊筑巢吗？丘陵有苕草吗？谁在诳骗我心爱的人，内心忧虑忐忑不安。

厅堂堆放砖瓦吗？丘陵生长绶草吗？谁在诳骗我心爱的人，内心恐惧忐忑不安。

月　出

月出皎兮，[①]佼人僚兮，[②]
舒窈纠兮。[③]劳心悄兮。[④]

月出皓兮，[⑤]佼人懰兮，[⑥]
舒忧受兮。[⑦]劳心慅兮。[⑧]

月出照兮，佼人燎兮，[⑨]
舒夭绍兮。[⑩]劳心惨兮。[⑪]

【注释】

①皎：洁白而明亮。②佼人：美丽的姑娘。僚：俏丽。③舒：舒缓，闲雅。窈纠（yǎojiǎo）：婀娜，苗条。④悄：忧愁。⑤皓：明亮。⑥懰（liú）：妩媚。⑦忧受：轻盈舒缓的步履。⑧慅（chǎ）：忧愁。⑨燎（liáo）：形容女子面貌漂亮。⑩夭绍：体态轻盈、优美。形容女子之美。⑪惨：同躁，忧愁、烦躁的样子。

【译文】

月出银光皎皎呵，美人妩媚多姿呵。信步轻盈体态优美呵，思念她又烦又恼呵。

月出银光皓白呵，美人俊俏无比呵。信步轻盈从容不迫呵，思念她忧心忡忡呵。

月出照耀大地呵，俊俏姑娘姿容秀丽呵。信步轻盈体态多姿呵，思念她牵肠挂肚呵。

株　林

胡为乎株林?①从夏南兮?②
匪适株林,③从夏南兮!

驾我乘马,④说于株野。⑤
乘我乘驹,⑥朝食于株!

【注释】

①株：陈国邑名，是夏姬的儿子夏征舒的封地。夏征舒字夏南。林：郊外。②夏南：这里夏南非指夏征舒，而是指夏姬。③匪：不是，非。适，去，往。④我：指陈灵公。⑤株野：株的效外。说：停车休息。⑥驹：少壮的骏马。

【译文】

陈君为什么到株邑之效，去寻觅夏南。不是到株邑之郊，在追踪夏南寻欢。

驾我四马的马车，到株邑之郊去休养。乘我四马驾的车，赶到株邑去早餐。

泽　陂

彼泽之陂,①有蒲与荷。②
有美一人,③伤如之何?④
寤寐无为，涕泗滂沱。

彼泽之陂，有蒲与蕳。⑤
有美一人，硕大且卷。⑥
寤寐无为，中心悁悁。⑦

彼泽之陂，有蒲菡萏。⑧

有美一人，硕大且俨。[9]
寤寐无为，辗转伏枕。

【注释】

①泽：聚水的洼地，池塘。陂（bēi）：堤岸，堤防。②蒲、荷：蒲草，荷花。③美：俊美的人儿。④如：女性第一人称的代名词。⑤蕳（jiān）：兰草。⑥卷：通婘，美好的样子。⑦悁悁（yuān）：忧闷貌。⑧菡（hàn）萏（dàn）：荷花骨朵，泛指荷花。⑨俨：端庄的样子。

【译文】

在那沼泽的水边，香蒲与荷花交错开。那里有位美男子，我将怎样接近他。长夜思念不能入梦，眼泪夺眶似雨下。

在那沼泽的水边，香蒲与莲花交错开。那里有位美男子，魁梧高大发雄姿。长夜耿耿不能寐，内心忧闷乱如麻。

在那沼泽的水边，蒲草与荷花杂乱开放。那里有位美男子，丰硕高大风度翩翩众人夸。长夜耿耿不能睡，只好在枕上辗转反侧。

桧 风

羔 裘

羔裘逍遥，狐裘以朝。[1]
岂不尔思？劳心忉忉。

羔裘翱翔，狐裘在堂。[2]
岂不尔思？我心忧伤。

羔裘如膏，[3]日出有曜。[4]
岂不尔思？中心是悼。[5]

【注释】

①狐裘：狐狸皮袄，诸侯的朝服。朝：朝堂。大臣朝见君王的地方。②堂：公堂，大臣朝见君王的地方。③膏：油。羔裘如膏：形容羔裘光泽、润滑，有如凝脂。④有曜：即耀耀。形容羔裘光洁、明亮。⑤悼：害怕，悲伤。

【译文】

穿着羊皮袍子逍逍遥遥，穿着狐皮袍子去上朝。难道你不想想，徒然令人愁怨难消。

穿着羊皮袍子自由逛，穿着狐皮袍子上朝堂。难道你不想想，想到回家使我忧伤。

羊皮袍子闪闪发亮，太阳出来照耀了它。难道你不想想，想到危亡使我心中痛恼。

素　冠

庶见素冠兮，①棘人栾栾兮。②
劳心慱慱兮。③

庶见素衣兮，我心伤悲兮。
聊与子同归兮。

庶见素韠兮，④我心蕴结兮。⑤
聊与子如一兮。⑥

【注释】

①庶：幸。素冠：白帽。②棘人：瘦骨嶙峋的人。棘：古瘠字，瘦。栾栾（luán）：通脔脔，体瘦如柴的样子。③慱慱（tuán）：忧虑不安貌。④韠（bì）：朝服的蔽膝。蔽膝相当于现在的围裙，是皮做成的。⑤蕴结：忧郁烦闷。⑥如一：同归，同死。

【译文】

幸见这戴孝帽的人呵，悲恸守孝子瘦骨磷磷呵，忧心劳瘁郁郁难申呵！
幸见这穿孝服的人呵，我心中伤悲呵，愿与他一同把家回呵！
幸见这腰系素淡围裙的人呵，我为他忧郁呵，愿与他共分伤悲呵！

隰有苌楚

隰有苌楚，①猗傩其枝，②
夭之沃沃。③乐子之无知。④

隰有苌楚，猗傩其华，⑤
夭之沃沃。乐子之无家。

隰有苌楚，猗傩其实，⑥
夭之沃沃。乐子之无室。

【注释】

①苌楚（chángchǔ）：一种果树，又名猕猴桃。②猗傩（ēnuó）：同婀娜。轻盈、美貌的样子。③夭：鲜嫩而美好。沃沃：光泽、壮美貌。④子：指苌楚。⑤华：花的名字。⑥实：果实。

【译文】

低洼地羊桃盛开，青青枝条婷婷婀娜。夭冶艳丽闪闪发光，羡慕你天真少烦恼。
低洼地羊桃盛开，花儿朵朵婷婷媚娇。夭冶艳丽闪闪发光，羡慕你没有妻小。

低洼地羊桃盛开，果实婷婷累累结树梢，夭冶艳丽闪闪发光，羡慕你没有家室少牵挂。

匪 风

匪风发兮，①匪车偈兮。②
顾瞻周道，③中心怛兮。④

匪风飘兮，匪车嘌兮。⑤
顾瞻周道，中心吊兮。⑥

谁能亨鱼？⑦溉之釜鬵。⑧
谁将西归？怀之好音。⑨

【注释】

①匪：彼。发（bō）：风声。②偈（jié）：车疾驰的样子。③顾瞻：掉头望。周道：大路。④怛（dá）：忧伤之义。⑤嘌（piāo）：漂遥不定的样子。⑥吊：悲伤。⑦亨（pēng）：同烹。亨鱼：烹鱼。⑧溉（gài）：洗。釜：锅。鬵鬵（xín）：一种大锅，用以烹煮。⑨怀：通馈，送给。好音：好消息，平安音信。

【译文】

那股风呼呼卷起来呵，那辆车疾驰飞奔前方呵。回顾出征的大道，心中忧虑又哀伤！

那股旋风突然飘起来呵，那辆车疾驰呼啸而过呵。回顾出征的大道，心中悲伤又哀悼！

谁要善于煮烧鲜鱼，我将锅儿洗干净。谁要回到西方去，请将好音他来捎。

曹 风

蜉 蝣

蜉蝣之羽，①衣裳楚楚。②
心之忧矣，于我归处。

蜉蝣之翼，采采衣服。③
心之忧矣，于我归息。

蜉蝣掘阅，④麻衣如雪。
心之忧矣，于我归说。⑤

【注释】

①蜉蝣：虫名。一种朝生暮死的小虫。②楚楚：整洁鲜明的样子。③采采：粲烂、华丽貌。④掘：穿。阅：古通穴。⑤说（shuì）：通税，休息。

【译文】

短命蜉蝣有羽翼，如你的衣裳漂亮鲜洁。我心忧虑呵，不知归处在何方。

短命蜉蝣有羽翼，如你的衣服光彩华丽。我心忧虑呵，不知安息在何时。

短命蜉蝣穿穴出，如你的麻衣干净洁白。我心忧虑呵，不知归宿在何路。

候 人

彼候人兮，[①]何戈与祋。[②]
彼其之子，[③]三百赤芾，[④]

维鹈在梁，[⑤]不濡其翼。[⑥]
彼其之子，不称其服。

维鹈在梁，不濡其咮。[⑦]
彼其之子，不遂其媾。[⑧]

荟兮蔚兮，[⑨]南山朝隮。[⑩]
婉兮娈兮，季女斯饥。[⑪]

【注释】

①候人：职掌送迎宾客、整治道路的小官吏。②戈、祋（duì）：皆为古代兵器。③其：语助词。彼其子：他们那些人，指贵族官僚。④赤芾（fú）：红色皮制的蔽膝，是朝服的一部分。⑤鹈（tí）：水鸟名。⑥濡：沾湿。⑦咮（zhòu）：鸟嘴。⑧媾：厚。⑨荟（huì）蔚（wèi）：云雾浓密弥漫的样子。⑩隮（jī）：彩虹。朝隮：朝云。⑪季女：这里指候人的幼女。斯：语助词。

【译文】

那迎送宾客的小吏呵，扛着棍棒军长祋。你这个人呀，何等盛装美服乘车逛。

水鸟栖息在水梁，连翅膀也不曾沾湿。你这个人呵，配不上这盛装美服。

水鸟栖息在水梁，连嘴唇也不沾湿。你这个人呵，辜负他人的盛情厚意。

草木多么繁密，早晨云彩彩虹升腾。年轻呵俊俏呵，姑娘想你如饥似渴腹中空。

鸤 鸠

鸤鸠在桑，[①]其子七兮。[②]
淑人君子，[③]其仪一兮。[④]
其仪一兮，心如结兮。[⑤]

鸤鸠在桑，其子在梅。
淑人君子，其带伊丝。[⑥]

其带伊丝，其弁伊骐。⑦

鸤鸠在桑，其子在棘。
淑人君子，其仪不忒。⑧
其仪不忒，正是四国。⑨

鸤鸠在桑，其子在榛。
淑人君子，正是国人，⑩
正是国人。胡不万年?⑪

【注释】

①鸤鸠（shījiū）：鸟名：即布谷鸟。②七：虚数，泛指多。③淑人：善人。④仪：仪容，言行。⑤如结：如物之固结而不散。⑥伊丝：用纯洁丝缘边。伊：是。⑦弁：皮帽。骐：原指有花纹的马，这里形容帽饰如骐的花纹一样。⑧忒（tè）：偏差。不忒：端庄。⑨正:长官。四国：泛指各国。⑩国人：全国人民。⑪胡：何，怎么。

【译文】

布谷鸟停留在桑树上，它有七只幼雏呵。淑人君子，执义如一不偏不倚呵！执义如一不偏不倚呵，精诚所至坚不可破何！

布谷鸟停落在桑树上，幼雏聚集在梅树上。善人君子，系着素丝大带貌不凡。系着素丝大带貌不凡，皮帽上的采玉发光！

布谷鸟停落在桑树上，幼雏聚集在枣树上。善人君子，执义始终如山。执义始终如山，正是各国的模式。

布谷鸟停落在桑树上，幼雏聚集在榛树上，淑人君子，正是人民的好长官。正是人民的好长官，怎么不可长寿万年。

下　泉

冽彼下泉，①浸彼苞稂。②
忾我寤叹，念彼周京。

冽彼下泉，浸彼苞萧。③
忾我寤叹，④念彼京周。

冽彼下泉，浸彼苞蓍。⑤
忾我寤叹，念彼京师。

芃芃黍苗，⑥承雨膏之。⑦
四国有王，郇伯劳之。⑧

【注释】

①洌（liè）：凛冽，寒冷。②苞：丛生。稂（láng）：童粱，莠一类对禾苗有害的野草。③萧：蒿草。④忾（xì）：叹息。⑤蓍（shì）：一种草名。⑥芃芃（péng）：形容茂盛的样子。⑦膏之：滋润它。⑧郇：通荀。郇伯：郇国国君，一说指晋大夫荀跞。劳：犒劳，慰劳。

【译文】

那冰凉的泉流，连丛草也难活成了。我日夜叹息，思念破灭了的强盛西周。

那冰凉的泉流，连蒿草也难活成了。我日夜叹息，思念逝去了的盛世初周。

那冰凉的泉流，连蓍草也难活成了。我日夜叹息，思念昔日的京城。

蓬蓬勃勃黍苗壮，阴雨润泽它渐长。四国拥戴周天子，这是郇侯护送周王。

豳　　风

七　　月

七月流火，[①]九月授衣。[②]
一之日觱发，[③]二之日栗烈。[④]
无衣无褐，[⑤]何以卒岁？
三之日于耜，[⑥]四之日举趾。[⑦]
同我妇子，馌彼南亩。[⑧]
田畯至喜。[⑨]

七月流火，九月授衣。
春日载阳，[⑩]有鸣仓庚。[⑪]
女执懿筐，[⑫]遵彼微行，[⑬]爰求柔桑。[⑭]
春日迟迟，[⑮]采蘩祁祁。[⑯]
女心伤悲，殆及公子同归。[⑰]

七月流火，八月萑苇。[⑱]
蚕月条桑，[⑲]取彼斧斨。[⑳]
以伐远扬，[㉑]猗彼女桑。[㉒]
七月鸣鵙，[㉓]八月载绩。[㉔]
载玄载黄，[㉕]我朱孔阳，[㉖]
为公子裳。

四月秀葽，[㉗]五月鸣蜩。[㉘]
八月其获，十月陨萚。[㉙]

一之日于貉，[30]取彼狐狸，
为公子裘。二之日其同，[31]
载缵武功。[32]言私其豵，[33]
献豜于公。[34]

五月斯螽动股，[35]六月莎鸡振羽。[36]
七月在野，八月在宇，[37]
九月在户，[38]十月蟋蟀入我床下。
穹窒熏鼠，[39]塞向墐户。[40]
嗟我妇子，曰为改岁，
入此室处。

六月食郁及薁，[41]七月亨葵[42]及菽。[43]
八月剥枣，十月获稻。
为此春酒，以介眉寿。[44]
七月食瓜，八月断壶，[45]
九月叔苴，[46]采荼薪樗。[47]
食我农夫。

九月筑场圃。[48]十月纳禾稼。[49]
黍稷重穋，[50]禾麻菽麦。
嗟我农夫，我稼既同，
上入执宫功。[51]昼尔于茅，[52]
宵尔索绹，[53]亟其乘屋，[54]
其始播百谷。

二之日凿冰冲冲，[55]三之日纳于凌阴。[56]
四之日其蚤，[57]献羔祭韭。[58]
九月肃霜，[59]十月涤场。
朋酒斯飨，[60]曰杀羔羊，
跻彼公堂。[61]称彼兕觥，[62]
万寿无疆！

【注释】

①七月：夏历七月。火：星名，又称大火。流：此处指行星在空中的位置由上向下移动。流火：秋季之始，大火星自西向下移动。②授衣：一说贵族士大夫分寒衣；一说指将裁制寒衣的工作交给女工们。③一之日：指周历正月，夏历十一月。以下二之日、三之日、四之日顺此类推，即为周历二月，夏历十二

月；周历三月，夏历正月；周历四月，夏历二月。觱（bì）发（bō）：寒风劲吹的声音。④栗烈：寒气刺骨，凛冽。⑤褐（hè）：粗布衣服。⑥耜（sì）：金属的犁头。于：为，这里指修理之义。于耜：修理犁头。⑦举趾：举脚踩耜耕地。⑧馌（yè）：将饭菜送到田头。南亩：向阳的耕地，此处泛指田地。⑨田畯（jùn）：官名。掌管田土和生产的官员。一说为田神。喜：酒食。⑩阳：天气暖和。载：词助词。⑪有：词头，无义。仓庚：黄鹂。⑫懿（yì）：深。⑬微行：小路。⑭爰：为。柔桑：嫩桑叶。⑮迟迟：白天渐渐长起来。⑯蘩：草名，又名白蒿。祁祁：人多貌。⑰殆：怕，畏。及：与。同归：指被贵族公子抢去做婢妾。⑱萑（huán）：荻草。苇：苇，即长成后的葭。⑲蚕月：养蚕季节。条桑：修剪桑枝。⑳斨（qiāng）：方孔的斧头。㉑远扬：指长得过长过高的桑枝。㉒猗（yǐ）：同倚，牵拉。㉓鵙（jú）：鸟名，又叫伯劳。㉔载：词助词。绩：纺织。㉕玄：黑中带红。㉖阳：鲜明艳丽。㉗秀葽（yāo）：不开花而结果；是一种草本植物，又叫远志，可入药。㉘蜩（tiáo）：蝉。㉙陨：落。萚：落叶。㉚貉：动物名，像狐狸，但尾巴较狐狸的短。㉛同：会同。这里指大家一同去打猎。㉜缵（zuǎn）：继续。武功：指武事；一说指田猎。㉝豵（zōng）：小野猪。㉞豜（jiàn）：大野猪。㉟斯螽（zhōng）：蚱蜢。动股，一说斯螽以股鸣；一说指蚱蜢动腿振翅。㊱莎鸡：虫鸣，即纺织娘。㊲宇：房檐。㊳户：门口。㊴穹（qióng）：除治。窒（zhì）：堵塞。㊵向：朝北的窗。墐（jìn）：用泥涂抹。古代北方农民多用柴编门，冬天需用泥填缝以御寒。㊶郁：郁李，果实酸甜可食。一说山楂。薁（yù）：野葡萄。㊷葵：苋菜。㊸菽：大豆。㊹介：帮助。眉寿：人老了，眉毛会长长，叫寿眉，所以称长寿为眉寿。㊺断：采摘。壶：同瓠，葫芦。㊻叔：拾取。苴（jū）：麻籽。㊼荼（tū）：苦菜。樗（chū）：树名，又名臭椿。㊽圃：菜圃。场：打谷场。㊾纳：收藏。㊿重（tóng）：同穜，先种后熟的谷。穋（lù）：后种早熟的谷。51上：同尚，还需要。执：服役。宫功：修建宫廷。52尔：语助词。于：取。茅：茅草。53索：搓绳索。绹（táo）：绳。54乘：登上。55冲冲：凿冰声。56凌阴：藏冰的地窖。57蚤：取。一说同早。58献羔祭韭：古时开窖取冰的一种仪式。59肃霜：下霜。60朋酒：两壶酒。斯：语助词。飨（xiǎng）：一同饮酒。61跻：登上。62称：举，举起。兕（sì）：古时犀中的一种，皮厚，可以制甲。兕觥：古时一种酒器。

【译文】

七月火星已偏西，九月给人作寒衣。十一月北风刺骨，十二月寒气袭人。无衣又无布，怎么过严冬。正月开始维修农具，二月赤脚去耕种田地。我的老婆和孩子也不闲，天天送饭到地里，田官看了笑眯眯。

火星七月向西移，九月给人作寒衣。春天太阳普照大地，黄鹂在树枝歌唱。姑娘提着深竹筐，沿着小路去采桑，采了嫩桑叶。春天白昼渐渐长，采蒿姑娘一直忙。姑娘心里暗悲伤了，怕和公子一起归。

七月火星已偏西，八月收割蒲苇。三月挑选嫩桑叶，取出方斧圆斧来，砍掉老长的枝条，小心谨慎地采嫩桑。七月伯劳鸟在树上叫，八月忙着去绩麻，丝麻染色成黑黄。我的红丝最鲜艳，为那公子做衣裳。

四月远志结实了，五月"知了"声音亮。八月开镰收庄稼，十月枝叶随风扬。十一月猎狐貉，剥下狐皮来，献给公子做衣裳。十二月齐出动，操练田猎习武艺。猎得小兽自己用，大兽贡献公府中。

五月蚱蜢两腿相切叫，六月蝈蝈鼓翅。七月蟋蟀郊野鸣，八月迁到屋檐下面唱，九月栖息门户内，十月潜入我的床下藏。堵住窟窿熏老鼠，塞住北窗泥门缝。可怜我的老婆和孩子，欢度新春日过大年，搬到屋里来居住。

六月食野李野葡萄，七月煮葵菜和豆角。八月里打枣吃，十月收稻。用来酿制好春酒，祈求老人寿命长。七月里吃瓜，八月里摘葫芦，九月收麻子，采摘苦菜砍臭椿，咱们农夫温饱半

年粮。

九月筑作打谷场，十月把庄稼运进来。有黍稷粱，又有米麻豆麦。呵我们农夫活忙，庄稼已收获。快到宫城修房屋，白天上山割茅草，夜晚搓绳长又长。急急上房快修缮，开春就要播百谷。

腊月通通凿坚冰，正月藏进冰窖中。二月一个好早晨，羔羊韭菜祭众神。九月降霜万物将亡，十月清扫打谷场。两壶美酒款宾朋，杀只羔羊当祭品。众人聚集上庙堂，相互举杯祝酒，喊一声"万寿无疆。"

鸱　鸮

鸱鸮鸱鸮，①既取我子，无毁我室。
恩斯勤斯，②鬻子之闵斯。③

迨天之未阴雨，④彻彼桑土，绸缪牖户。⑤
今女下民，或敢侮予？

予手拮据，⑥予所捋荼。
予所蓄租，予口卒瘏，⑦曰予未有室家。

予羽谯谯，⑧予尾翛翛，⑨予室翘翘。⑩
风雨所漂摇，予维音哓哓！⑪

【注释】

①鸱鸮（chīxiāo）：猫头鹰。这里用以比喻坏人。②恩勤：殷勤、辛苦。③鬻（yù）：幼小。闵：病。④迨：及，趁着。⑤绸缪：缠缚，这里指修整。牖户：窗户。⑥拮据：手指因疲劳过度而发僵。⑦卒：同悴。卒瘏：口病。⑧谯谯（qiáo）：羽毛残败状。⑨翛翛（xiāo）：羽毛枯焦状。⑩翘翘：危貌。这里形容鸟巢摇晃不定。⑪哓哓（xiāo）：因恐惧、惊吓而发出的叫声。

【译文】

猫头鹰啊猫头鹰，你夺走了我娃娃，不要再毁坏我的巢。我哺育他照顾他，怜悯这心疼的幼子。

趁着天晴没下雨，赶快剥那桑树皮修补窗户塞门缝。你们这些顽固人，还敢再凌侮我们！

我累得脚乱手忙，我采取了芦苇花，也积攒了垫窠干茅草，嘴也累病没法了，还没有筑好家室。

我疲乏羽毛脱落，任我的尾巴凋伤，我的室家险又高，面临风雨飘摇，我恐惧奔走呼号。

东　山

我徂东山，①慆慆不归。②
我来自东，零雨其濛。③

我东曰归，我心西悲。
制彼裳衣，勿士行枚。
铸铸者蠋，[4]烝在桑野。[5]
敦彼独宿，[6]亦在车下。

我徂东山，慆慆不归。
我来自东，零雨其濛。
果臝之实，[7]亦施于宇。[8]
伊威在室，[9]蠨蛸在户。[10]
町畽鹿场，[11]熠耀宵行。[12]
不可畏也，伊可怀也。

我徂东山。慆慆不归。
我来自东，零雨其濛。
鹳鸣于垤，[13]妇叹于室。
洒扫穹窒，[14]我征聿至。[15]
有敦瓜苦。[16]蒸在栗薪。[17]
自我不见，于今三年。

我徂东山，慆慆不归。
我来自东，零雨其濛。
仓庚于飞，[18]熠耀其羽。
之子于归，皇驳其马。[19]
亲结其缡，[20]九十其仪。
其新孔嘉，[21]其旧如之何？

【注释】

①徂（cú）：往。东山：山名，在今天的山东境内。②慆慆（tāo）：长久。③零：落下。濛：即濛濛，细雨绵绵的样子。④蜎蜎（yuān）：蠕动的样子。蠋（zhú）：毛虫。⑤烝（zhēn）：乃。⑥敦：蜷曲而眠。⑦果臝（luǒ）：栝楼，又名瓜蒌，一种蔓生胡芦科植物。⑧宇：房檐。⑨伊威：即地鳖虫。⑩蠨蛸（xiāoshāo）：一种长脚蜘蛛。民间称为喜蛛，传说这种喜蛛爬在人身上，是亲人将至的喜兆。⑪町畽（tīngtuǎn）：有禽兽践踏痕迹的空地。⑫熠（yí）耀：闪光貌。宵行：萤火虫。⑬鹳（guàn）：一种水鸟，形似鹤。古人认为天雨蚁出，鹳喜食蚁，见蚁长鸣。垤：土堆。⑭穹：清除。窒：堵塞。⑮我征：我的征人。这是借妻子之口吻。聿：语助词。⑯敦：圆的。瓜苦：苦瓜。⑰栗：同蓼，苦菜，这里用苦瓜挂在苦菜上，象征征人之妻维持生计，盼夫归来的苦楚。⑱仓庚：鸟名，黄鹏。⑲皇：黄白色的马。驳：红白色的马。⑳缡（lí）：古时女子的佩巾。亲：指岳母。古代风俗，女儿出嫁时，母亲亲自为女儿结佩巾。㉑新：这里指新婚。嘉：美满的意思。

【译文】

自从我远征东山，长年累月不能回家。现在我自东方来，又遇濛濛细雨。我在东方刚听说“归去”，心向家乡喜从悲来。缝制一身新便裳，不再冲锋陷阵把兵当。蠕蠕成团的蚕虫，潜伏在田野桑林中。那卷缩荒郊战士鼾然而卧，一个个躺在车下把身藏。

自从我远征东山，累月长年不能归还。现在我自东方来，遇着濛濛细雨。行将结果实的瓜蒌，宛延在屋檐下。潮虫潜伏在屋内，喜蛛在门前结网蠕行，野鹿出没的地方，萤火虫划破黑夜点点亮。这些旧物不害怕，只引起思乡之情。

自我远涉伐东山，长年累月未归还。现在我自东方来，又遇着细雨迷迷。土堆老鹳引颈长鸣，室中妻子长长叹息。打扫庭院修好墙，等待征夫归来，那圆圆的苦瓜涩又苦，挂满在薪柴上。我久久未见这旧物，如今已有三年整。

自从我远征讨伐东山，长年累月没有归还。现在我自东方来，又遇着细雨迷迷。黄鹂成双翩翩飞翔，羽翅艳丽闪闪发光。想到当年她嫁出，车马服饰多荣耀。妈妈为女儿结佩巾，叮咛礼仪有数项。那时新妇真美好，久别重逢今天诉衷肠。

破　斧

既破我斧，又缺我斨。①
周公东征，四国是皇。②
哀我人斯，亦孔之将。③

既破我斧，又缺我锜。④
周公东征，四国是吪。⑤
哀我人斯，亦孔之嘉。

既破我斧，又缺我铽。⑥
周公东征，四国是遒，⑦
哀我人斯，亦孔之休。⑧

【注释】

①缺：缺口，残破。斨（qiāng）：方孔斧头。②皇：匡正。四国：指天下。③将：大，好。④锜（qí）：一种兵器，像三齿锄一样的武器。⑤吪（é）：感化，教化。⑥铽（qiú）：一种兵器，像凿一样的武器。一说独头斧。⑦遒（qiū）：稳定，平安。⑧休：好事，美事。

【译文】

战争砍破我的斧，又砍坏了我的斨。周公率军东征，四方乱国相继听命。可怜我们士兵，战后安定幸福美好。

战争砍破我的斧，还砍坏我的锜。周公率军东征，四方乱国感化听命。可怜我们士兵，战后安定美满幸福。

战争砍破我的斧，还砍坏我的铽。周公率军东征，四方乱国被平定。可怜我们士兵，战后安定快乐万幸。

伐柯

伐柯如何？①匪斧不克。
取妻如何？匪媒不得。

伐柯伐柯，其则不远。
我觏之子，②笾豆有践。③

【注释】

①伐：砍。柯：斧柄。②觏（gòu）：同遘，遇见。③笾（biān）：旧时祭祀和宴会时盛果品的竹器。豆：旧时盛肉食或其他食品的木制容器。有践：即践践，陈列整齐的样子。

【译文】

砍制斧柄怎么办，没有斧头不能成。娶取妻子有何法，没有媒人行不通。

砍斧柄砍斧柄，以斧为法不用别求。我遇见了这姑娘，安排盛宴迎接她。

九罭

九罭之鱼，①鳟鲂。
我觏之子，衮衣绣裳。②

鸿飞遵渚，③公归无所，於女信处。④

鸿飞遵陆，⑤公归不复，⑥於女信宿。

是以有衮衣兮，⑦无以我公归兮，⑧无使我心悲兮。

【注释】

①九罭（yù）：捕小鱼小虾用的细眼网。②衮（gǔn）：衮衣，即上面绣有龙的上衣。③鸿：大雁。渚：河中的小沙洲。④信：再宿为信。⑤陆：陆地，高而平的地方。⑥复：返回，回来。⑦以：通已，已经。⑧无以：等于下章的无使。

【译文】

鱼网捞上了鳟鲂，与我相遇的那个人，锦衣美服穿在身。

捕鱼水鸟沿沙洲徘徊，你要回去没有归宿，何不留居在这里。

捕鱼水鸟沿平陆徘徊，你要是一去不回，何不永远安歇在这里。

和我友好的这位公侯呵，我不让你归去呵，不要使我过于悲伤呵。

狼　跋

狼跋其胡，①载疐其尾。②
公孙硕肤，③赤舄几几。④

狼疐其尾，载跋其胡。
公孙硕肤，德音不瑕？⑤

【注释】

①跋（bà）：踩，踏。胡：野兽颔下垂下的肉。②疐（zhí）：同踬，踩。③硕肤：马瑞辰《通释》："肤当读如肤革充盈之肤，硕肤者心广体胖之象。"④赤舄（xì）：王先谦《集疏》：赤舄以金为饰，谓之金舄……"几几：《广雅》："盛也"。以状盛服之貌。一说铜锡合金做的鞋头饰物。⑤德音：指言辞。瑕：通嘉，美、善。

【译文】

狼向前踩着项下的犬下巴，向后绊住了自己的长尾巴。公孙谦逊高大容美，足蹬红靴安详持重。

狼向后绊住了自己的长尾巴，向胶踩着项下的犬下巴。公孙谦逊美容高大，令闻美誉无伤完好。

小　雅

鹿鸣之什

鹿　鸣

呦呦鹿鸣，[①]食野之苹。[②]
我有嘉宾，鼓瑟吹笙。
吹笙鼓簧，承筐是将。[③]
人之好我，示我周行。

呦呦鹿鸣，食野之蒿。[④]
我有嘉宾，德音孔昭。[⑤]
视民不恌，[⑥]君子是则是效。[⑦]
我有旨酒，嘉宾式燕以敖。[⑧]

呦呦鹿鸣，食野之芩。[⑨]
我有嘉宾，鼓瑟鼓琴。
鼓瑟鼓琴，和乐且湛。[⑩]
我有旨酒，以燕乐嘉宾之心。

【注释】

①呦呦（yǒu）：鹿叫声。②苹：水草名，即浮萍。俗称艾蒿。③承：奉。筐：盛币帛的竹器，亦名篚。将：送。④蒿：青蒿。⑤德音：好道德品行。孔：甚，很。昭：明。⑥恌（tiāo）：同佻。刻薄。⑦则：法则、规则。效：仿效。⑧式：语助词。燕：通宴。敖：快乐、舒畅。⑨芩（qín）：苇芩，一种蒿类。⑩湛（dān）：媅的假借字。过度逸乐，尽兴。

【译文】

呦呦鸣叫着的群鹿，食吃野外青苹。我有善良博学的佳定贵客，为他鼓瑟吹笙。为他吹笙鼓簧，用满筐礼品赠客人。客人喜爱我，再三叮嘱使我方向明。

呦呦鸣叫着的群鹿，食吃野外的香蒿。我有善良博学的客人，他的盛名多崇高。激励人民不敢轻佻，君子也要学习仿效。我有甜美的醇酒，让客人畅饮纵情逍遥。

鹿群呦呦鸣叫着的，食吃郊野的青芩。我有善良博学的佳宾，给他鼓瑟弹琴。为他鼓瑟又

弹琴，人人沉浸乐兴中。我有甜美的醇酒，娱乐佳宾的心。

四 牡

四牡骓骓，[①]周道倭迟。[②]
岂不怀归？
王事靡盬，[③]我心伤悲。

四牡骓骓，啴啴骆马。[④]
岂不怀归？
王事靡盬，不遑启处。[⑤]

翩翩者雏，[⑥]载飞载下，集于苞栩。[⑦]
王事靡盬，不遑将父。

翩翩者雏，载飞载止，集于苞杞。[⑧]
王事靡盬，不遑将母。

驾彼四骆，载骤骎骎。[⑨]
岂不怀归？
是用作歌，将母来谂。[⑩]

【注释】

①骓骓（fēi）：马行走不停而现出疲劳的样子。②周道：大路。倭迟（wēiyí）：即逶迤。纡回遥远貌。③靡：无。盬（gǔ）：止息。④啴啴（tān）：喘息。骆：白毛黑尾的马。⑤遑：暇。启处：安居休息。⑥雏（zhuī）：鸟名，俗称鹁鸪；斑鸠。⑦栩（xǔ）：栎树。苞：茂盛。⑧杞（qǐ）：枸杞。⑨载：语首助词。此处含有勉力的意思。骎骎（qīn）：马飞跑的样子。⑩谂（shěn）：思念。

【译文】

四匹雄马不停驰驱，在迂回曲折的道路上。难道我不思家归，国家政事动荡不安，我的内心实在伤悲。

四匹雄马不停驰驱，马儿不停地喘息。难道我不思回归，国家政事动荡不息，使我无暇安息。

斑鸠翩翩飞舞，忽高忽下低翱翔。落于从生的柞树上，国家政事动荡不宁，那有暇时供养父亲。

斑鸠翩翩飞舞，忽飞忽止。集于茂密的枸木上，国家政事动荡不宁，那有闲时奉养母亲。

驾车那四马，马儿急急奔驰。难道我不思回归，只好作歌遣怀，借此思念我的母亲。

皇皇者华

皇皇者华，[①]于彼原隰。

骁骁征夫，[2]每怀靡及。

我马维驹，六辔如濡。[3]
载驰载驱，周爰咨诹。[4]

我马维骐，[5]六辔如丝。
载驰载驱，周爰咨谋。

我马维骆，六辔沃若，[6]
载驰载驱，周爰咨度。[7]

我马维骃，[8]六辔既均。[9]
载驰载驱，周爰咨询。

【注释】

①皇皇：通煌煌，色彩鲜明。②骁骁（shēn）：急急忙忙的样子。一说众多貌。征夫：包括使臣及其随员。③濡：润滑有光泽。④周：广泛，普遍。爰：于，在。咨：问。诹（zōu）：聚集在一起商讨。咨诹：咨询，访问。⑤骐：青色有黑纹的马。骆：黑鬃的白马。⑥沃：柔润。若：同然。⑦度（duó）：考虑，斟酌。⑧骃（yīn）：浅黑色与白色相杂的马。⑨均：匀称。

【译文】

闪闪灿灿的花儿，开遍高原的平洼。奉使行人奔走匆匆忙忙，唯恐有辱使命。我乘雄马驾的车，六支缰绳柔软润滑。策马加鞭车飞转，诚乞访贤问善。

乘青色斑马驾的车，六支缰绳滑如丝。策马加鞭车飞转，遍找百姓咨询商量。

乘坐白马驾的车，六条缰绳泽如雪。策马加鞭又加鞭，到处征求谋略。

乘坐花马驾的车，缰绳六支均匀整洁。策马加鞭又加鞭，处处察访咨询。

常　棣

常档之华，[1]鄂不韡韡。[2]
凡今之人，莫如兄弟。

死丧之威，兄弟孔怀。
原隰裒矣，[3]兄弟求矣。

脊令在原，[4]兄弟急难。
每有良朋，况也永叹。[5]

兄弟阋于墙，[6]外御其务。[7]

每有良朋，烝也无戎。⑧

丧乱既平，既安且宁。
虽有兄弟，不如友生？

傧尔笾豆，⑨饮酒之饫。⑩
兄弟既具，和乐且孺。⑪

妻子好合，如鼓瑟琴。
兄弟既翕，⑫和乐且湛。⑬

宜尔室家，乐尔妻帑。⑭
是究是图，亶其然乎？⑮

【注释】

①常棣：即棠梨树。②鄂：同萼。不：花蒂。韡韡（wěi）：光亮貌。③裒（póu）：聚集、减少。这里引申为自然界的变化。④脊令：同鹡鸰，水鸟名。⑤况：增加。⑥阋（xì）：恨，争斗。阋墙：兄弟相争。⑦务：亦作侮。⑧烝：通曾，乃。戎：帮助。⑨傧：陈列。笾：祭祀用的竹制器具。豆：古代盛肉用的木制器具。⑩饫（yù）：吃饱喝足。一说指私宴。⑪孺：相亲。⑫翕（xī）：聚合，聚会。⑬湛（dān）：尽兴。⑭帑（nù）：通孥，儿女，或指妻子儿女。⑮亶（dǎn）：确实，诚然。

【译文】

棠棣花儿开成片，花萼闪闪发光。当今的世人呵，莫如兄弟亲密。

死亡恐惧可怕，唯有兄弟关怀密切。即使荒野葬尸，兄弟也会去寻找追悼。

水鸟脊令飞落在高原，只在兄弟急来救难。虽然结交昔日好友，不过唉声长叹。

尽管兄弟在墙内争吵，却同心抵御外侮。虽然结交了好友，也是急时莫能助。

丧乱已然平定，既安稳又平静。虽然有兄弟，看去不如吃喝的友朋。

菜肴并列摆好，家人晏席聚一堂。兄弟俱在，和乐长幼友爱。

同妻子情投意合，如琴瑟一样和谐。兄弟和睦亲爱，一直沉浸在欢乐中。

让你的家室安好，使你的妻儿喜笑盈盈。善于深思如此行事，的确，这是幸福美满的家庭。

伐 木

伐木丁丁，①鸟鸣嘤嘤。②
出自幽谷，迁于乔木。③
嘤其鸣矣，④求其友声。
相彼鸟矣，犹求友声。
矧伊人矣，⑤不求友生？

神之听之，终和且平。

伐木许许，[⑥]酾酒有芎！[⑦]
既有肥羜，[⑧]以速诸父。
宁适不来，微我弗顾。
于粲洒扫，[⑨]陈馈八簋。[⑩]
既有肥牡，[⑪]以速诸舅。[⑫]
宁适不来，微我有咎。[⑬]

伐木于阪，酾酒有衍。[⑭]
笾豆有践，[⑮]兄弟无远。
民之失德，干餱以愆。[⑯]
有酒湑我，[⑰]无酒酤我。
坎坎鼓我，[⑱]蹲蹲舞我。[⑲]
迨我暇矣，饮此湑矣。[⑳]

【注释】

①丁丁（zhēngzhēng）：伐木声。②嘤嘤：鸟儿和鸣的声音。③乔木：高大的树木。④嘤其：即嘤嘤。⑤矧（shěn）：何况。伊人：这个人。⑥许（hǔ）许：伐木者的号子声。一说是伐木者劳动时的呼呼声。⑦酾（shī）酒：滤酒。芎（xǔ）：美丽。此处形容酒味甘美。一说芎是朱萸，用以制酒，酒有朱芎之香。⑧羜（zhù）：五个月的小羊。⑨粲：鲜明洁净的样子。于：叹词。⑩簋（guǐ）：盛食品的容器。⑪牡：小雄羊。⑫诸舅：指不同姓的长辈。⑬咎：过错。⑭酾：此处作动词，斟。衍：美貌，这里指酒味美。⑮践：摆放整齐。⑯干餱（hóu）：干粮。愆：过错。⑰湑（xǔ）：滤过的酒，引申为清澈。⑱坎坎：敲鼓的声音。⑲蹲蹲（cún）：跳舞合拍的样子。⑳湑（xǔ）：滤过的酒，清酒。

【译文】

伐木声冬冬丁丁，林中鸟嘤嘤齐鸣。小鸟从深谷里飞了出来，飞到高高的乔木树顶。嘤嘤地鸣叫呵，为找寻友朋的共鸣。看看那些鸟儿飞禽呵，还找寻友朋的回音。何况我们人呢？难道不寻求朋友。精诚所至神会心领，既和乐心情又舒畅。

伐木者呼起号声，过滤美酒香醇。备好肥嫩的羊羔，宴请同姓的叔伯诸父品尝。一定要来呵，不要舍我而不顾。洒扫庭院干干净净，美味佳肴陈列八盘。备好肥硕的雄羊，宴请异姓的叔伯诸舅。一定要前来呵，不要使我伤心难过。

伐木在那山坡，过滤了的酒，真香真美。佳肴美味整齐排列，兄弟们不要太相弃。得罪平常人，送点粮食表示抱歉。有酒，用滤过的佳酿，无酒，用带滓的浊浆。击鼓冬冬响，起舞翩翩如狂，趁着我们闲暇，同饮这杯佳酿。

天　保

天保定尔，[①]亦孔之固。[②]

俾尔单厚，[3]何福不除？[4]
俾尔多益，以莫不庶。[5]

天保定尔，俾尔戬谷。[6]
罄无不宜，受天百禄。
降尔遐福，维日不足。

天保定尔，以莫不兴。
如山如阜，如冈如陵，
如川之方至，以莫不增。

吉蠲为饎，[7]是用孝享。[8]
禴祠烝尝，[9]于公先王。[10]
君曰卜尔，[11]万寿无疆。

神之吊矣，[12]诒尔多福。[13]
民之质矣，[14]日用饮食。
群黎百姓，遍为尔德。[15]

如月之恒，[16]如日之升。
如南山之寿，不骞不崩。[17]
如松柏之茂，无不尔或承。[18]

【注释】

①保定：使平安。尔：您。②亦：语助词。孔：很，甚，颇。③俾：使。单厚：强大。④除：给予；赐予。“除，余古通用……余通为予”。⑤庶：众多。⑥戬（jiǎn）：福。谷：禄。⑦蠲（juān），吉蠲，清洁。饎（xī）：酒食。⑧孝享：献祭。⑨禴（yù）：夏祭。祠：春祭。烝：冬祭。尝：秋祭。⑩于公于王：对先公先王。⑪君：先公先王的神灵。卜：予。⑫吊：至。⑬诒：通贻，送给。⑭质：质朴。⑮遍为尔德：普遍受到您的教益。为：通讹，感化。⑯恒（gēng）：月上弦。⑰骞（qiān）：亏损。崩：崩坏。⑱或：有。承：继续，继承。

【译文】

上天保佑你安宁，你的王权日益恐固。只要施德于人，各种幸福无不降临。恩惠越来越多，财富越积越多。

上天保佑你安宁，保佑你尽其善意，无不一帆风顺。享受各种厚禄，降您永远幸福，取之不尽日日足。

上天保佑你安宁，无不欣欣向荣。如高山险峻如大陆宽广，如山冈陡峭如丘陵厚深。如河流奔腾不止，且求蒸蒸日上。

吉日斋戒洁净酒食，准备献享尽孝。四时祭奠不敢缺，为祭祀先王。祖宗代传神意说：“你将长寿无疆”！

神明降临了呵，赐给你无尽的幸福。人民安居如常，衣食用样样不少。人民及百官百姓，普遍享受德泽感恩情。

如上弦之月满盈，如旭日东升。如南山长寿，不亏损不裂崩。如松柏繁茂，世世代代永远绿长青。

采 薇

采薇采薇，[①]薇亦作止。[②]
曰归曰归，岁亦莫止。
靡室靡家，[③]猃狁之故。[④]
不遑启居，[⑤]猃狁之故。

采薇采薇，薇亦柔止。[⑥]
曰归曰归，心亦忧止。
忧心烈烈，[⑦]载饥载渴。
我戍未定，靡使归聘。[⑧]

采薇采薇，薇亦刚止。[⑨]
曰归曰归，岁亦阳止。[⑩]
王事靡盬，[⑪]不遑启处。
忧心孔疚，我行不来！

彼尔维何？维常之华。[⑫]
彼路斯何？[⑬]君子之车。
戎车既驾，四牡业业。[⑭]
岂敢定居？一月三捷。

驾彼四牡，四牡骙骙。[⑮]
君子所依，[⑯]小人所腓。[⑰]
四牡翼翼，[⑱]象弭鱼服。[⑲]
岂不日戒？猃狁孔棘！[⑳]

昔我往矣，杨柳依依。[㉑]
今我来思，[㉒]雨雪霏霏。[㉓]
行道迟迟，[㉔]载渴载饥。
我心伤悲，莫知我哀！

【注释】

①薇：野豌豆苗。②亦：语助词。作：初生、生长。止：语尾助词。③靡：无。④猃狁（xiǎnyǔn）：我国旧时少数民族。⑤不遑：没有空闲。启：跪起。居：席地而坐。⑥柔：鲜嫩。⑦烈烈：忧愁貌。⑧聘：问，问候。⑨刚：硬。这里指薇叶变老了。⑩阳：夏历四月之后，阳月。⑪靡盬：无止息。⑫常：棠棣。⑬路：同辂，高大的兵车。斯：语助词。⑭业业：高大健壮的样子。四牡：驾车的四匹雄马。⑮骙骙（kuí）：指马强壮的样子。⑯依：凭靠。⑰腓（féi）：隐蔽。⑱翼翼：娴熟的样子。这里指驾车之马训练有素的样子。⑲象弭（mǐ）：两端的弯曲处用象骨装饰的弓。鱼服：鱼皮制的箭囊；一说为鱼皮。⑳棘：同急，紧急，紧迫。㉑依依：形容杨柳枝条随风轻拂的样子。㉒思：语助词。㉓霏霏：雪花纷飞貌。雨：作动词，下。雨雪：下雪，落雪。㉔迟迟：缓慢的样子。

【译文】

摘薇菜采薇菜，薇菜抽芽生出来。归去吧归去吧，一年将要完了。家家户户支离破碎，猃狁进来造成祸。人人坐卧不宁，猃狁带来招致恶果。

摘薇菜采薇菜，薇菜的幼芽娇嫩鲜。归去吧归去吧，内心真忧闷悲伤。忧闷之心烈如焚，又肚饿又口渴。我们防地还未定，无法询问归家期。

采摘薇菜采摘薇菜，薇菜柔嫩苗壮成长。归去吧归去吧，已经到暮岁十月。国家政局动荡不止，一天也不能安息。忧伤萦心益悲恸，我们恐怕难回家。

这样盛开什么花，这是棠棣开放的花儿。那辆大车为谁有，这是将军所乘车。兵车已经出战了，高大雄伟四马驾帅车。那敢无所用心图安歇，一月三战三捷胜仗多。

四马驾着之车，骏马威武高大雄健。将军在车内指挥，掩护着军士前进。四马有序奔驰，还有角弓鱼皮箭袋挂。难道敢不时刻戒备，猃狁日益猖獗侵扰。

回想我当年出征时，杨柳轻拂人凄凄。今天我回归故地时，雨雪霏霏百感集。道路泥泞缓缓而行，饥肠辘辘口渴如火。我心实在悲恸，谁也不晓我心哀。

出　车

我出我车，于彼牧矣。
自天子所，谓我来矣。①
召彼仆夫，②谓之载矣。
王事多难，维其棘矣。③

我出我车，于彼郊矣。
设此旐矣，④建彼旄矣。⑤
彼旟旐斯，⑥胡不旆旆？⑦
忧心悄悄，⑧仆夫况瘁。⑨

王命南仲，⑩往城于方。
出车彭彭，⑪旂旐央央。⑫
天子命我，城彼朔方。
赫赫南仲，⑬猃狁于襄。⑭

昔我往矣，黍稷方华；[15]
今我来思，[16]雨雪载涂。[17]
王事多难，不遑启居。
岂不怀归？畏此简书。[18]

喓喓草虫，[19]趯趯阜螽。[20]
未见君子，忧心忡忡。[21]
既见君子，[22]我心则降。[23]
赫赫南仲，薄伐西戎。[24]

春日迟迟，[25]卉木萋萋。[26]
仓庚喈喈，[27]采蘩祁祁。[28]
执讯获丑，[29]薄言还归。
赫赫南仲，玁狁于夷。[30]

【注释】

①谓：使。谓我来：使我来。②仆夫：御夫，即驾车的人。③维：发声词。棘：同急，紧急。④设：陈列。旐（zhào）：画上了龟蛇的旗。⑤建：立。旄：一种饰有旄牦牛尾的曲柄旗。⑥旟（yú）：画上了鹰隼的旗。斯：语助词。⑦旆旆（pèi）：下垂的样子。古代旗帜之末状如燕尾的垂旒。⑧悄悄：心忧的样子。⑨况：通怳。况瘁：憔悴。⑩南仲：周宣王时的一位大臣。⑪彭彭：车马强盛貌。⑫央央：鲜明貌。⑬赫赫：威严显赫之貌。⑭襄：通攘，扫除。⑮方华：正值茂盛之时。⑯思：语尾助词。⑰载：充满。涂：泥浆。⑱简书：盟书，文书。⑲喓喓：虫鸣声。草虫：蝈蝈。⑳趯趯（tí）：跳跃的样子。阜螽：蚱蜢。㉑忡忡：忧虑不安貌。㉒君子：这里指南仲。㉓降：放下。这里指放下心来。㉔薄：语首助词。西戎：旧时西北的一种民族。㉕迟迟：日长貌。㉖卉：草。萋萋：形容茂盛的样子。㉗喈喈：鸟儿的鸣叫声。仓庚：黄鹂鸟。㉘蘩：蒿芝。祁祁：众多貌。㉙讯：奸细，间谍。获，通馘，割下敌人的左耳，用以计杀敌数。丑：对敌人的蔑称。㉚夷：平定，扫平。

【译文】

我推出我的战车，在郊野牧马。从天子那里传来命令，命令“我出征北方”。召唤那驾车手，叫“他驾车出征”。王子危难重重，玁狁侵凌迫我保家乡。

我推出我的战车，在那远郊牧马。车上插起龟蛇旐旗，旗竿牛旄尾飘扬。车上鸟隼鹰扬旗帜轩易，迎风飘扬飘荡。遇难忧心忡忡，车夫也憔悴劳伤。

天子命令南仲为将，筑城于北方。战车出征气势汹汹，旗帜飘扬明晃晃。天子命我，筑城敌北方。声名赫赫的南仲，把玁狁一扫光。

回忆我出征北伐时，玉米高粱勃勃正壮。今我归来呀，雨雪交织铺满道途。国家重重危难，那有暇时休养。怎能不思家归去，谁不怕这一纸盟誓不忘。

草虫喓喓鸣叫，蚱蜢跃跃崩跳。没有看见南仲大将，忧心忡忡。如今看见了你，忐忑之心悠然平静。威名赫赤的南仲，步步进伐西戎名扬。

风和日丽春天日渐长，草木茂盛繁荣兴旺。黄莺喈喈欢唱，采蘩姑娘攘攘熙熙，审问抓获的俘虏，要奏凯歌归去。威名赫赫的南仲，一举讨平了猃狁保边疆。

杕　杜

有杕之杜，①有睆其实。②
王事靡盬，③继嗣我日。④
日月阳止，⑤女心伤止；
征夫遑止。⑥

有杕之杜，其叶萋萋。⑦
王事靡盬，我心伤悲。
卉木萋止，女心悲止，征夫归止！

陟彼北山，⑧言采其杞。
王事靡盬，忧我父母。
檀车幝幝，⑨四牧痯痯，⑩征夫不远！

匪载匪来，忧心孔疚。⑪
期逝不至，而多为恤。⑫
卜筮偕止，⑬会言近止，⑭征夫迩止！⑮

【注释】

①杕杜：独立孤生的棠梨树。②睆（huǎn）：色泽鲜丽，果实饱满的样子。③靡盬：无休止。④继嗣：继续，延长。⑤阳：农历十月。止：语气词。⑥遑：暇。⑦萋萋：茂盛的样子。⑧陟：登。⑨檀车：指兵车或役车，出差劳役的车子。一说用檀木做的车。幝幝（chǎn）：残破的样子。⑩痯痯（guǎn）：疲惫的样子。⑪疚：病，苦恼，痛苦。⑫恤（xǔ）：忧愁，忧虑。⑬卜筮：占卜算卦。偕：通嘉，吉利。⑭会：相会，聚会。言：助词。⑮迩：近。

【译文】

一颗棠树生路旁，果实肥硕丰满挂枝头。国家政局动荡不宁，日复一日的役期无休止。岁月如流十月到，女子悲从心来，征夫为何不四方。

一颗孤独卓立的裳树，树叶多么勃勃苍苍。国家政局动荡不宁，我的内心悲伤凄凉。草木萋萋茂盛，妻子哀叹悲伤，征夫应该归家乡。

登上那个北山放眼望，我去采摘枸杞把他想。国家政局动荡不宁，引起父母忧虑哀伤。檀木役车已破旧，马儿也疲惫步踉跄，征夫归期应该不久长。

既无音讯也不归，忧愁日甚苦思想。归期已过还不回，忧愁有增无减。卜、筮之言吻合，距离“会合之期已近”，征夫归期近日临。

鱼　丽

鱼丽于罶，[①]鲿鲨。[②]
君子有酒，皆且多。[③]

鱼丽于罶，鲂鳢。[④]
君子有酒，多且旨。

鱼丽于罶，鰋鲤。[⑤]
君子有酒，旨且有。[⑥]

维其多矣，维其嘉矣。[⑦]

物其旨矣，维其偕矣。[⑧]

物其有矣，维其时矣。[⑨]

【注释】

①丽（lí）：通罹，遭遇，落入。一说为历录，即鱼历历录录跳跃的样子。罶（liǔ）：置于水中用以捕鱼的竹笼。②鲿（cháng）：鱼名，现在叫黄颊鱼。鲨：此处指一种小鱼。③旨：味道鲜美。④鲂（fán）：鱼名，类似鳊鱼，银灰色，腹部隆起。鳢（lǐ）：鱼名，又叫黑鱼。⑤鰋（yǎn）：鱼名，又叫鲇鱼。⑥有：多的意思。⑦嘉：好，善。维其：因其如是。⑧偕：与嘉同义。⑨时：时令，及时，应时。

【译文】

鱼儿钻进了鱼篓，有鲿也有鲨。主人有酒，又美又多。
鱼儿钻进了鱼篓，有鲂也有鳢。主人有酒，又多又美。
鱼儿钻进了鱼篓，有鰋有也鲤。主人有酒，又美又富有。
多么丰富的酒菜佳肴呵，味道真是美好的呵。
多么美好的酒菜佳肴呵，全都应有尽有呵。
多么丰富的酒菜佳肴呵，都是应时新鲜的呵。
南陔孝子相戒以养也。
白华孝子之洁白也。
华黍时和岁丰，宜稷黍也。
上述三诗其义而亡其辞，这三诗三家不入。

南有嘉鱼之什

南有嘉鱼

南有嘉鱼，烝然罩罩。①
君子有酒，嘉宾式燕以乐。②

南有嘉鱼，烝然汕汕。③
君子有酒，嘉宾式燕以衎。④

南有樛木，⑤甘瓠累之。⑥
君子有酒，嘉宾式燕绥之。⑦

翩翩者鵻，⑧烝然来思。
君子有酒，嘉宾式燕又思。⑨

【注释】

①烝：众，多。这里指鱼很多。罩罩：罩，一种捕鱼的工具。罩罩指不止一只罩。②式：语助词。燕：宴饮。以：同而。③汕汕：鱼游水貌。④衎（kàn）：乐。⑤樛：树木向下弯曲。⑥甘瓠：葫芦。⑦绥：安乐。⑧翩翩：鸟飞翔貌。鵻（zhuī）：斑鸠。⑨思：语气词。又：通侑，劝酒。

【译文】

南国产鲜美的鱼儿，争相用鱼罩捕它。君子有了美酒，宴请贵宾共乐。
南国产鲜美的鱼儿，争相用鱼网捕它。主人备了美酒，宴请贵宾喜乐。
南国产弯曲的樛木，瓠瓜在上面缠绕。君子备了美酒，宴请宾客们安乐。
翩翩飞翔的鹁鸪，一齐飞集起来。君子备了美酒，安请贵客们共勉。

南山有台

南山有台，①北山有莱。②
乐只君子，邦家之基。
乐人君子，万寿无期。

南山有桑，北山有杨。
乐只君子，邦家之光。
乐只君子，万寿无疆。

南山有杞，北山有李。

乐只君子，民之父母。
乐只君子，德音不已。

南山有栲，[3]北山有杻。[4]
乐只君子，遐不眉寿。
乐只君子，德音是茂。

南山有枸，[5]北山有楰。[6]
乐只君子，遐不黄耇。[7]
乐只君子，保艾尔后。[8]

【注释】

①台：通苔，一种草名，又名莎草，可以用来作蓑衣。②莱：草名，又叫藜，嫩草可以食用。③栲：树名，又名山樗，一种长绿乔木，木质坚密，皮可以制栲胶或染鱼网。④杻（niǔ）：树名，又名檍。⑤枸（jǔ）：枳椇，果实如鸡爪，甘美可食。⑥楰：树名。山揪之美。又名苦楸树。⑦黄耇（gǒu）：老年人。黄指老年人白发，白久发黄。耇：老，长寿。⑧保：安。艾：养有。

【译文】

南山有台草绿油油，北山莱草遍地生。欢乐诸君子，国家之基石。欢乐诸君子，祝你“万寿无尽期”。

南山遍地有桑树，北山有杨树。欢乐诸君子，国家之荣光。欢乐诸君子，祝你“万寿永无疆”。

南山杞树株连连，北山冈山有李树。欢乐诸君子，有如人民的父母。欢乐诸君子，美名令誉传九洲已。

南山长栲树，北山有便树。喜得诸君子，怎能不高龄长寿。喜得诸君子，美名令誉播千秋。

南山长枸树，北山有楰树。喜得诸君子，怎能不高寿长寿。喜得诸君子，保护并抚养你的后嗣。

蓼 萧

蓼彼萧斯，[1]零露湑兮。[2]
既见君子，我心写兮。[3]
燕笑语兮，是以有誉处兮。[4]

蓼彼萧斯，零露瀼瀼。[5]
既见君子，为龙为光。[6]
其德不爽，寿考不忘。

蓼彼萧斯，零露泥泥。⑦
既见君子，孔燕岂弟。⑧
宜兄宜家，令德寿岂。⑨

蓼彼萧斯，零露浓浓。
既见君子，鞗革冲冲。⑩
和鸾雝雝，⑪万福攸同。⑫

【注释】

①蓼（lù）：长大貌。萧：草名，又名艾蒿，是一种有香气的菊科植物。②湑（xǔ）：露水晶宝而盛貌。③写：舒畅，喜悦。④誉处：安乐。处（chǔ）：也是安乐的意思。⑤瀼瀼（ráng）：露盛的样子。⑥龙（chǒng）：同宠。荣幸。⑦泥泥：濡湿貌。⑧孔燕：盛大的宴会。孔：很，甚。岂弟：同恺悌，和易近人。⑨岂（kǎi）：乐。⑩鞗（tiáo）：铜制的马勒装饰。革：通勒，即马络头。冲冲：下垂貌，这里指马勒装饰下垂的样子。⑪和：挂在轼上的车铃。鸾：挂在衡上的车铃。雝，雍的异体字，谐和的意思。⑫攸：所。

【译文】

高大清香的艾蒿，蒿上露水晶晶闪光。既然看见了你，我心愉快舒畅呵，宴饮之间谈笑风生呵，同他相处感到乐喜洋洋呵！

高大的味香的艾蒿，蒿上露珠密麻麻。既然看见了你，受到宠幸多么荣光。道德洁白完美无瑕，德美长寿永远健康。

高大清香的艾蒿，蒿上露水淋淋漓漓。既然看见周天王，宴饮欢乐平易近人。如兄如弟一样亲密，善声美誉长寿幸福长。

肥硕高大的艾蒿，蒿上露水浓浓密密。既然看见周天王，金色马勒闪闪发光。车铃之声叮当响，幸福齐至你身上。

湛　露

湛湛露斯，①匪阳不晞。②
厌厌夜饮，③不醉无归。

湛湛露斯，在彼丰草。
厌厌夜饮，在宗载考。④

湛湛露斯，在彼杞棘。⑤
显允君子，⑥莫不令德。

其桐其椅，⑦其实离离。⑧
岂弟君子，⑨莫不令仪。⑩

【注释】

①湛湛（zhàn）：露水很重的样子。②匪：通非。阳：日出。晞（xī）：干。③厌厌：安静，安闲的样子。④宗：同姓为宗。在宗：即同姓。考：成，此处指“留之而成饮”。⑤杞棘：枸杞树，酸枣树。⑥显：显赫，高贵。允：诚信。⑦桐：油桐树。椅：山桐子树。⑧离离：下垂貌。这里指果实累累的样子。⑨岂弟：见《蓼萧》注⑧。⑩仪：容止礼节。

【译文】

清晨浓浓的露水呵，东升旭日晒干了它。天子安闲地私宴诸侯，不醉切莫归去。

清晨浓浓的露水呵，遍落在厚厚的草丛间。天子安闲地私宴诸侯，在宗庙庭前奏乐鸣钟。

清晨浓浓的露水呵，遍落在杞树枣树中间。显赫忠信的君子，饮多不乱德高志坚。

桐树呵梓树呵，树头果实繁多茂盛。欢乐平易的贵客，饮多不乱威仪赫赫。

彤　弓

彤弓弨兮，①受言藏之。②
我有嘉客，中心贶之。③
钟鼓既设，一朝飨之。④

彤弓弨兮，受言载之。
我有嘉宾，中心喜之。
钟鼓既设，一朝右之。⑤

彤弓弨兮，受言櫜之。⑥
我有嘉宾，中心好之。
钟鼓既设，一朝酬之。⑦

【注释】

①彤弓：朱红色的弓。弨（chāo）：放松弓弦。②言：语气词。③贶（kuàng）：喜爱。④飨（xiǎng）：用酒宴款待别人。⑤右：通侑，劝酒。⑥櫜（gāo）：把弓矢盛起来，隐藏。⑦酬：劝酒，主人又饮而又酌宾谓之酬。

【译文】

松弦红漆大弓呵，诸侯接受后珍藏起它。美好的客人来了，愿将红弓送他表恩宠。鸣钟击鼓齐备好，立即欢宴了他。

弦松红漆大长弓，我受赐带回了它。美好的客人来了，衷心喜悦露笑容。鸣钟击鼓齐奏乐，立即欢宴他。

弦松的红漆大长弓呵，我接受后藏起它。美好的客人来了，衷心爱好喜欢它。击鼓鸣钟齐奏乐，立刻用酒饭款待了他。

菁菁者莪

菁菁者莪，①在彼中阿。②
既见君子，乐且有仪。③

菁菁者莪，在彼中沚。④
既见君子，我心则喜。

菁菁者莪，在彼中陵。⑤
既见君子，锡我百朋。⑥

泛泛杨舟，⑦载沉载浮。
既见君子，我心则休。⑧

【注释】

①菁菁（jīng）：茂盛貌。莪（é）：萝蒿，莪蒿。②阿：大山丘。③仪：仪表。有仪：有榜样。④沚：水中的沙洲。⑤陵：大土山。⑥锡：赐。朋：旧时用贝壳作货贝，五贝为一串，两串为一朋。⑦泛泛：漂浮的样子。⑧休：喜欢，愉快。

【译文】

盛开丛生的萝蒿，生长在那陵谷的中央，既看见了老师，欢乐而且礼仪彬彬。

盛开丛生的萝蒿，生长在那小洲的中央，既看见了老师，我喜不自胜。

盛开丛生的萝蒿，在那山谷的中央，既看见了老师，如获百贯金银财宝。

水泛那杨木舟，随波逐浪时沉时浮，既看见了老师，我心欢喜难描摹。

六 月

六月栖栖，①戎车既饬。②
四牡骙骙，③载是常服。④
猃狁孔炽，⑤我是用急。⑥
王于出征，以匡王国。

比物四骊，⑦闲之维则。⑧
维此六月，既成我服。
我服既成，于三十里。
王于出征，以佐天子。

四牡修广，⑨其大有颙。⑩
薄伐猃狁，以奏肤公。⑪

有严有翼，[12]共武之服。[13]
共武之服，以定王国。

猃狁匪茹，[14]整居焦获。[15]
侵镐及方，[16]至于泾阳。[17]
织文鸟章，[18]白旆央央。[19]
无戎十乘，[20]以先启行。

戎车既安，如轾如轩。[21]
四牡既佶，[22]既佶且闲。
薄伐猃狁，至于大原。[23]
文武吉甫，[24]万邦为宪。[25]

吉甫燕喜，既多受祉。[26]
来归自镐，[27]我行永久。
饮御诸友，炰鳖脍鲤。[28]
侯谁在矣？[29]张仲孝友。[30]

【注释】

①栖栖：遑遑不安的样子。②戎车：兵车。饬（chì）：整饬，整顿。③牡：雄马。骙骙（kuí）：马强壮的样子。④常服：戎服，即战士作战穿的衣服。⑤炽：气盛。⑥是用：是以。⑦比物：比同力之物。这里指马匹驾车的骊马力量均衡，都很强壮。骊：黑色马。⑧闲：熟练。则：规则，法则。⑨修广：又高又大。⑩有颙（yóng）：大头。引申为壮大。⑪奏：为。肤：大。公：功。⑫严：威严。有严：威武，严肃的样子。有翼：恭敬而谨慎的样子。⑬服：事。⑭茹：度。匪茹：自不量力。⑮整：整队。居：处，占据。焦、获：周之地名。⑯镐（gǎo）：地名，位于现在的宁夏灵武及其附近。方：朔方，地名。⑰泾阳：地名。位于现在的甘肃平凉县西。⑱织：同帜，旗帜。鸟章：旗上绘的鸟，隼徽记，指将帅们的大旗。文、章：均指花纹，图案。⑲白旆（pèi）：帛做的旗。央央：鲜明的样子。⑳元：大。元戎：大战车。㉑轾（zhì）：车子前低后高。轩（xuān）：车子前高后低。如轾如轩：车子下俯上昂，运行自如。㉒佶（jié）：健壮的样子。㉓大原：地名，位于现在的甘肃固原。㉔文武：能文能武。吉甫：君吉甫，是这次出征的大将。㉕宪：榜样。㉖祉（zhǐ）：福。㉗镐：古都名。㉘炰（páo）：烹煮。脍（kuài）：生食的鱼片。㉙侯：发语词，同唯。㉚张仲：人名，尹吉甫的朋友，其人性孝友。

【译文】

六月盛夏出兵打仗，兵车修饰好紧张。四马强壮阔步扬，军服大旗载车上。猃狁气焰太猖狂，我们备战守边迫在眉睫。宣王命令兴师出发征讨，捍卫邦国领土完好。

四马雄壮毛色齐，训练有素车技长。在这六月盛夏日，穿上军服等待发。整装待发。军服备好穿在身，师出日行三十里，宣王命令我们征伐，辅佐天子讨强梁。

四马雄壮修长且高大，昂首雄视气势扬。步步进逼讨伐猃狁，将士立业战功显赫。将士又威严又肃敬，尽我武人天职效周王。我武人的天职已尽，必将安定了我王国。

猃狁暴虐逞强凶恶，备战“焦获”战线长。南进“镐”地和“朔方”，再而进逼泾水北。我们树起鹰隼旗帜，旗带飘飘迎风扬。十辆大型兵车导前，这是冲锋开路的先行。

兵车战场待敌方，高低轻重均调齐。四马昂首壮健威武，雄伟既壮健，又训练娴熟。步步进逼讨伐猃狁，大军径直抵太原，能文能武尹吉甫，天下诸侯效仿的表率。

设宴吉甫庆胜利，接受很多福赐。我们从前线镐地凯奏归来，路途遥远行路久。班师回朝设宴请朋友，美味珍珍无不有。座上嘉宾还有谁，所谓“张仲”孝亲友。

采　芑

薄言采芑，①于彼新田，②于此菑亩。③
方叔莅止，④其车三千。
师干之试，⑤方叔率止。
乘其四骐，四骐翼翼。⑥
路车有奭，⑦簟茀鱼服，⑧钩膺鞗革。⑨

薄言采芑，于彼新田，于此中乡。⑩
方叔莅止，其车三千。
旂旐央央，⑪方叔率止。
约軧错衡，⑫八鸾玱玱。⑬
服其命服，⑭朱芾斯皇，⑮有玱葱珩。⑯

鴥彼飞隼，⑰其尽戾天，⑱亦集爰止。
方叔莅止，其车三千。
师干之试，方叔率止。
钲人伐鼓，⑲陈师鞠旅。⑳
显允方叔，㉑伐鼓渊渊，㉒振旅阗阗。㉓

蠢尔蛮荆，㉔大邦为仇。
方叔元老，克壮其猷。㉕
方叔率止，执讯获丑。
我车啴啴，㉖啴啴焞焞，㉗如霆如雷。㉘
显允方叔，征伐猃狁，蛮荆来威。

【注释】

①芑（qǐ）：苦菜。②新田：开垦两年的田地。③菑（zī）亩：开垦一年的田地。④莅：来临。止：至，到。⑤师：众，这里指士兵。干：盾，这里指武器。之：是。试：练，用，此处指练兵。⑥翼翼：整饬貌。⑦奭（shì）：通赩，赤色。⑧簟茀：用竹制的车帘。鱼服：鲨鱼皮做的箭袋。⑨钩膺：马胸腹上的带饰。膺：马带。鞗革：见《蓼萧》的注⑩。⑩中乡：中田，即田中。⑪旂旐：画有蛟龙的旗曰旂（qí），画有龟蛇的旗曰旐（zhào）。央央：鲜明的样子。⑫軧（qí）：车毂。约：束缚，缠。错：花纹。衡：车辕

前端的横木曰衡。错衡：车衡木上画了花纹。⑬八鸾：系于镳的车铃叫鸾。每匹马左右各一铃，共八个铃。玱玱（qiāng）：铃声，象声词。⑭命服：这里指周王赐给方叔穿的礼服。⑮芾（fú）：通韨，即蔽膝。皇：粲烂，鲜明。⑯玱（qiāng）：玉声。葱：绿色。珩：佩玉。⑰鴥（sǔn）：同隼，像鹞鹰一类的猛禽。⑱戾：至，到。⑲钲（zhēng）：旧时号令将士进退的一种打击乐器。钲人：击钲传令的人。⑳陈师：整列队伍。鞠：告。旅：士众。鞠旅：告诫士众。㉑显：显赫。允：信。㉒渊渊：击鼓声。㉓阗阗（tián）：击鼓声，象声词。㉔蛮荆：荆州之蛮。㉕猷：计谋，谋略。㉖啴啴（tān）：众多的样子。㉗焞焞（tūn）：盛大貌。这里指朱红的战车闪红光。㉘霆（tíng）：劈雷。

【译文】

采摘苦菜去吧，在那郊野已垦的新田，在这初垦的新田地，大将方叔亲临此。战车三千列排开，誓以血铁征伐敌。方叔大将率军行，乘坐四马驾之车。四马齐整退进有序，朱漆路车威名显赫。竹席蔽车箭袋挂，马带辔首威风抖。

采摘苦菜去吧，在那郊野已垦的新田，在这初垦乡野中，方叔大将亲临此。战车三千辆，旗帜悠悠随风扬。大将方叔率军征伐，红漆车毂金色辕，八只车铃铿铿响。穿着官赐的衣服，红色蔽膝闪发光，绿色佩玉声远传。

那疾风迅飞的鹰隼，扶摇直上薄云天。忽又栖息在郊野，方叔大将亲临这里。三千辆战车誓以血铁伐敌国。率军出征大将方叔，鸣金击鼓进退有序，集军旅誓师征伐。望重德高的方叔，击鼓冬冬号令传，战阵练习声势赫。

轻举妄动是荆蛮，胆敢以周朝为敌。方叔是国家元老，善运用良策奇谋。大将方叔出征率军，抓获审讯俘虏。战车滚滚烟尘乱，滚滚向前声势强，如雷霆万钧不可抵敌。望重德高的元老方叔，征服玁狁建奇功，南敌荆蛮畏威丧胆。

车　攻

我车既攻，[①]我马既同。[②]
四牡庞庞，[③]驾言徂东。[④]

田车既好，四牡孔阜。[⑤]
东有甫草，[⑥]驾言行狩。

之子于苗，[⑦]选徒嚣嚣。[⑧]
建旐设旄，搏兽于敖。[⑨]

驾彼四牡，四牡奕奕。[⑩]
赤芾金舄，[⑪]会同有绎。[⑫]

决拾既佽，[⑬]弓矢既调。[⑭]
射夫既同，[⑮]助我举柴。[⑯]

四黄既驾，两骖不猗。[⑰]

不失其驰，[18]舍矢如破。[19]

萧萧马鸣，[20]悠悠旆旌。[21]
徒御不惊，大庖不盈。[22]

之子于征，有闻无声。
允矣君子，[23]展也大成。[24]

【注释】

①攻：通工，坚固。一说为治理，修缮。②同：整齐。③庞庞（lóng）：强壮貌。④言：而。徂东：往东。⑤阜：强壮，肥实。⑥甫草。地名。一说甫田之草，一说是大草泽。⑦苗：夏猎曰苗。⑧嚣嚣：喧嚣吵闹声。选徒：清点人数。选通算。⑨敖：郑国山名，位于现在的河南省境内。⑩奕奕：精神焕发，从容舒畅的样子。⑪赤芾：红皮的蔽膝。舄（xì）：古代一种复底鞋，引申为鞋的通称。金舄：金黄色鞋。⑫绎：络绎不绝。会同：诸侯朝见天子；此处有聚集之义。⑬佽：钩弦，即射箭时用的扳指，有象牙和骨制的。拾：臂韝，用皮制的，套在左臂上，射箭时用来护臂。佽（cì）：用手指相比次调弓矢。⑭调：弓、矢配合适宜。⑮同：协调，协同。⑯柴（zì）：骴的通假字。积：指兽尸堆积。⑰猗（yí）：偏斜。⑱不失其驰：指驾车有一定法则。⑲破：射中。⑳萧萧：马鸣声。㉑悠悠：旗帜飘动的样子。㉒大庖：指宣王的厨房。盈：充满。㉓允：诚实，可信。㉔展：诚，诚然，真的。成：成功，成就。

【译文】

我的猎车崭新坚固，我的战马速度同。四马气昂昂雄赳赳，驾车直向东都洛邑。

田猎之车已修好，四匹公马高大雄壮。东边“甫田”草丰茂，驾车猎兽走一遭。

宣王夏日率领我们出猎，狩猎徒众闹哄哄。车上的旗帜随风飘扬，前往“敖地”猎兽打围。

驾上四马拉之车，四马疾行步快轻。红漆蔽膝金赤靴，聚集会猎井然有序。

扳指护袖依次备，强弓利箭调配适中。射手们齐心协力，帮我搬取猎死禽兽。

四匹黄马驰驱并驾，两旁骖马不偏倚。四马奔驰有法度，箭出必发好技艺。

斑马嘶叫鸣萧萧，放眼旗帜悠悠飘。步卒车夫人机警，庖厨野味多充盈。

宣王率领我们归京城，人马征途寂无声。伟大圣明好君子——诚然成就猎大功。

吉 日

吉日维戊，①既伯既祷。②
田车既好，③四牡孔阜。
升彼大阜，④从其群丑。⑤

吉日庚午，既差我马。⑥
兽之所同，⑦麀鹿麌麌。⑧
漆沮之从，⑨天子之所。

瞻彼中原，[10]其祁孔有。[11]
儦儦俟俟，[12]或群或友。[13]
悉率左右，[14]以燕天子。[15]

既张我弓，既挟我矢。
发彼小豝，殪此大兕。
以御宾客，且以酌醴。[16]

【注释】

①戊：古时以天干、地支相配来计日。戊：即戊辰日，即初五那天。②伯：马神，马祖。祷：祈祷。③田车：猎车。④大阜：大山坡。⑤丑：这里指禽兽。群：兽三曰群。⑥差：选。⑦同：聚。⑧麀（yōu）鹿：母鹿。麌麌（yǔ）：群鹿聚集。⑨漆、沮：均为地名。⑩中原：即原中。⑪祁（qí）：大。⑫儦儦（biāo）：兽奔跑的样子。俟俟：兽走的样子。⑬群、友：兽三曰群，兽二曰友。⑭悉：驱逐。⑮燕：原义为安乐，这里等待之义。⑯醴：甜酒。酌：舀酒漏，斟酒。

【译文】

吉日良辰在戊日，祭祀马祖为马祷。猎之车修备完好，四匹高大骏马，登上那个大山，追逐飞禽走兽向前跑。

欣逢吉日良辰在庚午，选择好出猎的马，到野兽群聚出没的地方。麀鹿成群遍地奔跑。漆沮水旁追踪野物，正是天子猎兽好处所。

远望那广阔的田野，处处都有肥硕野兽。时聚集时而信步行，成群或结队两两为友。率领军队追南逐北，用以取悦周天子。

我的弓用力拉开，锋利箭搭在弦。一发射中小野猪，又发射死肥硕野牛。打来野味宴宾友，佐以美味香甜酒。

大 雅

文王之什

文 王

文王在上，於昭于天。
周虽旧邦，其命维新。
有周不显，[1]帝命不时。[2]
文王陟降，在帝左右。

亹亹文王，[3]令闻不已。
陈锡哉周，[4]侯文王孙子。
文王孙子，本支百世，
凡周之士，不显亦世。[5]

世之不显，厥犹翼翼。[6]
思皇多士，生此王国。
王国克生，[7]维周之桢；
济济多士，文王以宁。

穆穆文王，[8]於缉熙敬止。[9]
假哉天命。有商孙子。
商之孙子，其丽不亿。[10]
上帝既命，侯于周服。

侯服于周，天命靡常。
殷士肤敏，裸将于京。[11]
厥作裸将，常服黼冔。[12]
王之荩臣。[13]无念尔祖。

无念尔祖，聿修厥德。[14]

永言配命，自求多福。
殷之未丧师，克配上帝。
宜鉴于殷，骏命不易！[15]

命之不易，无遏尔躬。
宣昭义问，有虞殷自天。[16]
上天之载，无声无臭。
仪刑文王，[17]万邦作孚。[18]

【注释】

①不：通丕，大。显，光明。②时：读为烝，美。③亹亹：勤勉之貌。④陈：一再，重复。锡，通赐，哉通载。⑤亦世：同奕世，累世。⑥犹：计谋。翼翼：忠诚之貌。⑦克：能。⑧穆穆：仪表端庄，态度恭敬的样子。⑨缉熙：品德高尚，光明磊落。敬，谨慎负责。止：语尾助词。⑩丽：数目。不：助词，无意义。⑪祼将：即将祼。将，举行。祼，灌祭，祭礼的一种。⑫常：通尚，还是。黼冔：殷商的礼服，礼帽。⑬王：指周成王。荩：进，进臣。⑭聿：述。⑮骏：大。易：容易。⑯虞：度，鉴戒，考虑。⑰仪刑：效法。⑱作：则，始，才，就。孚：相信，信服。

【译文】

文王之灵雄踞在上，呵，他的光辉照耀放光芒。周虽是一个古邦，它的国运从此更新。周德功业光辉显赫，帝命落于他身上。文王升降与进退，时时在天帝身旁。

自勉辛勤的文王，他的声誉日益远扬传四方，德化于人创立周国，就是文王的子孙。文王的嫡子孙，宗子和庶子百世不断。凡是周朝的臣子，世代都是高官显贵人。

世代的显贵们，小心谨慎为国筹谋划策。呵，众多的英俊贤士，恰好幸生在文王之国。才有这样出众的贤士，都是周朝国栋梁。这些威仪赫赫的人，文王之国得以安定。

庄严和蔼的文王，仁德为怀光明正大。伟大呀天帝之命，命令这殷商的子孙。这殷商的子孙，何止万万千千。天命已归周文王，只有臣服于周。

殷人臣服于周邦，是天命难违的表现，殷商臣子非常敏感，在周京灌酒助祭忙。当灌酒助祭的时候，还穿戴殷人的衣装。成王对留用的殷臣说："应当想想你们的祖先。"

要想想你们的宗祖，必须进德敬业。长久地配合天意，以求得更多的幸福安康。当殷还未丧失民众时，仁德与天命配合。应当以殷为戒鉴，知道大命来之不易。

知道大命来之不易，切莫在你身上断送天命。宣扬文王的善言美誉，想想殷的兴王由天定。上天主宰万物，无声音无形迹。要善于效法周文王，天下万邦就会臣服。

大　明[1]

明明在下，[2]赫赫在上。[3]
天难忱斯，[4]不易维王。
天位殷适，[5]使不挟四方。

挚仲氏任，[6]自彼殷商，

来嫁于周，曰嫔于京。
乃及王季，维德之行。
大任有身，生此文王。

维此文王，小心翼翼。
昭事上帝，聿怀多福。
厥德不回，⑦以受方国。⑧

天监在下，有命既集。
文王初载，天作之合。
在洽之阳，在渭之涘。
文王嘉止，⑨大邦有子。⑩

大邦有子，伣天之妹。
文定厥祥，⑪亲迎于渭。
造舟为梁，不显其光。⑫

有命自天，命此文王。
于周于京，缵女维莘。⑬
长子维行，笃生武王。
保右命尔，燮伐大商。⑭

殷商之旅，其会如林。
矢于牧野：维予侯兴；⑮
上帝临女，⑯无贰尔心！

牧野洋洋，⑰檀车煌煌，⑱驷騵彭彭。⑲
维师尚父，时维鹰扬。
凉彼武王，⑳肆伐大商，㉑会朝清明。㉒

【注释】

①《毛序》：“《大明》，文王有明德，故天复命武王也。”这是周代史诗之一，叙述王季和太任、文王和太姒结婚以及武王伐纣的事。②明明：光明之貌。③赫赫：显盛之貌。④忱：通谌，相信。斯：语助词。⑤适：通嫡，即嫡子。殷嫡：指殷纣王。⑥挚：殷属国，位于今河南汝甯。仲氏：次女。任，姓。⑦回：邪僻。⑧方国：商代、周初对周围诸侯国的称呼。⑨止：礼。嘉止：嘉礼：即婚礼。⑩大邦：大国。指莘国。子：指莘国国君的女儿。⑪文：礼。指“纳币”之礼。文定：定婚。⑫不：通丕，大。⑬缵：美好。维：是。莘（shēn）：古代国名。⑭燮：袭的假借字。燮伐：即袭伐。⑮维：发语词。予：武王自称。侯：是。兴：兴起。⑯临：监视着。女，汝，指参加誓师的军队。⑰洋洋：广大之貌。⑱檀车：檀木制的

战车。煌煌：鲜明的样子。⑲骠（yuán）：赤毛白腹的马。彭彭：形容十分强壮有力。⑳凉：辅佐。㉑肆：纵兵攻击。㉒会：一，第一。清明：政治有法度，有条理；天下安定。

【译文】

文王德令广施下民，上天赋予他赫赫天命。天命真难揣测呵，天子的地位不能轻易担当，天位本属嫡子殷纣，四方之国不拥戴他制四方。

挚国任家的次女，故乡来自殷商的近郊。出嫁于周国，在周京做了新娘。成为王季新贤妃，并以德行惠及人间。

大任怀有身孕了，生下了周文王。就是这个文王，小心谨慎人善良惶诚恐敬事上苍，幸福接踵纷至来。他的德行真不坏，统治了天下四方。

天帝俯视察看天下，把天命赋予周邦文王身上。文王即位之初，上天为他配新娘。在洽水的北面迎亲，临渭河的水边。

文王举行了婚礼，妻子就是莘国太姒女。莘国之女，好比天帝的少女。卜筮预示了吉祥，文王迎娶在渭水之滨。连木船搭成了浮桥，显示了大姒婚礼荣光。

天命自天而定，这个大命受于文王。改国号为周改邑为镐京，继大任的为莘国长女，她出嫁于周文王，呵，婚后生了武王。保佑武王赋予天命协调诸侯讨伐殷商。

殷商的师旅势力强，军旗蔽日多如树林。武王陈兵誓师牧野："我周国代殷勃兴，天帝监临你们，勇往向前不要二意三心。"

牧野广阔作战场，檀木战车闪闪发光。战马强壮昂扬。统领大军的尚文，好像雄鹰展翅飞翔。勤勤恳恳帮助武王，大张旗鼓讨伐殷商，一朝会师天下安康。

绵①

绵绵瓜瓞。②
民之初生，③自土沮漆。④
古公亶父，⑤陶复陶穴，⑥未有家室。

古公亶父，来朝走马。
率西水浒，至于岐下。
爰及姜女，聿来胥宇。⑦

周原朊朊，⑧堇荼如饴。⑨
爰始爰谋，⑩爰契我龟，⑪
曰止曰时，⑫筑室于兹。

乃慰乃止，乃左乃右，
乃疆乃理，乃宣乃亩。⑬
自西徂东，周爰执事。

乃召司空，乃召司徒，俾立室家。
其绳则直，缩版以载，作庙翼翼。[14]

捄之陾陾，[15]度之薨薨，[16]
筑之登登，[17]削屡冯冯。[18]
百堵皆兴，鼛鼓弗胜。[19]

乃立皋门，[20]皋门有伉。[21]
乃立应门，[22]应门将将。
乃立冢土，戎丑攸行。[23]

肆不殄厥愠，[24]亦不陨厥问。
柞棫拔矣，行道兑矣。
混夷駾矣，[25]维其喙矣！[26]

虞芮质厥成，[27]文王蹶厥生。[28]
予曰有疏附，[29]予曰有先后。[30]
予曰有奔奏，[31]予曰有御侮！[32]

【注释】

①《毛序》：“《绵》，文王之兴，本由大王也。”这也是周族史诗之一，从古公亶父迁歧叙起，一直写到文王继承古公的遗烈，使周族逐渐强大。②绵绵：连绵不绝的样子。瓞（dié）：小瓜。③民：指周民。④自：从。土：又作杜，水名。沮：徂的借字，到。漆：水名。⑤古公亶父：文王的祖父。古公，号。亶父，名或字。⑥陶：借为掏。复：地室。⑦聿：发语词。胥：察看、视察。宇：住处居住地，指建房的地址。⑧周：地名，在歧山南。原：广平的土地。朊朊：肥美。⑨堇（jǐn）：又名苦堇、堇葵，味苦。荼：苦菜。饴（yí）：饴糖，俗称麦芽糖。⑩爰：于是。始，和谋同义，都是计划的意思。⑪契：钻刻。龟：占卜用的龟甲。龟甲先要钻孔，然后用火烤以断吉凶。⑫曰：发语词。止：居住。时：居住。⑬宣：用农具开垦土地并松土。亩：开沟筑垄。⑭庙：宗庙。翼翼：严正的样子。⑮捄（jiū）：把土铲进筐里。⑯度（duó）：投，指投土地直版里。薨薨：填土声。⑰筑：捣土使墙坚实。登登：捣土声。⑱屡：古娄字，土墙隆起的地方。削屡：将土墙隆起的地方刮平。冯（píng）：括土墙声。⑲鼛（gāo）：鼛鼓，大鼓名。弗胜：胜不过。⑳皋：郭门。即城门。㉑伉（kàng）：有伉，即伉伉，形容城门高大的样子。㉒应门：王官正门。㉓戎：大。戎丑：大众。攸：所。行：往。㉔肆：故，所以。殄（tiǎn）：杜绝、消灭。厥：指文王。问：声闻、名誉。㉕混（kūn）：混夷，古时种族名，也作昆夷。駾（tuì）：受惊奔逃的样子。㉖维其：何其。喙（huì）：形容气短病困的样子。㉗虞、芮：二国名。质：评断。成：指虞、芮两国平息纠纷，互相结好。㉘蹶（guì）：感动。生：通性。㉙曰：助词。疏附：指团结群臣亲近归附之臣。㉚先后：指在王前后参谋政事之臣。㉛奔奏：指奔走四方效力之臣。㉜御侮：指抵御外侮捍卫国家的武臣。

【译文】

连绵不断的大大小小瓜，象征初生的周族民。自杜阳迁到漆汗旁。这即古公亶父，开始草创穴居扫风雨，还来不及建造房屋。

古公亶父，清早驱马疾驰，沿着渭水水边走，一直来到了岐山。偕同妻子太姜女，看看这里的好建房。

周原一片肥田沃地，堇葵苦菜胜密糖。于是开创商量谋划，于是钻龟问卜上苍："就在此地就在此时，就在此处建筑屋宇。"

于是定居于岐乡，划分左右的居室。厘定疆界量田亩，疏导沟洫垅成行。从西到东，人人勤勤恳恳。

唤来营建国都的司空，唤来安排劳役的司徒。以使建盖我们的家室。用的绳尺细又长，筑墙板要严密承接，恭恭敬敬修好宗庙。

盛土入筐声音噌噌响，填土筑墙响崩崩。捣土夯土声轰轰隆隆，砍砖削木声哄哄，百墙垛垛齐兴工，鼓声隆隆不如劳动音强。

于是建立了都城门，城门巍峨高耸轩昂。又建立了王室大正门，正门堂堂正正。又建立了大祭堂，戎狄丑类望风遁逃。

虽亶父未消对敌怀恨在心，为了敷衍不断询问。丛生薪木全拔除，修建道路整整通畅。夷狄惊走逃奔，他们喘息不定。

虞芮的争讼已平定，文王威信美德感动争讼人。我有从事团结的人，我有安排政事的贤才，我有宣传奔走的大臣，我有御侮抗敌的武士。

棫朴①

芃芃棫朴，②薪之槱之。③
济济辟王，左右趣之。

济济辟王，左右奉璋。④
奉璋峨峨，髦士攸宜。⑤

淠彼泾舟，⑥烝徒楫上。⑦
周王于迈，六师及之。

倬彼云汉，⑧为章于天。⑨
周王寿考，⑩遐不作人？⑪

追琢其章，⑫金玉其相。⑬
勉勉我王，⑭纲纪四方。⑮

【注释】

①《毛序》："《棫朴》，文王能官人也。"今人认为这是一首写文王效祭天神后领兵伐崇的诗。崇是商的侯国，伐崇是为伐商作准备。②芃芃：形容茂盛的样子。棫、朴，二种丛生灌木。③槱（yǒu）：堆积木柴，点火烧起，用以祭祀天神。④奉：捧。璋：璋瓒，祭祀时盛酒的器具。⑤髦士：英俊之士。指助祭的

诸侯、卿士。攸：所。宜：适合。⑥淠（pì）：舟行貌。泾：水名。⑦烝：众。徒：服役的人，指船夫。楫：划船。⑧倬：广大。云汉：银河。⑨章：花纹。⑩寿考：长寿。⑪遐：通何。作：培养、造就。⑫追：雕刻，刻金。琢：雕刻玉器。其：指周王。⑬相（xiàng）：质地，本质。⑭勉勉：勤勉努力。⑮纲纪：治理，管理。

【译文】

蓬蓬勃勃的棫朴木，砍积当作祭柴烧。威仪赫赫的文王，左右大臣围绕着他。

威仪赫赫的文王，左右大臣捧着圭璋。捧着圭璋威仪壮，这些贤士俊贤才德双全。

在泾水行船，船夫划船齐举桨。文王出兵征伐，六军追随威风扬。

那广阔浩瀚的天河，像织锦挂长天。高龄的文王，怎能不作树人才。

精心雕琢了的玉美观成章，金玉之质纯粹无暇。勤勤勉勉的文王，他领导天下治四方。

旱　麓[①]

瞻彼旱麓，[②]榛楛济济。[③]
岂弟君子，[④]干禄岂弟。[⑤]

瑟彼玉瓒，[⑥]黄流在中。
岂弟君子，福禄攸降。

鸢飞戾天，鱼跃于渊。
岂弟君子，遐不作人？

清酒既载，骍牡既备。[⑦]
以享以祀，以介景福。

瑟彼柞棫，[⑧]民所燎矣。
岂弟君子，神所劳矣。

莫莫葛藟，[⑨]施于条枚。[⑩]
岂弟君子，求福不回。[⑪]

【注释】

①《毛序》："《旱麓》，受祖也。周之先祖，世修后稷、公刘之业。大王、王季申以百福干禄也。"这是歌颂周文王祭祖得福、知道培养人才的诗。②旱：山名。位于今陕西省南部。麓：山脚。③楛（hù）：树名。形似荆条，赤茎，可做箭杆。④岂（kǎi）弟：又作恺悌，和易近人。君子：指文王。⑤干：求。禄：福。⑥瑟：洁净鲜明的样子。玉瓒：即圭瓒，天子祭神时所用的酒器。⑦牡：赤色的公牛。⑧瑟：众多的样子。⑨莫莫：茂密的样子。葛藟：葛藤。⑩施（yì）：蔓延。条：树枝。枚：树干。⑪回：邪僻。

【译文】

观看那旱山之麓，楛木榛木丛生簇簇。愉快欢乐的君子，在快乐中求取福禄。

那花纹精美的玉盏，黄色香酒置盏中。愉快欢乐的文王，福禄落在你身上。

鸢鸱飞抵高空，鱼儿潜入深渊中。愉快欢乐的文王，怎能不作育人才。

美酒既已盛入酒樽，红色大公牛准备齐整。就此享祀先祖，祈求更大的幸福。

密密麻麻的柞棫丛，把它燃烧以祀天灵。愉快欢乐的文王，神也慰劳你抚四方。

茂盛的葛滕，蔓延在树梢。愉快欢乐的文王，正大光明求取福禄。

思　齐[①]

思齐大任，[②]文王之母，
思媚周姜，[③]京室之妇。
大姒嗣徽音，[④]则百斯男。
惠于宗公，神罔时怨。
神罔时恫，刑于寡妻，[⑤]
至于兄弟，以御于家邦。

雍雍在宫，[⑥]肃肃在庙。[⑦]
不显亦临，无射亦保。[⑧]

肆戎疾不殄，[⑨]烈假不瑕。[⑩]
不闻亦式，[⑪]不谏亦入。

肆成人有德，小子有造。
古之人无斁，[⑫]誉髦斯士。[⑬]

【注释】

①《毛序》："《思齐》，文王所以圣也。"这是歌颂文王善于修身、齐家、治国的诗。②思：发语词。齐：端庄。大任：即太任，王季之妻，文王之母。③媚：美好。这里指德行美好。周姜：即太姜，古公亶父之妻，王季之母。④大姒：即太姒，文王之妻。嗣：继续。徽音：美誉。⑤刑：法。这里作动词，说文王以礼法对待其妻。寡妻：嫡妻。⑥雍雍：和睦的样子。宫：家。⑦肃肃：形容严肃恭敬的样子。⑧无：语助词。射：阴暗、隐蔽，对"显"而言。保：保守。⑨肆：所以。戎疾：西戎的祸患。不：语助词。下句同。殄：断绝。⑩烈：厉的假借字。假：瘕的假借字，即蛊字。厉蛊：害人的瘟疫。瑕：同遐，远去。⑪不、亦：语助词。闻：听。式：用。⑫古之人；指文王。斁（yì）：厌。⑬誉髦斯士：当作"誉斯髦士"。誉通举，推举，提拔。髦士：英俊之士。

【译文】

呵，肃穆端庄的太任，她是文王之母。呵，她热爱太姜，比称王室的主妇。太姒继续任太任的美德，抚育成百的男儿。

文王敬祀先公，神灵欣喜无所怨恨，也无所痛伤。以德示范教化太姒，及于宗族诸兄弟，以此治理天下国家。

文王之宫内和睦居家好，在宗庙以肃穆祀神。光明磊落体察人民，为民服务无倦容。

战争祸乱文王吓不倒，丰功伟业无短可寻。实施新政合于民情，不用练诤举措适中。

士大夫德有所成，青年一代培养了才能。文王爱才若命，提拔贤士选贤能。

皇 矣[1]

皇矣上帝，[2]临下有赫。
监观四方，求民之莫。[3]
维此二国，[4]其政不获。
维彼四国，爰究爰度。
上帝耆之，憎其式廓。[5]
乃眷西顾，引维与宅。

作之屏之，[6]其菑其翳。[7]
修之平之，其灌其栵。
启之辟之，其柽其椐。
攘之剔之，[8]其檿其柘。
帝迁明德，串夷载路。[9]
天立厥配，[10]受命既固。

帝省其山，[11]柞棫斯拔，松柏斯兑。
帝作邦作对，自大伯王季。
维此王季，因心则友。[12]
则友其兄，则笃其庆，载锡之光。
受禄无丧，奄有四方。[13]

维此王季，帝度其心。
貊其德音，[14]其德克明。
克明克类，克长克君。
王此大邦，克顺克比。
比于文王，其德靡悔。[15]
既受帝祉，施于孙子。

帝谓文王：无然畔援，[16]
无然歆羡，诞先登于岸。
密人不恭，敢距大邦，[17]侵阮徂共。

王赫斯怒，爰整其旅，
以按徂旅，⑱以笃于周祜，
以对于天下。

依其在京，⑲侵自阮疆。
陟我高冈，无矢我陵。⑳
我陵我阿，无饮我泉，我泉我池。
度其鲜原，㉑居岐之阳，在渭之将。
万邦之方，㉒下民之王。

帝谓文王：予怀明德，
不大声以色，不长夏以革。
不识不知，顺帝之则。
帝谓文王：询尔仇方，㉓同尔弟兄。㉔
以尔钩援，与尔临冲，以伐崇墉。

临冲闲闲，㉕崇墉言言。
执讯连连，攸馘安安，㉖
是类是祃，㉗是致是附，四方以无侮。
临冲茀茀，㉘崇墉仡仡。㉙
是伐是肆，㉚是绝是忽。㉛
四方以无拂！㉜

【注释】

①《毛序》："《皇矣》，美周也。天监伐殷莫若周，周世世修德莫若文王。"这是周人叙述自己开国历史的史诗之一，从太王开辟岐山写到文王伐崇伐密的胜利事迹。②皇：大，光明伟大。③莫：通瘼，疾苦。④维：通唯，想到。二国：指夏、商。⑤憎：通增，增加。式廓：规模。⑥作：通斫，砍伐树木。之：指草木。屏：除去。⑦菑（zì）：枯死而直立未倒的树。翳：通殪，倒在地上的枯木。⑧攘：除去。剔：挑选。⑨串夷：昆夷，亦称犬戎。载：则，就。路：通露，失败。⑩厥：其。配：立君配天。⑪省：视察。其山：周的岐山。⑫因：古时姻字。姻心：亲热的心。友：友爱。⑬奄：覆盖、包括。⑭貊（mò）：通漠，广大。⑮靡悔：指文王之德，不为人恨。⑯畔援：跋扈、专横暴虐。⑰距：通拒，抗拒。大邦：这里指周国。⑱按：通遏，阻止。旅：通莒，古代国名。⑲依其：依依。原有茂盛的意思，这里引申为强盛的样子。京：周京。⑳矢：陈，此指陈兵。㉑度：计划。鲜：通善，小山。原：平地。㉒方：法则、榜样。㉓询：谋，含有商量、征求意见的意思。仇：匹。仇方：邻国。㉔弟兄：指同姓的诸侯国。㉕闲闲：形容强盛的样子。㉖攸：所。馘（guó）：割下敌人的左耳用以计功。安安：从容不迫之貌。㉗类：出师前祭天。祃（mà）：出师后军中祭天。㉘茀茀：形容强盛的样子。㉙仡仡：同屹屹，形容高大的样子。㉚肆：纵兵攻击。㉛忽：消灭，灭绝。㉜拂：违逆、抗拒。

【译文】

伟大辉煌呵上帝，照临下土洞悉明白。监察天下四方，务使百姓安居乐业。夏与殷这两个国家，其政不得民心民意。还有那四方诸侯国，何去何从失法则。上帝继续考察，更加怨恨殷纣的暴虐。转向西望岐周，它是安定天下的君室。

清除它拔掉它：枯死和倒下的耸立树木整理它修饰它，灌木丛林复生小木开辟它培育它，那河柳和椐树攘殖它嫁接它，那山桑和黄桑上帝使贤君迁居这里，夷狄西戎被驱逐。上帝为大王抉配贤妃，他受天命固如盘石。

天帝省视这个山国，柞树棫树全拔光。松树柏树挺拔高大。帝建周邦选定明君贤王，自太伯王季开始。就是这个王季，他天性友爱好心肠，友爱他的哥哥父长，使幸福愈益厚无疆。也赋予无限荣光。他接受福禄并存神禄，终于统治天下四方。

就是这个王季不寻常，天帝了解他持正石阿，美德声望远扬四方，美德明辨是非把善扬，明辨是非又识别善恶，诲人不倦赏罚适中，统治了这个大国。他爱民众使上下相睦，这些美德传给文王，他的道德毫无悔恨。既受上帝赐福禄，还延及子子孙孙绵延长。

上帝告诫文王，不要嚣张跋扈狂妄。不要贪得无厌。要平反冤假错案，密须国人胆大不敬，敢于抗拒周大国，侵略阮国兵袭地。文王赫然大怒，于是整军经武，阻遏侵旅的敌军，使周的国日隆，安定了天下四方国。

敌人占据高地，自阮侵入我周。我们登上岐山警告："谁要陈兵我山陵，是我山陵是我山。不要偷饮我泉水，是我泉流是我池沟。"分别山陵和高原，居在岐山三阳，在那渭水的旁边，在这里树立了榜样，为下民所归往。

上帝告诫周文王说：我顾念你的美德。不虚声势作威福，不能用棍棒统治邦国。认识一切了解一切，要顺应天帝之法则。上帝告诫文王说：要得到友邦的支持，要团结兄弟之邦。要准备攻城的云梯，要准备登城临车和冲车，去讨伐万恶的崇国。

临车冲车以攻坚城，崇国城池高高耸。不断地擒获你虏，割掉敌人左耳不可胜数。还祭祀了地祇天神，唤敌归降安抚民众，四方再不敢欺凌周国。临车冲车气势强，崇国城池摇摇欲破。向它冲锋向它袭击，崇国从此覆之，四方谁敢再违抗周国。

灵　台①

经始灵台，经之营之。
庶民攻之，不日成之。
经始勿亟，②庶民子来。

王在灵囿，麀鹿攸伏。③
麀鹿濯濯，④白鸟翯翯。⑤
王在灵沼，於牣鱼跃。

虡业维枞。⑥贲鼓维镛。⑦
於乐鼓钟，於乐辟雍。⑧

於论鼓钟，於乐辟雍。
鼍鼓逢逢。[9]矇瞍奏公。[10]

【注释】

①《毛序》："《灵台》，民始附也。文王受命，民乐其有灵德以及鸟兽昆虫焉。"从诗的本义看，这是一首记述周文王建成灵台和游赏奏乐的诗。②亟：同急。③麀（yōu）：麀鹿，母鹿。攸：语助词。④濯濯：肥美的样子。⑤翯（hè）：翯翯，形容洁白的样子。⑥虡（jù）：悬挂钟磬的木架。业：装在虡上的一块大版。维：与。枞：亦名崇牙，大版上的一排锯齿，用以悬挂钟磬。⑦贲（fén）：大鼓。镛：大钟。⑧辟（bì）：辟雍，文王离宫。⑨鼍（tuó）：即扬子鳄，皮坚，可以制鼓面。逢（péng）：逢逢，鼓声。⑩矇、瞍：都是旧时盲人的专称。古时乐师常以盲人充任。公：通功，成功。指灵台落成。

【译文】

开始规划建灵台，测量规划细安排。老百姓效劳尽力，不日建成了它。
开始规划不着急，百姓踊跃来奔。文王在园内游乐，母鹿肥硕时游时睡。
母鹿畅游自得，白鹤羽毛洁白。文王到了"灵沼"，呵，锦鳞满池塘欣欣游动。
磬架鼓架和钟架，大鼓与大钟声配合。乐奏声声节拍合谐，文王在"学校"赏乐声。
乐奏声声节拍合谐，文王在辟雍倾听乐声。鼍皮大鼓声隆隆，乐工击鼓撞钟。

下　武[1]

下武维周，[2]世有哲王。
三后在天，[3]王配于京。[4]

王配于京，世德作求，[5]
永言配命，成王之孚。

成王之孚。下土之式。
永言孝思，孝思维则。[6]

媚兹一人，应侯顺德。
永言孝思，昭哉嗣服。[7]

昭兹来许，绳其祖武。[8]
于万斯年，受天之祜。[9]

受天之祜，四方来贺。
於万斯年，不遐有佐！[10]

【注释】

①《毛序》："《下武》，继文也。武王有圣德，复受天命，能昭先人之功焉。"这是赞美武王、成王能

继承先王功德的诗。②下：后。武：继承。③三后：指太王、王季、文王。④王：指武王。配：指配天。京：镐京，周的都城。⑤作：为。求：逋逑，配合三王的意思。⑥则：法则，准则。⑦昭：昭明、宣扬。嗣服：后进，指成王。⑧绳：继续。武：迹。祖武：祖先的事业。⑨祜：福。⑩遐：胡、何。不遐：即何不，怎么没有。

【译文】

周朝后继大有人，世代都皆有明哲的国君。太王王季文王灵在天，武王都镐得民心。

武王都镐得民心，承继积德终成大功。美德终始与天命相符，成王为人所信赖的国君。

成王为人所信赖的国君，即为人民效法的榜样。一刻也不背离孝行，孝行才是行为的准绳。

天下爱戴成王一人，相继效法其德行。一时也不离开孝行，贤明呀继承了先人德行。

成王之德昭示后人，循先祖之迹前进。奠定了万年的根基，享受上天的恩赐。

武王蒙受上天福，四方各国均来祝贺。这样万年的根基，远方夷狄也来辅佐作屏障。

文王有声

文王有声，遹骏有声。①
遹求厥宁，遹观厥成。
文王烝哉！②

文王受命，有此武功。
既伐于崇，作邑于丰。
文王烝哉！

筑城伊淢，③作丰伊匹。④
匪棘其欲，⑤遹追来孝。
王后烝哉！

王公伊濯，⑥维丰之垣。
四方攸同，王后维翰。⑦
王公烝哉！

丰水东注，维禹之绩。
四方攸同，皇王维辟。⑧
皇王烝哉！

镐京辟雍，自西自东，
自南自北，无思不服。
皇王烝哉！

考卜维王，宅是镐京。
维龟正之，武王成之。
武王烝哉！

丰水有芑，[9]武王岂不仕？[10]
诒厥孙谋，[11]以燕翼子。[12]
武王烝哉！

【注释】

①遹（yù）：句首助词。此遵循。骏（jùn）：大。②烝（zhēng）：国君。③伊：作语助。淢（xù）：通洫。即护城河。④作丰伊匹：建立丰邑要有个榜样。⑤棘：急也。⑥公：事也。濯（zhuó）：大也。⑦翰：桢干，即骨干。⑧皇王维辟：即君王是法则。⑨芑（qǐ）：白苗的粱。⑩仕：做事、工作。⑪诒厥孙谋：诒，意为传。孙，顺也。故传其所以顺天下之谋以安其敬事之子孙。⑫燕：通宴，安定。翼：帮助，辅助。

【译文】

文王的声望响四方，呵，伟大的声誉。呵，终使人民安定了，呵，政治取得成功。文王声誉日益隆盛。

文王接受了天意，平定叛乱赫赫有功。既讨伐了崇国立大功，在丰邑修建了都城，文王声誉日益隆盛。

环城挖好了护城河，建成丰邑与此相应。他不急于求成，呵，追思先祖王季的孝行。文王声誉无比隆盛。

文王之臣才贤出众，都是护卫丰邑的屏风。四方之士齐向周，文王就是擎天柱。文王声誉无比隆盛。

丰水向东流入泾，大禹疏竣之功勋。四方之士齐向周，武王就是好国君，武王声誉无比隆盛。

建都镐京辟雍勃兴。各国诸侯从西到东，从南到北，四方没有不倾心服从。武王声誉日益隆盛。

武王问卜于上苍，可否建都于镐京，龟卜做了正确决择，武王在镐建都城，武王声誉无比隆盛。

丰水之滨芑草丛生，武王日理万机事繁忙，他遗留伟大之谋略，保护了后代子子孙孙，武王声誉无比隆盛。

生民之什

生　民

厥初生民，时维姜嫄。

生民如何？
克禋克祀，[1]以弗无子。[2]
履帝武敏歆，[3]攸介攸止，[4]载震载夙。[5]
载生载育，时维后稷。

诞弥厥月，[6]先生如达。[7]
不坼不副，[8]无灾无害。[9]
以赫厥灵。[10]
上帝不宁，不康禋祀，居然生子。

诞置之隘巷，牛羊腓字之。[11]
诞置之平林，会伐平林。
诞置之寒冰，鸟覆翼之。
鸟乃去矣，后稷呱矣。
实覃实訏，[12]厥声载路。[13]

诞实匍匐，克岐克嶷。[14]
以就口食。
艺之荏菽，[15]荏菽旆旆。[16]
禾役穟穟。[17]
麻麦幪幪，[18]瓜瓞唪唪。[19]

诞后稷之穑，有相之道。[20]
茀厥丰草，[21]种之黄茂。[22]
实方实苞，[23]实种实褎。[24]
实发实秀，[25]实坚实好。
实颖实栗，[26]即有邰家室。[27]

诞降嘉种。
维秬维秠，[28]维穈维芑。[29]
恒之秬秠，[30]是获是亩。
恒之穈芑，是任是负。[31]
以归肇祀。

诞我祀如何？
或舂或揄，或簸或蹂。
释之叟叟，烝之浮浮。

载谋载惟。
取萧祭脂，取羝以軷，
载燔载烈，以兴嗣岁。

卬盛于豆，于豆于登。
其香始升，上帝居歆。
胡臭亶时。后稷肇祀。
庶无罪悔，以迄于今。

【注释】

①禋（yīn）：升烟以祭，旧时祭天的典礼。②弗：通祓，除灾去邪所举行的仪式。③履帝武敏歆：《传》："履：践也。武：迹。"《笺》："帝，上帝也。敏，拇也。"马瑞辰《通释》："歆之言忻，即《史记》所云，必忻然欲践之也。"④攸介攸止：此介、止也有长大之意，指怀孕胎儿长大。⑤载震载夙：震，马瑞辰《通释》："《尔雅》，娠'震动也，……'震即娠之声近假借。"夙，早敬。⑥弥：终。这里指怀胎足月。⑦达：羊子。⑧不坼不副：坼（chè），分裂。副（pì），分离。这句话释为胞衣被裂，胎盘分离。⑨灾：灾害。⑩赫：显示；显耀。⑪腓字：腓，辟。字，爱也。指覆庇和爱护。⑫实：是。覃，长。讦，大。⑬载：充满。⑭岐、嶷（nì）：岐，知意。嶷，识也。⑮艺：同艺。⑯旆旆（pèi）：形容茂盛的样子。⑰役：谷穗。役、颖二字双声通用。穟穟（suì）：禾苗美好。⑱幪幪（méng）：茂盛的样子。⑲唪唪（běng）：形容多实。⑳有相之道：自有他的看法。㉑茀（fú）：治也。㉒黄茂：黄，嘉谷。茂，美也。㉓方：始。㉔种：矮。指粗壮。㉕发：禾苗发兜。秀：扬发。㉖颖、栗：颖，垂颖。栗，指收获众多。㉗邰：姜嫄之国。㉘秬（jù）：黑黍。秠（pī）：黑黍的一种。㉙穈（jūn）：一种苗红的谷子。㉚恒：亘的借字。遍，指遍种。㉛任：抱。

【译文】

周的祖先从什么时候开始，就是始于那姜嫄，周人怎样降生的？姜嫄祭祀郊禖神穈，以期生育儿子。循帝足迹心有所动，于是有身孕怀中有物。于是娠动严肃谨慎，于是开始生育，生下来的就是后稷。

呵，怀胎足十月了，像母羊产羔那么容易。母体平安不坼不裂，没有苦痛没有灾难，是神灵显圣的结果，天帝也放心了，心安理得接受祭祀，居然产下了这个儿子。

呵，把婴儿丢到小巷中，牛羊一齐哺乳了他。呵，把后稷放在树林里，适逢砍木的人救了他。呵，把他置于寒冰上，鸟展翅膀庇护了他。鸟儿飞去了，后稷呱呱地哭起来。

后稷的哭声长而洪亮，呱呱之声响遍道路。于是在地上爬行，智慧开了又很乖，也能独自谋生了。开始去种植大豆，大豆长势蓬勃。行行的禾穗丰硕，麻和麦长势茂盛盖满地，瓜果累累结实。

呵，后稷从来会耕种，掌握观察植物生长的本领。先锄掉茂密的杂草，种上金色的谷物。庄稼吐芽含苞待放，结胚发芽了胚仁长大了，禾茎茁壮生长禾穗也结了，谷粒饱满又美又好。禾穗低垂粒颗沉甸，后稷在邰地安家立业。

呵，天赐美好的谷籽：有黑黍与两仁的黍，有赤粱粟与白粟粟。遍地全是秬和秠，把它收割按亩算。全地都是穈和芑，把它扛起把它背负，准备归去行大祭。

呵，我们如何祭祀？有的舂米有的舀米，有的簸糠有的搓米。用水淘米其声嗖嗖，蒸饭煮酒热气腾腾。悉心准备祭祀，点燃萧稷合成的馨香。宰割公羊祭路神，把它烤熟把它红烧，预示年年丰收可人意。

我把祭品盛于木碗，盛于豆中盛于瓦器里。祭品的香气扑鼻，天帝安然享祭。茅香浓郁尽善美，从后稷开始祭祀礼。没有什么对不起神麋，这祭礼一直流传到今日。

行　苇

敦彼行苇，①牛羊勿践履。
方苞方体，②维叶泥泥。③
戚戚兄弟，④莫远具尔。⑤
或肆之筵，⑥或授之几。⑦

肆筵设席，授几有缉御。⑧
或献或酢，洗爵奠斝。⑨
醓醢以荐，⑩或燔或炙。
嘉殽脾臄，⑪或歌或咢。⑫

敦弓既坚，⑬四鍭既钧，⑭
舍矢既均，⑮序宾以贤。
敦弓既句，⑯既挟四鍭。
四鍭如树，⑰序宾以不侮。

曾孙维主，酒醴维醹，⑱
酌以大斗，以祈黄耇。
耇黄台背，⑲以引以翼。⑳
寿考维祺，以介景福。

【注释】

①敦：聚貌。行（háng）苇：谓苇生路旁。②体：成形。③泥泥：茂盛的样子。④戚戚：相亲。⑤尔：同迩，近。⑥筵（yán）：竹席。旧时席地而坐，以筵为坐具。⑦几（jī）：类似矮桌。⑧缉御：缉，意为续也。御，待。局促不安貌。⑨奠斝（jiǎ）：献酒。斝，酒器。⑩醓（tǎn）：多汁的肉酱。醢（hǎi）：肉酱。⑪脾（pí）：牛胃。臄（jué）：牛舌，一说口腔肉。⑫歌、咢（è）：歌者比于琴瑟也。徒击鼓曰咢。⑬敦：画弓。⑭鍭（hóu）：箭矢。钧：同均。⑮均：指均射中。⑯句：张。⑰树：通竖。⑱醹（rú）：醇厚的酒。⑲台背：台，古鲐字。鲐鱼。这里指长寿老人背上生斑如鲐鱼背。⑳以引以翼：引，牵引之义。故曰在前曰引，谓在前相导之。翼，如鸟之翼在身之两旁，所以说在旁称翼，谓在旁扶持之。

【译文】

道上芦苇密密丛丛，牛羊莫要践踏它。刚刚含苞刚刚成长，叶儿蓬蓬勃勃绿油油。休戚相关的兄弟们，勿要疏远彼此亲近。

或设筵席请其入座，或对老人再加几席。摆设筵席设几案，设了几席有人服侍。主人献酒客人回敬，主人洗杯捧觞再奉献。

席上摆着酱汁鱼肉，有红烧有烤熟。佳肴中有牛胃和牛舌，人唱歌击鼓宾主欢。

画弓强劲有力，四人同射箭羽一律。发射技巧娴熟，射中者名在前列。

画弓拉满上弦，四人同射矢在弦上。四箭每射皆中靶心，恭敬众宾不得轻侮。主祭者就是主人，酌以浓郁香味的醇酒。用大杯酌酒，祝福长寿。

黄发老人驼背，敬爱他尊重他。长寿百年吉祥如意，为你祈求更大的洪福。

既　醉

既醉以酒，既饱以德。①
君子万年，介尔景福。

既醉以酒，尔殽既将。
君子万年，介尔昭明。

昭明有融，②高朗令终，
令终有俶。公尸嘉告。

其告维何？笾豆静嘉。
朋友攸摄，③摄以威仪。

威仪孔时，君子有孝子。
孝子不匮，永锡尔类。④

其类维何？室家之壶。⑤
君子万年，永锡祚胤。⑥

其胤维何？天被尔禄。
君子万年，景命有仆。⑦

其仆维河？厘尔女士。⑧
厘尔女士，从以孙子。⑨

【注释】

①既饱以德：身教又示我以德。②有融：有，又。融，长。高。③摄：佐理，辅助。④类：法程；家族。⑤壶（壸）：旧时宫中小巷。⑥祚（zuò）：福。胤（yìn）：后代。⑦仆：附。⑧厘尔女士：《传》："厘，予也。"《笺》："予女以女有士行者。"马瑞辰《通释》：厘与赉双声，厘即赉之假借，故训为予。"予，赐，

给予。⑨从以孙子：还有好的孙子。

【译文】

尽量地开怀畅饮美酒，尽量予人思德恩。周王享寿万年，一定获取更大的幸福。

尽情地开怀畅饮，你的佳肴美味芬芳。这样的君王长寿万年，使政教永善作明君。

光大明君如火鲜，德声美誉享终生。善始终后福无穷，于是尸神宣告祝词。

尸神的祝词怎样：祭器中的食物可口。助祭者辅助高祭人，助祭者的威仪显赫心虔诚。

仪式完美恰得其宜，你还有孝子。孝子之心无穷尽，将永远赐以幸福为好君。

章法是怎样的呢？施于室家再扩到天下，君王长寿万年，永使你子孙昌盛。

你的后代子孙怎样？上天给你以福禄永为王。君子享寿万年，上天把大命交付你。

你接受大命又怎样？上天把才女许配你。上天把才女许配你，你的子孙永远和你一样。

凫　鹥

凫鹥在泾，①公尸在燕来宁。
尔酒既清，尔殽既馨。
公尸燕饮，福禄来成。

凫鹥在沙，公尸来燕来宜。②
尔酒既多，尔殽既嘉。
公尸燕饮，福禄来为。③

凫鹥在潨，公尸来燕来处。④
尔酒既湑，尔殽伊脯。
公尸燕饮，福禄来下。⑤

凫鹥在潨，⑥公尸来燕来宗，⑦
既燕于宗，⑧福禄攸降。
公尸燕饮，福禄来崇。

凫鹥在亹，⑨公尸来止熏熏。⑩
旨酒欣欣，燔炙芬芬。
公尸燕饮，无有后艰。⑪

【注释】

①凫（fú）：野鸭。鹥（yī）：鸥。泾（jīng）：水中。②宜：享受祭祀。③为：厚，成。④处：止。居。⑤下：降。⑥潨（zhōng）：众水相会处。⑦宗：指尊敬神。⑧于宗：在宗室；在宗庙。⑨亹（mén）：峡中两岸对峙如门的地方。⑩熏熏：当作欣欣，快乐的样子。⑪艰：难。指灾难。

【译文】

野鸭在水中出没，公尸赴宴主人安心。你的美酒清清的，你的佳肴味香纯，公尸燕乐饮酒，将以福禄成全你。

野鸭在水边嬉游，公尸燕应邀祀得宜。你的酒品类多，你的菜肴味道美。公尸燕乐饮酒，你的福禄永存。

野鸭在渚中游乐，公尸燕饮主人喜在心。你的酒醇又清，既有佳肴还有干肉。公尸饮酒燕乐，福禄源源不断。

野鸭在水涯迈步，公尸燕饮主人欢洽。既燕饮在宗庙，福禄重重降临。公尸饮酒燕乐，福禄节节上升。

野鸭在水旁徘徊，公尸燕饮和颜悦色。美酒香气扑鼻，烤肉烧肉美味芬芳。公尸燕乐饮酒，没有灾祸降临。

假　乐

假乐君子，①显显令德，宜民宜人。
受福于天，保右命之，②自天申之。
千禄百福，③子孙千亿。
穆穆皇皇，宜君宜王。
不愆不忘，④率由旧章。

威仪抑抑，⑤德音秩秩。⑥
无怨无恶，率由群匹。⑦
受福无疆，四方之纲。

之纲之纪，燕及朋友。
百辟卿士，⑧媚于天子。
不解于位，民之攸塈。⑨

【注释】

①假：假通嘉。喜。②右：佑助。③干：求。④愆（qiān）：过失。忘：忘掉，遗忘。⑤抑抑：美。⑥秩秩：有常。指有常典。⑦群匹：群臣。⑧辟：指内诸侯。卿士：指外诸侯。⑨塈（jì）：休息。

【译文】

真美呀快乐的君王，你的品德昭昭在人耳目。善于抚民善于任人，上天赐予你福禄。保佑了你，福禄自天不断来临。

寻找福禄福禄累累，子孙繁衍千千万万。容千端庄胸怀豁朗，只有人君临天下。没有过错没有疏忽，一切依照先王的典章。

仪表严肃敦睦，政令经久不息。无怨言无恶行，统帅群臣天下太平。受到无穷无尽的福禄，统帅天下四方。

统帅天下理四方，众臣辅佐赖赖以安。内外诸侯呵，爱戴这位天子周成王。勤勤恳恳忠于职位，人民得以休养生息。

公 刘

笃公刘，[①]匪居匪康。
乃埸乃疆，[②]乃积乃仓；[③]
乃裹糇粮，于橐于囊。[④]
思辑用光，[⑤]弓矢斯张；
干戈戚扬，[⑥]爰方启行。[⑦]

笃公刘，于胥斯原。[⑧]
既庶既繁，既顺乃宣，[⑨]而无永叹。
陟则在巘，[⑩]复降在原。
何以舟之？[⑪]
维玉及瑶，鞞琫容刀。[⑫]

笃公刘，逝彼百泉。
瞻彼溥原，乃陟南冈。
乃觏于京，京师之野。
于时处处，于时庐旅，[⑬]
于时言言，于时语语。[⑭]

笃公刘，于京斯依。
跄跄济济，[⑮]俾筵俾几。
既登乃依，[⑯]乃造其曹。[⑰]
执豕于牢，酌之用匏。[⑱]
食之饮之，君之宗之。

笃公刘，既薄既长。
既景乃冈，[⑲]相其阴阳，[⑳]观其流泉。
其军三单，[㉑]度其隰原。
彻田为粮，[㉒]度其夕阳。
豳居允荒。

笃公刘，于豳斯馆。
涉渭为乱，取厉取锻，止基乃理。
爰众爰有，[㉓]夹其皇涧。[㉔]

溯其过涧。[25]

止旅乃密，芮鞫之即。

【注释】

①笃（dǔ）：忠厚。②乃：乃。埸（yì）：田界，疆界。③积：聚积粮谷。指粮囤。④橐（tuó）：囊，袋子。⑤思：想。辑：和睦。用：以，从而。光：发扬光大。⑥戚扬：斧钺。⑦爰：于是。方：开始。⑧胥：相；观看。⑨宣：遍，指住得普遍，到处都有人住。⑩巘（yǎn）：小山。⑪舟：通周，环绕，引申为佩带。⑫鞞琫（bǐngběng）：刀鞘上的装饰物，也用来指刀鞘。容刀：佩刀。⑬庐旅：当作旅旅，与处处义同。⑭语语：闹闹嚷嚷。⑮跄跄（qiāng）：步趋有节貌。济济：庄严恭敬的样子。⑯既登乃依：《传》："宾已登席坐矣，乃依几矣。"⑰乃造于曹：马瑞辰《通释》："造者，祰之假借。《说文》：'祰，告祭也。'……曹者，槽之省借。……《玉篇》：'槽，豕祭也。'"槽：祭猪神。⑱匏（páo）：瓜名。⑲景：日影。冈：山冈。⑳相：看，视察。阴阳：山北水南曰阴，山南水北曰阳。㉑三单：指轮流当兵。㉒彻：治；开发。㉓众：指人口增加。有：指物产丰富。㉔皇：涧名。㉕过：涧名。

【译文】

忠厚诚实的公刘，不敢安居不敢安康。整理田界划定边疆，积谷于囤积公粮仓，包裹起干粮，用袋用囊将其盛装，人民和睦争荣光，把弓张开箭搭在弦上，斧钺盾矛闪闪发光，率领诸侯迁徙地方。

忠厚诚实的公刘，仔细观察这块平原忙，人口多物产丰饶。民心已顺心情畅，人人得所不再长叹。登上山顶四面瞭望，又下降在这平原上。身上佩带了什么？有象徵美德的玉与瑶，跨着佩刀刀辉煌。

忠厚老诚的公刘，往观纵横交错的泉流旁，远眺广阔无际的平原。登上南面的高山冈，展视前方的高丘。人口稠密的京师田野，人民在此安居，客人在此寄居。他们畅所欲言谈笑风生，他们有说有笑。

憨厚老实的公刘，就在这里建立新邦。群臣威仪堂堂正正，摆设筵宴定几席。登上筵宴依凭几席，又给众臣安排饮食，从圈里捉猪宰杀，用葫芦做的斟浆酒，吃吧饮吧，一国之君一族之长。

忠厚诚实的公刘，开辟疆土既广见长。测定日影登上山冈，察看阴阳分寒暑，观看河水的流向。服役之法三抽一，测度平原与低地。开垦田亩为了打粮，定居在这山的西方，幽地之人积极垦荒。

憨厚老实的公刘，就在幽地修建宫室。伐木为船横渡渭水，采取磨刀和砧石。奠定屋基，整治田亩，人民渐增品物丰饶。沿着皇涧徐行，沿着湟涧逆流而上。定居的人口益稠密，居住在这芮水之边。

洞　　酌

酌彼行潦，[1]挹彼注兹，[2]可以馀饎。[3]

岂弟君子，民之父母。

洞酌彼行潦，挹彼注兹，可以濯罍。[4]

岂弟君子，民之攸归。

泂酌彼行潦，挹彼注兹，可以濯溉。[5]
岂弟君子，民之攸塈。[6]

【注释】

①泂（jiǒng）：远。行潦：路旁积水。《传》：“流潦也。”②挹：舀。注：倒。③饙（bēn）：蒸饭。饎（xī）：酒食。④罍（léi）：古代器名。盛酒和水。⑤濯（zhuó）：洗涤。溉：通概（gāi），漆尊。酒器。⑥塈（xì）：归附。

【译文】

从远方溪沟舀取清水，把它注入水缸之中，可以蒸饭制酒。胸怀广阔的君子，你是人民的父母。

从远方溪沟舀取清水，把它注入水缸之中，可以洗濯酒壶。胸怀广阔的君子，人民向往你。

从远方溪沟舀取清水，把它注入水缸之中，可以洗濯酒器。胸怀广阔的君子，人民爱戴你。

卷 阿

有卷者阿，[1]飘风自南。
岂弟君子，来游来歌，以矢其音。[2]

伴奂尔游矣，[3]优游尔休矣。
岂弟君子，俾尔弥尔性，[4]似先公酋矣。[5]

尔土宇昄章，[6]京孔之厚矣。
岂弟君子，俾尔弥尔性，百神尔主矣。

尔受命长矣，茀禄尔康矣。[7]
岂弟君子，俾尔弥尔性，纯嘏尔常矣。[8]

有冯有翼，[9]有孝有德，以引以翼。
岂弟君子，四方为则。

颙颙卬卬，[10]如圭如璋，令闻令望。
岂弟君子，四方为纲。

凤凰于飞，翙翙其羽，[11]

亦集爰止。蔼蔼王多吉士，[12]
维君子使，媚于天子。

凤凰于飞，翙翙其羽，亦傅于天。
蔼蔼王多吉人，维君子命，媚于庶人。

凤凰鸣矣，于彼高冈。
梧桐生矣，于彼朝阳。
菶菶萋萋，雍雍喈喈。

君子之车，既庶且多。
君子之马，既闲且驰。
矢诗不多，维以遂歌。

【注释】

①卷（quán）：弯曲。阿：大土山。②矢：陈。引申为出发。③伴（pàn）奂：优游闲暇之意。④俾：使。弥：终。性：命，生命。⑤似先公酋：继承祖宗的事业久长。似通嗣，继承。酋：通猷，谋略。⑥土宇：国土，国家。昄（bǎn）：大。章：明显，显著，指法度彰明。⑦茀：通福。⑧纯：大。嘏（gǔ）：予福曰嘏。常：长。⑨冯（píng）：依。冯、凭声同。翼：翼蔽；庇护。⑩颙颙（yóng）：温貌。卬卬（áng）：盛貌。⑪翙翙（huì）：众多。⑫蔼蔼（ǎi）：犹济济。指人众多又有威仪。

【译文】

蜿蜒曲折的山陵，旋风自南刮来。胸怀宽广的周王，边漫游边歌唱，流露出盛德的声音。

你萧洒自如任遨游，悠闲自得地休憩。胸怀宽广的周王，要让自己终其天年，如先王一样有始终。

你统治的地理版图，幅员辽阔广无疆。胸怀宽广的周王，要使自己终其天年，让百神享受祭祀。

你受天命源远流长，享受福禄心神安。胸怀宽广的周王，要使自己终享天年，保之福禄使之久长。

你有依凭有辅翼，既有品行又有德泽，有人引导有人爱戴。胸怀宽广的周王，天下四方以你为则。

认真严肃气轩昂，如圭璋圣洁可爱，美好美誉可敬声望。胸怀宽广的周王，天下四方以你为纲。

凤凰翩翩地飞翔，翅膀索索价响，聚集在一起。成王的贤臣聚一堂，任凭君王所驱使，出自肺腑爱天子。

凤凰翩翩飞翔，羽翅索索价响，高飞直冲云天。成王的贤臣聚一堂，都为君王所驱使，出自肺腑热爱人民。

凤凰不断啼叫，飞在那高冈之上。梧桐巍峨地高耸，屹立于朝阳的东方。梧叶葱郁蓬勃，凤鸣嘤嘤喈喈。

周王所乘之车，又华丽又众多。君王所骑之马，既娴熟又善跑。公卿献诗借抒己见，乐工歌唱垂戒四方。

民 劳

民亦劳止，汔可小康。①
惠此中国，②以绥四方。
无纵诡随，③以谨无良。
式遏寇虐，④憯不畏明。⑤
柔远能迩，⑥以定我王。

民亦劳止，汔可小休。
惠此中国，以为民逑。⑦
无从诡随，以谨惛怓，⑧
式遏寇虐，无俾民忧。
无弃尔劳，以为王休。

民亦劳止，汔可小息。
惠此京师，以绥四国。
无纵诡随，以谨罔极。
式遏寇虐，无俾作慝。⑨
敬慎威仪，以近有德。

民亦劳止，汔可小愒。⑩
惠此中国，俾民忧泄。⑪
无纵诡随，以谨丑厉。⑫
式遏寇虐，无俾正败。⑬
戎虽小子，⑭而式弘大。

民亦劳止，汔可小安。
惠此中国，国无有残。
无纵诡随，以谨缱绻。
式遏寇虐，无俾正反。
王欲玉女，是用大谏。

【注释】

①汔（qì）：庶几。小：稍稍。康：安，安居，休息。②中国：指京师。③诡随：谓谲诈谩欺之人。④式遏：式，用。遏，止也。⑤憯（cǎn）：乃，曾。不畏明：不畏其顽强高明。⑥柔：安。能：而。迩：

近。⑦逑：合，聚。⑧惛怓（hūnnáo）：喧哗争吵。⑨慝：恶。⑩愒（qì）：休息。⑪泄（xiè）：除去。发泄。⑫丑厉：阴险可恶的人。厉：恶也。⑬无俾正败：无使先王之正道坏。正，政也。⑭戎：你。

【译文】

人民疲惫不堪了，祈求稍事休息。人人爱好周室京师，以使四方诸国安定。勿要纵容善变的宵小，要慎防乘机作恶。要制止残忍的盗贼，在光天化日下逞凶逞强。要使远者安定近者喜悦，以安定我们王国。

人民疲惫不堪了，祈求稍事休息。人人爱好周室京师，以使人民安居乐业。不要纵容擅变的宵小，要慎防乱祸的骤发。要制止残忍的盗贼，不要使人民遭受强暴。不要放弃你的职责，以成就周王的美德。

人民疲惫不堪了，祈求稍事安息。人人爱好周室京师，以使安定四方诸国。不要纵容善变的宵小，要慎防他们穷凶极恶。要制止残暴的盗贼，不要让他们为非作歹。谨慎保持你的威仪，亲近勤德的人物。

人民疲惫不堪了，希望稍事喘息。人人爱好周室京师，要消除人民的怨气。不要纵容善变的宵小，要慎防众丑作恶。要制止残忍的盗贼，勿使道德沦落。你虽是个年青人，作用甚大不可度测。

人民疲惫不堪了，祈求稍事安息。人人爱好周室京师，勿使国家支离破碎。不要纵容善变的宵小，要慎防变化莫测。要制止残暴的盗贼，勿使正道反复。王呵，我衷心爱护你，大喝一声要提高警惕。

板

上帝板板，①下民卒瘅。②
出话不然，③为犹不远。④
靡圣管管。⑤不实于亶。⑥
犹之未远，是用大谏。

天之方难，无然宪宪。⑦
天之言蹶，⑧无然泄泄。⑨
辞之辑矣，⑩民之洽矣。
辞之怿矣，⑪民之莫矣。⑫

我虽异事，⑬及尔同僚。
我即尔谋，听我嚣嚣。⑭
我言维服，⑮勿以为笑。
先民有言：询于刍荛。⑯

天之方虐，无然谑谑。⑰
老夫灌灌，⑱小子跷跷。⑲

匪我言耄，尔用忧谑。[20]
多将熇熇，[21]不可救药。

天之方侪，[22]无为夸毗。[23]
威仪卒迷，[24]善人载尸。[25]
民之方殿屎，[26]则莫我敢葵？[27]
丧乱蔑资，[28]曾莫惠我师？[29]

天之牖民，[30]如埙如篪，[31]
如璋如圭，如取如携。
携无曰益，牖民孔易。
民之多辟，无自立辟。[32]

价人维藩，[33]大师维垣，[34]
大邦维屏，大宗维翰，
怀德维宁，宗子维城。
无俾城坏，无独斯畏。

敬天之怒，无敢戏豫。
敬天之渝，无敢驰驱。
昊天曰明，及尔出王。
昊天曰旦，及尔游衍。

【注释】

①板板：反。指反常。②卒：通瘁（cuì），病。瘅（dān）：病。二字连用，劳累病苦的意思。③不然：不是，不对。④犹：道。指政策、谋划。⑤管管：随心所欲，无所依据的样子。⑥不实于亶：言行相违。亶（dǎn）：诚。⑦宪宪：犹欣欣。喜悦的样子。⑧蹶（júe）：动乱，变动。⑨泄泄：多言。话多的样子。⑩辞：辞令，指政令。辑：温和，缓和。⑪怿（yì）：败坏。⑫莫：通瘼，病。指政令病人。⑬异事：职务不同。⑭嚣嚣（áo）：也作敖敖。傲慢不听批评的样子。⑮服：事，事实。⑯刍尧：割草打柴的人。⑰谑谑（xuè）：喜乐的样子。⑱灌灌：犹款款。诚恳的样子。⑲跷跷（qiāo）：骄貌。⑳忧谑：即优谑，戏谑，开玩笑。㉑熇熇（hè）：火势炽盛的样子。㉒侪（qí）：怒。愤怒。㉓夸毗（pí）：谄媚。指屈已卑身以柔顺人。㉔卒：尽。迷：迷乱。㉕善人载尸：载，则。尸：神尸，这里作动词用。㉖殿屎（xī）：痛苦呻吟。㉗葵：揆，度，猜。㉘蔑：无。资：财。㉙师：指众民。㉚牖（yǒu）：通诱。诱导。㉛如埙如篪……携无曰益：比喻诱导下民很容易，如像吹笙，吹埙捧璋，捧圭，取东西，提东西一样，没有阻挡。㉜辟（bì）：法，刑。㉝价（jié）人：披甲之人，职掌军事的官。㉞大师维垣：大师此指大众，大师维垣，意思是说众志成城。

【译文】

君王，你一反常态，下民劳累痛苦。所谓“善言”全是空话，执政措施无远见。漠视圣人恣意行，又不讲一点信义。政治目光短浅，大喊一声向你诤谏。

上天，你制造灾难，还这样呜呜得意。上天，伤乱说乱动，还如此自我夸耀。如言辞和蔼可亲，人民就会同你和协。如政令使人心悦诚服，天下就会安定。

我你职务虽不同，我们都同朝做官。我就为你出谋划策，你对我言词拒绝。所言实事求是，你不要背后窃笑。古圣先贤征求意见有格言，即使樵夫也不应漠视。

君王乐，你肆威逞强，还这样幸灾乐祸。老夫诚恳对待你，你盛气凌人太轻狂。我不是倚老卖老，你视为儿戏使我忧伤。你一意孤行罪恶累累，真真“不可救药”无药方。

上天，你勃然大怒，不能奉承附和你。威仪礼节丧失尽，人民只见缄口的僵尸。人民呻吟在劣政下，我不敢恭维你的政治。时遭丧乱财用匮乏，一点也不体惜我群黎。

上天，你如善道诱民，君民如埙篪一样和协，如圭璋一样吻合，如取物携物一样轻易。不强加于人而循循善诱，这样诱导人民就容易。有人善于为非作歹，你们大公无私谁敢作恶。

善人是天下的篱藩，大众是天下的垣墙。诸侯是国家的屏障，宗族是国家的栋梁。示人以德在于安，宗子就是城墙。不要毁掉城墙，山毁掉城墙后果堪忧。

敬畏上天的发怒，不敢嬉戏娱乐。敬畏上天的灾变，不敢纵马任驰驱。上天明察秋毫，你的言行他都明察。上天视听明白无误，你的游乐他都知道。

鲁 颂

驷之什

驷

驷驷牡马，①在坰之野。②
薄言驷者，③有驈有皇，④
有骊有皇，以车彭彭。
思无疆，⑤思马斯臧。
驷驷牡马，在坰之野。
薄言驷者，有骓有駓，⑥
有骍有骐，⑦以车伾伾。⑧
思无期，思马斯才。
坰坰牡马，在坰之野。
薄言驷者，有驒有骆，⑨
有骝有雒，⑩以车绎绎。
思无斁，思马斯作。
驷驷牡马，在坰之野。
薄言驷者，有骃有騢，⑪
有驔有鱼，⑫以车祛祛。⑬
思无邪，⑭思马斯徂。

【注释】

①驷（jiōng）：马肥壮的样子。②坰（jiōng）：离城很远的郊外。③薄言驷者：簿，临近，逼近。驷者，肥壮的良马。④驈（yù）：黑马白股。皇：黄白曰皇。指毛色黄的马。⑤思无疆：思，词。无疆，无期，颂祷之词。⑥骓（zhuī）：苍白杂毛的马。駓（pī）：黄白杂毛的马。⑦骍：赤黄色的马。骐：青黑色的马。⑧伾伾（pī）：有力的样子。⑨驒（tuó）：青骊马。⑩骝（liú）：赤身黑鬣的马。雒（luò）：黑身白鬣的马。⑪骃（yīn）：浅黑带白色的杂毛马。騢（xiá）：赤白杂毛的马。⑫驔（diàn）：脚胫有长毛的马。鱼：二目毛色白的马。⑬祛祛：强健。⑭无邪：不坏；不错。

【译文】

高大肥壮的骏马，放牧在遥远的郊野山脚下。这些高大骏马呵，有橘色与黄色马，有纯黑与红黄色马。驾着马车威风凛凛。马呵，多么强壮。马呵，多么美好。

高大肥壮的骏马，放牧在遥远的郊野山脚下，这些高头骏马呵，有苍白和黄白马，有赤色和青色马。驾着马车强壮有力。马呵，多健壮，马呵，多机灵。

肥硕的高大公马，放牧在遥远的郊野。这些高头公马呵，有青黑和白色黑鬣马，有赤身和黑身马。驾着马车疾驰如飞。马呵，多可爱，马呵，多善驾。

高大肥硕的公马，放牧在遥远的郊野中。这些高大骏马呵，有浅黑和赤白色马，有青黑和灰白色马。用来马车气势磅礴。马呵，无所畏惧，马呵，勇往向前。

有　　駜

有駜有駜，[①]駜彼乘黄。
夙夜在公，在公明明。[②]
振振鹭，[③]鹭于下。[④]
鼓咽咽，[⑤]醉言舞。
于胥乐兮！[⑥]有駜有駜，駜彼乘牡。
夙夜在公，在公饮酒。
振振鹭，鹭于飞。
鼓咽咽，醉言归。
于胥乐兮！
有駜有駜，駜彼乘駽。[⑦]
夙夜在公，在公载燕。
自今以始，岁其有。
君子有谷，[⑧]诒孙子。
于胥乐兮！

【注释】

①駜（bì）：马肥壮、力强的样子。②明明：勉勉：勤勉。③鹭：指持鹭羽的舞蹈。④鹭于下：舞者仿鹭蹲下。⑤咽咽：也作渊渊，鼓声。⑥胥：皆；都。⑦駽（xuān）：青黑色的马。⑧谷：善。一说禄。

【译文】

骏马呵，骏马呵，四匹黄色强壮的骏马。日日夜夜居于公所，居于公所为公忙。手持鹭羽翩翩起舞，舞蹈在僖公周围。击鼓冬冬有节奏。君臣载舞载歌，共同欢乐兴趣盎然。

骏马呵，骏马呵，四匹英俊健壮的公马。日日夜夜住于公所，居于公所饮酒行乐，手持鹭羽飞舞在僖公的身边，击鼓冬冬有节奏，君臣饮毕归来，共享欢乐兴致盎然。

骏马呵，骏马呵，四匹英俊青契的骢马。日日夜夜住于公所，住于公所宴饮升平。自今开始呵，岁岁丰年百姓安康。国君善道在身，一定传给子孙。共享欢乐兴致盎然。

泮　　水

思乐泮水，[①]薄采其芹。

鲁侯戾止，言观其旂。②
其旗茷茷，③鸾声哕哕。
无小无大，从公于迈。
思乐泮水，薄采其藻。
鲁侯戾止，其马蹻蹻，
其马蹻蹻，其音昭昭。④
载色载笑，匪怒伊教。⑤
思乐泮水，薄采其茆。⑥
鲁侯戾止，在泮饮酒。
既饮旨酒，永锡难老。
顺彼长道，屈此群丑。⑦
穆穆鲁侯，敬明其德。
敬慎威仪，维民之则。
允文允武，⑧昭假列祖。
靡有不孝，⑨自专求伊祜。
明明鲁侯，克明其德。
既作泮宫，淮夷攸服。
矫矫虎臣，在泮献馘。⑩
淑问如皋陶，⑪在泮献囚。
济济多士，克广德心。
桓桓于征，⑫狄彼东南。⑬
烝烝皇皇，⑭不吴不扬。⑮
不告于讻，在泮献功。
角弓其觩。⑯束矢其搜。⑰
戎车孔博。⑱徒御无斁。
既克淮夷，孔淑不逆。⑲
式固尔犹，淮夷卒获。
翩彼飞鸮，集于泮林。
食我桑黮，怀我好音。
憬彼淮夷，来献其琛。
元龟象齿，大赂南金。

【注释】

①泮水：泮（pàn）宫的水。②言观其旂：陈奂《传疏》："旂有文章等级之度，国人观之，乐取以为法也。"③茷茷（pèi）：通旆旆，旗帜飘动的样子。④音：指德行声誉。⑤匪：通非。伊：是。⑥茆（mǎo）：水草名，即莼菜。⑦屈：收。群丑：禽兽称丑群，这里指淮夷，轻视之词。⑧允：能。⑨孝：效。⑩馘（guó）：古代战争中割取所杀敌人的左耳，用以计功。也指所割下的敌人的左耳。⑪皋陶：唐虞之士官。⑫桓桓：威武的样子。⑬狄：当作剔。平定，剪除。⑭烝烝皇皇：美盛的样子。⑮吴：喧哗。⑯

觩：指弓放松的样子。⑰搜：众多的样子。⑱博：众多。一说广大。⑲琛（chēn）：珍宝。

【译文】

欢乐盈盈，在泮水之滨，去采摘那里的鲜芹菜。鲁侯来到了泮宫，观看泮宫的旗帜。旗帜高高飞扬，车铃之声丁丁当当。无论大官，小吏，却追随着僖公不离身。

欢乐盈盈，在泮水之滨，去摘采那里的水藻。鲁侯来到了泮宫，其马健壮昂扬举首。其马健壮昂扬举首，鲁侯德音明明昭昭。和蔼可亲面带笑，不是发怒而是教导人。

欢乐盈盈，在泮水之滨，去采摘那里的鲜莼菜。鲁侯来到了泮宫，邀请了贤人饮酒。既已饮了美酒，使人青春不老。沿着那条仁义道，战胜了魑魅魍魉。

恭敬端庄的鲁侯，珍惜自己的美德。注视自己的威仪，堪称人民的表率。既有文治也有武功，他的至诚感动祖先。孝敬祖先无微不至，为自己求得了安康。

睿智英明的鲁侯，展示自己的美德。既已建立了泮宫。又将淮夷降服。英勇善战的虎臣，在泮宫献上敌。英明如皋陶的贤臣，在泮宫审讯俘虏。

众多的善战勇士，胸襟广阔善意与人。威仪赫赫地远征，平定了遥远了淮夷。在心忠厚光明磊落，不利己损人不哗众取宠。和衷共济不争功，在泮宫向鲁侯献功。

劲弩强弓开弓满月，众箭发搜搜疾如电掣。战车隆隆冲锋陷阵，步兵车夫无倦容。既已战胜了淮夷，势如破竹旗开得胜。实行了你既定战略，淮夷终被征服。

翩翩飞舞的猫头鹰，集落在泮水之林。吃了我树上的桑实，受我感化发出善声。觉悟的淮夷之人，向我献宝纳珍表忠心。还有大龟和象齿，还有荆扬的美金。

闷宫

宫有侐，①实实枚枚。②
赫赫姜嫄，其德不回。
上帝是依，③无灾无害。
弥月不迟，是生后稷。
降之百福。
黍稷重穋，植稺菽麦。④
奄有下国，俾民稼穑。
有稷有黍，有稻有秬。
奄有下土，缵禹之绪。
后稷之孙，实维大王。
居岐之阳，实始翦商。⑤
至于文武，缵大王之绪，
致天之届，⑥于牧之野。
无贰无虞，上帝临女。
敦商之旅，⑦克咸厥功。⑧
王曰叔父，建尔元子，俾侯于鲁。
大启尔宇，为周室辅。

乃命鲁公，俾侯于东。
锡之山川，土田附庸。[9]
周公之孙，庄公之子。
龙旗承祀。六辔耳耳。[10]
春秋匪解，享祀不忒。[11]
皇皇后帝！皇祖后稷！
享以骍牺，[12]是飨是宜。
降福既多，周公皇祖，亦其福女。
秋而载尝，夏而福衡，[13]白牡骍刚。[14]
牺尊将将，[15]毛炰胾羹。[16]
笾豆大房，[17]万舞洋洋。
孝孙有庆。
俾尔炽而昌，俾尔寿而臧。
保彼东方，鲁邦是常。[18]
不亏不崩，不震不腾。
三寿作朋，[19]如冈如陵。
公车千乘。
朱英绿縢，[20]二矛重弓。
公徒三万，贝胄朱绶。
烝徒增增，戎狄是膺，
荆舒是惩，则莫我敢承！[21]
俾尔昌而炽，俾尔寿而富。
黄发台背，寿胥与试。[22]
俾尔昌而大，俾尔耆而艾。[23]
万有千岁，眉寿无有害。
泰山岩岩，鲁邦所詹。
奄有龟蒙，遂荒大东。[24]
至于海邦，淮夷来同。
莫不率从，鲁侯之功。
保有凫绎，[25]遂荒徐宅。
至于海邦，淮夷蛮貊。
及彼南夷，莫不率从。
莫敢不诺，鲁侯是若。
天锡公纯嘏，眉寿保鲁。
居常与许，复周公之宇。
鲁侯燕喜，令妻寿母。[26]
宜大夫庶士，邦国是有。

既多受祉，黄发儿齿。
徂徕之松，新甫之柏。
是断是度，是寻是尺。
松桷舄有，[27]路寝孔硕，[28]新庙奕奕。
奚斯所作，孔曼且硕，万民是若。

【注释】

①閟（bì）：关闭。侐（xù）：清静。②实实：广大，坚实。枚枚：细密的样子。③依：指上帝依附于姜嫄。④稙（zhí）：先种的庄稼。穉：后种的庄稼。⑤翦商：翦与践古同音通用，至太王迁岐，始内践商家之地，故曰实始翦商。⑥致：传达。这里有代替的意思。届：通殛，诛杀，讨伐。⑦敦：治服。旅：众，指兵士。⑧克：能。咸：同，一起完成。功：功业。⑨附庸：附庸小国。⑩耳耳：辔柔和下垂的样子。⑪忒：变。⑫骍牺：骍，赤。牺，纯。⑬福（bì）衡：加在牛角上以防触人的横木。⑭骍刚：赤色的公牛。⑮牺尊：古代一种牛形的酒器，铜制。⑯毛炰（pāo）：连毛烧熟的肉。胾（zì）羹：肉片汤。⑰大房：玉饰的俎。⑱常：守；久长。⑲三寿：三卿。⑳朱英绿滕：朱英，弓饰。滕，绳。㉑承：制止；抵御。㉒寿与：相与。试：用，任用。㉓艾：久，长寿。㉔荒：据有。大东：极东。㉕保：抚；安定。凫绎：凫山、绎山。㉖令妻寿母：妻贤，母寿。㉗桷（jué）：方的屋椽。舄（xì）：大貌。㉘路寝：正寝。王公居住的地方。

【译文】

清清静静的姜庙，宽大结实人罕到。威灵赫赫的功姜嫄，她的品行宽厚纯正。她依凭了上帝，无灾无害身体壮，怀孕足月不延迟，生下了后稷好儿郎。上天降下百穀，黍子谷子相继丰足，先种大豆后种小麦，后稷掌握了天下，教民众从事稼穑。有谷子有黍子，有稻子有黑黍。后稷统治了四方，承继大禹的事业。

后稷的孙子，就是那太王。居住在岐山之阳，成为替商的开始，到了文王武王，继续太王先祖的事业，恭行天讨诛灭殷商，在商郊牧野古战场："不要畏惧不要猜疑，上帝观望着你们。"开展功城的勇军，完成了商的大功。成王说"叔父呀，我要策封你的长子为侯王，使他为鲁国的诸侯，大大地开创你疆土，作为周室的屏障。"

册命伯禽为鲁公，使为诸侯于正东。赐给他山川，还有土田和附庸。就是周公的子孙，庄公的儿子——僖公。高举龙旗来祭祀，四马六辔青丝绳。四时祭祀不放松，享祀之礼按时供。皇皇伟大的上帝，伟大的始祖后稷，向他们献以赤牲。如此享祭如此宜，上天降福禄重重，周公和鲁公，将以福禄赐僖公。

秋季尝祭庆丰收，夏天养好祭祀的牛。白色赤色大公牛，酒杯相碰声铮铮。有红烧乳猪和肉羹，食物果品琳琅满目。洋洋起舞盛况非常，僖公孝孙值庆幸。上天使你繁荣昌盛，使你长寿得健康。保住你那东方，守住你那鲁邦。象大山不崩崩，似川流不湍不腾。列于长寿者之林，如丘陵如山冈。

鲁君兵车有千辆，弓上绿绳矛上红缨，二矛战士带两弓。步卒军士三万人，用红线缀成贝饰头盔，军士密密麻麻。戎狄遭到阻击，荆舒倍受严惩。谁人也不能战胜我们。天使你兴旺而发展，使你长寿而富荣。黄发驼背的老寿星，天将长寿赐僖公。天使你昌盛又壮大，使你长寿比南山松。有千岁万岁，长寿之人永安宁。

泰山高峻巍峨，就在鲁国的境中。还有龟山蒙山，一直伸展到极东。还延伸到大海滨，淮夷也来朝贡受盟。没有胆敢不服从，都是僖公的功勋。

保住凫山和绎山，又占有徐国。一直伸展到海滨，就是淮夷蛮貊齐俯首。势力直到南方各部族，没有不表率服从，未有不点头应诺，却顺从着僖公。

上天赐给僖公洪福，赐以大寿保鲁国。居住常邑和许邑，恢复周公的疆土。僖公燕饮于内寝，福寿其母友善其妻。还善与群臣和睦相处。牢牢把握国家政权，还享受无尽的福祉，愿青寿长驻黄发儿齿。

新甫山上的松，祈甫山上的柏。采伐它锯断它，截成长短的木材。还有粗大的松木椽，宫殿既高且大。新庙屹立肃穆庄严，奚斯盖此庙堂，宽敞壮观意味长，万民万民欣欣怀德顺从。

商　颂

那之什

那

猗与那与！[①]置我鞉鼓。[②]
奏鼓简简，衎我烈祖。[③]
汤孙奏假，绥我思成。
鞉鼓渊渊，嘒嘒管声。
既和且平，依我磬声。[④]
於赫汤孙！[⑤]穆穆厥声。
庸鼓有斁，万舞有奕。[⑥]
我有嘉客，亦不夷怿。[⑦]
自古在昔，[⑧]先民有作。
温恭朝夕，执事有恪，
顾予烝尝，汤孙之将。

【注释】

①猗与那与：猗，叹词。那，多。皆美盛之貌。②置：读为植，树立。③衎：乐也。烈祖：指商之先祖成汤。④依我磬声：指奏乐时依磬声相终始。⑤於赫汤孙，穆穆其声：赫为盛，穆为美，正是赞叹成汤之乐，所以终殷人尚声之义，其间不应及祀成汤之人。⑥奕：舞影闪动的样子。⑦夷：悦。⑧自古在昔：即从古到远古。

【译文】

盛哉，美哉。手拿摇鼓落落大方。鼓声简简雍和，娱悦我有功烈祖。汤孙祷告那神明，请赐我预期的成就。摇之声咚咚，箫管之声悠扬。音响旋律和谐，还和玉磬相依合拍。呵，威仪显赫的汤孙，容仪肃穆享有声名。钟声隆隆余音绕梁，翩翩起舞舞姿从容。我有助祭的嘉宾，人人都和颜悦色。自古以来，圣贤建业辉煌。早晚温和恭敬，勤政爱民守原则。请享祀这蒸，尝尝祭，汤王子孙字献至诚。

烈　祖

嗟嗟烈祖！有秩斯祜。[①]

申锡无疆，及尔斯所。[②]
既载清酤，赉我思成。
亦有和羹，既戒既平。[③]
鬷假无言，[④]时靡有争。[⑤]
绥我眉寿，黄耇无疆。
约軧错衡，[⑥]八鸾鸧鸧。
以假以享，我受命溥将。[⑦]
自天降康，丰年穰穰。
来假来飨，降福无疆。
顾予烝尝，汤孙之将。

【注释】

①秩：大的样子。②及尔斯所：一直到你所。斯所：犹言此处。③戒：训备。④鬷（zōng）假：奏假，即祷告，祈祷。⑤争：争论，争辩。⑥约軧（qí）：约，缠束，捆扎。軧，车轮两端有皮革装饰的部分，也泛指车毂。⑦溥（pǔ）：广大。将：长。

【译文】

美哉，有德功的祖先，赐我大大的洪福。重重赐福无尽无穷，恩泽落在你身上。我以清酒献享，请赐我预期的福禄。还有调和五味的香羹，神灵降临既和且乎。默默祷告暗无声，音乐停奏一片安静。请赐长寿不老，白发转黄益壮年轻。红漆车轴金车衡，车铃声丁丁冬冬。主祭来到致以祭祀，我之受福既大且长。上天降下了洪福，年年五谷丰登。先祖降临前来受享，源源不断洪福频仍。请享祀这蒸，尝尝祭，汤王子孙献享至诚。

玄　鸟

天命玄鸟，降而生商，[①]宅殷土芒芒。
古帝命武汤，正域彼四方。[②]
方命厥后，[③]奄有九有。
商之先后，受命不殆，[④]在武丁孙子。
武丁孙子，武王靡不胜。
龙旗十乘，大糦是承。[⑤]
邦畿千里，维民所止，肇域彼四海。[⑥]
四海来假，[⑦]来假祁祁。
景员维河。
殷受命咸宜，百禄是何。

【注释】

①天命玄鸟，降而生商：传说，春分时节，燕子飞来，汤的先祖有㛓氏女简狄，祈于郊禖生了契。契是汤的先人，尧时封于商。玄鸟，候鸟；燕子。可能为商的图腾。②正域：正其封疆。③方：通旁，普

遍。后：君，指各部落首领。④商之先后……武王靡不胜：王引之《述闻》、马瑞辰《通释》认为“武丁”为“武王”，“武王”为“武丁”传写上下互伪。陈奂《传疏》释为“商汤受天命无有懈怠，以传至武丁孙子也。……于武汤王天下之业，亦无不保任之也。”吴闿生《会通》标点为：“商之先后，受命不殆。在武丁孙子。武丁孙子，武王靡不胜”，并释“武王靡不胜”为“有武功、王德无所不胜任”。殆，怠的假借字。⑤糦：同饎，酒食。指祭祀的黍稷稻粱之属。承：承载，供承。⑥肇：始。域：有。⑦假（gé）：通格，至。

【译文】

上天命令玄鸟下降，生了商的祖宗契。居住在茫茫的殷土上，天命武威的成汤，永远统治天下四方。封诸侯各统一方，进而掌握天下九州。开国之祖成汤，接受天命不敢怠慢，一直到孙子武丁是贤王，这孙子武丁，战无不胜的君王。驾着龙旗十乘来临，进献酒食祭奠先王。国土幅员宽阔千里，人民居住在这里。封域扩展至四海，四海之人纷纷来朝贡。朝聘之人日益多，幅员广阔直跨黄河。殷受天命处处适应，承受百种福禄无尽穷。

长　发

哲维商，①长发其祥。
洪水茫茫，禹敷下土方。
外大国是疆，②幅陨既长。
有娀方将，帝王子生商。
玄王桓拨，受小国是达，受大国是达。
率履不越，遂视既发。
相土烈烈。海外有截。
帝命不违，至于汤齐。③
汤降不迟，对敬日跻。
昭假迟迟，上帝是祇，帝命式于九围。
受小球大球，为下国缀旒，何天之休。
不竞不绒，不刚不柔。
敷政优优。④百禄是遒。
受小共大共，为下国骏厖。⑤
何天之龙，敷奏其勇。
不震不动，不戁不竦，⑥百禄是总。
武王载旆，有虔秉钺。
如火烈烈，则莫我敢曷。
苞有三蘖，莫遂莫达。
九有有截，韦顾既伐，昆吾夏桀。
昔在中叶，有震且为业。
允也天子，降予卿士。
实维阿衡，⑦实左右商王。

【注释】

①濬（jùn）哲：明哲。②外大国：指夏朝统治区域以外的诸夏。大国指夏。疆：划定疆界。③帝命不违：即不违帝命之倒文，诗总括相土以下诸君，谓之先君之不违天命到汤皆齐。④优优：平和的样子。⑤骏厖：庇护。⑥戁（mǎn），恐惧。竦（sǒng）：恐惧。⑦阿衡：伊尹的官名，指伊尹。

【译文】

商王是睿智明哲的人，受命吉祥早萌芽。大水一片白茫茫，大禹治水拓地定四方，领土扩及京畿外，土地幅员绵长广博。简狄年华正茂，上帝之子生契商。

齐王契拔拨反正，领导小国施政令，领导大国令能行。循规礼法不越常轨，了解事物明察机先。契孙相士威风凛凛，四海诸侯截然归服。

契世代不抗天命，到了成汤德和天齐。他如期而降，通达严慎日益精灵，明明之德越久越明。唯敬上帝虔诚如一，上帝命汤统治九州。

汤承受小法和大法，以身作则为民榜样。受上天恩赐的美德，不急躁不竞争，不刚硬不柔弱，施政布德很温厚，受到了众多的禄福。

汤承受小法和大法，全力推行诸侯受福。受上天所予的荣宠，表现出英勇无畏，不震惊不动摇，临危不恐不慌张，福禄集中到一人。

汤王挥旗出师征伐夏桀，手持大斧英勇如虎。如烈火燎原熊熊焰，势如破竹勇敢阻遏。暴君夏桀帮凶三蘖，一蹶不振全覆灭。汤控制九州有如刀割，既征伐了韦国顾，昆吾、夏桀同时诛灭。

从前汤王在位中世，受到震动与威胁。诚信的天子是成汤，上天赐予辅佐贤士。大贤卿士上伊尹，他辅佐商王底定天下。

殷　武

挞彼殷武，[①]奋伐荆楚。[②]
深入其阻，裒荆之旅。
有截其所，汤孙之绪。
维女荆楚，居国南乡。
昔有成汤，自彼氐羌，
莫敢不来享，莫敢不来王，曰商是常。
天命多辟，设都于禹之绩。[③]
岁事来辟，勿予祸谪，稼穑匪解。
天命降监，下民有严。[④]
不僭不滥，不敢怠遑。
命于下国，封建厥福。
商邑翼翼，四方之极。
赫赫厥声，濯濯厥灵。
寿考且宁，以保我后生。

陟彼景山，松柏丸丸。[⑤]
是断是迁，方斫是虔。
松桷有梴，旅楹有闲，[⑥]寝成孔安。

【注释】

①挞：疾速。达的假借。武：殷王武丁。②荆楚：即楚。③绩：假借为迹。即禹之迹。④严：读为俨。俨，敬。⑤丸丸：高大挺直的样子。⑥楹（yíng）：厅堂前部的柱子。闲：大貌。

【译文】

奋发英勇的武王，举师讨伐叛逆荆楚。深入其险阻之地，俘虏了众多的楚军叛逆。截然齐一平定南方地，高宗继续祖宗之业。

唯有你这荆楚，居住中国的南方。回忆从前的成汤，起自西方氐羌夷狄，谁也不敢不来献享，谁也不敢不朝觐商王，说“商殷是不朽的君王。”

上天下令诸侯们，来到禹都观其业绩。农事已毕朝见商王，不能受到谴责，劝民勿怠勤于稼穑。

上天降命重视商王，下民视为严君。赏不僭罚不滥，不敢懈怠荒废政事。命令四方诸侯，大大赋予以福祉。

商王的国都繁盛街道齐，四方以它作准则。它的政声赫赫，它的威望日隆。既长寿又康宁。保佑了后世子孙。

登上那个景山巅，松树柏树笔直耸云天。锯下它运出它，用斧砍用刀削。松树椽子直且长，立柱粗又圆，建成宗庙静穆安详。

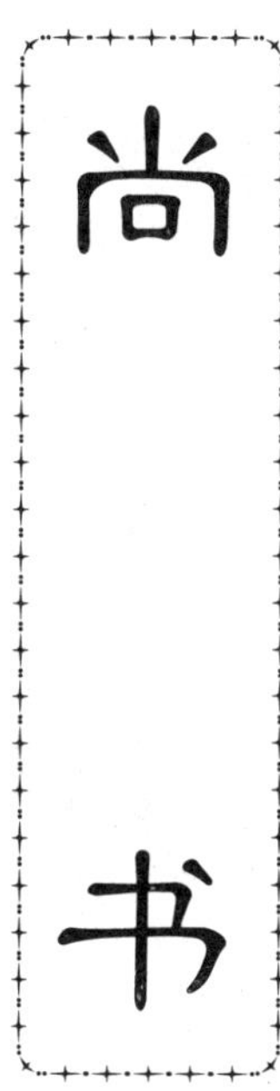
尚书

虞 书

尧 典①

曰若稽古②。帝尧曰放勋。钦明文思安安③。允恭克让④，光被四表，格于上下⑤。克明俊德，以亲九族⑥。九族既睦，平章百姓⑦。百姓昭明，协和万邦，黎民於变时雍⑧。

【注释】

①尧和舜，相传是我国原始社会后期的著名首领。②曰若，发语辞，也写作越若、粤若。稽，考察。③安安，一作晏晏。④允，诚信。克，能够。让，让贤。⑤被，及。四表，四海之外。格，至。上下，指天地。⑥俊，大。九族，君主的亲属。⑦平，通辨，分别。⑧黎，众。於，更代、更递。本焦循说。时，善。雍，和睦。

乃命羲和①，钦若昊天②，历象日月星辰③，敬授人时。分命羲仲，宅嵎夷④，曰旸谷⑤。寅宾出日⑥，平秩东作⑦。日中⑧，星鸟⑨，以殷仲春⑩。厥民析⑪，鸟兽孳尾⑫。申命羲叔，宅南交⑬。平秩南讹⑭，敬致⑮。日永⑯，星火⑰，以正仲夏。厥民因⑱，鸟兽希革⑲。分命和仲，宅西，曰昧谷。寅饯纳日⑳，平秩西成㉑。宵中㉒，星虚㉓，以殷仲秋。厥民夷㉔，鸟兽毛毨㉕。申命和叔，宅朔方，曰幽都㉖。平在朔易㉗。日短，星昴㉘，以正仲冬。厥民隩㉙，鸟兽氄毛㉚。帝曰：咨！汝羲暨和。期三百有六旬有六日㉛，以闰月定四时成岁㉜。允厘百工㉝，庶绩咸熙㉞。

【注释】

①羲和，羲氏与和氏，都是重黎的后代，世世掌管天地和四时。②若，顺从。昊（hào）：广大。③历，推算。④宅，居住。嵎（yú）：夷，地名，在东海之滨。⑤旸（yáng）：谷，传说中日出的地方。⑥寅宾，敬导。⑦平秩，辨别测定。作，始。⑧日中，昼夜长短相等，指春分。⑨星鸟，星名，南方朱雀七宿。⑩殷，正，定。仲，每季中间的那一月。⑪厥，其。析，分散。⑫孳尾，生育。⑬交，指交趾，地名。⑭讹，运行。⑮致，归，回归。⑯永，长。夏至白天最长。⑰星火，火星，东方青龙七宿之一，夏至黄昏出现在南方。⑱因，就，指就高地居住。⑲希革，稀毛。希，通稀。⑳饯，送行。纳日，入日，落日。㉑西成，太阳西落的时刻。㉒宵中，昼夜相等，指秋分。㉓星虚，星名，北方玄武七宿之一。㉔夷，平，指住到平地。㉕毨（xián）：羽毛更生。㉖幽都，幽州。都与州古音相近。㉗在，察。朔，北方。易，改易。指太阳运行。㉘星昴，星名，西方白虎七宿之一。㉙隩（yù）：通奥，室。民避寒而入室内。㉚氄（rǒng）：细毛。㉛期（jī）：一周年。有，通又。㉜以闰月定四时，月亮绕地球运行一周，需时二十九天多。一年十二月，大月三十天，小月二十九天，共计三百五十四天，比一年的实际天数少十一天多。因此

必须安排闰月，否则四时就会错乱。㉝允，用。厘，治理。百工，百官。㉞庶，众。咸，都。熙，兴。

帝曰："畴咨若时登庸①？"

放齐曰②："胤子朱启明③。"

帝曰："吁！嚚讼，可乎④？"

帝曰："畴咨若予采⑤？"

驩兜曰⑥："都⑦！共工方鸠僝功⑧。"

帝曰："吁！静言庸违⑨，象恭滔天⑩。"

帝曰："咨！四岳⑪。汤汤洪水方割⑫，荡荡怀山襄陵⑬，浩浩滔天⑭。下民其咨，有能俾乂⑮？"

佥曰："於！鲧哉⑯。"

帝曰："吁！咈哉⑰，方命圮族⑱。"

岳曰："异哉！试可乃已⑲。"

帝曰："往，钦哉⑳！"九载，绩用弗成。

【注释】

①畴咨若时登庸：畴，谁。咨，语气词。若，善，治理好。时，四时。登庸，升用。②放齐：人名，尧的臣子。③胤（yìn）：后嗣。 朱：丹朱，尧的儿子。启：开。④吁：惊异之词。嚚（yín）：不说忠信的话。讼：争，好争辩。⑤若：善，治理好。采：事。⑥驩兜：尧的大臣，四凶之一。⑦都：语气词，表赞美。⑧共工：尧的大臣，四凶之一。方：通防。鸠：通救。僝（zhuàn）：马融说："具也。"⑨静言：善言。庸：常。违：邪僻。⑩象恭：貌似恭敬。⑪咨：嗟。四岳：官名，主持四岳的祭祀，为诸侯之长。⑫汤汤（shāng）：水大的样子。割：通害。⑬荡荡：广大的样子。怀：包围。襄：上。⑭浩浩：水势远大的样子。滔天：弥漫接天，形容波浪高大。⑮俾：使。乂：治理。⑯鲧（gǔn）：尧的大臣，夏禹的父亲。⑰咈（fú）：违误。⑱圮（pǐ）：毁坏。族：族类。⑲异：举。⑳钦：敬。

帝曰："咨！四岳。朕在位七十载，汝能庸命①，巽朕位②！"

岳曰："否德忝帝位③。"

曰："明明扬侧陋④。"

师锡帝曰⑤："有鳏在下⑥，曰虞舜。"

帝曰："俞⑦！予闻，如何？"

岳曰"瞽子⑧，父顽，母嚚，象傲，克谐。以孝烝烝⑨，乂不格奸⑩。"

帝曰："我其试哉！女于时⑪，观厥刑于二女⑫。"厘降二女于妫汭⑬，嫔于虞⑭。

帝曰："钦哉！"

【注释】

①庸：用。②巽：通践，一作践。③否（pǐ）：鄙陋。忝：辱。④明明：动宾结构，明察贵戚。扬：推举。侧陋：疏远隐匿，指地位卑微的人。⑤师：众人。锡：赐，这里指献言。⑥鳏（guān）：疾苦的人。⑦俞：对。⑧瞽：瞎子。指舜的父亲乐官瞽瞍。⑨烝烝：厚美。⑩格：至。奸：邪恶。⑪女：嫁女。时：是，这人。⑫厥：其。刑：法。二女：尧的女儿娥皇、女英。⑬厘：命令。妫：水名。汭（ruì）：水湾。

⑭嫔：妇，这里指为妇。

【译文】

查考古时传说，可以得知尧帝的名字叫放勋。他处理政务能够敬事节用，明察四方，考虑周密，宽厚温和，诚信恭谨，并且能够推贤尚善，于是他的光辉照耀四方，甚至于天上地下。他能够重用德才兼备的人，使亲族上下亲密无间，和睦团结。亲族和睦之后，又考察百官的善恶，对善者加以表彰和奖励。百官的善恶辨明了，又努力协调各诸侯国之间的关系。这样，天下臣民都友好如一家了。

在这种情况下，尧帝就要求羲氏与和氏，恭敬谨慎地遵循天道，推算日月星辰的运行理数，制定历法，把时令节气昭示给臣民。并分别发出命令：让羲仲居住在东方的旸谷，恭敬地等待日出，观察测定日出东方的时刻。把昼夜时间长短相等的那天命名为春分，以南方朱雀出现在天空中，正南方之时，作为确定仲春时节的依据。这时，人们都在田野里劳作，禽鸟兽类都开始生育繁殖。让羲叔居住在南方的明都，观察测定向移的情况，恭敬地迎接日向南归。将白昼时间最长，火星黄昏时出现在正南方这一天，定为夏至。此刻，人们都迁居高处，鸟兽的羽毛也稀疏起来。让和仲居住在西方的昧谷，恭敬送别落日，观察测定日落的时刻。把昼夜时间长短相等，虚星黄昏时分出现正南方这一天，定为秋分。这时，人们又返回平地居住，鸟兽都生长出新羽毛。让和叔居住在北方的幽都，观察测定日向北移的情形。把白昼时间最短，昴星黄昏时分出现在正南方这一天，定为冬至。此刻，人们都居住在室内，鸟兽都长出了柔密的细毛。后来，尧帝嘱咐说："啊！羲氏与和氏啊，一年的周期实际上是三百六十六天，剩下的天数，要用闰月的办法加在某一年中，根据这些确定春夏秋冬四季而构成一年。并据此规定百官的任务，这样各种事情都能够兴办起来了。"

尧说："唉！谁能适应四时的变化获得功绩呢？"放齐说："你的儿子丹朱，聪明干练，可以让他担任这项职务。"尧说："唉！像他那样愚蠢而不守信用的人，可以担任这种职务吗？"

尧说："唉！谁能够根据我的意见来办理政务呢？"欢兜说："哦！还是共工吧！他现在在安集人民方面已经取得一定成绩了。"尧说："唉！这个人口头上很会说些漂亮话，但却阳奉阴违，貌似恭敬，实际上对国君十分轻慢。"

尧说："唉！四方诸侯之长啊！汹涌呼啸的洪水普遍为害，吞没一切的洪水包围了大山，冲上了高冈。水势之大，简直要遮蔽天空。在下的臣民都怨天尤人，有谁能制服洪魔呢？"大家都说："哦，还是让鲧来担负这项重任吧！"尧说："唉！这个人常常违背法纪，不遵守命令，危害同族的人。"四方诸侯之长说道："我们听到的情况和你说的不一样，还是让他先试一试，如果的确不行，再免去他的这项职务。"尧说："去吧！鲧，可要谨慎地对待你的职务啊！"鲧治水九年，徒劳无功。

尧说："唉！四方诸侯之长啊！我在位七十年，你们之中有谁能够承迎上帝的命令，取代我登上天子大位的吗？"四方诸侯之长回答说："我们的德行浅陋，不配登上天子的大位。"尧说："应该寻找贵戚中的贤人，或是隐伏在下面，地位虽然卑微，实际上却是贤能的人，还是使贤德之人登上帝位吧！"大家告诉尧说："在民间有一个处境困苦的人，名字叫做虞舜。"尧说："是啊，我也耳闻过这个人。但他的德行到底怎样呢？"四方诸侯之长回答说："他是乐官汰瞍的儿子。其父心术不正，其母口是心非，其弟象十分高傲。而舜和他们却能和睦相处，以自己孝行美德感化他们，家务处理得十分妥善。家人也都弃恶从善，使自己的行为不至于流于奸邪。”尧说：“让我考验考验吧！”于是决定把两个女儿嫁给舜，从两个女儿那里考查他的德行。尧命令在妫河的隈曲处举行婚礼，让两个女儿做了虞舜的妻子。尧说：“认真地处理政务吧！”

舜　典①

曰若稽古②。帝舜曰重华，协于帝③。浚哲文明④，温恭允塞⑤。玄德升闻，乃命以位⑥。慎徽五典⑦，五典克从⑧。纳于百揆⑨，百揆时叙⑩。宾于四门⑪，四门穆穆⑫。纳于大麓⑬，烈风雷雨弗迷。

帝曰：“格⑭！汝舜。询事考言⑮，乃言厎可绩，三载。汝陟帝位⑯。”舜让于德，弗嗣。

【注释】

①舜典，是记叙舜的事迹的书。②曰若，发语辞。稽，考察。③协，相同，相合。④浚，深邃。哲，知慧。⑤温，温和。允，诚信。塞，笃实。⑥命，任命，授与。⑦徽，美，善。五典，即父义、母慈、兄友、弟恭、子孝五种常教。⑧克，能够。从，顺从。⑨纳，入。百揆，揆度庶事的官。⑩时叙，承顺。⑪宾，迎接宾客。⑫穆穆，容仪敬谨。⑬大麓，官名，主管山林。⑭格，来。⑮询，谋。⑯厎（zhǐ）：致也。用的意思。⑰陟，登上。

正月上日①，受终于文祖②。在璇玑玉衡③，以齐七政④。肆类于上帝⑤，禋于六宗⑥，望于山川⑦，遍于群神。辑五瑞⑧，既月乃日⑨，觐四岳群牧⑩，班瑞于群后⑪。

岁二月，东巡守，至于岱宗⑫，柴⑬。望秩于山川⑭，肆觐东后⑮。协时月正日⑯，同律度量衡⑰。修五礼、五玉、三帛、二生、一死贽⑱。如五器⑲，卒乃复⑳。五月南巡守，至于南岳，如岱礼。八月西巡守，至于西岳，如初。十有一月朔巡守㉑，至于北岳，如西礼。归，格于艺祖㉒，用特㉓。

五载一巡守，群后四朝。敷奏以言㉔，明试以功，车服以庸㉕。

肇十有二州㉖，封十有二山，浚川㉗。

象以典刑㉘。流宥五刑㉙，鞭作官刑，扑作教刑㉚，金作赎刑。眚灾肆赦㉛，怙终贼刑㉜。“钦哉，钦哉，惟刑之恤哉㉝！”

流共工于幽州㉞，放驩兜于崇山㉟，窜三苗于三危㊱，殛鲧于羽山㊲，四罪而天下咸服。

【注释】

①上日：善日，吉日。②文祖：尧太祖的宗庙，古时政事在宗庙举行。③在：察。璇玑玉衡：北斗七星。④齐：排列。七政：七项政事，即祭祀、班瑞、东巡、南巡、西巡、北巡、归格艺祖。⑤肆：遂，于是。类：祭名。祭告继承帝位的事。⑥禋（yīn）：祭名。⑦望：祭山川之名。⑧辑：敛，收集。五瑞：诸侯作为符信的五种玉。⑨既月乃日：月和日都用作动词，即择月择日。⑩觐（jìn）：朝见。牧：官长。⑪班：通颁，分发。后：君长。⑫岱宗：东岳泰山。⑬柴：祭天名。⑭秩：次序。⑮东后：东方诸侯的君

长。⑯协：合。时：春夏秋冬四时。正：定。⑰同：统一。律：十二律，阴律六，阳律六。度：丈尺。衡：斤两。⑱五礼：公侯伯子男五等朝聘之礼。五玉：即上文所说的五瑞。拿着称瑞，陈列称玉。三帛：三种不同色的丝织品，用来垫玉。二生：活羊羔和雁，卿大夫所执。一死：一只死野鸡，士所执。⑲如：而，连词。五器：即上文所说的五瑞。⑳卒乃复：完毕后就归还。㉑朔：北。㉒格：到。艺祖：即文祖。㉓特：公牛。㉔敷：普遍。㉕庸：功劳。㉖肇：正，指划定州界。㉗浚川：疏通河流。㉘象以典刑：刻画常用的刑罚。㉙流：流放。宥：宽宥。㉚扑：榎楚，古代教官使用的打人工具。㉛眚（shěng）：过错。肆：遂，就。㉜怙：依仗。贼：通则，连词。㉝恤：谨慎。㉞幽州：地名，在北方边远地区。㉟崇山：地名。㊱三苗：古国名。三危：地名。㊲殛：流放。羽山：地名。

二十有八载，帝乃殂落①。百姓如丧考妣，三载，四海遏密八音②。月正元日，舜格于文祖③，询于四岳，辟四门，明四目，达四聪。

“咨，十有二牧④！”曰：“食哉惟时！柔远能迩⑤，惇德允元⑥，而难任人⑦，蛮夷率服。”

舜曰：“咨，四岳！有能奋庸熙帝之载⑧，使宅百揆亮采，惠畴⑨？”

佥曰：“伯禹作司空⑩。”

帝曰：“俞，咨！禹，汝平水土，惟时懋哉⑪！”禹拜稽首，让于稷、契暨皋陶。

帝曰：“俞，汝往哉！”

帝曰：“弃，黎民阻饥⑫，汝后稷⑬，播时百谷⑭。”

帝曰：“契，百姓不亲，五品不逊⑮。汝作司徒⑯，敬敷五教⑰，在宽。”

帝曰：“皋陶，蛮夷猾夏⑱，寇贼奸宄⑲。汝作士⑳，五刑有服㉑，五服三就㉒。五流有宅㉓，五宅三居㉔。惟明克允㉕！”

帝曰：“畴若予工㉖？”

佥曰：“垂哉㉗！”

帝曰：“俞，咨！垂，汝共工㉘。”垂拜稽首，让于殳斨暨伯与㉙。

帝曰：“俞，往哉！汝谐㉚。”

帝曰：“畴若予上下草木鸟兽㉛？”

佥曰：“益哉㉜！”

帝曰：“俞，咨！益，汝作朕虞㉝。”益拜稽首，让于朱虎、熊罴㉞。

帝曰：“俞，往哉！汝谐。”

帝曰：“咨！四岳，有能典朕三礼㉟？”

佥曰：“伯夷㊱！”

帝曰：“俞，咨！伯，汝作秩宗㊲。夙夜惟寅㊳，直哉惟清㊴。”伯拜稽首，让于夔、龙㊵。

帝曰：“俞，往，钦哉！”

帝曰：“夔！命汝典乐㊶，教胄子㊷，直而温，宽而栗㊸，刚而无虐，简而无傲。诗言志，歌永言㊹，声依永，律和声。八音克谐，无相夺伦㊺，神人以和。”

夔曰：“於㊻！予击石拊石㊼，百兽率舞。”

帝曰：“龙！朕堲谗说殄行㊽，震惊朕师㊾。命汝作纳言㊿，夙夜出纳朕命，惟允！”

帝曰：“咨！汝二十有二人[51]，钦哉！惟时亮天功[52]。”

三载考绩，三考，黜陟幽明[53]，庶绩咸熙[54]。

分北三苗[55]。

【注释】

①殂落：死亡。②遏：停止。密：静，静止。八音：金、石、丝、竹、匏、土、革、木八种音乐，泛指音乐。③格：至，到。④牧：州的行政长官。⑤柔：安。能：善。迩：近。⑥惇：厚。允：信。元：善。⑦难：拒绝。任人：佞人，指奸邪的人。⑧奋：奋发。庸：功，用功，努力。熙：广，光大。载：事。宅：居。百揆：官名。亮：辅导。采：事。惠：助词。⑨畴：谁。⑩司空：三公之一，掌管土地。⑪时：是，指百揆之职。懋：勉力。⑫黎：众。阻饥：困厄于饥。⑬后：主，主持。稷：农官，主管播种百谷的事。⑭时：耕种。⑮五品：父、母、兄、弟、子。逊：和顺。⑯司徒：三公之一，主管民政。⑰敷：布，施行。五教：五品之教，即父义、母慈、兄友、弟恭、子孝。⑱猾：扰乱。夏：指中国。⑲寇：抢劫。贼：杀人。奸宄：犯法作乱，外部的叫做奸，内部的叫做宄。宄，也作轨。⑳士：狱官之长。㉑服：用。㉒就：处所。㉓五流：五种流放。宅：处所。㉔三居：三种处所。㉕明：明察。允：公允。㉖若：善。工：官名。㉗垂：人名。㉘共工：官名，治理百工之事。㉙殳斨、伯与：二人名。㉚谐：谐，一同。㉛上下：上指山，下指泽。㉜益：人名，即伯益。㉝虞：掌管山林之官。㉞朱虎、熊罴：二人名。㉟典：主持。三礼：天事、地事、人事之礼。㊱伯夷：人名。㊲秩宗：官名，掌管次序尊卑之礼。㊳夙夜：早夜。夜未明之时。寅：敬。㊴直：正直。清：清明。㊵夔、龙：二人名。㊶乐：乐官。㊷胄子：未成年的人。㊸栗：坚。㊹永：通咏。㊺夺：失去。㊻於（wū）：叹词。㊼拊：轻轻叩击。石：石磬。㊽堲：厌恶。殄：病：危害。㊾师：民众。㊿纳言：官名。[51]有：又，用于整数零数之间。[52]时：善。亮：领导。天功：大事。[53]黜：罢免。陟：提升。幽：昏庸。明：贤明。[54]熙：兴。[55]北：别。

舜生三十征[1]，庸三十[2]，在位五十载，陟方乃死[3]。

【注释】

①征：被征召。②庸：用。③陟方：巡狩。

【译文】

舜推行德教，教导臣民以父义、母慈、兄友、弟恭、子孝五种美德规范自己的行动，臣民都能听从这种教导而不背叛。然后又让舜总理百官，百官都遵循命令，使百事振兴无一废驰。又让舜在明堂的四门，负责接待四方前来朝见的诸侯，使诸侯们都能友好相处。最后使舜进入山麓的森林中，舜在烈风雷雨中也不失去方向。尧说：“来吧！舜啊。你谋事周到，提的意见也都非常正确，经过三年考验，你的确取得不少成绩，你现在可以登上天子的大位了。”舜以为自己的德行尚不够，推让不愿就位。

正月的一个吉祥日子，在尧的太庙举行禅让大典，舜继承了帝位。即位后，舜观察了北斗七星的运行情况，列出七项政事。后来又举行祭天大典，向上天报告他承继帝位之事。他虔诚地祭祀天地和四时，叩拜山川和诸神。并搜集了五种圭玉，择定吉月吉日，接受四方诸侯的朝见，把圭玉作为信符颁发给他们。

当年二月，舜到东方进行考察，抵达泰山之后，祭祀了泰山；对于其余的山川，也按其地

位的尊卑一个一个地进行了祭祀。在这里，还接受了东方诸侯的朝见。尔后，他依据观察天象所得到的结果，确定春夏秋冬四时的月份和每月的天数，统一音律和度量衡，规定公侯朝见的贡品为赤、黑、白三种不同颜色丝质品，卿大夫的贡品是一只活羊羔和一只生雁，士的贡品则只能是死野鸡。——而五种信圭，等到朝见完毕后，还得还给诸侯。

这年五月，舜到南方巡视，抵达南岳后，也举行祭祀，礼节跟祭祀泰山时相同。八月，舜到西方巡视，抵达西岳后，又举行祭礼，礼节跟第一次出巡时一样。十一月，舜到北方巡视，礼节跟祭祀西岳时一样。出巡归来后，先到尧的太庙进行祭祀，祭品是一头牛。

每隔五年，都要有一次全面的巡行视察。四方诸侯分别在四岳朝见天子，向天子奉告自己的功绩；天子也认真地考察诸侯国的政治得失；把车马衣服奖给有功的诸侯。

这时开始划定十二州的疆界，在十二座大山上封土为坛，专作祭祀之用，并分别作为十二州之镇。同时又疏通河道。

在器物上画着五种刑罚的形状，使人民有所儆戒。流放代替五刑，以表示对罪犯宽大。庶人做官而又有俸禄者，犯了错误，罚以鞭刑。掌管教化的人，使用刑罚时，则用扑刑。犯了过错能够出金赎罪。如果犯了小错，或过错虽大，只是偶尔一次，可以赦免；如果犯的罪过较大而又死不悔改，便要给予严厉的惩罚。小心啊！小心啊！在使用刑罚时，可要十分小心啊！

把共工流放到幽州，把欢兜流放到崇山，把三苗驱逐到三危，把鲧流放到羽山。罪人都受到了应得的惩罚，天下的人民便都心悦诚服了。

当舜摄理政务二十八年的时候，帝尧便逝世了。文武百官和人民好像失去父母一样的悲痛，在三年中，全国上下不奏音乐。守丧三年以后的正月初一，舜到了文祖庙，和四方诸侯之长共商国家大事，开明堂四门，明察四方政务，倾听四方意见。

舜对十二州的君长感慨着说："只有衣食才是人民的根本啊！因而重要的在于颁布历法。安抚远方的臣民，爱护近处的臣民，并代表他们的意志和利益去处理政务。德行厚，才能取信于人，才能使政务臻于至善的地步；拒绝任用那些花言巧语的人，边远地方的民族，才能都对你臣服。"

舜说："唉！四方诸侯之长啊！有谁能够发奋图强，以发扬光大先帝的事业，能够主持政务率领百官，并帮助百官遵循大法行事呢？"大家都说："伯禹担任司空，工作做得很好。"舜说："好吧！禹啊，你治理水土功勋卓绝，希望你再努力地承担起这份责任吧！"禹行礼拜谢，并且谦让地让稷、契和皋陶来担任这项职务。舜说："你的态度不错，不过这项职务还是让你去担任吧！"

舜说："弃阿！现在人民苦于没粮，你担任后稷这项职务，教导人民种植庄稼吧！"

舜说："契啊！现在人民很不和睦，君臣之间、父子之间、夫妇之间、长幼之间、朋友之间，不能相爱相敬，你担任司徒这种官职，对他们进行五常教育，推行这些教育的时候，必须要本着宽厚的原则。"

舜说："皋陶啊！外族部落，时常来凌略我们，他们在我国境内到处为所欲为，抢夺人民的财产。望你担任法官，根据犯人罪情的大小使用五种刑罚。罪情大者，便带到原野上执刑；罪情轻者，可分别带到市、朝内行刑。或者为了显示宽大，也可以用流放来代替。流放也要根据罪行大小分为五种，把犯人放居在远近不同的地方，这些地方可在九州之外，四海之内，并分作三等以区别其远近。只有明察案情，处理得当，人民才会心悦诚服。"

舜说："谁来担任百工这项职务？"大家一致说："还是让垂来担任吧！"舜说："好吧！垂

啊，你来担任百工的职务吧！”垂行礼拜谢，而且表示谦让，让殳、斨和伯与来担任这项职务。舜说：“好吧！让他们也和你共同去受理这项职务吧！”

舜说：“谁能替代我掌管山林川泽中的草木鸟兽？”大家都说：“让益来担任这项职务吧！”舜说：“好吧！益啊，你来担任我的虞官吧！”益叩头拜谢，并谦逊地要求把这项职务让给朱、虎、熊、罴。舜说：“好吧！让他们和你一起去负责这项工作吧！”

舜问：“唉！四方诸侯之长啊！有谁能替我主持三礼？”大家都说：“伯夷能够。”舜说：“好吧！伯夷，你来担任祭祀鬼神的职务吧。朝夕都要恭敬地去祭祀鬼神；祭祀时的陈词，要正直而清明。”伯夷叩头拜谢，谦逊地要把这种职务让给夔和龙。舜说：“不！还是让你去担任这项职务吧，可要全力以赴啊！”

舜说：“夔啊！命令你负责乐官，去教导那些年青人。要把他们教导成正直而温和，宽大而谨慎，性情坚强而不凌人，态度简约而不傲慢。诗是用来表达思想感情的，歌则借助语言把这种感情咏唱出来，歌唱的声音既要依据思想感情，也要符合音律。八类乐器的声音能够和谐地演奏，不要颠倒了相互间的伦次，让神人听了都感到幸福和谐。”夔说：“好啊！让我们敲着石磬，奏起乐来，让那些无知无识的群兽都激动得跳起舞来吧！”

舜说：“龙啊！我非常憎恨那种说坏话和阳奉阴违的人，因为这种人常常以一些错误的话使我的民众震惊。命令你负责纳言的官职，一早一晚，或代我发布命令，或向我回报下面的意见，都必须忠诚不二。”

舜说：“唉！你们二十二人，都要恭敬地对待自己的职务，一分一秒想着接受上天的命令并帮助上天治理臣民，每隔三年，就要考查一下你们的政绩。经过检查，凡是功绩突出的人。便用提拔的办法来表彰他；凡是有过错的人，便用罢免的办法来惩罚他。”经过这番整顿，百业振兴，并把三苗流放到边远地方。

舜三十岁时被征用，三十年后接替了尧的帝位，五十年后南巡，登上了衡山，并在那里与世长辞。

皋陶谟①

曰若稽古。皋陶曰：“允迪厥德，谟明弼谐②。”

禹曰：“俞，如何？”

皋陶曰：“都！慎厥身，修思永。惇叙九族③，庶明励翼④，迩可远，在兹。”

禹拜昌言曰⑤：“俞！”

皋陶曰：“都！在知人⑥，在安民。”

禹曰：“吁！咸若时⑦，惟帝其难之。知人则哲⑧，能官人⑨。安民则惠，黎民怀之。能哲而惠，何忧乎驩兜？何迁乎有苗？何畏乎巧言令色孔壬⑩？”

【注释】

①皋陶（gāoyáo），也写作咎繇，是舜帝的大臣，掌管刑法狱讼。谟，就是谋。②迪：行，履行。弼：辅助，这里指辅佐大臣。谐：和谐。③惇叙：惇，敦厚。叙，顺从。惇叙，使敦厚顺从。④励：勉励。翼：辅助。⑤昌言：美言。⑥人：指官吏。⑦咸：都。时：是，这样。⑧哲：明智。⑨官：任用。⑩孔：很。壬：佞，巧言善媚。

皋陶曰："都！亦行有九德①。亦言，其人有德，乃言曰，载采采②。"

禹曰："何?"

皋陶曰："宽而栗③，柔而立④，愿而恭⑤，乱而敬⑥，扰而毅⑦，直而温⑧，简而廉⑨，刚而塞⑩，强而义⑪。彰厥有常吉哉⑫！"

日宣三德⑬，夙夜浚明有家⑭，日严祗敬六德⑮，亮采有邦⑯，翕受敷施⑰。九德咸事⑱，俊乂在官。百僚师师⑲，百工惟时⑳，抚于五辰㉑，庶绩其凝㉒。

【注释】

①亦：当读为迹，检验。②载：始。采采：采，事。采采，动宾结构，从事其事。就是说将要试用他。③栗：坚栗。④柔：柔顺。立：卓立，独立不流。⑤愿：谨厚。恭：严恭，严肃恭敬。⑥乱：治。这里指治理的才能。敬：敬谨：不傲慢。⑦扰：和顺。⑧直：正直，径直。温：温和。⑨廉：廉隅，方正。⑩刚：刚正。塞：充实，性刚正而内充实。⑪强：坚强。义：善。⑫彰：表彰。常：祥。常吉：祥善，指九德。⑬宣：显示，表现。⑭浚：恭敬。明：勉力，努力。⑮严：矜持、庄重的样子。祗：恭敬。⑯亮：辅助。采：事务。邦：国。⑰翕：合。敷：普遍。施：用。⑱咸：都。⑲师师：互相效法。师，法。⑳百工：百官。惟：思。时：善。㉑五辰：北辰。北辰有五个星，因称五辰。㉒凝：成功。

"无教逸欲①，有邦兢兢业业，一日二日万几②。无旷庶官③，天工④，人其代之。天叙有典⑤，敕我五典五惇哉⑥！天秩有礼⑦，自我五礼有庸哉⑧！同寅协恭和衷哉⑨！天命有德，五服五章哉⑩！天讨有罪，五刑五用哉⑪！政事懋哉懋哉⑫！

"天聪明⑬，自我民聪明。天明畏⑭，自我民明威。达于上下⑮，敬哉有土⑯！"

皋陶曰："朕言惠可厎行⑰？"

禹曰："俞！乃言厎可绩⑱。"

皋陶曰："予未有知，思曰赞赞襄哉⑲！"

【注释】

①逸欲：安逸贪欲。②万几：变化万端。③旷：空，空设。庶官：众官。④天工：天命的事。⑤叙：秩序，引申为规定。典：常法。⑥敕：告诫。五典：五种常法，指父义、母慈、兄友、弟恭和子孝。惇：敦厚。五惇，使五伦惇厚。⑦秩：秩序，引申为规定。⑧自：用，遵循。庸：经常。⑨寅：恭敬。协：和谐，协同一致。衷：善。⑩五服：天子、诸侯、卿、大夫、士五等礼服。章：显扬。五章，表章这五等人。⑪用：施行。五用，施于这五类罪人。⑫懋：勤勉，努力。⑬聪：听，指听取意见。明：视，指观察问题。⑭明畏：明，表彰。畏，惩治。⑮达：通。上下：上天和下民。⑯有土：有土地的君王。⑰惠：语中助词。厎：致。致，用。⑱绩：成功。⑲曰：语中助词。赞赞：连言赞赞，模仿重言的语气。襄：辅助。

【译文】

传说皋陶和禹在帝舜面前，讨论过治理国家的事情。皋陶说："信奉并按照先王的道德处理政务，这样就能够使谋略得以实现，大臣之间也就能团结一致，同心同德了。"禹说："对啊！怎样才能这样呢?"皋陶说："哦！应当严格地要求自己，努力提高品德修养，在提高品德修养的时候，应当从大处着眼，从高瞻远瞩。以宽厚的态度对待同族，使他们也贤明起来，努力辅佐你治理国家，由近及远，先从自身做起。”禹非常佩服这种独到的见解，说：“对啊！”

皋陶说：“重要的在于知人善任，在于把臣民治理好。”禹说：“哎呀！完全实现这些，连帝尧都感到力不从心啊！知人善任，那才是有智慧的人，有智慧才能善于用人。能够把臣民治理好，便是给他们以恩惠，这样臣民当然会把恩惠记在心里。既聪明而有恩德，还怕什么欢兜，何必迁徙流放苗民，又有什么必要害怕那些花言巧语献媚取宠的坏人呢?”

皋陶说：“啊！凡是良善行为，都来源于九种美德。因而，凡说某人具有某种美德，往往要说先让他做些事情验证一下。”

禹问：“那么什么是九德呢?”

皋陶解释说：“既恢宏大度又小心翼翼，既柔和温文又特立独行，既忠厚诚实又严恭庄肃，既卓有才识又敬业守勤，既柔顺驯服又刚毅果断，既忠心耿耿又温和可亲，既简大家放又廉约严谨，既刚正坦荡又谦谨求实，既强雄豪迈又仁义善良。应当树立、表彰那些有常的贤人，如果这样做了，可是一件很大善政啊！

“如果一个人每天都能在自己的言行中显示出他具有九德中的三德，而且从早到晚能恭敬努力地按照这些道德规范行事，那么他就可以做公卿。如果一个人每天都能庄重恭谨地根据九德中的六德行事，那么他就能够辅佐天子而成为诸侯。如果天子能够合三德六德而九德并用，且普遍实施于国家政务，具有九德的贤人都授予一定的官职，这样公卿都会忠于职守，大夫都会互相学习，士都竭尽全力办好自己职分内的事情，所有的人都会遵从天命行事，共同完成各种功业。

“做诸侯的不使自己产生私欲而贪图享受，要全副精力地处理政务。要知道一国之内每天都要发生上万件事体，千万不能疏忽大意。在各种职位中，都不要任用坐位不谋政的人，因为所有的官职都是上帝设立的，怎么可以让那些不称其职、一事无成的人来代替上帝行事呢?

“既然上帝安排了君臣、父子、兄弟、夫妇、朋友之间的伦常次序，便应当遵循上帝的意旨整顿上述五者之间的关系，并使这种关系固定起来啊！上帝为了区别人们之间的等次而传下来天子、诸侯、大夫、士、庶人这五种人分别应该遵从的礼节，做天子的便应大力推行这五种礼节，使君臣之间互相尊重，同心协力办好政务啊！上帝为了使德高望重的人各称其职，便制定了天子、诸侯、大夫、士、庶人五种服装制度，以分别表彰他们的不同的德行；上帝为了惩罚有罪的人，便制定了五种刑罚，分别用来惩罚五种罪人。为了搞好天下政务，君臣之间可要互相劝勉啊！

“上天征寻意见，观察问题，都是从民众中间听取意见，观察问题的；上天表彰好人，惩罚坏人，也是依据民众的意愿和要求来表彰和惩罚的。上天和下民之间是互相通达的。因此，只有恭敬地处理政务，才能守卫住国土。”皋陶说：“我的话都是顺从天意的，一定可以实行的。”禹说：“对啊！你的话是可以实行并有功绩的。”皋陶说：“其实我并不知道什么，我只是终日想着如何协助国王治理国家啊！”

夏 书

益 稷①

帝曰："来，禹！汝亦昌言②。"禹拜曰："都③！帝，予何言？予思日孜孜④。"皋陶曰："吁！如何？"禹曰："洪水滔天，浩浩怀山襄陵⑤，下民昏垫⑥。予乘四载⑦，随山刊木⑧，暨益奏庶鲜食⑨。予决九川距四海⑩，浚⑪畎浍距川⑫。暨稷播，奏庶艰食鲜食。懋迁有无⑬，化居。烝民乃粒，万邦作乂⑭。"皋陶曰："俞！师汝昌言⑮。"

【注释】

①益和稷都是舜的大臣。②昌言：美言。③都：叹词，表赞美。④孜孜：勤敏，努力不懈。⑤怀：包围。襄：上。⑥昏垫：沉没陷落。⑦四载：四种运载工具，车船之类。⑧随：顺着。刊：砍斫，用刀斧砍伐树木作为路标。⑨暨：和、同。奏：进。庶：众。鲜：新杀的鸟兽。⑩决：疏通。九川：九州之川。距：至，到。⑪浚：深深疏通。⑫畎浍（quǎnkuài）：田间的水沟。⑬懋：通贸。贸迁，即贸易。贸迁有无，是说调有余补不足。⑭作：开始。乂：治理。⑮师：当作斯，代词。

禹曰："都！帝。慎乃在位①。"

帝曰："俞！"

禹曰："安汝止②，惟几惟康③。其弼直④，惟动丕应。徯志以昭受上帝⑤，天其申命用休⑥。"

帝曰："吁！臣哉邻哉⑦！邻哉臣哉！"

禹曰："俞！"

帝曰："臣作朕股肱耳目⑧。予欲左右有民⑨，汝翼⑩。予欲宣力四方⑪，汝为。予欲观⑫古人之象⑬，日、月、星辰、山、龙、华虫，作会⑭；宗彝⑮、藻⑯、火、粉米⑰、黼⑱、黻⑲、絺绣⑳，以五采彰施于五色㉑，作服㉒，汝明。予欲闻六律五声八音㉓，在治忽㉔，以出纳五言㉕，汝听。予违，汝弼。汝无面从㉖，退有后言㉗。钦四邻㉘！庶顽谗说㉙，若不在时㉚，侯以明之㉛，挞以记之㉜，书用识哉㉝，欲并生哉㉞！工以纳言㉟，时而扬之㊱，格则承之庸之㊲，否则威之㊳。"

禹曰："俞哉！帝。光天之下㊴，至于海隅苍生㊵，万邦黎献㊶，共惟帝臣，惟帝时举㊷。敷纳以言㊸，明庶以功㊹，车服以庸㊺。谁敢不让，敢不敬应㊻？帝不时敷㊼，同，日奏，罔功。

【注释】

①在位：在位大臣。②安汝止：是说安你的心。③惟：思。几：危险。康：安康。④弼：辅佐。直：正直。⑤徯（xī），等待。志：德，指有德的人。昭：通诏，指导。⑥其：将。申：重复。休：休美。⑦邻：四邻。最亲近的大臣。⑧股肱：指足和手。⑨左右：帮助。有：助词。⑩翼：辅佐。⑪宣：用。⑫观：示，显示。⑬象：衣服上的图象。⑭会：画。⑮宗彝：宗庙彝器。它的上面刻有虎形，因此用它来指虎。⑯藻：水草。⑰粉米：白米。⑱黼（fǔ）：黑白相间象斧形的花纹。⑲黻（fú）：黑青相间象两个"己"字相背的花纹。⑳絺（chí），缝的意思。㉑五采：五种颜料。彰：明显。㉒作服：做成五个等级的礼服。㉓六律：古代有十二乐律，阴六为吕，阳六为律。五声：宫、商、角、徵、羽。八音：八种乐器。指金、石、丝、竹、匏、土、革、木。㉔在：察。治忽：治乱。㉕出纳：进退。五言：东西南北中五方的言论。㉖无：不要。面从：当面听从。㉗后言：背后议论。㉘四邻：天子身边的亲近大臣。㉙庶：众。顽：愚。谗：喜说人之恶。㉚在：察。时：是。代词，指股肱耳目之义。㉛侯以明之：侯，箭靶，这里指用箭射靶。明，勉。古代不贤的人不能参加射侯，所以射侯之礼可以勉励人。㉜挞：扑打。㉝识（zhì）：记。㉞生：上进。㉟工：官。纳：采纳。㊱时：善。扬：宣扬。㊲格：正。承：进。庸：用。㊳威：惩罚。㊴光：广。㊵隅：边隅。苍生：百姓。㊶黎：众。献：贤。㊷时：善。㊸敷：遍。㊹底：章太炎读为度，考察。㊺庸：劳，功劳。㊻应：应承。㊼时：善。敷：分别。

"无若丹朱傲[①]，惟慢游是好，傲虐是作[②]，罔昼夜頟頟[③]。罔水行舟[④]，朋淫于家[⑤]，用殄厥世[⑥]。予创若时[⑦]。娶于涂山[⑧]，辛壬癸甲[⑨]。启呱呱而泣[⑩]，予弗子[⑪]，惟荒度土功[⑫]。弼成五服[⑬]，至于五千。州十有二师[⑭]，外薄四海[⑮]，咸建五长[⑯]，各迪有功[⑰]。苗顽弗即工[⑱]，帝其念哉！"

帝曰："迪朕德[⑲]，时乃功[⑳]，惟叙[㉑]。皋陶方祗厥叙，方施象刑，惟明[㉒]。"

【注释】

①若：如。丹朱：尧的儿子。②虐：通谑，戏谑。③罔：无论。④罔水行舟：洪水已平，犹乘舟遨游。⑤朋：群。⑥用：因此。殄：灭绝。世：父子相继。⑦创：伤。时：是，代词。⑧涂山：国名。⑨辛壬癸甲：从辛日到甲日，共四天。⑩启：禹的儿子。⑪子：爱。⑫荒：通忙。土功：治理水土的事。⑬成：定。五服：指甸服、侯服、绥服、要服、荒服。⑭师：二千五百人。十二师是三万人。⑮薄：靠近。⑯咸：都。五长：五国之长。⑰迪：领导。功：工作。⑱苗：三苗，我国古代的部族。顽：顽凶。即工：接受工作。⑲迪：开导、教导。⑳时：依时。㉑惟：宜。叙：顺从。㉒象刑：在器物上刻画刑罚的图象，以示警戒。惟：宜。

夔曰[①]："戛击鸣球[②]、搏拊[③]、琴、瑟，以咏[④]！"祖考来格[⑤]，虞宾在位[⑥]，群后德让[⑦]。下管鼗鼓[⑧]，合止柷敔[⑨]，笙镛以间[⑩]。鸟兽跄跄[⑪]，《箫韶》九成[⑫]，凤皇来仪[⑬]。

夔曰："於[⑭]！予击石拊石[⑮]，百兽率舞，庶尹允谐[⑯]！"

【注释】

①夔（kuí）：人名，舜的乐官。②戛（jiá）：敲击。鸣球：玉磬。③搏拊：一种打击乐器。④咏：演唱诗歌。⑤祖考：祖考之神。格：至，降临。⑥虞宾：虞舜的宾客，指前代帝王的后裔来作舜的宾客。⑦群后：众诸侯之君。让：揖让。宾主相见时的一种礼仪。⑧下：堂下。郑玄说："已上皆宗庙堂上之乐所感

也。下管以下言舜庙堂下之乐，故言下也。”管：管乐。鼗（táo）：一种小鼓。⑨合止：合乐和止乐。柷（zhù）：一种打击乐器，乐曲开始时，先击它。敔（yǔ），一种打击乐器，乐曲结束时击它。⑩笙：一种管乐器。镛：大钟。⑪跄跄：跳动。指扮演飞禽走兽的舞队跄跄而舞。⑫箫韶：舜时的乐曲名。九成：郑玄说：“成，犹终也。每曲一终，必变更奏。若乐九变，人鬼可得而礼。”意思是演奏乐曲，每曲一终，要变更九次才结束。⑬凤皇来仪：扮演凤皇的舞队出来跳舞。曾运乾说：“来仪者，言婆娑而舞也。”⑭於（wū），叹词。⑮石：石磬。拊：轻轻地击。⑯庶：众。尹：正，官长。允：进。谐：通偕，偕同。

帝庸作歌[①]。曰：“敕天之命[②]，惟时惟几[③]。”乃歌曰：“股肱喜哉！元首起哉[④]！百工熙哉[⑤]！”

皋陶拜手稽首飏言曰[⑥]：“念哉！率作兴事[⑦]，慎乃宪[⑧]，钦哉！屡省乃成[⑨]，钦哉！”乃赓载歌曰[⑩]：“元首明哉！股肱良哉！庶事康哉[⑪]！”又歌曰：“元首丛脞哉[⑫]！股肱惰哉！万事堕哉[⑬]！”

帝拜曰：“俞，往钦哉！”

【注释】

①庸：因，因此。指这次盛会。②敕：劳，勤劳。③时：是，代词。指下文股肱三句。几：将近，接近。④起：兴起，奋发。⑤工：功，事。熙：兴盛。⑥拜手：古代的一种跪拜礼。双膝下跪，两手拱合齐心，俯首到手。稽首：古代的最敬跪拜礼。双膝下跪，叩头到地。⑦率：统率。⑧乃：你的。宪：法度。⑨省（xǐng）：省察。⑩赓：继续。⑪康：安。⑫丛脞：细碎，烦琐。⑬堕：坏。

【译文】

舜说：“来吧！禹，你也讲一讲你的真知卓见吧。”禹拜谢说：“唉！王啊，我说些什么呢？我只不过整天思索怎样孜孜不倦地工作而已。”皋陶说：“那么，你所努力从事的是一些什么工作呢？”禹回答：“大水遮蔽了天空，那浩大奔腾的洪水啊，包围了大山，冲上了陵冈，地上的人民生命都被洪水吞没。我乘坐着四种交通工具，随着勘察的山路，插上木槎作为标记，并且和益共同把打猎得来的鸟兽，无偿分发给人民。我领导民众疏通了九州的大河，使水都流到大海里去；又疏通了田间小沟，使田地中的水都顺流到大河中去；又和稷一起，教导人民播种百谷，给人民提供了粮食和肉食；又发展贸易互通有无，人民才得以安居乐业，千万个诸侯国才得以治理。”皋陶说：“对啊！你的这些话真是金玉之言呀！”

禹说：“唉！王啊，你也要全力地对待你的职位啊。”舜说：“是啊！”禹说：“做你应该做的事情，常常从坏处打算，就能够获得平安了。要使得大臣公平正直，无论做什么事情都能处理得当。这样才能以清醒明智的头脑，等待接受上帝的命令。上帝就会一再嘉奖你，十分放心地再把大命托付给你。”

舜说：“唉！正直的大臣，才是最可亲近的人啊，最可亲近的人，只有那正直的大臣啊！”禹说：“是这样啊！”

舜说：“正直的大臣应当是我的股肱和耳目。我希望求得帮助我治理臣民的人，希望你就作我的这样的助手。我准备拿出所有的力量治理好政务，讨伐叛逆，成就武功，你就应当努力去完成。我打算观察古人的图画，了解他们是怎样用五种颜色把日、月、星、辰、山、龙、虫、虎和长尾猿、水藻、火、白米、大斧和几何图形绣在丝织品上，以制成五颜六色的服装；

你全力负责这件事，要从衣服的颜色和画图上表示出地位的高低贵贱。我要听到各种不同声调不同乐器的音乐演奏，从音乐中考察政治得失，并听取各地群众的心声，你负责这件工作。我假如不同意你的意见，你也不要当面服从我，背后再散布一些表示不满的话。做我最亲近得力的助手，把左右大臣都紧紧地团结起来吧！

“一些阴险的坏人，常常散布流言蜚语，又反过来谄媚上司。这种情形不是一个人能够看清的，因此上帝设立诸侯国君作为天子的耳目，明察各种各样弊端。凡是犯了错误的人，便给以应得的惩罚；或者把他的错误记下来，写在大方板上，再把方板放在犯人的背上，使犯人了解耻辱从而改邪归正。这样做是为了使犯人不再犯罪而陷于死刑啊！做官的应该广泛地征求群众的意见。凡是好的意见便加以表彰；凡是正确的意见便提上来，以便采纳实施。否则，如果作官的封闭下情，便要给予惩罚。”

禹说：“对啊！你的光辉照耀四海，海内的黎民、万国的贤人，都亲身领受你的恩泽，做你的臣子。如果你能够重用贤人，广泛地听取意见，根据处理政务的情况，实事求是地考察其功德，并根据功劳的多少，分别赐与车马服装，表彰其功德，那么，谁敢不互相谦让？言辞应对之间，谁敢不毕恭毕敬地据实回报呢？如果你不举用贤人，而使好人坏人同样进用，这样就无法建立功业了。”

舜说：“不要象丹朱那样狂妄，丹朱只知道怠惰游玩，他的行为放纵轻浮，白天黑夜使人用船在浅水中推着他游玩。在家内更是纵情声色，奢靡腐化。因此，我严厉地处治了他，灭绝了他的后代。为了警戒别人，我不能放纵这种恶劣的行为。”

禹说：“我娶了涂山氏的女儿为妻，婚后刚三天便出发治水。待到儿子启出世时，一落地便呱呱地哭着，我虽从门前经过，却不曾进去看看他，因为我用全力以赴于治理水土的事情。我协助国王开辟疆土，划分行政区域，在王畿之外，根据距离不同分出五种服役地区，一直到距离王城五千里的地方。把全国分为十二州，每州各选定诸侯中之贤者为州长。疆土延展至四海，并在每五个诸侯国中选定诸侯国君中之贤者为长。这些诸侯之长都能够根据要求建立功业。只有苗民负隅顽抗，不肯服从，因此，不能授之官职。王啊！你可要把顽抗不顺的苗民放在心里呀！”舜说：“我仍要以德教感化他们，如果他们能听从德教，这便是你的能力了。”皋陶正在发布命令，命令全体臣民都要听从禹的领导，同时自己在考察案情使用刑罚时也力求公允得当。

夔说：“演奏起玉磬、搏拊、琴瑟以作为歌咏的配乐吧！”先王灵魂来到了，贵宾们也都分别就位了，诸侯国君都走上礼堂，彼此推让着坐下了。堂下吹起竹制乐器，敲起大鼓和小鼓，击起柷以作为演奏的序幕，击起敔以作为演奏的结束。笙和大钟分别在堂下更换着演奏，鸟兽都轻盈地跳起舞来；萧韶的音乐演奏了九次，凤凰便成对地飞起来。夔说：“啊！让我敲着石磬，奏起乐来，让那些无知无识的群兽都被感动得跳起舞来吧！”

百官互相信任，和睦相处。舜因而作歌道：“尽量地按照上帝的命令行事，时时处处都要小心谨慎。”又歌唱道：“大臣们从内心里乐意办好政务，国王的事业就发达起来啊，百官也就精神振作啊。”皋陶叩头行礼，接着便继续说道：“应该把国君的教导记在心里啊！国王处处作为臣民的典范，百事就振兴起来。谨慎地对待你自己立下的法度，对于法度可要恭敬啊！不断地反省自己，事业就会获得成功，可要恭敬啊！”于是又断续歌唱道：“国王英明啊，大臣贤能啊，诸事安宁啊，”又歌唱道：“国王把精力放在不足挂齿的小事上，大臣们松懈下来，政务必定要废驰。”舜行礼答谢说：“对啊！望你们恭谨地各赴其职吧！”

禹　　贡①

禹敷土②，随山刊木，奠高山大川③。

冀州④；既载壶口⑤，治梁及岐⑥。既修太原⑦，至于岳阳⑧。覃怀厎绩⑨，至于衡漳⑩。厥土惟白壤⑪，厥赋惟上上⑫，错⑬，厥田惟中中。恒、卫既从⑭，大陆既作⑮。岛夷皮服⑯，夹右碣石入于河⑰。

【注释】

①禹，又称大禹，是舜的大臣，夏朝的开国君主。贡，功也。②敷：分，马融说。敷土：分别九州的土地。③随：行走。刊：砍伐。奠：定。以山川定界域。④冀州：郑玄说："两河间曰冀州。"在今山西与河北西部。尧时的政治中心。⑤载：事，施工。壶口：山名，在今山西省吉县南。⑥梁：山名，在今陕西韩城县西。岐：通歧，山的支脉。⑦太原：今山西太原一带，汾水上游。⑧阳，山的南面。⑨覃怀：地名，在今河南武陟、沁阳一带。厎：致，获得。绩：功绩。⑩衡：通横。⑪厥：其，指冀州。惟：为。壤：柔土。⑫赋：赋税。上上：第一等。⑬错：杂。杂出第二。⑭卫：滹沱河。从：顺着河道。⑮大陆：泽名，在今河北巨鹿县西北。作：治理。⑯岛夷：住在海上的东方民族。⑰夹：近，接近。碣石：山名，在今河北抚宁、昌黎二县。

济、河惟兖州①：九河既道②，雷夏既泽③，澭、沮会同④。桑土既蚕⑤，是降丘宅土⑥。厥土黑坟⑦，厥草惟繇⑧，厥木惟条⑨。厥田惟中下，厥赋贞⑩，作十有三载乃同⑪。厥贡漆丝⑫，厥篚织文⑬。浮于济、漯，达于河⑭。

【注释】

①济：水名。源出河南济源县，汉代在今河南武陟县流入黄河，又向南溢出，流向山东，与黄河平行入海。兖州：今河北、山东境。②九河：黄河流到兖州，分为九条河。郑玄说："九河之名：徒骇、太史、马颊、覆釜、胡苏、简、洁、钩盘、鬲津。"道：疏导。③雷夏：泽名，在今山东菏泽东北。④澭：黄河的支流，已湮灭。沮：澭河的支流，也湮灭了。会同：会合流入雷夏泽。⑤桑土：郑玄说："其地尤宜蚕桑，因以名之。"蚕：养蚕。⑥是降丘宅土：是，于是。降，下。宅，居。⑦坟：马融说："有膏肥也。"⑧繇（yáo）：茂盛。⑨条：长。⑩贞：《孔疏》说："贞即下下，为第九也。"⑪乃同：才与其他八州相同。⑫漆丝：《孔传》："地宜漆林，又宜养蚕。"⑬厥篚织文：篚，竹器。《孔传》说："织文，锦绮之属，盛之筐篚而贡焉。"⑭漯（tà）：水名，黄河的支流。

海、岱惟青州①：嵎夷既略②，潍、淄其道③。厥土白坟，海滨广斥④。厥田惟上下，厥赋中上。厥贡盐、絺⑤，海物惟错⑥。岱畎丝、枲、铅、松、怪石⑦。莱夷作牧⑧。厥篚檿丝⑨。浮于汶⑩，达于济。

【注释】

①海：今渤海。岱：泰山。青州：今山东半岛。②嵎夷：地名。略：治。③潍、淄：二水名，在今山东。道：疏通。④斥：郑玄说："斥谓地碱卤。"《说文》："卤，碱地。东方谓之斥，西方谓之卤。"⑤絺：

细葛布。⑥错：《孔传》说："杂，非一种。"⑦畎：山谷。枲（xǐ）：不结子的大麻。铅：锡。⑧莱夷作牧：《孔传》："莱夷，地名，可以放牧。"胡渭说："今莱州、登州二府皆禹贡莱夷之地。"⑨檿：山桑，柞树。⑩汶：水名。在今山东。

海、岱及淮惟徐州①：淮、沂其乂②，蒙、羽其艺③，大野既猪④，东原底平⑤。厥土赤埴坟⑥，草木渐包⑦。厥田惟上中，厥赋中中。厥贡惟土五色⑧，羽畎夏翟⑨，峄阳孤桐⑩，泗滨浮磬⑪，淮夷蠙珠暨鱼⑫。厥篚玄纤缟⑬。浮于淮、泗，达于河⑭。

【注释】

①海：指黄海。淮：淮河。徐州：今江苏、安徽北部，山东南部。②沂：沂水，在山东。③蒙：山名，在山东蒙阴县西南。羽：羽山，在今江苏赣榆县西南。艺：种植。④大野：巨野泽，在山东巨野县。猪：潴，水停聚的地方。⑤东原：今山东东平县地，在汶水和济水之间。平：治理。⑥埴：《孔传》说："土粘曰埴。"⑦渐包：滋长而丛生。又写作渐苞。⑧土五色：五色土，《孔传》说："王者封五色土为社，建诸侯则各割其方色土与之。"⑨羽：羽山。畎：山谷。夏：大。翟（dí）：山雉，羽毛可作装饰品。⑩峄：峄山，在江苏邳县境。阳：山的南面。孤酮：特生的桐木。⑪泗：水名，源出今山东泗水县，下流入淮河。浮磬：一种可以作磬的石头。⑫蠙珠：蠙蚌所产之珠。⑬玄：黑色。纤：细缯，绸。缟：白缯，绢。⑭达于河：金履祥说："达于河，《古文尚书》作达于菏。《说文》引《书》亦作菏。今俗本误作河耳。菏泽水与济水相通。"

淮、海惟扬州：彭蠡既猪①，阳鸟攸居②。三江既入③，震泽底定④。篠簜既敷⑤，厥草惟夭⑥，厥木惟乔⑦。厥土惟涂泥⑧。厥田惟下下，厥赋下上，上错⑨。厥贡惟金三品⑩，瑶、琨、篠、簜、齿、革、羽、毛惟木⑪。岛夷卉服⑫。厥篚织贝⑬，厥包橘柚⑭，锡贡⑮。沿于江、海，达于淮、泗。

【注释】

①彭蠡：今鄱阳湖。猪：潴，水停聚。②阳鸟：曾运乾说："鸟当读为岛，《说文》所谓'海中往往有山，可依止，曰岛'是也。本经皆假鸟为之。岛夷皮服、岛夷卉服，古今文本皆作鸟。……阳岛，即扬州附近海岸各岛。大者则台湾、海南是也。云阳岛者，南方阳位也。"③三江：岷江、汉水与彭蠡。郑玄说："三江，左合汉为北江，会彭蠡为南江，岷江居其中则为中江。"入：入海。④震泽：江苏太湖。底定：获得安定。⑤篠（xiǎo）：小竹。簜（dàng）：大竹。⑥夭：茂盛。⑦乔：高大。⑧涂泥：潮湿的泥土。⑨上错：依阮元校增"上"字。⑩金三品：王肃说："金、银、铜也。"⑪瑶：美玉。琨：美石。齿：象牙。革：犀皮。羽：鸟羽。毛：旄牛尾。惟：与，和。《经传释词》："惟，犹与也，及也。"⑫岛夷：沿海各岛的人。卉服：草服，蓑衣草笠之属。⑬织贝：贝锦。⑭包：包裹。⑮锡贡：黄式三曰："锡亦贡也。"

荆及衡阳惟荆州①：江、汉朝宗于海②，九江孔殷③。沱、潜既道④，云土、梦作乂⑤。厥土惟涂泥⑥，厥田惟下中，厥赋上下。厥贡羽、毛、齿、革惟金三品，杶、榦、栝、柏⑦，砺、砥、砮、丹惟箘簬、楛⑧。三邦底贡厥名⑨，包匦菁茅⑩，厥篚玄纁玑组⑪，九江纳锡大龟⑫。浮于江、沱、潜、汉，逾于洛⑬，至于南河⑭。

【注释】

①荆：山名，在今湖北南漳县。衡：山名，在今湖南衡山县。②朝宗：诸侯朝见天子，春天朝见叫朝，夏天朝见叫宗。这里比喻长江汉水归向大海。③九江：《蔡传》说："九江，即今之洞庭也。"孔：大。殷：定。④沱、潜：沱水，长江的支流，在今湖北枝江县。潜水，汉水的支流，在今湖北潜江县。道：通。⑤云土、梦：即云梦，二泽名。杜预注《左传》说："江南为云，江北为梦。"作：指耕作。⑥毛：通旄，旄牛尾。惟：与。⑦杶（chūn）：椿树。榦：柘木，可做弓。栝（guā）：桧树。⑧砺：粗磨刀石。砥：细磨刀石。砮：石制的箭镞。丹：丹砂。楛：可作箭杆。⑨三邦：《孔传》说近泽三国。名：名产。⑩包：包裹。匭（guǐ）：杨梅。菁茅：《管子·轻重篇》："江淮之间，一茅三脊，名曰菁茅。"⑪玄：赤黑色。纁：黄赤色。玄纁，指彩色丝绸。玑组：玑，不圆的珠。组，丝带。玑组，珍珠串。⑫纳：入。锡：赐，贡献。⑬逾：越。舍舟陆行叫逾。⑭南河：颜师古说："在冀州南。"指洛阳巩县一带的河。

荆、河惟豫州[①]：伊、洛、瀍、涧既入于河[②]，荥波既猪[③]。导菏泽[④]，被孟猪[⑤]。厥土惟壤，下土坟垆[⑥]。厥田惟中上，厥赋错上中。厥贡漆、枲、絺、纻[⑦]，厥篚纤、纩[⑧]，锡贡磬错[⑨]。浮于洛，达于河。

【注释】

①荆：荆山，在今湖北南漳县西北。②伊：水名，源出今河南卢氏县。洛：水名，源出今陕西洛南县。瀍：水名，源出今河南孟津县。涧：水名，源出今河南渑池县。③荥波：即荥播，泽名，在今河南荥阳县境。猪：潴，聚水。④导：通道，疏通。菏泽：在今山东定陶县。⑤被：读为陂，修筑堤防。按《墨子·兼爱中》叙禹治水说："防孟诸之泽"，可证。孟猪：泽名，在今河南商丘东北。⑥垆：黑刚土。⑦纻：苎麻。⑧纩：细绵。⑨磬错：治玉磬的石头。

华阳、黑水惟梁州[①]：岷、嶓既艺[②]，沱、潜既道。蔡、蒙旅平[③]，和夷厎绩[④]。厥土青黎[⑤]，厥田惟下上，厥赋下中、三错[⑥]。厥贡璆、铁、银、镂、砮、磬、熊、罴、狐、狸[⑦]。织皮、西倾因桓是来[⑧]。浮于潜，逾于沔[⑨]，入于渭，乱于河[⑩]。

【注释】

①华：华山。黑水：众说不一。陈澧认为是怒江，今从陈说。②岷：岷山，在四川北部。嶓：嶓冢山，在陕西宁强县西北。艺：治。③蔡：峨嵋山，见《禹贡锥指》。蒙：山名，在今四川雅安北。旅：治。④和：水名，即今大渡河。⑤青：黑。黎：疏散。⑥三错：《孔传》说："杂出第七第九三等。"⑦璆（qiú）：同球，美玉。镂：刚铁。⑧织皮：西戎之国。西倾：山名，在甘肃青海交界处。桓：桓水，即白水，今名白龙江。⑨沔：汉水的上游。⑩乱：横渡。

黑水、西河惟雍州[①]：弱水既西[②]，泾属渭汭[③]，漆沮既从[④]，沣水攸同[⑤]。荆、岐既旅[⑥]，终南、淳物，至于鸟鼠[⑦]。原隰厎绩[⑧]，至于猪野[⑨]。三危既宅[⑩]，三苗丕叙[⑪]。厥土惟黄壤，厥田惟上上，厥赋中下。厥贡惟球、琳、琅玕[⑫]。浮于积石[⑬]，至于龙门、西河[⑭]，会于渭汭。织皮昆仑、析支、渠搜[⑮]，西戎即叙[⑯]。

【注释】

①西河：冀州西边的黄河。②弱水：又叫张掖河。西流入居延海。③泾、渭：都是陕西的大河。泾水

流入渭水处叫渭汭。属：注入。④漆沮：即洛水，漆沮流入洛水，所以洛水又叫漆沮。⑤沣水：流入渭河。同：会合。⑥荆：荆山，在今陕西富平县西南，与湖北的荆山不同。岐：岐山，在今陕西岐山县东北。旅：治理。⑦终南：今称秦岭。淳物：太白山。鸟鼠：山名，在今甘肃渭源县西南。⑧原隰：指邠地，今之邠县和旬邑县。⑨猪野：泽名，在今甘肃民勤县。⑩三危：山名。郑玄说："三危山在鸟鼠西，南当岷山。"⑪三苗：《史记·五帝本纪》说："舜迁三苗于三危。"叙：顺。⑫球：美玉。琳：美石。琅玕：似珠之玉。⑬积石：山名，在今青海西宁西南。⑭龙门：山名，在今陕西韩城县东北。⑮析支：山名，在今青海西宁西南。渠搜：山名。⑯西戎：古代我国西北部民族的总称。即：就。

导岍及岐，至于荆山①，逾于河。壶口、雷首至于太岳②。厎柱、析城至于王屋③。太行、恒山至于碣石④，入于海。

西倾、朱圉、鸟鼠至于太华⑤。熊耳、外方、桐柏至于陪尾⑥。

导嶓冢至于荆山⑦。内方至于大别⑧。岷山之阳至于衡山⑨，过九江至于敷浅原⑩。

【注释】

①导：通道，开通道路。岍：山名，在今陕西陇县。岐：岐山，在今陕西岐山县。荆：荆山，在今陕西富平。②壶口：山名，在今山西吉县。雷首：山名，在今山西永济县。太岳：霍太山。③厎柱：即三门山，在今山西平陆县。析城：山名，在今山西阳城县。王屋：山名，在今山西垣曲县。④太行：山名，在今山西、河南、河北三省交界处。恒山：在今河北曲阳县，古称北岳。碣石：山名，在今河北昌黎、抚宁二县交界处。⑤朱圉：山名，在今甘肃甘谷县。太华：即华山，古称西岳。⑥熊耳：山名，在今河南桐柏县。外方：即嵩山，古称中岳。桐柏：山名，在今河南桐柏县。陪尾：山名，在今湖北安陆县。⑦嶓冢：山名，在今陕西宁强县西北。荆山：在今湖北南漳县西南。⑧内方：山名，在今湖北钟祥县西南。大别：即大别山。⑨岷山：在今四川松潘县北。衡山：在今湖南衡山县，古称南岳。⑩九江：洞庭湖。敷浅原：庐山，曾运乾说。

导弱水至于合黎①，馀波入于流沙②。

导黑水至于三危，入于南海。

导河积石，至于龙门；南至于华阴③；东至于厎柱；又东至于孟津④；东过洛汭，至于大伾⑤；北过降水⑥，至于大陆；又北，播为九河⑦，同为逆河⑧，入于海。

嶓冢导漾⑨，东流为汉；又东，为沧浪之水⑩；过三澨⑪，至于大别，南入于江。东，汇泽为彭蠡；东，为北江⑫，入于海。

岷山导江，东别为沱⑬；又东至于澧；过九江，至于东陵⑭；东迆北⑮，会于汇⑯；东为中江⑰，入于海。

导沇水⑱，东流为济，入于河，溢为荥⑲；东出于陶丘北⑳，又东至于菏；又东北，会于汶；又北东，入于海。

导淮自桐柏，东会于泗、沂㉑，东入于海。

导渭自鸟鼠同穴㉒，东会于沣，又东会于泾；又东过漆沮，入于河。

导洛自熊耳，东北，会于涧、瀍；又东，会于伊；又东北，入于河。

【注释】

①导：疏导。合黎：山名，在今甘肃山丹、张掖、高台、酒泉之北。②馀波：指下游。流沙：郑玄引

《地理志》说："流沙在居延西北，名居延泽。"流沙指居延泽一带的沙漠。③华阴：华山的北面。④孟津：今河南孟津县。⑤大伾：山名，在今河南浚县西南。⑥降水：指漳、洚合流的漳水，在今河北曲周肥乡间进入黄河。⑦播：分布。九河：指兖州之九河。⑧同为逆河：同，合。下游又合而名为逆河。⑨漾：汉水上游。⑩沧浪：即汉水。⑪三澨（shì）：郑玄说："水名，在江夏竟陵界。"竟陵，今之钟祥。⑫北江：即汉水。⑬沱：长江的支流。⑭东陵：旧注认为是汉代卢江郡金兰县西北的东陵乡。⑮迆（yǐ）：水斜流着。⑯汇：曾运乾说："汇为淮之假借字……江淮本通。"⑰中江：指岷江。⑱沇：水名。济水的上游。⑲溢：水动荡奔突而出。荥：荥泽，汉代已成平地。⑳陶丘：在今山东定陶县。㉑东会于泗沂：沂水流入泗水，泗水流入淮河。淮河在今江苏阜宁县东入海。㉒鸟鼠同穴：山名，即鸟鼠山。

九州攸同：四隩既宅①，九山刊旅②，九川涤源③，九泽既陂④，四海会同⑤。六府孔修⑥，庶土交正⑦，厎慎财赋⑧，咸则三壤成赋⑨。中邦锡土、姓⑩，祗台德先⑪，不距朕行⑫。

五百里甸服⑬。百里赋纳总⑭，二百里纳铚⑮，三百里纳秸服⑯，四百里粟，五百里米。

五百里侯服⑰。百里采⑱，二百里男邦⑲，三百里诸侯⑳。

五百里绥服㉑。三百里揆文教㉒，二百里奋武卫㉓。

五百里要服㉔。三百里夷㉕，二百里蔡㉖。

五百里荒服㉗。三百里蛮㉘，二百里流㉙。

东渐于海㉚，西被于流沙㉛，朔南暨声教讫于四海㉜。

禹锡玄圭㉝，告厥成功。

【注释】

①隩（ào）：可以定居的地方。宅：居住。②九山：上文所举的九条山脉。刊：削除。旅：道。③九川：上文所举的九条河流。涤源：疏通水源。④九泽：上文所举的九个湖泽。陂：修筑堤防。⑤四海：《尔雅·释地》："九夷八狄七戎六蛮，谓之四海。"会同：会同京师，指进贡的道路畅通了。⑥六府：水火金木土谷。孔：很。修：治理。⑦交：《孔传》："俱也。"正：征。⑧厎：定，规定。⑨则：准则。三壤：上中下三等土壤。成：定。⑩中邦：中央之国，指天子之邦。锡：赐。⑪祗：敬。台（yí）：以。于省吾说。⑫不距朕行：郑玄说。"不距违我天子政教所行。"⑬甸服：古代在天子领地外围，每五百里为一服役地带，按远近分为甸服、侯服、绥服、要服、荒服。胡渭说："五千里内皆供王事，故通谓之服，而甸服则主为天子治田出谷者也。"⑭纳：交纳。总：指禾的总体。⑮铚：《孔疏》说："铚谓禾穗也。"⑯秸服：带稃的谷。⑰侯服：江声说："侯之言候，候顺逆，兼司候王命。"⑱采：事，指替天子服差役。⑲男邦：男，任。男邦，担任国家的差事。⑳诸侯：《孔传》说："同为王者斥候。"《孔疏》说："斥候，谓检行险阻，伺候盗贼。"㉑绥服：《孔传》说："安服王者之政教。"指替天子做安抚的事。㉒揆文教：《孔传》说："揆，度也。度王者文教而行之。"㉓奋武卫：奋扬武威保卫王者。㉔要服：要，约。接受王者约束而服事之，叫要服。㉕夷：平，谓相约和平共处。㉖蔡：法，谓相约遵守王法。㉗荒服：荒，远。替天子守边远之区叫荒服。㉘蛮：郑玄说：蛮者，听从其俗，羁縻其人耳，故云蛮。蛮之言缗也。"意思是维持隶属关系。㉙流：郑玄说："流谓夷狄流移，或贡或不。"意思是贡否不定。㉚渐：入。㉛被：及，到。㉜朔南暨声教讫于四海：九字一句，谓北方南方和声教皆止于夷狄之区。见《尚书易解》。㉝锡：赐，被赐。玄圭：玄色的瑞玉。

【译文】

禹为了划定九州的疆界，便在经过的山上插上木桩作为标识，并负责为高山大河命名。

壶口的工程动工之后，又开始治理梁山及其支脉。太原治理完毕，工程就扩展到太岳山的南面。覃怀一带的治理行之有效，又转而向北整治横流入河的漳水。这里的土壤白细柔软，贡赋定为第一等，其中也夹着第二等；这里的土质属于第五等。恒水和卫水互相疏通之后，河水流入大海，治理大陆泽的工程也开始了。沿海一带诸侯以皮服为贡品，进贡的路线是经由碣石转入黄河。

济水与黄河之间这一带是兖州的疆域。黄河下游的九条河道疏通了，雷夏这片地方整治成了大泽，雍河、沮河都融汇了雷夏泽。凡是能够栽种桑树的地方都开始养蚕，这样人们就从丘岭上搬下来，到平地上安家落户。这里的土壤又黑又肥，野草很繁茂，树木很参天挺拔。这里的土质是第六等，贡赋定为第九等，耕作了十三年才达到其他八个州的水平。这里的贡品是漆和丝，还有用竹筐盛着的丝织品。进贡的路线是经由济水和漯水，再转入黄河。

勃海沿岸直至泰山这一带地方是青州的疆域。禺夷的治理未花大力气就完成了，潍水和淄水接着也疏通了。这里的土壤又白又肥沃，而沿海一带的广大地区则是一片盐碱地。这里的土质是第三等，贡赋则是第四等。这里的贡品是盐和细葛布以及各种海品；而泰山一带则要进献丝、大麻、锡、松以及奇异的石头等物品。莱夷一带是牧区，除了畜产品之外，还要把柞蚕丝用竹筐盛好作为贡品。进贡的路线是经由汶水直入济水。

东起大海，北至泰山，南到淮河，这一带地方是徐州的疆域。淮河和沂河治理成功以后，蒙山和羽山一带就可以耕种了；大野泽蓄住了附近的流水之后，东平一带也就得到了治理，能够种植庄稼了。这里的土壤是红色的，又粘又肥，草木一天一天生长起来，丛丛繁生，非常茂盛。这里的土质是第二等，贡赋则是第五等。贡品是五色土，羽山山谷的大山鸡，峄山南麓的特产优质桐木，泗水边上出产的可以制磬的石料，淮河流域的蚌珠和鱼，此外还有盛在竹筐里的细柔的黑绸和白绢。进贡的路线是经由淮河入泗水，而后入菏泽，再由济水转向黄河。

淮河与黄海之间这一带地方是扬州的疆域。彭蠡泽蓄住大量流水之后，南方各岛的人们便可以安居乐业了。三江之水导入大海之后，震泽也治理好了。各种子竹遍布各地，野草丛生，树木很高大。这里是一片低洼潮湿的土地。土质属于第九等，贡赋则定为第七等，其中也夹杂着第六等。贡品是金、银、美玉、美石、小竹、大竹、象牙、犀皮、鸟羽、牦牛尾以及木材。东南沿海各岛的人们穿戴的是蓑衣、草笠。贡品是竹筐盛着的贝锦，负装起来的橘子和柚子。进贡的路线是经由长江进入黄海，再转入淮河泗水。

从荆山到衡山南面是荆州地区。长江和汉水一起流入大海，许多长江支流的流水汇集在洞庭湖一带，水势浩浩荡荡了！长江的支流和汉水的支流也都已经疏通了，云梦泽一带的土地也大都可以耕种了。这里同样是一片低洼潮湿的土地，土地的质量在九州中属第八等，应该缴纳第三等赋税。应该进贡鸟羽、牛尾、象牙、犀牛皮和三种金属，以及杶、干、栝、柏四种木材，还有磨刀的石头、制箭头的石头、丹砂和竹笋、美竹、楛树等。州内各国，都贡上当地的特产，将带有毛刺的茅草放在匣内包装起来，把黑色的、浅红色的丝织品和珍珠、丝带子一类东西放在竹筐内，一并贡来。沿江一带及长江的许多支流地区还要贡上大龟。进贡的路线由长江顺流入其支流，再由长江的支流进入汉水的支流，由汉水的支流入汉水，然后登岸由陆路到洛水，再由洛水进入黄河。

从荆山到黄河，属于豫州地区。伊水、瀍水、涧水都会集于洛水而流入黄河。荥波泽已经

治好，能够储蓄大量的河水，使河水不致横溢肆意了。菏泽与孟猪泽之间也疏通了，只有水势极大的时候才可以覆被孟猪泽。这里是一片石灰性的冲积土，土的底层是砂姜。这片耕地质量在九州之中属第四等，应该缴纳第二等赋税，间或缴纳第一等赋税。应该进贡漆、大麻、细葛布、纻麻，还要把细绵用筐子包装起来和治琢好的磬同时贡来。进贡的路线由洛水直入黄河。

从华山的南面西至黑水，是梁州地区。岷山和嶓冢山都已经能够种庄稼了，沱江和潜水也都疏通了。蔡山和蒙山的工程也已竣工，和水一带的民众也前来报告治理的丰功伟绩。这里是一片黑色的土地，土地的质量在九州之中属第七等，应缴纳第八等赋税，也可间或缴纳第七等与第九等赋税。要进贡美玉、铁、银、刚铁、硬石和磬以及熊、罴、狐、狸四种兽皮。这里的贡道可由西倾山区顺着恒水前来，经过潜水和沔水，然后弃舟登陆，陆行至渭水，由渭水横渡入黄河。

从黑水到西河是雍州地区。弱水在疏通之后，便向西淌去；泾水已经疏通，从北面流入渭水；漆水和沮水在疏通之后，北面流入渭水，沣水从南面流入渭水。条荆山和岐山的工程已经完成，终南山、淳物山、直到鸟鼠山的水利工程都已经全部峻工。平原一带一直到猪野的水利工程取得了突出成绩。三危这个地方已经可以住人了，因而三苗人民得到很好的安置。这里是一片黄色的土壤，土地的肥沃程度在九州中属第一等，这里的百姓应该缴纳第六等赋税。应该进贡美玉、美石和宝珠一类物品。进贡的路线由积石山附近进入黄河，顺流至龙门，所有运送贡物的船只汇集在渭河的弯曲处。昆仑、析支、渠搜等西戎国家都要遵守规定进贡皮制衣料。

疏通了岍山和岐山，一直疏凿到荆山，穿过黄河，其间从壶口山、雷首山一直到太岳山都得到了疏凿。从底柱山、析城山到王屋山，再从太行山、恒山一直到碣石的水利工程都得到了很好的治理，黄河得以畅流入海了。

由西倾山、朱圉山、鸟鼠山到太华山；再由熊耳山、外方山、桐柏山一直到陪尾山的水利工程都得到了治理。

从嶓冢山到荆山，从内方山到大别山也都得到了疏通和开凿。

从岷山的南面到衡山，越过九江，一直到鄱阳湖一带的水利也同样得到了治理。

把弱水疏通到合黎，下游流入沙漠地带。

把黑水疏通到三危，下游流进南海。

又疏导黄河，首先在积石山施工，一直疏凿到龙门山；又向南到华山的北面，再向东经过底柱山、孟津、洛水的弯曲处到大伾山；然后又折转向北，过降水，到大陆泽；再向北分为九条支流，这九条支流一起承受着黄河的大水，把它顺顺利利地导入大海。

从嶓冢山开始疏导漾水，向东流则为汉水，再向东流便是沧浪水，经过三澨水，到达大别山；向南流入长江，向东便汇成大泽，即彭蠡泽，向东称北江，然后由长江流进大海。

从岷山开始疏导长江，向东则别出一条支流称沱水，再向东到妹水；经过九江到了东陵，然后弯曲斜行而东和淮水相会；向东则为长江，然后流入大海。

疏导沇水，东流则名为济水，然后流入黄河，河水四处流淌而成为荥泽；然后自陶丘的北面向东流去，一直流入菏泽；再向东北和汶水相会，又向北流，然后拐弯向东流入大海。

从桐柏山开始疏导淮河，向东和泗水、沂水汇合，再向东流入大海。

从鸟鼠山开始疏导渭水，向东和沣水相会，再向东和泾水相会；然后经过漆水、沮水流入黄河。

从熊耳山开始疏导洛水，向东北则与涧水、瀍水相会；又向东和伊水相会，然后从东北注入黄河。

九州水利工程都已经竣工，四方的土地都可以居住了。九州的大山都已经开凿治理，九州的河流也都疏浚而使之四通八达了，九州的大泽也都筑起大堤，不至于决溢了。海内的贡道都畅通无阻了，六府的政务都治理得十分好。九州的土地都得到了正确的考查，并根据各地区土地质量，谨慎地规定了相应的赋税，各地人民都要根据土质优劣的三种规定交纳赋税。九州之内的土地都封给诸侯并赐之以姓氏。诸侯们应该把尊敬我的德行放在第一地位，不准违背我所推行的德教。

王城以外的五百里属于甸服。距离王城一百里者，将割下的庄稼贡来；二百里者，将庄稼的穗头献来；三百里者，将庄稼脱去芒尖贡来；四百里者贡粟；五百里者贡米。

甸服以外五百里为侯服。其间百里者，人民为国王服全部劳役；二百里者，人民为国王服规定的劳股；三百里以外者，人民主要肩负戍守之任务。

侯服以外的五百里为绥服。其间三百里以内者，要专设立掌管文教的官来推行文教；三百里以外的人民要努力地熟悉武事，以便保卫国王。

绥服以外的五百里为要服。其间三百里以内的人民，要遵守与其他地方基本相同的政令；三百里以外的人民，可以逐渐减轻其赋税。

要服以外的五百里为荒服。对其间三百里以内的人民的各种要求能够从简，三百里以外的人民可以四外流徙。

东面到大海，西面到沙漠地带，从北方到南方，四海之内都得到了国王的德教。因此帝舜赐给禹以元圭，用以表彰禹所完成的丰功伟绩。

甘　　誓①

大战于甘，乃召六卿②。王曰："嗟！六事之人③，予誓告汝：有扈氏威侮五行④，怠弃三正⑤，天用剿绝其命⑥，今予惟恭行天之罚⑦。

【注释】

①甘，地名，在有扈氏国都的南郊。誓，是古代告诫将士的言辞。据《史记·夏本纪》记载，大禹十年，东巡狩，死在会稽，政权交给了益。三年以后，益又把政权让给禹的儿子启，启很贤明，受到诸侯的拥护，于是继承了帝位，称夏后帝启。夏的同姓诸侯有扈氏不服。夏启举兵讨伐它，在甘地大战。战前，夏启誓师告诫六军将士。史官记录了启的告辞，写成《甘誓》。《淮南子·齐俗训》说："昔有扈氏为义而亡。"高诱注说："有扈氏，夏启之庶兄也，以尧舜传贤，禹独传子，故伐启。启亡之。"高诱揭示了新旧制度之争是这次战争的真正原因。②六卿：六军的主将。③六事：六军的将士。④威侮五行：王引之说："威当作戚，戚者蔑之假借也。蔑，轻也。蔑侮五行，言轻慢五行也。"所谓轻慢五行，夏曾佑说："即言有扈氏不遵洪范之道。"⑤怠：懈怠。三正：按正与政通，谓政事。三正，指正德、利用、厚生三大政事。⑥用：因此。剿：绝。剿绝同义。⑦恭行：恭，《墨子·明鬼》和《史记·夏本纪》都作共。共行，就是奉行。

"左不攻于左①，汝不恭命；右不攻于右②，汝不恭命；御非其马之正③，汝不恭命。用命，赏于祖④；弗用命，戮于社⑤，予则孥戮汝⑥。"

【注释】

①左：车左。《孔传》说："左方主射。"攻：善。②右：车右。《孔传》说："右，勇力之士，执戈矛以退敌。"③御：驾车的人。非：违背。正：通政，事。④赏于祖：天子亲征，载着祖庙的神主。有功的，就赏于神主之前，表示不敢自己专行。⑤戮于社：天子亲征，又载着社主。不听命的，就在社主前处罚，也是表示不敢自己专行。⑥孥戮：孥，通奴。指降为奴隶。戮，刑戮。颜师古说："案孥戮者，或以为奴，或加刑戮，无有所赦耳。"

【译文】

启将要在甘这个地方发起一场大战，就召集六军将领进行战前总动员。君王说："啊！六军的全体将士们，我在这里告诉你们：有扈氏蔑视五行，背弃沿袭下来的治国大法，摒除了三大政事，上天因此要断绝他的国运，我现在要奉行上天对他的惩罚。

"战车左侧的兵士如果不能用箭射杀敌人，那你们就是不遵从我的命令；战车右侧的兵士如果不能用刺刺死敌人，那你们就是不是遵从我的命令；驾驭战车的兵士如果不能擅长驾驭战马之术，那也是不遵从我的命令。凡是遵从命令者，我就在先祖的灵位前予以赏赐；凡是不遵从命令者，我就在祖先的灵位前加以处置，或者把你们降为奴隶，或者把你们杀掉！"

商　书

汤　誓①

王曰："格尔众庶②，悉听朕言。非台小子敢行称乱③！有夏多罪，天命殛之④。今尔有众⑤，汝曰：'我后不恤我众，舍我穑事而割正夏⑥？'予惟闻汝众言⑦，夏氏有罪，予畏上帝，不敢不正！今汝其曰：'夏罪其如台⑧？'夏王率遏众力⑨，率割夏邑⑩。有众率怠弗协，曰：'时日曷丧⑪？予及汝皆亡'。夏德若兹⑫，今朕必往。

【注释】

①汤名履，又称天乙，舜的大臣契的十四代孙，商朝的开国君主。当时夏王桀荒淫暴虐，民怨很大；侵削诸侯，诸侯怨恨。诸侯昆吾氏举兵叛乱，汤率领诸侯讨伐昆吾。消灭昆吾以后，汤又乘胜讨伐夏桀。伐桀以前，汤的军民不愿战争。汤在都城亳告喻众人吊民伐罪的道理。史官记录这篇誓词，又叫《汤誓》。他真实反映了夏国人民痛恨暴君暴政的心情，十分可贵。②格：来。③台（yí）：我。④有夏：夏国。有，助词。殛：诛杀。⑤有众：众人。有，助词。⑥穑事：农事。割：通曷，为什么。正：通征，征伐。⑦惟：同虽。杨树达说。⑧如台（yí）：如何。⑨率：语气助词。遏：通竭，尽。率遏众力，竭尽民力。⑩割：剥削。⑪时：是，这个。曷：何，什么时候。⑫兹：此，这样。

"尔尚辅予一人①，致天之罚②，予其大赉汝③！尔无不信，朕不食言④。尔不从誓言，予则孥戮汝⑤，罔有攸赦。"

【注释】

①尚：庶几，表祈使语气。一人：君王自谦的话，言自己只能当一人。②致：用。见《淮南子·修务》注。③其：将。赉（lài）：赏赐。④食言：伪言，说假话。《尔雅·释诂》："食，伪也。"⑤孥：通奴。降成奴隶。戮：刑戮。奴戮，或以为奴，或加刑戮。

【译文】

王说："来吧！诸位。你们都要听从我的话。不是我小子大胆发动战争。是因为夏王犯了许多罪行，上天命令我前往征伐它。

"现在，你们大家常说：'我们的国王太不体贴我们了，把我们种庄稼的事都不顾了，犯了这样的大错，怎么可能纠正别人呢？'我听到你们说了这些话，知道夏桀犯了许多罪行。我怕上帝降下惩罚，不敢不讨伐夏国。

"现在你们将要问我说：'夏桀的罪行究竟怎样呢？'夏桀一直要人民担当沉重的劳役，人民的力量都消耗尽了，还在国内残酷地剥削压迫人民，人民对夏桀的统治极端不满，大家都怠

于奉上，对国君的态度很不友好，说：‘你这个太阳呀，什么时候才能消失呢？我宁愿和你一块死去！’夏国的政治，已经腐坏到这种程度，现在我下决心要去讨伐它。

“你们只要辅助我，奉行上天的命令讨伐夏国，我就要重重地赏赐你们。你们不要不相信，我是决不会失信的。如果你们不听从我的话，我就要惩罚你们，让你们当奴隶，决不宽恕。”

汤 诰①

王归自克夏，至于亳②，诞告万方。

王曰：“嗟！尔万方有众，明听予一人诰③。惟皇上帝降衷于下民④。若有恒性⑤，克绥厥猷惟后⑥。夏王灭德作威，以敷虐于尔万方百姓⑦。尔万方百姓罹其凶害⑧，弗忍荼毒⑨，并告无辜于上下神祇⑩。天道福善祸淫，降灾于夏，以彰厥罪。肆台小子将天命明威⑪，不敢赦。敢用玄牡⑫，敢昭告于上天神后⑬，请罪有夏，聿求元圣，与之戮力⑭，以与尔有众请命。

【注释】

①成汤战胜夏桀，回到都城亳邑，诸侯都来朝见。成汤告诫诸侯，阐明伐桀的重大意义，勉励诸侯各守常法，以承天休。史官记录成汤的讲话，名叫《汤诰》。《史记·殷本纪》载有《汤诰》全文，与此篇不同，足以证明本篇是伪造的。这是梅氏伪古文尚书之五。②亳：地名，成汤的国都，在今河南商丘县。③予一人：古代天子自称为予一人。④衷：善。⑤若有恒性：若，顺；恒，常。《孔传》：“顺天有常之性。”⑥克绥厥猷：克，能。绥，安。猷，导，教。言能使人民安于教导。⑦敷：布，施行。⑧罹：被，遭受。⑨荼毒：痛苦。荼，苦菜，味道苦。毒，指毒人的虫，是人之所苦。所以用荼毒比喻痛苦。⑩辜：罪。神祇：神，天神；祇，地祇。⑪肆：故，所以。 台（yí）：我。将：行，奉行。⑫玄牡：玄，黑色。牡，公牛。⑬神后：后土，指地神。⑭聿：遂。《孔传》：聿，遂也。”元圣：大圣，指伊尹。戮力：努力。

“上天孚佑下民①，罪人黜伏②。天命弗僭③，贲若草木④，兆民允殖⑤。俾予一人辑宁尔邦家⑥，兹朕未知获戾于上下⑦，慄慄危惧⑧，若将陨于深渊⑨。凡我造邦⑩，无从匪彝⑪，无即慆淫⑫，各守尔典，以承天休。尔有善，朕弗敢蔽；罪当朕躬，弗敢自赦，惟简在上帝之心⑬。其尔万方有罪，在予一人；予一人有罪，无以尔万方。

“呜呼！尚克时忱⑭，乃亦有终。”

【注释】

①孚：保。②黜伏：退伏。③僭：差错。④贲（bì）：文饰。⑤允：信。 殖：生活。⑥辑宁：辑，和睦。宁，安宁。⑦戾：罪。⑧慄慄：危惧的样子。⑨陨：坠落。⑩造邦：建立的国家。⑪匪彝：匪，通非。彝，法。⑫淫：纵乐。⑬简：明白。⑭时忱：时，此、这。忱，信，诚信。时忱，这样诚信。

【译文】

汤王从战胜夏桀的地方回来，到了亳，大力地向四方宣告。

王说：“唉！你们众多国家的百姓，明白无误地听取我的命令。伟大的上帝把好的品德降给下界百姓。假如要长久地保持这种美德，只有天子建立起教育才能做到。夏王失去了他应具的品德而作福作威，普遍虐待那所有地方的百姓。你们所有地方的百姓，都受到他的残酷迫害，你们无法忍受这种灾难，你们这些无辜的百姓便告诉天地神灵。天道是善有善报，恶有恶报，就将灾难降给夏国，以暴露夏王的罪恶。所以，我小子秉承那上帝的威严的命令，不敢赦免夏王的罪过，冒昧地用黑色公牛作为祭品，明确地祭告上帝，要求上帝降罪给夏王。于是寻找那伟大的圣人，和他同心协力，带领你们向上帝请命，上帝相信并保佑下界百姓，流放了罪人夏王，让他遭到应得的惩罚，上帝的命令是不会有错误的。这样一来，草木便茂盛地生长，百姓也安居乐业了。上帝使我安定治理你们的国家，现在，我不知道这样做会不会获罪于天地神灵，战战兢兢，心怀畏惧，仿佛将要坠落在深渊之中。凡是我所开创的邦国都不要失去法度，都不要贪图逸乐，各人都要遵守为你们制定的典章，这样便可以得到上天的奖赏。你们有好的行为，我不敢隐蔽；我有过错，也不敢擅自饶恕。因为所有这些都为上帝所看到并记在心中。你们有了罪过，应该由我一人承担；我有罪过，不能累及你们。

“唉！如果能诚心诚意地做到这一切，就会有好的结果。”

盘庚上①

盘庚迁于殷②。民不适有居③，率吁众慼出，矢言④。曰：“我王来⑤，即爰宅于兹⑥，重我民⑦，无尽刘⑧。不能胥匡以生⑨，卜稽⑩，曰其如台⑪？先王有服⑫，恪谨天命⑬，兹犹不常宁？不常厥邑，于今五邦⑭！今不承于古⑮，罔知天之断命⑯，矧曰其克从先王之烈⑰？若颠木之有由蘖⑱，天其永我命于兹新邑⑲，绍复先王之大业⑳，底绥四方㉑。”

盘庚敩于民㉒，由乃在位以常旧服、正法度㉓。曰：“无或敢伏小人之攸箴㉔！”王命众㉕，悉至于廷。

【注释】

①盘庚，成汤的第十世孙，祖丁的儿子，继承他哥哥阳甲的帝位，是商朝的第二十位君王。他为了避免水患，抑制奢侈的恶习，想从山东曲阜（奄）迁往河南安阳（殷），遭到了臣民的反对。盘庚先后三次告喻臣民，终于迁徙了。《史记·殷本记》说：“帝盘庚崩，弟小辛立，是为帝小辛。帝小辛立，殷复衰。百姓思盘庚，乃作《盘庚》三篇。”司马迁认为《盘庚》是小辛时的史官所追记，应当可信。《史记》和晚出《孔传》本把《盘庚》分为上、中、下三篇，伏生本和《汉石经》则是一篇。这是分合的不同，其实并无区别。上篇记录盘庚迁殷之前告诫群臣的话。②迁于殷：殷，今河南安阳。迁于殷，将迁于殷。句例与《甘誓》“大战于甘”相同。杨遇夫说：“此定计决迁之辞，实为未迁也。”③适：往。有居：住地。有，助词。④率吁众祇出：率，人民相率。从姚鼐、段玉裁说，见《尚书易解》。祇，当从《说文》作戚，贵戚大臣。矢：陈，陈述。⑤我王：指南庚。⑥爰，易，改。宅：居住。兹：这里，指奄。⑦重：重视。江声说：“重，厚，厚待之也。”⑧刘：伤害。《尔雅·释诂》：“刘，杀也。”⑨胥：相。匡：救助。⑩卜稽：稽，考。卜稽，卜而考之。《周礼·大卜》：“国大迁，大师，则贞龟。”⑪曰：语首助词。其：将。如台：如何，怎样。⑫服：事。⑬恪（kè）：恭敬。 谨：慎。⑭五邦：杨遇夫说：“五邦，中丁迁嚣，一也；河亶甲迁相，二也；祖乙迁耿，三也；耿圮迁庇，四也；南庚迁奄，五也。中丁迁嚣，河亶甲迁相，祖乙居庇，南庚迁奄，并见古本《竹书纪年》，祖乙圮于耿，见《书序》。”⑮承：继承。古：指先王恪谨天命。⑯断命：断绝我命。⑰矧（shěn）：况且。烈：事业。⑱颠：倒仆。由：倒木新生的枝条。蘖（niè）：被砍的树长出的新芽。⑲新邑：指奄。杨遇夫说：“合计南庚、阳甲、盘庚三王居奄之时月，不过二十一二年，故殷民

仍称奄为新邑也。”见《尚书说》。⑳绍：继续。 复：兴复。㉑厎：定。 绥：安。㉒敩（xiào）：教，开导。㉓由：《方言》：“正也。”乃：《经传释词》：“乃，犹其也。”㉔或：有人。伏：凭借。攸：所。箴：规劝。小人所箴，即指上文所引不欲迁徙者之言。㉕众：群臣。

王若曰：“格汝众①，予告汝训汝。猷黜乃心②，无傲从康③。古我先王，亦惟图任旧人共政④。王播告之修⑤，不匿厥指⑥，王用丕钦⑦。罔有逸言⑧，民用丕变。今汝聒聒⑨，起信险肤⑩，予弗知乃所讼⑪。

“非予自荒兹德⑫，惟汝含德，不惕予一人⑬。予若观火，予亦拙谋作⑭，乃逸⑮。若网在纲⑯，有条而不紊⑰；若农服田⑱，力穑乃亦有秋⑲。汝克黜乃心⑳，施实德于民㉑，至于婚友㉒，丕乃敢大言汝有积德㉓。乃不畏戎毒于远迩㉔，惰农自安，不昏作劳㉕，不服田亩，越其罔有黍稷㉖。

“汝不和吉言于百姓㉗，惟汝自生毒㉘，乃败祸奸宄㉙，以自灾于厥身。乃既先恶于民㉚，乃奉其恫㉛，汝悔身何及？相时憸民㉜，犹胥顾于箴言，其发有逸口㉝，矧予制乃短长之命㉞？汝曷弗告朕㉟，而胥动以浮言，恐沉于众㊱？若火之燎于原，不可向迩，其犹可扑灭？则惟汝众自作弗靖㊲，非予有咎。”

【注释】

①格：来。②猷：可。黄以周说：“猷，犹可也。”见《尚书启蒙》。黜：降。乃：你们的。黜心，望群臣降心相从。③无：不要。傲：傲上。从康：从，追求。康，安乐。④旧人：长期在位的人。共政：共同管理政事。⑤王：先王。播告之修：播告，指教令。播告之修，黄式三说：“谓修明王之教令也。”⑥匿：隐瞒。指：通旨，意旨。⑦丕：大。钦：敬重。⑧逸：过。见《尔雅·释言》。⑨聒聒（guō）：马融说：“拒善自用之意。”是说拒绝好意而自以为是。⑩起：兴起。信：通伸。伸说。险：险恶。肤：虚浮。⑪讼：争辩。⑫荒：废弃。兹德：这种美德。指任用旧人的美德。⑬含：怀，藏。惕：通施。⑭谋作：谋划和劳作。⑮乃：则。逸：过错。⑯纲：网的总绳。⑰紊：乱。⑱服：治，作。⑲穑：收获，泛指耕种。秋：收成。⑳黜：降，降低。乃心：你们的傲慢之心。㉑实德：曾运乾说：“不迁为顺民之虚名，迁则为惠民之实德也。”㉒婚：姻亲，指亲戚。㉓丕乃：《词诠》：“丕乃，犹言于是。”㉔乃：若，如果。戎毒：戎，大。毒，害。指大水的灾害。迩：近。㉕昏：加强。《尔雅·释诂》：“昏，强也。”㉖越其：于是就。《经传释词》：“越其，犹爰乃也。”㉗和：宣，宣布。㉘毒：祸害。㉙败：危败。祸：灾祸。奸：在外作恶。宄：在内作恶。㉚先：倡导。《礼记·郊特牲》注：“先谓倡导之也。”㉛奉：承受。恫：痛苦。《尔雅·释言》：“恫，痛也。”㉜相：看。时：是，这些。㉝逸口：错误言论。《蔡传》说：“过言也。”黄式三说：“小人犹顾畏箴言之来于人，逸口之发于己。”㉞制：掌握。短长之命：或短或长的生命。㉟曷：何，为什么。㊱恐：恐吓。㊲靖：善。

“迟任有言曰①：‘人惟求旧，器非求旧，惟新。’古我先王暨乃祖乃父胥及逸勤②，予敢动用非罚③？世选尔劳④，予不掩尔善⑤。兹予大享于先王⑥，尔祖其从与享之⑦。作福作灾，予亦不敢动用非德⑧。

“予告汝于难，若射之有志⑨。汝无侮老成人⑩，无弱孤有幼⑪。各长于厥居⑫，勉出乃力，听予一人之作猷⑬。无有远迩，用罪伐厥死⑭；用德彰厥善⑮。邦之臧⑯，惟汝众；邦之不臧，惟予一人有佚罚⑰。

“凡尔众，其惟致告[18]：自今至于后日，各恭尔事[19]，齐乃位[20]，度乃口[21]。罚及尔身，弗可悔。”

【注释】

①迟任：郑玄说：“迟任，古之贤史。”②暨：与，和。胥：相。逸勤：安乐、勤劳。③非罚：不当的惩罚。④选：《孔传》说：“数也。”谓数说。劳：劳绩。⑤掩：掩蔽。⑥享：祭祀。⑦尔祖其从与享之：古代天子祭祀祖先，也让功臣的祖先同时享受祭祀。⑧非德：不当的恩惠。⑨志：射箭的标志，即箭靶。⑩侮老：轻视。《唐石经》作“老侮”。⑪弱孤：王引之说：“弱孤连言，以为孤弱而轻忽之也。”有：助词。⑫长：为长，为领导。厥居：居住的地方，指各自的封邑。⑬作猷：所作所谋。江声说：“作，为。猷，谋也。”⑭罪：刑罚。死：恶。说见《尚书易解》。⑮德：罪罚之反，奖赏。彰：表彰。⑯臧：善。⑰佚罚：罪过。佚，《周语》作逸，过也。罚，《周语》注：“罚犹罪也。”⑱惟：思。致告：致，传达。告，告诫。⑲恭尔事：履行你们的职务，戒毋从康。⑳齐乃位：齐，正，摆正。位，职位。正尔职位，言当若网在纲，戒毋傲上。㉑度：闭也，闭住你们的嘴。

【译文】

盘庚迁都到殷，臣民都不高兴住在新邑，于是盘庚就把那些贵戚近臣全都叫来并和他们一起出去对臣民陈述自己的意见，说：“我把你们带到这里来，改变了居住的地方而住在这里，这是重视我的臣民生命，不使你们完全遭到杀害。如果大家不能互相帮助而求得生存，就是研究了占卜的结果，又将如何呢？依照先王的制度，必须恭敬地顺从天的命令，所以他们不敢永久居住一个地方。由于不永久居住在一个地方，从立国到现在，已经迁徙五次了。如果现在不去继承先王的遗志，不了解上天的意旨，那还谈什么继承先王的事业呢？譬如那被伐倒的树木，干枯的地方能够冒出新芽，砍伐剩下的地方也可以冒出新芽，上天本来要使我们的生命在这新邑里延续下去，要我们在这里继续复兴先王的伟大事业，安定四方。”

盘庚认识到臣民不愿迁移，是在位大臣以浮言鼓动的原因，便打算用先王的制度，来整顿当时的法纪，于是告诫大臣说：“我所规诫小民的语言，不管是谁都不许隐瞒起来！”于是王命令从人都到王庭上来。

王说：“你们来！我要警告你们，教训你们，为的是要去掉你们的私心，使你们不能倨傲放肆追求安逸。

“从前我们的先王，也总是考虑任用世家旧臣，和他们共同管理政事的。先王向群臣公布政令，群臣都不敢隐匿先王的意旨不下达。因此先王对那些臣子们非常器重，大臣们不敢说越轨的话，所以人民的行动都大有变化。现在你们大嚷大叫编造出一些邪恶浮夸的话来，蛊惑人心。我真不知道你们所要争论的是什么！

“我没有失德的地方，只是你们隐瞒我的政令，不把我的政令告诉给一个人。我的威严好像火一样旺盛，只是没对你们发出这种威严，就使得你们大为放肆起来。

“譬如只有把网结在纲上，才会有条理而不紊乱。譬如农夫，只有尽力耕作，才会有秋天的好收成。如果你们能够除去私心，把真实的好意留给人民，以至于你们的亲戚朋友，那么，你们不就有资格说你们从来都是积德的吗！你们不怕你们的浮言会严重毒害远近的臣民，而心安理得地做个怠惰的人，不努力做劳苦的事，不在田亩中种庄稼，这样就不能获得黍稷一类的谷物了。

“你们不把我的善言向百姓公布，这是你们自取祸咎。你们所做的一些坏事已经败露，这

样会害了你们自身。你们既然鼓动人民做了坏事，痛苦也当然应该由你们来承担，到了那时你们再悔恨也就来不及了！你们看，一般小民还顾及我所规诫的话，恐怕嘴里说错了话，何况我操纵着你们的生杀大权呢？你们有话为什么不事先来告诉我，竟用谎话去蛊惑人心呢！人心是容易蛊惑的，这就像大火在原野上燃烧起来一样，连接近都无法接近，还能够扑灭吗？这种情形是你们做了许多坏事造成的，不是我的过失。

“迟任曾经说过：‘用人应该专用世家旧臣，不能像使用器具那样，不用旧的而用新的。’

“过去我的先王和你们的前辈，大家在一起过着安乐勤劳的生活，我怎能对你们动用非分的刑罚呢？如果你们能够把你们祖先世代的勤劳传统继承，我决不会掩盖你们的美德。现在我要大祭先王，你们的祖先也将一块儿跟着受祭。你们行善受福，作恶受灾，都由先王和你们的祖先来处理，我也不敢动用非分的刑罚和赏赐。

“我告诉你们行事的艰难，比如射箭，必须中的，才算恰到好处。你们不许轻慢上年纪的人，也不许藐视年少的人，你们要各自长期居住在新居，勤奋地使出你们的力量。或行或止，由我一人决定。

“不管亲疏，都一律对待，以刑罚惩其罪行，以爵禄赏赐、表彰其善行。国家治理好了，是你们大家的功劳；治理得不好，就是我一人的过失。

“你们应该把我的话互相转告：从今以后，你们应该努力做好职分以内的事，不许乱说乱道。否则，惩罚就会落到你们身上，到那时再后悔也就来不及了！”

盘庚中①

盘庚作②，惟涉河以民迁③。乃话民之弗率④，诞告用亶⑤。其有众咸造⑥，勿亵在王庭⑦。盘庚乃登，进厥民。

曰：“明听朕言，无荒失朕命⑧！呜呼！古我前后，罔不惟民之承保⑨。后胥慼鲜⑩，以不浮于天时⑪。殷降大虐⑫，先王不怀厥攸作⑬，视民利用迁⑭。汝曷弗念我古后之闻？承汝俾汝惟喜康共⑮，非汝有咎比于罚⑯。予若吁怀兹新邑⑰，亦惟汝故，以丕从厥志⑱？

【注释】

①中篇是记录盘庚将迁时告诫臣民的话。②作：立为君。与《易》神农氏作、黄帝尧舜氏作同。黄式三说。③惟：谋。涉：渡。奄在河之南，殷在河之北，所以要渡河。④话：会合。率：循。⑤诞：大。亶：诚。⑥有：助词。咸：都。造：到。⑦勿亵：亵，近。勿亵在王廷，未近在王廷。孙星衍说。⑧荒：废。失：通佚，《说文》：“佚，忽也。”轻忽的意思。⑨罔不惟民之承保：江声说：“当读至保字绝句。保，安也。言前后无不承安其民也。”⑩慼：通戚。贵戚大臣。　鲜：明。后胥戚鲜，言君主清楚、贵戚明白。⑪浮：《小尔雅·广言》：“浮，罚也。”⑫殷降：殷，盛。降，下。谓天盛降。虐：灾。指洪水的灾害。⑬怀：安。攸作：所作，指所作之居邑。⑭用：以。视民利用迁，言视民利所在以迁徙。⑮承：顺。俾：从。康：安康。共：通拱，固也。⑯非：反对。咎：过错。比：入，陷入。⑰吁：呼吁。怀：安。新邑：指奄。⑱惟：思念。故：灾祸。

“今予将试以汝迁，安定厥邦。汝不忧朕心之攸困，乃咸大不宣乃心①，钦念以忱动予一人②。尔惟自鞠自苦③，若乘舟，汝弗济，臭厥载④。尔忱不属⑤，惟胥以沉⑥。不其或稽⑦，自怒曷瘳⑧？汝不谋长以思乃灾，汝诞劝忧⑨。今其有今罔后⑩，汝何生在上？

“今予命汝一⑪，无起秽以自臭⑫，恐人倚乃身，迂乃心⑬。予迓续乃命于天⑭，予岂汝威，用奉畜汝众⑮。

【注释】

①宣：孙星衍读为和，和协。②钦：甚。③鞠：穷困。④臭：朽。《广雅》：朽，败也。载：事。⑤忱：诚。属：合。《礼记·经解》注：“属，犹合也。”⑥胥以：相与。⑦不其或稽：其，助词。或，克。稽，当依汉石经作迪，进也。不其或迪，言不能前进。⑧曷：何，怎么。瘳（chōu）：病好了。⑨劝：乐，安于。《吕览·适威》注：“劝，乐也。”⑩其：将。有今罔后：罔，无。无后，言将死亡。⑪一：同心一志。⑫起秽：扬起污秽，比喻传播谣言。⑬倚乃身：使你们身子不正。倚，偏斜。迂乃心：使你们思想歪斜。迂，邪，歪斜。⑭迓：《匡谬正俗》引作御。《曲礼》注：“劝侑曰御。”这里是劝请的意思。⑮奉：助。畜：养。

“予念我先神后之劳尔先①，予丕克羞尔用怀尔②，然失于政，陈于兹③，高后丕乃崇降罪疾④，曰：‘曷虐朕民⑤？’汝万民乃不生生⑥，暨予一人猷同心⑦，先后丕降与汝罪疾，曰：‘曷不暨朕幼孙有比⑧？’故有爽德⑨，自上其罚汝⑩，汝罔能迪⑪。

“古我先后既劳乃祖乃父，汝共作我畜民⑫，汝有戕则在乃心⑬！我先后绥乃祖乃父⑭，乃祖乃父乃断弃汝⑮，不救乃死。兹予有乱政同位⑯，具乃贝玉⑰。乃祖乃父丕乃告我高后曰：‘作丕刑于朕孙！’迪高后丕乃崇降弗祥⑱。

【注释】

①神后：神圣的君主。②丕：当依汉石经作不。羞尔：羞，进也。羞尔，使你们前进。③陈：居处。《周礼·内宰》注：“陈，犹处也。”④丕乃：于是就。崇：重。⑤曷：何，为什么。虐：虐待。⑥乃：若。生生：营生。《庄子·大宗师》“生生者不生”崔注：“常营其生为生生。”孙星衍说。⑦猷：谋求。⑧幼孙：盘庚自指。有比：亲近。⑨爽：羞错。⑩上：上天。⑪迪：读为攸，长也。孙星衍说。⑫作：为。畜：养。⑬有：又。戕：残害。则：通贼，害。⑭绥：曾运乾说：“绥，安也。引伸之安人以言亦曰绥。下文绥爰有众，即告于有众也。”⑮断：断然。⑯乱政：乱政之臣。同位：同事。⑰乃：其。贝玉：贝和玉，指财物。⑱迪：语首助词。崇：重。

“呜呼！今予告汝：不易①！永敬大恤②，无胥绝远③！汝分猷念以相从④，各设中于乃心⑤。乃有不吉不迪⑥，颠越不恭⑦，暂遇奸宄⑧，我乃劓殄灭之⑨，无遗育⑩，无俾易种于兹新邑⑪。

“往哉生生！今予将试以汝迁，永建乃家。”

【注释】

①易：轻易。②敬：警，警戒。庄述祖说：“敬当读儆，戒也。”恤：忧患。③胥：相。绝远：隔绝疏远。④分：当。见《文选·神女赋》注。猷：谋。⑤中：和。见《说文》。⑥乃：若。吉：善。迪：道，正

路。⑦颠：陨，坠落。越：越轨，违法。⑧暂：王引之读为渐，欺诈。遇：王引之读为隅，奸邪。⑨殄：灭绝。⑩育：王引之读为胄，后代。⑪俾：使。 易：延续。王引之说："易，延也。"种：种族。

【译文】

盘庚制造了一些船只，打算把臣民运过黄河去。于是集合了那些不愿迁徙的人，准备尽心地讲出一番至诚的话。许多臣民来了，恭敬地来到王庭，盘庚就把这许多臣民都叫到自己的面前来。

盘庚说："你们要努力听我的话，不要轻忽我的命令。啊！以前我的先王，无不顺承人民的心理和意见去办事。人民也都能体贴先王的用心，所以没有遭到上帝的惩罚。

"过去上天把大祸降给我国，先王不安于自己的住所，根据人民的利益去迁徙。你们为什么不想想我们先王的这些事情呢？现在我也应该像先王那样顺从你们，希望你们都能得到安乐的生活，不是由于你们有罪便这样惩罚你们。我这样呼吁你们到新邑，正是为了你们，大大地顺从你们这种愿望啊！现在我要把你们迁徙过去，希望在那里好好地建设你们的国家。

"你们不体谅我的苦衷，你们不把你们的内心向我表露，不为我敬顺民意的诚心所感动。你们真是自寻穷困，自找苦吃，譬如乘舟，坐上船后却不愿渡过河，坐待船的朽烂。这样不独你们要沉没，大家也要跟着你们一起沉没。而你们不去检查沉没的原因，一味愤怒，那能得到什么好结果呢？你们不作长远打算，想办法消除灾害，只劝我不必忧愁。这样，虽然现在还能过下去，向后便没有活路，你们有什么办法在这片土地上继续过下去呢？

"我现在要求你们听从我的意见，不要为浮言所欺骗，否则，恐怕坏人就要利用你们身上的毛病，使你们回心转意。我要求上天，使你们能继续生活下去，我哪里是要用我的威势去威逼你们，我是为了养育你们啊！

"我想我的先王曾经役使过你们的祖先，因此我很应该向你们提出上面的意见，用来表示我对你们祖先的怀念。既然在这里不能把我们的国家治理好，长期住在这里，先王便要降下罪责说：'为何虐待我的臣民！'你们这众多臣民，不肯去营谋幸福的生活，不跟我一心，听从我的计划。这样先王就会大大地惩罚你们说：'为什么不跟我的幼小孙儿和好！'所以，有了差错，上帝便会重重地惩罚你们，你们是不能逃脱这些惩罚的。

"以前我的先王，既然役使过你们的先祖先父，你们当然都是顺从我的德教的臣民。如果你们心里有恶毒的念头，先王就会把他的意见告诉你们的先祖先父。你们的先祖先父就会抛弃你们，不把你们从死罪中拯救出来。

"现在那些乱政的大臣，和我一起理政，只知道聚敛财货，他们的先祖先父便竭力要求我的先王说：'快些用严酷的刑罚给我的子孙吧！'从而引导先王，大大地把不祥降给他们。

"啊！现在我告诉你们，迁徙的计划是不会改变了，你们应当体谅我的忧虑，不要互相疏远。你们应该同心同德按照我的意见行事，把正道放在心里。如果你们行为不善，不按正道办事，猖狂放肆，违反法纪，不尊敬国王，曲巧诈伪，胡作非为，我就要把你们杀掉，并且还要杀掉你们的后代，不使你们的后代在新邑里蕃衍。

"去吧，去寻找幸福的生活吧！我将要把你们迁走，在新邑重建你们的家园。"

盘庚下①

盘庚既迁，奠厥攸居②，乃正厥位，绥爰有众③。

曰："无戏怠，懋建大命④！今予其敷心腹肾肠⑤，历告尔百姓于朕志⑥。罔罪尔众，尔无共怒，协比谗言予一人⑦。

"古我先王将多于前功⑧，适于山⑨。用降我凶⑩，德嘉绩于朕邦⑪。今我民用荡析离居⑫，罔有定极⑬，尔谓朕曷震动万民以迁⑭！肆上帝将复我高祖之德⑮，乱越我家⑯。朕及笃敬⑰，恭承民命⑱，用永地于新邑⑲。肆予冲人⑳，非废厥谋㉑，吊由灵各㉒；非敢违卜，用宏兹贲㉓。

【注释】

①下篇是记录盘庚迁殷之后告诫臣民的话。②奠：定。攸：所。③绥：告诉。爰：于。有：助词。④懋：勉力。建：布告。《周礼·天官冢宰·小宰》"掌建邦之宫刑"郑注："建，明布告之。"⑤敷：布。布心腹肾肠，即披肝沥胆的意思。⑥历：数说。百姓：百官。于：以。⑦协比：协同一致。⑧将：欲。见《广雅·释诂》。前功：前人的功劳。多：读为侈，光大的意思。吴汝纶说。⑨适：往，迁往。⑩用：因此。降：减少。凶：灾祸。⑪德：升。见《说文》。⑫荡析：动荡奔突而出。⑬极：止。⑭曷：何，为什么。震动：惊动。⑮肆：今。将：欲。⑯乱：助词。越：扬。《释言》："越，扬也。"⑰及：汲汲。⑱承：续，延续。⑲永地：永久居住。地字用作动词。 用：率领，见《词诠》。⑳肆：故。冲人：年幼的人，盘庚自指。㉑厥谋：你们的谋划。㉒吊：善。灵各：灵，神，指上帝。各，读为格，《仓颉篇》："格，量度也。"吊由灵各，谓善用上帝的谋度。见《尚书易解》。㉓宏：宏扬。贲：美。

"呜呼！邦伯师长百执事之人①，尚皆隐哉②！予其懋简相尔念敬我众③。朕不肩好货④，敢恭生生⑤。鞠人谋人之保居⑥，叙钦⑦。今我既羞告尔于朕志若否⑧，罔有弗钦！无总于货宝⑨，生生自庸⑩！式敷民德⑪，永肩一心⑫！"

【注释】

①邦伯：邦国之长，指诸侯。师长：众位官长。百执事：执行政事的众位官员。②尚：庶几，表祈使。隐：度，考虑。③懋：勉力。简相：简，阅。相，视。简相，视察。④肩：任用。好货：喜好财货的官吏。⑤恭：举用。生生：营生的人。⑥鞠：养，抚养。保：安。⑦叙：次序。钦：敬。⑧羞：进。若否：顺与否。⑨总：聚敛。⑩庸：功，谓建功。⑪式：应当。敷：施。德：恩惠。⑫肩：克，能够。

【译文】

盘庚把都城迁到新邑之后，首先安排好百姓居住的地方，其次才确定宗庙的方位。尔后，他发表了一个演说，再次向百官提出警告。

盘庚说："不要贪图嬉戏游乐，也不要懒惰怠惰，要努力完成重建家园的伟大使命！现在，我要开诚布公地把我内心的想法全告诉你们各位官员。我没有惩罚你们大家，希望你们也不要在一块儿发牢骚，联合起来攻击我一个人。

"从前，我们的先王想要创建超过前人的功业，就把百姓迁移到山谷地带。从而减少了洪水给我们造成的危害，为我们的国家立下大功。现在，我们的臣民因洪水泛滥而流离失所，没有固定的栖身之处。你们质问我：为什么要惊动亿万臣民迁徙？这是由于现在上天要复兴我们高祖的美德，把我们的国家治理好。我急切而审慎地效法先王，顺从地承受天命，所以决定迁徙并永远定居在新邑。现在，不是我这个年轻人不听从众人的意见，而是灵格向我传达了上天

的命令，我必须遵从上天的善意；同时我也不能违背龟卜的预兆，因为我要发扬光大这美好事业。

“唉呀！各位诸侯，各位官长，还有全体官员，你们都要想一想各自的职责啊！我将要认真考察你们照抚我的民众的政绩。我不会任用贪财的人，只任用努力帮助百姓谋生的人。凡是能够养育百姓并使百姓安居乐业的人，我都要根据他们的政绩依次表彰。现在，我已经把我赞成什么、反对什么的意向告诉了你们，希望你们都要遵从！不要聚敛财宝，要努力为帮助百姓谋生而建功立业。把德教推行到民众当中，永远与百姓同心同德，共同建设新家园！”

高宗肜日①

高宗肜日②，越有雊雉③。祖己曰④：“惟先格王⑤，正厥事⑥。”乃训于王。

【注释】

①高宗，指殷王武丁。他是盘庚的侄子，殷商的二十三代君主。他在商王朝的发展中，起着重要作用。肜，音融，又祭叫肜。肜日，又祭之日。祭谁呢？旧说以为高宗又祭成汤。金履祥说：“似是祖庚绎于高宗之庙。”近人研究甲骨卜辞的记载，发现肜日上的人名是受祭的祖先，因此认为高宗肜日确是祖庚又祭高宗，证实了金履祥的预见。后说依据卜辞，大约接近真实。高宗的儿子祖庚在又祭高宗的时候，忽有一只野鸡飞到鼎耳上鸣叫，祖庚为此恐惧，他的大臣祖己趁此机会开导祖庚改革当时的祭祀制度。史官记录了这件事，名叫《高宗肜日》。②高宗肜（róng）日：祖庚又祭高宗之日。③雊（gòu）：野鸡叫。雉：野鸡。 越：语首助词。④祖己：祖庚的贤臣。⑤格：当作假。《汉书·五行志》引作假。假通暇，宽暇，宽解。⑥正：纠正。事：政事，指祭祀之事。

曰：“惟天监下民①，典厥义②。降年有永有不永③，非天夭民④，民中绝命⑤。民有不若德⑥，不听罪⑦。天既孚命正厥德⑧，乃曰：‘其如台⑨？’”

“呜呼！王司敬民⑩，罔非天胤⑪，典祀无丰于昵⑫！”

【注释】

①监：视。②典：通腆，善，以为善。 义：宜，指行事合宜。《淮南子·齐俗训》说：“义者，循理而行宜也。”③永：长。指寿命长久。④夭：夭折。⑤中：身，自己。《礼记·檀弓下》“文子其中退然如不胜衣”注：“中，身也。”⑥若：《尔雅·释诂》：“善也。”⑦听：顺从。⑧孚：通付，交付，给予。《汉石经》、《汉书·孔光传》都作付。⑨乃：汝。见《词诠》。 如台：如何。⑩王：泛指先王。司：嗣，嗣位。⑪胤：后代。⑫典：常。昵：近亲。

【译文】

高宗在祭祀的第二天，举行祭祀，这时鼎的耳上有飞来的野鸡在叫。祖己说：“要首先端正王心，然后端正祭奠。”于是训诫国王高宗，说：“上天考察下民，首要看他是否遵循义理行事，上天赐予人的年龄有长有短，不是上天有意缩短人的生命，而是臣民自己行为不符合义理导致短命的。臣民中有的不按照义理办事，又不认识自己的罪过，上天便惩罚他来端正他的德行，他却说：“应该怎么办啊？”这不晚了吗？唉！王啊，要谦恭地对待上天赐给你的臣民，他们都是上帝的后代，祭祀的时候，在自己有父庙中祭品不要太丰盛。”

西伯戡黎①

西伯既戡黎②，祖伊恐③，奔告于王。

曰：“天子！天既讫我殷命④。格人元龟⑤，罔敢知吉⑥。非先王不相我后人⑦，惟王淫戏用自绝⑧。故天弃我，不有康食⑨。不虞天性⑩，不迪率典⑪。今我民罔弗欲丧⑫，曰：‘天曷不降威⑬？’大命不挚⑭，今王其如台⑮？”

【注释】

①西伯，指周文王。戡，胜。黎，殷的属国，又写作“耆”或“饥”，在今山西省长治县东南。据《史记·周本纪》记载，西伯在讨伐犬戎、密须之后，第二年，又打败了黎国。纣的大臣祖伊听说这事，很恐惧，于是往谏纣王。纣王说：“不有天命吗？”史官记录了这件事，写成《西伯戡黎》。《竹书纪年》说：“帝辛二十四年，周师取耆及邗。”则以为是周武王时事，西伯也指武王。这是传闻的不同。纣王说我有命在天。祖伊反对说：您的失误很多，而又懒惰在上，能向上天祈求福命吗？这里明显地表现了祖伊的非命思想。祖伊接着说：殷商行将灭亡，要指示它的政事，不可不为您的国家而努力啊！他勉励纣王振作，挽救殷国的危亡，这里又显示了他光辉的爱国思想。②西伯：周文王。黎：殷的诸侯国，在今山西黎城县，一说在长治县西南。③祖伊：祖己的后代，商纣王的贤臣。④既：通其，恐怕。⑤格人：能知天地吉凶的至人、贤人。《孔疏》：“格训为至。至人谓至道之人，有所识解者也。”元龟：大龟。⑥罔敢：不能。知：觉察。⑦相：辅佐。⑧淫戏：淫荡嬉戏。⑨康食：糟糠之食，指低劣生活。章太炎说。⑩虞：度。天性：上天安民之性。《左襄十四年传》说：“天之爱民甚矣，岂其使一人肆于民上以从其淫而弃天地之性？必不然矣。”可以互证。⑪迪：由，遵行。率典：法典。⑫罔弗欲丧：没有人不希望纣灭亡。⑬曷：何，为什么。降威：降下威罚。⑭挚：至，到来。⑮如台：如何。

王曰：“呜呼！我生不有命在天？”

祖伊反曰①：“呜呼！乃罪多②，参在上，乃能责命于天③？殷之即丧，指乃功④，不无戮于尔邦⑤！”

【注释】

①反：反对。②罪：过错，失误。③乃：宁，难道。见《释词》。 责命于天：向上天祈求好运。④指乃功：指示其政事。乃，《释词》：“乃，犹其也。”功，事，政事。⑤戮：并力，努力。

【译文】

西伯打败黎国，祖伊十分恐惧，赶快把这件事告诉给殷王纣，说：“王啊！上天已经结束了我们殷国的大命。那深知天命的圣人，用大龟来占卜，一直没有遇上吉兆，这不是先王不愿帮助我们这些后人，只是由于王沉湎于酒乐之中而自绝于先王啊！所以，上天抛弃了我们，降下灾荒使我们不得安宁，使我们没有饭吃。这都是由于我们不能揣度上天的性情，不去遵守常法啊！现在我们的臣民没有不想要我们早些灭亡的，他们说：‘上天为什么还不降下惩罚呢？’要知道天命是不定的啊！你现在想怎么办呢？”

王说："唉！我不是生来就从上天那里领受大命的吗？"

祖伊回来后，说道："唉！他的许多罪行已为上天所知道，而他却说他从上天那里接受大命。殷国马上就要灭亡，这从他的所作所为就能够看出来了，他不能不为周国消灭呀！"

微　子①

微子若曰②："父师、少师③！殷其弗或乱正四方④。我祖厎遂陈于上⑤，我用沉酗于酒⑥，用乱败厥德于下⑦。殷罔不小大好草窃奸宄⑧，卿士师师非度⑨。凡有罪辜，乃罔恒获⑩，小民方兴⑪，相为敌雠⑫。今殷其沦丧⑬，若涉大水⑭，其无津涯⑮。殷遂丧，越至于今⑯！"

曰："父师、少师，我其发出狂⑰？吾家耄逊于荒⑱？今尔无指告⑲，予颠隮⑳，若之何其㉑？"

【注释】

①微子名启，因封在微，爵位属子这一级，所以叫做微子。他是帝乙的长子，纣王的同母庶兄。据《史记·殷本纪》和《宋微子世家》记载：周武王向东方进军，到了孟津之后，又回去了。纣王更加淫乱。微子屡次进谏，纣王不听。微子认为纣王不可谏阻了，想死或者出走，拿不定主意，于是同太师和少师商量。太师劝微子离开。事在公元前1068年。史官记录了微子和太师、少师的问答，写成《微子》。文中揭露纣王沉醉，大小臣民无不抢夺偷盗，犯法作乱，官员们违反法度，百姓与政府结成仇敌。这些都是了解纣王暴政的第一手材料。②若：这样。③父师、少师：官名。④其：大概，表测度。或：克，能。乱：治。⑤我祖：指成汤。⑥我：指纣。用由于。沉酗：沉醉。酗，醉酒发怒。⑦用因。乱：淫乱。厥德：成汤之德。下：后世。⑧小：指小民。大：指群臣。草：掠取。奸宄：犯法作乱。⑨师师：众长。度：法度。⑩乃：却。恒：常。⑪方：并。兴：兴起。⑫雠：仇敌。⑬其：或许，表测度。沦丧：灭亡。⑭若：好像。涉：徒步渡水。⑮其：殆，几乎。津：渡口。涯：水岸。⑯越：语首助词。今：此。⑰我其发出狂：狂，《史记·宋世家》作往，当从之。发，孙诒让读为废，甚当。此言我其废弃而出亡。⑱家：住在家。耄：通保，安。逊：遁，回避。荒：荒野。⑲指告：指点告诉。⑳颠：颠覆。㉑若之何：如之何，怎么办。其：语气助词。

父师若曰："王子①！天毒降灾荒殷邦②，方兴沉酗于酒③，乃罔畏畏④，咈其耇长旧有位人⑤。今殷民乃攘窃神祇之牺牷牲用以容⑥，将食无灾⑦。降监殷民⑧。用乂雠敛⑨，召敌雠不怠⑩。罪合于一⑪，多瘠罔诏⑫。

"商今其有灾⑬，我兴受其败⑭，商其沦丧，我罔为臣仆⑮。诏王子出迪⑯。我旧云刻子、王子弗出⑰，我乃颠隮⑱。自靖⑲！人自献于先王，我不顾，行遁⑳。"

【注释】

①王子：微子。他是帝乙的长子，所以称他为王子。②毒：厚，重。③方：并。兴：喜。④乃：却。畏畏：读为畏威。畏和威古通用。⑤咈：违背。耇：老。⑥攘：顺手拿取。窃：偷盗。牺：毛色纯一的牲畜。牷：纯色的全牲。　牲：牛羊猪。容：隐。⑦将：养。《诗·小雅·四牡》传："将，养也。"⑧降：下。监：监视。⑨乂：杀。雠：通稠，多。马融本作稠。敛：赋敛。⑩召：招致。怠：宽缓。⑪罪：罪人。⑫

瘠：病。指受害的人。诏：告。⑬其：或许。⑭败：灾祸。⑮臣仆：奴隶。⑯迪：行。⑰旧：久。刻子：焦循说："刻子即箕子也。"⑱我：指殷商。⑲靖：谋划。⑳顾：顾虑。遁：逃去。

【译文】

微子说："父师、少师、我们殷国难道没有办法治理四方了吗？我们的高祖成汤以前成就了许多伟大的功业。但今天，我们的国王却沉湎于酒色当中，败坏了我们高祖的优良传统。我们殷国，无论大小官员都好为非作歹，卿士百官都不恪守法典。对那些犯罪的，也不加以逮捕和惩罚。小民受不了这些压迫，将要起来反抗我们和我们斗争了。现在我们殷国将要灭亡了，好比涉渡大水，两岸茫无际涯，找不到渡口。我们殷国大概到了今天就要完了。

说："父师、少师啊！我将要走回我的封地，我要装扮成胡涂的老人，循避于荒野当中了。现在你们不把你们的意见告诉我，我的逃走是不是陷于非义呢？你们说该怎样办才好啊！"

父师说："王子啊！上天降下大祸给我们殷国，使我们的国王沉湎在酒色中，使他不怕上天的威严，不听年长德高、旧时在位的大臣的忠告。

"现在我们殷国的小民，去盗窃祭神的贡物，这是由于他们衣食无着，虽则有罪，还是能够原谅的，他们把这些贡物拿去吃掉，不会有什么灾害。

"现在上天正在考察我们的殷民，我们的国王以杀戮和重刑大肆搜刮民财，虽然引起了人民的强烈反对，仍不懈怠。这些罪恶都是国王一人干出来的，小民受尽了疾苦而无处控诉。

"国家现在表露出灾变的征兆，我们应该起来铲除祸端。如果国家将来灭亡了，我们没有做别国臣仆的权利。我过去曾经告诉过箕子，让他转告王子逃走，王子不愿出逃，这样我们国家就要彻底灭亡了。还是大家自作主张吧，每个人都能够按照自己的主张，献身于先王的事业，我没有作过逃跑的打算。"

周　书

泰誓上[①]

惟十有三年春[②]，大会于孟津[③]。

王曰："嗟！我友邦冢君[④]，越我御事庶士[⑤]，明听誓。惟天地万物父母，惟人万物之灵。亶聪明作元后[⑥]，元后作民父母。今商王受弗敬上天[⑦]，降灾下民。沉湎冒色[⑧]，敢行暴虐，罪人以族，官人以世[⑨]。惟宫室、台榭、陂池、侈服[⑩]，以残害于尔万姓。焚炙忠良[⑪]，刳剔孕妇[⑫]。皇天震怒，命我文考肃将天威[⑬]，大勋未集[⑭]。肆予小子发[⑮]，以尔友邦冢君观政于商[⑯]，惟受罔有悛心[⑰]，乃夷居[⑱]，弗事上帝神祇[⑲]，遗厥先宗庙弗祀。牺牲粢盛[⑳]，既于凶盗[㉑]。乃曰：'吾有民有命！'罔惩其侮[㉒]。

【注释】

①泰，《史记》作太。太是极大。武王伐纣，大会诸侯。武王向广大诸侯誓师，所以叫做《泰誓》。②十有三年：有，又。十又三年，当指周武王十三年。③孟津：地名，一名盟津。在今河南孟津县东北，孟县西南。④冢君：大君。⑤越：与。　御事：治理大臣。⑥亶：诚。　元后：大君。⑦商王受：受，纣王名。⑧沉湎：沉醉于酒中。　冒色：冒，贪。色，女色。⑨世：世袭。⑩台榭陂池：都是游乐的地方。台，高台。榭，台上的厅屋。陂，堵住泽水的堤障。池，停水之处。⑪焚炙：焚烧。《孔疏》："焚炙，俱烧也。"焚炙忠良，指炮烙之刑。⑫刳剔：割剥，解剖。《孔疏》："刳剔，谓割剥也。"⑬文考：指周文王。将：行。⑭集：成。⑮小子发：武王名发。⑯观政：考察政事。⑰悛：改悔。⑱夷居：蹲着，形容傲慢不恭。《论语·宪问》马注："夷，踞也。"《说文》："居，蹲也。"⑲神祇：天神地神。⑳牺牲：指牛羊等祭品。　粢盛：粢，音咨。黍稷叫粢。祭品装在器皿中叫盛，音成。㉑既：尽。㉒罔惩其侮：惩，改变。侮，轻慢。

"天佑下民，作之君，作之师，惟其克相上帝，宠绥四方。有罪无罪，予曷敢有越厥志[①]？同力度德[②]，同德度义。受有臣亿万[③]，惟亿万心；予有臣三千，唯一心。商罪贯盈[④]，天命诛之；予弗顺天，厥罪惟钧[⑤]。

"予小子夙夜祇惧[⑥]。受命文考，类于上帝[⑦]，宜于冢土[⑧]，以尔有众，底天之罚[⑨]。天矜于民[⑩]，民之所欲，天必从之。尔尚弼予一人[⑪]，永清四海。时哉，弗可失！"

【注释】

①越：失。　厥志：指天的意志。②度：量度，衡量。③亿：十万。④贯盈：贯，串，穿物之串。盈，满。贯盈，像串之满，形容极多。⑤钧：平，等。⑥夙夜：早夜。指夜未明的时候。⑦类：祭天。以

事类祭天，就叫类。⑧宜：祭社。冢土：大社。《毛传》："冢土，大社也。"⑨厎：致，行。⑩矜：怜闵。⑪弼：辅佐。 尚：表祈使语气。

【译文】

周武王十三年春季，诸侯在孟津大会师。

武王说："啊！我的友邦大君和我的治事大臣，你们细心听着我的誓言。天和地是万物的父母，人是万物中的灵长。真正聪明的人能做大君，大君要做人民父母。现在商王纣不尊敬上天，给人民带来灾祸。他沉湎于饮酒，贪于女色，胆敢施行暴虐的刑律，用灭族的酷刑惩罚人，用世袭的方法选用人。为了建造宫室、台榭、陂池，制作奢侈的服装，他残害你们万姓人民，他烧杀忠良的人，解剖妊娠妇女。于是皇天发了怒，命令我的父亲文王严肃执行上天的惩罚的命令，可惜这大功没有完成。从前我这小子姬发曾和你们友邦大君到商国考察过政治，看到商王纣没有悔改的意思，竟然傲慢不恭，不祭祀上帝神祇摒弃他的祖先宗庙而不祭祀。牛羊和黍稷等祭品竟被凶恶的窃贼盗尽了。他却说："我有下界百姓，有上天给的大命！"依然不改变他轻慢的行为。

"上天帮助下民，为下民设立君主，设立师长，就是希望他们辅助上帝，爱护和安抚天下百姓。有罪当讨，无罪当赦，我怎能违背上天的意志呢？兵战双方力量均衡，就以德相较量，德相同，就以义相较量。商纣有大臣亿万位，是亿万条心；我有大臣三千位，却是一条心。商纣恶贯盈天，上天命令我征讨他，我如果不听从天命，我就和商纣同等罪过了。

"我小子早晚敬慎忧惧。在父亲文王的宗庙领受了伐商的命令，又祭告上帝，祭祀地神，然后率领你们众位执行上天对商的惩罚。上天怜悯众民，众民的愿望，上天一定会依从的。希望你们辅助我，让天下永远安宁。时机啊，不可失呀！"

泰誓中①

惟戊午，王次于河朔②，群后以师毕会。王乃徇师而誓③。

曰："呜呼！西土有众④，咸听朕言。我闻吉人为善，惟日不足⑤；凶人为不善，亦惟日不足。今商王受力行无度⑥，播弃犁老⑦，昵比罪人⑧，淫酗肆虐⑨。臣下化之，朋家作仇，胁权相灭⑩。无辜吁天，秽德彰闻。

【注释】

①本篇记叙一月戊午这天周武王誓告西方诸侯的话，是梅氏伪古文尚书之十五。②次：驻扎。 河朔：黄河之北。《孔传》："止于河之北。"③徇：巡行。④西土有众：《蔡传》："周都丰镐，其地在西。从武王渡河者，皆西方诸侯，故曰西土有众。"⑤惟日不足：《蔡传》："言将终日为之而犹为不足也。"⑥商王受：受，纣王之名。⑦犁老：犁，一作黎，通耇。耇，老。犁老，就是耇老。⑧昵比：昵，亲近。比，近。⑨淫酗：淫，过度。酗，醉酒发怒。⑩胁权：胁，挟持。《释名》："胁，挟也。"胁权，挟持权柄。

"惟天惠民，惟辟奉天①。有夏桀弗克若天，流毒下国。天乃佑命成汤，降黜夏命。惟受罪浮于桀②，剥丧元良，贼虐谏辅③，谓己有天命，谓敬不足行，谓祭无益，谓暴无伤。厥监惟不远④，在彼夏王。天其以予乂民，朕梦协朕卜⑤，袭于休祥⑥，戎

商必克[⑦]。受有亿兆夷人[⑧]，离心离德；予有乱臣十人[⑨]，同心同德。虽有周亲[⑩]，不如仁人。

【注释】

①辟：君。奉：承受。②浮：超过。③谏辅：谏议之大臣。④监：鉴戒。⑤协：符合。⑥袭：重复。休祥：吉庆。⑦戎商：戎，兵，引申为伐，戎商，讨伐殷商。⑧夷人：夷，平。《孔传》：“平人，凡人也。”服虔和杜预解为夷狄之人。见《孔疏》。⑨乱臣：治臣，拨乱之臣。⑩周亲：周，至。周亲，至亲的人。

“天视自我民视，天听自我民听。百姓有过，在予一人[①]，今朕必往。

“我武惟扬，侵于之疆[②]，取彼凶残；我伐用张[③]，于汤有光！

“勖哉夫子！罔或无畏[④]，宁执非敌[⑤]。百姓懔懔，若崩厥角[⑥]。呜呼！乃一德一心，立定厥功，惟克永世[⑦]。”

【注释】

①百姓有过，在予一人：过，责怪。《广雅·释诂》：“过，责也。”《蔡传》：“今民皆有责于我，谓我不正商罪。”②侵于之疆：侵，攻入。之，其，指商国。③用张：要进行。《广雅·释诂》：“张，施也。”④罔或无畏：罔，毋。或，有。无，不。畏，通威，威武。言不要有不威武的情况。《孔传》解为“无敢有无畏之心”，与文情不合。⑤宁执非敌：宁，愿。执，持，保持。非，无。言宁愿保持无敌之心。⑥若崩厥角：厥，顿下。角，额角、头角。厥角，谓顿首、叩头。若崩厥角，就是厥角若崩，叩头像山崩一样，形容人民希望的迫切。⑦惟克永世：《孔传》：“汝同心立功，则能长世以安民。”

【译文】

一月戊午日，周武王驻兵在黄河北面，西方诸侯率领他们的军队，会合在这里。武王于是巡视军队并告诫众位将士。

武王说：“呵！西方各国将士们，都听着我的话。我听说好人做好事，天天做还是做不够；坏人做坏事，也是天天做做不够。现在商王纣疯狂地做不合法度的事情，抛弃年老的大臣，亲近有罪的人，放纵酗酒，放肆暴虐。臣下受其影响，便结成朋党，互为仇敌；挟持权柄，相互残害。无罪的人呼天告冤，商纣的秽恶之德彻底闻知于上天。

“上天惠爱下民，君主尊奉上天。夏桀不能服从上天，流毒于天下。上天便佑助并命令成汤，降下废黜夏桀的命令。商纣的罪恶超过了夏桀，他伤害善良的大臣，残害谏诤的辅臣。他竟说自己有天命，说敬天不足为，说祭祀没有好处，说暴虐没有害处。他的鉴戒并不远，就在夏桀身上。上天将要让我治理人民，我的梦和我的卜兆相同，占卜中吉兆重叠出现，讨伐商国一定能胜利。商纣有亿兆平民，不同心不同德；我有治国大臣十人，却同心同德。商纣虽然有至亲的臣子，比不上我周家的仁贤之人。

“上天的看法来自我们众民的看法，上天的听闻来自我们众民的听闻。老百姓有责备，只因我没有讨伐商纣，现在我一定要顺从民心，前去讨伐商国了。

“我们的武力要推行，要攻到商国的疆土上，捉获那些凶残的人。我们对商国的征讨若能进行，将比成汤的功业还要辉煌啊！

"努力吧，将士们！不要有不威武的表现，希望你们保持战无不胜的思想。老百姓恐惧不宁，叩头求救于我们，竟叩得额头像山崩一样响。唉！你们要同心同德地建立战功，这样才能长久安定人民。"

泰誓下[①]

时厥明[②]，王乃大巡六师[③]，明誓众士。

王曰："呜呼！我西土君子。天有显道，厥类惟彰[④]。今商王受狎侮五常[⑤]，荒怠弗敬，自绝于天，结怨于民。斮朝涉之胫[⑥]，剖贤人之心，作威杀戮，毒痡四海[⑦]。崇信奸回[⑧]，放黜师保[⑨]，屏弃典刑[⑩]，囚奴正士。郊社不修[⑪]，宗庙不享，作奇技淫巧以悦妇人。上帝弗顺，祝降时丧[⑫]。尔其孜孜奉予一人[⑬]，恭行天罚！

【注释】

①这是梅氏伪古文尚书之十六。本篇记叙己未日周武王巡视讨伐大军时告诫将士的话。②厥明：戊午的明日。③六师：六军。这里指会合河北的讨伐大军。④厥类惟彰：类，法则。《方言》："类，法也。"惟，当。彰，彰明，使彰明。⑤狎侮：轻慢。 五常：指父义、母慈、兄友、弟恭、子孝五种常教。⑥斮(zhuó)：斫。《孔传》："纣王受冬月见朝涉水者，谓其胫耐寒，斫而视之。"⑦痡（pū）：伤害。⑧回：邪。⑨黜：退。 师保：太师、太保。⑩屏：（bǐng）除去。 典刑：常法。⑪郊社：郊，祭天。社，祭地。⑫祝：断，这里作"断然"解。《孔传》："祝，断也。"⑬奉：帮助。

"古人有言曰：'抚我则后，虐我则仇。'独夫受洪惟作威[①]，乃汝世仇[②]。树德务滋，除恶务本，肆予小子诞以尔众士，殄歼乃仇。尔众士其尚迪果毅以登乃辟[③]！功多有厚赏，不迪有显戮[④]。

"呜呼！惟我文考若日月之照临[⑤]，光于四方，显于西土，惟我有周诞受多方[⑥]。予克受，非予武，惟朕文考无罪；受克予，非朕文考有罪，惟予小子无良。"

【注释】

①独夫：众叛亲离，孤独一人。受：纣王名。②世仇：大仇。③尚迪果毅：尚，庶几。迪，用。果，果敢。毅，坚决。 登乃辟：登，成就。乃，你的。辟，君。《孔传》："登，成也。成汝君之功。"④迪：用，指用命。⑤文考：指文王。⑥诞受多方：诞，大。受，亲近。这句是说，广泛亲近了多方诸侯。

【译文】

在戊午日的第二天，周武王声势浩大地检阅了全体将士，并向全军将士明确地发表了誓词。

武王说："唉呀！我们来自西方的将士们，上天有彰明昭著的大道，它的法度应当得到显扬。如今商王受轻慢五常，荒疏怠惰，无所敬畏，既自绝于上天，又和百姓结下怨仇。他砍下冬天清晨涉水者的小腿，剖开贤人的胸膛，作威作福，杀戮无辜，危害天下。他器重、宠信奸邪小人，放逐、贬黜师保大臣，废除常法，囚禁奴役中正之士，祭天祭地的大典从来都不举行，祖先宗庙也从祭祀，却搞些奇技淫巧式的把戏去讨妇人欢心。上天不依他的所作所为，断

然降下灭亡他的惩罚。你们应该努力不懈地辅佐我，去推行上天的惩罚。

“古人有句名言，说：‘爱抚我者，我就拥戴他做君王；虐待我者，我就把他当成仇敌。’独夫受大行暴虐，乃是你们的大敌。建树美德，一定要辛勤培植；肃清邪恶，务必连根铲除。因此我要率领你们众位将士去歼灭你们的仇敌。你们众位将士要以果敢坚决的精神消灭敌人，以成就你们君王的大业。战功立得多者，我有重赏；不能果敢坚决杀敌的人，我重罚。

“唉呀！我的先父文王的功德，就像日月照耀，光辉遍及四方，而在西方诸国，其光辉更为灿烂。因此，我们周国尤其受众位诸侯的爱戴。此番征伐如果我战胜了受，并非由于我如何勇武，而是因为我的先父文王没有过失；如果受打败了我，并非由于我的先父文王的过失，只是由于我不好。”

牧　誓①

时甲子昧爽②，王朝至于商郊牧野③，乃誓。王左杖黄钺④，右秉白旄以麾⑤，曰：“逖矣⑥，西土之人！”王曰：“嗟！我友邦冢君御事⑦，司徒、司马、司空⑧，亚旅、师氏⑨，千夫长、百夫长⑩，及庸、蜀、羌、髳、微、卢、彭、濮人⑪。称尔戈⑫，比尔干⑬，立尔矛⑭，予其誓。”

【注释】

①牧，指牧野，商都郊区地名，在商都朝歌南七十里，今河南淇县南。公元前 1066 年 2 月，周武王带领兵车三百辆，勇士三千人，甲士四万多，还有诸侯的兵车四千辆，同纣王的军队进行决战。纣王也发兵七十万抵抗武王。战前，武王勉励诸侯和军士勇往直前，史官记录武王这次誓师的话，写成《牧誓》。这次大战，由于纣王失去了民心，纣王的军队背叛，倒戈迎接周王的军队，武王大胜，一举消灭了殷王朝。新兴力量战胜了腐朽力量。这是历史上的一次著名的大革命。②甲子：甲子日。　昧爽：日未出时。③商郊：商都朝歌的远郊。④杖：拿着。《说文》：“杖，持也。”钺：大斧。⑤秉：执持。　旄：旄牛尾。　麾：指挥。⑥逖（tì）：远。⑦冢君：大君，邦国的君主。　御事：邦国的治事大臣。⑧司徒、司马、司空：官名。《孔传》说：“治事三卿，司徒主民，司马主兵，司空主土。”⑨亚旅、师氏：官名。亚旅，上大夫。师氏，中大夫。⑩千夫长、百夫长：官名。郑玄说：“千夫长，师帅。百夫长，旅帅。”⑪庸、蜀、羌、髳、微、卢、彭、濮：当时西南方的八个诸侯国。庸，在今湖北房县境内。蜀，在今四川省西部地区。羌，在今甘肃省东南地区。髳，在今甘肃四川交界地区。微，在今陕西郿县境。卢，在今湖北南漳县境。彭，在今甘肃镇原县东。濮，在今湖北省。⑫称：举。尔：你们。戈：戟。⑬比：排比。干：盾牌。⑭矛：兵器。

王曰：“古人有言曰：‘牝鸡无晨①；牝鸡之晨，惟家之索②。’今商王受惟妇言是用③，昏弃厥肆祀弗答④，昏弃厥遗王父母弟不迪⑤。乃惟四方之多罪逋逃⑥，是崇是长⑦，是信是使⑧，是以为大夫卿士⑨。俾暴虐于百姓⑩，以奸宄于商邑⑪。今予发惟恭行天之罚⑫。今日之事，不愆于六步、七步⑬，乃止齐焉⑭。夫子勖哉⑮！不愆于四伐、五伐、六伐、七伐⑯，乃止齐焉。勖哉夫子！尚桓桓⑰，如虎如貔⑱，如熊如罴⑲，于商郊⑳。弗迓克奔以役西土㉑，勖哉夫子！尔所弗勖㉒，其于尔躬有戮㉓！”

【注释】

①晨：晨鸣。②索：空，衰落。惟家之索，惟空其家。③妇：指妲己。《史记·殷本纪》："纣嬖于妇人，爱妲己，妲己之言是从。"④昏：轻蔑，轻视。见《经义述闻》。祀：祭名。答：问。⑤厥遗：据《史记》当作遗厥。王父母弟：同祖父母的从弟。迪：用。⑥逋：逃亡。⑦是：就。《经传释词》："是犹则也。"崇：尊重。⑧信：信任。使：使用。⑨大夫卿士：均是官名。⑩俾：使。⑪奸宄：犯法作乱。⑫发：武王名。恭行：奉行。⑬愆：过，指超过。⑭止齐：止而齐，整顿队伍。郑玄说："好整好暇，用兵之术。"⑮夫子：敬称将士。勖：勉力。⑯伐：郑玄说："伐谓击刺也。一击一刺曰一伐。始前就敌，六步七步当止齐，正行列。及兵相接，少者四伐，多者五伐，又当止齐，正行列也。"⑰尚：副词，表命令语气。桓桓：威武的样子。⑱貔（pí）：豹类猛兽。⑲罴：熊的一种。⑳于：往。㉑迓：通御，禁止。役：帮助。西土：指周。㉒所：若。见《经传释词》。㉓躬：身。戮：罪。见《广雅》。

【译文】

在二月五日的拂晓时刻，武王率领军队到了商的首都朝歌郊外一处叫牧野的地方，就在那里举行誓师大会。武王左手拿着黄色的青铜大斧，右手拿着作指挥用的白色旗子。武王说："辛苦了，你们这些从西方来的远征将士们。"

武王说："啊！我们尊敬的友邦国君还有诸位官员和各部落从征的将士们，举起你们的戈，排好你们的盾，立好你们的矛，我们的誓师大会开始了。"

武王说："古人说过：'母鸡是不应该在早晨打鸣的，假如母鸡在早晨打鸣，这个家庭就要败落了。'现在商王纣只是听信妇人的话，轻蔑地丢弃了对祖宗的祭祀，对于祭祀的大事不闻不问；昏庸无道，竟然对同宗的长辈，或同宗的弟兄，不加进用；反而只对四方众多逃亡的罪人崇敬、提拔、信任、使用，任用这些人作卿士大夫一类的官，纵容他们残暴地对待百姓，在商的国都随意犯法作乱。现在我姬发恭敬地按照上帝的意志来讨伐商纣了。今天的这场战斗，在行进中不超过六步、七步就停止，把队伍整顿一下。勇敢的战士们，努力吧！在刺杀中，不超过四次、五次、六次、七次，刺杀就停止，整顿一下。努力吧！勇敢的战士们。要威武雄壮，像虎、豹、熊、罴那样勇猛，在殷商国都的郊外大战一场。不要杀掉殷商军队中前来投降的人，以便让这些人为我们服务。努力吧！勇敢的战士们。如果你们不努力作战，我就把你们杀掉！"

武　　成[①]

唯一月壬辰，旁死魄[②]。越翼日癸巳[③]，王朝步自周，于征伐商[④]。厥四月哉生明[⑤]，王来自商，至于丰[⑥]。乃偃武修文[⑦]，归马于华山之阳[⑧]，放牛于桃林之野[⑨]，示天下弗服[⑩]。

丁未，祀于周庙，邦甸侯卫骏奔走[⑪]，执豆笾[⑫]。越三日庚戌，柴望[⑬]，大告武成。

【注释】

①武，武功。成，成就。本篇记叙周武王伐殷归来向祖庙、上天、山川以及诸侯百官报告伐殷武功的成就，因此名叫《武成》，是梅氏伪古文尚书之十七。本篇共分三段，条理清楚，宋代蔡沈认为"编简错

乱，先后失序”，另加编排，写成《今考定武成》一篇。盖以不乱为乱，自不足信。②旁死魄：旁，广大。魄，也作霸，月光。旁死魄，月亮大部分无光。古代用作阴历每月二十五日的代称。③越：及，到。翼：明。④周：指镐京。于：往。⑤哉生明：哉，始。哉生明，月亮开始发光。《孔传》：“哉，始也。始生明，月三日。”⑥丰：文王时的都城。⑦偃武修文：偃，停止。修，修治。言停止武备，修治文事。⑧华山：旧说是西岳华山。阎若璩以为是商州洛南县东之阳华山，与桃林之野南北相望，壤地相接。阳：山的南面。⑨桃林：地名。阎若璩以为是今河南灵宝县西至潼关广围三百里地。⑩服：使用。⑪甸、侯、卫：甸服侯服卫服。这里指甸服、侯服、卫服的诸侯。⑫豆、笾：古代的两种祭器。⑬柴望：柴，烧柴祭天。望，望祭山川之称。

既生魄①，庶邦冢君暨百工，受命于周。

王若曰：“呜呼！群后，惟先王建邦启土，公刘克笃前烈②。至于大王，肇基王迹③。王季其勤王家④。我文考文王，克成厥勋，诞膺天命⑤，以抚方夏⑥。大邦畏其力，小邦怀其德。惟九年，大统未集⑦。予小子其承厥志。底商之罪⑧，告于皇天后土、所过名山大川，曰：‘惟有道曾孙周王发⑨，将有大正于商⑩。今商王受无道，暴殄天物⑪，害虐烝民⑫。为天下逋逃主，萃渊薮⑬。予小子既获仁人，敢祗承上帝，以遏乱略。华夏蛮貊罔不率俾⑭。恭天成命⑮，肆予东征，绥厥士女。惟其士女篚厥玄黄⑯，昭我周王⑰。天休震动，用附我大邑周！惟尔有神，尚克相予以济兆民，无作神羞！’

“既戊午，师逾孟津。癸亥，陈于商郊，俟天休命。甲子昧爽⑱，受率其旅若林⑲，会于牧野。罔有敌于我师，前徒倒戈，攻于后以北⑳，血流漂杵。一戎衣㉑，天下大定。乃反商政，政由旧。释箕子囚㉒，封比干墓㉓，式商容闾㉔。散鹿台之财，发钜桥之粟，大赉于四海㉕，而万姓悦服。”

【注释】

①既生魄：魄一作霸，已经生出月光。《白虎通·日月》：“月三日成魄，八日成光。”②笃：理。③大王：古公亶父，王季的父亲，文王的祖父。肇：开始。肇基：经营。④王季：文王的父亲。⑤膺：受。⑥方夏：《孔传》：“四方中夏。”⑦集：成。⑧底：致。致，用。⑨有道：伐纣是为民除害，故自称有道。曾孙：祭祀时诸侯自称曾孙。⑩正：同政。大政，大事，指军事。⑪天物：各种天然物资。⑫烝民：众民。⑬萃渊薮：萃，聚集。渊薮，鱼和兽聚居的地方。深水叫渊。薮，无水的泽。⑭华夏：指中原地区各国。蛮：古代泛指南方少数民族。貊（mò）：古代泛指北方少数民族。俾：从。⑮恭：奉行。⑯篚：竹筐，这里用作动词。玄黄：玄、黄二色的丝绸。⑰昭：见。⑱昧爽：天将明未明的时候。⑲旅：军队。⑳北：败走。㉑戎：兵，引申为征伐。《中庸》注：“戎，兵也。”衣：通殷，指殷商。戎衣，讨伐殷商。㉒箕子：纣王的叔父。曾进谏不听，便披发佯狂，降为奴隶。㉓比干：纣王的叔父。力谏纣王，纣王说我听说圣人的心有七个孔，便剖开他的心而死。㉔式：致敬。㉕赉：赏赐。

列爵惟五①，分土惟三②。建官惟贤，位事惟能③。重民五教，惟食丧祭④。惇信明义，崇德报功。垂拱而天下治⑤。

【注释】

①五：指公、侯、伯、子、男五等爵位。②分土惟三：《孔传》：“列地封国，公侯方百里，伯七十里，

子男五十里，为三品。”③位事：安置官吏。④五教：指父义、母慈、兄友、弟恭、子孝五种常教。惟：与，和。⑤垂拱：垂衣拱手。

【译文】

一月壬辰日，月亮大部分没光。到了第二天，也就是癸巳日，武王清晨从周都镐京出发，前去讨伐商国。四月初，新月开始露出光辉，武王从商国回来，到了丰邑。于是停止战备，施行文教，把战马放归到华山南面，把牛放回到桃林的旷野。用这向天下人表示不再使用它们兴兵了。

四月丁未日，武王在周庙兴行祭礼，甸、侯、卫的诸侯都忙着奔走，陈设木豆、竹笾等祭器。到了第三天，也就是庚戌日，举行柴祭和望祭的大礼，大力宣告伐商武功的成就。

月亮已经发出光辉时，各国诸侯和百官都到镐京接受王命。

武王这样说：“唉！各位诸侯啊！我的先王建立了国家，开辟疆土，公刘能够修治前人的功业。到了太王，开创了王室基业，王季勤劳地经营王家事业。我的父亲父王能够成就巨大的功勋，因此能够接受上天赐予的大命，安抚四方和中夏的人民。大国畏惧他的威力，小国怀念他的恩德。他在诸侯归附九年后死去，大业还没有完成。我将继承他的意志。我曾把商纣的罪恶向皇天后土以及所经过的名山大川禀告说：‘有道的曾孙周王姬发，就要讨伐商国。现在商王纣没有人道，残暴地灭绝天下万物，虐待众民。他是世界逃亡罪人的魁首和罪恶聚集的渊泽。我这小子得到仁人志士后，冒昧敬承上帝意愿，来制止乱谋。中原各国和边远少数民族的人民无不遵从。我奉了上天的定命，因此我向东方征讨，安定那里的士女。那里的士女用竹筐盛着他们黑色黄色的丝绸，来求见我周王。他们被上天的休美感动了，因而归附了我大周国呀！希望你们有神灵辅佑我去拯救亿万人民，不要使神明羞辱的事情发生！’

“到了戊午日，军队渡过孟津。癸亥日，在商郊布好阵势，等待着上天的圣命。甲子日黎明，商纣率领他如密林般的军队，来到牧野与我军会战。他的士卒不攻打我军，在前面的士卒却反戈攻击其后面的士卒。因此商纣的军队大败，血流得可以漂起木杵。我们一举讨伐了殷商，天下就大安了。于是我改变商纣的恶政，采用过去殷商先王的善政。解降箕子的囚禁，修复比干的坟，过商容的里门而致敬。散发鹿台的财货，发放钜桥的粮食，在四海人民中施行大赏，天下万民都愿意归服。”

武王设立爵位为五等，区分封地为三等。按照贤良设立官长，依据才能安置众吏。注重人民的五常之教，以及衣食、丧葬和祭祀；重视诚信，显扬道义；尊重有德的人，奖赏有功的人。于是武王拱手而天下大治了。

洪　　范①

惟十有三祀②，王访于箕子。王乃言曰：“呜呼！箕子，惟天阴骘下民③，相协厥居④，我不知其彝伦攸叙⑤。”

箕子乃言曰：“我闻在昔，鲧陻洪水⑥，汩陈其五行⑦。帝乃震怒，不畀洪范九畴⑧，彝伦攸斁⑨。鲧则殛死⑩，禹乃嗣兴，天乃锡禹洪范九畴⑪，彝伦修叙⑫。

“初一曰五行，次二曰敬用五事⑬，次三曰农用八政⑭，次四曰协用五纪⑮，次五曰建用皇极⑯，次六曰乂用三德⑰，次七曰明用稽疑⑱，次八曰念用庶征⑲，次九曰向

用五福[20]，威用六极[21]。

【注释】

①洪，大；范，法。洪范，就是大法。这篇大法是箕子传下来的。箕子是殷纣王的亲属和大臣。纣王荒淫，不理国事。箕子进谏，不被接受，于是佯狂为奴。周克商的前一年，纣王杀王子比干，囚禁箕子。公元前1066年，武王克商，封纣王的儿子禄父于殷，又命召公释放箕子。后二年，武王访问箕子，问殷为什么灭亡，箕子不忍说殷的恶政。于是武王改问上天安定下民的常道，箕子便告以洪范九畴，也就是大法九类。史官记录箕子的这篇话，写成《洪范》。这篇文章很重要，历代受到重视。它是研究我国古代政治史和思想史的重要文献。②有：又。祀：年。③阴骘：马融说："阴，覆也。"骘（zhì）：《孔传》说："定也。"阴骘，就是庇荫安定，保护。④相：使。见《吕览·诚廉》注。协：和。厥：其。⑤彝伦：常理。攸：所以。见《经传·释词》。叙：次序，引申为制定、规定。⑥鲧（gǔn）：夏禹的父亲。陻（yīn）：堵塞。⑦汩（gǔ）：乱。陈：列。五行：指水火木金土五种常用物质。⑧畀：给予。　洪：大。　范：法。九畴：九类，就是下文初一至次九的九种治国大法。⑨攸：由此。斁（dù）：败坏。⑩殛：诛。指流放。⑪锡：通赐，给予。⑫叙：次序，制定。⑬五事：指貌、言、视、听、思五件事。⑭农：努力。八政：八种政事。⑮协：合。五纪：五种记时的方法。⑯建：建立。皇：君王。极：中，指中道。法则。⑰乂：治，指治民。⑱稽：通卟，《说文》："卟，卜以问疑也。读与稽同。"⑲念：审察。《仪礼·聘礼记》："将授念趋"注："谓审行步也。"庶：众。征：征兆。⑳向：劝勉，《汉书·谷永传》引作飨。㉑威：畏惧，警戒。段玉裁说："古威畏同音通用，畏之曰畏，可畏亦曰畏。"

"一、五行：一曰水，二曰火，三曰木，四曰金，五曰土。水曰润下①，火曰炎上，木曰曲直②，金曰从革③，土爰稼穑④。润下作咸⑤，炎上作苦⑥，曲直作酸⑦，从革作辛⑧，稼穑作甘⑨。

【注释】

①润：润湿。曰：语中助词。②曲直：可曲可直。③从：顺从。革：变革。④爰：《史记》作"曰"，也是语中助词。稼穑：播种和收获。⑤润下：指水。作：产生。《诗·周颂·天作》传："作，生也"。⑥炎上：指火。⑦曲直：指木。⑧从革：指金。⑨稼穑：指稼穑的作物。

"二、五事：一曰貌①，二曰言，三曰视，四曰听，五曰思。貌曰恭，言曰从②，视曰明，听曰聪③，思曰睿④。恭作肃⑤，从作乂⑥，明作哲⑦，聪作谋，睿作圣⑨。

【注释】

①貌：容仪。②从：正当合宜。《汉书·五行志》注："言正曰从。"③聪：听得广远。《楚辞·涉江》注："远听曰聪。"④睿（ruì）：通达。⑤作：则，就。肃：敬。《孔疏》说："貌能恭则心肃敬。"⑥乂：治。《孔疏》说："言可从则政必治。"⑦哲：昭哲。《孔疏》说："视能明则所见照昭。"⑧谋：谋划。听能广远则能善谋。⑨圣：圣明。思虑通达则圣明。

"三、八政①：一曰食②，二曰货③，三曰祀④，四曰司空⑤，五曰司徒⑥，六曰司寇⑦，七曰宾⑧，八曰师⑨。

【注释】

①八政：八种政务。②食：管民食。③货：管货财。④祀：管祭祀。⑤司空：管理居民。⑥司徒：管教育。⑦司寇：治理盗贼。⑧宾：管理朝觐。⑨师：管理军事。

“四、五纪：一曰岁，二曰月，三曰日，四曰星辰①，五曰历数②。

【注释】

①星辰：星，指二十八宿。辰，指十二辰。《孔传》说：“二十八宿迭见，以叙节气。十二辰以纪日月所会。”②历数：日月运行经历周天的度数。计算它们的历数，可以确定闰月，调和季节。

“五、皇极：皇建其有极①。敛时五福②，用敷锡厥庶民③，惟时厥庶民于汝极④。锡汝保极⑤：凡厥庶民，无有淫朋⑥，人无有比德⑦，惟皇作极。凡厥庶民，有猷有为有守⑧，汝则念之⑨。不协于极，不罹于咎⑩，皇则受之⑪。而康而色⑫，曰：‘予攸好德⑬。’汝则锡之福，时人斯其惟皇之极⑭。无虐茕独而畏高明⑮，人之有能有为，使羞其行⑯，而邦其昌。凡厥正人⑰，既富方谷⑱，汝弗能使有好于而家⑲，时人斯其辜⑳。于其无好德，汝虽锡之福：其作汝用咎㉑。无偏无陂㉒，遵王之义㉓；无有作好㉔，遵王之道；无有作恶，遵王之路；无偏无党，王道荡荡㉕；无党无偏，王道平平㉖；无反无侧㉗，王道正直。会其有极㉘，归其有极。曰㉙：皇，极之敷言，是彝是训㉚，于帝其训㉛。凡厥庶民，极之敷言，是训是行，以近天子之光。曰：天子作民父母，以为天下王。

【注释】

①建：立。指建立政事。极：中道，法则。②敛：采取。时：这。五福：五种幸福，曾运乾氏谓即下文第九条所说之内容。《孔传》：“敛是五福之道以为教。”③敷：普遍。锡：施予。④于：重视。《方言》说：“于，大也。”见《尚书易解》。⑤锡：赐，贡献。保：保持。⑥淫朋：邪党。⑦人：指百官。比德：私相比附的行为。⑧猷：计谋。为：作为。守：操守。有猷有为有守，谓庶人之贤者。⑨念：审察。《仪礼·聘礼记》：将授念趋注：“谓审行步也。”⑩罹：陷入。咎：罪恶。⑪受：成。见《吕览·诬徒》注。黄式三说：“受，就也。”谓成就。⑫康：安和。《孔传》：“汝当安汝颜色以谦下人。”⑬攸：行。《说文》：“攸，行水也。”行又训用，指任用。⑭福：爵禄。　斯：《经传释词》：“犹乃也。”惟：思。⑮茕独：孤独。泛指鳏寡孤独的人。茕（qióng）：孤。高明：马融说：“高明，显宠者，不枉法畏之。”⑯羞：贡献。行：善行。⑰正人：官员。⑱方谷：常禄。江声说：“方，犹常也。谷，禄也。”⑲好：善。家：家国。⑳辜：罪，责备。㉑作：使。　用：施行。咎：恶。㉒无：不要。陂（pō）：不正。㉓义：法。㉔好：马融说：“私好也。”㉕荡荡：宽广。㉖平平：平坦。㉗反、侧：马融说：“反，反道也。侧，倾侧也。”㉘会：聚合。㉙曰：《尚书正读》说：“更端之词。”㉚敷：陈述。极之敷言，极所陈述之言。彝：《史记》作夷，陈列。训：教导。㉛于：句首语气词。《尔雅》：“于，曰也。”训：顺从。下文“是训”之训，义同。

“六、三德：一曰正直，二曰刚克①，三曰柔克②。平康正直③，强弗友刚克④，燮友柔克⑤。沉潜刚克⑥，高明柔克⑦。惟辟作福，惟辟作威，惟辟玉食⑧。臣无有作福作威玉食。臣之有作福作威玉食，其害于而家，凶于而国。人用侧颇僻，民用僭忒⑨。

【注释】

①刚克：克，制。刚克，以刚强克制之。②柔克：以柔顺克制之。③平康：和平安顺的人。④友：亲。强弗友，刚强不可亲的人。⑤燮：和。燮友，和而可亲的人。⑥沉潜：马融说："沈，阴也。潜，伏也。阴伏之谋，谓乱臣贼子。"⑦高明：谓显贵大臣。⑧玉食：美食。⑨僭：越轨。忒：作恶。

"七、稽疑：择建立卜筮人①，乃命卜筮②。曰雨，曰霁，曰蒙，曰驿，曰克③，曰贞，曰悔④，凡七。卜五，占用二，衍忒⑤。立时人作卜筮⑥。三人占，则从二人之言。汝则有大疑⑦，谋及乃心，谋及卿士，谋及庶人，谋及卜筮。汝则从，龟从，筮从，卿士从，庶民众，是之谓大同。身其康强，子孙其逢⑧。吉。汝则从，龟从，筮从，卿士逆。庶民逆，吉。卿士从，龟从，筮从，汝则逆，庶民逆，吉。庶民从，龟从，筮从，汝则逆，卿士逆，吉。则从，龟从，筮逆，卿士逆，庶民逆。作内吉⑨，作外凶⑩。龟筮共违于人，用静吉。用作凶。

【注释】

①卜筮：卜，用龟甲占吉凶；筮，用蓍草占吉凶。②命：教。命卜筮，教以卜筮之法。③雨、霁、蒙、驿、克：雨，兆之体气如雨。霁，如雨止而云气在上。蒙，气郁郁冥冥。驿，色泽而光明。④贞：内卦。悔：外卦。⑤衍：推演。忒：变化。⑥时人：这种人，指卜筮官员。⑦则：假若。⑧逢：昌盛。马融说："逢，大也。"⑨作内：作于境内。⑩作外：作于境外。

"八、庶征：曰雨，曰旸①，曰燠②，曰寒，曰风。曰时五者来备，各以其叙③，庶草蕃庑④。一极备⑤，凶；一极无⑥，凶。曰休征：曰肃，时雨若⑦；曰乂，时旸若；曰哲，时燠若；曰谋，时寒若；曰圣，时风若。曰咎征：曰狂⑧，恒雨若；曰僭⑨，恒旸若；曰豫⑩，恒燠若；曰急⑪，恒寒若；曰蒙⑫，恒风若。曰王省惟岁⑬，卿士惟月，师尹惟日。岁月日时无易⑭，百谷用成⑮，乂用明，俊民用章⑯，家用平康。日月岁时既易，百谷用不成，乂用昏不明，俊民用微⑰，家用不宁。庶民惟星，星有好风⑱，星有好雨⑲。日月之行，则有冬有夏⑳。月之从星，则以风雨㉑。

【注释】

①旸（yáng）：晴天。②燠（yù）：暖和。③叙：次序，指时序。④蕃：滋多。庑：茂盛。⑤一：五者之一。极备：极多。⑥极无：极缺。⑦若：像。时雨若，像时雨。⑧狂：狂妄。⑨僭：不信。⑩豫：逸豫。⑪急：严急。⑫蒙：昏昧。⑬省（xǐng）：视察，此指视察的职责。⑭岁月日时无易：岁月日时的统属关系不变，比喻君臣各顺其常。易，改变。⑮用：因。⑯俊民：有才能的人。章：显扬。⑰微：章之反，谓不显扬。⑱星有好风：马融说："箕星好风。"⑲星有好雨：马融说："毕星好雨。"⑳日月之行，则有冬有夏：比喻群臣须成王功。㉑以：用。

"九、五福：一曰寿，二曰富，三曰康宁，四曰攸好德①，五曰考终命②。六极：一曰凶、短、折③，二曰疾，三曰忧，四曰贫，五曰恶④，六曰弱⑤。"

【注释】

①攸好德：攸，行。《说文》："攸，行水也。"引申为行。②考：老。考终命，老而善终。③凶、短、折：早死。未到换牙就死了叫凶，未到成年就死了叫短，未到结婚就死了叫折。此郑玄的分析。④恶：邪恶。攸好德之反，谓为奸为宄，不行好德。⑤弱：郑玄说："愚儒不壮毅曰弱。"

【译文】

周文王十三年，武王向箕子访求治国之道。见了箕子，武王问道："唉呀！箕子，上天保佑下民，要他们和睦相处，但我却不知道治理国家究竟有些什么规范。"

箕子听了，回答说："据我所知，从前鲧堵塞洪水，曾经胡乱处置水、火、木、金、土这五种百姓日常使用的东西。上天发现后勃然大怒，决定不把九种治国大法传授给鲧，治国之道因此破坏了。后来，鲧遭流放而死，禹继承他的事业，夏从此兴起。上天就把九种治国大法赐给了禹，治国之道从此定了下来。

"第一种是五行，第二种是恭谨办好五件事，第三种是努力办好八种政务，第四种是综合使用五种记时方法，第五种是建立君权，第六种是推行治理天下的三种德性，第七种是敬用卜筮考疑制度，第八种是经常按照各种征兆推测未来，第九种是用五福鼓励臣民，用六极警戒臣民。

"一、五行：一是水，二是火，三是木，四是金，五是土。水性向下，可以润泽万物；火性向上，可以烧尽万物；木性多变，既可以弯曲又可以伸直；金性顺从，可以依据人意变化形状；土性滋养，可以种植百谷。润下的水产生咸味，炎上的火产生苦味，可曲可直的林产生酸味，服从人意而变形的金产生辣味，种植百谷的土产生甜味。

"二、五事：一是仪表，二是言论，三是观察，四是听闻，五是思虑。仪态要恭谨，言论要恰当，观察要洞明，听闻要广远，思虑要通达。仪态恭谨就能导致世风严肃，言论正当就能导致天下太平，观察洞明就能导致明智通达，听闻广远就能导致善于策划，思虑通达就能导致才智高超。

"三、八种政务：一是管理民食，二是管理财物，三是管理祭祀，四是管理百姓，五是管理教育，六是惩治盗贼，七是管理朝觐，八是管理军事。

"四、五种记时办法：一是年，二是月，三是日，四是观察星辰的出没情况，五是推算日月运行所经历的周天度数，以规定闰月，调和四时。

"五、君权法则：君王建立君权要有法则；确保五福，把它普遍地赏赐给臣民。这样，臣民就会尊重您的法则。贡献给您一套保持这种法则的方案：凡是百姓，都不结成邪党，凡是百官，都不要私相攀附，而只把君王看成楷模。凡是百姓，只要是有谋略、有作为、有操守者，您就要器重他们。行为不合法度，但尚未陷入罪恶者，您就要宽容他们。假若有人和悦温顺地宣称：'我遵行美德。'你就要赐给他福泽。这样，臣民就会记住君王的法则。不要虐待无依无靠者而畏惧高居显位者。不管什么人，只要有才能、有作为，就要让他施展才干，这样国家就会繁荣昌盛。凡是百官之长，既然享有丰厚的常俸，假如您不能使他们为国家作出贡献，这些人就会为难您。对于那些没有美好德行的人，您即使赐给他们福泽，他们也会诱使您推行恶政。做臣民的，不要不公不正，要遵守王法；不要私行偏好，要遵循王道；不要为非作歹，要遵行正道。做君王的，不要营私，不要结党，才能使王道宽广；不要结党，不要营私，才能使王道平坦；不反不乱，不偏不倚，才能使王道正直。君王团结臣民要有法规，臣民归顺君王也

要有法度。君王，对于以上表述的法则，要宣扬、要教导，这样才能服从上天的旨意；百姓，对于以上陈述的法则，要遵守，要推行，这样才能接近天子的光辉。天子只有成为臣民的父母，才能成为天下的君王。

“六、三种治理臣民的办法：一、能够端正人的曲直；二、以刚取胜；三、以柔取胜。要想使国家太平，就必须端正人的曲直。对于那些强硬而不能亲近的人，必须用强硬的办法弹压他们；对那些可以亲近的人，就用柔和的办法对待他们。对下面的小人，必须镇压；对高贵显赫的贵族，必须柔和。只有天子才有权力给人以幸福，只有天子才能够给人以惩罚，只有天子才可以吃美好的饭食，而臣下没有权利给人幸福，给人惩罚，吃美好的饭食。假如臣下擅自给人以幸福和惩罚，吃美好的饭食，就会给你的王室带来祸害，给你的国家带来危害，人们也将因此而偏离王道，小民也将因此而犯上作乱。

“七、解决疑难的办法：选择善于用龟甲卜卦或用蓍草占卦的人，命令他们进行卜筮。卜筮的征兆如下：一、兆形象雨那样；二、兆形象雨后初晴时云气在空中；三、兆形象雾气蒙蒙；四、兆形象不连贯的云气；五、兆相交错；六、内卦；七、外卦，总共七种。前五种用龟甲卜卦，后二种用蓍草占卦，对卦爻的意义，要认真研究以弄清所有变化。任用这些人从事卜筮时，三个人占卜，应该信从其中两个人的判断。如果你遇到了重大的疑难问题，首先你自己要多加考虑，然后再和卿士商量，再后和庶民商议，最后问及卜筮。你自己同意，龟卜同意，筮占同意，卿士同意，庶民同意，这就叫大同。这样，你的身体肯定会康强，你的子孙也一定会大吉大利。你自己同意龟卜同意，筮占同意。卿士反对，庶民不同意，也是吉利的。卿士同意，龟卜同意，筮占同意，你自己不同意，庶民反对，也是吉利的。庶民同意，龟卜同意，筮占同意，你自己不同意卿士反对，也是吉利的。你自己同意，龟卜同意，筮占反对，卿士不同意，庶民不同意，这样，就只对内吉利，对外就不吉了。如果龟卜反对，筮占反对，即使你自己同意，卿士同意，庶民同意，也是不能有所举动，安静地守着就吉利，有所举动就不吉了。

“八、各种不同的征兆：一是雨、二是晴、三是暖、四是寒，五是风。如果这五种现象，都能按照一定的规律发生，那么各种草木就会茂盛地生长，庄稼也会丰收。如果其中一种现象过多，年成就不好；一种现象过少，年成也会变坏。

“各种好的征兆；天子办事恭谨，雨水就按时降下来；天子的政治清明，就会有充足的阳光；天子办事明白，炎热的气候就会准时到来；天子能够深谋远虑，寒冷的气候也会应时而到；天子通达事理，风也就会按时发生。

“各种坏的征兆：天子的行为狂妄，大雨就会不停地下；天子办事有差错，天气就会干旱不雨；天子贪图安逸享受，天气就会经常炎热；天子办事急躁，天气就会时常寒冷；天子办事不精明，风就刮个不停。

“天子有了过错，就会影响一年；卿士有了过失，就会影响一月；官吏有了过失，就会影响一天。年、月、日都没有异常的变化，各种庄稼就都会茂盛地生长，政治就会清明，贤能的人，就会得到任用，国家也就会平安。如果日、月、岁发生了异常的变化，许多庄稼就长不好，政治就昏暗，贤能的人就得不到任用，国家就会混乱。庶民好比星，有的星好风，有的星好雨。由于日月的运行，就产生了冬天和夏天。如果月亮离开太阳而顺从于星，那么接近箕星就多风，接近毕星就多雨。

“九、五种幸福：一、长寿；二、富贵；三、平安无疾病；四、喜好天子所建立的道德规范；五、长寿善终。六种惩罚：一、早死；二、多病；三、多忧愁；四、贫困；五、丑恶；

六、怯弱。”

旅　　獒①

惟克商，遂通道于九夷八蛮②。西旅厎贡厥獒③，太保乃作《旅獒》④，用训于王。

曰：“呜呼！明王慎德，四夷咸宾⑤。无有远迩，毕献方物⑥，惟服食器用。王乃昭德之致于异姓之邦⑦，无替厥服⑧；分宝玉于伯叔之国，时庸展亲⑨。人不易物⑩，惟德其物⑪。

【注释】

①旅，西旅，西方远国。獒，大犬，高四尺。周武王克殷后，西旅国来献大犬。召公认为不可接受，劝武王慎德，重视贤能，安定国家，保护百姓。史官记录召公的话，名曰《旅獒》。《孔疏》引郑玄说：“獒读曰豪，西戎无君，名强大有政者为酋豪。国人遣其酋豪来献，见于周。”可证汉代《旅獒篇》与本篇不同。这是梅氏伪古文尚书之十八。②九夷八蛮：夷，指古代东方各民族。蛮，指古代南方各民族。九和八，都是形容它的多。③西旅：西方的旅国。厎（zhǐ）：至，来。④太保：官名，这里指召公。⑤宾：服从，归顺。⑥方物：《孔传》：“方土所生之物。”⑦德之致：指贡品。《孔传》：“德之所致，谓远夷之贡。”⑧替：废弃。服：职务。⑨展亲：展示亲爱之情。⑩人不易物：易，轻易。人不轻视那些物品。⑪惟德其物：德，动词，看作德。只以德意看待那些物口。

“德盛不狎侮①。狎侮君子，罔以尽人心；狎侮小人，罔以尽其力。不役耳目，百度惟贞②。玩人丧德，玩物丧志。志以道宁，言以道接。不作无益害有益，功乃成；不贵异物贱用物，民乃足。犬马非其土性不畜③，珍禽奇兽，不育于国。不宝远物，则远人格④；所宝惟贤，则迩人安。

【注释】

①狎侮：狎，轻易。侮。侮慢。②贞：正，适当。③土性：土生，土产。性，通生。④格：来。

“呜呼！夙夜罔或不勤①。不矜细行②。终累大德，为山九仞，功亏一篑。允迪兹③，生民保厥居④，惟乃世王。”

【注释】

①夙夜：早晚。罔：不可。或：有。②矜：慎。③允迪兹：允，信。迪，施行。兹，指诫言。④保：安。

【译文】

武王战胜商以后，与各族各国之间的道路便自然开通了。西方的旅国来贡献他们那里名贵的犬，太保召公就写了《旅獒》，用来劝谏武王。

周公说：“啊！圣明的王能够敬慎德行，所以四方各国都依附。无论远近，都来贡献各地的物产，贡品只是衣食器用之类。明王于是传谕这些贡品给异姓的国家，使他们不要荒废职

事；分赐宝玉给同姓的国家，用来表示亲爱之意。人们都不敢看低那些物品，而是以德来看待那些物品。

“德高望众的人不轻视侮慢他人，如果轻视侮慢高贵的官长，就不可能使他们尽心；如果轻视侮慢普通百姓，就不可能使他们尽力。不被耳目所好役使，百事的处理就会妥当。戏弄人就会失德，玩物就会丧志。自己的意志要靠道来加强，他人的言论要靠道来接受。不做无益的事情不利于有益的事情，事业才能成功；不重视珍贵奇巧的物品轻视实用的物品，百姓才能丰衣足食。犬马不是本地的不畜养，珍禽异兽不饲养在本国内。不珍爱远方的物品，远方的人就会来归顺；只爱惜贤才，远处的人才能安宁。

“啊！早晚不可有丝毫懈怠！不注重细微的事情，最终会妨碍大德，比如筑九仞高的土山，工程未完成，只在于一筐土之差。如果你能真正按以上的意见来做，人民就能安居乐业，周家就可以世代为王于天下了。”

金 縢②

既克商二年，王有疾，弗豫②。二公曰：“我其为王穆卜③。”周公曰：“未可以戚我先王④？”公乃自以为功⑤，为三坛同墠⑥。为坛于南方，北面，周公立焉。植璧秉圭⑦，乃告太王、王季、文王⑧。

史乃册⑨，祝曰：“惟尔元孙某⑩，遘厉虐疾⑪。若尔三王是有丕子之责于天⑫，以旦代某之身！予仁若考能⑬，多材多艺⑭，能事鬼神。乃元孙不若旦多材多艺⑮，不能事鬼神。乃命于帝庭⑯，敷佑四方⑰，用能定尔子孙于下地⑱。四方之民罔不祗畏⑲。呜呼！无坠天之降宝命⑳，我先王亦永有依归。今我即命于元龟㉑，尔之许我，我其以璧与圭归俟尔命㉒；尔不许我，我乃屏璧与圭㉓。”

乃卜三龟，一习吉㉔。启籥见书㉕，乃并是吉。公曰：“体㉖！王其罔害。予小子新命于三王㉗，惟永终是图；兹攸俟㉘，能念予一人㉙。”公归，乃纳册于金縢之匮中。王翼日乃瘳㉚。

【注释】

①武王胜商后二年，得了重病。当时天下尚未安定，殷民心怀不服。武王一身关系天下的安危，所以周公亲自请于太王、王季和文王，求以自己代替武王去死。祝告的册书收藏在金属束着的匮中。武王死后，成王年幼，周公代理政事，管叔、蔡叔放出流言说周公将不利于成王。因此成王也怀疑周公，骨肉之间发生了隔阂。周公东征，取得辉煌的胜利，又写了《鸱鸮》诗，想感动成王，成王仍然没有醒悟，可见隔阂之深。后来因一次偶然的天灾，成王打开金縢之匮，发现了周公请求代替武王死的册书，深深受到感到，隔阂终于消除了。史官看到金縢匮中的册书作用这样重大，于是记录了这件事来表彰周公的忠诚。为了突出金縢中册书的作用，于是名叫《金縢》。②豫：安。黄式三说：“疾曰弗豫，犹言身不快也。”③二公：指太公和召公。穆：恭敬。④戚：读为祷，告事求福。⑤功：质，今言抵押。自以为功，即以身作抵押。⑥三坛：太王、王季、文王各为一坛。墠（shàn）：祭祀的场地。⑦植：郑玄说：“古置字。”璧：圆形的玉。圭：上圆下方的玉。古代祈祷要用圭、璧等。⑧太王：武王的曾祖。王季：武王的祖父。文王：武王的父亲。⑨史：史官。册：写册书。⑩惟：语气助词。元：长。某：指周武王姬发。⑪遘：遇到。厉：危。虐：恶。⑫是：这时。丕子：读为布兹。兹是席名，布兹就是布席。举行祭祀，先须布席，

所以布席就是助祭。说见《尚书正读》。丕子之责，即助祭的职责。⑬仁若：柔顺。考：巧。《史记》作巧。⑭材、艺：都指技术。⑮乃元孙：你们的长孙。⑯乃：犹而也。见《经传释词》。命：见命，被命。⑰敷：普遍。佑：读为有。王国维说。⑱下地：人间。⑲祗：敬。⑳坠：丧失。宝命：指命于帝庭敷佑四方的使命。㉑即命：就而听命。㉒归：归于三王之所。㉓屏（bìng）：收藏。㉔一：都。习：重复。㉕启：开。籥：写兆书的竹筒。书：占卜的书。㉖体：兆形。㉗命：告。㉘攸：所。俟：期待。㉙予一人：周公自称。念予一人，念我永终是图的至意。㉚翼日：明日。瘳：病好了。

武王既丧[①]，管叔及其群弟乃流言于国[②]，曰："公将不利于孺子[③]。"周公乃告二公曰："我之弗辟[④]，我无以告我先王。"周公居东二年[⑤]，则罪人斯得[⑥]。于后，公乃为诗以贻王，名之曰《鸱鸮》[⑦]。王亦未敢诮公[⑧]。

【注释】

①丧：死。②群弟：指蔡叔、霍叔。《逸周书·作雒解》说："武王克殷，乃立王子禄父俾守商祀，建管叔于东，建蔡叔、霍叔于殷，俾监殷臣。"③孺子：年幼的人，指成王。④辟（bì）：摄政为君。⑤居东：居在东土，指东征。⑥罪人：指武庚和三叔等。　斯：乃。见《经传释词》。⑦鸱鸮：今存《诗·豳风》中。《诗序》说："《鸱鸮》，周公救乱也。成王未知周公之志，公乃为诗以遗王，名之曰《鸱鸮》焉。"⑧诮：责备。　亦：只，只是。

秋[①]，大熟，未获，天大雷电以风[②]。禾尽偃[③]，大木斯拔[④]，邦人大恐。王与大夫尽弁以启金縢之书[⑤]，乃得周公所自以为功代武王之说[⑥]。二公及王乃问诸史与百执事[⑦]。对曰："信[⑧]。噫[⑨]！公命我勿敢言。"

王执书以泣，曰："其勿穆卜！昔公勤劳王家，惟予冲人弗及知[⑩]。今天动威以彰周公之德，惟朕小子其新逆[⑪]，我国家礼亦宜之。"王出郊，天乃雨，反风，禾则尽起[⑫]。二公命邦人凡大木所偃，尽起而筑之[⑬]。岁则大熟。

【注释】

①秋：指"周公居东二年，罪人斯得"以后的秋天。②以：与，和。③偃：倒伏。④斯：尽。见《吕览》注。⑤弁：礼帽，这里是戴上礼帽的意思。⑥说：祷告的祝词。⑦百执事：众多办事官员。⑧信：确实。⑨噫：唉。叹词。⑩冲人：年幼的人。⑪新：当作亲。马融本作亲。　逆：迎接。⑫起：立起，伸起。⑬筑：用土培根。

【译文】

在已灭商的第二年，武王生了病，身体不适。太公、召公说："让我们恭敬地为国王的疾病占卜一下好吗？"周公说："不要使我们的先王忧虑吧。"周公决意以自己的生命作质，便清除一块土地作为祭祀的场所，在上面筑起三个祭坛。祭坛坐南面北，周公站于祭坛之上。祭坛上放着璧玉，周公手里拿着玉圭，然后便向大王、王季、文王祷告。

史官就把周公祷告时的祝词记录在典册上，祝词说："你的长孙，生了重病。假若你们三王的在天之灵，得了什么疾病，需要后辈去扶持你们，那就让我姬旦来代替你的长孙吧！我有孝敬的仁德而又伶俐乖巧，无所不能，能够很好地奉事鬼神。你的长孙不像我这样多材多艺，

不能服侍鬼神。他在上帝那里接受任命，按照上帝的意图统治四方。因而你的子孙统治权才这样在人间确定下来，四方的臣民无不又敬又怕。唉！不要毁掉上天所降给的宝贵大命吧！这样我们的先王也就永远有所归依了。现在我就要依靠龟卜来接受你的命令了，假若你同意我的要求，我就拿着璧和圭死去，等待你们的命令；假若你们不答应我的要求，那我就要把璧和圭丢掉。"

于是在大王、王季、文王的灵位前各放一龟，进行占卜。得到的都是好兆头。周公说："好啊！国王不会有什么灾难了。我从三王那里接受命令，只有如何能够永远保持我们的统治这个大问题，才是我值得考虑的。而我们的先王也正是因为这个问题，无时无刻在为我们的国王祝福。"周公回去之后，史官就把周公的这些祝词写在典册上，贡在用金质的绳索捆束的匣子中。第二天，王的病体痊愈。

武王死后，管叔和他的弟弟们就在国内传播流言说："周公将要做出对幼小的国王不利的事情了。"周公就对太公和召公说道："我假如不去掌握政权，天下就会叛乱，我就没有办法向我们的先王回报了。"周公奉命东征，经过两年，便把发动叛乱的罪人全部消灭。之后便作了一首诗送给成王，诗名叫做《鸱鸮》，向成王表明宁可消灭管蔡，而不能毁掉周朝政权，成王虽不同意周公的看法，但却不敢责备他。

秋天，庄稼长得很好，还没有收割，忽然天空雷电交加，又刮起了大风，庄稼都被吹得倒伏在地上，大树也都被风连根拔了起来。国内的人都非常惧怕，国王和大夫们都穿上朝服，打开了那个用金质的绳索捆束的匣子，于是便得到了周公的以自身为质祷告代替武王去死的册书。太公、召公和成王便向史官们询问此事。他们回答说："实在有这件事情。唉！周公命令我们严守秘密，我们不敢把这件事情说出来。"

成王拿着周公所藏的册，哭着说道："没有必要去恭敬地占卜了。以前周公勤劳地为王室工作，只是我这个年轻人不了解这些事情。现在上帝动怒，发出了这样的威风，就是以此来表彰周公的贤德。我应当亲自去迎接周公，这样做，按照我们国家所制定的礼仪也是应该的。"

成王走出城郊迎接周公，天就下起了雨，风也按相反的方向刮去，被吹倒的庄稼，便又都重新直立了起来。太公和召公便命令国内的人，把凡是被风刮倒的大树，都重新扶起来，再用土加固，这一年的收成特别好。

大　诰①

王若曰："猷②！大诰尔多邦越尔御事③。弗吊④！天降割于我家⑤，不少延⑥。洪惟我幼冲人⑦，嗣无疆大历服⑧。弗造哲⑨，迪民康⑩，矧曰其有能格知天命⑪？

"已⑫！予惟小子，若涉渊水，予惟往求朕攸济⑬。敷贲敷前人受命⑭，兹不忘大功。予不敢闭于天降威⑮，用宁王遗我大宝龟⑯，绍天明⑰。即命曰⑱：'有大艰于西土，西土人亦不静，越兹蠢⑲。殷小腆诞敢纪其叙⑳。天降威㉑，知我国有疵㉒，民不康，曰：予复！反鄙我周邦㉓，今蠢今翼㉔。日民献有十夫予翼㉕，以于敉宁、武图功㉖。我有大事，休㉗？'朕卜并吉。

"肆予告我友邦君越尹氏、庶士、御事㉘，曰：'予得吉卜，予惟以尔庶邦于伐殷逋播臣㉙。'尔庶邦君越庶士、御事罔不反曰：'艰大，民不静，亦惟在王宫邦君室㉚。

越予小子考翼㉛，不可征，王害不违卜㉜？'

"肆予冲人永思艰㉝，曰：呜呼！允蠢鳏寡㉞，哀哉！予造天役㉟，遗大投艰于朕身㊱。越予冲人不卬自恤㊲。义尔邦君越尔多士、尹氏、御事绥予曰㊳：'无毖于恤㊴，不可不成乃宁考图功㊵。'

"已！予惟小子，不敢替上帝命㊶。天休于宁王㊷，兴我小邦周。宁王惟卜用，克绥受兹命㊸。今天其相民，矧亦惟卜用？呜呼！天明畏，弼我丕丕基㊹！"

【注释】

①周武王逝世，成王年幼，周公摄政。元年（公元前1063年），管叔、蔡叔、武庚联合淮夷反叛周王朝。周公忠诚为国，决计出兵平定叛乱。讨伐叛乱的军队还没有出发，诸侯国的国君和众位大臣认为困难很大。劝周公违背龟卜的指示，停止出征。周公于是大诰各诸侯国的国君和众位大臣，驳斥他们关于困难很大和违背龟卜的说法，劝导他们同心协力去平定叛乱。史官记录周公这篇诰辞，名叫《大诰》。②王：指摄政王周公。 若：如此，这样。猷：哟。叹词。③多邦：众诸侯国。越：与，和。《广雅》："越，与也。"御事：治事大臣。④吊：善。弗吊，犹言不幸。⑤割：害。《经典释文》："割，马本作害。"⑥延：间断。《尔雅·释诂》："延，间也。"⑦洪惟：句首语气助词。王引之说。幼冲人：年轻人。冲，稚。⑧大历服：历，久。服，事。大历服，伟大久远的事业。指王业。⑨造：遭遇。 哲：明智的人。⑩迪：引导。康：安。⑪矧：况且。格：度量。江声说。⑫已：唉，叹词。⑬攸济：攸，所以。济，渡。攸济，所以济渡。见《释词》。⑭敷贲：大龟。敷训大，见《诗·常武》释文引《韩诗》。敷前人：辅佐前人。敷，通辅。详见《尚书易解》。⑮闭：藏着。威：可畏的事，指灾难。⑯宁王：文王。古字宁和文形近，因而致误。⑰绍：卜问。 天明：即天命。杨树达说，明是命之假借字。⑱即命：即，就。命，告。就龟而告。⑲越：在。兹：这时。蠢：动。⑳腆：主。小主，谓武庚。黄式三说。纪其叙：纪，组织。叙，馀。组织他们的残馀。㉑天降威：威，通畏，可畏的事。天降可畏的事，指武王死了。㉒疵：病，困难。指成王年幼，周公被疑。㉓鄙：鄙视。㉔今蠢今翼：蠢，动。翼，通翌，翌即翊字，《说文》："翊，飞貌。"今蠢今翼，现在动起来、飞起来了，形容形势危急。此俞樾说。㉕日：近日。献：贤，指贤人。翼：助。予翼，即翼予。㉖敉：通弥，终。黄式三说。图功：图，大。功，业。王引之说。㉗大事：兵事，战事。休：好。曾运乾说："犹言休否，问辞也。"㉘肆：所以。越：与。尹氏：史官。庶士：众士。㉙惟：谋。以：与。于：往。逋播臣：逋，逃亡。播，散。逋播臣，指禄父。㉚惟：有。王宫邦君室：指管叔蔡叔等。㉛越：句首语气词。予小子：庶邦君自称。考翼：曾运乾说："考翼，犹言考慎。《谥法》：思虑深远曰翼。"㉜害：通曷。何，为什么。㉝肆：今。㉞允：信，真的。蠢：动，惊动。鳏寡：指苦难的人。㉟役：役使。㊱遗：当读为惟，《诗》其鱼唯唯，《韩诗》作遗遗，可证惟与遗相通。见《尚书易解》。投：掷。付予。艰：难事。㊲越：句首语气词。㊳义：宜，应当。绥：安慰。㊴无：不要。毖：畏慎，恐惧。㊵宁考：文考。图功：大业。㊶替：废弃。㊷休：嘉惠。㊸绥：安。㊹丕：大。基：事业。

王曰："尔惟旧人①，尔丕克远省②，尔知宁王若勤哉③！天閟毖我成功所④，予不敢不极卒宁王图事⑤。肆予大化诱我友邦君⑥：天棐忱辞⑦，其考我民⑧，予曷其不于前宁人图功攸终⑨？天亦惟用勤毖我民⑩，若有疾，予曷敢不于前宁人攸受休毕⑪？"

王曰："若昔朕其逝⑫，朕言艰日思⑬。若考作室，既底法⑭，厥子乃弗肯堂，矧肯构⑮？厥父菑⑯，厥子乃弗肯播⑰，矧肯获？厥考翼其肯曰⑱：予有后弗弃基？肆予曷敢不越卬敉宁王大命⑲？若兄考⑳，乃有友伐厥子㉑，民养其劝弗救㉒？"

【注释】

①惟：是。旧人：老臣。②省：省识。③若：《尚书正读》："若，如何也。"④闷：慎重。毖：告诉。所：道，办法。⑤极：通亟。快速。王引之说。⑥化诱：教导。⑦棐：辅助。忱辞：诚信的话。指宝龟所示的吉兆。⑧考：成就。⑨于：往。攸：通猷，谋求。终：完成。⑩毖：劳心。⑪休毕：休，善。毕，消除疾病。孙诒让说。⑫若昔：黄式三说："如前也。"其：将要。逝：往。⑬艰日思：艰难日子里的想法。⑭底：定。⑮堂：基，打基础。矧：又。下文矧肯获，同。构：盖，盖屋。⑯菑：新垦土地。⑰播：播种。⑱考翼：考虑。其：岂，难道。⑲越卬：越，在。越卬，在我自己。敉：终，完成。⑳考：终，死。㉑友：群，成群。㉒养：长，长官。民养：人民之长，指诸侯和官员。

王曰：'呜呼！肆哉[①]，尔庶邦君越尔御事。爽邦由哲[②]，亦惟十人迪知上帝命越天棐忱[③]，尔时罔敢易法[④]！矧今天降戾于周邦[⑤]？惟大艰人诞邻胥伐于厥室[⑥]，尔亦不知天命不易？

"予永念曰：天惟丧殷，若穑夫[⑦]，予曷敢不终朕亩？天亦惟休于前宁人[⑧]，予曷其极卜[⑨]？敢弗于从率宁人有指疆土[⑩]？矧今卜并吉？肆朕诞以尔东征[⑪]。天命不僭[⑫]，卜陈惟若兹[⑬]！"

【注释】

①肆：尽力。②爽：明，清明。哲：哲人。③惟：有。十人：《孔传》说："谓民献十夫来佐周。"迪：引导。越：与。棐忱：辅助诚信的人。④时：是，代词。易法：即易废，怠弃的意思。法，通废。金文废多作法。尔时罔敢易法，即尔罔敢怠慢是，否定句的代词宾语前置了。⑤矧：况且。戾：定。指定命。⑥大艰人：大发难的人，指三监和武庚。诞：通延，延请。邻：邻国。胥：相。⑦穑夫：农夫。⑧休：嘉惠。⑨极：放弃。《仪礼·大射仪》注："极，犹放也。"⑩于：往。从：重，再。率：循行，行视。指：旨，美。有指即美好。⑪以：率领。⑫僭：不信。⑬陈：示。若：顺从。兹：哉，语末助词。

【译文】

王这样说："啊！我要向各国君主和你们的大臣发表内容广泛的讲话。不好了啊！上天把灾祸降给我们的国家了，而且灾祸还在延续，一点停息的迹象也没有。我这个年轻人，继承了无限悠久的王业。但是我没有遇到明智的人，引导百姓安居乐业，更何况能够理解天命的人呢！唉！我年纪尚幼，处理国事就像渡过深渊一样，总想去寻求使我渡过去的办法。大宝龟曾经帮助先王承受天命，至今也不能遗忘它的大功。在上天降下灾祸之时，我不敢把它隐藏起来，我就用文王留给我的大宝龟，来卜问天命。卜问得到的卜辞说：'西方将有大灾难；西方人心很不安静，现在已经蠢蠢欲动了。'事实正是这样：殷商余孽竟然敢于图谋恢复他们的统治，上天给我们降下灾祸，他们得知我们国家有难，百姓不能安居乐业，竟敢公开宣称：'我们要复国！'他们就这样转而谋算我们周边国家，而且现在就蠢蠢而动了。近日，有十位贤者前来辅佐我，让我前去完成文王、武王所图谋的功业。我国将有战事，前景吉利吗？我占卜所得到的卦像全都是吉利的。

"所以，我要对我的友邦国君和众位大臣说：'我得到了吉卜，我要率领你们各国前去征讨殷商那些叛乱的罪人。'可是你们各位国君和大臣反对说：'这件事太困难了，因为百姓人心惶惶，又有王室和邦君中的人参与叛乱。所以我们这些人考虑，或许不可讨伐，大王何不违背龟

卜呢?'

"如今，这件事我已经考虑良久了，心里也这样想：'唉呀！确实会惊扰苦难的百姓，令人思之痛心啊！'可是我受上天的指派，上天把这件艰难的事情托付给我，我这个年轻人，不能只为自身的安危忧虑。此刻，你们各位邦君和大臣应该这样劝慰我：'不要被忧患所吓倒，一定要完成文王所谋求的功业。'

"唉！我想我是文王的儿子，我不敢不顾上帝的命令。上天嘉奖文王，使我们这个小小的周国发达起来。文王通过占卜，继承了上帝所授给的大命。现在上帝命令臣民帮助我们，何况我们又通过占卜懂得上帝的这番用意呢。唉！上帝的这种明确的旨意，人们应该敬畏，还是帮助我把我们的统治大大地加强吧！"

王说："你们是文王的股肱之臣，你们能够很好地回顾一下遥远的过去吗？你们知道文王是如何的勤劳吗？上帝把取得成功的办法秘密地告诉我们，我不敢不尽一切努力来完成文王所力图成就的伟业。所以，我就用这番伟大的道理，教育劝导你们各位诸侯国君，上帝那些真诚的表示赞助的言词，说明上帝将要成就我们的臣民。我为什么不去沿袭文王的事业，而去争取最后的胜利呢？上帝也因此经常向我们发出命令，好像要去掉自己身上的疾病痛苦那样迫切，我怎敢不尽心尽力地完成文王从上帝那里所接受的神圣的事业呢？"

王说："在过去，我曾经随同武王到东方讨伐殷国，所以我天天考虑着出兵东征的困难。譬如父亲要盖房子，已经确定了房子的盖法，但是他的儿子却拒绝去奠定房子的地基，何况是盖房子呢？他的父亲把地耕好，他的儿子却不肯播种，何况是收获庄稼呢？做父亲的是敬重自己的事业的，他怎么会说'我的子孙后代，不会毁弃我的事业'呢？所以，我怎敢不在我执掌大位期间亲自去讨伐反叛，完成文王从上帝那里接受的大命呢？又比如当父兄的，如果有的邻国讨伐他们的子弟，难道那些统治他们的侯王能够劝阻他们不去帮助自己的子弟吗？"

王说："唉！努力吧，各位诸侯国君以及你们的大臣们。要把国家治理好，就必须依靠圣明的人，而只有十个圣明的人才会懂得上帝的意旨，上帝在诚心诚意地帮助我们周国，你们是不敢侮慢上帝的意图的。今天，上帝已经把这个意图下达到我们周国了，那些发动叛乱的人却勾结殷人来讨伐自己的同宗。你们不知道上帝的大命是不会更改的吗？

"我长时期地在考虑：上帝是要消灭殷国的。譬如种庄稼的农民，为了使庄稼长得好，总要把田亩中的杂草彻底除掉。我怎敢不除恶务尽呢？上帝只赞助我们的前辈文王，我怎敢放下卜兆，不遵从上帝的意旨，不遵从文王的意图，而不去保卫我们美好的疆土呢？何况今天的占卜都是吉卜，因此我一定要率领你们诸侯国君东征。上帝的命令是不会有差错的，占卜就明白地说明这一点。"

微子之命[①]

王若曰："猷！殷王元子[②]。惟稽古，崇德象贤[③]，统承先王，修其礼物，作宾于王家，与国咸休，永世无穷。

"呜呼！乃祖成汤克齐圣广渊[④]，皇天眷佑，诞受厥命。抚民以宽，除其邪虐。功加于时，德垂后裔[⑤]。

"尔惟践修厥猷[⑥]，旧有令闻。恪慎克孝，肃恭神人。予嘉乃德，曰笃不忘[⑦]。上帝时歆[⑧]，下民祗协，庸建尔于上公，尹兹东夏[⑨]。

【注释】

①微子，名启，纣王的同母长兄，帝乙的长子。命，诰命。周成王杀了纣王的儿子武庚，于是命令微子启代替武庚为殷之后裔，封他于宋国，以奉行成汤的祭祀。史官记录成王封微子的诰命，叫做《微子之命》。这是梅氏伪古文尚书之十九。②猷：叹词。表赞美，相当“哟”。 殷王元子：元子，长子，微子是殷王帝乙的长子，纣的庶兄，所以称他为殷王长子。③崇德：崇重有德。象贤：郊法先贤。崇德象贤，谓崇德象贤的人。④齐圣广渊：齐，肃敬。圣，明通。广，广大，渊，深远。《蔡传》说：“齐，肃也。齐则无不敬，圣则无不通。广，言其大。渊，言其深也。”⑤垂：流传。⑥践修：履行。古代履叫践，行叫修。猷：道。⑦曰笃不忘：曰，谓。笃，纯厚。《孔传》说：“谓厚不可忘。”⑧歆：欣然。《国语·周语》民歆而德之注：“歆，犹欣欣。”时歆，对此欣欣。时，是、此。⑨东夏：东夏地区，指宋国。《孔传》说：“东方华夏之国，宋在京师东。”

“钦哉！往敷乃训。慎乃服命[①]，率由典常，以蕃王室[②]。弘乃烈祖[③]，律乃有民[④]，永绥厥位，毗予一人[⑤]。世世享德，万邦作式，俾我有周无斁[⑥]。

“呜呼！往哉惟休[⑦]！无替朕命[⑧]。”

【注释】

①慎：《尔雅·释诂》：慎，诚也。 服命：服，职位。命，使命。这里指上公的职位和使命。②蕃：通藩，屏障，保卫。③烈祖：烈，功业。烈祖，有功烈之祖，指成汤。④律：规律，规范。⑤毗：辅助。⑥俾：服从。斁：厌倦。⑦往哉惟休：《蔡传》说：“叹息言汝往之国，当休美其政。”⑧替，废弃。

【译文】

成王这样说：“唉！殷王的长子啊！考查古代，有崇尚盛德，效法先贤的规章制度。后人能继承先王的传统，修治先王的礼制文物，作王家的贵宾，与王室同样美好，永世无穷无尽。

“啊！你的先祖成汤能够肃敬，圣明、开阔、深远，皇天眷顾佑助他，于是他接受了上天赐予的大命。他用宽政安治人民，除掉邪恶凶残之徒。功勋成就于当时，德泽施及于后代。

“你袭用成汤的治国之道，已早有美名。你谨慎而能孝，恭敬地对待神和人。我宣扬你的盛德，认为你的美德纯厚而不能忘。上帝能按时享受你的祭祀，下民对你尊敬，与你关系和睦，因此我立你为上公，治理这东方华夏之国。

“要谨慎啊！前去发布你的政令。谨慎对待你的职位和职责，遵循常法，来保卫周王室。弘扬你烈祖成汤的治国之道，用法度规范你的下民，长久安居于上公之位，辅佐我一人。只有这样，你的世代子孙才能享受你的恩德，万国诸侯才会以你为楷模，服从我周王室而不厌倦。

“啊！前往吧。要好好治理你的国家，不要不顾我的诰命！

康　诰[①]

惟三月哉生魄[②]，周公初基作新大邑于东国洛[③]，四方民大和会，侯甸男邦、采卫百工、播民和见[④]，士于周[⑤]。周公咸勤[⑥]，乃洪大诰治[⑦]。

【注释】

①本篇是周公告诫康叔治理殷民的诰词。《史记·卫世家》记载：康叔名封，是周武王的同母幼弟。周公带领军队东征，杀了纣王的儿子武庚，杀了参加叛乱的管叔，放逐了蔡叔。把先前由武庚统治的殷民封给康叔。立康叔为卫君，居住在黄河和淇水之间的故殷地。周公忧虑康叔年轻，于是反复告诫他，要他寻求殷的贤人君子和长者，向他们请教关于先前殷王朝兴盛和灭亡的原因，要他努力爱护殷民。史官记录周公告诫康叔的这次讲话，写成《康诰》。②三月：周公摄政第四年的三月。 哉生魄：哉，始。魄，通霸。月初生之明。哉生魄，月亮初出现光明。指阴历每月二、三日。③基：经营。新大邑：指王城。④侯甸男邦：侯服甸服男服的邦君。采卫百工：采服卫服的百官。工、官。播民：播迁之民，指殷民。和见：会见。《周书·谥法》：和，会也。⑤士：事，服务。⑥咸：都。勤：慰劳。⑦洪：代替。郑玄说："洪，代也。言周公代成王诰。"治：治道。治理殷国的法则。

王若曰①："孟侯②，朕其弟③，小子封。惟乃丕显考文王④，克明德慎罚⑤；不敢侮鳏寡，庸庸⑥，祇祇⑦，威威⑧，显民⑨，用肇造我区夏⑩，越我一、二邦以修我西土⑪。惟时怙冒⑫，闻于上帝，帝休⑬，天乃大命文王。殪戎殷⑭，诞受厥命越厥邦厥民⑮，惟时叙⑯，乃寡兄勖⑰。肆汝小子封在兹东土⑱。"

【注释】

①王：指周公。若：如此，这样。②孟侯：指康叔。孟，长。为诸侯之长。③其：之。《经传释词》："其，犹之也。"封：康叔名。④乃：你的。丕显考：伟大光明的父亲。⑤克：能够。明德：尊尚德教。慎罚：慎用刑罚。⑥庸：用。庸庸。任用可用的人。⑦祇：敬。祇祇，尊敬可敬的人。⑧威：威慑。威威，威慑可威慑的人。⑨显：显著。显民，显示于民。⑩用：因此。肇：开始。造：造就，建立。区夏：小夏。⑪越：与，和。修：治理。⑫时：这样。怙：大。王引之说。冒：通勖，勉力。⑬休：高兴。《广雅·释诂》："休，喜也。"⑭殪：死，这里指灭亡。戎殷：大殷。⑮越：与，和。⑯时叙：时，承。叙，绪。承绪，承文王之绪。⑰寡兄：大兄。指周武王。详《尚书正读》。⑱东土：卫国在东方河、淇之间，所以说东土。

王曰："呜呼！封，汝念哉！今民将在祇遹乃文考①，绍闻衣德言②。往敷求于殷先哲王用保乂民③，汝丕远惟商考成人宅心知训④。别求闻由古先哲王用康保民⑤。弘于天⑥，若德裕乃身⑦，不废在王命⑧！"

王曰："呜呼！小子封，恫瘝乃身⑨，敬哉！天畏棐忱⑩；民情大可见，小人难保。往尽乃心，无康好逸豫⑪，乃其乂民。我闻曰：'怨不在大，亦不在小；惠不惠⑫，懋不懋⑬。'已！汝惟小子，乃服惟弘王应保殷民⑭，亦惟助王宅天命⑮，作新民⑯。"

【注释】

①在：观察。《尔雅·释诂》："在，察也。"遹（yù）：遵循，义见《尔雅》。②绍：通劭，尽力。闻：听取。衣：即殷。《中庸》注："齐人言殷声如衣。"③敷：普遍。乂：养。④惟：思。考：老。老成人，德高望重的长者。宅：安，安定。宅心，与下文"康乃心"同意。知训：明智教训。⑤别：另外。由：于。康：安。⑥弘：大。⑦若德：顺从之德。裕：指导。《广雅·释诂》："裕，道也。"⑧废：止，停止。在：完成。《尔雅·释诂》："在，终也。"⑨恫：痛。瘝：病。⑩畏：通威。棐忱：辅诚。⑪豫：乐。⑫惠：顺从。⑬懋：勉。⑭服：职责。弘：大，宽大。应保：受保。⑮宅：黄式三说："宅，定也。"⑯作：振

作。新：革新。

王曰："呜呼！封，敬明乃罚[①]。人有小罪，非眚[②]，乃惟终；自作不典[③]，式尔[④]，有厥罪小[⑤]，乃不可不杀。乃有大罪，非终，乃惟眚灾[⑥]；适尔，既道极厥辜[⑦]，时乃不可杀。"

王曰："呜呼！封，有叙时[⑧]，乃大明服[⑨]，惟民其敕懋和[⑩]。若有疾，惟民其毕弃咎[⑪]；若保赤子[⑫]，惟民其康。

"非汝封刑人杀人，无或刑人杀人。非汝封又曰劓刵人[⑬]，无或劓刵人。"

王曰："外事[⑭]，汝陈时臬司师[⑮]，兹殷罚有伦[⑯]。"又曰："要囚[⑰]，服念五、六日至于旬时[⑱]，丕蔽要囚[⑲]。"

王曰："汝陈时臬事罚[⑳]。蔽殷彝[㉑]，用其义刑义杀[㉒]，勿庸以次汝封[㉓]。乃汝尽逊曰时叙[㉔]，惟曰未有逊事[㉕]。已！汝惟小子，未其有若汝封之心[㉖]。朕心朕德，惟乃知。

"凡民自得罪[㉗]：寇攘奸宄[㉘]，杀越人于货[㉙]，暋不畏死[㉚]，罔弗憝[㉛]。"

王曰："封，元恶大憝[㉜]，矧惟不孝不友[㉝]。子弗祗服厥父事[㉞]，大伤厥考心；于父不能字厥子[㉟]，乃疾厥子[㊱]；于弟弗念天显[㊲]，乃弗克恭厥兄；兄亦不念鞠子哀[㊳]，大不友于弟。惟吊兹[㊴]，不于我政人得罪[㊵]，天惟与我民彝大泯乱[㊶]。曰：乃其速由文王作罚[㊷]，刑兹无赦。

"不率大戛[㊸]，矧惟外庶子、训人惟厥正人越小臣、诸节[㊹]。乃别播敷造民[㊺]，大誉弗念弗庸，瘝厥君[㊻]；时乃引恶[㊼]，惟朕憝。已！汝乃其速由兹义率杀[㊽]。

"亦惟君惟长[㊾]，不能厥家人越厥小臣、外正；惟威惟虐，大放王命[㊿]；乃非德用乂。

"汝亦罔不克敬典[51]，乃由裕民[52]，惟文王之敬忌[53]；乃裕民曰：'我惟有及[54]。'则予一人以怿[55]。"

【注释】

①明：明晓。②眚（shěng）：过失。③终：常。典：法。④式：用。尔：如此。⑤有：虽然。《尔雅·释训》："有，虽也。"⑥眚灾：因过失而造成的灾害。⑦适：适然、偶然。道：说。极：尽。⑧叙：顺从。时：是，这。指代上述"杀终赦眚"的方法。⑨服：诚服。⑩敕：告诫。和：顺。⑪咎：罪恶。⑫赤子：小孩。⑬又：有。劓（yì）：割鼻的刑。刵（ěr）：断耳的刑。⑭外事：判断狱讼的事。江声说："外事，听狱之事也。听狱在外朝，故云外事。"⑮陈：列。列举。臬：法。司：管理，师：士师，狱官。⑯兹：此，这样。有伦：有条理。⑰要囚：幽囚，囚禁犯人。⑱服念：思考。《诗·关雎》传："服，思之也。"⑲丕：乃。训见《经传释词》。蔽：判断。⑳事罚：施行刑罚。㉑彝：法。蔽殷彝：蔽以殷法，用殷法判断案件。㉒义：宜，合理。《孔传》：义，宜也。㉓庸：用。次：通恣。顺从，见《吕览》注。次汝封，顺从汝姬封的心意。㉔乃：若，假若。逊：顺。汝尽逊：尽顺汝。时叙：承顺。㉕惟：宜，应当。《吕览·知分》注："惟，宜也。"㉖未：无。其：句中语气助词。若：顺从。㉗自：由。自得罪：由此得罪。㉘奸：在内作乱。宄：在外作乱。㉙越：远。见《广雅·释诂》。于：江声说："于，犹取也。"㉚暋：强横。㉛憝（duì），怨恨。罔弗憝，没有人不怨恨。江声说："凡人无不怨之，此言不待教而诛者也。"㉜元：大。大憝：被人大恨。㉝矧：也。见《释词》。孝：善事父母。友：善事兄弟。㉞祗：恭敬。服：治理。㉟于：

为。见《仪礼·士冠礼》注。字：爱。㊱疾：恶。㊲天显：指天伦。㊳鞠子：幼子。《释言》："鞠，稚也。"哀：痛苦。㊴吊：至。兹：这。指上述情况。㊵于：《孔疏》说："于，犹由也。"政人：行政人员。㊶泯(mǐn)：混乱。㊷由：用。㊸率：遵循。戛（jiá)：法。㊹庶子：官名。训人：官名，越：与。小臣：江声说："掌君之小命者。"诸节：官名，掌符节。㊺播敷：播布，传播。造：告。㊻瘝：病，伤害。㊼引：增长。㊽率：捕捉。《说文》"率，捕鸟毕也。"㊾君、长：指诸侯。㊿放：放弃。㉛典：法。㉜乃：往。㉞及：继承，谓继承文王。㉟怿：高兴。

王曰："封，爽惟民迪吉康①，我时其惟殷先哲王德②，用康乂民作求③。矧今民罔迪，不适④；不迪，则罔政在厥邦⑤。"

王曰："封，予惟不可不监⑥，告汝德之说于罚之行⑦。今惟民不静，未戾厥心⑧，迪屡未同⑨，爽惟天其罚殛我⑩，我其不怨。惟厥罪无在大，亦无在多，矧曰其尚显闻于天⑪？"

王曰："呜呼！封，敬哉！无作怨⑫，勿用非谋非彝蔽时忱⑬。丕则敏德⑭，用康乃心⑮，顾乃德，远乃猷⑯，裕乃以⑰，民宁，不汝瑕殄⑱。"

【注释】

①爽惟：句首语气词。说见《经传释词》。迪：教导。吉：善。②时：时时。惟：思念。③求：法则。④适：善。⑤罔政：无善政。在：存在。⑥监：视。⑦于：与。行：道。⑧戾：定，安定。⑨屡：屡次。同：和。⑩殛：诛责。⑪曰：通聿，句中语气助词。⑫作：造作。⑬蔽：蔽塞。忱：诚。⑭丕则：于是。敏：勉力，努力。《中庸》郑注："敏，犹勉也。"敏德，谓勉行德政。⑮乃：其，指殷民。⑯猷：通徭，徭役。《诗·巧言》"秩秩大猷"，《汉书·叙传》注作"秩秩大徭。"远乃徭，谓宽缓其徭役。见《尚书易解》。⑰以：用。裕乃用，即丰足其衣食。见《尚书易解》。⑱瑕：病，指责。殄：绝，弃绝。

王曰："呜呼！肆！汝小子封①。惟命不于常②，汝念哉！无我殄享③，明乃服命④，高乃听⑤，用康乂民。"

王若曰："往哉！封，勿替敬，典听朕告⑥，汝乃以殷民世享⑦。"

【注释】

①肆：肆哉，努力呀。②命：天命。郑玄说："命，天命也。天命不于常，言不专佑一家也。"③享：通向，劝告。④明：明确。乃：你的。服命：职责和使命。⑤高：敬。⑥典：常。⑦以：与。世享：世世享有殷国。

【译文】

三月初，周公开始在洛水东岸建造一座新的都城，四方臣民都汇集到这里。侯服、甸服、男服的的邦君，采服、卫服的百官，还有殷商的遗民，都和悦地前来汇合，为大周王室效力。周公前往一一地慰劳他们，并代表成王向康叔发表训词，告诉他治理殷商遗民的大道理。

王这样说："诸侯之长，我的弟弟，年轻的封王啊！你的伟大英明的先父文王，具有无尚的德教，慎用刑罚的德政，从不敢欺侮无依无靠的人；善于重用那些值得重用的人，尊敬那些值得尊敬的人，抑制那些理应抑制的人，并把这些都告知给百姓。这样，才缔造出了我们小小

的周国，并和我们的几个友邦共同治理我们西方。他这种十分勤勉的德行，被上天闻知，上天愉悦，就降下大命给文王。而灭亡大殷国，代替殷国承受天命，来管理它的国家和臣民，把文王开创的基业继承下来的，则是你的长兄武王勤劳的结果。因此，你这个年轻人才能够被封到殷商故地——东土之上。”

王说：“唉呀！封，你要好好思量思量以上的话。啊！如今，殷民都在看你是否恭谨地遵循你的先父文王的传统，是否努力听取符合他的德教的意见。你到殷商的故地，要遵从殷商圣明的先王的治国之道，以治理那里的臣民，你还要深刻地思考殷商遗老们关于揣度民心的明智教训。另外，你还要探求古代明君的治国之道，以使殷民得到安居乐业。只有你的德政像天那样宏大，并能够用和顺的美德指导自身，才能完成君王的使命！”王说：“唉呀！年轻的封，治理国家是要劳身劳心的，所以应当小心谨慎啊！上天是明察秋毫的，它对诚信之人的佑助，通过民情可以明显地看出来。百姓是很难治理的，因此到了殷地，要克尽你的心力，不要贪图安逸、追求享乐。只有这样才能把百姓治理好。我听说过这样一句名言：‘百姓的怨忿无论大小，只要能使不顺从的人顺从，使不努力的人努力，百姓的怨忿再大也并不可怕；不然，百姓的怨忿即使很小，也是可怕的。’唉！你这个年轻人要懂得，你的职责是宽宏地治理王家从上天那里接受的殷民，也就是帮助君王完成天命，改造殷民，使他们弃旧图新。”

王说：“唉！封啊！对于刑罚，一定要小心谨慎，要严明。一个人犯了小罪，但他却不认错，还始终做一些超出法律的事情，这说明他是有意犯罪，这样，他所犯的罪即使很小，也必须把他杀掉。一个人犯了很大的罪，但他不坚持错误，并且知道悔过自新，是偶然犯罪，这样，在按照法律来研究他的罪过时，是不应该把他杀掉的。”

王说：“唉！封啊！如果按照这些道理来使用刑罚，臣民就会顺服，他们就会勤劳地从事生产并且相互鼓励不去犯上作乱。应当像医治自己疾病一样，尽力让臣民彻底抛弃各自的错误。应当像护理小孩一样，尽力把臣民治理好，都能得以安居乐业。并不是你封在惩罚人在杀人，那是上帝的意旨；要听从上帝的意旨去办，不要专断地根据自己的意愿去惩罚人、杀人。还应当说，不是你封在剁人家的鼻子和耳朵，那也是上帝的意旨；要遵从上帝的意旨去办，而不要专断地根据自己的意愿去割人家的鼻子和耳朵。”

王说：“对外，你要声明这就是你施用刑罚的准则，这就是按照殷商时代的刑法来治理众民的。”在核对犯人的供词时，要考虑五到六天，甚至要考虑十天，一定要非常谨慎地去审查犯人的供词。”

王说：“你宣布了这些施用刑罚的准则以后，就可以施行惩罚了。在根据殷商刑法来判罪时，一定要严守它这种原则；凡是应该受到惩罚的就一定要加以惩罚，凡是应该杀掉的就一定要把他杀掉，不要按照你康叔封的想法来行事。你应当完全做到小心，你要说这是按照上帝的意旨治理的，还要说，你没有一件事不是小心谨慎的。

“唉！你虽然是个年青人，但没有比你封的心地再好的了。我的期待，我的治理民众的德政，也只有你才能够了解。”

凡是民众有犯罪的，像各种各样的盗贼，杀人并抢夺人家的财物，强横不惧死，这样的盗贼，是没有人不痛恨的。

王说：“封啊，那种恶贯满盈的人，也是不孝顺不友爱的人。做儿子的不恭敬地按照他父亲的要求做事，这样就会使他的父亲大为痛心；于是做父亲的就不会疼爱他的儿子，反而憎恨他的儿子了。做弟弟的，不去考虑上帝的权威，这样的人就不会恭敬地侍奉他的兄长；做兄长的也不为他年幼的弟弟缺乏教养而哀痛，对他弟弟的态度很不友好。民众到了这种不孝不恭不慈不友的地步，还不到我们当权者这里来认罪，这样，上帝赐给我们的治理民众的大法，便遭到了严重的破坏。你就应该迅速地按照文王所制定的刑法，对这些人严加惩罚而不要有丝毫宽恕。

“不遵循国家的大法，也是由我们的官员造成的。那些各级的掌权者以及他们的下吏，另搞一套，欺骗民众，树立个人的声誉，对于国家的法规根本不放在心上，不去遵照执行，煽动民众仇恨他们的君主。这就助长了百姓的罪恶，我是特别讨厌这种人的。唉！你就应当迅速地根据过些罪恶，依照国家的法律把他们杀掉。

“也有这种情况，他们是诸侯国君，是统治民众的人，但他们却不能引导他们的家人以及他们的内外官员相互亲善，他们只是在那里作威作福，完全背离了国王的命令，对这种情况就不是用德化的方法所能治理好的。你对国家的大法，没有不尊重的，你应当根据国家的大法来教育百姓，只有你才能像文王那样心怀尊敬和畏惧，从而把民众治理好。应当告诉你：我是在竭尽全力地继承文王的传统，你能够这样做，我是非常高兴的。”

王说：“封啊！只有百姓走上了我们所要求的轨道，国家才会安康。我们应当考虑殷商过去圣明国王的德政，唯有把民众治理好，实现了国家的安康，才是最终目的。更何况现在的民众，如果没有人去引导他们，他们就不会向善；不去引导他们，你们国家的政治就搞不好。”

王说：“封啊！，我们不可以不去总结概括经验教训，我要告诉你怎样施用德政。如何施用刑罚。现在天下的臣民还很不安定，他们的心还没有完全服从我们。虽然我们不只一次教育他们，但他们还是不服从我们的统治。这是上帝对我们的惩罚，我们是不应当露出怨恨的。对待众民的罪过，不要去考虑大小，也不要去考虑多少，应当按照上述办法辨清情况，妥善处理，何况说这些罪过，都是要为上天所知晓呢?”

王说：“唉！封啊！要小心谨慎地治理你的国家。不要产生埋怨的情绪，不要采纳那些错误的办法，以及不合国家大法的措施，从而遮蔽了你的这种诚心。要因时制宜，推行德教，要经常安定你的思想，经常总结经验教训，检查你的措施，是否适应德政，对于治民之道，你要深谋远虑，这样，你才能使民众安定下来，他们也就没有办法找到你的过错把你推翻。”

王说：“唉！现在我要告诉你这年幼的封，要想到上帝的大命是有所转变的，你要好好的考虑啊，不要因为你没有把国家治理好而放弃了我们对祖先的祭祀。要努力完成你的责任，经常听取我给你的教导。只有把百姓治理好，我们的国家才能得到安康。”

王说：“去吧！封啊，不要失去小心谨慎的作风，要经常地听取我的教导，你就能够世世代代统治管理殷民了。”

酒　诰①

王若曰：“明大命于妹邦②。乃穆考文王，肇国在西土③。厥诰毖庶邦庶士越少正御事朝夕曰④：‘祀兹酒⑤。’惟天降命⑥。肇我民⑦，惟元祀⑧。天降威⑨，我民用大乱丧德⑩，亦罔非酒惟行⑪；越小大邦用丧，亦罔非酒惟辜⑫。

“文王诰教小子有正有事⑬，无彝酒⑭；越庶国⑮，饮惟祀，德将无醉⑯。惟曰我民迪小子惟土物爱⑰，厥心臧⑱。聪听祖考之彝训⑲，越小大德⑳！

“小子唯一妹土㉑，嗣尔股肱㉒，纯其艺黍稷㉓，奔走事厥考厥长㉔。肇牵车牛㉕，远服贾用[25]，孝养厥父母；厥父母庆[27]，自洗腆[28]，致用酒[29]。

“庶士有正越庶伯君子[30]。其尔典听朕教[31]！尔大克羞耇惟君[32]，尔乃饮食醉饱。丕惟曰尔克永观省[33]，作稽中德[34]，尔尚克羞馈祀[35]。尔乃自介用逸[36]，兹乃允惟王正事之臣[37]。兹亦惟天若元德[38]，永不忘在王家[39]。”

【注释】

①本篇是周公命令康叔在卫国宣布禁酒的诰词。周公平定武庚的叛乱以后，把幼弟康叔封为卫君，统治殷民。卫国处在黄河和淇水之间，是殷商的故居。殷人酗酒乱德，周公害怕这种恶劣习俗会酿成大乱，所以命令康叔在卫国宣布戒酒令，不许酗酒。又把戒酒的重要性和禁止官员饮酒的条例详细告诉康叔。史官记录周公的这篇诰词，写成《酒诰》。②王：指周公。明：昭告。妹邦：指卫国。③乃：当初。穆考：指文王。文王世次当穆，所以称穆考。肇：创建。④厥：其，指文王。诰毖：告诫。毖，通必。⑤兹：则。曾运乾说：“兹，则也，声之转。祀兹酒，犹云祀则酒，即下文诰教小子饮惟祀也。”⑥惟：语首助词。命：福命，与下文“威”相对。⑦肇：敏，劝勉。⑧惟：只是。元祀：大祀。惟元祀：言惟大祀之时可以饮酒。⑨威：罚。⑩用：以，所以。⑪惟：为。行：言辞。《尔雅·释诂》：“行，言也。”⑫辜：罪过。⑬小子：指文王的子孙。有正有事：大臣和小臣，指任职于王朝的。⑭无：不要。彝酒：经常喝酒。⑮越：于。庶国：指在诸侯国任职的。⑯德将：以德自助。将，扶助。⑰曰：谓。迪：指导。小子：指臣民的子孙。土物：农作物，指粮食。爱：爱惜。⑱臧：善。⑲聪听：明听。⑳越：发扬。《尔雅·释诂》：“越，扬也。”㉑小子：卫国的老百姓，与下文“庶士有正”相对。㉒嗣：用。股肱：脚手。㉓纯：专一。其：助词。艺：种植。㉔事：服务。㉕肇：敏，勉力。㉖服：从事。贾用：贸易。㉗庆：高兴。㉘洗腆：洁治膳食。洗，洁；腆，丰盛的膳食。㉙致：得。㉚伯：邦伯。君子：在位官员。㉛其：希望。表祈使语气。㉜羞：进献。惟：与。㉝丕：语气助词。惟：思。省：省察。㉞作：行动。稽：符合。《周礼·小宰》郑众注：“稽，合也。”中德：中正之德。㉟羞：进，进入。馈祀：郑玄说：“助祭于君。”㊱乃：若。介：通界，限制。《后汉书·马融传》注：“界，犹限也。”用逸：行逸，指饮酒。㊲允：长。见杨氏《尚书说》。惟：是。正事：政事。㊳若：善，赞美。元德：善德。㊴忘：读为亡，失。王引之说。

王曰：“封，我西土棐徂邦君御事小子[1]，尚克用文王教，不腆于酒[2]，故我至于今，克受殷之命。”

王曰：“封，我闻惟曰[3]：‘在昔殷先哲王迪畏天显小民[4]，经德秉哲[5]。自成汤咸至于帝乙[6]，成王畏相惟御事[7]，厥棐有恭[8]，不敢自暇自逸，矧曰其敢崇饮[9]？越在外服[10]，侯甸男卫邦伯；越在内服，百僚庶尹惟亚惟服、宗工越百姓里居[11]，罔敢湎于酒。不惟不敢，亦不暇，惟助成王德显越[12]，尹人祇辟[13]。

“我闻亦惟曰：‘在今后嗣王[14]，酣[15]，身厥命[16]，罔显于民祇[17]，保越怨不易[18]。诞惟厥纵[19]，淫泆于非彝[20]，用燕丧威仪[21]，民罔不衋伤心[22]。惟荒腆于酒，不惟自息乃逸[23]。厥心疾很[24]，不克畏死[25]。辜在商邑[26]，越殷国灭，无罹[27]。弗惟德馨香祀[28]，登闻于天[29]，诞惟民怨[30]，庶群自酒[31]，腥闻在上。故天降丧于殷[32]，罔爱于殷，惟逸。天非虐，惟民自速辜[33]。’”

【注释】

①棐徂：辅助。②腆：厚，丰厚。③惟：有。④迪：句中助词。天显：天明。⑤经德：行德。秉哲：

持敬。⑥成汤：殷商开国之君。咸：通覃，延续。帝乙：商纣王的父亲。⑦成王：有成就的王。畏相：可敬畏的辅臣。⑧棐：辅，谓辅臣。有恭：恭敬。⑨崇：聚会。⑩外服：外官，指诸侯。⑪百僚：百官。庶尹：众长。亚：次，副官。服：任事的官。宗工：宗室官员。百姓里居：住在家里的退休官员。王国维谓里居即里君，可备参考。⑫显越：显扬。《尔雅·释言》："越，扬也。"⑬祗辟：敬法。⑭后嗣王：指纣王。⑮酣：乐酒。⑯身：神。神厥命，以其命为神。谓我有命在天。⑰显：明。民祗：臣民的痛苦。祗，病，痛苦。⑱保：安。越：于。⑲诞：大。惟：为。纵：乱。⑳泆：通佚，乐。㉑燕：通宴，宴饮。江声说："纣为酒池肉林，使男女裸而相逐其间，故言大放纵淫泆于非法，以燕饮丧其威仪。"㉒衋（xì）：伤痛。㉓乃：他的。逸：过失。㉔很：狠。㉕不克畏死：不能畏之以死。㉖辜：罪过，这里是"作恶"的意思。商邑：商之国都。㉗罹：忧虑。无罹，不忧。㉘弗惟：不有。馨香：远闻的芳香。㉙登：升。㉚诞：语首助词。㉛自酒：私自饮酒。㉜丧：丧亡之祸。㉝速：招致。

王曰："封，予不惟若兹多诰①。古人有言曰：'人无于水监②，当于民监。'今惟殷坠厥命，我其可不大监抚于时③！予惟曰汝劼毖殷献臣④，侯甸男卫，矧太史友、内史友⑤、越献臣百宗工⑥，矧惟尔事⑦、服休服采⑧，矧惟若畴⑨，圻父薄违⑩、农父若保⑪、宏父定辟⑫：'矧汝刚制于酒⑬！'

"厥或诰曰⑭：'群饮。'汝勿佚⑮，尽执拘以归于周⑯，予其杀⑰。又惟殷之迪诸臣惟工⑱，乃湎于酒，勿庸杀之⑲，姑惟教之⑳。有斯明享㉑，乃不用我教辞，惟我一人弗恤弗蠲㉒，乃事时同于杀㉓。"

王曰："封，汝典听朕毖㉔，勿辩乃司民湎于酒㉕。"

【注释】

①惟：思。若兹：如此。②无：不要。监：察看。③其：难道。监抚：察看。抚，览。④曰：谓。劼：谨慎。毖：告。献：贤。⑤矧：乂。下文二矧字，同。太史、内史：都是史官。太史记事，内史记言。友：同僚。⑥越：与。百宗工：许多尊贵的官员。⑦尔事：你的治事官员。⑧服休：管理游宴的官员。服采：管理朝祭的官员。⑨若畴：你的三卿。曾运乾说："若畴，汝之三卿，司马、司徒、司空也。畴，读如寿。⑩圻父：司马，管理军事。薄：讨伐。违：违抗不顺。⑪农父：司徒，管理农业。若：顺。保：养。⑫宏父：司空，管理土地。辟：法度。⑬矧：句首语气助词。刚：强。制：断绝，制止。⑭或：有。诰：同告。⑮佚：放纵。⑯执拘：逮捕。⑰其：将要。杀：周初严禁群饮，违者杀。⑱迪：通由，辅佐。《方言》："由，辅也。"惟：与。⑲勿庸：不用。⑳姑：暂且。㉑明享：明显劝奖。孙诒让说。㉒恤：怜惜。蠲：免除罪过。㉓事时：治理这些人。事，治。时，是，这些。㉔典：常。毖：告。㉕辩：使。司民：治民的官员。

【译文】

王说："我要在这殷商的旧都向你明确地颁布大法了。你那尊敬的父亲——文王，在西方缔造了我们的国家。他曾经从早到晚告诫诸侯国君及其臣僚们说：只有在祭祀的时候，才可以用酒。核对一下上帝所下达的意旨吧！当上帝开始为我们臣民酿酒的时候，就是为了那盛大的祭祀啊。上帝降下惩罚了，是因为我们的众民胆敢犯上作乱，抛弃了他们应当遵守的道德，究其原因，无非是以酒乱行。有些诸侯国灭亡了，那也是众民纵酒带来的灾祸。

"文王告诫他的子孙以及官员们说：不许经常饮酒。同时也告诫诸侯国君，只有祭祀的时候，才可以饮酒。在饮酒的时候，要以德行要求自己，不要喝醉了。文王还说，要经常教导我

的臣民及子孙，要他们经常考虑土地上生长的庄稼是应当爱惜的，这样他的心地就会善良了。一定要很好地听从我们的前辈所留下的这些告诫，无论德行大小或者是年青人，都应当同样戒酒。

“殷商旧都的殷民们，往后，你们要尽力劳动，专心致志地种好庄稼，要为你们的父兄，还有你们的官长奔走效劳。在农事完毕以后，你们就可以牵着牛车，到外地从事贸易，以孝敬赡养你们的父母。你们的父母一定会高高兴兴地自己动手做丰美的饭食，在这时，你们就可以饮酒了。

“官员们，希望你们要经常听取我的教导，只要你们能够很好地侍奉长辈和国君，你们就不但可以吃饱饭，酒也可以喝得足了。这样，就可以说你们是能够长久的观察自己的行为，使自己的言行举止适合我们的道德标准。这样，你们也就基本上可以参与国王所举行的祭祀活动，你们也就可以向上帝祈求安乐了。这就是说你们都是为国王所信任并为国王解决各种政务的官员，你们能够按照上帝所规定的大德行事，时刻不忘自己作为国王的属臣的身份。”

王说：“封啊！过去我们西方本土的诸侯国君及其官吏们，能够听取文王的教导，不喜好饮酒，所以我们今天能够消灭殷商并代替殷商接受上帝所赐予的大命。”

王说：“封啊！我闻知这种说法：‘从前殷商圣明的国王都是教育小民敬畏上帝的，小民都能够遵从道德，对统治者表示敬慕。从成汤到帝乙的王业所以成就，就是因为百姓对上帝和统治者表示敬畏并能自省，官吏们各尽其职，办理政务非常恭谨，丝毫不敢擅自贪图享受，何况是放纵于酒呢？在京城以外的诸侯国君，在朝内的各种官吏和宗室贵族大家都不敢成天喝酒，不单是不敢这样做，更何况没有闲暇这样做。他们所考虑的只是如何帮助国王成就显赫的功业，以及使层层官吏都对国王表示敬畏。’

“我还听到这种说法：‘现在殷商的后继国王沉醉在饮酒作乐之中，不去促成上帝降给他的大命从而建功立业，安于臣民对他的怨恨，不思悔改，纵欲无度，沉湎在极不合乎道德和法度的安乐享受之中。由于贪图安乐和享受以致丧失了应有的尊严，臣民无不感到痛苦和伤心。他只考虑如何尽情地饮酒寻欢作乐，而不考虑停止自己这种过分的享受。他的心地乖戾凶残，是个亡命之徒。他在殷商的故都犯下了许多大罪，到殷国灭亡的时候，便形成了众叛亲离的局面。没有德政传达给上帝，也不给上帝祭祀，臣民对他非常怨恨，都大张旗鼓地饮酒，那酒肉的腥味冲到天上，被上帝闻到了，所以上帝就把亡国的大祸惩罚给殷。上帝之所以不喜欢殷，就是因为他们贪图享受的原因。不是上帝暴虐，而是殷商的臣民自己招来这种亡国的祸害。’”

王说：“封啊！我不仅用这些道理告诫你，还希望你认真吸取古人的遗教：‘人，不要把水当作镜子，而要把臣民当作镜子。’现在殷商已经丧失了上帝降给他的大命，我哪里敢不根据殷商灭亡的史实认真地总结经验吸取教训呢？”

“我经过一番深思熟虑，要这样告诉你：‘你要慎重地训诫殷商的遗臣和诸侯国君，以及记录言行的史官，还有原来殷商朝内的许多贤臣，还有你的部下以及你的管理游宴休息和朝祭的近臣，还有你的三种大臣：讨伐反叛的司马、管理农业生产的司徒、主持司法的司空，加上你本人，都要采取严厉手段强行戒酒。’

“假若有人向您报告说：‘有一群人在一起饮酒。’你就不要放纵他们，把他们全部逮捕并押送到我这里来，我要把他们杀掉。假若是原来殷商的旧臣或掌管手工业生产的百工，过分饮酒，就不要杀掉他们而应当教育他们。有了这样明确的法规之后，假若有人仍然敢于不遵从我的这些法规，对我的威严不感到畏惧，不使自己的政务清明，对于这样的人也要和上述的人一样把他们杀掉。”

王说：“封啊！你要经常听取我的教训，不要使你所统治的臣民放纵于酒。”

梓 材①

王曰②：“封，以厥庶民暨厥臣达大家③，以厥臣达王惟邦君，汝若恒④。

“越曰我有师师⑤、司徒、司马、司空⑥、尹旅⑦。曰：‘予罔厉杀人⑧。’亦厥君先敬劳⑨，肆徂厥敬劳⑩！

“肆往，奸宄、杀人、历人⑪，宥⑫；肆亦见厥君事⑬、戕败人⑭，宥。

“王启监⑮，厥乱为民⑯。曰⑰：‘无胥戕⑱，无胥虐，至于敬寡⑲，至于属妇⑳，合由以容㉑。’王其效邦君越御事㉒，厥命曷以㉓？‘引养引恬㉔。’自古王若兹监，罔攸辟㉕！

【注释】

①本篇是周公告诫康叔治理殷民的诰词。②王：指周公。③以：由。达：至。④王：侯王。王国维说：“古时天泽之分未严，诸侯在其国自有称王之法。”邦君：国君。惟：与。若恒：顺从常典，就是不要变动。⑤越：语首助词。曰：谓。师师：众位官长。⑥司徒、司马、司空：都是官名。⑦尹：正，指大夫。旅：众，指众士。⑧厉，杀戮无罪的人叫厉。⑨敬劳：尊敬慰劳。⑩肆：努力。徂：助。黄式三曰：“徂助通。君矜劳民，故臣亦助以矜劳。”⑪肆往：往日，以往的事。⑫宥：宽恕，赦免。⑬见：泄露。《广韵》：“见，露也。”⑭戕：残害。⑮王：泛指君王。启：建立。监：诸侯。公侯伯子男各监一国，所以诸侯称为监。⑯乱：读为率，《论衡·效力篇》引作率。率，大都。厥乱为民，大都为民。⑰曰：以下是王者建监的诰词。⑱胥：相。⑲敬寡：就是鳏寡。无依无靠的人。敬，通鳏。⑳属妇：即孕妇。㉑合由以容：同样教导和宽容。合，同。由，教导。《方言》：“由，道也。”以，和。容，宽容。《荀子·非十二子》：“遇贱而少者，则修告导宽容之义。”见《尚书易解》。㉒厥：其。曷：何，什么。㉓引：长。恬：安。㉔攸：所。辟：通僻，偏也。

“惟曰：若稽田①，既勤敷菑②，惟其陈修③，为厥疆畎④。若作室家，既勤垣墉⑤，惟其涂塈茨⑥。若作梓材⑦，既勤朴斫⑧，惟其涂丹雘⑨。

“今王惟曰⑩：先王既勤用明德⑪，怀为夹⑫，庶邦享作⑬，兄弟方来⑭。亦既用明德，后式典集⑮，庶邦丕享⑯。

“皇天既付中国民越厥疆土于先王，肆王惟德用⑰，和怿先后迷民⑱，用怿先王受命⑲。已！若兹监⑳，惟曰欲至于万年㉑，惟王子子孙孙永保民㉒。”

【注释】

①惟：思考。稽：治理。②敷：布，指播种。 菑：新开垦的土地。③陈修：治理。《经义述闻》：“陈修，皆治也。”④疆：田界。 畎：田间水沟。⑤垣：低墙。 墉：高墙。⑥塈（xì）：仰涂，涂上泥土。 茨：用茅盖屋。⑦梓材：美材。⑧朴：去掉木皮。 斫（zhuó）：砍削。⑨涂：完成。 丹雘：朱色涂料，这里指用朱色涂料涂饰。⑩王：王家。 惟：思考。⑪用：施行。⑫怀：来。 夹：通郏，洛邑。⑬享作：享献和劳作。《尚书骈枝》：“作谓兴作，任劳役之事。享与作二事平列。”⑭方：国，与《周

易》“不宁方”、《诗经》“不庭方”的“方”同义。⑮后：指诸侯。　式：用，因。　典：常。　集：《广雅》：“集，安也。”⑯丕：乃。见《词诠》。⑰肆：今。见《释诂》。⑱和怿：和悦。　先后：指导。《诗·大雅·绵》“予曰有先后”，《毛传》：“相道前后曰先后。”迷民：不服从的殷民。⑲怿：终，完成。⑳已：唉，叹词。　监：治理。㉑惟：思考。　欲：将。㉒惟：与，和。

【译文】

王说：“封啊，我的教令，要由卿大夫下达给他们统治下的臣民，由诸侯国君下达给他们的下属官吏，还要经常这样做。

“对我们的众位官长、司徒、司马、司空、大夫和众士宣布：我绝对不杀戮无辜。而且要先告诫国君，让他们恭谨地安抚臣民。你努力去恭谨地安抚殷地的臣民吧。

“如今你去殷地，对于往日内外作乱的罪犯，过去杀人的罪犯，要宽恕；对于残害他人而还没有把人杀死的罪犯，要效法国君恭谨地安抚臣民的做法，也要宽恕。

“王家设立诸侯国君，从根本上说是为了治理臣民。王说：‘人们不要相互残害，不要彼此施暴，对于鳏夫寡妇应当尊敬，对于怀孕妇女应当爱护，他们如果触犯了法规同样要宽恕。’王家考察诸侯国君和他们的官员，用的教令是什么呢？是‘永远养活百姓，永远安抚百姓’。古往今来君王都是这样治理国家的，没有滥用刑罚者！

“我认为：治国好比种田，既然已经辛勤地开垦田地并播种，就应当考虑修整地界和田间水渠；好比盖房屋，既然已经辛勤地垒起了墙壁，就应当考虑用泥巴堵墙洞和用茅草苫房屋；好比用名贵木材做家具，既然已经辛勤地把木材制作成家具，就应当考虑外部粉饰，以求美观。

“如今王家认为：过去，我们的先王勤谨地任用贤达之臣，来担任辅相而佐成了王业。许许多多的异邦都来纳贡，兄弟之国同来宾服，也都是任用了明德之臣。现在，后继之君应当效法先王的常法让诸侯前来参拜，使各国都来纳贡。

“上天既然把中央之国的臣民和疆土交给了先王，当今的国君只有施行德政，来和谐、教导殷商那些执迷不悟的遗民，才能完成先王所接受的大命。唉！用这样的方法治理殷民，你的君位必将流传千年万载，子子孙孙永远共同保有殷民。”

召　诰①

惟二月既望，越六日乙未②，王朝步自周③，则至于丰④。

惟太保先周公相宅⑤。越若来三月⑥，惟丙午朏⑦。越三日戊申，太保朝至于洛，卜宅⑧。厥既得卜⑨，则经营。⑩越三日庚戌⑪，太保乃以庶殷攻位于洛汭⑫。越五日甲寅⑬，位成⑭。

若翼日乙卯⑮，周公朝至于洛，则达观于新邑营⑯。越三日丁巳⑰，用牲于郊⑱，牛二。越翼日戊午⑲，乃社于新邑⑳，牛一，羊一，豕一。越七日甲子㉑，周公乃朝用书命庶殷侯甸男邦伯㉒。厥既命殷庶，庶殷丕作㉓。

太保乃以庶邦冢君出取币㉔，乃复入锡周公㉕。曰㉖：“拜手稽首旅王㉗，若公诰告庶殷越自乃御事㉘。

【注释】

①据《史记·周本纪》记载：周公代理政事七年，成王长大了。周公把政权交给成王，自己归到群臣的行列。成王派遣召公重新营洛邑，随后周公也去了，经过视察和龟卜，周公认为洛邑是周王朝统治天下的适中地域。后来成王也到了，同意周公、召公的决定。于是召公率领各国诸侯拜见成王，并向成王分析了当前情况，赞美成王居住洛邑治理天下的决定，又勉励成王施行德政，爱护百姓，发扬光大文王、武王开创的业绩。史官记录营建洛邑的过程和召公的诰词，名叫《召诰》。②二月：成王七年的二月。既望：阴历十六日。越：及，到。③王：成王。周：指镐京，在今西安市西南。④丰：文王庙在丰邑，到丰邑祭告文王。⑤相：视察。宅：居处。⑥越若：句首语助词。来三月：二月后的三月。⑦朏（fěi）：新月初现光明。用作阴历每月初三的代称。⑧卜宅：卜问住址。⑨得卜：得到吉卜。⑩经营：规划。⑪庚戌：三月七日。⑫以：率领。庶殷：众殷民。攻位：划定宗庙、宫室、朝市的位置。攻，治理。洛汭：洛水流入黄河的地方。汭（ruì）：河流的会合处。⑬甲寅：三月十一日。⑭位成：位置确定了。⑮若：到。⑯达观：通看。达，通。营：所经营的区域。⑰丁巳：三月十四日。⑱郊：南郊。祭天在都城的南郊。⑲戊午：三月十五日。⑳社：祭土神。㉑甲子：三月二十一日。㉒书：分配任务的文书。㉓丕作：丕，乃。见《词诠》。作，任劳役。㉔以：和。冢君：大君。币：玉和帛之类的礼物，用来表示敬意。㉕锡：进献。㉖曰：召公说。㉗拜手稽首：古代的一种恭敬跪拜礼。旅王：向王陈述。旅，陈述。当时成王在丰祭告文王以后，又来到洛邑。㉘若：顺从。自：用。乃：其。按“若公”十一字为一句，谓顺从周公诰告庶殷与使用其御事之臣。见《尚书易解》。

“呜呼！皇天上帝改厥元子[①]，兹大国殷之命[②]。惟王受命[③]，无疆惟休[④]，亦无疆惟恤[⑤]。呜呼！曷其奈何弗敬[⑥]？

“天既遐终大邦殷之命[⑦]，兹殷多先哲王在天，越厥后王后民[⑧]，兹服厥命[⑨]。厥终[⑩]，智藏瘝在[⑪]。夫知保抱携持厥妇子[⑫]，以哀吁天[⑬]，徂厥亡[⑭]，出执[⑮]。呜呼！天亦哀于四方民，其眷命用懋[⑯]。王其疾敬德[⑰]！

“相古先民有夏[⑱]，天迪从子保[⑲]；面稽天若[⑳]，今时既坠厥命[㉑]。今相有殷，天迪格保[㉒]；面稽天若，今时既坠厥命。今冲子嗣[㉓]，则无遗寿考[㉔]，曰其稽我古人之德[㉕]，矧曰其有能稽谋自天[㉖]！”

【注释】

①元子：首子，指天子。郑玄说：“言首子者，凡人皆天之子，天子为之首耳。”②兹：通已，终止。见《尚书易解》。③命：治理天下的使命。④休：吉祥。⑤恤：忧患。⑥曷其、奈何：都是怎么的意思。同义复用，意在加强语气。⑦遐：远，久。⑧越：语首助词。厥：其。⑨服：受。⑩厥终：后王之终，即纣之末年。⑪智藏瘝在：瘝，病，指害人的人。纣王末年，明智的人都退隐了，害人的人掌权。⑫大：人们。保：护。一说通褓，小儿衣。⑬吁：呼告。⑭徂：通诅，诅咒。孙诒让说。⑮执：通垫。⑯眷：眷顾，关注。懋：通贸，移易。⑰疾：加速。《释诂》：疾，速也。⑱相：观察。⑲迪：教导，引导。从：顺从。子保：慈保。⑳面：勉力，努力。天若：天之所顺。㉑坠：丧失。㉒格保：嘉保。于省吾说：“格假古通，《中庸》释文：假，嘉也。”㉓冲子：冲，稚。稚子，指成王。㉔遗：多馀。㉕曰：语首助词。其：庶几。㉖矧：何况。

“呜呼！有王虽小，元子哉！其丕能諴于小民[①]。今休[②]：王不敢后[③]，用顾畏于民碞[④]；王来绍上帝[⑤]，自服于土中[⑥]。

“旦曰[⑦]：‘其作大邑，其自时配皇天[⑧]，毖祀于上下[⑨]，其自时中乂[⑩]；王厥有成命治民[⑪]。’今休：王先服殷御事[⑫]，比介于我有周御事[⑬]，节性惟日其迈[⑭]。

【注释】

①丕：大。②休：美事，喜事。③后：迟缓。④碞：通岩，险，民碞，即民险，谓小民难保。用：由，因。⑤绍：卜问。⑥服：治理。土中：指洛邑，洛邑在九州的中心。⑦旦：周公名。⑧自时：从此。配皇天：祭天时用周的祖先配天受祭。⑨毖：谨慎。上下：指天神和地神。⑩时中：这个中心，指洛邑。⑪厥：句中助词。成命：定命。⑫先：尚，重视。⑬比介：亲近。介，一本作尔，即迩字。迩，近。⑭节：和。迈：进，增进。

“王敬作所[①]，不可不敬德。

“我不可不监于有夏[②]，亦不可不监于有殷。我不敢知曰[③]：有夏服天命，惟有历年[④]；我不敢知曰：不其延[⑤]。惟不敬厥德[⑥]，乃早坠厥命。

“我不敢知曰：有殷受天命，惟有历年；我不敢知曰：不其延。惟不敬厥德，乃早坠厥命。今王嗣受厥命[⑦]，我亦惟兹二国命，嗣若功[⑧]。

“王乃初服[⑨]。呜呼！若生子[⑩]，罔不在厥初生，自贻哲命[⑪]。今天其命哲[⑫]，命吉凶，命历年[⑬]；知今我初服[⑭]，宅新邑[⑮]。肆惟王其疾敬德[⑯]！王其德之用，祈天永命。

“其惟王勿以小民淫用非彝[⑰]，亦敢殄戮[⑱]，用乂民，若有功[⑲]。其惟王位在德元[⑳]，小民乃惟刑用于天下[㉑]，越王显[㉒]。上下勤恤[㉓]，其曰我受天命，丕若有夏历年[㉔]，式勿替有殷历年[㉕]，欲王以小民受天永命[㉖]。”

【注释】

①所：居所，邑居，此指新邑。②监：鉴戒。③敢：表敬副词。④服：受。历年：永年。历，久。⑤其：助词。 延：延长。⑥惟：以，因。⑦嗣：继。⑧若：其，他们。王念孙说：“若，犹其也。”⑨服：任事。初服，初理政务。⑩生：养，教养。⑪贻：传。哲：明。⑫命：给予。⑬吉凶：偏指吉祥。⑭知：闻知。见《国语·楚语》注。⑮宅：居住。⑯肆：今。疾：加速。⑰其：庶几。以：使。淫：过度。彝：法。⑱亦敢：亦不敢。曾运乾说：“犹言亦勿敢，蒙上文勿字而省也。殄：灭。⑲用：以。若：乃。⑳位：立。位、立古通用。元：首。㉑刑：法，效法。用：行。㉒越：发扬。显：光显。㉓上下：指君臣。㉔丕：语首助词。㉕式：应当。㉖以：与，和。

拜手稽首，曰：“予小臣敢以王之仇民百君子越友民[①]，保受王威命明德[②]。王末有成命[③]，王亦显[④]。我非敢勤[⑤]，惟恭奉币[⑥]，用供王能祈天永命[⑦]。”

【注释】

①予小臣：召公谦称。百君子：指殷的众位官员。越：与。友民：顺从周的臣民。②保：安。③末：终。成命：盛命，美命。④亦显：指成王也与文王、武王、周公一样功德显赫。⑤勤：慰劳。⑥币：就是上文的玉帛之类。⑦供：进献。能祈：善祈。谓用德祈求。

【译文】

二月中旬，乙未这天，王早晨从周出发，到了丰。

太保召公在周公之前，到洛地实地考察宫室宗庙的地基，到了三月初三，新月露出光辉，又过了三日到戊申这一天，太保在早晨到了洛地，占卜宫室宗庙的基地。在占卜中得到好兆头，便开始营建。过了三天到庚戌这天，太保便领着许多殷民在洛水入黄河处营建宗庙宫室的基地。过了五日，到甲寅这天，基地建成。

到了次日，也就是乙卯日早晨，周公亲临洛，全面视察了新邑的规模。过了三日，到了丁巳这天，举行郊祭，用两头牛祭天。次日戊午，便在新邑立社庙祭地神，祭时用三牲牛、羊、猪各一头。

又过了七天，在甲子日的早晨，周公便向殷民和各诸侯国的首领发布了营建洛邑的命令。当向殷民宣布命令之后，殷民便大举动工了。

太保和诸侯国的国君取出礼品，再进内赠给周公，并说："请接受我们的参见，请让我们把向王陈述的意见陈述给你。"在此之后又把这些意见写成命令，传达给殷民和那些治事诸臣："啊！上天上帝，更改了殷国的大命，不再让他统治天下。我们周王接受了上天的大命，无限美好，但也有无穷尽的忧虑，为什么不应该有所警惕呢？

"上天既然已经终结了大国殷的大命，这殷国的许多圣明的先王还在天上。后来到了殷纣，一开始他和臣民都还能勤勤恳恳地根据先王的命令行事。待到纣的末世，有才能的人都匿藏起来，小民都离家行役。有了家室的成年男子，都抱着他们的婴儿，携妻带子，在一起悲痛地呼吁苍天，诅咒殷纣，希望他快点灭亡，以求跳出苦恨的深渊。啊！上天也哀怜四方小民，他看到这种情形，便把大命由商交付给我周。王啊！希望你赶快敬重德行！

"看那古代的夏人，上天让那些深谙天道的人来开导他们，这些人往往能够当面咨询上天的意见，由于夏的后代国王不能听从上天的意旨行事，上天便废弃了他们的大命。现在再看看殷人，上天让那些深谙天命的人来开导他们，这些人往往能够当面征求上天的意见，现在也由于殷的后代国王不能够遵从上天的意旨行事，上天便废弃了他们的大命。现在年幼的成王继承了王位，还没有老成可靠的人辅佐他，没有人能追随古人的道德，何况说是能够当面咨询上天意见的人呢？

"啊！成王虽然年幼，但他却是天子，他能够很好地治理小民。现在国家的局势很好，成王不敢拖延建造洛邑的大事。他由于看到小民难治而心怀忧虑，便去卜问上帝，因而在天下的中部营建洛邑，就是为了便于治理国家。周公说过：'赶快营建大邑，此后祭天时，便能够以先祖后稷配享，谨慎地祭祀天神和地神了，从此便可以居于天下之中而治理天下了。成王已经打定了这样的主意，治理小民便可以大获成功了。'

"先王治理殷国的遗臣，使他们能够亲近我们并和我周国治事诸臣一样为国效劳。要节制、改造他们的性情，使他们日有所进。成王也应恭敬谨慎，作天下表率，不可不敬重德行！

"我们不能不以夏为鉴戒，也不能不以殷为鉴戒。我不敢知道，夏受理上天的大命，能够经历长久；我也不敢知道，他们不能经历长久。我所知道的是因为他们不敬重德行，才过早地丧失从上天那里接受来的大命。我不敢知道，殷接受上天的大命，能够永远保持；我也不敢知道，他们不能永远保持。我所知道的是因为他们不敬重德行，才早早地丧失了从上天那里接受的大命。现在成王承受了上天赏赐的大命，我也希望你们能够考虑这两个国家兴亡的缘由，接受他们的教训，继承他们的优点。

“成王刚刚治理国家。啊！这好比刚刚长大成人的少年，成功与失败无不在他们这个时候，必须自己挑选那明智的道路走下去。现在上天把大命赐给那些明智而有道德的人，至于降下的是吉是凶，给予的时间是长是短，这都是不能预料的。我所知道的是成王才开始治理国家，居住在新邑，现在的希望是成王能够赶快敬重德行。王啊！只有按照道德行事，才能祈求天命的久长。

“希望成王不要和小民一起轻视自己的行为而不遵法度，也要敢于用刑杀的办法治理小民，这样才能达到成功。“希望成王居于天子之位，而有圣人的大德，小民在下面便能够自行按照法度行事，发扬王的美好的品德了。

“君臣上下，时常把忧患得失放在心里，这样才差不多可以说：我们接受上天的大命，才能够像夏那样经历长久，才不至于经历像殷那样的岁月，我们希望成王以小民的安乐使上天高兴，就能从上天那里接受永久的大命。”

召公行礼之后说：“我小臣和殷的遗臣遗民以及我周臣子庶民，共同辅佐成王从上天那里接受来的威严的大命，发扬成王的大德。成王终于决定了营建洛邑的主张，成王的大德便可以更加发扬光大了。我不是敢于慰劳成王，只不过是恭敬地奉上礼品，以供成王祈求天给予永久的大命罢了。”

洛　诰①

周公拜手稽首曰，“朕复子明辟②。王如弗敢及天基命定命③，予乃胤保大相东土④，其基作民明辟⑤。

“予惟乙卯⑥，朝至于洛师⑦。我卜河朔黎水⑧，我乃卜涧水东、瀍水西⑨，惟洛食⑩；我又卜瀍水东，亦惟洛食。伻来以图及献卜⑪。”

王拜手稽首曰：“公不敢不敬天之休⑫，来相宅，其作周匹⑬，休！公既定宅，伻来⑭，来，视予卜⑮，休恒吉⑯。我二人共贞⑰。公其以予万亿年敬天之休⑱！拜手稽首诲言⑲。”

【注释】

①洛邑建成了，由谁来居洛治理是周王朝面临的重大问题。周公和召公都希望成王居洛主持政事统治天下。成王则根据当时民心不服的情况，认为需要周公继续居洛，才能威服东方。成王和周公对此反复商讨，终于决定周公继续居洛，治理东方。在成王七年洛邑的冬祭大会上，成王宣布了这一重大决策。史逸将周公和成王先后讨论的对话以及洛邑冬祭时的情况辑录成篇，册告天下，名叫《洛诰》。②拜手稽首：古代最敬的礼节。朕：我。复：告诉。子：您，指成王。明辟：明法，指治理洛邑洛的办法。此王船山之说。③王如不敢：言成王谦逊。及：参预。基命定命：先前告诉我的安定之命。基，始。命，告。定命，指作洛。④胤：继。保：太保，即召公。东土：指洛邑。⑤其：乃。基：商量。作：振作，鼓舞。治洛是鼓舞民心的事，所以叫“作民”。⑥乙卯：成王七年三月十二日。⑦洛师：洛邑。⑧河朔：黄河的北方。黎水：卫河和淇水合流到黎阳故城叫黎水。黎阳故城在今河南浚县东北。⑨涧水：发源于河南渑池县，到洛阳西南流入洛水。瀍水：源于洛阳西北，至洛阳东流入洛水。⑩惟：仅。食：指吉兆。⑪伻来，使成王来洛。图：谋。⑫休：美好，指好的指示。⑬周匹：镐京的匹配。⑭伻来：使我来。⑮视予卜：视，示。示我以卜。⑯恒吉：并吉。恒，遍。⑰贞：当，承当。⑱其：庶几。以：与。⑲诲：教诲。

周公曰："王，肇称殷礼①，祀于新邑，咸秩无文②。予齐百工③，伻从王于周④，予惟曰⑤：'庶有事⑥。'今王即命曰⑦：'记功，宗以功作元祀⑧。'惟命曰⑨：'汝受命笃弼⑩，丕视功载⑪，乃汝其悉自教工⑫。'

"孺子其朋，孺子其朋，其往⑬！无若火始焰焰；厥攸灼叙⑭，弗其绝。厥若彝及抚事如予⑮，惟以在周工往新邑⑯。伻向即有僚⑰，明作有功⑱，惇大成裕⑲，汝永有辞⑳。"

公曰："已㉑！汝惟冲子，惟终㉒。汝其敬识百辟享㉓，亦识其有不享。享多仪，仪不及物，惟曰不享㉔。惟不役志于享，凡民惟曰不享，惟事其爽侮㉕。乃惟孺子颁㉖，朕不暇听。

"朕教汝于棐民彝㉗，汝乃是不蘉㉘，乃时惟不永哉㉙！笃叙乃正父罔不若予㉚，不敢废乃命㉛。汝往敬哉！兹予其明农哉㉜！彼裕我民㉝，无远用戾㉞。"

王若曰："公明保予冲子㉟。公称丕显德㊱，以予小子扬文武烈㊲，奉答天命，和恒四方民㊳，居师㊴；惇宗将礼㊵，称秩元祀㊶，咸秩无文㊷。惟公德明光于上下㊸，勤施于四方。旁作穆穆㊹，迓衡不迷㊺。文武勤教㊻，予冲子夙夜毖祀㊼。"

王曰："公功棐迪㊽，笃罔不若时㊾。"

【注释】

①肇：始。称：举行。殷礼：会见众诸侯之大礼。②咸：都。秩：次序，引申为安排。文：通紊，乱。③齐：率领。《尔雅·释诂》："齐，将也。"百工：百官。④周：指镐京。⑤惟：思。⑥庶：大概，也许。事：指祭祀。⑦即：就。⑧宗：宗人，管礼乐的官。以：率领。元祀：大祀。⑨惟：有。见《东京赋》薛注。⑩受命：接受武王的顾命。笃：通督，督导。弼：辅助。⑪功载：记功的书。⑫乃：于是。悉：尽心。教工：指导工作。⑬孺子：指成王。朋：古凤字，引申有奋起、振奋义。章太炎说："正当言孺子其朋往，以告诫丁宁，故分为三逗，正如口吃语矣。"⑭焰焰：微小的样子。攸：所。灼：烧。叙：绪，残余。⑮及：汲汲，努力。抚事：主持国事。⑯在周工：在镐京的官员。⑰向即：趋就。有僚：官职。⑱明：勉力。⑲惇大：惇，厚，重视。重视大的。成裕：裕，大，指大事。成裕，完成大事。这里指举行祭祀和殷礼。⑳辞：赞美之辞。㉑已：唉。㉒惟：为。冲：幼。惟终：思终，思完成前人之功。㉓百辟：众诸侯。享：享礼，朝见的礼节。㉔多仪：重视礼仪。仪不及物：物有余而礼不足。曰：谓。㉕役志：用心。爽：差错。侮：轻慢。㉖颁：颁布政务。暇：通假，摄，代。曾运乾说。㉗于：以。棐：辅助。彝：法。㉘乃：若。蘉（máng）：勉力。㉙时：善，指善政。永：远，推广。㉚笃：通督，督察。叙：铨叙，升降。正：长官。父：同姓长官。㉛废：废弃。乃：你的。㉜明农：都是勉的意思。㉝彼：往。《说文》："彼，往有所加也。"裕：教导。㉞无：语首助词。用：因此。戾：至。见《释诂》。㉟明：勉力。㊱称：发扬。㊲以：使。扬：继续。烈：事业。㊳和恒：双声连语，和悦的意思。㊴师：洛师，洛邑。㊵惇：厚。宗：尊。将：大。宗将礼，即尊重大礼。㊶称：举行。秩：安排。元祀：大祀。㊷文：紊乱。㊸上下：指天地。㊹旁：普遍。穆穆：美，指美政。㊺迓：一作御，逆。章太炎说："御从午声，午者逆也。"衡：通横。迷：乱。御衡不迷，言遭横逆而心不乱。㊻文武：文武百官。㊼毖：谨慎。㊽功：善。棐迪：辅导。㊾笃：信。若：顺。时：承。

王曰："公！予小子其退，即辟于周①，命公后②。四方迪乱未定③，于宗礼亦未克敉④，公功迪将⑤，其后监我士师工⑥，诞保文武受民⑦，乱为四辅⑧。"

王曰："公定[9]，予往已[10]。公功肃将祇欢[11]，公无困哉！我惟无斁其康事[12]，公勿替刑，四方其世享[13]。"

【注释】

①退：退回镐京。即辟：就君位。周：镐京。②后：后续，继续。指继续治洛。③迪：教导。乱：治理。④宗礼：宗人礼典。敉：通弭，完成。⑤迪将：教导和扶持。功：善。⑥士、师、工：各级官员。⑦诞：语首助词。受民：所受之民。⑧乱：率，语助词。四辅：帮助天子的四位大臣，在前面的叫"疑"，后面的叫"丞"，左面的叫"辅"。右面的叫"弼"。统称四辅。⑨定：止，留下来。⑩往：往镐京。已：矣。⑪功：善。肃：快速。将：行。祇欢：敬和，指敬和殷民的事。⑫康事：学习政事。⑬替：止，停止。刑：通型，示范。享：朝享。

周公拜手稽首曰："王命予来，承保乃文祖受命民，越乃光烈考武王弘[1]，朕恭[2]。孺子来相宅[3]，其大惇典殷献民[4]，乱为四方新辟[5]，作周恭先[6]。曰[7]：'其自时中乂，万邦咸休[8]，惟王有成绩。予旦以多子越御事，笃前人成烈[9]，答其师[10]，作周孚先[11]。'考朕昭子刑[12]，乃单文祖德[13]。

"伻来毖殷[14]，乃命宁予以秬鬯二卣[15]。曰：'明禋，拜手稽首休享[16]。'予不敢宿[17]，则禋于文王、武王。'惠笃叙[18]，无有遘自疾[19]，万年厌于乃德，殷乃引考[20]。''王伻殷乃承叙万年[21]，其永观朕子怀德[22]。'"

【注释】

①越：发扬。烈：业，有功。考：先父。弘：大，宏大。②恭：奉行，指奉行继续治洛的命令。③相宅：视察洛邑。④其：通基，谋。献：贤。⑤乱：语助词。辟：法。⑥周恭：周家的法。恭，通共，法。先：先导。⑦曰：这里是周公追述在相宅时申告成王的话。⑧休：庆幸，喜欢。⑨多子：指众卿大夫。笃：理。前人成烈：烈，业。武王倡议宅洛，所以说治洛是前人事业。⑩答：合，集合。师：众人。⑪周孚：孚，通郛。周郛，周家之城郭，指洛邑。章太炎说。⑫考：成。昭：通诏，告。刑：法。⑬单：大，光大。⑭伻：使者。毖：慰劳。⑮安：问安，问候。秬鬯：黑黍香酒。卣（yǒu）：酒器。⑯禋：祭祀。休：庆幸。享：献。⑰宿：经过一宿。⑱惠：惟。笃：厚，大。叙：顺。⑲有：或。遘：遇。⑳厌：饱。乃：能够。引：长。考：成功。㉑承叙：承顺。㉒朕子：吾子，指成王。怀：安，指安定人民。

戊辰[1]，王在新邑烝[2]，祭岁[3]，文王骍牛一[4]，武王牛一。王命作册逸祝册[5]，惟告周公其后[6]。王宾杀禋咸格[7]，王入太室[8]，祼[9]。王命周公后，作册逸诰[10]，在十有二月[11]。惟周公诞保文武受命[12]，惟七年[13]。

【注释】

①戊辰：戊辰日。②烝：冬祭。③祭岁：报告岁事。④骍：赤色。⑤作册：官名。逸：人名。⑥其：将。后：后续治洛。⑦王宾：助祭的诸侯。杀：杀牲。格：至。⑧太室：王肃说："清庙中央之室。"⑨祼：灌祭。⑩诰：告天下。⑪十有二月：记周公治洛之月。⑫保：担任。⑬惟七年：皮锡瑞说："经云戊辰，有日无月；在十有二月，有月无年；于末结之曰惟七年，则当为七年十二月戊辰日无疑，古人文法多倒装，故先日次月又次年。"王国维说："书法先日次月次年者，乃殷周间记事之体。"

【译文】

周公行了拜手稽首礼之后，说："我把君王的宝座还给您，您却不敢像文王始承天命、武王复受天命那样责无旁贷地登上君王宝座；为了保证您安稳地继承大统，我全面视察了洛邑，您就要做百姓圣明的君王了。

"在乙卯日这一天的早晨，我到达洛邑。我先占卜了一次，巡视黄河以北的黎水一带是否吉利，结果得到的卜兆不吉。于是我又占卜了涧水以东、水以西一带地方，得到了吉兆。说明洛地可以让百姓长久居住，在这里安居乐业；我还占卜了水以东一带地方，得到的结果相同。所以我才派使者请您来洛邑，以便向您进献占图，以图示卜，让您明了一切。"

成王向周公行了拜手稽首礼，说："您不敢不敬重上天赐予的福泽，亲自前来勘察新都的地址，营建与旧都镐京相呼应的新都洛邑，这很好啊！您勘定地址之后，就让我来洛地，我来了之后，又让我看卜兆，我看到洛地两处的卜兆都是吉兆，非常欢喜。让我们二人一起承受上天降下的美命吧！您的教诲使我得以永远享有上天赐予的福泽，所以我才向您致拜手稽首之礼，接受您的教诲之言。"

周公说："您开始暂时沿用殷礼，在洛邑举行祭祀，完全按照地位的高低安排次序，让仪式质朴无华。我率领百官，让他们跟随您前往新邑。我跟他们说：'大概将要举行文王和武王的祭祀大典了。'如今，您继承大命登上君位，命令太史手执简册登录下二位先王的丰功伟业，表示对他们的尊崇，还命令百官按功劳大小陪助大祭。还命令诸臣说：'你们接受先王遗命，勤劳地辅助我治理国家，现在既已奉命查看了记功的简册，那么你们就尽力效法先王去建功立业吧。'"

"您与身边的大臣交往一定要慎重，您与身边的大臣交往千万要谨慎！不要像烧火那样，初燃起来时火苗虽小，到后来却能把成堆的柴草化为灰烬，以至于没有办法扑灭。治国要遵常规循旧事，像我所做的那样，任用镐京的官员，去治新邑，让他们各尽其职，鼓励建立功勋，并使之发扬光大而形成治国之道，这样您就能够永远享有治国有道的美誉了。"

周公说："唉！你虽然岁数小，也应当考虑以后的事。你要明察诸侯的贡享，也要记下那些未曾贡享的诸侯。贡享应以礼仪为重，如果礼仪赶不上贡物，即使贡物很多，也和没有贡享的一样。这就是说他们没有着重贡物上。如果人民不重礼仪，这样他们就会轻慢你的号令，使治理混乱。希望你这年青人赶快前来分担政务，我没有时间解决这样多的政事了。

"我教给你治理小民的方法，如果你不努力这样做去，就不能长久保持国家的福运了！厚待各邦君长以及同姓的诸侯和大夫，使他们全都像我一样，不敢废弃你的命令。你到了新邑可要恭谨啊！我要解除政务全身心投入农业生产了。你能宽待我们的小民，不管多遥远的小民也会归附你了。"

王说："公啊！你克尽职守辅佐我这年幼无知的人。你称述先王的大德，要我小子发扬光大文王和武王的事业，遵奉上天的命令，很好地治理四方小民，并居住在洛邑，厚待宗族，礼遇诸侯，按照一定规矩大祀文王，虽然礼节程序繁杂，但都要进行得有条不紊。你的大德可以和日月相比，光辉普照在上天下地，辛勤地治理四方臣民，普天之下都治理得十分和谐，操纵平治天下的大权而不生产差错，又以文王和武王的事迹，对我勤加教育引导。我这年幼无知的人，只有一早一晚勤谨地进行祭祀了。"王说："公啊！你热情地教导我治理小民的方法，这些教训没有不是我应当接受的。"

王说："公啊！我小子还要回来，在旧都举行即位改元之礼，你仍旧留在新邑。现在四方

还没有彻底治理好，宗人的礼仪也没有完成，你的大功还未告竟，你还要主持管理以后的事，统率我百官大臣，治理文王武王从上天那里接受来的臣民。”王说：“公啊，你留下吧！我要回去了。你的任务是迅速而认真仔细地尽力主持政事，你不要老是挽留我啊！我只有不懈怠地学习你掌握政务的本领，但你只有不抛弃你应当主持的政务，四方臣民才会永享福气。”

周公行礼以后说：“王命我承担治理你祖父文王从上天那里接受下来的小民的大任，和光大你尊敬的父亲的遗训大法。你来洛邑视察宫室宗庙的基地，很好地镇守殷的众民，为四方的新君谨慎地处理政务，作后代国君的导引者。我曾说，如果能够居在这国中洛邑去统治天下，诸侯国也就能够治理好了。这样，王的大功便告成了。我姬旦跟众卿大夫和管理政事的百官，努力于加强先王的伟大事业，满足众人的愿望，作为我周人的诚实的先导。我成就了你的法制，你发扬光大了文王的大德。

“你派使者来慰劳殷民，又送来两樽黍酒，告诉我行礼祭祀和献享。我不敢丝毫停留，马上祭祀文王和武王。你这样优待我，不是我遇到什么疾病，不能遵从你的意旨，是我不敢承担这样的大福，我只有尽力长寿，永久地享受你的德泽。王使殷民永远服从我们的统治，永远像我们的众民一样心怀大德不敢叛逆。”

戊辰这天，王在新邑，冬祭先王，当时正值岁末。祭文王用一头赤色牛，祭武王也用一头赤色牛。王命令逸把这件事和祝词记录在书册上，祝词中将周公留守洛邑的事情告诉给文王和武王。

王与助祭诸侯一同到达太庙，杀牲燎祭先王。王走进太室，举行以酒灌地而求降神的大礼。王命封周公的后代，并让史逸把这条命令记在典册上。这件事在十二月。

周公努力受理文王和武王所赐给的大命，计时七年。

多 士①

惟三月②，周公初于新邑洛，用告商王士。

王若曰：“尔殷遗多士！弗吊旻天③，大降丧于殷④。我有周佑命⑤，将天明威⑥，致天罚，敕殷命终于帝⑦。肆尔多士⑧！非我小国敢弋殷命⑨。惟天不畀允罔固乱⑩，弼我⑪，我其敢求位⑫？惟帝不畀⑬，惟我下民秉为，惟天明畏⑭。

“我闻曰：‘上帝引逸⑮。’有夏不适逸⑯，则惟帝降格⑰，向于时夏⑱。弗克庸帝⑲，大淫泆有辞⑳。惟时天罔念闻㉑，厥惟废元命㉒，降致罚㉓；乃命尔先祖成汤革夏，俊民甸四方㉔。

“自成汤至于帝乙。罔不明德恤祀㉕。亦惟天丕建保乂有殷㉖，殷王亦罔敢失帝㉗，罔不配天其泽㉘。在今后嗣王㉙，诞罔显于天㉚，矧曰其有听念于先王勤家㉛？诞淫厥泆㉜，罔顾于天显民祇㉝，惟时上帝不保，降若兹大丧㉞。

“惟天不畀不明厥德，凡四方小大邦丧，罔非有辞于罚㉟。”

【注释】

①多士，就是众士，指殷王的旧臣。周消灭殷后，殷王的旧臣大族心怀不满，顽固不化，周人叫他们做仇民或顽民。洛邑东边有个城市叫成周，是居住殷民的地方。周成王实行移民政策，把殷商顽民迁来成

周，以便对他们加强教育和监督。洛邑建成后，周公代替成王发布诰命，说明必须迁徙的原因，宣布政策，指明前途。史官记录周公的诰词，写成《多士》。②惟：语首助词。 三月：据《竹书纪年》为成王七年三月。③弗吊：不善。旻（mín）天：秋天。这里指上天。不吊旻天，不善上天的人，指纣王。④降丧：降下灾祸。⑤佑命：佑助天命。⑥将：奉行。⑦致：通至，行。《乐记》注："至，行也。"终于帝：被上帝终绝了。⑧肆：今。⑨弋：代。⑩畀：给予。允罔固乱：相信诬罔凭借祸乱的人。允，信。罔，诬。固，通怙，凭借。⑪弼：辅助。⑫其：岂。位：王位。⑬不畀：谓不畀允罔固乱。蒙上文省略了宾语。⑭秉：执守。为：作为。惟天明畏：当畏天明。⑮引：制引，制止。逸：淫逸。⑯适：节制。见《吕览》高注。⑰格：教令。⑱向：劝。时：这。⑲庸：用，采用。指采用上帝的教令。⑳泆：游。辞：通怠，怠慢。㉑惟时：因此。念：怀念。闻：通问，恤问。㉒厥：语首助词。元命：大命，指国运。㉓致：通至，大。㉔俊民：杰出人才。甸：治。㉕恤：慎。㉖保乂：安治。㉗罔敢失帝：不敢违失天意。㉘其：之。泽：恩泽。㉙后嗣王：指纣王。㉚诞罔显于天：大不明于天。㉛矧：何况。勤家：为家国勤劳。㉜厥：语中助词。㉝天显：天明，指天命。民祗：人民的痛苦。祗，病。㉞大丧：指亡国之祸。㉟辞：怠，怠慢。

王若曰："尔殷多士，今惟我周王丕灵承帝事①，有命曰：'割殷②，告敕于帝。'惟我事不贰适③，惟尔王家我适。予其曰惟尔洪无度④，我不尔动，自乃邑⑤。予亦念天⑥，即于殷大戾⑦，肆不正⑧。"

王曰："猷⑨！告尔多士，予惟时其迁居西尔⑩，非我一人奉德不康宁⑪，时惟天命⑫。无违，朕不敢有后⑬，无我怨。

"惟尔知，惟殷先人有册有典⑭，殷革夏命。今尔又曰：'夏迪简在王庭⑮，有服在百僚⑯。'予一人惟听用德⑰。肆予敢求尔于天邑商⑱，予惟率肆矜尔⑲。非予罪，时惟天命。"

【注释】

①灵：善。②割：取。见《战国策·齐策》注。③事：指征伐的事。适：通敌，敌人。《论语·里仁》释文："适，郑本作敌。"④予其曰：我岂意谓。金履祥说。洪：大。度：法度。⑤乃邑：你们众卿士的封邑。⑥念天：念天只割取殷。⑦即：则。戾：定。⑧肆：所以。正：治罪，指治多士的罪。《周礼·大司马》注："正之者，执而治其罪。"⑨猷：叹词。⑩其：乃。迁居西尔：即迁尔居西。西，指成周。成周在商之西，所以称西。⑪奉德：秉德。孙星衍说："奉，犹秉也。"康宁：安定。⑫惟：为。《玉篇》："惟，为也。"⑬有：或。后：迟。⑭册典：典籍。⑮迪：通由，辅。指辅臣。《方言》："由，辅也。"简：选择。⑯服：事，指职务，职位。百僚：百官。⑰听：受，接受。德：有德的人。⑱肆：今。求：招来。《礼记·学记》注："求，谓招来也。"天邑：大邑。⑲率：用。肆：缓，宽大。矜：怜惜。

王曰："多士，昔朕来自奄①，予大降尔四国民命②。我乃明致天罚，移尔遐逖③，比事臣我宗多逊④。"

王曰："告尔殷多士，今予惟不尔杀⑤，予惟时命有申⑥。今朕作大邑于兹洛，予惟四方罔攸宾⑦，亦惟尔多士攸服奔走臣我多逊⑧。

"尔乃尚有尔土⑨，尔乃尚宁干止⑩。尔克敬，天惟畀矜尔⑪；尔不克敬，尔不啻不有尔土⑫，予亦致天之罚于尔躬！

"今尔惟时宅尔邑⑬，继尔居⑭；尔厥有干有年于兹洛⑮。尔小子乃兴，从尔迁⑯。"

王曰："又曰时予⑰：乃或言尔攸居⑱。"

【注释】

①奄：国名。《尚书大传》："周公摄政三年，践奄。"②降：下达。　四国：指管蔡商奄四国。③遐逖：远方，指四国。多士来自四国，所以称远方。④比：近日。事：服务。我宗：我们周族。逊：恭顺。⑤不尔杀：不杀你们。⑥时命有申：又申是命。时，是，这个。有，又。申，重复。⑦惟：思，考虑。四方：四方诸侯。宾：朝贡。金履祥说："镐京远在西偏，四方道里不均，无所于宾贡。"⑧服：服务。逊：顺。⑨尚：犹，还。⑩宁：安。干：安。《广雅·释诂》："干，安也。"止：语末助词。⑪畀：赐给。畀矜尔：赐给你们怜爱。⑫不啻：不但。⑬惟：当。时：善，见《广雅》。宅：住。⑭居：事业。江声说。⑮有干：有安乐。有年：有丰年。⑯小子：指子孙。兴：兴盛。⑰又曰时予：时予时予。《尚书正读》说："本文又曰，重言时予也。言终丁宁之意。"时：承顺，顺从。⑱或：通克，能够。见《尚书易解》。攸：通悠，长久。

【译文】

成王元年三月，周公首次从新都洛来到成周，把成王的命令向商王朝的士民宣告。

王说："你们这些殷国的遗民，时运不佳，上天把亡国之祸降给你们殷国。我们周国助天行道，奉着上天圣明而威严的意旨，用王者的诛罚，命令你们殷王终止帝业。

"现在我要告诉你们这些殷国的遗民，并非我小小的周国敢夺取殷国的大命。因为上天不把大命给予那些善于说谎而又为非作歹的人，所以才协助我周国。假如上帝不给我们，我们是不敢妄求这个大位的。上天是圣明而威严的，我们下民只有本着上帝的意旨行事。

"我听说：'上帝对人的行为总是劝诫和诱掖的。'夏国不节制自己的行为，于是上天便降下深知天命的人，劝导夏国希望他们能够改恶从善。但他们不愿听从上帝的告诫，天大地大地放纵起来，并且喋喋不休地说了一些侮慢上帝的话。上天不能不考虑他听到的情况，便废除了夏的大命，降下了惩罚。于是命令你们的先祖成汤接受夏的大命，任用一些贤能的人治理四方。

"从成汤到帝乙，无不努力地施行教化，谨慎地祭祀上天，因此上天便给予大力支持，以安治殷国。殷王也尽力遵照上帝的意旨行事，因此他们都能够和上天一样施给人民以恩泽。在这以后的殷王，欺骗侮慢上天，更不用说听从上天的教导了。在先王辛勤建立的基业上，大肆奢侈腐化起来，完全不把上天圣明的教导和人民的疾苦放在眼里。因此上帝便不再辅助殷，给殷降下了丧亡的大祸。

"天不会把大命授与那些不努力施行德教的人。凡是四方小国或大国的丧亡，没有不是因为有罪而招致灭国的惩罚的。"

王说："你们这些殷国的旧民听着，现在我周王奉上天神圣的命令，命令说：'灭殷。'我们完成了这个命令，并报告给上帝。上帝要你们服从我的统治，不许心怀不忠，但你们一定要和我王家为敌。我要说：'是你们蔑视法度，我们并没有先进攻你们，是你们在自己的都邑，首先发难。'我想到上天既已降下大祸给殷，所以也就不再将你们治罪了。"

王说："啊！告诉你们这些殷国的遗民，我要把你们驱逐西方。不是我为了周国的利益，使你们不安宁，这是上天的命令，不要违背。我不敢违抗上天的命令，不要埋怨我啊！

"你们知道，只有你们殷的先人才有记载历史的记录，殷更改了夏的大命。现在你们又说：'殷曾选拔夏的遗臣留在王庭，担任各种官职为殷王效劳。'我只听从有德的人，所以我不敢请求你们先王的允许而任用你们。我只能以宽恕你们的罪过来怜悯你们的愚昧无知，这不是我的过错，这是上帝的意图。”

王说：“殷的遗民们，过去我从奄国来，我曾对你们四国小民下达过命令。我是遵照上天的命令征伐你们的，把你们从远方迁到这里，要你们顺从地为我们周国效劳。”

王说：“告诉你们这些殷国的遗民，现在我不忍杀掉你们，我只向你们说明上面的命令。现在我在这洛的地方修建一座大城，是因为四方诸侯无处朝贡，也是为了你们服务王事、奔走效劳的需要，你们要顺从地臣服我们。

“你们仍拥有你们的土地，你们也有安定地从事劳作和休息的生活。只要你们能够敬事我周国，上天便会给你们以哀怜。如果你们不敬事我周国，你们不但会丢掉你们的土地，我也要把上天的惩罚降到你们身上。

“现在你们要安居于你们的城邑，继续从事你们的劳作，这样你们就能够在洛邑长久地进行生产并得到丰收。在你们迁徙以后，你们后代子孙就会兴旺起来。”

王说：“顺从我！”又说：“顺从我！我要教导你们适应你们的新居。”

无　逸①

周公曰：“呜呼！君子所，其无逸②。先知稼穑之艰难，乃逸③，则知小人之依④。相小人⑤，厥父母勤劳稼穑，厥子乃不知稼穑之艰难，乃逸乃谚⑥。既诞⑦，否则侮厥父母曰⑧：‘昔之人无闻知⑨。’”

【注释】

①无，通毋，禁止之词。逸，逸乐，这里指纵酒、淫乐、嬉游、田猎等娱乐活动。成王年纪大了，周公让他主持政事，害怕他贪图享乐，荒废懈怠。于是告诫他不要贪图逸乐。史官记录周公的诰词。名叫《无逸》。②君子：指官长。所：居官。其：副词，表祈使。逸：逸乐。郑玄说：“君子，止谓在官长者。所，犹处也。君子处位为政，其无自逸豫也。”③乃：而，而后。④小人：老百姓。依：痛苦，苦衷，《经义述闻》：“依，隐也，谓知小人之隐也。《周语》勤恤民隐，韦注曰：隐，痛也。小人之隐，即上文稼穑之艰难，下文所谓小人之劳也。云隐者，犹今人言苦衷也。”⑤相：看。⑥乃：就。谚：粗野不恭。⑦诞：《汉石经》作延，长久。⑧否则：于是。见《经传释词》。侮：轻侮。⑨昔之人：老人。

周公曰：“呜呼！我闻曰：昔在殷王中宗①，严恭寅畏②，天命自度③，治民祗惧④，不敢荒宁⑤。肆中宗之享国七十有五年⑥。

“其在高宗，时旧劳于外⑦，爰暨小人⑧。作其即位⑨，乃或亮阴⑩，三年不言⑪。其惟不言，言乃雍⑫。不敢荒宁，嘉靖殷邦⑬。至于小大⑭，无时或怨⑮。肆高宗之享国五十有九年。

“其在祖甲⑯，不义惟王，旧为小人⑰。作其即位，爰知小人之依，能保惠于庶民⑱，不敢侮鳏寡⑲。肆祖甲之享国三十有三年。

“自时厥后⑳，立王生则逸，生则逸㉑，不知稼穑之艰难，不闻小人之劳，惟耽乐之从㉒。自时厥后，亦罔或克寿㉓。或十年，或七、八年，或五、六年，或四、三年。”

周公曰：“呜呼！厥亦惟我周太王、王季，克自抑畏㉔。文王卑服㉕，即康功田

功[26]。徽柔懿恭[27]，怀保小民[28]，惠鲜鳏寡[29]。自朝至于日中昃，不遑暇食[30]，用咸和万民[31]。文王不敢盘于游田[32]，以庶邦惟正之供[33]。文王受命惟中身[34]，厥享国五十年[35]。"

【注释】

①中宗：一说是太戊，殷之第五世贤主。一说是祖乙，殷之第七世贤主。②严：庄正。寅：敬。严恭，指外貌庄敬；寅畏，指内心敬畏。③度：法制。引申为限制。天命自度，以天命制约自己。④祗惧：敬畏。⑤荒宁：荒废自安。⑥肆：所以。享国：指在帝位。有：又。⑦高宗：武丁，殷代第十一世贤主。时旧劳于外：时，是。这人。旧，久。马融说："武丁为太子时，其父小乙使行役，有所劳苦于外。"⑧爰：于是。暨：惠爱。⑨作：等到。⑩或：又。亮阴：听信不言。马融说："亮，信也。阴，默也。为听于冢宰，信默而不言。"⑪不言：不言政事。⑫雍：和。⑬嘉：善。靖：和。⑭小大：老百姓和群臣。⑮时：此人，指高宗。或：有。无时或怨：无有怨之。⑯祖甲：武丁的儿子帝甲。殷代第十二世贤主。⑰不义惟王，旧为小人：惟，为。旧，久。马融说："祖甲有兄祖庚，而祖甲贤，武丁欲立之。祖甲以王废长立少不义，逃亡民间。故曰不义惟王，久为小人也。"⑱依：隐，痛苦。王引之说。保：安定。惠：爱。⑲鳏寡：孤苦无依的人。⑳时：是，这。厥：之。㉑立王：在位的君王。生则逸，生则逸：《尚书正读》说："生则逸，一语已足；两言之者，周公喜重言也。"按重复地说，意在强调它。㉒耽乐：过度逸乐。从：追求。㉓罔：无。或：有。㉔抑：谦下。畏：敬畏。㉕卑服：任卑下的事。服，事。㉖即：就，从事，康功田功：章太炎说："康，《释言》五达谓之康，字亦作庚，《诗》有由庚，《春秋传》有夷庚，以为道路大名。康功者，谓平易道路之事；田功者，谓服田力穑之事。"㉗徽：和。懿：美。㉘怀保：和睦安定。㉙鲜：善。㉚遑暇：遑也是暇，二字同义。㉛咸：和。㉜盘：乐。游：游乐。田：打猎。㉝以：使。正：税，见《尚书正读》。供：进献。《广雅·释诂》："供，进也。"㉞受命：接受天命为君。中身：中年。㉟五十年：这里是举整数。

周公曰："呜呼！继自今嗣王，则其无淫于观、于逸、于游、于田[1]，以万民惟正之供。无皇曰[2]：'今日耽乐。'乃非民攸训，非天攸若[3]，时人丕则有愆[4]。无若殷王受之迷乱，酗于酒德哉[5]！"

周公曰："呜呼！我闻曰：'古之人犹胥训告[6]，胥保惠[7]，胥教诲，民无或胥诪张为幻[8]。'此厥不听，人乃训之，乃变乱先王之正刑[9]，至于小大[10]。民否则厥心违怨[11]，否则厥口诅祝[12]。"

周公曰："呜呼！自殷王中宗及高宗及祖甲及我周文王，兹四人迪哲[13]。厥或告之曰[14]：'小人怨汝詈汝[15]。'则是皇自敬德[16]。厥愆[17]，曰：'朕之愆允若时[18]。'不啻不敢含怒[19]。此厥不听，人乃或诪张为幻，曰小人怨汝詈汝，则信之，则若时：不永念厥辟[20]，不宽绰厥心[21]，乱罚无罪，杀无辜。怨有同[22]，是丛于厥身[23]！"

周公曰："呜呼！嗣王其监于兹[24]！"

【注释】

①淫：过度。观：观赏。②皇：通徨，暇。这里指宽解。③攸训：所顺。训，顺。攸若：所善。若，善。④丕则：于是。愆：过错。⑤受：纣王名。酗于酒德：酗，醉酒发怒。于，为。见《经传释词》。大意是说，以醉怒为酒德。⑥胥：互相。训告：劝导。⑦保：安。惠：爱。⑧诪（zhóu）：欺诳。幻：诈惑。⑨正刑：政策法令。⑩小大：指小法大法。⑪否则：于是。 违：怨恨。见王引之《经义述闻》四。⑫诅祝：诅咒。⑬迪：指导。迪智：领导得明智。⑭或：有人。⑮詈（lì）：骂。⑯皇：更加。⑰厥愆：是"厥

或愆之”的省文。愆，指责过失。⑱允：确实。时：这样。⑲不啻：不但。郑玄说：“不但不敢含怒，乃欲屡闻之，以知己政得失之源也。”⑳辟：法。㉑绰：宽，放宽。㉒怨有：即怨尤。有和尤同声通用。同：会同。㉓丛：聚集。《说文》：“丛，聚也。”㉔监：通鉴，鉴戒。

【译文】

周公告诫说：“唉呀！君子从政居官，不可贪图安逸享乐。只要事先知道农事的艰难，就是后来有机会安逸享乐，也会知道种田人的辛苦。看看那些百姓吧，作父母的辛辛苦苦地耕种收获，他们的儿子却不知道耕种收获的艰难，于是就贪图安逸享乐。长久以往，他们就不再遵守法度，甚至于会轻慢无礼地对父母说：‘你们这些上了年纪的人，真是缺乏知识，什么也不懂。’”

周公说：“唉呀！据我所知：过去，殷王中宗，仪态庄重，举止恭谨，性情谦敬，心气警惧，总是以天命为标准检讨自己，怀着谦敬谨慎的心情治理百姓，从不敢废弃政事、贪图安逸。所以，中宗在位达七十五年之久。

“到了高宗，他早年做太子时，长期在外行役，于是就得以和普通百姓一起参加劳动。等到他即位做了国君，又适逢父亲去世，须守丧三年，于是他就恭行守丧之礼，沉默不语，三年之中从不随便谈论政事，但是就在他轻易不谈论政事的三年里，偶尔提到政事，都和大臣们谈得很契洽。他不敢荒废政事，贪图安逸，因而把殷国治理得很好，从百姓到大臣，没有人怨恨他。所以，高宗在位达五十九年之久。

“到了祖甲，他认为替代兄长为王没有依照法度和情理，便逃往民间，当了很长时间的普通百姓。等到即位做了国君，就很了解百姓的疾苦，因而能够爱护百姓，甚至于连那些孤苦无依的人，他也不敢轻慢懈怠。所以，祖甲在位也有三十三年之久。

“但是从此以后，立王之制一确立，君王贪图安逸享乐的习惯就形成了。立王之制所导致的君王贪图安逸享乐的风气形成之后，君王们就再也不了解农事的艰难，不了解种田人的疾苦了，只是一味地追求、沉湎于安逸享乐的生活。从此以后，国君再也没有长寿的，他们当政的时间，有的十年，有的七八年，有的五六年，有些人才只有三四年。”

周公说：“唉！只有我们周的太王、王季做起事来能够谦逊谨慎。文王也曾从事过低下的劳作，如整修道路、耕种田地等。他心地仁慈，态度和蔼恭谨，使老百姓安康，并把他的恩惠施及于那些鳏寡孤独无所依的人。从早晨到中午到下午，忙碌到无暇吃饭，用这种辛勤劳苦的精神治理国家，使万民愉快地生活着。文王不敢把各邦国进贡的赋税用于游猎玩乐。文王在中年接受上天赐予的大命，执政达五十年。”

周公说：“唉！今天的王啊，希望你不要把万民进上的赋税，消耗在过度的游玩享受和田猎上。而且不应该这样讲：‘今天先享受享受再说。’这样，就不是万民的楷模，就不是顺从天意了，这样的人便是犯了大错了。所以，不要像殷王纣那样把胡作非为酗酒作为美德啊！”

周公说：“唉！我听说，古时候的人还互相告诫，互相扶持，互相教诲，小民没有互相欺骗诈惑的。如果不听这些话，不这样办，人们就会互相欺诈，大小群臣就会变乱先王的法制。小民无所适从，心中便会产生反抗厌恶的情绪；无所适从，口中便会说出诅咒的话。”

周公说：“唉！从殷王中宗，到高宗，到祖甲，到我们的周文王，这四人是圣明的君主。有人告诉他们说：‘小人在怨恨你咒骂你。’他们便更加恭敬地按照规矩办事。他们有了过错，也丝毫不掩饰地说：‘这是我的过错。’实在是这样，他们不但不敢心含怨恨，而且很愿意听到

这样的话，以便察知自己政治上的得失。没有听到这些话，人们之中有的就会互相欺骗诈惑。如果有人告诉你：‘小人在怨恨你诅咒你。’你应当认真考虑这些话。可是，如果你却这样执政：不把规章放在心里，不宽绰自己的胸怀，乱罚那些无罪的人，妄杀那些无辜的人，这样，必然会民心同怨，人们便会把愤怒的情绪集中在你的身上。”

周公说：“唉！王啊，你可要以此为鉴戒啊！”

君　奭①

周公若曰：“君棐！弗吊天降丧于殷，殷既坠厥命②，我有周既受。我不敢知曰：厥基永孚于休③。若天奭忱④，我亦不敢知曰：其终出于不祥。

“呜呼！君已曰⑤：‘时我⑥，我亦不敢宁于上帝命⑦，弗永远念天威越我民⑧；罔尤违⑨，惟人。在我后嗣子孙⑩，大弗克恭上下，遏佚前人光在家⑪，不知天命不易⑫，天难谌⑬，乃其坠命⑭，弗克经历⑮。嗣前人，恭明德，在今。’

“予小子旦非克有正⑯，迪惟前人光施于我冲子⑰。又曰⑱：‘天不可信。’我道惟宁王德延⑲，天不庸释于文王受命⑳。”

【注释】

①这篇是周公对召公的答辞。奭（shǐ）：召公名。名上加一君字，表示对召公的尊敬。②吊：善。不善于天，指纣王。坠：丧失。③基：开始。 孚：通保。《说文》说：“古文孚从古文保，保亦声。”④若：顺。棐忱：棐，辅佐。忱，诚信。谓以诚信者为辅助。⑤君：指召公。⑥时：通恃，依靠。我：我们。⑦宁：安于。⑧越：和。⑨尤：过失。违：违误。⑩在：考察。《释诂》：“在，察也。”⑪遏：止，抑止。佚：失，消失。光：光美，光辉。⑫不易：不容易。⑬谌（chén）：信。⑭其：将要。⑮经历：长久。⑯旦：周公名。有正：有所改正。⑰迪：语首助词。施：延。冲子：童子，指后辈。⑱又曰：召公又说。⑲道：当从《汉石经》作迪，语助词。宁王：文王。⑳庸释：舍弃。

公曰：“君奭！我闻在昔成汤既受命，时则有若伊尹①，格于皇天②。在太甲③，时则有若保衡④。在太戊⑤，时则有若伊陟、臣扈⑥，格于上帝；巫咸乂王家⑦。在祖乙⑧，时则有若巫贤⑨。在武丁⑩，时则有若甘盘⑪。

“率惟兹有陈⑫，保乂有殷，故殷礼陟配天⑬，多历年所⑭。天惟纯佑命⑮，则商实百姓王人，罔不秉德明恤⑯，小臣屏侯甸⑰，矧咸奔走⑱。惟兹惟德称⑲。用乂厥辟⑳，故一人有事于四方，若卜筮罔不是孚㉑。”

公曰：“君奭！天寿平格㉒，保乂有殷，有殷嗣㉓，天灭威㉔。今汝永念，则有固命㉕，厥乱明我新造邦㉖。”

【注释】

①时：当时。若：此，这个。伊尹：成汤的大臣。②格：嘉，嘉许。《史记·燕世家》引作假，《中庸》释文：“假，嘉也。”③太甲：成汤的孙。④保衡：伊尹。伊尹名衡，任太保之官，所以叫保衡。⑤太戊：太甲的孙。⑥伊陟、臣扈：都是太戊的贤臣。⑦巫咸：太戊的大臣。⑧祖乙：名滕，殷国的第七世贤王。⑨巫贤：祖乙的贤臣。⑩武丁：殷高宗。⑪甘盘：武丁的贤臣。⑫率：语首助词。有陈：有道，有道之

臣。⑬殷礼陟配天：《尚书平议》："谓殷人之礼死则配天而称帝也。《竹书纪年》凡帝王之终皆曰陟，此经陟字，义与彼同。"⑭所：时。⑮纯佑：良佐，贤臣。命：赐予。《小尔雅·广言》：命，予也。⑯实：本当置于"罔不"的前面，为了强调，所以提前了。百姓：指异姓官员。王人：指同姓官员。恤：谨慎。⑰屏：并，魏《三体石经》古文作并。侯甸：侯服、甸服的官员。⑱矧：也。奔走：指效劳。⑲惟德称：称，举。谓举出贤德者。⑳乂：通艾，辅助。《释诂》："艾，相也。"辟：君王。㉑一人：指国君。孚：信。㉒寿：当作受，授予的意思。《文选·潘元茂册魏公文》注引寿作受。平格：平康，中正和平。见《尚书易解》。㉓有殷嗣：殷王世世继承下来。㉔天灭威：灭，断绝，见《释诂》。威，罚。天灭威谓上天不用威罚。㉕固命：定命。㉖厥：语首助词。乱：治理。明：光大。

公曰："君奭！在昔上帝割申劝宁王之德①，其集大命于厥躬②？惟文王尚克修和我有夏③；亦惟有若虢叔，有若闳夭，有若散宜生，有若泰颠，有若南宫括④。

"又曰⑤：无能往来⑥，兹迪彝教⑦，文王蔑德降于国人⑧。亦惟纯佑秉德⑨，迪知天威，乃惟时昭文王迪见冒⑩，闻于上帝，惟时受有殷命哉！

"武王惟兹四人尚迪有禄⑪。后暨武王诞将天威⑫，咸刘厥敌⑬。惟兹四人昭武王惟冒⑭，丕单称德⑮。

"今在予小子旦，若游大川，予往暨汝奭其济⑯。小子同未在位⑰，诞无我责收⑱，罔勖不及⑲。考造德不降我则⑳，鸣鸟不闻㉑，矧曰其有能格㉒？"

公曰："呜呼！君肆其监于兹㉓！我受命无疆惟休，亦大惟艰。告君，乃猷裕我，不以后人迷㉔。"

【注释】

①割：通曷。为什么。申：重复。劝：劝勉。②集：下，降下。③惟：以。见《经传释词》。尚：通常。修和：治理和协。有夏：中国。④若：此。这些。虢叔、闳夭、散宜生、泰颠、南宫括：都是文王时的贤臣。⑤又曰：有曰，有人说。⑥往来：奔走出力。⑦兹：通孜，勉力。曾运乾说。彝：常。⑧蔑：无。⑨惟：以。⑩时：是，这些人。昭：通诏，帮助。迪见：迪，道，谓治道。见，犹显，孙星衍说。冒：进。《说文》冒，进而前也。前亦进也。章太炎说。⑪四人：郑玄说："武王时，虢叔等有死者，馀四人也。"迪：通犹，还。有禄：活着。古代称死为无禄，生为有禄。⑫暨：与，和。诞：大。将：奉行。⑬咸：灭绝。刘：杀。⑭冒：通勖，勉力。⑮丕：语助词。单：尽。称：称赞。⑯其济：谋求渡过。其，通基，谋。济，渡水。⑰小子：周公谦称。同未：侗昧，无知。⑱诞：语音助词。收：通纠，纠正。见《尚书易解》。⑲不及：不够。⑳考造德：老成有德，指召公。造，成。则：法则。㉑鸣鸟：指凤凰。《白虎通》说："凤凰者，禽之长也。上有明主太平，乃来居广都之野。"㉒矧：何况。格：嘉。谓格于上帝，蒙上文而省。㉓肆：今。监：看。㉔告：请，请求。猷裕：教导。见《方言》。以：使。

公曰："前人敷乃心①，乃悉命汝②，作汝民极③。曰："汝明勖偶王④，在亶乘兹大命⑤，惟文王德丕承，无疆之恤⑥！，"

公曰："君！告汝，朕允保乂⑦。其汝克敬以予监于殷丧大否⑧，肆念我天威⑨。予不允惟若兹诰⑩，予惟曰：'襄我二人，汝有合哉⑪？'言曰⑫：'在时二人。'天休滋至⑬，惟时二人弗戡⑭。其汝克敬德，明我俊民⑮，在让后人于丕时⑯。

"呜呼！笃棐时二人，我式克至于今日休⑰？我咸成文王功于！不怠丕冒⑱，海隅

出日，罔不率俾[19]。”

公曰：“君！予不惠若兹多诰[20]，予惟用闵于天越民[21]。”

公曰：“呜呼！君！惟乃知民德亦罔不能厥初[22]，惟其终。祗若兹[23]，往敬用治[24]！”

【注释】

①前人：指武王。敷：布，表明。乃：其。②悉：详尽。③极：标准，表率。④明勖：都是努力的意思。偶：通耦，辅助。《广雅》：“耦，侑也。”⑤亶：诚心。乘：承受。⑥恤：忧患。⑦允：信任。保：太保，召公担任太保的官。⑧以：与。否（pǐ）：困穷，苦难。⑨肆：长，威：罚。⑩允：语助词。惟：只。⑪襄：除，见《尔雅·释言》。合：合志。⑫言曰：周公代召公答复。⑬滋：益，更加。⑭戡：胜，胜任。⑮明：显，显用，选拔。⑯在：终。让：通襄，帮助。时：承受。⑰笃：信。棐：不是。式：语助词。⑱我：我辈。咸：共同。于：乎。冒：勉力。⑲海隅：海边。海边出日，指荒远的地方。俾：顺从。《释诂》：“俾，从也。”⑳惠：通惟。㉑闵：忧虑。越：与，和。㉒德：行为。能：善。㉓若：顺从。兹：此。指上述的意见。㉔用：施行。

【译文】

周公说：“奭啊！由于做下了许多不好的事情，天便降下了丧亡的大祸于殷，殷已经失去了上天所赐予的大命。我们周国已经接受了这个大命，但我不敢说，我们的事业能永远沿着美好的前程发展下去。虽然上天真心真意地辅助我们，但我还是不敢说，我们的事业能够长久。

“唉！你曾经说我能够担负起治理周国的重担。但我却不敢安于上天的命令，不去常常考虑上天的威罚。我们的民众是不会无因由产生怨恨的情绪的，一切都在人为啊！

“恐怕我们后代，不能敬天理民，失掉前人的好的传统，不知道天命的艰难。天命是难于长久的，如果不能永远继承前人的光荣传统，就会丧失上天所赐予的大命。

“现在我姬旦不能做别人的表率，只能以前人的光荣传统，来教育我的幼小的国王而已。”

周公又说：“上天是不能相信的，我们只有努力发扬文王的光荣传统，使之永远保持下去，这样上天便不会废掉文王所受的大命了。”

周公说：奭啊！我听说过去成汤既已接受上天的大命，便有伊尹辅佐成汤，使成汤得以升配于天。在太甲时，有个保衡，太戊时又有伊陟和臣扈，分别辅佐他们，使他们能够升配于上帝。巫咸辅佐殷王治理国家。祖乙时有个巫贤，武丁时有个甘盘。正因为有这些老成之人帮助统治殷国，才使殷国诸王享受配天的祭祀，殷国的统治，才能历经久远。

“上天只大力帮助那些有道德的人，商的百姓、同族没有不遵从一定原则努力谨慎地为殷王服务的。至于那些小臣和地方官们，更是努力为王事奔走效劳了。

“因此群臣各称其德，以辅助他们的国王治理国家。所以一旦国王向四方发出什么命令，就好像卜筮的灵验一样，对国王的命令，四方的人没有不相信的。”

周公说：“奭啊！上天长期以来，使那些能够深谙天命的人，安治殷国，而殷国后代的继承人纣却灭弃上天的威严，而致使灭亡。现在你能永远记住这个历史教训，我们就能固守上天所赐的大命，以明智的方法，治理我们这个新建立的国家了。”

周公说：“奭啊！以前为什么上天一再劝勉文王注意品德修养，把治理天下的重任放在他的身上呢？这是因为只有像文王这样有道德的人，才能把中国治理好啊！同时也因为文王有虢

叔、闳夭、散宜生、泰颠、南宫括这些有贤德的大臣。”又说：“如果没有这些贤臣奔走效劳，恪守尽职地宣扬教化，文王的美德便不能传播给国人了。

“也正因为上帝极力帮助道德高尚的人，开导他们，使他们了解上天的威严，因此，上帝才帮助文王，勉励他使他的功绩闻名于世，上帝了解了他的作为，正是因为这样才让他担当殷国的大命。

“在武王的时候，这四人仍然拥有他们的禄位。后来武王奉天命大举征伐殷国，他们又都辅助武王努力杀敌。正是由于这四人各尽其责帮助武王，才使武王成就大业。

“现在我姬旦好像要渡过大河，我和你先去涉渡。我们年幼的国王，虽在王位，但年幼无知，我们能够不担负起自己的责任吗？努力去做犹恐不及，如果这们这些年长有德的人不能和睦团结，那么我就不会听到凤凰的鸣声了，何况说能够懂得天命呢！”

周公说：“啊！奭啊，你现在应该看到这一点：我们从上天那里接受大命，虽然是非常美好，但也有很大的艰难。希望你心胸开阔，我不是为了后代子孙的缘故而迷恋禄位啊！”

周公说：“啊！武王曾经袒露过他的想法，他曾详细地谈过命令你作小民表率的意见。他说，你们应该勤奋地在王的左右帮助王，要开诚布公，担当这样的大命，必须把能否继承文王的优良传统当作长久的考虑。”

周公说：“奭啊！告诉你，我是非常信任你太保乂的。希望你能够敬重我所说的话，看到殷国丧亡的大祸，长久思念着上天的惩罚。

“我如果不怀着一片诚心，能够说这些话吗？我想想之后还要问你：‘除了我们二人，还有人和你的品德相匹配吗？’你定会说：‘正是有我们二人在，上天才降下许许多多美好的事情，这样的事情越来越多，我们二人是承受不了的。’希望你能够尊敬并任命有德的人，使后人很好地继承前人的光荣传统。

“啊！正是因为我二人性情笃厚，齐心协力辅佐国王，才使我们的事业达到今天这样美好的境地，才使我们完全成就文王的大功而毫不懈怠，才使四海之内，阳光普照之处，无不服从法度。”

周公说：“奭，我很不聪明，说了这许多话，我的这些话，没有不是忧虑天命和民心的不易保持。”

周公说：“唉！奭啊，你知道，小民为国效劳在开始的时候，没有不好好办的，但到后来就往往办不好了。应该尊重这个教训，往后必须以恭谨的心情治理国家。”

蔡仲之命①

惟周公位冢宰②，正百工③，群叔流言。乃致辟管叔于商④；囚蔡叔于郭邻⑤，以车七乘；降霍叔于庶人，三年不齿。蔡仲克庸祗德，周公以为卿士。叔卒，乃命诸王邦之蔡⑥。

【注释】

①蔡仲，名胡，蔡叔的儿子。命，诰命。周武王逝世，周公旦摄政。周公的弟弟管叔和蔡叔在国都散布流言，毁谤周公。周公东征，杀了管叔；囚蔡叔于郭邻，至死不赦。蔡叔卒，成王命蔡叔的儿子蔡仲为蔡国之君，而用策书告诫他。史官记叙这件事，写成《蔡仲之命》。②冢宰：周代官名，也叫大宰，是百

官的首长。马融说："冢，大也，宰，治也。大治者，兼万事之名也。"③正：官长，统帅。这里用作动词。④致辟：辟，法。致辟，行法，这里指杀戮。⑤郭邻：地名。《孔传》说："中国之外地名。"⑥诸：之于。邦：封。

王若曰："小子胡！惟尔率德改行①，克慎厥猷②，肆予命尔侯于东土③，往即乃封，敬哉！尔尚盖前人之愆，惟忠惟孝。尔乃迈迹自身④，克勤无怠，以垂宪乃后。率乃祖文王之彝训⑤，无若尔考之违王命！

【注释】

①率德改行：率，遵循。《孔传》说："言汝循祖之德，改父之行。"②猷：道。③肆：故。侯：诸侯。这里是"做诸侯"的意思。④乃：其。《释词》说："乃，犹其也。"迈迹：迈步前进。⑤彝：常。

"皇天无亲，惟德是辅；民心无常，惟惠之怀。为善不同，同归于治；为恶不同，同归于乱。尔其戒哉！

"慎厥初，惟厥终，终以不困；不惟厥终，终以困穷。懋乃攸绩①，睦乃四邻，以蕃王室②，以和兄弟，康济小民③，率自中④，无作聪明乱旧章；详乃视听⑤，罔以侧言改厥度⑥。则予一人汝嘉。"

【注释】

①懋：勉。乃：你的。攸：所。绩：行。②蕃：通藩，屏障，保卫。③康济：康，安。济，成。④自：用。中：中道，不偏不倚的正道。⑤详：审察。⑥侧言：片面的话。《蔡传》说："侧言，一偏之言也。"

王曰："呜呼！小子胡。汝往哉！无荒弃朕命①！"

【注释】

①荒弃：废弃。《孔传》："无废弃我命。"

【译文】

周公当大宰，统率百官之时，几个弟弟散布流言蜚语诽谤他。所以周公到达商地，杀死了管叔；用七辆车把蔡叔送到边远的郭邻，囚禁在那里；把霍叔贬为庶人，三年之内不予录用。

蔡仲能够经常敬重德行，周公任用他为卿士。蔡叔死后，周公就让成王把蔡仲封在蔡国。

成王这样说："年轻的姬胡！由于你遵循先祖文王的美德，改变你父亲蔡叔的恶行，能谨守为臣之道，因此我任命你在东土做诸侯。你前往你的封地赴任，要谨慎呀！你要免于你父亲的过错，要思忠思孝。希望你使自身迈出新的步伐，能够勤劳而不懈怠，从而成为你的子孙后代仿效的榜样。要遵循你祖父文王的常训，不要像你的父亲那样违抗王命！

"皇天对于人没有亲疏的区别，只辅助有德的人；人民心中没有常主，只怀念仁爱的君主。做善事的方式尽管各不相同，但都同样会达到安治；做恶事的手段虽各不相同，但都一样地会导致动乱。你要注意啊！

“谨慎对待事情的开始，而对它的结局也要考虑，这样最后才不会困窘；若不考虑它的结局，最终一定会很困窘。努力做你所要做的事情，与你四邻的各国和睦相处，来护卫周王室，并使同姓兄弟国家之间亲密和谐，这样才使百姓安居乐业。要遵循正道，不要自作聪明扰乱先王的成法；要谨慎你的视听，不要因片面之言改变正常的法度。这样我肯定会嘉奖你！”

王说：“唉！年轻的姬胡啊。你去吧！不要废弃我的教导！”

多　方①

惟五月丁亥，王来自奄，至于宗周②。

周公曰：“王若曰③：猷告尔四国多方惟尔殷侯尹民④。我惟大降尔命⑤，尔罔不知。洪惟图天之命⑥，弗永寅念于祀⑦，惟帝降格于夏⑧。有夏诞厥逸⑨，不肯感言于民⑩，乃大淫昏⑪，不克终日劝于帝之迪⑫，乃尔攸闻。厥图帝之命⑬，不克开于民之丽⑭，乃大降罚⑮，崇乱有夏⑯。因甲于内乱⑰，不克灵承于旅⑱，罔丕惟进之恭⑲，洪舒于民⑳。亦惟有夏之民叨懫日钦㉑，劓割夏邑㉒，天惟时求民主，乃大降显休命于成汤㉓，刑殄有夏㉔。

“惟天不畀纯㉕，乃惟以尔多方之义民不克永于多享㉖；惟夏之恭多士大不克明保享于民㉗，乃胥惟虐于民㉘，至于百为，大不克开㉙。乃惟成汤克以尔多方简㉚，代夏作民主。

“慎厥丽，乃劝㉛；厥民刑，用劝；以至于帝乙㉜，罔不明德慎罚，亦克用劝；要囚殄戮多罪㉝，亦克用劝；开释无辜，亦克用劝。

“今至于尔辟㉞，弗克以尔多方享天之命㉟，呜呼！”

【注释】

①这是周公代表成王告诫众诸侯国君臣的诰辞。方，就是国。多方，就是众国。周公归政成王后，淮夷和奄国又发动叛乱。成王亲自出征。召公为保，周公为师，讨伐淮夷，灭了奄国。成王自奄回到镐京，各国诸侯都来朝见，周公代替成王训话，史官记录这篇诰辞，名叫《多方》。②五月：《孔传》说：“周公归政之明年，淮夷、奄又叛。鲁征淮夷，作《费誓》；王亲征奄，灭其国，五月还至镐京。”③王若曰：周公代替成王训话。若，这样。④猷告：告道。猷四国：指管、蔡、商、奄四国。惟：与，和。殷侯：众位诸侯。尹民：治民，指治民的官员。⑤降：下，下达。命：教令。⑥洪惟：语首助词。图：大，见《经传释词》。大天之命，谓夸大天命。阮刻本脱“图”字。⑦寅：敬。不永寅念于祀，谓忽视民生。⑧格：教令。⑨诞：大。⑩感言：恤问。⑪淫昏：淫乐昏乱。⑫劝：勉力。迪：教导。⑬图帝之命：图，大。言夸大上帝之命。⑭开：明，明白。丽：附。民之丽，老百姓归附的道理。⑮大降罚：大事杀戮。⑯崇：充，大。⑰甲：通狎，习。内乱：女治，指夏桀信任妹喜。⑱灵：善。承：顺从。旅：众人。⑲丕：不。进：财货。恭：通供。⑳舒：古文作荼，苦。这里指毒害。㉑叨：贪婪。钦：兴。㉒劓割：残害。㉓显休：光明美好。㉔刑殄：诛绝。㉕畀纯：畀，与。纯与屯通，众。黄式三说。按众指多方之邦君和夏国的官员。㉖义民：指邦君。享：劝导。㉗恭：通供，供职。保享：保护劝导。㉘惟虐：为虐。㉙开：通，犹言开展。㉚多方：多邦，诸侯。简：择，选择。㉛丽：施行。指施行教令。劝：勉励。㉜帝乙：纣之父。㉝要囚：幽囚，囚禁。㉞辟：君。尔辟，你们的君主，指纣。㉟以：与，和。

王若曰：“诰告尔多方，非天庸释有夏①，非天庸释有殷。乃惟尔辟以尔多方大淫②，图天之命屑有辞③。乃惟有夏图厥政，不集于享④，天降时丧，有邦间之⑤。乃惟尔商后王逸厥逸，图厥政不蠲烝⑥，天惟降时丧。

“惟圣罔念作狂⑦，惟狂克念作圣。天惟五年须暇之子孙⑧，诞作民主⑨，罔可念听。天惟求尔多方，大动以威⑩，开厥顾天⑪。惟尔多方罔堪顾之。惟我周王灵承于旅⑫，克堪用德，惟典神天⑬。天惟式教我用休⑭，简畀殷命⑮，尹尔多方。

“今我曷敢多诰⑯，我惟大降尔四国民命⑰。尔曷不忱裕之于尔多方⑱？尔曷不夹介，乂我周王享天之命⑲？今尔尚宅尔宅⑳，畋尔田㉑，尔曷不惠王熙天之命㉒？

“尔乃迪屡不静㉓，尔心未爱㉔。尔乃不大宅天命㉕，尔乃屑播天命㉖，尔乃自不典㉗，图忱于正㉘。我惟时其教告之，我惟时其战要囚之㉙，至于再，至于三㉚。乃有不用我降尔命，我乃其大罚殛之㉛！非我有周秉德不康宁，乃惟尔自速辜㉜！”

【注释】

①庸释：舍弃。②尔辟：尔的君主。以：和。多方：指夏、殷各国诸侯。③图：大，夸大。屑：安逸。有：又。辞：通怠，懈怠。④集：在，在于。⑤间：代替。⑥蠲（juān）：清明。烝：美好。⑦圣：明哲的人。作狂：成为狂妄无知的人。⑧五年：孙星衍说：“五年，当从文王七年数至武王十一年伐纣也。”须暇之子孙：须，等待。暇，当从《诗·皇矣》正义引作夏。言等待夏的子孙。⑨诞：延，延续。⑩大动以威：郑玄注：“言天下灾异之威，动天下之心。”⑪开：启示。⑫灵：善于。承：顺从。旅：众人。⑬典：通腆，善。言善待神天。⑭式：按当读为代，更改，改变。教我用休：以休祥指导我。⑮简：明，表明。畀：给予。殷命：大命。《广雅·释诂》：“殷，大也。”⑯曷敢：何敢。《孔传》说：“今我何敢多诰汝而已。”⑰降尔四国民命：降命于尔四国之民。⑱忱裕：告导，劝导。⑲夹介：夹，辅。介，善。乂：辅助。⑳尚：还。宅尔宅：前一宅字，是动词，居住。㉑畋：整治。㉒惠：顺从。熙：光，宣扬。㉓乃：竟。迪：教导。屡：屡次。㉔爱：顺。㉕宅：度，考虑。㉖屑：通悉，皆，尽。播：弃。㉗不典：不法。㉘图：图谋。忱：攻击。㉙要囚：幽囚。㉚至于再，至于三：《孔传》说：“再，谓三监淮夷叛时。三，谓成王即政又叛。”㉛殛：诛。㉜速：召，招致。辜：罪。

王曰：“呜呼！猷告尔有方多士暨殷多士①。今尔奔走臣我监五祀②，越惟有胥伯小大多正③，尔罔不克臬④。

“自作不和，尔惟和哉！尔室不睦，尔惟和哉！尔邑克明⑤，尔惟克勤乃事。尔尚不忌于凶德⑥，亦则以穆穆在乃位⑦，克阅于乃邑谋介⑧。

“尔乃自时洛邑⑨，尚永力畋尔田，天惟畀矜尔⑩。我有周惟其大介赉尔⑪，迪简在王庭⑫，尚尔事⑬，有服在大僚⑭。”

王曰：“呜呼！多士，尔不克劝忱我命⑮，尔亦则惟不克享⑯，凡民惟曰不享。尔乃惟逸惟颇⑰，大远王命，则惟尔多方探天之威⑱，我则致天之罚⑲，离逖尔土⑳。”

王曰：“我不惟多诰㉑，我惟祗告尔命。”

又曰：“时惟尔初㉒！不克敬于和㉓，则无我怨。”

【注释】

①猷：与告同义。《方言》：“猷，道也。”暨：和。②监：侯国。此指卫康叔。五祀：五年。从周公摄

政三年灭奄起至成王元年，正好五年。③胥：徭役。伯：《大传》伯作赋，赋税。正：通政，政事。④臬：法，守法。⑤明：清明。⑥忌：通惎。⑦穆穆：恭敬。⑧阅：容。见《礼记·表记》注。介：善。⑨乃：若。时：这个。⑩畀：赐予。矜：怜悯。⑪大介：大而好。介，善。赉（lài）：赐，赏赐。⑫迪：进。简：选择。⑬尚尔事：努力做你的工作。尚，努力。《公羊传·襄公二十九年》注："尚，犹努力也。"本戴钧衡说。⑭服：职务。僚：官。⑮劝：勉力。忱：相信。⑯享：享受禄位。⑰逸：放荡。颇：邪恶。⑱探：试。见《尔雅·释言》。威：威严。⑲致：行，施行。⑳逖：远。㉑惟：思。㉒时：善。惟：谋划。㉓于：与，和。

【译文】

五月丁亥这天，王从奄国回来，到达首都镐京。

周公传达周王的命令说："啊！通告你们四国和各地诸侯，以及治理臣民的官员们，我要亲自向你们下达命令，希望你们都要很好地了解命令的内容和精神。"

看那夏代闭塞了上天的命令，常常极不恭敬地对待祭祀，不把祭祀放在心上，尽管上帝给夏降下了深知天命的人，但夏王却纵欲享受，不愿用好话去慰告人民，而是日益淫逸昏乱，不能够终日勤勉地遵照上帝的开导办事，这一些你们都是知道的。

"他闭塞了上帝的命令，没能力把老百姓从灾难的罗网中解脱出来，上天便大大地降下了惩罚来祸害夏国，这是因为当政者习于在国内为非作歹，又不听从上帝的劝导，只知残暴地搜刮民财，荼毒百姓。也由于他们无不贪财残忍，甚至竟相效尤，残害首都的老百姓。由于这些原因，上天便要为老百姓寻求好的国王，于是便降下了光荣而美好的大命给成汤，成汤于是灭掉夏国。

"上天不把大福赐予他们，这是因为他们那些四方诸侯的大臣，不尽力为百姓造福，却只知互相残暴地对待臣民，甚至于作恶多端，无所不为，无法解除百姓的痛苦，因此他们之中有些尽管还是贤臣也都和那些佞臣一样失去夏国的禄位。

"由于这样，因此成汤能够受到你们四方诸侯的拥戴，代替夏桀做臣民的国王。他慎重地把人民从灾难中解救出来，是为了鼓励他们走向正道。他对那些犯罪的人使用刑罚，也是为了劝导他们走上正道。从成汤到纣的父亲帝乙，无不努力阐明德教，审慎地使用刑罚，都是为了鼓励人民走上正道。仔细地考察犯人的供词，杀掉或严厉惩罚那些作恶多端的人，也是为了对臣民的劝勉和警诫。解脱释放那些无罪的人，也是为了鼓励臣民走正道。现在，到了你们的国王，无法带领你们四方诸侯永享上天赐予的大命，实在是可叹啊！"

王说："告诉你们四方诸侯，并不是上天要抛弃夏国，也不是上天要舍弃殷国，而是因为你们的国王和你们四方诸侯，行为太过放肆，又杜绝了上天的命令，还振振有辞为自己的罪行辩护，所以上天抛弃你们。由于夏国政治黑暗又不很好地祭祀上天，所以上天才降下这样的大祸，并让殷国代替夏国。也由于你们商的后王纵情享受，政治极为黑暗闭塞，祭祀的供品很不清洁，因此上天才降下这样的大灾给你们。

"虽然本来是贤明的人，但如果不把上天的意旨常常放在心上，就会变成狂悖而不通事理的人；虽然原本是愚昧无知的人，但如果能把上天的意旨常常放在心上，就可能变成圣明的人。上天为了使殷纣醒悟，等待了五年的时间，让他在这五年中继续做国王，但他仍然不考虑、不听从上天的训导。上天也以这样的想法来要求你们四方诸侯，还可以大大地显示出它的威严，来开导你们考虑上天的命令。然而，你们四方诸侯不能考虑和完成上天的命令。只有我们邻国的国王，很好地秉承上帝的旨意，能够广布德教，以德教主持上天所赐给的大命。因

此，上天经过选择，把原来给殷的那美好的大命转过来赐予我们，让我们根据上天的命令来治理你们四方诸侯。

“现在我怎敢对你们说出这么多告诫的话，我只是想用这些话来开导和教育你们四国臣民。你们四方诸侯为何不听从我的教导？你们为何不亲附我们，帮助我周国治理天下，共享天命？现在你们依旧居住你们原来的地方，耕种着你们原来的土地，你们为何不顺附我们的国王，发扬光大上天之命呢？你们不听教导，屡次发动暴乱，你们的心那么不顺从，你们不去思考上天的命令，你们完全把上天的命令丢在一边。这是你们自己不遵循法度，反而投机取巧，妄图取信于我们的执政者。所以我必须好好地教导你们，于是我要用武力来镇压你们，详细考察你们的供词。你们一而再，再而三地发动叛乱，我也就一而再，再而三地征伐你们。要是你们不遵守我下达的命令，我就要大大地惩罚你们。这不是我们周国不按德教的原则给你们以和平安宁的生活，这确实是你们自己招来的祸害。”

王说：“唉！告诉你们四方诸侯和殷朝的诸位官长，现在你们臣服我邻国并为我周国奔走效劳已经五年了。我们向你们征用力役，征收田赋，数量的大小和多寡，都很好地符合正常的标准，你们无不遵守法规。

“要是你们之间不和睦，那你们应该和好起来；要是你们的家庭不和睦，那你们的家庭也应该和好起来。如果你们能够勤于职守，作臣民的表率，那样，你们邑内的臣民也就会勤勉地做事；要是你们不打坏主意，那么，你们就能够和睦而恭敬地在你们的位置上相安无事。这样，你们一县的人就都能够和睦愉快地相处。

“如果你们能够乐于服从我们周国，如果能够永远尽心尽力种好你们的田地，上天就会怜悯你们，我们邻国也会因此大大地赏赐你们，把你们提拔到朝廷中来。赐给你们以职务，让你们担任重要的官职。”

王说：“唉！诸位官长啊，要是你们不努力听信我的命令，那么你们就没有资格贡享上帝，你们的臣民也就没有资格贡享上帝了。要是你们一味贪图享受，一味胡作非为，极大地远离王命，妄图亲身试探上天的威严，我就要把上天的惩戒用在你们身上，把你们远远地分开，并夺去你们的土地。”

王说：“这不是我向你们讲了许多话，我这是恭敬地把上天的命令告诉你们。”又说：“我们是想着从开始就跟你们和睦相处，假如你们不能遵从上面的命令，不能和睦相处，我便要把上天的惩罚降给你们，你们就不要对我有所抱怨。”

立　政①

周公若曰：“拜手稽首②，告嗣天子王矣。”用咸戒于王曰王左右常伯③、常任④、准人⑤、缀衣⑥、虎贲⑦。”

周公曰：“呜呼！休兹知恤，鲜哉⑧！古之人迪惟有夏⑨，乃有室大竞⑩，吁俊尊上帝迪⑪，知忱恂于九德之行⑫。乃敢告教厥后曰⑬：‘拜手稽首后矣⑭！’曰：‘宅乃事⑮，宅乃牧⑯，宅乃准⑰，兹惟后矣。谋面⑱，用丕训德⑲，则乃宅人⑳，兹乃三宅无义民㉑。’

“桀德㉒，惟乃弗作往任㉓，是惟暴德㉔，罔后㉕。

“亦越成汤陟㉖，丕釐上帝之耿命㉗，乃用三有宅㉘，克即宅㉙，曰三有俊㉚，克即俊。严惟丕式[31]，克用三宅三俊，其在商邑[32]，用协于厥邑[33]，其在四方，用丕式见德[34]。

"呜呼！其在受德[35]，暋惟羞刑暴德之人[36]，同于厥邦；乃惟庶习逸德之人[37]，同于厥政。帝钦罚之[38]，乃伻我有夏[39]，式商受命[40]，奄甸万姓[41]。

【注释】

①本篇是周公晚年告诫成王建立官制的诰词。立政是什么意思呢？清代王引之《经义述闻》卷三说："政与正同，正，长也。立政，谓建立长官也。篇内所言皆官人之道，故以立政名篇。"这是立政的正确解释。《史记·鲁世家》说："成王在丰，天下已安。周之官政未次序，于是周公作《周官》，官别其宜。作《立政》以便百姓，百姓悦。"可见这篇诰词的作用很重大，它促进了周王朝的安定和发展。本篇是研究周代官制的重要文献。②拜手稽首：古代最恭敬的拜跪礼。③咸：同。曰：通越，与也。连词。常伯：治民的官，就是下文的牧和牧人。④常任：治事的官，就是下文的事和任人。⑤准人：执法的官，就是下文的准。⑥缀衣：掌管国王衣服的官。⑦虎贲（bēn）：守卫王宫的武官。⑧休：美好。兹：则，连词。恤：忧。⑨迪：语气助词。夏：夏禹。⑩乃：其，他们的。有室：指卿大夫。竞：强。⑪吁：呼吁。俊：通骏，长。迪：教导。⑫忱恂：诚信。九德：九种德行。见《书·皋陶谟》。⑬后：君王。⑭拜手稽首后矣：夏臣向夏君行拜跪大礼。⑮宅：度量，考察。事：就是常任。⑯牧：就是常伯。⑰准：就是准人。⑱谋面：以貌取人。⑲丕训：不顺，不依从。⑳则：若。见《词诠》。乃：如此，这样。宅人：考虑人。㉑三宅：就是宅事、宅牧、宅准。义：贤。㉒德：升于帝位。《说文》："德，升也。"㉓作：用。往任：往日任人的法则。㉔是：于是。惟：只。暴德：凶德。㉕罔后：无后，指亡国。㉖越：及，到了。陟：升，升帝位。㉗釐：受福，引申为受。耿：明。㉘乃：其。三有宅：三宅。有，助词。三宅，指上文的事、牧、准。㉙克即宅：即，就。《蔡传》说："言汤所用三宅，实能就是位而不旷其职。"㉚曰：读为越，与。三有俊：孙诒让说："当即三宅之属官。盖三宅各有正长，有属吏，三宅之属吏皆用贤俊，故谓之三有俊。"㉛严惟：敬念。丕式：大法。指上帝用人的大法。㉜商邑：指商都。㉝协：和洽。㉞见：同现，显。㉟受：纣王名。德：升，升于帝位。㊱暋（mín）：强。见《尔雅·释诂》。羞刑：被法律所羞辱的人，指触犯法律的罪人。刑，法。㊲庶：众多。习：指近习，即左右亲幸。㊳钦：孙星衍说："犹重也。"㊴伻：使。有夏：周人自称为夏。㊵式：读为代，代替，曾运乾说。㊶奄：安抚。甸：治理。万姓：万民。

"亦越文王、武王，克知三有宅心[1]，灼见三有俊心[2]，以敬事上帝，立民长伯[3]。立政[4]：任人、准夫、牧作三事[5]；虎贲、缀衣、趣马[6]，小尹[7]，左右携仆[8]、百司庶府[9]；大都小伯[10]、艺人[11]、表臣百司[12]；太史[13]、尹伯[14]、庶常吉士[15]；司徒、司马、司空[16]、亚旅[17]；夷、微、卢烝[18]；三亳阪尹[19]。

"文王惟克厥宅心[20]，乃克立兹常事司牧人[21]。以克俊有德[22]。文王罔攸兼于庶言[23]；庶狱庶慎[24]，惟有司之牧夫是训用违[25]；庶狱庶慎，文王罔敢知于兹[26]。亦越武王，率惟敉功[27]，不敢替厥义德[28]，率惟谋从容德[29]，以并受此丕丕基[30]。"

【注释】

①克知三有宅心：能知事、牧、准三宅的心。②灼：明。③长伯：官长。④立政：建立官长。⑤作：为。⑥趣马：负责养马的官。⑦小尹：趣马的属官。⑧左右携仆：君王的近侍官员。⑨百司庶府：司和府都是官名。《礼记·曲礼》有司土、司木、司水、司草、司器、司货等名。《周礼》有太府、王府、内府、外府、泉府、天府等官。⑩大都小伯：大都小都的官长。曾运乾说："伯，长也。大都言都不言伯，小都

言伯不言都，互文见义也。”⑪艺人：征收赋税的官，曾运乾说。⑫表臣百司：外臣百官。表，外。⑬太史：史官之长。⑭尹伯：官长，各官之长。⑮常：祥。吉：善。⑯司徒、司马、司空：就是三卿。⑰亚旅：大夫。⑱夷：东方的国家。微：南方的国家。卢：西方的国家。烝：君长。⑲三亳：南亳、西亳、北亳，都是殷商的故都。阪：夏的故都。尹：官长。⑳惟克厥宅心：就是“惟克知厥宅心”，承上文而省。㉑常事司牧人：指上述各官员。㉒以：而。俊：俊彦。㉓兼：兼包。庶言：教令。㉔庶狱：各种狱讼案件。庶慎：各种敕戒的事。《广雅·释诂》：“慎，敕也。”㉕之：和。用违：用与不用，用否。㉖敢：表敬副词。㉗率惟：语气助词。敉：终，完成。功：事业。指文王的事业。㉘替：废弃。义德：善德。《诗》传：“义，善也。”㉙容德：宽容的美德。㉚并：同，共同。指文王武王共同。丕丕：大而又大。基：事业。

“呜呼！孺子王矣①！继自今我其立政，立事②、准人、牧夫，我其克灼知厥若③，丕乃俾乱④。相我受民⑤，和我庶狱庶慎⑥，时则勿有间之⑦。自一话一言⑧，我则末惟成德之彦⑨，以乂我受民。

“呜呼！予旦已受人之徽言咸告孺子王矣⑩。继自今文子文孙⑪，其勿误于庶狱庶慎，惟正是乂之⑫。

“自古商人亦越我周文王立政，立事、牧夫、准人，则克宅之，克由绎之⑬，兹乃俾乂⑭，国则罔有⑮。立政用憸人⑯，不训于德⑰，是罔显在厥世⑱。继自今立政，其勿以憸人，其惟吉士，用劢相我国家⑲。

“今文子文孙、孺子王矣！其勿误于庶狱，惟有司之牧夫⑳。其克诘尔戎兵以陟禹之迹㉑，方行天下㉒，至于海表㉓，罔有不服。以觐文王之耿光㉔，以扬武王之大烈㉕。呜呼！继自今后王立政，其惟克用常人㉖。”

周公若曰：“太史！司寇苏公式敬尔由狱㉗，以长我王国㉘。兹式有慎㉙，以列用中罚㉚。”

【注释】

①孺子：指成王。②事：就是常任。③若：善。④丕：语气助词。俾：使。乱：治理。⑤相：治理。受民：接受上天和祖先所赐予的民众。⑥和：平治。⑦时：这些事。间：代替。《孔传》说：“如是则勿有以代之。”⑧自：虽。⑨末：终。惟：谋，谋于。彦：俊彦，美士。成德之彦，盛德的人。⑩旦：周公名。⑪文子文孙：善子善孙，贤子贤孙。《礼记·乐记》注：“文，善也。”黄式三说。⑫正：长官，指治狱的官。⑬由绎：疑即诱掖，同音通用。⑭俾：使。⑮罔有：这里当断句。罔尤，无过。尤和有同声通用。罔尤，卜辞作亡尤，是殷周时代的常语。⑯憸人：贪利奸佞的人。⑰训：顺。⑱是：于是。在：终。见《尔雅·释诂》。⑲劢（mài）：勉力。相：治理。⑳之，和。连词。㉑诘：治理。戎兵：指军队。陟禹之迹：步禹之迹。禹平水土，足迹遍于天下。步禹之迹，是指统一天下。㉒方行：遍行。㉓海表：海外。㉔觐：见，指显扬。耿：明。㉕扬：续。烈：业。㉖常人：吉士。常与祥通，祥，善。㉗司寇：官名，掌管刑罚。苏公：苏忿生。㉘长：延长。㉙有：又，更。㉚列：今例字。

【译文】

周公这样说：“请接受我拜手稽首的大礼，允许我敬告您这继承龙位的天子，您现在已经正式即位成为君王了。”周公接着代表辅臣们劝告成王说：“您身边的近臣有常伯、常任、准人、缀衣、虎贲。”

周公说：“唉呀！这些美善的近臣中能够预测隐忧的人，是很少的啊！古人之中，有道者只有夏代先王，朝廷的卿大夫之中多有贤良之才，夏代先王呼贤唤俊，以恭敬地奉行上天的旨意；并确信他们都能够诚信地依从九德的准则行事。这样，他们才敢于向他们的君王说：‘君王啊，请接受我们最最恭敬的拜手稽首大礼吧！’并说：‘任用常任，任用常伯，任用准人，这些都是君王的责任。仔细地观察他们的言行和脸色，以了解他们的内心，重用遵从九德准则的人，任用他们担任官职，这样，常任、常伯、准人这三宅之中就不会有奸邪的人了。’

“夏桀即位之后，却不遵从过去的任人之道，而任用了一些暴眶之人，最终导致灭亡。及至成汤登上帝位，全面承受上天赐予的圣明大命，选拔任命常任、常伯、准人这三宅，让他们都能各就其位而不旷其职；选用的三宅，都是贤俊之才，确有贤俊之德。并严谨地制定大法，把任用三宅三俊作为选拔人才的定则，在商都用这些官员谐调臣民，在四方用这种大法显扬圣德。

“唉呀！商王受命登上帝位，却强横地任用施行刑杀和暴虐的人，跟他们一同治理国家；任命许多受宠和放荡的人，跟他们一同管理政事。于是，上天严厉地处罚了他，让我们周王取而代之，接受天命，在广大的国土上治理万民。

“乃至到了文王和武王，他们都能够懂得从这三方面来考核并了解官员们的心地，对他们的心地看得非常清晰，任用他们做臣民的长官，以恭敬地依照上帝的意旨行事。他们设立了以下的官职：任人、准人、牧夫负责政务、法律、管理臣民三方面的事务。此处还设立了保卫国君的卫官，为国王管理衣服的官，养马的官以及国王的左右携从和其他官员。三公封地的官长、卿大夫封地的负责征收赋税的官员和朝外百官，以及朝内的太史、尹伯诸官，这些官员们都各司其职，把事务处理得很好。司徒、司马、司空、亚旅等官也都一一建立起来。东夷、西戎、南蛮等少数民族，都一一为他们建立国王。至于那安置殷人的旧地和东城臬、南轩辕、西降谷等地，也都设立官长以便统管。

“由于文王能够十分注重考核官员们的心地，因此能够正确任用贤人负责政务、法律、管理臣民等方面的事情，把那些有德的贤俊选拔出来，加以重用。

“文王不去代替他的官员发布命令。对于处理监狱的事情，管理臣民的事情，都是依据有关方面的负责人——准夫和牧夫的意志而决定去取。对于处理监狱的事情，管理臣民的事情，文王是不敢加以不恰当的干预的。

“到了武王，他成就了文王的功业，不敢废弃文王所立下选拔人材的制度，只是努力奉行文王宽容的大德，君臣一起接受了文王留下的伟大基业。

“唉！孺子啊，你现在已经继位为天子，从今天开始，我们要依照前人的传统来设立官长。要设立管理政务的立事，司法的准人，管理臣民的牧夫。我们应该十分了解这些官员的心地，使他们从事各种政务，协助我们管理臣民，并帮助我们谨慎地处理好司法案件。在这些问题上我们不要包办代替，就算一言一语的命令也不要代为发布。我们应当始终如一的发挥这些贤士的作用，从而把我们从上天那里接受来的臣民治理好。

“唉！我已经把从贤俊那里接受来的美言，都告诉给你这年轻的王子。从今以后举凡文王的子孙后代，千万不要自误，尤其是对司法方面的事情，更要特别谨慎，必须依靠各个主管部门的意见去治理臣民。

“从古时殷商，到我们文王都是这样设置官长的，设立事、牧夫、准人。在考虑这些官长

的人选时，首先思考他们的功德，其次又审慎地考查他们的心地，确实明白他们是贤明的人，才让他们管理政事。假如一个国家，不是这样设立官长，而重用贪利的小人，不按照正确的原则办事，这样他的德教使无法在他的社会里推行了。从今以后，在设置官长的时候，千万不要重用那些贪利的小人，应当任用那些贤明的人，用这些人帮助我们治理好国家。

"现在，你文王的后人，你这年轻人，已经继位为王了。愿你不要自作主张，去干涉司法方面的事情，应让有关的官员去负责办理。希望你要多过问军队方面的事情，把你的军队整理好，以步大禹后尘，使你的威力遍布天下，甚至扩张到海外，使普天之下无不臣服。从而，使天下人都能看到文王的光辉，并发扬光大武王的丰功伟绩。

"唉，从今往后，王如果要立官长，希望你一定要重用贤人。"

周公说："太史和司寇苏公啊，希望你要极为重视你所负责的司法大事，从而使我们的国祚得以延长。要十分慎重地依法行事，处理每一件事都应轻重适当而合乎法律。"

周　　官①

惟周王抚万邦，巡侯甸②，四征弗庭③，绥厥兆民。六服群辟罔不承德④，归于宗周⑤，董正治官⑥。

【注释】

①周成王灭了淮夷，回到王都丰邑，向群臣说明周家设官分职用人的法则。史官记叙这件事，写成《周官》。这是梅氏伪古文尚书之二十一。②侯甸：侯服、甸服的诸侯国，这里泛指各诸侯国。③弗庭：庭，通廷，朝廷。这里用作动词，朝见的意思。弗庭，不来朝见，指背叛的诸侯。④六服：周代把王都周围的土地分为侯、甸、男、采、卫、蛮六种服役地带。⑤宗周：指丰邑。⑥董正：董，督。此谓督导。正，治理。《吕览·顺民》注："正，治也。"董正，督导整顿。

王曰："若昔大猷①，制治于未乱，保邦于未危。曰唐虞稽古，建官惟百。内有百揆四岳②，外有州牧侯伯。庶政惟和，万国咸宁。夏商官倍，亦克用乂。明王立政③，不惟其官，惟其人。今予小子祗勤于德，夙夜不逮。仰惟前代时若④，训迪厥官⑤。

"立太师、太傅、太保⑥，兹惟三公。论道经邦，燮理阴阳⑦，官不必备，惟其人。

"少师、少傅、少保，曰三孤。贰公弘化⑧，寅亮天地⑨，弼予一人⑩。

"冢宰掌邦治⑪，统百官，均四海⑫。司徒掌邦教，敷五典⑬，扰兆民⑭。宗伯掌邦礼，治神人，和上下。司马掌邦政，统六师，平邦国⑮。司寇掌邦禁，诘奸慝⑯，刑暴乱。司空掌邦土，居四民，时地利⑰。六卿分职，各率其属，以倡九牧，阜成兆民⑱。

"六年，五服一朝⑲。又六年，王乃时巡，考制度于四岳⑳。诸侯各朝于方岳，大明黜陟㉑。"

【注释】

①若昔：若，顺从。昔，往日。猷：道，法。②百揆：官名，总理百官之职。③立政：设立官长。④时：是。若：顺从。⑤训迪：迪，导。训迪，犹言指导。⑥太师、太傅、太保：三种辅助天子的大官。《孔传》说："师，天子所师法。傅，傅相天子。保，保安天子于德义者。"⑦燮：和。阴阳：世间一切正

反现象，古代叫阴阳。⑧贰：副职，协助。⑨寅亮：寅，敬。亮，明。⑩弼：辅助。⑪冢宰：冢，大。宰，治。冢宰，又叫大宰，百官的首长。⑫均：调节。⑬五典：即父义、母慈、兄友、弟恭、子孝五种常法，又叫五常、五教。⑭扰：安。郑玄说：扰亦安也。⑮平：治理，平服。⑯诘：治。奸慝（tè）：邪恶不正的人。⑰时：依时。时地利，依时节以兴地利。⑱阜成：阜，大。成，定。阜成，大力安定。⑲五服：侯服、甸服、男服、采服、卫服。见《孔传》。⑳四岳：东岳、西岳、南岳、北岳。㉑黜陟：黜，降。陟，升。

王曰："呜呼！凡我有官君子，钦乃攸司。慎乃出令。令出惟行，弗惟反。以公灭私，民其允怀。学古入官，议事以制，政乃不迷。其尔典常作之师①，无以利口乱厥官②。蓄疑败谋，怠忽荒政。不学墙面③，莅事惟烦。

"戒尔卿士④：功崇惟志，业广惟勤。惟克果断，乃罔后艰。位不期骄⑤，禄不期侈，恭俭惟德！无载尔伪，作德心逸日休，作伪心劳日拙。居宠思危，罔不惟畏。弗畏入畏⑥，推贤让能，庶官乃和，不和政厖⑦。举能其官，惟尔之能⑧；称匪其人，惟尔不任。"

【注释】

①其尔句：《孔传》说："其汝为政，当以旧典常故事为师法。"②利口：巧言，辩言。③不学墙面：《孔疏》说："不学如面向墙，无所睹见。"④卿士：执政大臣。⑤位不期骄：期，当。训见《大禹谟》孔传。此言居官位不当骄傲。⑥弗畏入畏：不畏就会进入可畏的困境。⑦厖（máng）：杂乱。⑧举能其官：《孔传》说："所举能修其官，惟亦汝之功能。"

王曰："呜呼！三事暨大夫①，敬尔有官，乱尔有政②，以佑乃辟③，永康兆民；万邦惟无斁④。"

【注释】

①三事：指任人、准夫、牧三位高级官员。②乱：治理。③辟：君主。④斁：厌弃。

【译文】

周成王即位并拥有万邦之后，就出行巡察各个诸侯国，并四面讨伐不来朝觐的诸侯，安治天下百姓。从此，六服诸侯便再没有人不奉承周天子的德政了。所以成王便返回王都丰地，督导治事官员。

王说："我们应该遵循昔日君王的治国之道，在国家尚未出现动乱的时候，就制定政教大法；在国家还没有出现危机的时候，就设法使国家稳定下来。"

王说："唐尧和虞舜考察、借鉴古代典章制度，设置了上百个官职。朝廷之内设有百揆、四岳，朝廷之外设有州牧、侯伯。从那以后，国家各种政事都得以和谐，万国百姓都得以安宁。到了夏、商二朝，官职只是增加了一倍，也足能够用来治理国家。圣明的君王设官理政，不在乎官员的多少，而看重任用的人是否能胜任其职。

"如今，我恭谨勤勉地修养德行，虽然起早睡晚，仍然赶不上古人。这里，我要遵循前代设官理政的传统，阐明我们周国的官制。我们要设置太师、太傅、太保三个官职，这称为三

公。三公的职能是阐明天地大理，平治国家，调和矛盾，安定万民。三公之官一时不一定设置齐备，重要的是要用人得当。还要设立少师、少傅、少保三个官职，这称之为三孤。三孤的职责是协助三公弘扬大道，化育万民，敬奉天地，辅佐君王。还要设立六卿：冢宰总理国政，统辖百官，平衡四海，平定天下；司徒掌管国家教化，传布五典之教，安抚亿万百姓；宗伯掌管国家礼仪，治理天神祭祀和人间礼俗，调和尊卑贵贱的关系；司马掌管国家军事，统帅王家六军，平治各国诸侯；司寇执掌国家狱讼，追究奸邪，惩罚强横不法的歹徒；司空掌管国家土地，安置士、农、工、商，善用地利，各尽其能。以上六卿分掌职权，各自统领他们的部属，领导九州的州牧、侯伯，使亿万百姓富足安宁。

“每六年，侯、甸、男、采、卫五类诸侯都要到京师朝会。再过六年，天子便按时巡视四方，在四岳那里考订制度，诸侯各自按统属分别朝见四岳。大张旗鼓地处罚罢免坏的。奖励提拔好的。”

王说：“唉！大凡我那些担任官职的君子，一定要恭谨地对待你们所负责的事务，审慎地发布命令。命令发布了一定要施行，不要反复。要出以公心，消灭私情。百姓就会相信并服从你了。

“学习古代的法典之后再做官，议论政务的时候要按照国家的法制。这样，政治就不会走上歧途。你们要把法典和常规当作学习的依据，不要以能言善辩干扰公务，许多问题犹豫不决，将会破坏国家大计，懒惰和轻率肯定会荒废政务。不学习犹如面对墙壁什么也看不清，处理政务就会纷杂。

“警惕啊！你们这些官吏。功劳要高在于立志；事业要大在于勤勉。能够当机立断，就没有以后的艰辛。

“地位高了不要骄横；俸禄多了不要奢侈。谦虚节俭才是美德，在培养德行时不要虚假。培养的是美德，无须煞费苦心，声誉将日趋美好；作出的是诈伪，就算费尽心机，处境也会越来越艰难。居于被宠信的地位，能够感到危惧，就不会陷于可怕的境地；相反，不感到恐惧，就会陷于可怕的境地。人人谦让，举荐贤能，众官便能和谐相处。众官不能协理政务，就一定会杂乱。举荐之人能够称职，这是你的能力；举荐之人不能称职，这说明你不能胜任。”

王说：“唉！三公以下的官吏，要尽心地对待你们的职责，处理好你们的政务，以辅助你们的君主，使亿万百姓永远安康，天下万国就不会厌弃我们了。”

君　陈①

王若曰：“君陈！惟尔令德孝恭。惟孝友于兄弟，克施有政②。命汝尹兹东郊③，敬哉！昔周公师保万民，民怀其德。往慎乃司！兹率厥常，懋昭周公之训，惟民其乂④。

【注释】

①君陈，《孔传》说：“臣名也。”郑玄《礼记·坊记》注说：“盖周公之子，伯禽弟也。”未知谁是。周公把殷商遗民迁到成周，亲自监督。周公去世，成王命令他的臣子君陈代替周公治理成周，并用策书教导君陈。史官记录这一策书，名叫《君陈》。②施：移，见《史记》如淳注。孔子曰：“居家理，故治可移于官。”③东郊：指王都洛邑的东郊，即成周。④懋：勉力。

“我闻曰：至治馨香①，感于神明；黍稷非馨，明德惟馨②。尔尚式时周公之猷训③，惟日孜孜，无敢逸豫！凡人未见圣，若不克见；既见圣，亦不克由圣。尔其戒哉！尔惟风，下民惟草。图厥政，莫或不艰④；有废有兴，出入自尔师虞⑤，庶言同则绎⑥。尔有嘉谋嘉猷⑦，则入告尔后于内，尔乃顺之于外，曰：‘斯谋斯猷，惟我后之德。’呜呼！臣人咸若时，惟良显哉！”

【注释】

①馨：远闻的香气。②至治四句：《蔡传》说：“至治馨香以下四语，所谓周公之训也。”③式：用，行。④莫或不艰：莫，无。或，有。不艰，不难的事。⑤出入：反复的意思。虞：度，商度。师：众人。⑥绎：陈，这里作施行解。⑦嘉猷：《尔雅·释言》说：“猷，言也。”

王曰：“君陈！尔惟弘周公丕训！无依势作威，无倚法以削。宽而有制，从容以和。殷民在辟①，予曰辟，尔惟勿辟；予曰宥，尔惟勿宥；惟厥中。有弗若于汝政，弗化于汝训，辟以止辟②，乃辟。狃于奸宄，败常乱俗，三细不宥③。尔无忿疾于顽④，无求备于一夫。必有忍。其乃有济⑤；有容，德乃大。简厥修⑥，亦简其或不修；进厥良，以率其或不良⑦。

“惟民生厚⑧，因物有迁；违上所命，从厥攸好。尔克敬典在德⑨，时乃罔不变。允升于大猷⑩，惟予一人膺受多福，其尔之休，终有辞于永世⑪。”

【注释】

①辟：刑法，处罚。②辟以止辟：《孔疏》说：“刑罚一人可以止息后犯者。”③三细：三，指奸宄、败常、乱俗三种罪行。三细，是说三种罪行中的细罪。④顽：愚钝。《广雅·释诂》：“顽，愚也，钝也。”⑤济：成。⑥简：鉴别。修：善良。《文选·思玄赋》旧注：“修，善也。”⑦率：励，勉励。⑧生：通性。⑨敬典在德：典，常法。在，省察。《释诂》：“在，察也。”敬典，重视常法，在德，省察己德。人民顺从君主的喜好，所以君主应当省察自己的德行。⑩允：信，真的。大猷：大顺。⑪辞：言辞，指赞扬。

【译文】

王说：“君陈，你有美好的德行——对父母孝敬，对君主忠心。孝敬父母友爱兄弟，便能够发号施令了。任用你管理东都，你可要恭谨啊！

“昔日，周公教育爱护亿万百姓，百姓怀念他的恩德，你前往东都要谨慎地对待你所管辖的政务。要遵那周公所建立的常规，努力光大周公的遗训，把百姓治理好。

“我听说，最好的政治会散发香气，感动神灵。不是祭祀的谷物散发香气，而是圣明的德政发出香气。希望你尊奉这周公的谋略遗训，天天勤奋从事而不要贪图安逸和享乐。人们没有认识到圣人之道，就无法看到成功之日；虽然已经认识圣人之道而不按圣人之道去做也不能成功。你可要谨慎啊！你是风，百姓是顺风而动的草。

“谋划你的施政措施，不论那一点都要从艰难处考虑。什么要废弃，什么要兴办，先布告你所管辖的百姓，之后把百姓的考虑收集上来。对众人一致同意的，再拿来经过深思熟虑决定是否可行。你有好的谋略，就到朝内来上陈给你的君主，之后，在朝廷之外加以实施，说：

‘这些好的谋略都出自我们有德的君主。’唉！官吏能够这样做，就足以显示出君主的圣明来了。”

王说：“君陈，你要弘扬光大周公伟大的遗训，而不要凭借自己的势力去作福作威，不要倚仗法制而行苛政。要做到宽和而有法度，从容而和谐。殷民中有触犯刑法应予处罚的，我说要给以某种惩罚，你不要只按我的意见便给予惩罚；我说要加以宽恕，你不要只按我的意志便予以宽恕，而应当看看这些意见是否合乎法律规定。有些人不顺从你的政令，不接受你的教育，如果惩罚了就能达到制止犯法的目的，就加以惩罚。习惯于做坏事，违背法制，伤风败俗，这三方面，即便犯罪很小，也不能宽宥。

“你不要愤恨那些愚蠢的人，对于普通百姓不要求全责备。一定要忍耐，只有这样，你才能成功，能够宽容，德行才能光大。要区别出那些德行好的，也要区分出那些德行不好的；提拔贤俊之人，以带动影响那些不良之人。百姓的本性是淳朴敦厚的，因外界的影响而有所变化，违犯上面的政令，以自己的喜好行事。你能够恭谨地对待法制，掌握法制的道义，这样就不会使你的政教产生大的变革，并使你的政教提高到大道的水平。这样，不但我可以获得许多幸福，你的美名也将永为后人所歌颂。

顾　命①

惟四月，哉生魄②，王不怿③。甲子，王乃洮颒水④。相被冕服，凭玉几⑤。乃同⑥，召太保奭⑦、芮伯、彤伯、毕公、卫侯、毛公、师氏⑧、虎臣⑨、百尹⑩、御事⑪。

王曰：“呜呼！疾大渐⑫，惟几⑬。病日臻，既弥留⑭，恐不获誓言嗣⑮。兹予审训命汝⑯。昔君文王、武王宣重光⑰，奠丽陈教⑱，则肄肄不违⑲，用克达殷集大命⑳。

“在后之侗㉑，敬迓天威㉒，嗣守文、武大训㉓，无敢昏逾㉔。今天降疾，殆弗兴弗悟㉕。尔尚明时朕言㉖，用敬保元子钊弘济于艰难㉗，柔远能迩㉘，安劝小大庶邦㉙。思夫人自乱于威仪㉚，尔无以钊冒贡于非几兹㉛！”

既受命，还㉜，出缀衣于庭㉝。越翼日乙丑㉞，王崩㉟。

【注释】

①顾，眷顾。嘱咐大臣眷顾嗣主的命令，叫做顾命。这样解释是采用黄生《义府》的说法。顾命，相当于遗嘱。本篇记载了成王将死（公元前 1025 年），恐怕太子钊不能胜任，命令大臣召公和毕公辅佐太子的情况，记载了成王逝世后，太子钊在先王之庙接收册命的仪式。内容很丰富，文章写得绵密细致，富丽堂皇。王国维《周书顾命考》说：“古礼经既佚，后世得考周室一代之古典者，惟此篇而已。”它是研究周代礼制的珍贵文献。②哉生魄：月亮开始发光。哉，始。魄，通霸，月光。始生魄，指阴历每月的二日或三日。③王：指成王。怿：喜悦。不喜悦，指生病。④洮（táo）：洗头发。颒（huì）：洗脸。⑤相：侍从官员，郑玄说：“谓太仆。”冕：王冠。服：朝服。凭：靠着。⑥同：会见众诸侯叫同。⑦太保奭：就是召公。召公名奭（shì），官为太保。当时召公和芮伯、彤伯、毕公、卫侯、毛公为六卿。召公、毕公、毛公以三公兼卿职。⑧师氏：官名，管理军队的官员。⑨虎臣：守卫王宫的官员。⑩百尹：百官的首长。⑪御事：办事人员。⑫渐：进，加剧。⑬几：危险。⑭病：病亡。弥：终。弥留，最终留于人世。⑮誓：谨慎。⑯审：详审。　汝：你们。⑰宣：显扬。　重光：重明。⑱奠：定。丽：施。指所施。教：教令。⑲

肄：劳苦。见《诗·邶风·谷风》传。肄肄，努力的意思。⑳达：通挞，挞伐，引申为讨伐。 集：成就。成就大命，指建立周王朝。㉑侗：未成器的人，见《论语·泰伯》篇孔注。在后之侗，成王谦称。㉒迓：通御，奉行。㉓嗣：继续。㉔昏：昏乱。逾：变更。于省吾说。㉕殆：近乎。兴：起。悟：通寤。㉖明：勉，努力。时：通承，承受。㉗元子：太子。钊：康王名。弘：大。济：渡过。㉘柔：安定。能：善。㉙劝：教导。《广雅》："劝，教也。"㉚夫人：众人。见《淮南·本经》注。威仪：礼法。㉛以：使。冒：冒犯。贡：马、郑、王本作赣。马融说："赣，陷也。"几：法。见《小尔雅·广诂》。兹：通哉。见《尚书正读》。㉜还：群臣受命而退。㉝缀衣：指冕服。庭：朝庭。出缀衣于庭，曾运乾说："王病不能视朝，则出衣于庭，为群臣瞻拜之资也"。㉞越：到。翼日：明天，就是乙丑日。㉟崩：古代天子死叫崩。

太保命仲桓、南宫毛俾爰齐侯吕伋①，以二干戈②、虎贲百人逆子钊于南门之外③。延入翼室④，恤宅宗⑤。丁卯，命作册度⑥。越七日癸酉，伯相命士须材⑦。

狄设黼扆、缀衣⑧。牖间南向⑨，敷重篾席⑩，黼纯⑪，华玉⑫，仍几⑬。西序东向⑭，敷重厎席⑮，缀纯⑯，文贝⑰，仍几。东序西向⑱，敷重丰席⑲，画纯⑳，雕玉，仍几。西夹南向㉑，敷重笋席㉒，玄纷纯㉓，漆，仍几。

越玉五重㉔，陈宝㉕，赤刀㉖，大训㉗，弘璧㉘，琬琰㉙，在西序。大玉㉚、夷玉㉛、天球㉜、河图㉝，在东序。胤之舞衣㉞、大贝、鼖鼓㉟，在西房；兑之戈、和之弓、垂之竹矢㊱，在东房。

大辂在宾阶面㊲，缀辂在阼阶面㊳，先辂在左塾之前㊴，次辂在右塾之前㊵。

【注释】

①仲桓、南宫毛：都是人名。俾：从。爰：于。齐侯吕伋：太公吕尚的儿子，就是丁公。②二干戈：当是仲桓和南宫毛所执。③逆：迎接。江声说："王既崩，世子犹在外，世子盖以王未疾时奉使而出，比反而王崩。忧危之际，故以兵迎之于南门之外云。"④延：请。翼室：路寝旁室，侧室。⑤恤宅：忧居。宗：主。恤宅宗，忧居为丧事之主。⑥作册：官名，就是太史。度：制定丧事的礼仪。⑦伯相：指辅相王室的二伯召公、毕公。须：江声说："当为颁，字之误也。"颁，布。材：指陈列的器物。⑧狄：主持迁庙的官员。曾运乾说。黼扆：饰有斧形花纹的屏风。⑨牖间：门窗之间。⑩敷：铺设。重：双层。篾席：竹席。⑪黼纯：黑白相间的花边。黼，黑白相间。纯（zhǔn），边。郑玄说："纯，缘也。"⑫华玉：五色玉。⑬仍几：没有油漆装饰的几。《周礼·司几筵》"仍几"注："仍，因也，因其质，谓无饰也。"⑭序：堂上的东西墙叫序。在西边的叫西序。⑮厎席：细竹篾制的席子。⑯缀：饰，谓画饰。缀纯，彩色画着的花边。⑰文贝：有花纹的贝。⑱东序：堂的东墙。⑲丰席：莞草编的席子。⑳画纯：画着云气的花边。㉑西夹：堂西边的夹室。㉒笋席：青竹皮编织的席。㉓玄纷纯：黑丝带装饰的花边。㉔越玉：越地出产的玉。五重：五种。㉕陈宝：刀。这里指宝刀。㉖赤刀：郑玄说："武王伐纣时刀，赤为饰，周正色也。"㉗大训：记载先王礼法的典籍。㉘弘璧：大璧。㉙琬：圆顶圭。琰：尖顶圭。㉚大玉：华山出产的美玉。㉛夷玉：东北出产的美玉。㉜天球：玉磬。㉝河图：地图。曾运乾说。㉞胤：制舞衣者的名字。㉟鼖（fén）：大鼓。㊱兑、垂：都是作器者的名号。㊲辂：国君乘坐的车子。一作路。大辂，就是玉辂。㊳缀辂：金辂。马融说。㊴先辂：即象辂。 塾：门侧之堂叫做塾。㊵次辂：木辂。马融说。

二人雀弁①，执惠②，立于毕门之内③。四人綦弁④，执戈上刃⑤，夹两阶戺⑥。一人冕⑦，执刘⑧，立于东堂。一人冕，执钺⑨，立于西堂。一人冕，执戣⑩，立于东垂。一人冕，执瞿⑪，立于西垂⑫。一人冕，执锐⑬，立于侧阶⑭。

【注释】

①弁：帽子。雀弁：赤黑色的帽子。②惠：三角矛。③毕门：祖庙门。④綦：青黑色。⑤上刃：刃向前。⑥戺（shì）：阶旁的斜石。⑦冕：礼帽。凡言冕者都是大夫。⑧刘：斧一类兵器。⑨钺：大斧。⑩戣（kuí）：三锋矛。⑪瞿：也是三锋矛。⑫垂：堂的侧边。⑬锐：矛一类的武器。⑭侧阶：北堂北下阶。

王麻冕黼裳[①]，由宾阶隮[②]。卿士邦君麻冕蚁裳[③]，入即位[④]。太保、太史、太宗皆麻冕彤裳[⑤]。太保承介圭[⑥]，上宗奉同瑁[⑦]，由阼阶隮[⑧]。太史秉书[⑨]，由宾阶隮，御王册命[⑩]。曰："皇后凭玉几[⑪]，道扬末命[⑫]，命汝嗣训[⑬]，临君周邦[⑭]，率循大卞[⑮]，燮和天下[⑯]，用答扬文、武之光训[⑰]。"王再拜，兴[⑱]，答曰："眇眇予末小子[⑲]，其能而乱四方以敬忌天威[⑳]！"

乃受同瑁[㉑]，王三宿[㉒]，三祭[㉓]，三咤[㉔]。上宗曰："飨[㉕]！"太保受同[㉖]，降，盥[㉗]，以异同秉璋以酢[㉘]。授宗人同[㉙]，拜[㉚]。王答拜。太保受同，祭，哜，宅[㉛]，授宗人同，拜。王答拜。太保降[㉜]，收[㉝]。诸侯出庙门俟[㉞]。

【注释】

①王：周康王。麻冕：麻制的礼帽。黼裳：绣着斧形花纹的礼服。②隮（jī）：升上。康王当时没有即位，太保代成王居主位，康王居宾位，所以康王由宾阶升上。③蚁裳：黑色的礼服。④即位：就位。卿士在中庭之东，向西站着；诸侯在中庭之南，向北站着。⑤太宗：大宗伯。太保主持册命，太宗协助他。彤裳：红色的礼服。⑥承：捧着。介圭：大圭。⑦上宗：就是太宗。同：酒杯。瑁：一种信物。⑧阼阶：东阶，与宾阶相对，是主阶。太保当时代替成王，太宗是太保的助手，所以都从主阶升上。⑨秉：拿着。书：所写成王顾命的册书。⑩御：进。御王册命，进册命给王。⑪皇后：大王。指成王。⑫道扬：讲说，扬，道。末命：临终之命。⑬训：指文王武王的大训。⑭临：治理。君：用作动词，领导的意思。⑮卞：法。⑯燮：和。⑰答：对。光训：明训。⑱兴：起来。⑲眇眇：微小貌。末：细。自谦之词。⑳其：岂，怎么。而：和。乱：治理。忌：畏。㉑乃受同瑁：太保献于王，康王接受了同和瑁。㉒宿：进。㉓祭：祭酒，把酒洒在地上。㉔咤（zhà）：放下酒爵。㉕飨：饮。上宗劝王饮酒。㉖太保受同：太保接受了酒杯。㉗盥：洗手。㉘异同：另一种酒杯，就是璋。璋：大臣所用的酒器，用来斟酒。酢：酌酒回敬。㉙宗人：大宗伯的助手。授宗人同：太保把酒杯给宗人。㉚拜：太保拜。㉛哜（jì）：尝。宅：通咤，放下酒爵。㉜太保降：太保从堂上下来。㉝收：收束。谓册命之礼结束。㉞俟：等待。等待康王出来会见。

【译文】

四月初，王的身体很不舒服。甲子这一天，王便沐浴洗脸，太朴为王穿上礼服，王依在玉几上坐着。因此同时把太保召公奭、芮伯、彤伯、毕公、卫侯、毛公、师氏、虎臣、百官之长，和负责具体事务的大臣们悉数召来。

王说："唉！我的疾病大大地加剧了，已经到了极危险的地步。在这临终时刻，恐怕你们得不到我的遗言去缚服嗣王，所以我才非常审慎地向你们传达命令。过去，文王和武王光照天下，订立了法律，颁布了教令，便怀着畏惧的心情而不敢违背，所以才能够消灭殷国，成就我们周国的大命。武王死后，当时我还是年幼无知的稚子，但我能够谦恭地对待上天的威严，严格地遵从文王和武王的教导，不敢昏乱妄为，逾越法纪。现在上天降下了灾祸，使我染上大病，几乎不能起床。你们应该努力记取我的遗言，以爱戴尊敬的心情去护卫我的儿子姬钊，渡过这艰难困苦的时期，以友好的态度去对待远处和近处的臣民，教导那众多的大小诸侯，让他们也很好地安理臣民。我想，一般说来，人能够自治都是由于他能够有一定的威仪和法度，你们不能使嗣王姬钊陷于非礼啊！”

大臣们接受命令回来之后，国王已经不能上朝理政，于是便把国王的礼服拿出来放在朝廷之上以供大臣们瞻拜。第二天，国王便去世了。

太保命令仲桓和南宫毛随从齐侯吕伋，二人分别拿着干戈，带领着勇士一百人，在南门以外迎接太子钊。把太子钊请入侧室，太子便怀着忧愁住在这里主持丧事。丁卯这天，命令太史们商讨并拟定处理丧务方面的礼节。又过了七天，毕公便命令下级官员分别掌管下述各种器物。

守祭人在门窗之间陈置画着斧文的屏风，并把先王遗下的礼服放在这里。门窗以南，铺着很厚的竹席，斧文的边缘都用黑色白色的丝织品缝制起来，放着用美玉装饰的几案。在西墙以东，放着厚厚的用细竹篾编制的竹席，席的上面并缀有画饰，还放有用花贝作装饰的几案。在东墙以西，铺着很厚的莞席，席的上边画着云气的形状，放有用刻玉装饰的几案。在西房西堂的南面，铺着很厚的青竹皮制成的席，以黑色的丝线装饰着它的边缘，之间放着一张漆几。

镇国的大宝器也陈列出来了，同时并陈列了玉器五重。此外还把红色的宝刀，先王的遗训，还把大的玉璧、玉圭放在西墙向东的席前。把从华山和东方贡来的美玉以及浑天仪和地图放在东墙向西的席前。把用胤制成的舞衣、大贝、大鼓放在房屋西面，把兑制的戈、和制的弓、垂制成的竹箭，放置在房屋的东面。

王的大车在迎宾台阶的前面，缀车在东阶的前面，先车放在门左侧堂屋的前面，次车放在门侧右边堂屋的前面。

二人带着赤黑色的礼帽，手执矛立在庙门的里边。四人戴着青黑色的礼帽，拿着戟，相向地站立在门庭两侧的台阶上。一人戴着礼帽，拿着大斧，站立在东堂前面。又一人戴着礼帽，拿着大斧，站立在西堂前面。一人戴着礼帽，拿着三尖矛，站立在东堂前面。又一人戴着礼帽，手执三尖矛，站立在西堂前面。又一人戴着礼帽，拿着矛，站立在北面的台阶上。

王戴着麻制的礼帽，穿着带有花纹的礼服，从宾客所走的台阶登上。重要官员和诸侯国君也都戴着麻制的礼帽，穿着黑色礼服，分立应在的位置上。太保、太史、太宗也都戴着礼帽，穿着红色礼服。太保手捧大圭，太宗捧着酒杯和天子所执的瑁，从东阶登上。太史奉着册书，从西阶走上，迎接国王而授以成王的遗命，说："继位的国王啊！你倚着玉几，听我传达先王临终时的命令。你现在遵照先王遗训，继承王位，统治周国，遵循着国家的大法，治理天下，以报答文王、武王并弘扬文王、武王的光荣传统和遗训。"王行了两次礼，之后起来，回答说："我这微不足道的年青人，怎能先先王那样敬奉天命，把四方治理好呢！"

于是王便接受了酒杯和瑁，慢慢地向前行进三次，奠酒三次，向后退行三次。紧接着太宗说："王啊，请你把酒喝下吧！"太保代王接过酒杯，历阶而下，之后洗了洗手，用璋瓒这种酒杯，自酌了一杯酒，又赐给助祭人一杯酒，助祭人行礼拜谢，王回礼答谢。太保从助祭人那里接过这杯酒，先祭后尝，便退下了，把这杯酒还给助祭人。助祭人行礼拜谢，王回礼答谢。太保等从西阶走下，行礼完毕。大家从行礼的地方走出来，诸侯国君走出庙门后，敬候国王。

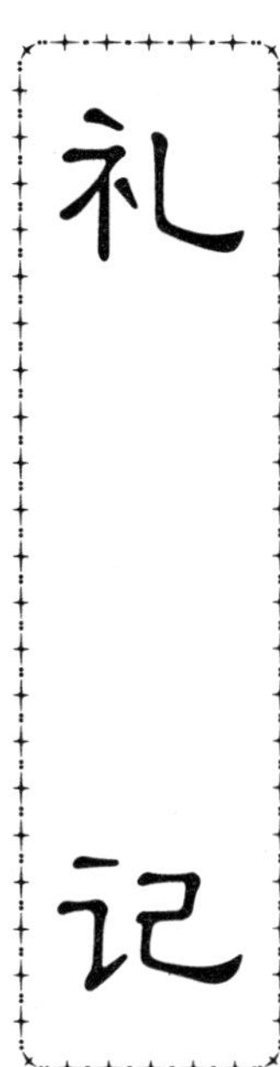

礼记

曲礼上

《曲礼》曰[①]："毋不敬，俨若思[②]，安定辞。安民哉！"

敖不可长[③]，欲不可从[④]，志不可满，乐不可极。

贤者狎而敬之[⑤]，畏而爱之。爱而知其恶，憎而知其善。积而能散，安安而能迁[⑥]。临财毋苟得，临难毋苟免。很毋求胜[⑦]，分毋求多。疑事毋质[⑧]，直而勿有[⑨]。

【注释】

①典礼：古礼书名，这里此处引它一句话，十二个字。本篇因开头有"曲礼"两字，便以此作为篇名。②俨：端庄的态度。③敖：通傲，傲慢。④从：通纵。⑤狎：亲近。⑥安安：前一"安"字指安心适应的意思；后一"安"字指逸乐。迁：改变。⑦很：争斗。⑧质：结论。⑨直：正确，无疑。

若夫坐如尸[①]，立如齐[②]。礼从宜，使从俗。

夫礼者[③]，所以定亲疏，决嫌疑，别同异，明是非也。礼，不妄说人[④]，不辞费[⑤]。礼，不逾节[⑥]，不侵侮，不好狎。修身践言，谓之善行。行修言道，礼之质也[⑦]。礼，闻取于人[⑧]，不闻取人；礼，闻来学，不闻往教。

【注释】

①若夫：句首语气词。 尸：祭祀时，代表受祭者。尸在祭祀中一直端坐着。②齐：通斋，谓祭祀时弯腰恭敬的样子。③夫：句首语气词。④说：通悦。⑤辞费：言而不行。⑥节：上下等级的节度。⑦质：本。⑧取：通趋。

道德仁义，非礼不成；教训正俗，非礼不备；分争辨讼，非礼不决；君臣、上下、父子、兄弟非礼不定；宦学事师，非礼不亲；班朝治军，莅官行法[①]，非礼威严不行；祷祠祭祀，供给鬼神，非礼不诚不庄。是以君子恭敬撙节退让以明礼[②]。鹦鹉能言，不离飞鸟；猩猩能言，不离禽兽；今人而无礼，虽能言，不亦禽兽之心乎。夫唯禽兽无礼，故父子聚麀[③]。是故，圣人作，为礼以教人，使人以有礼，知自别于禽兽。

太上贵德[④]，其次务施报。礼尚往来，往而不来，非礼也；来而不往，亦非礼也。人有礼则安，无礼则危。故曰：礼者不可不学也。夫礼者，自卑而尊人，虽负贩者必有尊也，而况富贵乎。富贵而知好礼，则不骄不淫；贫贱而知好礼，则志不慑。

【注释】

①莅官：指担任各种官职。②撙（zǔn）节：节制。③麀（yōu）：是指母鹿。④太上：指上古之世。

人生十年曰幼，学。二十曰弱[①]，冠[②]。三十曰壮，有室[③]。四十曰强[④]，而仕。五十曰艾[⑤]，服官政[⑥]。六十曰耆，指使[⑦]。七十曰老，而传[⑧]。八十、九十曰耄[⑨]，七年曰悼[⑩]。悼与耄，虽有罪不加刑焉。百年曰期[⑪]、颐。大夫七十而致事[⑫]，若不得谢[⑬]，则必赐之几杖[⑭]，行役以妇人；适四方，乘安车[⑮]，自称曰老夫，于其国则称名。越国而问焉，必告之以其制。

【注释】

①弱：指身体尚未强壮。②冠：古代男子二十行加冠之礼。③室：妻室。④强：指智虑强和气力强。⑤艾：发已苍白如艾草。⑥服官政：担负专职的长官。⑦指使：不作具体工作，指派别人干。⑧传(zhuàn)：将家务交托给子孙。⑨耄：视力、智力衰退。⑩悼：年幼可爱。⑪期：极。⑫致事：告老不仕。⑬谢：请。不得请，指不准告老不仕之请求。⑭几杖：几，古人坐时凭靠之具。杖，手杖。⑮安车：古人一般立乘，安车则是坐乘的小车。

谋于长者，必操几杖以从之。长者问，不辞让而对，非礼也。

凡为人子之礼：冬温而夏清[①]；昏定而晨省[②]。在丑夷不争[③]。

【注释】

①清（qīng)：冷。②定：安置被褥。省：问安。③丑夷：平辈，丑通俦。

夫为人子者，三赐不及车马[①]，故州闾乡党称其孝也[②]，兄弟亲戚称其慈也，僚友称其弟也[③]，执友称其仁也[④]，交游称其信也[⑤]。

见父之执[⑥]，不谓之进不敢进，不谓之退不敢退，不问不敢对，此孝子之行也。

【注释】

①三赐：出仕任官职，一命受爵，再命受衣服，三命受车马。不及：谓受而不敢用，恐自奉超越父辈。②州闾乡党：地方组织的名称。③僚友：官府中的同事。④执友：志同道合的朋友。⑤交游：一般的朋友。⑥执：朋友，至交。

夫为人子者：出必告，反必面[①]，所游必有常，所习必有业[②]。恒言不称老[③]。年长以倍，则父事之；十年以长，则兄事之；五年以长，则肩随之。群居五人，则长者必异席[④]。

【注释】

①反：通返。面：面告。②业：篇卷，犹今之作业本。③恒言：平常说话。④异席：古人席地而坐，一条席可坐四人，推年长的坐于席端。如果有五人，则推年长的另坐一席。

为人子者，居不主奥[①]，坐不中席[②]，行不中道，立不中门[③]。食享不为概[④]，祭祀不为尸[⑤]。听于无声，视于无形。不登高，不临深，不苟訾[⑥]，不苟笑。

【注释】

①主：坐。奥：屋的西南角，平时为尊者所坐之处。②中席：坐席的中部。四人共坐一席时，席端为尊者所坐之处，如独坐则中部为尊者所坐之处。③中门：门的中间设两闑，两闑之间称中门，是尊者出入的地方。闑（niè）：门中央所竖的短木。④食（sì）享：宴会宾客之礼。概：数量。⑤不为尸：尸碟受祭者。父在不为尸，如父在为尸，将受父拜，这是不敬的。⑥訾（zǐ）：毁谤、非议。

孝子不服阎[①]，不登危，惧辱亲也。父母存，不许友以死，不有私财。为人子者，父母存，冠衣不纯素[②]；孤子当室[③]，冠衣不纯采[④]。

【注释】

①服：事。阎：通暗。②纯：衣服的镶边。③孤子：无父曰孤。当室：嫡子。④采：通彩。

幼子常视毋诳[①]。童子不衣裘裳，立必正方，不倾听。长者与之提携，则两手奉长者之手[②]。负剑辟咡诏之[③]，则掩口而对。

【注释】

①视：通示。诳：欺骗。②奉：通捧。③负剑：负指背着幼儿，剑指像剑一样挟于胁下。辟咡（èr）诏之：侧着头在人耳边说话。

从于先生，不越路而与人言。遭先生于道，趋而进[①]，正立拱手；先生与之言，则对，不与之言，则趋而退。从长者而上丘陵[②]，则必乡长者所视[③]。登城不指，城上不呼。

【注释】

①趋：疾走。②丘陵：小山和大山。③乡：向。

将适舍，求毋固[①]。将上堂，声必扬。户外有二屦[②]，言闻则入，言不闻则不入。将入户，视必下。入户奉扃[③]，视瞻毋回。户开亦开，户阖亦阖，有后入者，阖而勿遂。毋践屦，毋踖席[④]，抠衣趋隅[⑤]。必慎唯诺。

【注释】

①固：鄙野。②屦（jù）：鞋。凡入室，脱屦于门外。③扃（jiōng）：门栓。④踖（jí）席：跨过坐席。升席时，必由席之下角转至己位，不能在席前跨而就位。⑤抠（kōu）衣：提起下裳。

大夫士出入君门，由闑右，不践阈[①]。

【注释】

①阈（yù）：门限。

凡与客入者，每门让于客[①]。客至寝门[②]，则主人请入为席，然后出迎客；客固辞[③]，主人肃客而入[④]；主人入门而右，客入门而左；主人就东阶，客就西阶。客若降等[⑤]，则就主人之阶；主人固辞，然后客复就西阶。主人与客让登，主人先登，客从之，拾级聚足[⑥]，连步以上。上于东阶，则先右足；上于西阶，则先左足。

【注释】

①每门：古天子之宫五门，诸侯三门，大夫二门。②寝门：正寝的门。③固辞：礼有三辞。初曰礼辞，再曰固辞，三曰终辞。④肃客：导客而进。⑤降等：地位低一等级。⑥拾（shè）级：逐级登阶。聚足：前脚登一级，后脚跟上与前脚并后再往上登的走法。

帷薄之外不趋[①]，堂上不趋，执玉不趋。堂上接武[②]，堂下布武[③]。室中不翔[④]。并坐不横肱。授立不跪[⑤]，授坐不立。

【注释】

①帷薄：帷是布慢，薄是帘子。②接武：步步相连接，即细步走。③布武：步与步不相接，即迈大步。④翔：张开两臂行走。⑤跪：两膝着地，直身而股不着于足跟，这是跪。如股着足跟，是坐。

凡为长者粪之礼[①]：必加帚于箕上，以袂拘而退[②]，其尘不及长者；以箕自乡而报之[③]。奉席如桥衡[④]，请席何乡，请衽何趾。席南乡北乡，以西方为上；东乡西乡，以南方为上。

【注释】

①粪：打扫坐席前面。②袂（mèi）：衣袖。拘：障。③报：通吸，收敛。④桥：井上汲水之横木，引之，则一高一低，亦名桔槔。这里指捧席时一头高一头低，如桥。

若非饮食之客，则布席，席间函丈[①]。主人跪正席[②]，客跪抚席而辞。客彻重席[③]，主人固辞。客践席，乃坐。主人不问，客不先举[④]。将即席，客毋怍[⑤]。两手抠衣，去齐尺[⑥]。衣毋拨[⑦]，足毋蹶[⑧]。先生书策琴瑟在前，坐而迁之，戒勿越。

【注释】

①函：容。②正：整理。③重席：席上所加的席。④举：问。⑤怍：脸色改变。⑥齐（zī）：裳的下缉。⑦拨：扬起。⑧蹶：步子急速的样子。

虚坐尽后[①]，食坐尽前。坐必安，执尔颜[②]。长者不及，毋儳言[③]。正尔容[④]，听必恭，毋剿说[⑤]，毋雷同[⑥]，必则古昔[⑦]，称先王。侍坐于先生，先生问焉，终则对。请业则起，请益则起。父召，无“诺”；先生召，无“诺”。“唯”而起[⑧]。侍坐于所尊敬，毋余席，见同等不起。烛至，起，食至，起；上客，起。烛不见跋[⑨]。尊客之前不叱狗。让食不唾。

【注释】

①虚：空。此指不是饮食时。②执：保持。③儳（chàn）言：与长者所言不相关的话。④正：端庄。⑤剿说：取人之说以为己说。⑥雷同：随声附和。⑦则：法，依据。⑧诺、唯：表示答应的词。但说“唯”，比说“诺”来得恭敬。⑨跋：本，火炬把手的地方。

侍坐于君子，君子欠伸①，撰杖屦②，视日蚤莫③，侍坐者请出矣。侍坐于君子，君子问更端④，则起而对。侍坐于君子，若有告者曰：“少间⑤，愿有复也⑥。则左右屏而待⑦。

【注释】

①欠伸：打呵欠，伸懒腰。②撰：持。③蚤莫：通早暮。④更端：说别一事。⑤少间：空隙。⑥复：禀告。⑦屏：退。

毋侧听，毋噭应①，毋淫视②，毋怠荒③。游毋倨④，立毋跛⑤，坐毋箕⑥，寝毋伏。敛发毋髢⑦，冠毋免，劳毋袒，暑毋褰裳⑧。

【注释】

①噭（jiào）：高声大叫。②淫视：东张西望。③怠荒：散漫，不自拘敛。④倨：傲慢。⑤跛：一足踏地，另一足离地。⑥箕：臂部落地，双脚伸向前。⑦髢（dí）：头发散而下披。⑧褰（qiān）：撩起。

侍坐于长者，屦不上于堂，解屦不敢当阶。就屦①，跪而举之，屏于侧。乡长者而屦，跪而迁屦②，俯而纳屦③。离坐离立④，毋往参焉；离立者，不出中间。

【注释】

①就屦：著鞋。②迁：或为还，旋转。③纳：穿。④离：通俪，两人相并。

男女不杂坐，不同椸枷①，不同巾栉②；不亲授。嫂叔不通问③。诸母不漱裳④。外言不入于梱⑤，内言不出于梱。女子许嫁，缨⑥非有大故⑦，不入其门。姑、姊、妹、女子子已嫁而反⑧，兄弟弗与同席而坐，弗与同器而食。父子不同席。男女非有行媒，不相知名。非受币，不交不亲⑨。故日月以告君，齐戒以告鬼神⑩，为酒食以召乡党僚友，以厚其别也。取妻不取同姓⑪，故买妾不知姓，则卜之。寡妇之子，非有见焉⑫，弗与为友。

【注释】

①椸（yí）夷：衣架。枷：通架。②栉：梳篦的总名。③通问：互相问候。④诸母：庶母。漱：洗涤。⑤梱（kǔn）：通阃，门限。⑥缨：五彩的带子，女子已定聘，加缨于项。⑦大故：如丧事、疾病等。⑧女子子：亲生女儿。⑨受币：受聘礼。⑩齐：通斋。⑪取：通娶。⑫见：读为现，表现出卓越的才能。

贺取妻者，曰："某子使某①，闻子有客②，使某羞③。"贫者不以货财为礼，老者不以筋力为礼④。

【注释】

①某子：指送贺礼的主人，用"某"代他的名字。使某："某"指使者的名字。②有客：古礼规定婚礼不贺，所以不直接说贺婚，而说有来客。③羞：进献菜肴。④筋力：这里指跪拜之礼。

名子者，不以国，不以日月，不以隐疾①，不以山川。男女异长，男子二十冠而字。父前子名，君前臣名。女子许嫁，笄而字②。

【注释】

①隐疾：身体隐处的疾病。②笄：女子许嫁，或年十五，行笄礼，表示成人。

凡进食之礼；左殽右胾①；食居人之左②，羹居人之右；脍炙处外③，醯酱处内④；葱渫处末⑤，酒浆处右。以脯修置者⑥，左朐右末⑦。客若降等⑧，执食兴辞⑨，主人兴辞于客，然后客坐。主人延客祭⑩。祭食，祭所先进殽之序，偏祭之⑪。三饭，主人延客食胾，然后辩殽⑫。主人未辩，客不虚口⑬。

【注释】

①殽（yáo）：同肴，带骨的熟肉。胾（zì）：切好的大块肉。②食：饭一类主食。③脍炙：脍，切细的肉；炙，烤肉。④醯（xī）：醋。⑤葱：蒸葱。⑥脯：干肉片。修：捶捣而加姜桂的干肉。⑦朐（qú）：牲体中部形状屈曲的干肉。末：牲体边沿部位的肉。⑧降等：地位相差一个等级，如大夫至卿家为客。⑨兴：起立。⑩延：导。祭：食时祭奠初造饮食者，祭法是在各种食器中拨些食物，置于食器边上。⑪偏：通遍。⑫辩：遍食。⑬虚口：指食毕以酒嗽口。

侍食于长者，主人亲馈①，则拜而食。主人不亲馈，则不拜而食。

【注释】

①馈：进送食品。

共食不饱，共饭不泽手①。毋抟饭②，毋放饭③，毋流歠④。毋咤食⑤，毋啮骨，毋反鱼肉，毋投与狗骨，毋固获⑥，毋扬饭⑦，饭黍毋以箸，毋嚃羹⑧，毋絮羹⑨，毋刺齿，毋嚃醢⑩。客絮羹，主人辞不能亨⑪。客嚃醢，主人辞以窭⑫。濡肉齿⑬，决干肉不齿决。毋嘬炙⑭。

【注释】

①泽：双手摩搓，古人吃饭用手抓，如临食时双手摩搓，使旁人感到不清洁。②抟（tuán）：把散碎的东西捏聚成团。③放饭：将手中剩饭放回饭器中。④歠（chuò）：饮，啜。⑤咤（zhà）：舌头在口中作

声，似嫌主人的食物。⑥固获：专吃一种食品叫“固”，与人在食器中争挟食物称“获”。⑦扬饭：扬去饭上的热气。⑧嚃（tā）：不嚼菜，大口吞咽。⑨絮羹：絮，调。往汤里放盐梅等调味品。⑩醢（hǎi）：肉酱。⑪亨：同烹，煮。⑫窭（jù）：家贫备办不够。⑬濡肉：湿软的肉。决：断。⑭嘬（zuó）炙：一口把一块大肉吃到嘴里。

卒食，客自前跪，彻饭齐①，以授相者②。主人兴辞于客，然后客坐。

【注释】

①齐（jī）：一本作“齑”，酱一类的食品。②相（xiàng）：辅助主人招待客人的侍者。

侍饮于长者，酒进则起，拜受于尊所①。长者辞，少者反席而饮；长者举，未釂②，少者不敢饮。

【注释】

①尊：盛酒器。不同的宴会，放酒尊的地方也不同，如诸侯的燕礼，酒尊放在东楹之西；如乡饮酒及卿大夫燕，放酒尊于房户之间。②釂（jiào）：饮尽杯中酒。

长者赐，少者贱者不敢辞。赐果于君前，其有核者怀其核；御食于君①，君赐余，器之溉者不写②，其余皆写。

【注释】

①御食：劝侑饮食。②溉：洗涤。写：由一器倒入另一器。

餕余不祭①，父不祭子，夫不祭妻。

【注释】

①餕（jùn）：食人之余菜。上顿没有吃完，留到下顿吃的，也叫做餕。按：此条诸家注释不同，一，郑玄说，“祭”指“祭食”，谓食人之余者，在食时一般不行“祭食”之礼，但卑者食尊者之余，行祭食礼。至于父食子之余，夫食妻之余，则不必行祭食之礼。二，顾炎武说“祭”指祭祀，谓食余之者，不能用以祭祀。父不祭祀子，夫不祭祀妻，因尊卑名份不当。后两句与前句“餕”无关。三，朱熹说“祭”指祭祀，谓食余之者，不能用以祭祀，即使父之食余，亦不可用以祭子，夫之食余，亦不可用以祭妻。今用朱熹说。

御同于长者，虽贰不辞①；偶坐不辞②。

【注释】

①贰：重，再一次添菜饭。②偶坐：与客人并坐在一起，作陪客。

羹之有菜者用挟①，其无菜者不用挟。

【注释】

①挟（jiā）：筷子。

为天子削瓜者副之[①]，巾以絺[②]；为国君者华之[③]，巾以绤[④]；为大夫累之[⑤]；士疐之[⑥]；庶人龁之[⑦]。

【注释】

①副（pī）：剖开，分为四瓣。②絺（chī）：细葛布。③华：中间划一刀，分为两半。④绤（xī）：粗葛布。⑤累：不用巾覆盖。⑥疐（dì）：除去瓜蒂。⑦龁（hé）：咬。

父母有疾，冠者不栉，行不翔，言不惰[①]，琴瑟御，食肉不至变味，饮酒不至变貌，笑不至矧[②]，怒不至詈[③]，疾止复故。有忧者侧席而坐[④]，有丧者专席而坐[⑤]。

【注释】

①惰：不正之言。②矧（shěn）：通龂，齿根。大笑则露齿。③詈（lì）：骂。④侧席：独张席不另设侍宾之席。⑤专席：单层席。

水潦降[①]，不献鱼鳖；献鸟者佛其首[②]，畜鸟者则勿佛也；献车马者执策绥[③]；献甲者执胄；献杖者执末；献民虏者操右袂[④]；献粟者执右契[⑤]；献米者操量鼓[⑥]；献孰食者操酱齐[⑦]；献田宅者操书致[⑧]。凡遗人弓者，张弓尚筋[⑨]，弛弓尚角[⑩]；右手执箫[⑪]，左手承弣[⑫]；尊卑垂帨[⑬]。若主人拜，则客还辟，辟拜[⑭]。主人自受，由客之左，接下承弣，乡与客并，然后受。进剑者左首[⑮]。进戈者前其镈[⑯]，后其刃。进矛戟者前其镦[⑰]。

【注释】

①潦（lǎo）：雨后地面积水。②佛：一本作“拂”，转向相反方向。③绥：登车时拉的绳。④民虏：俘虏。袂（mèi）：衣袖。⑤契：契约。⑥鼓：量米的量器。⑦孰：通熟。齐：通齑。⑧致：通质，契券。⑨筋：弓弦。⑩角：弓背。⑪箫：弓头，亦写作“鞘”。⑫弣（fǔ）：弓把中部。⑬垂帨：腰间所佩的巾下垂，引申为折腰鞠躬。⑭还辟：逡巡却退。辟拜：即“避拜”。⑮首：剑柄有环处。⑯镈（zūn）：戈柄下端圆锥形的金属套。⑰镦（duì），同镎，矛戟柄末的平底套。

进几杖者拂之。效马效羊者右牵之[①]，效犬者左牵之。执禽者左首。饰羔雁者以缋[②]。受珠玉者以掬[③]。受弓剑者以袂。饮玉爵者弗挥[④]。凡以弓剑苞苴箪笥问人者[⑤]，操以受命，如使之容。

【注释】

①效：呈献。②缋（huì）：同绘，布上画云气。③掬（jū）：双手捧取。④玉爵：玉杯。⑤苞苴（jū）：

用茅草或苇包裹的鱼肉。箪笥（dānsì）：盛饭食的竹器，圆的叫箪，方的叫笥。问：赠送。

凡为君使者，已受命，君言不宿于家。君言至，则主人出拜君言之辱[①]；使者归，则必拜送于门外。若使人于君所，则必朝服而命之，使者反，则必下堂而受命。

【注释】

①辱：古人一种谦逊的客套话，意为他不配受国君的使命。

博闻强识而让[①]，敦善行而不怠[②]，谓之君子。君子不尽人之欢，不竭人之忠，以全交也。

【注释】

①识（zhì）：记。②敦：厚。

礼曰："君子抱孙不抱子"。此言孙可以为王父尸[①]，子不可以为父尸。为君尸者，大夫士见之，则下之[②]。君知所以为尸者，则自下之；尸必式[③]。乘必以几[④]。齐者不乐不吊[⑤]。

【注释】

①王父：死去的祖父。②下：指下车。③式：车箱前面的横木，如在车上对人表示敬意时，低头、两手扶式。④几：古代用来登车踏脚。⑤齐（zhāi）：斋戒。古人在祭祀前，清心洁身，以示庄敬。吊：慰问死者家属或遇到不幸的人。

居丧之礼：毁瘠不形，视听不衰，升降不由阼阶[①]，出入不当门隧[②]。居丧之礼：头有创则沐，身有疡则浴[③]，有疾则饮酒食肉，疾止复初。不胜丧，乃比于不慈不孝。五十不致毁，六十不毁，七十唯衰麻在身[④]，饮酒食肉处于内[⑤]。

【注释】

①阼阶：主人上下的台阶。②门隧（suì）：门外当中的路。③疡（yáng）：疮。④衰（cuī）麻：丧服。古代丧服，胸前当心处缀有长六寸，广四寸的麻布，名为"衰"。麻，丧服用粗麻布制作，故连称衰麻。⑤处于内：古代守丧时，筑草庐于门外居住。"处于内"即不到门外草屋居住。

生与来日，死与往日[①]。知生者吊[②]；知死者伤[③]。知生而不知死，吊而不伤；知死而不知生，伤而不吊。

【注释】

①与：以。②吊：对死者家属的慰问。③伤：对死者的哀伤。在表示吊和伤时，都要致辞。

吊丧弗能赙[1]，不问其所费。问疾弗能遗[2]，不问其所欲。见人弗能馆[3]，不问其所舍。赐人者不曰来取；与人者不问其所欲。

【注释】

①赙（fù）：以财物助人办丧事。②遗（wèi）：馈赠。③馆：住宿之处。

适墓不登垄[1]，助葬必执绋[2]。临丧不笑。揖人必违其位[3]。望柩不歌。入临不翔。当食不叹。邻有丧，舂不相[4]；里有殡[5]，不巷歌。适墓不歌，哭日不歌。送丧不由径。送葬不辟途潦[6]。临丧则必有哀色，执绋不笑。临乐不叹。介胄则有不可犯之色。故君子戒慎，不失色于人。

【注释】

①垄：墓上堆起的封土。②绋（fú）：下葬时拉棺的绳索。③违：变更。④相（xiàng）：舂米时配合劳动节奏唱的歌谣。⑤殡（bīn）：死后成殓尚未安葬。⑥辟：通避。潦：积水。

国君抚式[1]，大夫下之[2]；大夫抚式，士下之。礼不下庶人[3]，刑不上大夫[4]。刑人不在君侧。

【注释】

①抚式：两手放在车轼上，身体稍稍下俯，是一种略示敬意的礼节。②下之：下车表示敬意，较抚式礼重。③礼不下庶人：不为庶人制礼，庶人有事，以士礼行之，但有所降杀。④刑不上大夫：大夫犯法，不以一般刑法议罪，而另有“官刑”议罪。

兵车不式，武车绥旌[1]，德车结旌[2]。

【注释】

①武车：即兵车。绥：舒展。②德车：除武车以外的车。 结：收敛。

史载笔[1]，士载言[2]。前有水，则载青旌[3]；前有尘埃，则载鸣鸢[4]；前有车骑[5]，则载飞鸿；前有士师[6]，则载虎皮；前有挚兽[7]，则载貔貅[8]。行，前朱鸟而后玄武[9]，左青龙而右白虎[10]，招摇在上[11]，急缮其怒[12]。进退有度，左右有局，各司其局。

【注释】

①史：指太史、内史。据《周礼》在朝觐会同等典礼上，有太史、内史参加。②士：指参加盟会的士。言：盟会缔约的言辞档案。③青：青雀，一种水鸟，此指画着青雀的旗。④鸣鸢（yuān）：鸟名，即老鹰。此指画着老鹰的旗。⑤骑（jì）：骑兵。⑥士师：兵众。⑦挚兽：猛兽。⑧貔貅（píxiū）：猛兽名。此指画有貔貅的旗。⑨朱鸟、玄武：朱鸟，一本作朱雀，应改朱雀。朱雀、玄武，皆天上星宿名。玄武、即龟。此言在前面开道的队伍打着画有朱鸟形的旗帜，殿后的队伍打着画有龟形的旗帜。朱鸟，一作朱雀。⑩青龙、白虎：天上星宿名。此亦指画青龙、白虎形于旗帜。⑪招摇：北斗第七星，又名摇光，此以

第七星代表整个北斗七星。⑫急缮：坚定加强。

父之仇，弗与共戴天；兄弟之仇，不反兵；交游之仇，不同国。四郊多垒①，此卿大夫之辱也；地广大，荒而不治②，此亦士之辱也③。

【注释】

①垒：军壁，即防御工事。此言四境不靖。②荒：抛荒，未加耕耘整治而荒弃的土地。③士：一般的官吏。

临祭不惰。祭服敝则焚之，祭器敝则埋之，龟策敝则埋之①，牲死则埋之。凡祭于公者，必自彻其俎②。

【注释】

①龟策：占卜的用具，龟是龟甲，卜时所用，策是蓍草，筮时所用。②俎（zǔ）：载牲的器。

卒哭乃讳①。礼，不讳嫌名②，二名不偏讳③。逮事父母④，则讳王父母⑤；不逮事父母，则不讳王父母。君所无私讳⑥，大夫之所有公讳⑦。《诗》《书》不讳⑧，临文不讳⑨，庙中不讳。夫人之讳，虽质君之前，臣不讳也。妇讳不出门。大功小功不讳⑩。入竟而问禁，入国而问俗，入门而问讳。

【注释】

①卒哭：丧礼，三月而葬，行虞祭，虞祭后卒哭。卒哭者，惟朝夕哭，其间不再哭。讳：避讳，不直称死者的名。②嫌名：与死者大名声音相同或相近的字。③二名：大名有二个字的。偏：通遍。④逮：及。⑤王父母：祖父、祖母。⑥私讳：家讳。⑦公讳：国君的讳。⑧诗书：指教学时诵读《诗》、《书》。⑨临文：谓起草文告等写作之事。⑩大功小功：表示亲疏关系的丧服。堂兄弟、未嫁的堂姊妹等服大功、远房的党兄弟、堂姊妹穿小功丧服。

外事以刚日①，内事以柔日②。凡卜筮日，旬之外日“远某日”③，旬之内曰“近某日”。丧事先远日④，吉事先近日⑤。曰⑥：“为日⑦，假尔泰龟有常⑧；假尔泰筮有常。”卜筮不过三，卜筮不相袭⑨。龟为卜，策为筮⑩。卜筮者，先圣王之所以使民信时日、敬鬼神、畏法令也；所以使民决嫌疑、定犹与也⑪。故曰：“疑而筮之，则弗非也，日而行事⑫，则必践之⑬。”

【注释】

①外事：指出行、田猎、征伐等事。刚日：奇数的日子，即甲、丙、戊、庚、壬。②内事：指冠、婚、丧、祭等事。柔日：偶数的日子，即乙、丁、己、辛、癸。③旬：十天为一旬。④远日：此处的远日是指下个月的日子，与上文所说的旬之内外有别。如卜丧事、先卜下月下旬之日，如不吉，再卜中旬、上旬。⑤近日：则先卜上旬，不吉，再卜中旬、下旬之日。⑥曰：“曰”以下，为卜筮日时的命辞。⑦为日：为办事求吉日。⑧假：借。泰：表示尊敬的称呼。有常：无差错，可凭信。⑨袭：重复。⑩策：一本作

"蓍"，蓍草是一种蒿类多年生植物。⑪犹与：一本作"犹豫"。⑫日：指卜吉日。⑬践：履行、实施。

君车将驾，则仆执策立于马前①；已驾，仆展軨②，效驾③，奋衣由右上④，取贰绥⑤；跪乘，执策分辔，驱之五步而立。君出就车，则仆并辔授绥，左右攘辟⑥。车驱而驺⑦，至于大门，君抚仆之手，而顾命车右就车⑧，门闾沟渠必步。凡仆人之礼：必授人绥。若仆者降等，则受，不然则否；若仆者降等，则抚仆之手，不然则自下拘之⑨。客车不入大门，妇人不立乘。犬马不上于堂。

【注释】

①仆：指御者。②展：视。軨（líng）：车箱前面左右的栏木。③效驾：效，考验。言考验驾具之完善。④奋：振去尘土。⑤贰：副。车上有二根拉着登车的绳子，一为正绥，供国君登用；一为副绥，供车右，御者登车时使用。⑥辟：通避。⑦驺（qū）：通趋，急行。⑧车右：负责保卫的卫士，立于车之右，故称车右。⑨自下拘之：从御者之手的下方取绥，示不用仆授。

故君子式黄发①，下卿位②；入国不驰，入里必式③。君命召，虽贱人，大夫、士必自御之④。介者不拜，为其拜而蓌拜⑤。祥车旷左⑥。乘君之乘车不敢旷左；左必式。仆御妇人，则进左手，后右手；御国君，则进右手，后左手而俯。国君不乘奇车⑦。车上不广欬⑧、不妄指，立视五巂⑨，式视马尾，顾不过毂⑩。国中以策彗恤勿驱⑪，尘不出轨。

【注释】

①黄发：指老年人。②卿位：上朝时卿所立的位置。③里：古制二十五家为一里，里巷前有里门。④御：读为yà，迎接。⑤蓌（cuò）拜：身略下蹲，不跪，穿盔甲者，下跪不便。⑥祥车：平日乘用的车子，主人死后作为送葬时的魂车，虚其左位，以为神位。旷：空。⑦奇车：一乘，无从车。国君出必有从车。⑧广欬：大声咳，欬同咳。⑨巂（guī）：指车轮外周的长度。按，车轮外周为古尺一丈九尺八寸。⑩巂（gǔ）：车轮中心的圆木，周围与车辐的一端相接，中有圆孔，用以插轴。⑪策彗（suì）：以竹帚为马鞭。恤（xù）勿：搔摩。

国君下齐牛、式宗庙①；大夫、士下公门，式路马②。乘路马，必朝服，载鞭策，不敢授绥，左必式。步路马，必中道。以足蹙路马刍③，有诛④；齿路马⑤，有诛。

【注释】

①"国君下齐车、式宗庙"句：《周礼》"齐右职"下郑注引《曲礼》作"国君下宗庙、式齐牛"。今本有误，当以《周礼》注所引为是。宗庙比牛为重，当下车。齐牛：将作为祭祀牺牲的牛。②路马：给国君驾车的马。"路"亦写作"辂"。③蹙（cù）：踢、踩。马刍：马的草料。④诛：责罚。⑤齿：看马的牙齿以估计马的年龄。

【译文】

《曲礼》说：君子处世不可不谨慎从事，思索考虑问题必须庄严端正，说话时要安详肯定，

使人民生活、心理都有所安然。

要杜绝傲慢之心，不可使其滋长，欲望不可放纵，志趣必须自持，不可外露自满，享乐不可放任无羁。

要养成尊敬贤人的习惯，心中畏服而有所爱慕，在爱慕时要知道他的短处，在不快时要了解他的长处。能积聚财物，也能散发给穷人，在安于自己的安逸生活时，也要能适应新鲜事物的变化，在财物面前不要窃取非分，面临危难不要规避，要勇于合理地斗争，在争讼时要谦让，不要存心取胜于人，分财物不要自己要求多分。有疑虑的事不要坚持己见，无疑虑的事要直陈看法。

如果坐着，要像尸那样端庄稳坐，站着要像祭祀时那样恭敬无邪。按照礼，行事要适宜，出使的人要遵从当地的风俗。

所谓礼，是用来确定人际关系的亲疏，解决亲疏关系中疑惑难明之处，分别其中的异与同，明辨是非曲直。礼不能没有根据地评论人的好恶，不能浮词诳语。依礼，言行不超越节度，不侵犯侮辱人，不能轻佻而漫不经心。修养身心，实践诺言，这叫作礼的善行。行为正直善良，言语合乎道义，是礼的本质。以礼招致贤人用于政教，不仅仅在于授以职位。依礼，只有主动来学习的，没有主动去教人的。

道德仁义，没有礼就不能实行。教育训导，整饬风俗，没有礼就不完备。判断争论和诉讼，没有礼就不能决定是非。君臣、上下、父子、兄弟，没有礼不能定其名位。做官供职以习六艺，侍奉老师，没有礼，就不会亲近和协。朝廷的职位，军队的治理，官吏到任执行法令，没有礼，不能确立威严。所有祭祀，把祭品供献给先人和神，没有礼，就没有诚意，也不恭敬。因此，君子恭敬、谦抑、退让以显示礼。鹦鹉学舌能言，究竟它是飞禽，猩猩会说话，终究它也还是走兽。现在人如果离开礼，即使仍会说人话，不还是禽兽之心吗？正因为禽兽不懂礼，所以才父子共妻。因此，圣人出来，制礼以教人，使人依靠礼的教化知道自己有别于禽兽。

上古时期崇尚道德，后来讲究有恩必报。礼崇尚有往有来，往而不来，不合乎礼；来而不往，也不合乎礼。人遵从礼就能安定，不遵从礼就危险。所以说，礼是不可不学的。礼，是讲究克制自己而尊重别人。即使是商贩也必定有可尊敬之处，何况富贵之人呢？富贵的人懂得爱好礼，就不会以富贵骄人，做事不会过分；贫贱的人懂得爱好礼，就会志向坚定不怯不惑。

人长到十岁，为幼而学，可以外出就学了；二十岁，虽然幼弱，可以行加冠礼（戴帽）了；三十岁为壮年，娶妻成家；四十岁为强，可以出仕做官了；五十岁时渐入衰老之境，然已成熟，可以主政；六十岁称为“耆”，可以指导而役使别人；七十岁称为“老”，把家政交付给后人。八十岁、九十岁称为“耄”；七岁称为“悼”。“悼”和“耄”即使有罪，刑罚也不加于其身。百岁称为期，应该受到后人的供养。

大夫七十岁，要把所掌的政事交还给君主，以告老还乡。如果不能辞谢，就一定要赐给他几和杖，因公外出，要有妇人待奉，到各地去，可以乘坐安稳之车，自称“老夫”。在本国朝廷上，要自称名，到别国访问，要使之以本国的政治制度，明告其所访问的国家。

向长者咨询，一定要拿着几杖以就长者示教。长者有所问，不推辞谦让贸然回答，这于礼不合。

作为子女，按照礼的规定，要使父母冬季温暖，夏季清凉，晚上铺床安枕，早晨请安问候。与平辈相处，不可与其争胜。

作为人子，即使受三命之赐，也不得接受车马之赐，而超越于君父之尊。

像这样的人，所以乡邻称赞他孝顺，兄弟亲戚称赞他善良，同僚称赞他以敬事兄，朋友称赞他仁爱，和他交游的人称赞他信用卓著。

拜见父亲的朋友，父亲不让上前，则不敢上前；不让退下，则不敢离去，若没有发问，则不敢抢先说话。这才是孝子的德行。

作为人子，出门之前一定要告诉父母，回家后一定要面见父母。并告诉父母出游的地方，一如日常所行之事，学习要有一定的事业。平时说话不得妄自尊大以老自居，年龄大于自己一倍的人，要像事奉父辈一样。大于自己十岁的人，要像对待兄长一样。大于自己五岁的人，与他并肩而行要略退后。五人同处一起，那么年长者一定要另设一坐席。

作为人子，在家居住不得占据西南隅，即尊者的地位，不能坐中间的席位，不能走在道路中间，不能站在门槛的正中。饮宴时，自己不得规定饮食的限量。祭祀时，不得作为受祭者的尸，因尸代尊者之位。谛听父母的说话，似不闻其声，以示敬意，敬视父母的形象，铭记在心，不见于形色。不登高而至深处危险之处，不随意对人妄加评论，不无故嘻笑之。

孝子不在暗中行事，不登临危险的地方，恐怕玷污父母的名声。父母在世，不得为朋友而死，不得有私财储蓄。

作为人子，父母在世，帽饰和衣服的镶边不得用素色。丧父之子——孤子，虽未满三十而已成家，其帽饰和衣服的镶边不得用彩色。

对幼儿不可说谎。儿童不可穿皮衣和下裳。站立时姿势一定要端正，不要歪着头听。长者和后辈拉手，要用双手捧着长者的手。长者俯身耳语，要掩着口回答。

跟随先生行路，不可越过道路和别人说话。在路上遇到先生，要快步上前，正立拱手。先生和自己说话，再恭敬地回答，不和自己说话，就快步退下。跟随长者上高地，一定要面向长者看的方向看。

登城时不可指手画脚，在城上不可大声呼叫。拜访人家，如果有所求，不可固执己见。登堂之前，探问时，要声音清脆。门外有两双鞋子，听到屋内有说话声，才能进屋；听不到说话声，则停立户外。将要进屋，目光一定要向下，进门后，要双手当胸似捧门栓而表示尊敬，不要回顾。房门原来是开着的，仍让它开着；原来是关上的，仍然让它关上。如果后面仍有进来的人，让门扇敞开，以示不拒后来的人。不要踩别人的鞋子，不要从上首跨越席子，要提起衣裳走向席位下角坐下，一定要谨慎地回答问话。

大夫和士出入国君的大门，在要从门橛的右边走，不可以踩踏门槛。

凡是和客人一起进门时，每到一个门口都要让客人先进。客人走到卧室门前，主人要自请先入室铺好席位，然后出来迎接客人。客人要推辞两次，主人引导客人入室。主人进门后向右走，客人进门后向左走。主人走向东阶，客向西阶。如果客人的职位低于主人，就应随主人走向东阶。主人要谦让推辞两次，然后客人再走向西阶。主人和客人登阶前要互相谦让，主人先登阶，客人跟着登阶，一级一级登上去，每个台阶之上两脚都要相并，一步接一步走上去。上东阶要先抬右脚，上西阶则先抬左脚。

在帷幔和帘子外面，不要快步行走，在堂上不可快步走，手执玉器不可快步走。在堂上要一步一步地小步行走，堂下慢步而行。在室内不得张开双臂行走。和别人并排坐在一起时不得横着膀子。当尊者站立时，卑者以不跪授物于尊者，尊者授物于卑者而不起立。

凡是为长者扫除的礼仪，一定要用扫帚遮住畚箕，用衣袖挡着畚箕边扫边退。不得让扫起

的尘土污及长者，要把畚箕朝着自己的方向撮垃圾。

双手捧席要如桥之高，如衡之平。设坐席要请问面向何方，铺设卧席要请问足向何方。南北方向的席子，以西方为上首；东西方向的席子，以南方为上首。如果不是请吃饭的宾客，那么布席时席间的距离要有一丈。主人跪着为客人整理席位，客人要跪着手按坐席推辞。客人要提出撤去重叠的席子，主人拒绝两次。等客人踏上席子准备坐下时，主人才坐下。主人不问，客人就不要先说话。

将要就坐席时，面容要安详。两手提起衣服离地一尺，上衣不要掀动，脚不要乱动。如果先生的书册、琴、瑟等物在面前，要跪着移开，切忌跨越而过。

空坐而不设饮食时，要尽量往后坐；面前摆放食物的坐席，要尽量往前坐。一定要坐稳，始终保持安详的态度。长者没有提及的话题，不要进言。要表情端庄，恭恭敬敬地听，不要插话，也不要随声附和。说话一定要有历史上的根据，或引述先王的成言。

侍奉先生坐着时，先生问到自己，要等问完再回答。请教学业上的问题，要起立。再进一步请教时，也要起立。父亲和先生召唤时，不要只应答一声“诺”，要答应“唯”，同时起立。

侍奉自己尊敬的长者坐着时，席位之间不要留空余。见到平辈的人来到，不可起立。火烛送来时要起立，饭菜送上时要起立，贵客来到时也要起立。

晚上作客，要在一根火炬未烧完之前就告辞。在贵客面前不得大声呵斥狗。主人请吃东西时，不可唾吐。

侍奉君子坐着时，君子如有倦意而打哈欠，伸懒腰，持杖和鞋，看时间的早晚，侍坐者就要马上告辞退出。侍奉君子坐着时，君子问到另外一件事时，要起立回答。侍奉君子坐着时，如果有人来说：“稍等一会儿，有话要说。”那么，左右侍坐的人就要退下等待。

不要侧耳听，不要粗声大气地答应，不要斜眼看人，不要显出一付懒散的样子，走路不要露出傲慢的样子，站着时要两腿直立，不要一条腿偏斜，坐着时不要畚箕一样两腿分开，睡卧时不要伏身趴下，头发要挽起来不使之下垂，帽子平时不要取下，干活时不要脱衣露体，热天不要撩起下衣。

侍奉长者坐着时，不可穿着鞋子登堂。脱鞋时不可站立在堂阶前。穿鞋时要跪着拿起鞋子，退到一旁再穿。面向长者穿鞋，要跪着把鞋拿到面前，然后弯腰穿上。

两人并坐或并立时，不要插身其间。两人并立时，不要从中间穿过。

男女不能坐在一起，不共用衣架，不共同梳洗用具，不亲手递交东西。小叔和嫂嫂不互相问候，不得让庶母洗下衣。

外室所发议论不得传入妇女内室，内室的言谈也不得传扬出去。女子订了婚，要佩戴缨络，没有大事不得随意进入她的房间。姑母、姐妹、女儿，已经出嫁又回家来的，兄弟不得与之同席而坐，吃饭也不得与之共用食器。父子不得同席而坐。

男女不通过媒人，不得打听对方姓名。不到女方家接受聘礼时，双方不得有来往。所以婚礼日期要公布，斋戒之后，到家庙中告诉祖先，备办酒席邀请乡邻、同僚、朋友，为的是重视男女之大伦。

娶妻不得娶同姓女子，所以买妾若不知其姓氏，要占卜以决定可否。寡妇的儿子，除非表现出有杰出的才能，不得和他交朋友。

祝贺别人娶妻，要说：“是某君派我来的，听说你家宴请宾客，让我来敬送礼物。”贫穷的人不以金钱财物为礼，老年人不以劳动体力为礼。

为儿子取名，不要用国名，也不用日月干支之名，也不要以身上暗疾为名和以山川取名。男孩和女孩的排行要公开，各自独立。男子到了二十岁行加冠礼，取字。在父亲面前，儿子必须自称名，在君王的面前，臣子必须自称名。女子订婚，要用簪子别住盘起的头发，并取其名字。

凡是进餐之礼，带骨的肉摆在左边，切好的大块纯肉摆在右边。饭食摆在进餐者左边，羹汤摆在进餐者右边。细切的烤肉摆远些，酱醋之类放近些，蒸葱类佐料放在旁边，酒浆类放在右边。如果摆放牛脯肉干之类，那么屈曲的在左，直挺的在右。

客人的职位或年龄如果低于主人，要端起食物起立向主人致辞，主人答辞，然后客人坐下。主人请客人祭，祭食物要用最先上的菜肴祭，按上菜的顺序一一祭过。取饭三次后，主人请客人吃切好的大块肉，然后遍尝所有的菜肴。主人没有吃完，客人不要漱口不吃。

侍奉长者吃饭，如果主人亲自布菜，要拜谢之后再吃。主人不亲自布菜，则不必拜谢，就可以吃。

和别人一起吃饭，不要只顾自己吃饱，要将手洗干净，不要把饭搓成饭团，不要把手中剩饭放回饭器，不要不停地喝酒。不要吃得咂咂有声，不要啃骨头，不要把吃剩的鱼肉放回食器。不要把骨头扔给狗，取饭菜不要太霸道。不要簸扬饭，吃黍米饭不要用筷子，不要大口喝羹汤，不要调和羹汤，不要剔牙，不要喝醋。客人如果调和羹汤，主人就要道歉说烹调得不好。客人如果喝了醋，主人也要道歉，说菜肴乏味。软肉可以用牙咬断。干肉不要用牙咬断，吃烤肉不要一口一下子吞两块。

吃完饭，客人从前面跪着撤下酱菜等交给仆役，主人要起立，请客人不要收拾，然后客人坐下。

侍奉长者饮酒。长者赐酒到面前时，要起立到放酒樽的地方拜谢后接受。长者辞止，少者再回到自己的席位上饮酒。长者举杯未饮尽，少者不得先饮。

长者如有所赐，少者及职位低下者不得推辞。国君当面赏赐水果，有核的要把果核揣在怀中，不能丢弃。侍奉国君吃饭，国君赐给剩余的食物，如果是用可以洗涤的食器盛放的，不必倒出来，可就原器取食。其余的都要倒在另外的食器里。

吃剩余的食物而不祭：父亲吃儿子的余食不祭，丈夫吃妻子的余食不祭。

与长者一起侍奉国君吃饭，国君赐给双份食物，不必辞谢，与长者共坐一席，也不必辞谢。羹中有菜，要用筷子，没有菜的，就不用筷子。

为天子削瓜，要去皮，切成四瓣，再横切一刀，用细葛巾盖上。为国君削瓜，去皮，切成两瓣，再横切一刀，用粗葛巾盖上。为大夫削瓜，只去皮，不盖葛巾。士只去掉瓜蒂。庶民直接咬着吃。

父母有病，成年的儿子不得梳头，走路不得张开双臂，不说不敬的话，不得弹琴瑟，吃肉只尝一点味道，喝酒不能喝得脸红，笑不得露出牙齿，发怒不得骂人。父母病愈，再如往常一样。

父母有病在身独席而坐，父母始丧只坐单层席。

洪水泛滥时，不献鱼鳖。献野鸟者，以鸟笼笼鸟以防啄人，献家禽则不须鸟笼了。献车马的要手执马鞭和绥呈上。献铠甲的要手捧头盔呈上。献杖的要手执杖的末端呈上。献俘虏的要抓住俘虏的右臂。献粟的要手捧符契的前半部分呈上。献米的要手捧量鼓呈上。献熟食的要手捧酱类和切碎的腌菜呈上。献田地房产的要手捧房地契呈上。

凡是送人弓的，绷上弓弦的要弓弦向上；未绷上弓弦的，弓背向上。右手拿着弓梢，左手托着把手处。授受双方彼此鞠躬。如果主人下拜，客人要闪身避开，不受拜。如果是主人自己接受弓，要从客人左边接住中间把手处和弓的下头，站的方向与客人相同。然后才接受。

送人剑的，要将剑柄向左。送人戈的，要戈柄向前，锋刃向后。送人矛、戟的，也是柄向前。

送人几杖，要擦拭干净。献马和羊，要用右手牵着。献犬则用左手牵着。送人禽鸟，要鸟头向左。送羊羔、大雁，要用彩色画布盖着。接受珠玉，要用双手捧着。接受弓、剑，要用衣袖接。用玉爵喝酒，不得挥洒。凡是被派遣赠送弓剑、苞苴、箪笥的人，捧起礼物接受使命时，表情要像出国使者一样严肃。

凡是代国君出使的人，接受使命之后就不得在家停留。君命到来，主人要出来拜受君命，感谢使者。使者归去，必须到门外拜送。如果是派人赴国君处，必须穿上朝服再派遣使者。使者返回时，必须下堂迎受君命。

博闻强记而能谦让，经常做善事而不懈怠，才可以称为君子。君子不要求别人无限地爱戴自己，也不要求别人无限忠于自己，照这样才自始至终能保持友谊。

《礼经》说："君子抱孙不抱子。"这就是说孙子可以充任祭祖父时的尸，儿子却不能充任祭父亲时的尸。代国君受祭充任尸的人，大夫和士遇到他都要下车致敬。如果国君知道某人将充任尸，自己也要下车致敬，而充当尸的人必须凭轼答谢。尸登车必须用几来垫足。

斋戒的人，不听音乐，不去丧家或遇祸的人家吊问。居丧之礼，可因哀伤而消瘦，但不可骨瘦如柴，视力听力不可衰减。上下不走家长走的台阶，进出不走大门正中的甬道。

居丧之礼，头上生了疮，可以洗头。身上有了皮肤病，可以洗澡。有病则可以饮酒吃肉，病愈还要恢复居丧之礼。承当不起丧事的哀痛和劳累而病倒，则等于不慈不孝。五十岁的人不必极其哀伤以使身体消瘦。六十岁的人可不必哀伤。七十岁的人，只须披麻带孝，可以饮酒吃肉，住在室内。

服丧从死者去世的第二天开始，殡敛从死者去世之日数到第四日开始。与死者亲属有交情的，慰问死者亲属；与死者有交情的，哀悼死者。与死者亲属有交情而与死者没有交情，只慰问而不哀悼；与死者有交情而与死者亲属没有交情则只哀悼而不必慰问。

吊问丧家如果不能提供钱物助办丧事，就不要问丧家花费多少。探问病人如果不能馈赠物品，就不要问病人需要什么。接见来人如果不能留宿，就不要问他住在什么地方。赠人物品不要叫人来取，给人东西不要问对方想不想要。

到墓地去，不可登上坟顶。参加丧礼必须牵引柩车。参与丧事不得嘻笑。与人作揖行礼必须离开原来的位置。望见运柩车不要唱歌。进入丧家哀悼不要张开两臂走路。面对饭食不要叹气。

邻家有丧事，即使舂米也不要歌唱。邻里中有殡敛待葬的，不要在街巷中唱歌。到墓地去不能唱歌。吊丧之日也不能唱歌。护送柩车不走小路。送灵柩到墓地不要避开路上的水洼。参加丧仪脸上必须有悲哀的表情，挽着丧车时不得嘻笑。听音乐时则不可叹气。顶盔贯甲，就要表现出不可侵犯的神态。所以君子警戒自己要小心谨慎不可在人前失态。

路遇国君凭轼致意，大夫要下车致敬。大夫凭轼致意，士要下车致敬。礼制不下及于庶人。刑罚不上及于大夫。受过刑罚的人不得在国君左右。

乘兵车不凭轼。畋猎用的武车，旌旗招展以示威武。帝王所乘之车（指玉路、金路、象路与木路而言），旌旗要缠在旗竿上，以示德美于内。

国君出行，跟随的史官要随身携带文具，司盟的士要随身携带会盟的文辞。行进中前面有水，前导的警卫要举起画有青雀的旌旗。前面有尘埃，举起画有鸣鸢的旌旗。前面有车骑，举起画有飞鸿的旌旗。前面有军队，举起虎皮。前面有猛兽，举起画有貔貅的旌旗。作战的行阵，前锋建朱雀旗，后卫建玄武旗，左翼建青龙旗，右翼建白虎旗，北斗七星旗建在中军，以激励士气。前进后退有一定的步数，左右各部分各司其责。

杀父之仇，不与仇人共存于天下，必须拚个你死我活。杀兄弟之仇，要随身携带兵器，见了仇人就杀，不需要回家取兵器。杀朋友的仇，不能与仇人共处于一国。

王城的四郊若构筑有堡垒，这是卿大夫的耻辱。广阔的土地荒芜而不治理，这也是士的耻辱。

参与祭祀，不得怠惰。祭服旧了要烧掉。祭祀用的器皿旧了，卜筮用的龟策旧了，祭祀用的牲口死了，都要埋掉。凡是在国君宗庙里助祭的人，必须自己撤走祭祀用的祭器。

卒哭之祭，避用死者之名。依礼，仅音同之名不避。双字之名只避其一。如果赶上侍奉父母，要避祖父母之名。如果未能赶上侍奉父母，则不避祖父母之名。在国君面前不避家讳，在大夫面前要避国讳。讲习《诗经》、《尚书》，写文章，庙中祭祀不避讳。夫人的名字，即使在国君面前对答，作臣子的也不避。妇女之名，仅限于家内，大功、小功类的亲属不回避。每到一处地方，要先打听当地的禁忌；每到达一国，要先了解该国的风俗习惯；每到一家，要先问问避讳什么。

治兵等外事单日进行，宗庙之祭等内事双日进行。凡以卜筮择定吉日，十日以外的称“远某日”，十日以内的称“近某日”。丧事先卜远日，吉庆事先卜近日。卜时要说：“为日，假尔太龟有常。”筮时要说：“为日，假尔太筮有常”。卜筮不超过三次。用卜、用筮不重复。用龟甲占卜称“卜”，用蓍草或竹片占卜称“筮”。卜筮，是前代圣王用来使百姓相信择定的吉日，崇敬鬼神，畏服法令是用来使百姓决定疑难的。所以说有了疑难才卜筮，卜筮之后就不能不相信。卜筮后择定了日子，就一定要做到。

国君的车子要套上马时，仆人必须手执马鞭立在马前。套好马后，仆人要检查车的辖头是否牢固，然后禀告车已备好。仆人先振衣，再从右边上车，以手拉着登车的第二条绳索，跪着乘坐。拿起马鞭，两手分别握马的辔绳，赶马前行五步而后停住。国君出来登车时，仆人要把辔绳并于一手，另一手把登车的绳索递给国君，左右侍臣避开。车子赶到大门口，国君按住仆人的手，转过头命令护车的勇士（车右）登车。遇到门闾沟渠，车右必须下车步行。

凡是驾车的仆人，按照礼，必定要把登车的绳索递给乘车人。如果仆人的身份低于乘车人，乘车人就接受；如果不是这样，就不能接受。如果仆人身份低，乘车人要按一下仆人的手，然后接过绳索。如果不是这样，要从仆人手的下面自己取过其绳。客人的马车不可进入主人家的大门。妇女不得站立乘车。犬马不能牵到堂上。

君子乘车时，遇到老人要凭轼致敬；经过卿的朝位要下车；在国都内不驰骋；进入里门必须凭轼致敬。国君命人召唤，即使来人地位低贱，大夫和士也必须亲自迎接他。

穿铠甲的人不拜，因为穿铠甲行拜礼像作样子。祥车要空着左边的尊位。乘国君的车子不可空出左边尊位，必须站在左边，始终凭轼。为妇女驾车，要伸左手执辔，右手后缩驾车。为国君驾车，则伸右手执辔，左手后缩驾车，俯身略朝向国君。国君不适宜乘奇邪不正之车，不在车上大声咳嗽，不随便指划。站在车上眼睛向前看十六步又半的距离。凭轼时，目光只看到

马尾。回头看时，目光不超过车轮中心。进入国都，只用鞭梢搔摩马，慢行，不让尘土飞扬出车撤之外。

国君路过宗庙要下车，遇到祭牛要凭轼致敬。大夫、士经过国君门口，要下车。遇到“路马”要凭轼致敬。驾驭“路马”时必须穿朝服，把马鞭放在车上，不得把登车的绳索递给别人，站在左边必须凭轼。牵“路马”步行，必须走在道路正中。用脚踢“路马”草料的，要受处罚。数“路马”的牙齿估算年龄的，要受处罚。

曲礼下

凡奉者当心①，提者当带。执天子之器，则上衡②；国君，则平衡；大夫，则绥之③；士，则提之。凡执主器④，执轻如不克⑤。执主器，操币圭璧⑥，则尚左手⑦。行不举足，车轮曳踵⑧，立则磬折，垂佩⑨。主佩倚⑩，则臣佩垂；主佩垂，则臣佩委⑪。执玉，其有藉者则裼⑫，无藉者则袭⑬。

【注释】

①奉：通捧。②衡：平。这里指与人心胸部位相平。③绥（tuǒ）：下。④主：指天子、诸侯、大夫等。⑤克：胜任。⑥币：互相赠送的皮帛、锦等礼物称币。圭璧：朝聘时所用的礼器。圭、长条形，顶端呈三角状。璧，平圆形，正中有孔。⑦尚：通上。⑧车轮曳踵：此指行步时脚后跟不离地的走法，如车轮不离地不断前进。⑨磬折：磬为古代石制乐器，其形成折角。磬折、指鞠躬如磬之弯曲。垂佩：佩、指玉佩；身体微屈，本来贴着身体的玉佩下垂在身前称垂佩。⑩倚：身体直立，玉佩附著于身。⑪委：指身体屈曲角度大，玉佩着地。⑫藉：衬垫。贵重的玉器用衬垫，衬垫大小与玉器相等，衬垫上绘各种颜色，衬垫的两边又附有五色丝绳。裼（xī）：袒开外衣的左袖，露出裼衣。⑬袭：外衣不袒，掩盖裼衣。

国君不名卿老世妇①；大夫不名世臣侄娣②；士不名家相长妾③。君大夫之子④，不敢自称曰：“余小子”⑤；大夫士之子，不敢自称曰“嗣子某”⑥。不敢与世子同名⑦。

【注释】

①卿老：上卿。世妇：地位次于夫人，而高于众妾。②世臣：父亲在世时的老臣。侄：妻兄的女儿。娣（dì）：妻妹。③家相：管家。长（chāng）妾：年长的有孩子的妾。④君大夫之子：天子之大夫之子。下文“大夫士之子”，指诸侯之大夫士之子。⑤余小子：天子之子在未除丧时之自称。⑥嗣子某：诸侯之子在未除丧时之自称。⑦世子：诸侯的嫡子。

君使士射，不能，则辞以疾。言曰：“某有负薪之忧①。”侍于君子，不顾望而对，非礼也。

【注释】

①某：此代说话人的名，对答时即言己名。忧：一本作疾。

君子行礼，不求变俗，祭祀之礼，居丧之服，哭泣之位，皆如其国之故，谨修其法而审行之[①]。去国三世，爵禄有列于朝，出入有诏于国[②]；若兄弟宗族尤存，则反告于宗后[③]。去国三世，爵禄无列于朝，出入无诏于国，唯兴之日[④]，从新国之法。

【注释】

①修：王引之《经义述闻》："修，当为'循'字之误"。其法：谓指先祖的制度。②出入：指吉凶之事。诏：告。③宗后：宗子。④兴：指被所居国任命为卿大夫。

君子已孤不更名；已孤暴贵[①]，不为父作谥[②]。居丧未葬，读丧礼[③]；既葬，读祭礼[④]；丧复常，读乐章[⑤]。居丧不言乐，祭事不言凶，公庭不言妇女。

【注释】

①暴贵：原微贱，后为显贵。②谥：死后据死者德行封赐的美号。③丧礼：如小敛、大敛、朝夕奠、葬等礼仪。④祭礼：如虞、卒哭、祔、小祥、大祥等祭仪。⑤乐章：指诗歌。这里的丧礼、祭礼、乐章，均指记述礼乐的篇章。

振书、端书于君前[①]，有诛。倒策侧龟于君前，有诛。龟策、几杖、席盖[②]、重素[③]、袗絺绤[④]，不入公门。苞屦[⑤]、报衽[⑥]、厌冠[⑦]，不入公门。书方[⑧]、衰[⑨]、凶器[⑩]，不以告，不入公门。公事不私议。

【注释】

①振：拂去灰尘。书：指公文簿册。②席盖：用席子作车盖，是士丧车的形制。③重（chóng）素：指冠、上衣、下裳皆是白色，为丧服。④袗（zhěn）絺绤：单的内衣。⑤苞：或为菲，苞屦是齐衰丧服穿的鞋。⑥䜭（chā）衽：报、插；衽、衣襟。 衽，将衣襟插在腰带内，为亲始死时的服制。⑦厌（yàn）冠：服丧期间，冠不挺起而偃伏于头顶。厌：伏。⑧书方：记载殉葬品物件数目的遣册。方、即书写用的板。⑨衰：孝子穿的丧服。⑩凶器：用以殉葬的明器及棺木等物。

君子将营宫室，宗庙为先，厩库为次[①]，居室为后。凡家造[②]，祭器为先，牺赋为次[③]，养器为后[④]。无田禄者[⑤]，不设祭器；有田禄者，先为祭服。君子虽贫，不粥祭器[⑥]；虽寒，不衣祭服。为宫室，不斩于丘木。

【注释】

①厩（jiù）：马房。②家：大夫称家。③牺赋：向采地百姓征收的祭牲。④养器：饮食器皿。⑤田禄：采田俸禄。⑥粥：通鬻，卖。

大夫、士去国[①]，祭器不逾竟[②]。大夫寓祭器于大夫[③]，士寓祭器于士。大夫士去国，逾竟，为坛位乡国而哭；素衣、素裳，素冠；彻缘[④]，鞮屦[⑤]，素簚[⑥]；乘髦马[⑦]，不蚤鬋[⑧]，不祭食；不说人以无罪；妇人不当御[⑨]，三月而复服[⑩]，

【注释】

①去国：这里指大夫、士三谏不从，而被斥去国。②竟：通境。③寓：寄放。④缘：衣领上彩色的镶边。⑤鞮（dī）屦：没有绚的草鞋。绚，鞋头如鼻翘起者。⑥素：指白狗皮。篾：一本作幭（miè），古代车轼上覆盖的皮。⑦髦马：鬃毛未修剪的马。⑧蚤：通爪，指修剪指甲。鬋（jiǎn）：修剪须发。⑨御：接近。

大夫士见于国君①，君若劳之，则还辟，再拜稽首②；君若迎拜，则还辟，不敢答拜。大夫、士相见，虽贵贱不敌，主人敬客，则先拜客；客敬主人，则先拜主人。凡非吊丧，非见国君，无不答拜者。大夫见于国君，国君拜其辱③。士见于大夫，大夫拜其辱。同国始相见，主人拜其辱。君于士，不答拜也；非其臣，则答拜之。大夫于其臣，虽贱必答拜之。男女相答拜也④。

【注释】

①“大夫士见于国君”：这一节“大夫士见于国君……”及下文“大夫见于国君，士见于大夫”，均指见他国之君，及他国之大夫。②辟：通避。③辱：谦词，屈驾辱临之意。④相答拜：《释文》云，一本作“不相答拜”，应有“不”字为是。

国君春田不围泽①，大夫不掩群②，士不取麛卵③。岁凶，年谷不登，君膳不祭肺④，马不食谷，驰道不除⑤，祭事不县⑥；大夫不食粱⑦，士饮酒不乐。君无故玉不去身。大夫无故不彻县。士无故不彻琴瑟。

【注释】

①田：打猎。泽：草木茂盛的狩猎场所。②掩群：全部捕取。③麛（mí）：本意指小鹿，此处泛指一切幼兽。④祭肺：周代食时，必进行祭食，以肺作为祭品。不祭肺，即指不杀牲。⑤驰道：道路正中，专供国君出行的车道。除：指整治除草等事。⑥县：通悬，指悬编钟、编磬等乐器。⑦粱：精良的主食，古作为加餐时的主食。

士有献于国君，他日，君问之曰：“安取彼？”再拜稽首而后对。大夫私行①，出疆必请②，反必有献。士私行，出疆必请，反必告。君劳之则拜；问其行，拜而后对。

【注释】

①私行：因个人的事情外出。②疆：疆界，国境线。

国君去其国，止之曰：“奈何去社稷也①”！大夫，曰：“奈何去宗庙也！”士，曰：“奈何去坟墓也！”国君死社稷，大夫死众②，士死制③。

【注释】

①社稷：社是土神，稷是谷神。诸侯立社稷，因此，社稷成为国家的代称。②死众：众指兵众，大夫为君统帅部队，应与兵众同存亡。③制：国君的政令。

君天下，曰“天子”；朝诸侯，分职授政任功[①]，曰：“予一人”[②]；践阼[③]、临祭祀，内事曰[④]：“孝王某”，外事曰[⑤]：“嗣王某”；临诸侯，畛于鬼神[⑥]，曰：“有天王某甫”[⑦]，崩，曰：“天王崩”；复[⑧]，曰：“天子复矣”。告丧，曰：“天王登假”[⑨]；措之庙[⑩]，立之主[⑪]，曰：“帝”。天子未除丧，曰：“予小子”。生名之，死亦名之。

【注释】

①分职：分派官职。授政：交给某种职责。任功：担负某项具体工作。②予一人：天子对诸侯、百官的谦称。③阼：主人登的台阶。天子在祭祀时登阼阶。④内事：祭祀宗庙称内事。⑤外事：祭祀天地山川等神。⑥畛（zhěn）：致，祝告鬼神之辞。⑦甫：为男子的美称。⑧复：为死者招魂。⑨登假：假，通遐（xiá），天子死曰登假，犹言上天成仙。⑩措：置。⑪主：神主。

天子有后，有夫人，有世妇，有嫔，有妻，有妾。天子建天官[①]，先六大，曰：大宰、大宗、大史、大祝、大士、大卜[②]，典司六典[③]。天子之五官，曰：司徒、司马、司空、司士、司寇[④]，典司五众[⑤]。天子之六府，曰：司土、司木、司水、司草、司器、司货[⑥]，典司六职。天子之六工，曰：土工、金工、石工、木工、兽工、草工[⑦]，典制六材。五官致贡曰：享[⑧]。

【注释】

①本节所言官制，与《周礼》所述不同，故郑玄说为殷制。②大宰：协助天子总管政务。大宗：负责天地鬼神的祭祀。大史：掌管文书簿籍及历法等。大祝：职掌祭祀时的祈祷。大士：职掌接引鬼神等事。或说大士，掌狱讼之事。大卜：职掌卜筮等事。③典：上“典”字有主持职掌之意，下“典”字指制度法规。④司徒：职掌教育。司马：主管军事。司空：主管土木工程建设。司士：主管朝廷官吏的档案材料。司寇：主管治安。⑤众：下属各级官吏。⑥司土：主管征收赋税。司木：主管各山区上贡的木材。司水：主管各水网地区上贡的水产品。司草：主管草料等贡税。司器：主管各种器物的贡税。司货：主管征收商人的税。⑦土工：制作陶器砖瓦等物。金工：从事冶炼、制作武器、钟、及金属器具。石工：制作玉器、石器。木工：制作车子、弓，及盖房等。兽工：制作盾、皮带、皮裘等。草工：编织席子，及各种以草、芦苇等为原料的器具。⑧贡：功。即一年的成绩。享：献。

五官之长曰“伯”，是职方[①]。其摈于天子也[②]，曰：“天子之吏”。天子同姓，谓之“伯父”；异姓，谓之“伯舅”。自称于诸侯，曰：“天子之老”。于外[③]，曰：“公”；于其国，曰：“君”。九州之长[④]，入天子之国，曰：“牧”。天子同姓，谓之“叔父”；异姓，谓之“叔舅”。于外，曰：“侯”；于其国，曰：“君”。

【注释】

①职方：分管一个地区。②摈（bìn）：为天子接待宾客的人。③外：指在自己封地以外。④九州之长：古代将中国版图分为冀、兖、青、徐、扬、荆、豫、梁、雍九州，天子在每一州所辖的诸侯国中，选一诸侯管理这个州，称为九州之长。

其在东夷、北狄、西戎、南蛮[①]，虽大曰“子”。于内，自称曰“不穀”[②]；于外，自称曰“王老”。庶方小侯[③]，入天子之国，曰“某人”；[④]于外，曰“子”，自称曰“孤”[⑤]。

【注释】

①东夷、北狄、西戎、南蛮：四方边远民族之称。②不穀：国君谦称。穀，善。③庶方：指东、南、西、北各边远地方。庶，众。④某人：指某国人。⑤孤：诸侯谦称。

天子当依而立[①]，诸侯北面而见天子，曰“觐”。天子当宁而立[②]，诸公东面，诸侯西面，曰“朝”。诸侯未及期相见，曰“遇”。相见于郤地[③]，曰“会”。诸侯使大夫问于诸侯，曰“聘”。约信[④]，曰“誓”。莅牲[⑤]，曰“盟”。诸侯见天子，曰“臣某侯某”。其与民言，自称曰“寡人”，其在凶服[⑥]，曰“適子孤”[⑦]。临祭祀，内事曰“孝子某侯某”，外事曰“曾孙某侯某”。死曰“薨”。复，曰“某甫复矣”。既葬，见天子，曰“类见”[⑧]，言谥曰“类”。诸侯使人使于诸侯，使者自称曰“寡君之老”。

【注释】

①依：状似屏风，上绣斧形花纹，陈设于堂上户牖之间。②宁（zhù）：正门与屏之间，天子、国君视朝之处。③郤（xì）：间。两国中间地带。④约信：订立条约。⑤莅牲：杀牲，用血书写盟约，向神起誓，即“歃血为盟”。⑥凶服：指未除丧。⑦適（dí）子：適通嫡，王后所生之长子。⑧类见：诸侯世子，父死葬后见天子，当时尚未继位，谓之类见。类，像，像正式诸侯一样朝见。

天子穆穆[①]，诸侯皇皇[②]，大夫济济[③]，士跄跄[④]，庶人僬僬[⑤]。

【注释】

①穆穆：威仪庄盛。②皇皇：显盛的样子。③济济：慢走有节奏。④跄跄（qiāngqiāng）：舒扬的样子。⑤僬僬（jiàojiào）：行走急促的样子。

天子之妃曰后，诸侯曰夫人，大夫曰孺人，士曰妇人，庶人曰妻。公侯有夫人，有世妇，有妻，有妾。夫人自称于天子，曰：“老妇”，自称于诸侯，曰：“寡小君”；自称于其君，曰：“小童”[①]。自世妇以下，自称曰“婢子”。子于父母，则自名也。列国之大夫，入天子之国，曰：“某士”；自称曰：“陪臣某”[②]；于外，曰：“子”；于其国，曰：“寡君之老”。使者自称曰：“某”[③]。

【注释】

①童：一本写作“僮”。②陪臣：重（chóng）臣，意为诸侯是天子的臣，自己又是诸侯的臣，第二层次的臣。③使者自称：《经典释文》作“使自称”，无“者”字。可从。使，出使，作动词。

天子不言出[①]。诸侯不生名[②]。君子不亲恶；诸侯失地[③]，名；灭同姓，名。

【注释】

①出：出奔在外，因为全国都是天子辖区，所以不用“出”字。②不生名：指诸侯活着时，不能称他的名，因为称名不尊敬。③失地：国家被灭。

为人臣之礼：不显谏[①]。三谏而不听，则逃之[②]。子之事亲也，三谏而不听，则号泣而随之。

【注释】

①显谏：直截了当地指出错误。②逃：离去。

君有疾，饮药，臣先尝之。亲有疾，饮药，子先尝之。医不三世[①]，不服其药。

【注释】

①三世：据孔颖达疏有二说，一说为父子相承三代习医；一说三世指懂得黄帝的针灸、神农的本草、素女的脉诀，谓三个时代的医术，今用前一说。

拟人必于其伦。问天子之年，对曰：“闻之，始服衣若干尺矣。”问国君之年，长曰：“能从宗庙社稷之事矣。”幼曰：“未能从宗庙社稷之事也。”问大夫之子，长曰：“能御矣。”[①]幼曰：“未能御也。”问士之子，长曰：“能典谒矣；”[②]幼曰：“未能典谒也。”问庶人之子，长曰：“能负薪矣。”幼曰：“未能负薪也。”问国君之富，数地以对，山泽之所出[③]。问大夫之富，曰：“有宰食力[④]，祭器衣服不假。”[⑤]问士之富，以车数对。问庶人之富，数畜以对。

【注释】

①御：驾车。②典谒：接待宾客。③出：指出产。④宰：管理采地的总管。食力：谓依赖人民的赋税及劳役生活。⑤衣服：指祭服。

天子祭天地，祭四方，祭山川，祭五祀[①]，岁徧[②]。诸侯方祀[③]，祭山川，祭五祀，岁徧。大夫祭五祀，岁徧士祭其先。凡祭，有其废之，莫敢举也；有其举之，莫敢废也。非其所祭而祭之，名曰淫祀[④]，淫祀无福。天子以牺牛[⑤]，诸侯以肥牛[⑥]，大夫以索牛[⑦]，士以羊豕。支子不祭[⑧]，祭必告于宗子[⑨]。

【注释】

①五祀：春祭户、夏祭灶、季夏祭中、秋祭门、冬祭行。②徧：通遍。③方祀：诸侯国祭所在方位的山川之神。如鲁祭泰山，晋祭河之类。④淫祀：不应有的祭祀。⑤牺牛：毛色纯的祭牛。⑥肥牛：祭祀前饲养三月以上的牛。⑦索牛：临祭选择的牛。⑧支子：庶子。⑨宗子：嫡子。

凡祭宗庙之礼，牛曰：“一元大武，”[①]豕曰：“刚鬣”，[②]豚曰“腯肥”，[③]羊曰“柔

毛”,[4]鸡曰“翰音”,[5]犬曰“羹献”,[6]雉曰“疏趾”,[7]兔曰“明视”,[8]脯曰“尹祭”,[9]槁鱼曰“商祭”,[10]鲜鱼曰“脡祭”;[11]水曰“清涤”,[12]酒曰“清酌”;[13]黍曰“芗合”,[14]粱曰“芗萁”,[15]稷曰“明粢”,[16]稻曰“嘉蔬”;韭曰“丰本”,[17]盐曰“咸鹾”;[18]玉曰“嘉玉”,币曰“量币”。[19]

【注释】

①一元大武：元、头；武、迹，牛肥则脚大。②刚鬣（liè）：鬣、指猪的鬃毛，猪肥鬃毛刚硬。③腯（tú）肥：腯，也是肥的意思。④柔毛：羊肥则毛细而柔软。⑤翰音：羽毛美而善鸣。⑥羹献：吃剩饭菜长大的肥犬。⑦疏趾：野鸡肥，两足张开，脚趾相距疏远。⑧明视：兔子肥，眼睛大而明。⑨尹祭：尹、正，切割方正，可供祭祀。⑩槁鱼：指乾鱼。商祭：商、量。衡量乾湿适中，可用于祭祀。⑪脡（tǐng）：直，指鱼新鲜，煮熟挺直。⑫水：祭祀用水，称为“玄酒”。清涤：清洁。⑬清酌：清澈可斟酌。⑭芗合：芗、香。黍子有黏性，能团合，又有香味，称芗合。⑮萁：语助辞。⑯稷：谷子。明粢（zī）：粢、稷。谷子色白，故称明粢。⑰丰本：茂盛的根。⑱鹾（cuó）：咸盐。⑲币：指帛。量币：帛的长短阔狭合于制度，亦称“制币”。

天子死曰“崩”[1]，诸侯曰“薨”[2]，大夫曰“卒”[3]，士曰“不禄”[4]，庶人曰“死”。在床曰“尸”[5]，在棺曰“柩”。羽鸟曰“降”，四足曰“渍”。死寇曰“兵”[6]。

【注释】

①崩：形容似天崩坍一样。②薨（hōng）：崩坏的意思。③卒：终。④不禄：不能再享有俸禄。⑤尸：陈。⑥兵：为兵器所杀死。

祭王父曰“皇祖考”,[1]王母曰“皇祖妣”,[2]父曰“皇考”，母曰“皇妣”，夫曰“皇辟”。[3]生曰“父”、曰“母”、曰“妻”；死曰“考”、曰“妣”、曰“嫔”。寿考曰“卒”，短折曰“不禄”。

【注释】

①王父：已死的祖父。皇：赞美之词。考：成，在德行方面有所成就。②王母：已死的祖母。妣：匹配。③辟：主君。

天子视不上于袷[1]，不下于带。国君绥视[2]。大夫衡视[3]。士视五步。凡视，上于面则敖，下于带则忧，倾则奸[4]。

【注释】

①袷（jié）：衣领。②绥（tuǒ）视：绥通妥。指视脸面稍下。③衡视：平视，面对面看。④倾：一本作“侧”，这里指斜眼看人。

君命，大夫与士肄[1]。在官言官[2]，在府言府[3]，在库言库[4]，在朝言朝[5]。朝言不及犬马。辍朝而顾[6]，不有异事，必有异虑。故辍朝而顾，君子谓之固[7]。在朝言礼，问礼对以礼。

【注释】

①肄：研习。②官：指官府。③府：收藏钱财的府库。④库：放置车马兵甲等物品的地方。⑤朝：国家议论政务的地方。⑥辍：止。⑦固：鄙陋无礼。

大飨不问卜①，不饶富②。

【注释】

①大飨：祭祀五帝于明堂的典礼。②饶富：王引之《经义述闻》："饶，当读为侥；富，当读为福。侥之言要也，求也。"

凡挚①，天子鬯②，诸侯圭，卿羔，大夫雁③，士雉，庶人之挚匹④。童子委挚而退。野外军中无挚，以缨、拾、矢可也⑤。妇人之挚，椇、榛、脯、脩、枣、栗⑥。

【注释】

①挚（zhì）：一本作"贽"，见面礼。②鬯（chàng）：古时祀神用的酒，用郁金草酿黑黍而成。天子以鬯为贽。③雁：鹅。④匹：通鸥，鸭。⑤缨：套在马颈上的革带，驾车时用。拾：射鞲，古代射箭时用的皮制护袖。⑥椇（jǔ）枳类，有果实。榛（zhēn）：果实叫榛子。

纳女于天子①，曰"备百姓"。②于国君，曰"备酒浆"，③于大夫，曰"备埽洒"。

【注释】

①纳女：出嫁女儿。②备百姓：天子后宫，除皇后外，有百二十人。备百姓，谓嫁女充实此数。③备酒浆：充当侍候国君饮酒的侍女，也是谦词。

【译文】

凡是捧着物的人，双手与心的位置齐平。提着物的人，手与腰带齐平。捧天子的器物，要高于心的位置，双手持平。捧国君的器物，与心的位置齐平。大夫的要再往下低下，士的则提到腰带处。

凡手里拿着主人器物的，即使很轻也要像拿不动的样子。拿着主人的器物，帛或玉器，要左手在上，行走要像车轮滚动不离地一样不抬脚，拖着脚后跟走。

立时要像磬一样向前俯，腰间玉佩悬垂。主人如果直立，玉佩倚附在身，那么臣的玉佩要悬垂。主人的玉佩悬垂，那么臣的玉佩要垂到地面。捧着玉器，如果是璧琮之类垫着束帛的，则袒开上衣相授受。如果是圭璋之类不垫束帛的，就披上外衣相授受。

国君不直称上卿、世妇之名，大夫不直称父辈之臣、侄娣之名，士不直称管理家事之臣、长妾之名。列国的国君和天子的大夫，其子不得自称"余小子"。大夫和士的儿子不得自称"嗣子某"。不得和太子同名。

国君命士射箭，如果不能射，要以有病为理由辞谢。说："某有负薪之忧。"（有病在身）

侍奉君子时，君子有问，如果不向周围看看是否有人回答，就马上回答，这是不合乎礼的。

君子在国外，不可改变本国的礼俗。祭祀的礼仪，居丧的服制，哭泣死者时的位置，都要和在本国时一样。要遵从原来的法度，审慎地行事。离开本国已历三代，但家族中还有在朝廷做官的，或有来往的，以及兄弟宗族还有在本国的，就要回去告诉族长的后人。离开本国已历三代，家中没有在本国朝廷做官的，也没有来往，那么从担任居住国官吏的时候起，开始遵从新国的礼法。

君子幼年丧父后不必改名。幼年丧父，即使后来非常显贵了，也不为父亲加美谥。居丧之礼，未举行葬礼时要诵读丧礼；举行葬礼后要诵读祭礼；丧事结束恢复正常，可以读诗歌。居丧时不要谈乐事。祭祀时不谈凶事。在公廷上，不谈论妇女。

在国君面前为簿书拂尘或整理簿书，要受处罚。在国君面前颠倒龟策，要受处罚。龟策、几杖、席盖，上下衣皆素服（似丧衣），或只穿着单层的内衣，不得进入公宫之门。踏丧鞋，戴丧冠，穿丧服，不得进入公宫之门。条录送死物件的方版，粗麻布丧服，丧葬用的器物，不经过通报许可，不得进入公宫之门。公家的事不得在私下议论。

君子将要营建宫室，要先建宗庙，其次建马厩、仓库，居室放在最后。凡是大夫建造家时，先造祭器，其次是祭祀用的牲畜的圈牢，最后是日常饮食器具。没有田产俸禄的人，不设置祭器。有田产俸禄的人，先制作祭服。君子即使贫穷也不能出卖祭器，即使寒冷也不能穿祭服。建造宫室，不得砍伐坟上的树木。

大夫和士离开本国，不能携带祭器出境。大夫和士要把祭器寄存在和自己官职地位相同的人那里。大夫和士离开本国，过了边境以后要立一土坛，向着本国方向哭泣。要穿素衣、素裳，戴素冠，去掉衣边，穿没有鞋鼻的草鞋，车前栏杆盖上白色狗皮，驾不修剪毛的马。不剪指甲，不理须发，吃饭不祭食，不向别人诉说自己无罪，不与妇女同床。三个月后再恢复正常生活。

大夫和士出使他国，面见国君，国君如果慰劳，要退身避开，然后再拜叩头。国君如果迎接先拜，要退身避开，不得还拜。不同国家的大夫或士相见，即使地位的高低不相当，主人尊敬客人，就先拜客；客人尊敬主人，就先拜主人。凡不是吊丧，不是谒见国君，没有不回拜的。大夫拜见国君，国君拱手回拜，这是大夫承蒙国君赐见；士拜见大夫，大夫回拜，此士承蒙赐见。同一个国家之人初次相见，主人要拜受客人的见访。国君对士，不回拜。如果不是自己的臣下，那么就回拜。大夫对于自己的家臣，即使其地位低贱，也必须回拜。男、女互相回拜。

国君春天打猎，不得包围泽薮猎场。大夫不追杀兽群。士不能猎取正在哺乳的幼兽。荒年，收成不好，国君用膳不能杀牲，马不喂粮食，驰车的大路不扫除，祭事不奏乐，大夫免去加食的稻粱，士宴客不得奏乐。国君不遇灾变，佩玉不离身；大夫不遇到灾变，不撤去悬挂的乐器；士不遇灾变，不撤去琴瑟。

士有礼物献给国君，国君不亲受。以后国君问士说："怎么得到那些东西的？"士再拜行叩首礼，然后再回答。大夫因私事出境，必须申请。回来必须献上礼物。士因私事出境，必须申请，回来必须报告。如果国君慰劳，要拜谢。问到行程之事，要先拜谢，然后再回答。

国君如果要离开自己的国家，要劝止他，说："为什么抛弃社稷！"如果是大夫，说："为什么抛弃宗庙！"如果是士，说："为什么抛弃祖坟！"国君要为社稷而死，大夫要为民众而死，士要为君命而死。

君临天下，称“天子”。诸侯来朝，分派职司，授予政务，使人专掌委任之功，自称“予一人”。履行天子的地位，祭祖时称“孝王某”，祭郊、社等外神时称“嗣王某”。巡视诸侯，向鬼神致祭时，称“天王某之字”。天子去世，称“天王崩”。招魂时称“天子复矣”。为天子发丧，称“天王登假”（登仙）。灵位奉入宗庙，立牌位书“某帝”。天子未除去丧服时，自称“予小子”，生时称名曰“小子王某”，如果此时死去，也称其名。

天子立官先始于后妃、夫人、世妇、嫔、妻、妾。天子设立官位先设六天官，称太宰、太宗、太史、太祝、太士、太卜，掌管六种典礼制度。天子的五官，称司徒、司马、司空、司士、司寇，各自掌管属下的官员。天子设六个府，称司土、司木、司水、司草、司器、司货，掌管各自的职责。天子的六工为土工、金工、石工、木工、兽工、草工，掌管六种器物的制作。

年终五官进呈一年的功绩，称“享”，五官之首称“伯”，是主管一个方面的官员。他辅佐天子，称“天子之吏”。与天子同姓的，称为“伯父”，与天子异姓的，称为“伯舅”。他们对其他诸侯则自称为“天子之老”。对国外称“公”，对国内称“君”。九州诸侯之首，进入天子的畿内，称“某州之牧”。与天子同姓的，称为“叔父”，异姓的，则称“叔舅”。对国外称“侯”，对国内称“君”。东夷、北狄、西戎、南蛮等地的诸侯，即使有功、土地广大，爵位也只能是子爵，称“子”。在国内自称“不谷”，在国外自称“王老”。其他众多的小诸侯，进入天子畿内，称“某国之人”。在国外称“子”，自称为“孤”。

天子接见诸侯，背靠屏风面朝南而立，诸侯面向北而见天子，称“觐”。天子面南，站在屏风和门之间，诸公面向东，诸侯面向西，称“朝”。诸侯与诸侯在约定的日期前相互见面，称“遇”。约定日期在两国之间的空隙地方见面，称“会”。诸侯派大夫访问对方，称“聘”。口头订立条约，称“誓”。书面订立条约，并举行杀牛歃血仪式，称“盟”。诸侯拜见天子，自称“臣某侯某”，与百姓说话，自称“寡人”。如果在服丧期间，对宾客自称“嫡子孤”。主持祭祀时，在宗庙内自称“孝子某国侯某”。郊、社之祭，自称“曾孙某国侯某”。诸侯死，称“薨”。招魂时，要说：“某甫复矣。”葬礼结束后，继位的诸侯朝见天子，称“类见”。向天子为父请谥称“类”。诸侯派使者聘于诸侯，使者自称“寡君之老”。

天子的仪容要显得庄严肃穆。诸侯的仪容要显得和蔼大方。大夫容仪要整齐。士则要显得从容舒展，庶人见到国君要快步回避。

天子的配偶称“后”，诸侯的配偶称“夫人”，大夫的配偶称“孺人”，士的配偶称“妇人”，庶人的配偶称“妻”。公、侯有夫人、世妇、妻、妾。公、侯的夫人对天子自称“老妇”；对别国诸侯自称“寡小君”；对本国国君自称“小童”。世妇以下，统统自称“婢子”。子女在父母面前要自称名。

诸侯国的大夫进入天子畿内，称为“某国之士”，自称为“陪臣某”。其他诸侯国的人称他为“子”，本国人称他为“寡君之老”。出使的人自称其名。

天子出奔，史书不能用“出”字。诸侯生前史书不直称其名。君子不原谅作恶的天子和诸侯。诸侯失掉封地或残害同姓，史书就直称其名。

作为人臣的礼仪，不可当众明确指责国君。数次劝谏仍不听从，可离开国君而去。子女侍奉双亲，多次劝谏仍不听从，要跟在后面大声哭泣。

国君有病服药，侍臣要先尝。双亲有病服药，子女要先尝。不是三代相传的世家医生，不能服他开的药。

拿一个人比拟另一个人，两人的德行、身份要相当。问天子的年龄，要回答说："听说开始穿多长的衣服了"。问国君的年龄，如果年长，就回答："能主持宗庙社稷的事情了。"年幼，就回答："还不能主持宗庙社稷的事情。"问大夫的儿子，年长，回答说："能驾驭马车了。"年幼，回答说："还不能驭车。"问士的儿子，年长，回答说："能主持宾客告请之事了。"年幼，回答说："还不能主持宾客告请之事。"问庶人的儿子，年长，回答说："能背柴了。"年幼，回答说："还不能背柴。"问国君的财富，先回答国土的面积，再列举山泽的出产。问大夫的财富，回答有封邑，有人民供给衣食，祭器、祭服不用借。问士的财富，回答车数。问庶人的财富，回答牲畜的数目。

天子祭天地，四方，山川，祭五祀。每年祭一遍。诸侯祭所居之方，祭境内的山川，祭五祀。每年祭一遍。大夫祭五祀，每年祭一遍。士祭自己的祖先。凡是祭祀，已废止的，不得第二次举行；已举行的，就不得废止。不应祭祀而祭祀的，叫"淫祀"（多余的祭祀。）淫祀，神不降福。天子祭祀用毛色纯而不杂的祭牛。诸侯用经过特别喂养三个月的牛。大夫用普通的牛。士只用羊、猪。庶出的子孙不主持祭祀，祭祀必须告诉嫡长子。

凡宗庙祭祀，依礼，牛称"一元大武"，猪称"刚鬣"，小猪称"腯肥"，羊称"柔毛"，鸡称"翰音"，犬称"羹献"，雉称"疏趾"，兔称"明视"，干肉称"尹祭"，干鱼称"商祭"，鲜鱼称"脡祭"，水称"清涤"，酒称"清酌"，黍称"芗合"，梁称"芗萁"，稷称"明粢"，稻称"嘉疏"，韭称"丰本"，盐称"咸鹾"，玉称"嘉玉"，币称"量币"。

天子死，称"崩"，诸侯死称"薨"，大夫死，称"卒"，士死，称"不禄"，庶人死，称"死"。死人停放在床，称"尸"，已在棺内，称"柩"。飞鸟死，称"降"，四足之兽死，称"渍"。死于寇难，称"兵"。

祭祀去世的祖父，称"皇祖考"；祖母，称"皇祖妣"；父，称"皇考"；母，称"皇妣"；丈夫，称"皇辟"。父生时称"父"，母称"母"，妻称"妻"；父死后称"考"，母称"妣"，称"嫔"。长寿而死的，称"卒"，短命夭折的，称"不禄"。

上视天子，其视线不能超过衣袷，下不低于腰带。上视国君，其视线要稍向下。看大夫，要平视。看士，神线可以旁及左右五步。凡是看人，视线高于面部，就显得傲慢；低于腰部，显得自己心中忧虑重重；斜眼看，就显得心术不正。

国君有命，大夫和士要马上研习。其事在各职守司存之处，则研讨各职守习所存之事。在货币器物藏贮之处，则研讨货器藏贮之事。在君臣议事之处，则研讨政事的施为。在朝廷上议事，不得提及犬马。散朝时回头看，如没有意外的事，必有不正当的想法。所以，"辍朝而顾"，君子将这看作粗鄙无礼。朝廷上处处讲礼，问话要合乎礼，答话也要合乎礼。

大享不用卜筮定日期，礼数完备，无须增加祭品。

凡是见面的礼品，天子用鬯，诸侯用圭，卿用羊羔，大夫用雁，士用雉，庶人用鸭子。童子放下礼品就退避。在野外军中见面没有礼品，用装饰战马的缨络、皮护袖、箭即可。妇女见面的礼品，有枳类、榛子、肉干、枣、栗子。

送女儿到天子处，称"备百姓"；到国君处，称"备酒浆"；到大夫处，称"备扫洒"。

檀弓上

公仪仲子之丧，檀弓免焉[1]。仲子舍其孙而立其子。檀弓曰："何居？我未之前闻

也。”趋而就子服伯子于门右②，曰：“仲子舍其孙而立其子，何也？”伯子曰：“仲子亦犹行古之道也。昔者文王舍伯邑考而立武王③，微子舍其孙椇而立衍也④。夫仲子亦犹行古之道也。”子游问诸孔子⑤，孔子曰：“否！立孙。”

【注释】

①公仪仲子：鲁同姓，姬姓。公仪，是他的姓。仲子，是他的字。名，史籍无记载　檀弓：姓檀，名弓，鲁国人，精通礼。　免：也作“绕”，丧服的一种。这是袒而不冠者的丧饰，比缌麻轻。只有同姓五世的亲人，及朋友皆在他邦，临时代为丧主，才服此丧服。公仪氏是鲁同姓，应行周礼，嫡子死，立嫡孙。而今仲子死，却立庶子，所以檀弓故意服免，以讥讽其失礼。②子服伯子：即仲孙蔑的玄孙子服景伯，景是谥，伯是字。③伯邑考：周文王长子，在商做人质，被纣王所烹。事见《淮南子·汜论训》。④微子：商纣王庶兄，名启。因数谏纣不听，出亡。周灭商，封于宋。事见《史记·宋微子世家》。衍：微子弟，名衍，字仲思，一名泄。继承微子为宋公。⑤子游：孔子弟子，姓言，名偃，字子游，春秋吴人。

事亲有隐而无犯，左右就养无方，服勤至死，致丧三年①。事君有犯而无隐，左右就养有方，服勤至死，方丧三年②。事师无犯无隐，左右就养无方，服勤至死，心丧三年。

【注释】

①三年：据《仪礼·丧服》，为父、父卒为母，应守丧三年。②三年：《礼记·丧服四制》：“资于事父以事君，而敬同，……故为君亦斩衰三年。”

季武子成寝①，杜氏之葬在西阶之下，请合葬焉②。许之。入宫而不敢哭。武子曰：“合葬，非古也，自周公以来，未之有改也。吾许其大而不许其细，何居？”命之哭。

【注释】

①季武子：即鲁国公子季友的曾孙季孙夙。谥武，鲁大夫。②合葬：指袝葬，把后死的人葬在先死的人的墓穴中。

子上之母死而不丧①。门人问诸子思曰：“昔者子之先君子丧出母乎②？”曰：“然。”“子之不使白也丧之，何也？”子思曰：“昔者吾先君子无所失道，道隆则从而隆，道污则从而污。伋则安能？为伋也妻者，是为白也母；不为伋也妻者，是不为白也母。”故孔氏之不丧出母，自子思始也。

【注释】

①子上：孔子曾孙，子思之子，名白，字子上。②子思：孔子的孙子，名伋，字子思。　出母：母之已与父离婚者。据《仪礼·丧服》，凡出母未嫁，已为出母亲生，而非嫡长子者，为出母服丧一年。　子之先君子：旧说指子思之父，即孔子之子伯鱼。如依此说，则孔子曾经出妻。清江永云：“子之先君子丧出母，殆指孔子之于施氏（孔子父叔梁之妻”），而非伯鱼之于幵官也。……施氏非有他故，不幸无子而出，

实为可伤，故从其隆而为之服。”《檀弓》此节及同篇“伯鱼之母死”节，解者纷纭，江永说似合理，今用其说。

孔子曰：“拜而后稽颡，颓乎其顺也①；稽颡而后拜，颀乎其至也②。三年之丧，吾从其至者。”

【注释】

①拜：双膝跪地，两手拱合，俯首至手而与心平。 稽颡：即叩头。双膝跪地，两手着地，然后俯首以额着地。②颀（kěn）：通恳，切至，恻隐之貌。

孔子既得合葬于防①，曰：“吾闻之：‘古也墓而不坟。’今丘也，东西南北之人也，不可以弗识也②。”于是封之，崇四尺。孔子先反，门人后。雨甚，至。孔子问焉，曰：“尔来何迟也?”曰：“防墓崩。”孔子不应。三，孔子泫然流涕曰：“吾闻之：‘古不脩墓③。’”

【注释】

①合葬：夫妇同葬一个墓穴。 防：山名，春秋时鲁国都城近郊，在今山东省曲阜县东。②识（zhì）：通帜，标帜。③脩：通修，修治。

孔子哭子路于中庭①。有人吊者，而夫子拜之。既哭，进使者而问故。使者曰：“醢之矣②。”遂命覆醢。

【注释】

①子路：孔子弟子。名仲由，字子路，一字季路，春秋卞人。有勇力，仕卫，为卫大夫孔悝邑宰，因不愿跟随孔悝迎立蒉聩为卫公，被杀。事见《左传·哀公十五年》。 哭于中庭：这是表示和死者有亲密的关系。一般当哭于寝门外，与朋友同。②醢（hǎi）：肉酱，这里作动词用。

曾子曰：“朋友之墓，有宿草而不哭焉①。”

【注释】

①曾子：孔子的弟子。名参，字子舆，春秋鲁南武城人。

子思曰：“丧三日而殡①，凡附于身者，必诚必信，勿之有悔焉耳矣。三月而葬，凡附于棺者，必诚必信，勿之有悔焉耳矣。丧三年以为极，亡则弗之忘矣②。故君子有终身之忧，而无一朝之患。故忌日不乐③。”

【注释】

①殡：停柩。因灵柩是暂时停放在家里，三个月后就要抬出去埋葬，所以称为殡。②王引之《经义述

闻》以为“亡”借作“忘”。孔颖达《正义》：“服亲之丧，已经三年，以为极，可以弃忘，而孝子有终身之痛，曾不暂忘于心也。”③忌日：父母死亡之日禁饮酒作乐，叫忌日。

孔子少孤，不知其墓殡于五父之衢①。人之见之者，皆以为葬也。其慎也，盖殡也，问于郰曼父之母②。然后得合葬于防。

【注释】

①殡：指浅葬，以备以后深葬。 五父（wǔfǔ）：衢名。 衢：四通八达的大道。 此句本于“不知其墓”，断句。学者因疑孔子圣人为何至成人而不知父葬之处，或以为记者有误。清孙邃人、江永均以为十字一句，则孔子所不知者为浅葬，抑是深葬。“盖殡也”乃倒句，实为郰曼父之母所告之言。孙、江说似较顺当，今译文用此说。②郰（zōu）：地名，春秋鲁地，在今山东曲阜县东南。 曼父：人名。

邻有丧，舂不相①；里有殡，不巷歌。丧冠不绥②。

【注释】

①相：见《曲礼上》注。②绥（ruí）：帽带的末梢部分。古时冠两边有带子，叫做缨，把缨结在下巴，所余的部分垂着，叫做绥。

有虞氏瓦棺，夏后氏塈周①，殷人棺椁，周人墙置翣②。周人以殷人之官椁葬长殇，以夏后氏之塈周葬中殇、下殇，以有虞氏之瓦棺葬无服之殇③。

【注释】

①塈（jí）周：烧土为砖，放在棺材的四周。②翣（shà）：棺柩的装饰物。用木作框，宽三尺，高二尺四寸，罩上白布，上面画着黼黻云气一类的图形。③殇：未成年而死叫殇。十六至十九为长殇，十二至十五为中殇，八岁至十一为下殇，七岁以下为无服之殇，生未三月不为殇。

夏后氏尚黑：大事敛用昏①，戎事乘骊，牲用玄。殷人尚白：大事敛用日中，戎事乘翰，牲用白。周人尚赤：大事敛用日出，戎事乘騵②，牲用骍。

【注释】

①大事：指丧事。②騵（yuán）：赤毛白腹的马。

穆公之母卒①，使人问于曾子曰②：“如之何？”对曰：“申也闻诸申之父曰：‘哭泣之哀，齐斩之情③，饘粥之食，自天子达。布幕，卫也；缪幕④，鲁也。’”

【注释】

①穆公：鲁国国君。名不衍，鲁哀公的曾孙。②曾子：名申，字子西，春秋鲁人，是曾参的儿子。③齐斩：指齐衰（zīcuī）和斩衰。古时丧服有五种：斩衰、齐衰、大功、小功、缌麻。斩衰和齐衰是其中最重的。不辑边的为斩衰，父殁，穿这种丧服三年。辑边的为齐衰，父卒为母，穿这种丧服三年，父在为母

服一年。④幕：覆盖在棺材上的帐。 缪（xiāo）：素色的帛。

晋献公将杀其世子申生①，公子重耳谓之曰②："子盖言子之志于公乎③？"世子曰："不可，君安骊姬，是我伤公之心也。"曰："然则盖行乎？"世子曰："不可，君谓我欲弑君也，天下岂有无父之国哉！吾何行如之？"使人辞于狐突曰④："申生有罪，不念伯氏之言也⑤，以至于死。申生不敢爱其死，虽然，吾君老矣，子少，国家多难，伯氏不出而图吾君，伯氏苟出而图吾君，申生受赐而死。"再拜稽首⑥，乃卒。是以为"恭世子"也⑦。

【注释】

①晋献公：春秋时晋国国君。名诡诸。申生、重耳的父亲。 世子：天子和诸侯正妻所生的长子。也称太子。 申生：晋献公的长子。献公的宠姬骊姬想使亲生儿子奚齐继承君位，于是先让申生居曲沃，然后诬陷申生阴谋弑父，所以献公要杀申生。事见《左传》庄公二十八年、闵公二年、僖公四年及《国语·晋语》。②重耳：晋献公之子，申生的异母弟，即后来春秋五霸之一的晋文公。③盖：通盍，何不。下同。④狐突：狐氏，名突，字伯行。晋国大夫，申生的师傅，重耳的外祖父。⑤伯氏：指狐突。古人常以字称人，狐突字伯行，所以称他伯氏。⑥稽首：一种极恭敬的跪拜礼。⑦恭：恭是谥号，含有敬顺事上的意思。

鲁人有朝祥而莫歌者①，子路笑之。夫子曰："由，尔责于人，终无已夫！三年之丧，亦已久矣夫。"子路出，夫子曰："又多乎哉？逾月则其善也。"

【注释】

①祥：除丧的祭礼。守丧十三个月，孝子除首服，换练冠，叫小祥。守丧二十五个月，除丧服，叫大祥。这里指大祥。

鲁庄公及宋人战于乘丘①。县贲父御，卜国为右②。马惊，败绩，公队，佐车授绥③。公曰："末之卜也。"县贲父曰："他日不败绩，而今败绩，是无勇也。"遂死之。圉人浴马，有流矢在白肉④。公曰："非其罪也。"遂诔之⑤。士之有诔，自此始也。

【注释】

①鲁庄公：鲁国国君。名同，桓公之子。 乘丘：鲁地，在今山东曲阜县西北。鲁庄公十年（公元前684年）夏六月，齐、宋联军伐鲁，鲁在乘丘大败宋军，齐也不得不撤军。②县、卜，都是氏；贲父、国，是名。 右：即车右。古时，在主帅所乘的战车上，站在左边驾车的叫御，站在右边保护主帅的叫车右。车右一般挑选有勇力的战士担任。③队（zhuì）：同坠。 佐：战车的副车。 绥：用来拉着上车的绳索。④白肉：马股内侧的肉，比较隐蔽，所以中箭后不易被发现。⑤诔：文体的一种。人死后，别人称颂他的德性及功绩的文字叫诔。一般尊者可以诔贱者。

曾子寝疾，病①。乐正子春坐于床下②，曾元、曾申坐于足③，童子隅坐而执烛。童子曰："华而睆，大夫之箦与④？"子春曰："止！"曾子闻之，瞿然曰："呼⑤！"曰：

“华而睆，大夫之箦与?”曾子曰：“然，斯季孙之赐也[⑥]，我未之能易也，元，起易箦。”曾元曰：“夫子之病革矣，不可以变，幸而至于旦，请敬易之。”曾子曰：“尔之爱我也不如彼。君子之爱人也以德，细人之爱人也以姑息。吾何求哉？吾得正而毙焉，斯已矣。”举扶而易之，反席未安而没。

【注释】

①疾：较轻的病。 寝疾：犹卧病。 病：重病。②乐正子春：曾参的学生。乐正氏，字子春，春秋鲁人。③曾元、曾申：曾参的儿子。④睆（huǎn)：光泽貌。 箦（zé)：竹席。 与：语气词，同欤。⑤瞿然：惊起貌。 呼（xū)：叹词，嘘气声。 此箦为大夫所用之箦，曾子未尝为大夫，不当寝此箦。⑥季孙：鲁公子季友之后。季孙氏春秋鲁三桓之一，文公以后世代为鲁大夫，执掌国政。

始死，充充如有穷[①]；既殡，瞿瞿如有求而弗得[②]；既葬，皇皇如有望而弗至[③]。练而慨然，祥而廓然[④]。

【注释】

①充充：悲戚貌。②瞿瞿：眼珠迅速转动、精神不安貌。③皇皇：栖栖皇皇无所依托貌。④练：经练治的白色布，守丧十三个月后始戴练冠，所以称小祥之祭叫练。 祥：这里指大祥。

邾娄复之以矢，盖自战于升陉始也[①]。鲁妇人之髽而吊也，自败于台鲐始也[②]。

【注释】

①邾娄：即邾，古国名，曹姓，子爵。鲁穆公时改为邹，后为楚宣王所灭。在今山东省邹县一带。复：招魂。 升陉：鲁地。鲁僖公二十二年鲁伐邾，两国在升陉交战，邾国军队获胜。招魂通常是用衣服的，但是邾娄用矢招魂，这是从升陉之战以后开始的。②髽（zhuā)：妇女的丧髻。不用发巾，而以麻发合结叫髽。 台鲐（tái)：郑玄说：“台当为壶字之误也。”壶鲐，山名，春秋邾地，一名目台，《左传》作“狐鲐”。在今山东滕县东南。鲁襄公四年，鲁侵邾，在壶鲐被邾国军队打败。鲁国妇女平常都用发巾裹着发髻，有丧服时才去掉发巾。壶鲐战败以后，几乎家家都有人战死。于是，妇女们只好去掉发巾，穿着丧服去别人家吊丧。这样一来，就成了一种惯例。以后就是自家没有丧事，去别人家吊丧时，也都去掉发巾，露着发髻。

南宫绍之妻之姑之丧[①]，夫子诲之髽，曰：“尔毋从从尔。尔勿扈扈尔[②]，盖榛以为笄，长尺，而总八寸[③]。”

【注释】

①南宫绍（tāo)：字子容，孔子的弟子。也叫南容，据《论语·先进》：“南容三复白圭，孔子以其兄之子妻之。”则南宫绍的妻子就是孔子的侄女。 姑：古人称丈夫之母为姑。②从从：高大。 扈扈：广大，宽大。③总：束发的带子。

孟献子禫[①]，县而不乐[②]，比御而不入[③]。夫子曰：“献子加于人一等矣!”

【注释】

①孟献子：即鲁大夫仲孙蔑，公子庆父之后，以贤大夫著称。禫（dàn）：祭名。除服的祭礼。《仪礼·士虞礼》："期而小祥，又期而大祥，中月而禫。"郑玄注："中犹间也，禫，祭名也，与大祥间一月，自丧至此，凡二十七月。禫之言澹，澹然平安意也。"②县（xián）：悬的本字。③御：让妻妾陪伴、服侍着休息。丧主在守丧期间，都住在门外的倚庐或垩室里。

孔子既祥，五日弹琴而不成声[①]，十日而成笙歌。

【注释】

①不成声：是指声调不和谐。这是因为还没有摆脱悲痛的情感。

有子盖既祥而丝屦组缨[①]。

【注释】

①有子：孔子的弟子有若。字子有，春秋鲁人。 丝屦（jù）：指前头用丝作装饰的鞋子。 组缨：结冠的丝带。 丝屦组缨是吉服，祥祭之后不宜马上就穿戴。这是讥有子用之过早，失礼。

死而不吊者三：畏、厌、溺[①]。

【注释】

①畏：指轻身自杀者。 厌（yā）：通压，指在危险处行走，被崩坠的重物压死。 溺：指涉水淹死。这三种情形都是轻身忘孝，是失礼的行为，不值得同情，所以不必去吊丧。

子路有姊之丧，可以除之矣，而弗除也。孔子曰："何弗除也？"子路曰："吾寡兄弟而弗忍也[①]。"孔子曰："先王制礼，行道之人，皆弗忍也。"子路闻之，遂除之。

【注释】

①吾寡兄弟而弗忍：对已出嫁的姊妹，应该着大功服，服九个月的丧。子路因为兄弟少，想为姊服十三个月的丧。所以到了九个月还不忍心除掉丧服。

大公封于营丘[①]，比及五世，皆反葬于周[②]。君子曰："乐[③]，乐其所自生[④]，礼不忘其本。古之人有言曰：'狐死正丘首。'仁也。"

【注释】

①大公：即太公望吕尚。姜姓，吕氏，名尚，号太公望，俗称姜太公。 营丘：齐地，在今山东临淄一带。②周：指周地，周天子直接控制的地区，都城镐附近。③乐（yuè）：音乐。④乐（lè）：喜爱，合意。

伯鱼之母死①，期而犹哭②。夫子闻之曰："谁与哭者③？"门人曰："鲤也。"夫子曰："嘻④！其甚也。"伯鱼闻之，遂除之。

【注释】

①伯鱼，孔子的儿子，名鲤，字伯鱼。旧说伯鱼之母，为孔子之出妻，伯鱼为出母服丧。不可信，说见前注。此为伯鱼父在为母服丧。②期（jī）：一周年。父在为母服齐衰期，十三月祥，祥祭之后，不应该再哭。③与：语气词，同欤。④嘻：悲恨的声音。

舜葬于苍梧之野①，盖三妃未之从也②。季武子曰："周公盖祔③。"

【注释】

①舜：即虞舜，传说中的五帝之一。　苍梧：山名，又名九疑。在今湖南宁远县境。对于舜是否葬于苍梧，前人说法很不一致。②三妃：指舜的三个妃子娥皇、女英、癸比。但杭世骏、梁玉绳等人认为舜只有二妃，即娥皇、女英，"三妃"是"二妃"的讹误。见杭世骏《礼经质疑》、梁玉绳《檀弓剩义》。③周公：即姬旦，周文王的儿子。

曾子之丧，浴于爨室①。

【注释】

①爨（cuàn）室：厨房。按《士丧礼》，应该在正寝之室浴尸，没有在爨室浴尸的礼节。或说在厨房浴尸，是表示谦俭。

大功废业①。或曰："大功，诵可也。"

【注释】

①大功：丧服名。是为堂兄弟的丧服。布衰，服期九个月。　业：指学业，包括礼、乐、射、御、书、数等科目。

子张病①，召申祥而语之曰②："君子曰终，小人曰死③；吾今日其庶几乎？"

【注释】

①子张：孔子弟子。姓颛孙，名师，字子张，春秋陈阳城人。②申祥：子张的儿子。③终：完成了功业。君子虽死，但功名长存。　死：形骸消尽。小人的死，不仅形骸消尽，而且什么功名也没有流传下来。

曾子曰："始死之奠①，其余阁也与②？"

【注释】

①奠：设酒食以祭。②余阁：阁是庋阁，置放物品的架子。余阁，是病中放在庋阁上而没有吃完的食

品，如脯醢醴酒之类。

曾子曰："小功不为位也者①，是委巷之礼也。子思之哭嫂也为位②，妇人倡踊③。申祥之哭言思也亦然④。"

【注释】

①小功：丧服名。是为再从昆弟、外祖父母的丧服，服期五个月。 为位：这里是指丧礼中按照亲疏之位而号哭。②子思：姓原，名宪，字子思，又叫原思，孔子的弟子。春秋鲁人，一说宋人。③倡踊：率先跳跃顿足号哭。在丧礼中的踊，以跳跃顿足来表示悲哀感情。④申祥：子张的儿子。 言思：子游的儿子，申祥妻子的兄弟。 嫂、妻兄弟均无服，但为位。

古者冠缩缝，今也衡缝。故丧冠之反吉①，非古也。

【注释】

①反吉：与吉冠相反。殷代以前，吉冠、丧冠都是直缝的，后世认为古代直缝的冠质朴，于是只作为丧冠，因此就与横缝的吉冠不同。

曾子谓子思曰："伋，吾执亲之丧也，水浆不入于口者七日。"子思曰："先王之制礼也，过之者俯而就之，不至焉者，跂而及之。故君子之执亲之丧也，水浆不入于口者三日，杖而后能起。"

曾子曰："小功不税①，则是远兄弟终无服也，而可乎？"

【注释】

①税（tuì）：补行服丧之礼。

伯高之丧①，孔氏之使者未至，冉子摄束帛乘马而将之②。孔子曰："异哉，徒使我不诚于伯高。"

【注释】

①伯高：子贡的朋友，曾由子贡介绍与孔子见过面。死在卫国。②冉子：孔子的弟子。名求，字子有，也称冉有，春秋鲁人。 束帛：十卷帛。每卷长二丈。 乘（shèng）：四。古代的战车一乘四马，因以乘作四的代称。 将之：奉命前往。

伯高死于卫，赴于孔子，孔子曰："吾恶乎哭诸①？兄弟，吾哭诸庙；父之友，吾哭诸庙门之外；师，吾哭诸寝；朋友，吾哭诸寝门之外；所知，吾哭诸野②。于野，则已疏；于寝，则已重。夫由赐也见我③，吾哭诸赐氏。"遂命子贡为之主，曰："为尔哭也来者，拜之；知伯高而来者④，勿拜也。"

【注释】

①恶（wū）：疑问代词，哪里。哭丧应该有位，由于和死者的关系无法确定，所以哭丧的地点难以选择。②以上各种哭丧的处所，都是指在异地闻讣告以后而哭的地方。③赐：即子贡，孔子的弟子。姓端木，名赐，字子贡，也作子赣，春秋卫人。④知：俞樾《群经平议》说：“知犹为也。”

曾子曰：“丧有疾，食肉饮酒，必有草木之滋焉。”以为姜桂之谓也。

子夏丧其子而丧其明①。曾子吊之，曰：“吾闻之也：朋友丧明则哭之。”曾子哭，子夏亦哭，曰：“天乎！予之无罪也。”曾子怒曰：“商！女何无罪也？吾与女事夫子于洙、泗之间②，退而老于西河之上③，使西河之民，疑女于夫子④，尔罪一也；丧尔亲，使民未有闻焉⑤，尔罪二也；丧尔子，丧尔明，尔罪三也。而曰女何无罪与？”子夏投其杖而拜，曰：“吾过矣！吾过矣！吾离群而索居，亦已久矣。”

【注释】

①子夏，孔子的弟子。姓卜，名商，字子夏，春秋卫人。②洙、泗：洙水、泗水。在山东泗水县。孔子住在洙、泗之间，教授弟子。③西河：古地区名，今陕西东部黄河西岸地区。子夏居住的地点就在龙门附近。④疑：通拟。⑤闻：好名声。

夫昼居于内①，问其疾可也②；夜居于外，吊之可也。是故君子非有大故，不宿于外；非致齐也③，非疾也，不昼夜居于内。

【注释】

①昼居于内：这里指生病才白天睡在屋里。②夜居于外：这里指，居丧期间，夜里睡在门外倚庐里。③致齐（zhāi）：齐通斋。致齐是祭祀以前的斋戒。

高子皋之执亲之丧也①，泣血三年②，未尝见齿，君子以为难。

【注释】

①高子皋：孔子的弟子。姓高，名柴，字子皋，《论语》作子羔，春秋卫人。②泣血：无声而泣，形容眼泪像血一样淌出来。

衰①，与其不当物也②，宁无衰。齐衰不以边坐，大功不以服勤。

【注释】

①衰（cuī）：这里统指五种丧服。②不当物：言丧服的精粗、尺寸不合礼的规定，或者表情、举止同丧服不一致。

孔子之卫①，遇旧馆人之丧，入而哭之哀。出，使子贡说骖而赙之②。子贡曰：

"于门人之丧，未有所说骖，说骖于旧馆，无乃已重乎?"夫子曰："予乡者入而哭之，遇于一哀而出涕。予恶夫涕之无从也③。小子行之。"

【注释】

①之：路过的意思。②说（tuō）：通脱，解脱。 骖：古代的马车有四匹马，在两边拉车的马叫骖。赙（fù）：用财物助丧事。③无从：无以为继的意思。

孔子在卫，有送葬者，而夫子观之，曰："善哉为丧乎！足以为法矣，小子识之①。"子贡曰："夫子何善尔也?"曰："其往也如慕，其反也如疑。"子贡曰："岂若速反而虞乎②?"子曰："小子识之，我未之能行也。"

【注释】

①识（zhì）：通志，记住。下同。②虞：下葬后在殡宫兴行的安神之祭。

颜渊之丧①，馈祥肉，孔子出受之。入，弹琴而后食之②。

【注释】

①颜渊：孔子的弟子。姓颜，名回，字子渊，春秋鲁人。②弹琴：孔子为颜渊心丧废乐，及祥，乃弹琴以散哀思之情。

孔子与门人立，拱而尚右①，二三子亦皆尚右。孔子曰："二三子之嗜学也，我则有姊之丧故也。"二三子皆尚左。

【注释】

①拱：两手抱拳于胸前。 尚右：拱手时，右手在外掩左手叫尚右，是凶礼；左手在外掩右手叫尚左，是吉礼。妇女与此相反。

孔子蚤作①，负手曳杖，消摇于门②，歌曰："泰山其颓乎③？梁木其坏乎④？哲人其萎乎⑤?"既歌而入，当户而坐。子贡闻之曰："泰山其颓，则吾将安仰？梁木其坏，哲人其萎，则吾将安放⑥？夫子殆将病也。"遂趋而入。

【注释】

①蚤：通早。②消摇：同逍遥，和适貌。③泰山：是五岳之首，为众山所仰。④梁木：栋梁之材。⑤哲人：明达而有才智之人。 萎：王引之《经义述闻》认为两处"哲人其萎"都是后人据《孔子家语》增人的。⑥以上五句，《困学纪闻》说："《家语·终记》云：'泰山其颓，则吾将安仰？梁木其坏，吾将安杖？哲人其萎，吾将安放?'"

夫子曰："赐！尔来何迟也？夏后氏殡于东阶之上，则犹在阼也①；殷人殡于两楹之间，则与宾主夹之也[②]；周人殡于西阶之上，则犹宾之也[③]。而丘也殷人也[④]。予畴昔之夜，梦坐奠于两楹之间[⑤]。夫明王不兴，而天下其孰能宗予？予殆将死也[⑥]。”盖寝疾七日而没。

【注释】

①阼：东阶。阼阶为主人的位置。②楹：厅堂的前柱。两楹之间，即处在宾主之位之间，这是堂上最尊贵的位置。③西阶：宾的位置。以西为尊。④孔子的祖先正考父是宋国的贵族，宋是殷的后裔，所以孔子自称殷人。⑤坐奠：安坐。⑥殷人停柩在两楹之间。

孔子之丧，门人疑所服[①]。子贡曰：“昔者夫子之丧颜渊，若丧子而无服，丧子路亦然。请丧夫子，若丧父而无服[②]。”

【注释】

①疑所服：依礼，丧师无服，然而弟子以孔子不同于一般的老师，但不知道应服哪一等丧服。②无服：不穿丧服，而是在头上和腰间系上麻带，悲痛之情犹如亲人去世。

孔子之丧，公西赤为志焉[①]。饰棺：墙置翣设披[②]，周也；设崇牙[③]，殷也；绸练设旐[④]，夏也。

【注释】

①公西赤：孔子的弟子。公西氏，名赤，字子华，春秋鲁人。 志：通识。主办的意思。②墙：柩车外帷帐。旐：形如扇，以木为之，外包白布。 披：用两条帛带拴在棺木和柩车上，用来牵挽柩车，防止倾倒。③崇牙：是旌旐上端用来张旌旐的横木，刻成龃龉高出的笋牙。④绸练：用白色的绸绕旗竿。旐（zhào），魂幡。出丧时为棺柩引路的旗。

子张之丧，公明仪为志焉[①]。褚幕丹质[②]，蚁结于四隅，殷士也。

【注释】

①公明仪：子张的弟子，春秋鲁南武城人。②褚幕：覆盖棺柩的布幕。 丹质：指红色的布。

子夏问于孔子曰：“居父母之仇，如之何？”夫子曰：“寝苫枕干不仕，弗与共天下也。遇诸市朝。不反兵而斗[①]。”曰：“请问居昆弟之仇，如之何？”曰：“仕弗与共国，衔君命而使，虽遇之不斗。”曰：“请问居从父昆弟之仇，如之何？”曰：“不为魁[②]，主人能，则执兵而陪其后。”

【注释】

①不反兵而斗：不用回去取武器，而是随时携带着武器，时刻准备杀死仇敌。②魁：魁首，这里是带头的意思。

孔子之丧，二三子皆绖而出①。群居则绖，出则否。

【注释】

①绖（dié）：居丧期间扎在头上及腰间的麻带。群：这里指孔子弟子相为之服。

易墓①，非古也。

【注释】

①易墓：是芟治草木，不使墓地荒芜。

子路曰："吾闻诸夫子：'丧礼，与其哀不足而礼有余也，不若礼不足而哀有余也。祭礼，与其敬不足而礼有余也，不若礼不足而敬有余也。'"

曾子吊于负夏①，主人既祖，填池②，推柩而反之③，降妇人而后行礼④。从者曰："礼与?"曾子曰："夫祖者且也，且胡为其不可以反宿也?"从者又问诸子游曰："礼与?"子游曰："饭于牖下⑤，小敛于户内，大敛于阼⑥，殡于客位⑦，祖于庭，葬于墓，所以即远也。故丧事有进而无退⑧。"曾子闻之曰："多矣乎！予出祖者。"

【注释】

①负夏：古地名，卫地。故城在今山东兖州县西。②祖：祭名。古人出行以前要祭祀路神，称为祖。孝子事奉死者如事奉生者，所以在迁柩朝祖庙以后，设"祖"奠为死者饯行，然后再下葬。 填池：填，设置的意思；池是棺饰的一种，是用竹子做的，上面蒙着青布，设在晥下。③推柩而反之：祖奠时柩已向外，因曾子来吊，所以将柩车推回。这是不合于礼的做法。④降妇人而后行礼：柩车既复位，那么主人也回到未祖以前的位置，让妇人退到阶下，然后行礼。这也是不合于礼的作法。⑤饭：指饭含。把珠、玉、贝、米之类放在死者口中。⑥敛：即殓。给尸体穿上衣服，叫小敛；给尸体再穿上衣服，然后入棺，叫大敛。⑦客位：指西阶。⑧有进而无退：丧礼的过程是死者逐步远去，不能回头，所以说是有进而无退。

曾子袭裘而吊，子游裼裘而吊①。曾子指子游而示人曰："夫夫也②，为习于礼者，如之何其裼裘而吊也?"主人既小敛，袒、括发③。子游趋而出，袭裘带绖而入④。曾子曰："我过矣，我过矣，夫夫是也⑤。"

【注释】

①袭裘：掩着外衣而不露出裼衣，称为袭裘。这是凶礼的装束。 裼裘：敞开外衣露出裼衣，称为裼裘。这是吉礼的装束。古人皮裘上必着裼衣，裼衣外面又有正服。②夫夫：犹言此人。③袒：解开内外衣，露出左臂。 括发：束发。去掉平常蒙在发纷上的网巾，而用麻束发。④带：葛做的腰带。绖：扎在头上的葛带。⑤凡主人未变服以前，吊者仍然穿裼丧吉服；等主人变服以后，吊者才换成袭裘凶服。曾子看到子游改换装束以后，才知道自己比不上子游对礼仪的精审。

子夏既除丧而见，予之琴，和之而不和，弹之而不成声。作而曰："哀未忘也。先王制礼，而弗敢过也。"子张既除丧而见，予之琴，和之而和，弹之而成声。作而曰：

“先王制礼，不敢不至焉。”

司寇惠子之丧[①]，子游为之麻衰、牡麻绖[②]。文子辞曰[③]：“子辱与弥牟之弟游，又辱为之服，敢辞[④]。”子游曰：“礼也。”文子退反哭。子游趋而就诸臣之位，文子又辞曰：“子辱与弥牟之弟游，又辱为之服，又辱临其丧，敢辞[⑤]。”子游曰：“固以请。”文子退，扶适子南面而立[⑥]，曰：“子辱与弥牟之弟游，又辱为之服，又辱临其丧，虎也敢不复位[⑦]。”子游趋而就客位。

【注释】

①司寇惠子：即惠叔兰。司寇是职官名。名兰，卫公子郢之子，灵公之孙。②麻衰：用做吉服的十五升布做的衰。 牡麻绖：牡麻，即枲麻，是大麻的雄株。牡麻绖，是齐衰的绖。为朋友吊丧应服疑衰，用麻衰过轻，用牡麻绖又过重。子游因为惠子原将废嫡立庶，嫡子虎没有做丧主，子游故意不用一般吊丧的服饰去吊丧，含有讥刺的意思。③文子：即公孙弥牟。惠子的哥哥。④敢辞：是客气地推让，这里含有提醒子游的意思。文子认为子游的服饰不合常例，而应改用为朋友吊丧的服饰。⑤文子认为为朋友吊丧应就客位，而不应就家臣的位置，所以又辞谢。⑥適（dí）：通嫡，正妻所生的长子。南面：古代以坐北朝南为尊位，也是主位。⑦虎：惠子嫡子的名字。

将军文子之丧，既除丧，而后越人来吊[①]，主人深衣练冠[②]，待于庙[③]，垂涕洟。子游观之曰：“将军文氏之子，其庶几乎！亡于礼者之礼也[④]，其动也中[⑤]。”

【注释】

①越人：越国人。越国在今江、浙、闽一带。越国离中原各国路途遥远，所以除丧以后才到达。②主人：文子的儿子简子瑕。深衣：古代诸侯、大夫、士家居所穿的衣服。衣和裳相连，前后深长。这里是祥祭以后穿的麻衣。 练冠：是小祥时戴的帽子，即丧冠去掉上面所系的麻带。③待于庙：除丧之后神主已经移入祖庙，所以待于庙。待于庙就不能在家中迎接来吊丧的宾客。④亡：是存亡的“亡”。亡于礼者之礼，就是不在常礼之中的礼节。⑤中：既不过分，也不欠缺。

幼名，冠字，五十以仲伯，死谥，周道也。绖也者，实也。掘中霤而浴[①]，毁灶以缀足[②]，及葬，毁宗躐行[③]，出于大门，殷道也。学者行之。

【注释】

①中霤（liù）：室的中央。掘中霤而浴，是在室中央挖个坑，然后在坑上架上床，尸体在床上沐浴，洗过尸体的水就流到坑里。周代亦在室中浴尸，但在阶间稍稍靠西的地方挖坑，用盘接浴尸水，倒在坑中。②缀（chuò）足：拘牵死者的脚。人死后，脚会变得僵硬，为了能给他穿上鞋子，使用灶甓来拘牵他的脚。周代缀足是用燕几。③宗：宗庙，这里指宗庙的墙。 躐（liè）：越过。 行：行神。古代五祀，以过道神为行神，神位在庙门西侧。 毁宗躐行：殷代的人在祖庙行殡礼，到下葬的时候，毁去庙门西边的墙，然后从庙里拉出柩车。孔颖达认为，这是因为活着的时候出门，要设坛币，向行神祷告，然后驱车经坛位而过，希望能得到行神的祝福，一路平安。出葬时，毁去西墙，又经过行神的坛位，同样是希望像生前一样，能得到行神的祝福。周代的人出葬和这不一样，在正寝行殡礼，及葬，然后移至祖庙，在前庭祖奠，最后拉到墓地下葬，进出都由门，所以没有毁宗躐行的事。

子柳之母死①，子硕请具②。子柳曰："何以哉？"子硕曰："请粥庶弟之母③。"子柳曰："如之何其粥人之母以葬其母也？不可！"既葬，子硕欲以赙布之余具祭器④。子柳曰："不可，吾闻之也，君子不家于丧，请班诸兄弟之贫者⑤。"

【注释】

①子柳：鲁叔仲皮的儿子，是鲁国的卿。②子硕：子柳的弟弟。 具：指葬具。③粥（yù）：同鬻，卖。 庶弟之母：就是庶母。妾的地位很低贱，可以买卖。④赙布：助丧的钱财。⑤班：通颁，分给。

君子曰："谋人之军师，败则死之；谋人之邦邑，危则亡之。"

公叔文子升于瑕丘①，蘧伯玉从②，文子曰："乐哉斯丘也，死则我欲葬焉。"蘧伯玉曰："吾子乐之，则瑗请前③。"

【注释】

①公叔文子：卫献公的孙子，名拔，卫国大夫。 瑕丘：古地名，即负瑕，也作负夏，春秋卫地。故城在今山东兖州县西。②蘧伯玉：名瑗，字伯玉，谥成子，卫国大夫。③前：郑玄说，这是讥刺文子想要侵占别人的良田。蘧伯玉以先死而葬，讥刺文子。

弁人有其母死而孺子泣者①，孔子曰："哀则哀矣，而难为继也。夫礼，为可传也，为可继也。故哭踊有节。"

【注释】

①弁：地名，在今山东省泗水县的卞城。 孺子泣：像婴儿一样地哭泣。指不依照礼的规定痛哭。

叔孙武叔之母死①，既小敛，举者出户②，出户袒③，且投其冠，括发。子游曰："知礼④？"

【注释】

①叔孙武叔：公子牙六世孙，名州仇，谥武，鲁国大夫。②出户：指出室户至堂上。上"出户"谓举尸者出户，下"出户袒"谓武叔。敛者举尸出户，而武叔犹冠随以出户。忽想到括发，乃投其冠，忽遽失节之甚。③袒：指叔孙武叔解开衣袖，露出左臂。④知礼：是讥刺叔孙武叔举止失礼。因为依礼袒衣括发应在举尸出户之前。

扶君，卜人师扶右①，射人师扶左②。君薨以是举③。

【注释】

①卜人：仆人。 师：长，首长。②射人：官名，掌射法、射仪，凡是朝宴及射，掌导引百官坐到规定的位置上。③君薨以是举：平时由仆人、射人依礼安排国君的服饰及位置，所以国君刚死时仍由他们抬正尸体。以后各节的迁尸，都由丧祝一类的人担任。

从母之夫[①]，舅之妻，二夫人相为服[②]，君子未之言也。或曰：同爨缌[③]。

【注释】

①从母：母亲的姊妹。从母之夫，即姨夫。②二夫人：应是“夫二人”之误。夫，此。姨夫、舅母的对方为甥。言甥与姨夫，甥与舅母，相互之间，均无服。但如甥寄居于姨母或舅家，同爨而食，则可互服缌服。按“从母之夫”，“舅之妻”都是从甥的称呼说的，可见所指为甥与这两种人的“相为服”。旧说以为指姨夫与舅母二人相为服，非是。③同爨：共同起伙。缌：缌麻服，五种丧服中最轻的一种，服期三个月。

丧事，欲其纵纵尔[①]；吉事，欲其折折尔[②]。故丧事虽遽不陵节，吉事虽止不怠。故骚骚尔则野[③]，鼎鼎尔则小人[④]。君子盖犹犹尔[⑤]。

【注释】

①纵纵（zǒngzǒng）：急遽貌。②折折（títí）：安舒貌。③骚骚：急迫貌。④鼎鼎：滞重不行貌。 小人：指像小人一样不庄重。⑤犹犹：缓急适中貌。

丧具[①]，君子耻具[②]。一日二日而可为也者[③]，君子弗为也。

【注释】

①丧具：棺木、衣物等送丧的器具。②具：预先全部置办。这里表示不愿意亲人很快离去。孔颖达说：“棺即预造，衣亦渐制，但不一时顿具，故《王制》云：‘六十岁制，七十时制，八十月制，九十日修，惟绞紟衾冒，死而后制。’是也。”③一日二日而可为也者：指绞紟衾冒等可以在长辈死了以后赶制出来的东西。

丧服，兄弟之子犹子也[①]，盖引而进之也；嫂叔之无服也，盖推而远之也；姑、姊妹之薄也，盖有受我而厚之者也[②]。

【注释】

①犹子：服期和为众子的一样，并不是比照长子了。因为父为长子，要斩衰三年。②姑、姊妹：姑、姊妹没出嫁时，应该为她们服丧一年。如果嫁了人，就应降等而服大功。因为如果出嫁了就是异姓人家的人，一年的服就移转到夫婿的身上。故夫为妻期。

食于有丧者之侧，未尝饱也。

曾子与客立于门侧，其徒趋而出。曾子曰：“尔将何之?”曰：“吾父死，将出哭于巷[①]。”曰：“反哭于尔次[②]。”曾子北面而吊焉[③]。

【注释】

①哭于巷：弟子在曾子家学习，闻丧后，不能立即奔丧，但又不敢在老师家里哭，因此跑到巷里去哭。②次：指弟子寄宿的房间。③北面：是宾位。

孔子曰："之死而致死之①，不仁而不可为也；之死而致生之②，不知而不可为也。是故竹不成用，瓦不成味③，木不成斫，琴瑟张而不平，竽笙备而不和，有钟磬而无簨簴④，其曰明器，神明之也。"

【注释】

①之死：送死者。致死之：看作他无知。②致生之：看作他是活人。③味：郑玄说，当作"沬"。沬，洗脸。④磬（qìng）：一种敲击乐器。用玉、石为材料。簨簴（sǔnjù）：悬钟磬的木架。横木称"簨"，木柱称"簴"。以上六种是明器，都是有其形而无实用的器物。

有子问于曾子曰："问丧于夫子乎①？"曰："闻之矣：丧欲速贫，死欲速朽。"有子曰："是非君子之言也。"曾子曰："参也闻诸夫子也。"有子又曰："是非君子之言也。"曾子曰："参也与子游闻之。"有子曰："然，然则夫子有为言之也。"曾子以斯言告于子游。子游曰："甚哉，有子之言似夫子也。昔者夫子居于宋，见桓司马自为石椁②，三年而不成。夫子曰：'若是其靡也，死不如速朽之愈也。'死之欲速朽，为桓司马言之也。南宫敬叔反③，必载宝而朝。夫子曰：'若是其货也，丧不如速贫之愈也。'丧之欲速贫，为敬叔言之也。"

【注释】

①丧（sàng）：仕失去官职。　问：《释文》说："问，或作闻。"②桓司马：向魋，一名桓魋，宋大夫。司马，官名。③南宫敬叔：孟僖子的儿子仲孙阅，一名说，鲁大夫。

曾子以子游之言告于有子，有子曰："然，吾固曰非夫子之言也。"曾子曰："子何以知之？"有子曰："夫子制于中都①，四寸之棺，五寸之椁，以斯知不欲速朽也。昔者夫子失鲁司寇，将之荆②，盖先之以子夏，又申之以冉有，以斯知不欲速贫也。"

【注释】

①中都：鲁邑，在今山东汶上县西。鲁定公九年（前501年）孔子（五十岁）为中都宰，一年。②荆：即楚国，都城在郢，今湖北江陵西北。

陈庄子死①，赴于鲁，鲁人欲勿哭②，缪公召县子而问焉③。县子曰："古之大夫，束脩之问不出竟④，虽欲哭之，安得而哭之？今之大夫，交政于中国⑤，虽欲勿哭，焉得而弗哭？且臣闻之，哭有二道：有爱而哭之，有畏而哭之。"公曰："然，然则如之何而可？"县子曰："请哭诸异姓之庙。"于是与哭诸县氏。

【注释】

①陈庄子：齐陈恒的孙子，名伯，齐国大夫。②鲁人：指鲁国国君。因为没有国君哭邻国大夫的礼节，只要遣使致吊，所以鲁君想不为陈庄子哭。③缪（mù）公：战国时鲁国国君，悼公的孙子，名显，又作不衍，谥穆，又作缪。 县子：名琐，鲁国大夫，因为当时鲁弱齐强，陈氏又是齐国的权门，所以鲁君虽不愿哭，但却不能不有所顾忌，因而征询县子的意见。按：齐宣公四十五年陈庄子死，而二年以后鲁缪公才被立为国君的，因此这里所记似与史实不符。④束脩：十条干肉。这里指微薄的礼物。 问：问候。这里指私交。⑤交政：当时君弱臣强，大权都掌握在大夫手里，他们与外国盟会征伐，以结交各国诸侯、大夫。

仲宪言于曾子曰①：“夏后氏用明器，示民无知也；殷人用祭器，示民有知也；周人兼用之，示民疑也②。”曾子曰：“其不然乎！其不然乎！夫明器，鬼器也③；祭器，人器也④。夫古之人，胡为而死其亲乎？”

【注释】

①仲宪：孔子弟子原宪。②疑：指对死者是有知还是无知疑惑不定。③鬼器：为死者特设的明器。④人器：祭时所用之器，亦为平时使用之器。

公叔木有同母异父之昆弟死①，问于子游，子游曰：“其大功乎？”狄仪有同母异父之昆弟死②，问于子夏，子夏曰：“我未之前闻也，鲁人则为之齐衰。”狄仪行齐衰。今之齐衰，狄仪之问也。

【注释】

①公叔木：“木”应作“朱”，《春秋》作“戌”。是卫公叔文子的儿子，定公十四年奔鲁。②狄仪：生平事迹不可考。

子思之母死于卫①，柳若谓子思曰②：“子，圣人之后也，四方于子乎观礼③，子盖慎诸④。”子思曰：“吾何慎哉？吾闻之：‘有其礼无其财，君子弗行也；有其礼有其财，无其时⑤，君子弗行也。’吾何慎哉！”

【注释】

①子思之母：伯鱼的妻子，伯鱼死后，改嫁到卫国。②柳若：卫人。③礼：这里指丧礼。④盖（hé）：通盍，何不。⑤无其时：言无行礼之时，亦即言依礼不得服丧。郑玄注：“嫁母齐衰期。”恐非是。按《仪礼·丧服》齐衰期章：“出妻之子为母。”又《丧服传》：“出妻之子为父后者，则为出母无服。”此“出妻之子为母”为出妻之未嫁者。今伯鱼之出妻已嫁于卫，则其子子思不应有服。又子思为伯鱼之继承人，则亦不应为出母服。子思不为嫁母服丧是合礼的。故婉言之曰“无其时”。

县子琐曰：“吾闻之：‘古者不降，上下各以其亲①。’滕伯文为孟虎齐衰②，其叔父也；为孟皮齐衰③，其叔父也。”

【注释】

①古者不降：殷代无论贵贱嫡庶，一律依亲属关系服丧服，并不降等而服。可是到了周代，依周礼的规定，丧期一年以下的都要降等而服，以贵降贱，以嫡降庶。②滕伯文：殷代滕国的国君，伯是爵位，文是名。　孟虎：滕伯文的叔父。③孟皮：滕伯文兄弟的儿子。

后木曰[①]：“丧，吾闻诸县子曰：‘夫丧，不可不深长思也，买棺外内易。’我死则亦然。”

【注释】

①后木：鲁孝公的儿子惠伯巩的后代。后，一作厚。

曾子曰：“尸未设饰，故帷堂，小敛而撤帷。”仲梁子曰[①]：“夫妇方乱，故帷堂，小敛而撤帷。”

【注释】

①仲梁子：春秋鲁人。

小敛之奠，子游曰：“于东方。”曾子曰：“于西方，敛斯席矣[①]。”小敛之奠在西方，鲁礼之末失也。

【注释】

①席：设席。曾子的说法与周礼不符合。据《仪礼·士丧礼》，小敛以前的奠，都在尸东，即在尸的右方，不另设席。大敛之后，在西阶行殡礼，这才在西方设奠，设席。

县子曰：“绤衰繐裳[①]，非古也。”

【注释】

①绤（xì）：粗葛布。繐（suì）：丧服用的稀疏的细布。

子蒲卒，哭者呼灭[①]。子皋曰[②]：“若是野哉。”哭者改之。

【注释】

①子蒲：名灭，姓不可考。人死以后，只有在为他招魂时才喊他的名，以后就不应再喊他的名字。②子皋：即孔子的弟子高柴。字子羔，也作子皋，春秋齐人，一说卫人。

杜桥之母之丧[①]，宫中无相[②]，以为沽也[③]。

【注释】

①杜桥：生平事迹不可考。②相：是赞礼的人。③沽：简单。

夫子曰："始死，羔裘玄冠者[①]，易之而已[②]，"羔裘玄冠，夫子不以吊。

【注释】

①羔裘玄冠：是吉服。死者刚死时，还穿着羔裘，戴着玄冠的人是疏远的亲。②易之：改为素冠深衣。深衣，即古代诸侯、大夫、士家居所穿的衣服，衣和裳相联，如今之长袍。

子游问丧具，夫子曰："称家之有亡[①]。"子游曰："有亡恶乎齐？"夫子曰："有，毋过礼；苟亡矣，敛首足形，还葬[②]，县棺而封[③]，人岂有非之者哉？"

【注释】

①称（chèn）：相当，符合。 亡（wú）：通无。下同。②还（xuán）葬：还通"旋"。小敛、大敛以后，立即下葬，不停柩行殡礼。表示一切从俭。③封（biǎn）：当作"窆"，葬时下棺。悬棺而封，用手拉着绳子下棺，不设碑綍，不备礼。也表示一切从俭。

司士贲告于子游曰[①]："请袭于床[②]。"子游曰："诺。"县子闻之曰："汰哉叔氏[③]，专以礼许人[④]。"

【注释】

①司士贲：生平事迹不详。司士，复姓，原为官名。②袭：浴尸以后，给死者穿衣。③汰：自大。叔氏：子游的字。④专以礼许人：依礼，"袭"本应在床上给死者穿衣，可是子游不是说依礼应这样做，而说"诺"，好像礼是由他制定的一样。

宋襄公葬其夫人[①]，醯醢百瓮[②]。曾子曰："既曰明器矣，而又实之[③]。"

【注释】

①宋襄公：春秋宋国国君，姓子，名兹父。继齐桓公后为诸侯盟主。②醯醢（xìhǎi）：醯，是醋类；醢，是酱类，都是调味品。③宋襄公是殷人的后代，而殷人用祭器，宋襄公沿用殷人旧俗。

孟献子之丧[①]，司徒旅归四布[②]。夫子曰："可也。"

【注释】

①孟献子：鲁大夫仲孙蔑，以贤大夫著称。②司徒：指家臣中的司徒。 旅：下士。

读赗[①]，曾子曰："非古也，是再告也[②]。"

【注释】

①赗（fèng）：亲友赠送葬时用的如车马束帛等财物。把"赗"登记在木板上，柩车将行时，主人的史将登记的财物读一遍，告诉死者，这叫"读赗。"②再告：因为来吊丧的宾客在致赙时，史已告过，柩

车将行时又“读赗”，所以是再告。

成子高寝疾[①]，庆遗人[②]，请曰：“子之病革矣，如至乎大病，则如之何[③]？”子高曰：“吾闻之也：‘生有益于人，死不害于人。’吾纵生无益于人，吾可以死害于人乎哉？我死，则择不食之地而葬我。”

【注释】

①成子高：齐大夫国成，字子高，也叫国子高，成是谥，伯高的父亲。②庆遗：齐国庆封的族人。③大病：指死，讳言死，所以说大病。　如之何：是请示后事的意思。

子夏问诸夫子曰：“居君之母与妻之丧[①]。居处言语饮食衎尔[②]。”

【注释】

①可能有缺文。陈澔《集说》：“问，当作闻。”可从。②衎（kàn）尔：自在的样子。

宾客至，无所馆。夫子曰：“生，于我乎馆，死，于我乎殡。”

国子高曰：“葬也者，藏也；藏也者，欲之弗得见也。是故衣足以饰身，棺周于衣，椁周于棺，土周于椁，反壤树之哉[①]？”

【注释】

①反：覆。反壤，堆土造坟。　树：在墓地植树。

孔子之丧，有自燕来观者，舍于子夏氏。子夏曰：“圣人之葬人与？人之葬圣人也，子何观焉？昔者夫子言之曰：‘吾见封之若堂者矣[①]，见若坊者矣，见若覆夏屋者矣[②]，见若斧者矣。从若斧者焉[③]，马鬣封之谓也[④]。’今一日而三斩板[⑤]，而已封，尚行夫子之志乎哉！”

【注释】

①封：筑土为坟。②夏屋：殷代以后的屋子有四阿，而夏代的屋子却只有前后两檐，像汉代以后的门庑。③从若斧：王引之《经义述闻》以为“从若斧者焉”前有“吾”字。④马鬣封：是民间的俗名。马颈长鬃鬣的地方骨狭肉薄，形状像刃朝上的斧子。孔子认为像刃朝上的斧子这种形状的坟是很难登上去的，而且上面狭窄也很容易建成，因此他赞成这种封法。⑤斩板：造坟用的工具，类似筑土墙用的夹板。

妇人不葛带[①]。

【注释】

①葛带：用葛做的腰绖。丧服，男重首绖，女重腰绖。斩衰齐衰，在卒哭以后，将牡麻换成葛，但男

子不变首绖而妇人不变腰绖，仍用牡麻，所以说妇女一直不用葛做的腰带。

有荐新①，如朔奠②。

【注释】

①荐新：用新出的瓜果谷物祭奠祖宗。②朔奠：在行殡礼的这段时间里，早晚都有奠，只是醴酒脯醢之类。士在每月朔有大奠，大夫以上朔望都有大奠。大奠比照大敛的奠，用特牲。

既葬，各以其服除①。

【注释】

①三月葬后，先行卒哭之祭，然后主人主妇变服，将麻换成葛。各等亲属也随着换下重服，改服轻服。如果远亲中只有三个月的服，就可以除去丧服。

池视重霤①。

【注释】

①重霤（chóngliù）：霤是屋檐滴水的槽。水先流入槽中，再从槽中流到地上，所以叫做重霤。池是柩车的装饰，其状如宫室的重霤。

君即位而为椑①，岁壹漆之，藏焉②。

【注释】

①椑（bì）：最里面一层直接装尸体的内棺。②藏：在棺里装一些东西，不使它空着像着装等尸体的样子。

复①、楔齿②、缀足③、饭④、设饰⑤、帷堂并作⑥。父兄命赴者⑦。

【注释】

①复：为死者招魂。②楔齿：人刚死时，用角柶楔入死者齿间，使他张着嘴，以便浴尸后饭含。③缀足：人刚死时，用燕几将他的脚拘住，使他的脚不致因僵直而变形，以便浴尸后穿鞋。④饭：即饭含。用珠玉贝米之类纳入死者口中。⑤设饰：指袭敛迁尸时及又加着新衣。⑥帷堂：小敛时在堂上设置幕帷，小敛后即撤除。⑦父兄：这里指从父（叔伯）从兄（堂兄）。 赴者：报丧的人。“赴”是在“复”之后进行的，这时孝子悲伤过度而且又要忙于楔齿、缀足、饭、设饰、帷堂等，所以由从父从兄代命赴者。

君复于小寝、大寝、小祖、大祖、库门、四郊①。

【注释】

①小寝：日常居住的屋子。 大寝：即路寝，处理公务的地方。 小祖：四亲庙。 大祖：太祖庙。

郊：都城外三十里叫“郊”。

丧不剥奠也与①？祭肉也与？

【注释】

①剥：露在外。不剥，就是用巾盖着，以防灰尘。祭肉设巾，其他脯醢等不设巾。

既殡，旬而布材与明器①。

【注释】

①布：是曝晒的意思。木工所用打造椁材的材料应是干燥和预先准备好的。

朝奠日出，夕奠逮日①。

【注释】

①朝奠、夕奠：殡后葬前，早及晚均设奠祭。 逮日：太阳未落之时。

父母之丧，哭无时①。使，必知其反也②。

【注释】

①哭无时：父母去世后，未殡之前，哭不绝声；殡后，除朝夕哭外，及思慕时就哭；小祥后，悲哀到极点时也哭，这些都是“无时”的哭。②使：指受君命而外出。为父母守丧一年后可以为君使，但出使回来后必须设祭告亲。或说，此句连上，言随时哭，使死者闻声而返。今仍用前说。

练，练衣黄里①，縓缘②；葛要绖；绳屦无絇③；角瑱④；鹿裘衡长袪⑤，袪⑥，裼之可也⑦。

【注释】

①练：小祥以后所穿戴的丧服，即练冠、练中衣。中衣，穿在衰服里面的衣服，用湅过的布制成的，以黄色为衬里。②縓（quàn）：浅红色。③绳屦：麻绳做的鞋子。小祥以前穿的是草鞋。④瑱（tiǎn）：塞耳，悬在耳旁的饰物。吉时用玉，用角是表示还不能像吉时那样装饰。⑤鹿裘：居丧期间穿鹿裘。衡：通“横”，宽。⑥袪（qū）：袖口，这里指袖子。着练服前鹿裘的袖子又短又狭，着练服以后加长加宽。⑦裼：通“緆”。缘边。

有殡，闻远兄弟之丧①，虽缌必往②；非兄弟，虽邻不往。所识，其兄弟不同居者，皆吊③。

【注释】

①远兄弟：不同居的兄弟。②缌：本为五种丧服中最轻的一种。这里引申为远房兄弟。③吊：对生者

慰问。

天子之棺四重①：水兕革棺被之②，其厚三寸，杝棺一③，梓棺二④，四者皆周⑤。棺束缩二衡三⑥，衽每束一⑦。柏椁以端长六尺⑧。

【注释】

①四重：共四层。②兕：野牛。野牛有水生和陆生两种。革：熟皮。水兕革隔湿。③杝棺：椴木做的棺。④梓棺：梓木棺，有两层，内层棺叫“属”，外层棺叫“大棺”。⑤周：棺的上下四周都是密封的，这与椁不同，椁只围四周，上下却是空的，下有茵，上有抗席。⑥棺束：古时棺材不用钉子钉，而是用皮带束住，这叫“缄”。 缩：纵。⑦衽：榫头，结连棺盖与棺身的榫。两头宽，中间窄，形状像衣衽，所以叫“衽”，汉代叫“小腰”。⑧柏椁：以无数六尺长柏木，木端向外，垒叠于棺之四周，汉谓之黄肠题凑。

天子之哭诸侯也，爵弁绖纣衣①。或曰：使有司哭之，为之不以乐食②。

【注释】

①爵弁：像冕而没有旒，颜色像雀头赤而微黑。绖：郑玄认为是衍文。因为天子至尊，不见尸柩，不穿吊服。 纣（zī）：同缁，纯黑色的帛。②不以乐食：平时天子吃饭都要奏乐，诸侯死了，在殡殓期间天子吃饭时就不奏乐。

天子之殡也，菆涂龙輴以椁①，加斧于椁上②，毕涂屋，天子之礼也。

【注释】

①菆（cuán）：聚拢，在周围堆叠。菆涂，指在柩的四周堆木，并涂上白土，填平空隙。輴（chūn）：载柩的车。龙輴，在载柩车的辕上画上龙。以椁：再在积木外加椁。②斧：通黼，黑白相次的花纹，作斧形，刃白身黑，绣在幕上。

唯天子之丧，有别姓而哭①。

【注释】

①别姓而哭：是指分别同姓、异姓、庶姓，然后各就位而哭。并不是像朝觐那样，同爵就同位。

鲁哀公诔孔丘曰：“天不遗耆老，莫相予位焉，呜呼哀哉！尼父①！”

【注释】

①尼父：指孔子。尼是字（仲尼），父同甫，古代对男子的美称。

国亡大县邑，公、卿、大夫、士皆厌冠①，哭于大庙三日，君不举②。或曰：君举而哭于后土③。

【注释】

①公：就是“孤”。大国有孤，地位比卿高。厌（yā）冠：小功以下所服的丧冠名。因形状偃伏，所以称厌冠。②举：杀牲盛馔。③后土：土神。在社。因国土削小，所以到社里向土神哭。

孔子恶野哭[①]。

【注释】

①野哭：不依礼在应处的位上哭。

未仕者，不敢税人[①]；如税人，则以父兄之命。

【注释】

①税：以财物助丧。

士备人而后朝夕踊[①]。

【注释】

①国君的丧事，群臣朝夕都要到灵堂哭踊。哭可以按社会地位的高低为先后次序，但踊必须等全体到齐了才能开始。因士的地位最低，所以士都到齐了，就说明全体都到齐了。

祥而缟[①]。是月禫[②]，徙月乐。

【注释】

①祥：指大祥。缟：白色的生绢，这里指缟冠。②禫：祭名，在大祥隔一月而行禫礼，丧毕。

君于士有赐帟[①]。

【注释】

①帟（yì），用以承尘的小帐幕。大夫以上，在殡的期间，柩的四周有帷，上面有承尘的幕，由公家供给。士的地位卑，无幕，因此在特殊情况下由国君恩赐。

【译文】

公仪仲子家办丧事时，檀弓免而吊。仲子舍弃他的嫡孙而立庶子为丧主，檀弓说：“为什么呀？我从前还没听说过呢。”他快步走到门右边问子服伯子：“仲子舍弃他的嫡孙而立庶子作丧主，为什么？”伯子说：“仲子恐怕也是按古时的规矩做的。从前周文王舍弃伯邑考而立武王，微子舍弃他的嫡孙腯而立衍。那么仲子所行的恐怕也合乎古道。”子游向孔子请教这件事，孔子说：“不对！应该立嫡孙。”

侍奉双亲，要委婉地规谏双亲的过失，不要生硬地指责。要近在身边周到服侍，直到去世，极其哀痛地守丧三年。侍奉国君要无顾忌地直谏，不要隐瞒，在左右侍奉的各司其职，竭力服侍到去世，比照父母去世守丧三年。侍奉老师，不要生硬地指责，不要隐瞒。要在身边周到服侍，直到去世，身上虽然可以不穿孝服，心中要哀痛地守丧三年。

季武子建成一座住宅，杜氏的墓在西阶之下。杜氏后人请求季武子允许合葬，季武子同意了。杜氏后人入宅而不敢哭。季武子说："合葬不是古制，但自周公以来没有改变过，我允许他们合葬而不允许他们哭，是何道理？"于是让他们哭泣。

子上的母亲去世，子上不服丧。门人向子思问起这事说："从前先生的父亲不是为出母服丧的吗？"子思说："是的。""先生不让孔白服丧，为什么呢？"子思说："从前我父亲并没有违背礼。依礼，该提高规格的就提高，该降低规格的就降，我怎么能做得到呢？作我的妻子，她就是孔白的母亲，不作我的妻子了，她也就不是孔白的母亲了。"所以孔氏不为出母戴孝服丧，是从子思开始的。

孔子说："先跪拜参加丧礼的宾客，再俯首以头触地宣泄内心的哀痛，这是合于丧礼的规定。先俯首以头触地再拜宾客，就哀痛而诚恳到极点的表现。守丧三年，我遵从反哭而吊的周礼（殷礼是既封而吊）。

孔子把父母合葬在防之后，说："我听说古时墓地是不堆土作坟的。现在我是四处奔波的人，不能不做个标志，就在墓上堆土高四尺。孔子先返回了，门人们善后。下了大雨，门人们回来后，孔子问他们说："你们怎么回来得这么晚？"回答说："防地的墓塌了。"孔子没有说话。门人们连说几次，孔子流着泪说："我听说过，古人是不在墓上堆土作坟的啊。"

孔子在正室的厅堂上哭子路。有人来慰问，孔子拜谢来人。哭过之后，召使者进来，问子路死的情况。使者说："已经砍成肉酱了。"孔子马上命人把家中的肉酱倒掉了。

曾子说："朋友的墓上有了隔年的草，可以不再哭他了。"

子思说："人死三天，举行殡殓之礼。凡附在死者身上入殓的衣衾之具，必须真诚信实地处置好，不要让日后有所遗憾。三月以后下葬，凡附在棺内葬入的明器之类，必须真诚信实地安置好，不要让日后有所遗憾。守丧以三年为极限，亲人死后不要忘记他们。所以，君子有终生的哀思，却无一时的遗憾。所以，忌日不能奏乐。

孔子小时候父亲就去世了，孔子不知道父亲的墓地在哪里。母亲也没有告诉他，母亲死后，孔子在名为五父的地方举行殓礼。人们见到了都以为是在行葬礼。看他拉着灵柩的方式才知是行殡礼。孔子问过聊曼父的母亲，然后知道父亲所葬之地，才得以将双亲合葬于防。

邻居有丧事，即使舂米也不要唱歌；邻里有殡殓之事，就不要在街巷唱歌。

戴丧冠不要让帽带结好后余下的帽缨下垂。

有虞氏时（舜）用陶棺。夏后氏时烧砖砌在陶棺四周。殷人才用木料做棺材和外棺。周人在灵柩外垒墙并加上棺饰。

周人用殷人的棺椁葬十六至十九岁的殇子，用夏后氏四周砌砖的瓦棺葬八至十五岁的殇子，用有虞氏的瓦棺葬不满八岁的殇子。

夏后氏崇尚黑色，办丧事殡殓都在黄昏，战车驾黑马，祭祀用黑色的雄畜。殷人崇尚白色，办丧事殡殓都在中午，战车驾白马，祭祀用白色的雄畜。周人崇尚红色，办丧事殡殓都在太阳刚出来时，战车驾红马，祭祀也用赤色的牲畜。

鲁穆公的母亲去世了，派人去问曾子，说："丧事该怎么办？"曾子回答说："我从父亲那里听说，用哭泣表达悲哀，穿齐衰、斩衰表达对父母的哀悼之情，服丧时只喝粥，从天子直到

庶人都是相同的。用麻布作幕是卫国的风俗，用缣帛作幕则是鲁国的风俗。”

晋献公要杀他的世子申生，公子重耳对申生说：“你为什么不把你的想法告诉父亲呢？”世子说：“不行，父亲有骊姬才安逸，我说了就伤了父亲的心。”重耳说：“既然这样，你怎么不逃走呢？”世子说：“不行，父亲说我要谋害他，天下哪里会有没有父亲的国家呢？我能逃到哪里去。”便派人告诉他的师傅狐突，说：“申生有罪，没有听从您的话，才到了今天要死的地步。申生不敢贪生怕死。尽管如此，国君年纪老了，儿子还小，国家又多难，您又不肯出来为国君谋划。如果您出来为国君谋划，申生得到这个恩惠死也心安了。”再拜叩头，然后就自尽了。这就是他谥为“恭世子”的原因。

鲁国有一个人早上行祥祭之礼，晚上就唱歌。子路嘲笑他。孔子说：“由！你责备别人总没个完吗？三年守丧，时间够长了。”子路出去后，孔子说：“还能再多等多长时间呢，过一个月再唱就更好了。”

鲁庄公和宋国人在乘丘作战。县贲父驾车，卜国为车右。马受惊，战败了，庄公从车上掉了下来。随从庄公的副车车手，马上递给庄公车上的绳索，把他拉上车。庄公说：“太差劲了，卜国！”县贲父说：“过去没有惊奔失列，今日失列，这是由于我没有勇气。”于是赴向敌阵而死。后来马夫洗马时发现有一支箭射在马大腿内侧的肉上。庄公说：“马惊失列不是他们的罪过。”于是，为二人作诔文（表彰死者之文）加封谥号。士的有诔，就是从这时开始的。

曾子病了，病得很厉害。乐正子春坐在床下，曾元、曾申坐在脚边，一个童子坐在墙角举着火炬。童子说：“多么漂亮平滑，是大夫用的竹席吧？”子春说：“住口。”曾子听见了，吃惊地睁大眼睛，说：“啊？”童子说：“多么漂亮光滑，是大夫用的竹席吧？”曾子说：“是的。这是季孙送的，我没能换掉它。曾元，起来换席。”曾元说：“父亲的病很严重，不能挪动，希望能等到天亮，再为您换掉它。”曾子说：“你爱我的心意不如童子。君子爱人，成全人的美德；小人爱人，却迁就错误以求得安宁。我还有什么要求呢？我能合乎礼仪地死去就可以了。”于是抬起曾子换席，再放回到席子上，还没有放好就去世了。

亲人刚死时，心中极哀痛，好像路已走到了头，再也无路可走了。殡殓之后，眼神恍惚不定，若有所失又寻找不到。下葬之后，心中惶惶不安，好像盼望亲人归来又等不到。周年之后，慨叹时间过得太快。除服之后，觉得空虚寂寞。

邾娄用箭来招魂，是从升陉之战开始的。鲁国妇人去掉发巾，露出发髻去吊丧的习俗是从壶鲐之战失败后开始的。

南宫绍的妻子的婆婆去世时，孔子教她做露髻的方法，说：“你不要做得高高的，你不要做得宽宽的。用榛木做簪子，长一尺，束发的带子垂在髻后的部分长八寸。

孟献子举行禫祭后，只挂起乐器而不奏乐，可以和妻妾同床了，仍不让妻妾侍寝。孔子说：“献子超人一等啊。”

孔子在祥祭之后过了五天，弹琴还是不能成调，十天后才能用笙吹奏出曲子。

有子大概是祥祭一结束，就穿有丝饰的鞋子，戴五彩丝线装饰的帽子了。

人死而不吊问的情况有三种：因畏惧而自杀的，压死的，淹死的。

子路为姐姐服丧，可以除服了却不除。孔子问：“为什么不除服呢？”子路说：“我兄弟少，不忍心。”孔子说：“先王制定的礼仪，行仁义之道的人都不忍心。”子路听了，就除去了丧服。

太公姜尚封在营丘，传到五世，都返回葬在周地。君子说：“音乐是从人的心里产生出来的，礼也在于不忘根本。古人有句话说：“狐狸死时，头对着狐穴的方向。”这就是仁。

伯鱼的母亲去世了，已经一周年了伯鱼还在哭。孔子听见了，问："是谁在哭啊？"门人说："孔鲤。"孔子说："嘻，太过分了。"伯鱼听到后，就除服不哭了。

舜葬在苍梧的野外，大概他的三位夫人都没有与他合葬。季武子说："从周公起大概才开始合葬。"

为曾子办丧事时，洗浴尸体的热水是在厨房烧的。

服大功之丧要停止学业。有人说，服大功之丧，口诵学业是可以的。

子张病重时，把儿子申祥叫来告诉他说："君子去世称'终'，小人去世称'死'。我今天大概差不多可以说终了。"

曾子说："刚死时设的奠，是生时所收藏的食品吧？"

曾子说："小功（为兄弟服丧之礼）不按亲疏序列号哭，那是鄙俗的'礼'。"子思哭嫂就是在规定的位置上，妇人开始捶胸顿足哀哭。申祥哭言思时也是这样。

古时的帽子是直缝的，现在的却是横缝。所以丧时所戴的帽子要和吉冠相反改成直缝，这并非是古制。

曾子对子思说："伋！我为父亲守丧，七天没喝一口米汤。"子思说："先王制定的礼，贤者可以降低标准俯就它，不肖者就象矮子必须踮起脚才能达到它。所以君子在为父亲守丧时，三天不喝米汤，要扶着杖才能站起来。

曾子说："小功之服，如果丧期已过才知道，不再补行服丧之礼。那么，远道的从祖兄弟终将没有丧服，这可以吗？"

伯高死了。办丧事时，孔子派出送丧礼的使者没有来到，冉子借了一束帛四匹马送了去。孔子说："不对呀！平白无故让我失去了对伯高的诚信。"

伯高死在卫国，报丧给孔子。孔子说："我在哪里哭他呢？如果是兄弟，我在祖庙里哭他；如果是父亲的朋友，我在庙门外哭他；如果是老师，我在正寝哭他；如果是朋友，我在正寝门外哭他；是互相知名的，我在野外哭他。至于伯高，在野外哭过于疏远；在正寝哭又过重。伯高是通过子贡结识我的，我到子贡家哭他。"于是，让子贡代做主人，交待他说："为你哭的，来人要拜谢他；为伯高而来，不要拜谢。"

曾子说："守丧时生了病，吃肉饮酒必须配以草木的滋味。"草木，指的是生姜、桂皮之类的调味料。

子夏因死了儿子哭得眼睛失明。曾子去吊慰他，说："我听说，朋友丧失视力就要去哭他。"（或谓死了儿子去哭他，此一语双关。）曾子就哭起来。子夏也哭，说："天哪！我没有罪过啊！"曾子生气地说："商！你怎么没有罪过呢？我和你在洙水、泗水之间的地方共同侍奉夫子。上了年纪，你回到西河岸边养老，让西河的人疑心你和夫子道德相似没有区别。这是你的罪过之一。你为父亲守丧，没有让大家听到你有什么出色表现。这是你的罪过之二。死了儿子却哭坏了眼睛。这是你的罪过之三。你说，你怎么没有罪过呢？"子夏丢掉拐杖，下拜，说："我错了！我错了！我离开朋友们，独自生活的时间也太久了。"

白天还呆在正寝之中，可以去探问他的病。夜里睡在中门之外，可以去吊丧。因此，君子除非有丧事，通常不睡在中门之外。除非斋戒和生病，不能日夜呆在正寝之内。

高子皋为父亲守丧时，极哀痛地哭泣了三年，没有笑过。君子认为这是难能可贵的。

披麻戴孝，如果孝服不合法度，不如不戴孝。齐衰在身，不得偏倚而坐。服大功之丧，（大功，服堂兄弟等之丧），不得穿着丧服去做别的事。

孔子到卫国去，正逢从前馆舍主人的丧事。进去吊丧，哭得很哀伤。出来后，让子贡解下一匹驾车的边马送给丧家。子贡说："对门人的丧事都没有解下过边马，解下边马送给旧馆舍主人，恐怕太重了吧？"夫子说："我刚才进去哭他，一触动悲哀就流下泪来，我讨厌哭得没有来由。你去做吧。"

孔子在卫国时，遇到有人送葬。孔子在一旁观看，说："丧事办得太好了，足可以作为准则了。你们要用心记住。"子贡说："先生为什么称赞那丧事办得好呢？"孔子说："孝子送葬时象小孩子跟在父母身后啼哭。下葬后返回时，因亲人已留在墓中而迟疑不愿返回。"子贡说："哪里比得上赶快回来举行虞祭呢？"孔子说："弟子们记住，我还做不到呢。"

为颜渊去世办丧事时，丧家送来大祥的祭肉。孔子出门接受，回到屋里，先弹琴，然后才吃祭肉。

孔子和门人们拱手立着时，右手在左手上面。弟子们也都右手在上。孔子说："你们太爱学我了，我是因为有姐姐之丧的缘故啊。"弟子们就都把左手放在了右手上面（以示吉祥）。

孔子一大早起来，背着手拖着杖，闲适地在门外散步。唱道："泰山要崩塌了吧？梁木要折断了吧？哲人要凋零了吧？"唱完走进屋子，对着门坐下。子贡听到歌声，说："泰山如果崩塌了，那我们仰望什么呢？梁木如果折断了，哲人如果凋零了，那我们去效法谁呢？夫子恐怕要病倒了。"于是快步走进屋去。夫子说："赐！你来得怎么这样迟啊？夏后氏停柩在东阶之上，那还是在主位上；殷人停柩在两柱之间，那是处在宾主之间；周人停柩在西阶之上，那就是把死者看作宾客了。我是殷人，我前夜梦见自己安坐在两柱之间。没有圣明的君主出现，天下谁会尊崇我呢？我恐怕快要死了。"大约卧病七天孔子就去世了。

为孔子办丧事时，门人们都不清楚该穿什么丧服。子贡说："从前夫子为颜渊处理丧事，好像死了儿子而不穿丧服。处理子路的丧事也是这样。请大家处理夫子的丧事像死去父亲一样无服。

孔子的丧事，是公西赤操办的。装饰棺木，装饰灵柩的布帐外设置翣和披，是周制。设置有齿状边饰的旌旗，是殷制。用白色熟绢缠旗竿，设置魂幡，是夏制。

子张的丧事，是公明仪操办的。用红布做覆棺帐幕，四角画着蚂蚁交结往来的路。是殷礼士葬之饰。

子夏问孔子说："怀着杀父母之仇，要该怎么办？"夫子说："睡在草苫上，头枕着盾牌，不去做官，与仇人不共戴天。在市集或公庭遇到他，不必回家取兵器，立即与之决斗。"又问："请问怀着杀兄弟的仇要怎么办？"答："不和仇人在同一国做官。如果奉君命出使，遇到仇人也不决斗。""请问怀着杀堂兄弟的仇要怎么办？"答："不领着头报仇，如果死者家人能报仇，就拿起兵器跟在后面。"

为孔子守丧，孔门弟子头戴麻布，腰系麻带，聚在一起时都是这样吊服加麻的打扮。出门则脱掉。

整修坟墓，不是古制。

子路说："我听夫子说过，举行丧礼，与其悲哀不足而明器（送葬的礼物）和衣衾有余，不如明器衣衾不足而悲哀有余。举行祭礼，与其敬意不足，俎豆牲牢有余，不如俎豆牲牢不足，敬意有余。"

曾子到负夏吊丧，主人已经举行过祖奠，看见曾子来吊，就撤奠填池，推柩车返回。让妇人到阶下，然后行礼。随从的人问："这合乎礼吗？"曾子说："祖就是且，是将要迁柩，尚没有实施。既然尚未实施，为什么不能返回等到明天呢?”随从的人又问子游：“这合乎礼吗?”子游说：“在窗下饭含，在寝室中小殓，在主位大殓，在客位停柩，在前庭祖奠，葬进墓里。用来表示渐渐远去。因此，丧事有进无退。”曾子听到后，说：“他说的出祖，比我说的详尽多了。”

曾子遮盖着裼衣、裘衣去吊丧，子游却露出裼衣去吊丧。曾子指着子游让别人看，说：“这位先生是讲习礼的，怎么能露出裼衣、裘衣吊丧呢?”小殓之后，主人袒露其臂，用麻布束发。子游快步走出，遮盖任裼衣、裘衣，腰上扎好麻布，然后进来。曾子说：“我错了，我错了，这位先生是对的。”

子夏除掉丧服之后出见孔子。孔子递给他一张琴，他调不好弦，也弹不成调。站起来说：“我的悲哀还没有忘掉。先王制定的礼，我不敢有所超过。”子张除掉丧服之后去见孔子。孔子递给他一张琴，他调弦也能调好，弹奏也能成调。站起来说：“先王制定的礼，我不敢不做到。”

司寇惠子死了，家里办丧事。子游穿上吉布做的麻衰，扎好齐衰丧服用的麻布、麻带，然后去吊丧。文子辞谢说：“承蒙您与舍弟交往，又承蒙您来吊丧，太不敢当。”子游说：“这是礼呀!”文子退回原位，继续哭。子游快步走到家臣们的位置。文子又辞谢说：“承蒙您与舍弟交往，又承蒙您来吊丧，又承蒙您参加丧礼，太不敢当。”子游说：“我再次请您不必客气。”文子退下，扶出惠子的嫡子虎就主人的正位，面向南站着，说：“承蒙您与舍弟交往，又承蒙您来吊丧，又承蒙您参与丧礼，虎怎敢不到正位拜谢。”子游这才快步走到宾客的位置。

将军文子去世了，除丧以后又有越人来吊，主人穿着深衣，戴着练冠，在家庙里等待吊问。流着眼泪、鼻涕。子游见到他，说：“将军文子的儿子差不多!能行常礼之外的礼了。他的举动都合于礼。”

幼年称名，二十岁后称字，五十岁以后按排行称伯仲，死后称谥。这是周朝的礼制。

根据殷礼，结麻带于头或腰，这是表示殷人崇尚礼的实质性的行为。

在室中掘坑以浴尸，毁灶用灶甓拘脚以穿鞋，毁掉庙墙，越过行神之位，不经中门直接把柩车拉出大门。这是殷制。学习孔子的人依照这种规矩行事。

子柳的母亲去世了，弟弟子硕请求备办丧葬之具。子柳说：“因其没有钱用什么购置葬具呢?”子硕说：“请你卖掉庶弟的母亲吧。”子柳说：“怎么可以卖掉别人的母亲来安葬自己的母亲呢?不行!”下葬以后，子硕想拿别人送来的丧礼的剩余部分备办祭器。子柳说：“不行，我听说过，君子不利用丧事让家庭得利，请把它们分给兄弟中贫困的人吧。”

君子说：“指挥军队征战，战败就自杀以殉职；掌管邦国都邑，国家政权不稳定就放逐到国外以让贤。”

公叔文子登上瑕丘，蘧伯玉跟在后面。文子说：“我太喜欢这座山丘了。死后我希望能葬在这里。”蘧伯玉说：“您喜欢这里，就留下，我可要继续往前走了。”

弁邑有一个死了母亲的人象小孩子那样哭泣。孔子说：“悲哀是够悲哀了，可难以有人能跟得上。礼，要能够流传下去，都有人继承。所以哭和踩脚需要有一定的节度。”

叔步武叔的母亲死了，小殓之后，举尸的人举尸出寝门。然后叔孙武叔袒露手臂，而且扔掉小殓时戴的冠，用麻束发。子游评价说：“真懂礼啊!”

搀扶国君时，仆人之长扶右边，射人之长扶左边。国君去世，举尸也是这样。

姨母的丈夫和舅父的妻子，这两类人如何为对方服丧，君子没有说过。有人说，如果同吃

一锅饭，则为对方服戴孝三个月的缌麻之丧。

办丧事要显出匆忙紧迫的样子，吉庆事要显出从容安详的样子。所以办丧事即使匆忙急迫，也应井井有条不能紊乱；办吉庆事时虽然从容不迫，也不可懈怠而放任自流。所以，过于急迫则显得粗野，过于舒缓也就如同小人。君子则不紧不慢，要使缓急适中。

丧葬用的器物，君子耻于过早准备。一两天之内就可以赶制出来的东西，君子就不必预先准备。

丧服规定，兄弟的儿子和自己的儿子一样服期，使彼此的关系更为亲近。叔嫂之间不相为服，是为别男女之嫌而推得比较疏远。姑姊妹出嫁后降等服期只有九个月的大功之服，因为她们的夫婿将深恩重服，所以服丧之期降低。

孔子在有丧服的人旁边用饭，从来没有吃饱过。

曾子和客人站在门旁边。他的一个弟子快步走出门去。曾子问："你要去哪里?"回答说："我父亲去世了，我要出外到巷子里去哭。"曾子说："回去吧，就在你住的地方哭。"然后曾子面向北就宾位向他吊丧。

孔子说："给死者送礼物，认为死者毫无知觉，没有爱亲之心，是为不仁，不能这样做。给死者送礼物，认为死者仍有知觉，是缺乏理智，也不能这样做。所以，陪葬的竹器没有縢缘，不好使用。瓦器没烧过，不能盛水洗面。木器没好好雕斫。琴瑟虽张了弦却未调好，不能弹奏。竽笙虽已具备却未调音，不能吹奏。有钟磬而没有悬挂的木架，不能敲击。这些称为"明器"（随葬的器物），是把死者当作神明侍奉的。

有子问曾子说："你向夫子请教过丧失官职禄位后何以自处的问题吗?"曾子说："听说过，丧失了官职禄位要赶快变穷，死了要赶快腐朽。"有子说："这不是君子说的话。"曾子说："这可是我从夫子那里听到的。"有子还是说："这不是君子说的话。"曾子说："我和子游都听到了这句话。"有子说："这就对了，既然如此，那么夫子是有所指才说的。"曾子把这话告诉子游，子游说："有子说的话太像夫子所说的了。过去夫子住在宋国时，见桓司马亲自设计石椁，用了三年时间还没有完工。夫子说："如此奢侈浪费，死了还不如赶快腐朽的好"。死了要赶快腐朽，是专为桓司马说的。南宫敬叔失去官位以后，每次从国外回来，必定装载着宝物到朝廷上活动。夫子说，如此用财物行贿，失去了官职禄位还不如赶快穷了的好。丧失官位要赶快变穷，是专为敬叔说的。曾子把子游说的话告诉有子，有子说："不错，我本来就说过这不是夫子说的话。"曾子说："你是根据什么知道的?"有子说："夫子从前在中都制定规则，规定用四寸厚的棺，五寸厚的椁。因此我知道他不主张人死了赶快腐朽。以前夫子失去了鲁国司寇的官职，要到楚国去，先派子夏去安排，又接着派冉有去帮助办理，因此我知道他不主张失去官职禄位就赶快变穷。

齐国大夫陈庄子死了，向鲁国报丧。鲁国国君不想哭他，鲁缪么召见悬子，向他问这件事的处理办法。悬子说："古时的大夫，连束脩这样的薄礼都不出国境，和别国没有任何私交，即使想哭他，又怎么有机会哭他呢? 现在的大夫，把持朝政，和中原诸国交往，即使不想哭他，又怎么能不哭呢? 而且我听说过，哭的理由有两种，有因为爱而哭的，有因为怕而哭的。"缪公说："不错。不过这件事应该怎么办才行呢?"悬子说："请你到异姓的家庙去哭他吧。"于是缪公就到悬氏家庙去哭陈庄子。

仲宪对曾子说："夏后氏殉葬用不能使用的明器，目的是让人知道死者是没有知觉的。殷人用可以使用的祭器，是让人知道死者是有知觉的。周人兼用明器和祭器，是让人知道他们不认为死者有知，也不认为死者无知。”曾子说：“恐怕不是这样吧？明器，是鬼的器皿；祭器，是人用的器皿。上古的人怎么忍心以毫无知觉来看待他们死去的亲人呢？”

公叔木有个同母异父的兄弟死了，问子游该服什么丧服。子游说：“恐怕该服大功之服吧。”狄仪有个同母异父的兄弟死了，问子夏该服什么丧服。子夏说：“我从前没听说过该服什么丧服。鲁国人的习俗是服齐衰。”狄仪就服了齐衰。现在为同母异父服齐衰的规定，就是狄仪确定下来的。

子思的母亲改嫁到卫国后，死在了卫国。柳若对子思说：“您是圣人的后裔，四方之人都要到您这里来观看办丧事的礼仪，您可要慎重一些啊。”子思说：“我有什么可慎重的？我听说，有那个礼仪规定，但是没有那笔钱财，君子不行礼；有那个礼仪，也有那笔钱财，不是该行礼的时候，君子也不行礼。我有什么可慎重的？”

悬子琐说：“我听说，古时（殷时）尊贵者不降低服丧的等级标准，长辈、晚辈都按亲属关系服丧。殷时滕伯文为孟虎服齐衰之丧，孟虎是他的叔父；也为孟皮服齐衰，他却是孟皮的叔父。”

后木说：“办丧事的原则，我听悬子说过：‘办丧事不可不从长远考虑，买棺材一定要内外都平整光滑。’我死了也要这样。”

曾子说：“尸体还没有修饰，所以用帷幕遮着灵堂，小殓之后就撤去帷幕。”仲梁子说：“夫妇正在忙乱，还没就位，所以用帷幕遮着灵堂。小殓之后已就位，于是撤去帷幕。”

小殓时的奠祭，子游说：“设在东边。”曾子说：“设在西边，小殓的祭还要设席。”小殓的祭尊设在西边，是没有使用鲁国末世错误的礼仪。

悬子说：“用粗葛作衰，稀疏的细麻布作下衣，不是古制。”

子蒲死了，哭他的人哭时直呼他的名字“灭”。子皋说：“怎么能如此粗野啊!”哭他的人就马上改了过来。

杜桥母亲的丧事，殡宫中没有赞礼的人，论者以为太粗略了。

夫子说：“亲戚刚死，羔裘玄冠就要换成深衣素冠。”夫子从来不穿戴着羔裘玄冠去吊丧。

子游请教丧葬用具的事，夫子说：“要和家计的丰薄有无相对称。”子游说：“家计丰薄有无不同的人家要各办到什么程度才合适呢？”夫子说：“家中有钱不可越礼厚葬；如果没有钱，只要衣衾可以遮体，殓毕即葬，用绳子拉着棺木下葬，哪里会有人责备他呢？”

司士贲对子游说：“请允许我在床上为死者穿衣。”子游说：“可以”。悬子听说这件事后说：“叔氏太自大了，自作主张，拿礼许诺别人。”

宋襄公安葬他的夫人，用百瓮醋酱陪葬。曾子说：“殉葬的既然说是明器，却又填入实物”。

办完孟献子的丧事，司徒让下士把多余的钱帛等礼品归还四方送礼的人。夫子说：“这事办得很可以。”

读赗，曾子说：“不合古制，这等于重复宣读。”

成子高卧病在床，庆遗进来请示说：“您的病很危急了，如果再严重下去，怎么办呢？”子高说：“我听说过，活着要有益于别人，死了也不能妨害别人。我纵然活着时无益于人，我能用死来妨害别人吗？我死了后就找一块不能耕种的荒地葬我吧。”

子夏请教夫子说：“为君母、君妻居丧，要怎么办？”孔子说：“日常生活、言谈、饮食要如平日一样。”

有宾客从远方来，没有住的地方。夫子说："宾客来了就住在我家，如果死在我这里，就殡在我家。"

国子高说："葬，就是藏。藏，就是不想让人看见。因此，衣衾足以遮住身体，内棺能包住衣衾，外棺能包住内棺，土地能埋住外棺就行了。如今反而又堆土为坟，植树作为标记，何必要这么做呢。"

给孔子办丧事时，有人从燕国来观看葬礼，住在子夏家。子夏说："你以为是圣人葬人吗，这是普通人葬圣人，你看什么呢？从前夫子在谈到墓葬时说：'我见过把墓封得四方而高象堂屋似的，见过象堤防似的，见过上覆茅草象夏屋似的，见过象斧头似的。'我赞成像斧状的坟，就是俗称马鬣封的。现在筑坟，一天换三次板就筑好了，这大概可以算是实现了夫子的遗愿吧。"

妇人在除服之前不束葛带。

用新收割的五谷荐于新的亡者之灵，其礼仪与朔奠一样。

下葬之后，亲属应除服的即可自大行除服，不必等主人哭泣完毕。

柩车上承接雨水的沟，其名为池，款式比照死者生前所居宫室的重霤一样。

诸侯即位之初，就做好内棺，每年漆一遍。里面要放东西，不能空着。

招魂，掰开死者的嘴，用兽角制的勺顶住门牙，把死者两脚用矮几扳直，把米和贝放入死者口中，穿上新衣，堂上设帷幕。这是人咽气后要连续作的事。

报丧，要由父兄派出报丧人。

给国君招魂，必须在平时居处的地方，祭祀的地方，出入的地方和曾经到过的地方举行。

办丧事时，不能将祭品露见于外，这里所指的是所有的祭品呢？还是只指祭肉呢？

殡后第十天，就得备办椁材和明器。

停殡期间，朝奠在日出时进行，夕奠在日落前进行。

父母的丧事，要随时啼哭。如果外出为国君办事，返回时必须祭告，使父母的神灵知道孝子已经返回。

小祥（父母死后一周年的祭礼）之后的练服，用熟丝织成的缯做中衣，黄色衬里，浅红色中衣领及袖边，葛制腰绖，没有鞋鼻的麻鞋，角质的充耳，鹿裘的袖子可以加宽加长，袖口可以镶边。

停殡之后，听到远房兄弟去世，即使关系远到只是缌服（五服中最轻的一种，服丧三月）的兄弟，也必须前往吊丧。如果不是同宗兄弟，即使是邻居也不去。如果是平时相知的人，则其兄弟即使与死者不在一起住，也都要去吊。

天子的棺共有四重，水牛、犀牛的皮为第一重，各厚三寸；其次是椴木棺；外面还有两重梓木棺。四重棺周围密封。束棺的皮带竖着的两根，横着的三根，棺与盖之间加木楔连接，称"衽"，每束处必用一衽。用柏树近根处做椁材，长六尺。

天子哭诸侯时，戴色赤微黑的爵弁（冠名），葛绖，黑色丝衣。还有一种说法：派人替哭。天子为诸侯的丧事，殡、殓之间吃饭不奏乐。

天子的殡礼：柩四周用木材围住，涂白土。殡时用輴车载柩，车辕上画龙。柩四周堆的木材象椁之形。用绣有黑白相间斧文的缪幕覆棺，形如屋顶，全部涂满装饰起来。这就是天子的殡礼。

只有天子的丧事，诸侯按同姓、异姓、庶姓的区别各在自己的位置上哭。

鲁哀公诔孔丘时说："上天不留下这位老人，没有人帮助我治国了。呜呼哀哉！尼父！"

国家失去了大城镇，公卿、大夫和士都要戴丧冠到太庙哭三天。这三天国君不得享用杀牲的盛馔。还有一种说法：国君可以杀牲盛馔，但要到祀土神的社庙号哭。

孔子厌恶不在该哭的地方号哭的人。

没有做官的人，不得送给人财物以助丧。如果送人财物，必须秉乘父兄之命。

国君的丧事，诸臣有朝夕哭踊之礼。必须在士全部到齐后，群臣一齐踊。

大祥时戴白色生绢的冠。这个月举行禫祭，下个月就可以奏乐了。

国君对士，有时赐给一块小帐幕作灵柩上的承尘。

檀弓下

君之適长殇，车三乘[①]；公之庶长殇[②]，车一乘；大夫之適长殇，车一乘。

【注释】

①车，指遣车。遣车比一般的车小，出葬时载遣奠的牲肉送死者，然后放入椁内，一起埋葬。②公：指诸侯。

公之丧[①]，诸达官之长杖[②]。

【注释】

①公，指五等诸侯。②达官：指直接由国君任命的卿大夫。达官之长，是对不达者而言的。遇到君丧，就备服衰杖。而那些如府吏之类，不必服斩衰，只要服齐衰三个月就行了。

君于大夫，将葬，吊于宫[①]，及出，命引之，三步则止[②]，如是者三，君退；朝亦如之，哀次亦如之。

【注释】

①宫：指殡宫。②三步则止：当柩车拉出殡宫门时，孝子哭着攀住车辕不让走，所以国君才命人去拉柩车，又不忍夺孝子的思恋之情，因此拉了三步就停下来了。

五十无车者，不越疆而吊人[①]。

【注释】

①因为气力渐衰，不宜走远路，所以不必赶到老远的地方去问丧。

季武子寝疾，蟜固不说齐衰而入见[①]，曰："斯道也，将亡矣：士唯公门说齐衰[②]。"武子曰："不亦善乎？君子表微。"及其丧也，曾点依其门而歌[③]。

【注释】

①季武子，鲁大夫，专国政。蟜固：鲁士，能守礼，不畏权势，说（tuō）：脱去。当时蟜固正有齐衰服在身。依据礼的规定，只是入公门才须脱掉各种衰服，而入私门就不须这样。可是当时许多人由于畏惧季武子的权势，在进入季氏家门时都脱掉衰服。蟜固为了矫正这种不合乎礼的时俗，才不脱衰服去见季武子。②道：指下文的“士唯公门说齐衰”。《曲礼》下记载：各种衰服凶器都不入公门。③曾点：孔子的弟子，曾参的父亲。名点，字皙，春秋鲁国南武城人。 歌：是表示不废乐，与那种不合礼的时俗不同。依礼的规定，只有国君的丧事，士才穿丧服，而且废乐。

大夫吊[①]，当事而至，则辞焉。吊于人，是日不乐[②]。妇人不越疆而吊人。行吊之日不饮酒食肉焉。吊于葬者必执引，若从柩及圹，皆执绋[③]。丧，公吊之，必有拜者，虽朋友州里舍人可也[④]。吊曰：“寡君承事[⑤]。”主人曰：“临。”君遇柩于路，必使人吊之。大夫之丧，庶子不受吊。

【注释】

①大夫吊：指大夫吊士。②依礼哀乐不同日。《论语·述而》：“子于是日哭，则不歌。”③引、绋：牵引柩车的绳索叫“引”，举拉棺材下圹的绳索叫“绋”。④舍人：指死者寄寓的房主或管家。⑤承事：承助丧事。这是国君的介说的话。

妻之昆弟为父后死者，哭之适室，子为主[①]。袒免哭踊，夫入门右，使人立于门外，告来者，狎则入哭。父在，哭于妻之室；非为父后者，哭诸异室。有殡，闻远兄弟之丧，哭于侧室[②]；无侧室，哭于门内之右；同国则往哭之。

【注释】

①丈夫为妻子的昆弟无服，而外甥为舅则服缌麻，因此以子为主。②侧室：偏房。因为正寝停着灵柩，所以不能在正寝哭。

子张死，曾子有母之丧，齐衰而往哭之。或曰：“齐衰不以吊[①]。”曾子曰：“我吊也与哉[②]？”

【注释】

①齐衰不以吊：责备他失礼。②《礼记·杂记》说：“三年之丧，虽功衰不吊，如有服而将往哭之，则服其服而往。”曾子也不是一般的吊丧，而是去哭子张。

有若之丧，悼公吊焉[①]，子游摈，由左[②]。

【注释】

①悼公：鲁国国君，鲁哀公的儿子。名宁，谥悼。②摈：赞礼的人。 由左：丧事宾、主在右为尊；摈者应在左。但当时丧礼废亡，人们都以为赞礼的人应当由右边上下。这里是称赞子游纠正了时人的错误作法。

齐谷王姬之丧[①]，鲁庄公为之大功。或曰："由鲁嫁，故为之姊妹之服[②]。"或曰："外祖母也[③]，故为之服。"

【注释】

①谷：当作"告"，音近而误。告，赴告。 王姬：齐襄公的夫人，周天子宗室的女儿，由鲁国嫁给齐国。②周、鲁同姓，因此在春秋时期，周天子宗室的女儿就可以当作鲁国国君的姊妹，由鲁国嫁到别的诸侯国去，她死了以后，鲁君也就可以为她服姊妹的丧服——大功。③鲁庄公是齐襄公的妹妹文姜的儿子，所以王姬应是庄公的舅母，不是外祖母。舅母无服。为外祖母应服小功，不应服大功。"或曰"，是错误的。

晋献公之丧，秦穆公使人吊公子重耳[①]，且曰："寡人闻之，亡国恒于斯，得国恒于斯[②]。虽吾子俨然在忧服之中[③]，丧亦不可久也，时亦不可失也。孺子其图之[④]。"以告舅犯[⑤]，舅犯曰："孺子其辞焉。丧人无宝，仁亲以为宝。父死之谓何[⑥]？又因以为利，而天下其孰能说之？孺子其辞焉。"

【注释】

①秦穆公：秦国国君，名任好，嬴姓，春秋五霸之一。晋献公晚年宠骊姬，骊姬要谋害太子申生，祸及诸公子。公子重耳出亡，在狄时，献公死，穆公派人去问丧，并劝他把握住好时机，图取君位。②斯：指国君刚去世，需要有新君接替君位的时候。③忧服：父母死，居忧服丧。④孺子：年长的人对年幼的人的称呼。⑤舅犯：重耳的舅舅狐偃，字子犯，当时正随重耳出亡在外。

公子重耳对客曰："君惠吊亡臣重耳，身丧父死，不得与于哭泣之哀，以为君忧，父死之谓何？或敢有他志，以辱君义。"稽颡而不拜[⑦]，哭而起，起而不私[⑧]。子显以致命于穆公[⑨]。穆公曰："仁夫公子重耳！夫稽颡而不拜，则未为后也，故不成拜。哭而起，则爱父也。起而不私，则远利也。"

【注释】

⑦稽颡：叩头至地。 不拜：表示不敢以继承人自居。⑧不私：不私下与秦国使者谈返回晋国的事。说明重耳不打算趁机回国谋取君位。⑨子显：秦穆公的使者公子絷，字子显，一说"显"当作"韅"。

帷殡，非古也，自敬姜之哭穆伯始也[①]。

【注释】

①穆伯：即鲁大夫季悼子的儿子公甫靖。敬姜是穆伯的妻子，文伯歜的母亲。依礼，早晚哭不应当有帷，但因为敬姜少寡，为了避嫌疑，所以不撤帷而哭。

丧礼，哀戚之至也；节哀，顺变也。君子念始之者也[①]。

【注释】

①始：意生。始之者，指父母。

复，尽爱之道也，有祷祠之心焉；望反诸幽，求诸鬼神之道也。北面，求诸幽之意也。

拜稽颡，哀戚之至隐也；稽颡，隐之甚也。

饭用米、贝，弗忍虚也；不以食道[①]，用美焉尔。

【注释】

①食道：指活着的人饮食的方式，即吃熟食。

铭，明旌也[①]，以死者为不可别已，故以其旗识之[②]。爱之，斯录之矣；敬之，斯尽其道焉耳[③]。重[④]，主道也。殷主缀重焉，周主重彻焉。

【注释】

①铭：把死者的名氏写在旌上。②王引之《经义述闻》认为"旗识"本当作"旗识识"，传抄时漏掉一个"识"字。前一个"识"，是"帜"的通假字。③道：指奠。用事奉活着的人的方式来事奉死者。④重（chóng）：木制，长三尺。用二鬲盛粥，悬于重。人刚死时，未作神主，用重暂代神主牌，作为神灵的依凭。葬后虞祭才有神主牌。

奠以素器，以生者有哀素之心也；唯祭祀之礼，主人自尽焉尔；岂知神之所飨？亦以主人有齐敬之心也[①]。

【注释】

①齐（zhāi）敬：严肃恭敬。

辟踊，哀之至也，有筭[①]，为之节文也。

【注释】

①有筭：凡一踊三跳，三踊九跳为一节。

袒，括发，变也；愠，哀之变也。去饰，去美也。袒，括发，去饰之甚也。有所袒，有所袭，哀之节也。

弁绖葛而葬[①]，与神交之道也，有敬心焉。周人弁而葬，殷人冔而葬[②]。

【注释】

①弁：白色的祭冠。绖葛：是在弁上扎上葛绖。不完全是凶服。②冔（xiě）：白色的祭冠。

歠主人主妇室老[1]，为其病也，君命食之也。

【注释】

①歠（chuò）：饮，喝。办丧事时，最初几天无心饮食，三天以后，邻里煮粥给他们喝，而大夫以上则是由国君命其饮食。

反哭升堂[1]，反诸其所作也；主妇入于室，反诸其所养也。反哭之吊也，哀之至也。反而亡焉，失之矣，于是为甚。殷既封而吊，周反哭而吊。孔子曰："殷已悫，吾从周。"

【注释】

①反哭：是送葬回来以后在祖庙里哭，主人升堂，主妇则入室。此与前面的哭，男子于堂下，妇人于堂上，不同。　堂：是死者生前祭祀冠昏之处。

葬于北方北首，三代之达礼也，之幽之故也。既封，主人赠[1]，而祝宿虞尸[2]。既反哭，主人与有司视虞牲，有司以几筵舍奠于墓左[3]，反，日中而虞。葬日虞，弗忍一日离也。是月也，以虞易奠。卒哭曰成事[4]，是日也，以吉祭易丧祭，明日，祔于祖父[5]。其变而之吉祭也，比至于祔，必于是日也接，不忍一日末有所归也。殷练而祔，周卒哭而祔，孔子善殷。

【注释】

①赠：指赠送死者币。币，缯帛，随棺柩放入圹中。②祝：在丧礼中司祭礼的人。　虞：虞祭，下葬后回到殡宫举行的安神祭。尸：详《曲礼》注。③根据周礼，舍奠于墓左的尸，是以冢人充任的。④卒哭：三虞后的祭名。停止无时哭，而改为朝夕一哭。　成事：成祭事。即原丧祭改为吉祭。吉祭用尸。⑤祔祭：卒哭后的第二天，奉死者的神主到祖庙去祭死者，叫做祔祭。祭毕的当天仍旧奉神主还寝，即原先的殡宫，到大祥后才迁神主入庙。

君临臣丧，以巫祝桃茢执戈[1]，恶之也，所以异于生也。丧有死之道焉，先王之所难言也。

【注释】

①巫祝：从事通鬼神的人。　茢（liè）：扫帚。古时用桃枝、扫帚等以驱除不祥。

丧之朝也[1]，顺死者之孝心也，其哀离其室也，故至于祖考之庙而后行。殷朝而殡于祖，周朝而遂葬。

【注释】

①朝：出葬前引柩到祖庙，类似生前"出必告"。

孔子谓为明器者，知丧道矣，备物而不可用也。哀哉！死者而用生者之器也，不殆于用殉乎哉？其曰明器，神明之也。涂车刍灵，自古有之，明器之道也。孔子谓为刍灵者善，谓为俑者不仁①，不殆于用人乎哉②？

【注释】

①俑：用木或泥作的假人。②《十三经注疏》本“殆”前面没有“不”。今据阮氏《校勘记》补。

穆公问于子思曰：“为旧君反服①，古与？”子思曰：“古之君子，进人以礼，退人以礼，故有旧君反服之礼也；今之君子，进人若将加诸膝，退人若将队诸渊，毋为戎首，不亦善乎！又何反服之礼之有②？”

【注释】

①反服：离职后仍然回来奔君丧，并为他服齐衰三个月。据《仪礼·丧服》齐衰三月章，有三种情况应为旧君服：一、辞官家居后为旧君和君的妻母服。二、大夫流放在外，他的妻子和长子为旧君服。三、大夫待放，爵禄有列于朝，出入有诏于国，而为旧君服。②之礼：王引之《经义述闻》认为二字是衍文。

悼公之丧。季昭子问于孟敬子曰①：“为君何食？”敬子曰：“食粥②。天下之达礼也。吾三臣者之不能居公室也，四方莫不闻矣。勉而为瘠，则吾能，毋乃使人疑夫不以情居瘠者乎哉？我则食食。”

【注释】

①季昭子：季康子的曾孙，名强。孟敬子：孟武伯的儿子，名捷。②食粥：为君服斩衰三年，君刚死三天不能吃东西，殡以后只能喝粥，到十三个月练以后才能吃饭。

卫司徒敬子死①，子夏吊焉，主人未小敛，绖而往。子游吊焉，主人既小敛，子游出，绖反哭。子夏曰：“闻之也与？”曰：“闻诸夫子，主人未改服则不绖②。”

【注释】

①司徒敬子：司徒是以官为氏，敬子是公子许的后代。②改服：小敛之后，主人才以麻括发，称之改服。大敛之后，依丧服之制服冠衰，称之成服。

曾子曰：“晏子可谓知礼也已①，恭敬之有焉。”有若曰：“晏子一狐裘三十年，遣车一乘②，及墓而反③。国君七个④，遣车七乘；大夫五个，遣车五乘，晏子焉知礼？”曾子曰：“国无道，君子耻盈礼焉；国奢，则示之以俭；国俭，则示之以礼。”

【注释】

①晏子：名婴，字平仲，一说谥平仲，春秋时齐夷维人。齐大夫，历仕灵公、庄公、景公三代，景公时为齐相，以节俭力行，名显诸侯。②遣车：送葬时载牲体，并在下窆时随棺入圹的车子。③及墓而反：

因为殉葬的器物很少，所以很快就下葬完毕回家了。④个：指下葬前祖奠用的牲体的数量，国君大牢（用牛、羊、猪），大夫少牢（用羊、猪）、士特牲（只用猪）。每牲取臂、臑、胳为一个，每辆遣车各载一个。

国昭子之母死①，问于子张曰：“葬及墓，男子妇人安位？”子张曰：“司徒敬子之丧，夫子相，男子西乡，妇人东乡②。”曰：“噫！毋。”曰：“我丧也斯沾③。尔专之，宾为宾焉，主为主焉，妇人从男子皆西乡。”

【注释】

①国昭子：齐国大夫。②送葬时，男女分别站于墓道两边，男子面向西，妇人面向东。③沾：通觇，是看的意思。

穆伯之丧，敬姜昼哭①；文伯之丧②，昼夜哭。孔子曰：“知礼矣。”文伯之丧，敬姜据其床而不哭③，曰：“昔者吾有斯子也，吾以将为贤人也，吾未尝以就公室④；今及其死也，朋友诸臣未有出涕者，而内人皆行哭失声。斯子也，必多旷于礼矣夫。”

【注释】

①昼哭：只在白天哭，而夜里不哭。丧夫不夜哭，是表示不为私情而哭。②文伯：穆伯的儿子。③不哭：此处是暂时不哭的意思。④吾未尝以就公室：我不曾到公室去察看文伯的行止。季孙氏是鲁国的宗卿，所以敬姜有到公室会见的礼节。

季康子之母死①，陈亵衣②。敬姜曰：“妇人不饰，不敢见舅姑③，将有四方之宾来，亵衣何为陈于斯？”命彻之。

【注释】

①季康子：名肥，谥康，季孙斯的儿子，鲁国大夫。敬姜是他的从祖母。②亵衣：指内衣。小敛之前应先将敛衣陈列房中，现在却连内衣都陈列出来了。③舅姑：妇女称自己丈夫的父母为舅姑。

有子与子游立，见孺子慕者，有子谓子游曰：“予壹不知夫丧之踊也，予欲去之久矣。情在于斯①，其是也夫。”子游曰：“礼，有微情者②，有以故兴物者③。有直情径行者④，戎狄之道也。礼道则不然。人喜则斯陶，陶斯咏，咏斯犹⑤，犹斯舞，舞斯愠⑥，愠斯戚，戚斯叹，叹斯辟，辟斯踊矣。品节斯，斯之谓礼。人死，斯恶之矣，无能也，斯倍之矣。是故，制绞衾，设蒌翣⑦，为使人勿恶也。始死，脯醢之奠；将行，遣而行之；既葬而食之，未有见其飨之者也。自上世以来，未之有舍也，为使人勿倍也。故子之所刺于礼者，亦非礼之訾也。

【注释】

①斯：指小孩思慕父母，就毫无节制地恣意号哭。②微：是“约”的意思。③故：指人的本性所固有的情感。 物：指衰绖一类的具体事物。对于亲人的去世，不肖的人本来是没有悲哀感情的，现在穿戴上

衰绖，使他们看到丧服而引发他们内在的思慕哀痛的感情。④有：是衍文。⑤犹（yáo）：通摇，摇动。⑥舞斯愠：据《经典释文》出“愠斯戚”，注云：“此喜愠、哀乐相对。本或于此句上有‘舞斯愠’一句并注，皆衍文。”按《释文》校可从。今译文中删此句。⑦蒌翣（liǔshà）：古时棺木的装饰。蒌，即柳，柩车的上盖。

吴侵陈[①]，斩祀杀厉。师还出竟，陈大宰嚭使于师[②]。夫差谓行人仪曰：“是夫也多言，盍尝问焉：师必有名，人之称斯师也者，则谓之何？”大宰嚭曰：“古之侵伐者，不斩祀，不杀厉，不获二毛。今斯师也，杀厉与？其不谓之杀厉之师与？”曰：“反尔地，归尔子，则谓之何？”曰：“君王讨敝邑之罪，又矜而赦之，师与，有无名乎？”

【注释】

①吴侵陈：事在鲁哀公元年（公元前494年）。②大宰嚭（pǐ）：大宰是官名，嚭是人名。因为当时吴国有个大宰嚭（见《国语·越语上》、《史记·吴太伯世家》）因此前人多认为这里的大宰嚭就是吴国的大宰嚭，而下文的行人仪应当是陈国的使者。原文字句错误。“陈使大宰嚭使于师”，应作“陈使行人仪使于师”，“夫差谓行人仪曰”应作“夫差谓大宰嚭曰”，“大宰嚭曰”当作“行人仪曰”。今译文依此改。③夫差（chā）：春秋吴国国君，吴国阖闾的儿子。 行人仪：行人是官名，掌聘问等外交事宜。仪是人名。

颜丁善居丧[①]：始死，皇皇焉如有求而弗得；及殡，望望焉如有从而弗及；既葬，慨然如不及其反而息。

【注释】

①颜丁：鲁国人。

子张问曰：“《书》云：‘高宗三年不言，言乃欢[①]。’有诸？”仲尼曰：“胡为其不然也？古者天子崩，王世子听于冢宰三年[②]。”

【注释】

①高宗：殷高宗武丁。以上二句见于《尚书·无逸》，今本《尚书》作：“其在高宗……三年不言，言乃雍……。”②冢宰：六卿的首领，也叫太宰。这段话和《论语》的记载略有不同。《论语·宪问》：“子张曰：‘《书》云：高宗谅阴，三年不言。何谓也？’子曰：‘何必高宗，古之人皆然。君薨，百官总已以听于冢宰三年。’”

知悼子卒[①]，未葬，平公饮酒[②]，师旷、李调侍[③]，鼓钟。杜蒉自外来[④]，闻钟声，曰：“安在？”曰：“在寝。”杜蒉入寝，历阶而升[⑤]，酌[⑥]，曰：“旷饮斯。”又酌，曰：“调饮斯。”又酌，堂上北面坐饮之。降，趋而出。

【注释】

①知悼子：晋大夫荀盈，鲁昭公九年（公元前533年）死。②平公：晋国国君，名彪。 饮酒：指私燕。③师旷：晋国乐师，字子野。生而目盲，善辨声乐。 李调：平公的嬖臣。④杜蒉：平公的膳宰，

《左传》作屠蒯。⑤历阶：急促登阶，一步一级。⑥酌：此指罚酒。

平公呼而进之，曰："蒉，曩者尔心或开予，是以不与尔言。尔饮旷何也?"曰："子卯不乐[①]，知悼子在堂，斯其为子卯也大矣。旷也大师也，不以诏，是以饮之也。""尔饮调何也?"曰："调也君之亵臣也，为一饮一食，忘君之疾，是以饮之也。""尔饮何也?"曰："蒉也宰夫也，非刀匕是共，又敢与知防[②]，是以饮之也。"平公曰："寡人亦有过焉，酌而饮寡人。"杜蒉洗而扬觯[③]。公谓侍者曰："如我死，则必毋废斯爵也。"至于今，既毕献，斯扬觯，谓之杜举[④]。

【注释】

①子卯不乐：殷纣王在甲子自焚而死，夏桀在乙卯被放逐，所以做君王的都把甲子、乙卯作为忌日，不敢奏乐，以示警惕。②与（yù）：参预。③觯（zhì）：酒器。能盛一升酒的叫爵，能盛三升酒的叫觯。④这件事《左传·昭公九年》也有记载，但措辞不同，可参阅。

公叔文子卒[①]，其子戍请谥于君[②]，曰："日月有时，将葬矣，请所以易其名者[③]。"君曰："昔者卫国凶饥，夫子为粥与国之饿者，是不亦惠乎[④]？昔者卫国有难，夫子以其死卫寡人，不亦贞乎[⑤]？夫子听卫国之政，修其班制[⑥]，以与四邻交，卫国之社稷不辱，不亦文乎[⑦]？故谓夫子贞惠文子[⑧]。"

【注释】

①公叔文子：卫国大夫，名拔，一作发，献公的孙子。②君：指卫灵公。灵公，名元，献公的孙子。③易其名：根据丧礼，葬后行虞祭，接着是卒哭，卒哭就要避讳，不能直接称呼死者的名，而要称他的谥号。④惠：根据孔颖达疏引谥法说："爱民好与曰惠。"⑤有难：鲁昭二十年（公元前522年），卫司寇齐豹等作乱，杀灵公的哥哥公孟絷，灵公也逃到死鸟。　贞：谥法云："外内用情曰贞。"⑥修：俞樾《群经平议》认为本当作"循"，形近而误。⑦文：谥法云："道德博文曰文。"⑧贞惠文子：古代的谥一般只用一个字，后来也有用两个字的，但用三个字的很少见。公孙拔虽用三个字，但一般也只用一个"文"字。

石骀仲卒[①]，无适子，有庶子六人，卜所以为后者[②]。曰："沐浴佩玉则兆[③]。"五人者皆沐浴佩玉。石祁子曰[④]："孰有执亲之丧，而沐浴佩玉者乎?"不沐浴佩玉。石祁子兆[⑤]。卫人以龟为有知也。

【注释】

①石骀仲：卫大夫，石碏的族人。②卜：古人灼龟甲取兆，用来预测吉凶，称卜。③兆：问卜时，龟甲上显示吉凶的裂纹叫做"兆"。此话是卜人说的。④石祁子：石骀仲的六个庶子中的一个。⑤古人问卜时，先将要求神灵指示的问题刻在龟甲上，然后再按照烧灼出来的裂纹定吉凶。当时可能将六个人的名字都刻在龟甲上，而龟兆正好裂向石祁子的名字。

陈子车死于卫[①]，其妻与其家大夫谋以殉葬[②]，定，而后陈子亢至[③]，以告曰："夫子疾，莫养于下，请以殉葬。"子亢曰："以殉葬，非礼也；虽然，则彼疾，当养

者，孰若妻与宰？得已，则吾欲已；不得已，则吾欲以二子者之为之也。”于是弗果用。

【注释】

①陈子车：齐国大夫。②家大夫：陈子车的家宰。大夫的家宰本不应称大夫，但大夫强而僭，故家臣也僭称大夫。③陈子亢：陈子车的弟弟，即孔子的弟子陈亢。字子元，一字子禽，春秋陈人。

子路曰：“伤哉贫也，生无以为养，死无以为礼也。”孔子曰：“啜菽饮水尽其欢①，斯之谓孝；敛手足形②，还葬而无椁，称其财，斯之谓礼。”

【注释】

①啜（chuò）：饮。啜菽，喝豆粥。②手足：据阮氏《校勘记》应当改作“首足”。

卫献公出奔，反于卫①，及郊，将班邑于从者而后入②。柳庄曰③：“如皆守社稷，则孰执羁靮而从④？如皆从，则孰守社稷？君反其国而有私也，毋乃不可乎？”弗果班。

【注释】

①卫献公：卫国国君，名衎，在鲁襄公十四年（公元前559年）被孙林父、宁殖所逐，奔齐，鲁襄公二十六年复国。②班：通颁。班邑，赏赐封地。③柳庄：卫国太史，也随同献公出奔。④靮（dí）：马缰。

卫有大史曰柳庄，寝疾。公曰：“若疾革，虽当祭必告①。”公再拜稽首请于尸曰：“有臣柳庄也者，非寡人之臣，社稷之臣也，闻之死，请往。”不释服而往，遂以襚之②。与之邑裘氏与县潘氏，书而纳诸棺，曰：“世世万子孙，毋变也。”

【注释】

①当祭必告：举行祭祀的时候，也要向他讣告，以示对柳庄的恩宠。②襚：向死者赠送衣服，用来敛尸。卫君脱祭服以赐柳庄，是表示亲近贤臣。

陈乾昔寝疾①，属其兄弟，而命其子尊己曰：“如我死，则必大为我棺，使吾二婢子夹我。”陈乾昔死，其子曰：“以殉葬，非礼也，况又同棺乎？”弗果杀。

【注释】

①陈乾昔：事迹不详。

仲遂卒于垂①；壬午犹绎②，万入去籥③。仲尼曰：“非礼也，卿卒不绎。”

【注释】

①仲遂：鲁庄公的儿子东门襄仲，为鲁之卿。宣公八年死。 垂：春秋时齐国地名，位于今山东平阴

县境内。②绎：祭的第二天又祭称“绎”。③万：舞名。包括文舞、武舞。文舞执羽吹籥而舞。

季康子之母死，公输若方小①，敛，般请以机封②。将从之，公肩假曰③：“不可！夫鲁有初，公室视丰碑④，三家视桓楹⑤。般！尔以人之母尝巧，则岂不得以⑥？其毋以尝巧者乎⑦？则病者呼？噫！”弗果从。

【注释】

①公输若：当时的匠师，公输是氏，若是名。②敛：本指小敛、大敛，此指葬。 般：公输般，春秋时著名的巧匠。是公输若的族人。 请以机封：当时公输若主持敛事，因他年纪小，不懂礼，故公输般向他建议，不用通常的方式下棺。而是改用自己设计的机械来下棺。③公肩假：鲁人，季氏的族父兄。④丰碑：用大木斫成，形如石碑，树立在椁的前后及两旁。碑上部打个洞作辘轳，下棺时，绳子就绕着辘轳，然后按照鼓声缓缓缒下棺材。树四丰碑本是天子的礼仪，鲁君僭用这一礼仪。⑤桓楹：作用和碑一样，形状像大柱子。在椁的前后及两旁树四根大柱子来缒下棺材。这本是诸侯所用的礼仪，大夫也僭用这一礼仪。⑥以：同已。不得以，即“不得已”。⑦毋：本作“母”，误。今据郑玄注改作“毋”。

战于郎①，公叔禺人遇负杖入保者息②，曰：“使之虽病也，任之虽重也，君子不能为谋也，士弗能死也。不可！我则既言矣。”与其邻重汪踦往③，皆死焉。鲁人欲勿殇重汪踦④，问于仲尼。仲尼曰：“能持干戈，以卫社稷，虽欲勿殇也，不亦可乎？”

【注释】

①郎：鲁近邑。这次齐鲁间的战争发生在鲁哀公十一年（公元前 484 年），《左传》有详尽的记载。《左传》作“战于郊，”或以“郎”为“郊”之误。②公叔禺人：鲁昭公的儿子，《左传》作“公叔务人”。③重：是“僮”的假借字。下同。④殇：未成年而死叫殇，为他们所行的丧礼也称“殇”，比成人的丧礼稍略一些。

子路去鲁，谓颜渊曰：“何以赠我①？”曰：“吾闻之也，去国，则哭于墓而后行；反其国，不哭，展墓而入。”谓子路曰：“何以处我？”子路曰：“吾闻之也，过墓则式②，过祀则下。”

【注释】

①何以赠我：古人有临别赠言的习俗。②式：古人乘车时站立在车上，低头凭轼是表示敬意，这叫“式”。

工尹商阳与陈弃疾追吴师①，及之。陈弃疾谓工尹商阳曰：“王事也②，子手弓而可。”手弓。“子射诸。”射之，毙一人，韔弓。又及，谓之，又毙二人。每毙一人，揜其目。止其御曰：“朝不坐③，燕不与④。杀三人，亦足以反命矣。”孔子曰：“杀人之中，又有礼焉。”

【注释】

①工尹商阳：工尹是楚官名，商阳是人名。 陈弃疾：楚公子弃疾，共王的儿子，曾帅师灭陈，所以楚人以“陈”作为他的封号，后自立为王，即楚平王。②王事：楚本是子爵，后僭称王。王事，谓负有楚王的使命。因商阳心地仁慈，不忍伤人，故弃疾以王事来激励他。③朝不坐：依照礼仪，朝见时都是站着。但楚国与中原地区不同，在大堂上朝见时，大夫坐在堂上，士站在堂下。④燕不与：在大堂上举行宴会时，大夫坐在堂上，士地位低，没有席位，只能站在堂下，所以说：“不与”。这两句说自己的地位低下。

诸侯伐秦，曹桓公卒于会①。诸侯请含。使之袭②。襄公朝荆③，康王卒④。荆人曰：“必请袭。”鲁人曰：“非礼也。”荆人强之。巫先拂柩⑤，荆人悔之。

【注释】

①诸侯伐秦：在鲁成公十三年（公元前578年）。 曹桓公：应作曹宣公，声近而误。曹宣公，名庐，《左传》作“卢”，《史记》作“彊”，文公的儿子。曹本是伯爵，僭称公。 卒于会：《左传》作“卒于师”。②使之袭：袭，为尸穿衣。这事应该由祝一类的地位低贱的人来做，让诸侯国君来做，是有意贬抑诸侯而抬高身价，这样做不符合礼的规定。③襄公：鲁国国君，名午，成公的儿子。④康王：楚国国君，名昭，共王的儿子。⑤巫先拂柩：拂，就是祓，祓除不祥的意思。巫先拂柩是君临臣丧的礼节。

滕成公之丧①，使子叔敬叔吊②，进书，子服惠伯为介③。及郊，为懿伯之忌，不入④。惠伯曰：“政也，不可以叔父之私，不将公事。”遂入。

【注释】

①滕成公：滕国的国君，姬姓，名原，鲁昭公三年（公元前539年）去世。②子叔敬叔：鲁大夫叔弓。③子服惠伯：名椒。于世次，敬叔称惠伯为叔父。④懿伯：惠伯之父，亦敬叔之叔祖。 忌：郑玄注：“忌，怨也。敬叔有怨于懿伯，难惠伯也。”按郑说恐不确。忌，忌日。因至滕郊，遇懿伯忌日，忌日不作他事，故敬叔欲缓日乃入。惠伯以为不能以私事误公事。《左传·昭公三年》亦载其事。云：“及郊，遇懿伯之忌。”用“遇”字，则“忌”不能作怨讲，而应指忌日，甚为明显。

哀公使人吊蒉尚①，遇诸道。辟于路，画宫而受吊焉②。曾子曰：“蒉尚不如杞梁之妻之知礼也③。齐庄公袭莒于夺④，杞梁死焉。其妻迎其柩于路，而哭之哀。庄公使人吊之。对曰：‘君之臣不免于罪，则将肆诸市朝，而妻妾执；君之臣免于罪，则有先人之敝庐在。君无所辱命。’”

【注释】

①哀公：鲁哀公。 蒉（kuì）尚：鲁士，当时正为亲长办丧事。②画宫而受吊：应该在殡宫接受宾客的慰问，但是哀公的使者是在路上遇到柩车的，所以蒉尚只好在地上画了殡宫的图，然后就位受吊。③杞梁：春秋齐国大夫，名殖，一作植。齐庄公四年（公元550年），齐袭莒，杞梁战死。④齐庄公：齐国的国君，名光，灵公的儿子。 夺：《左传》作“隧”，声近而误。隧，狭路。《左传·襄公二十三年》亦载此事。云：“下妾不得与郊吊。齐侯吊诸其室。”这两件事都是说，于郊野不能行吊礼。

孺子䵷之丧[①]，哀公欲设拨[②]，问于有若。有若曰："其可也，君之三臣犹设之[③]。"颜柳曰[④]："天子龙輴而椁帱[⑤]，诸侯輴而设帱，为榆沈，故设拨[⑥]。三臣者废輴而设拨，窃礼之不中者也，而君何学焉？"

【注释】

①䵷（tūn）：鲁哀公的小儿子。②哀公：鲁哀公。 拨：殡车上的绋，牵引殡车的绳子，只有天子和诸侯的殡车上才有"拨"。③三臣：指仲孙氏、叔孙氏、季孙氏三家权臣。④颜柳：事迹不详。⑤輴（chūn）：殡车。 帱（chóu）：殡车上的帷。⑥沈：同沉，沉重。榆木木质重，经得起天子、诸侯沉重的柩，故用榆木来做殡车的车毂。

悼公之母死，哀公为之齐衰[①]。有若曰："为妾齐衰，礼与？"公曰："吾得已乎哉？鲁人以妻我。"

【注释】

①为之齐衰：鲁悼公的母亲是鲁哀公的妾。士、大夫为贵妾服缌麻，天子、诸侯为贵妾无服。为正妻才服齐衰。

季子皋葬其妻[①]，犯人之禾。申祥以告曰："请庚之。"子皋曰："孟氏不以是罪予[②]，朋友不以是弃予，以吾为邑长于斯也，买道而葬，后难继也。"

【注释】

①季子皋：即孔子的弟子高柴，又以字为氏。为孟氏的成邑宰。②孟氏：为季子皋的主人。郑玄说：季子"恃宠虐民"，非也。

仕而未有禄者[①]，君有馈焉曰献，使焉曰寡君；违而君薨，弗为服也。

【注释】

①禄：俸禄。仕而未有禄，指初来尚未定官位。

虞而立尸，有几筵[①]。卒哭而讳，生事毕而鬼事始已。既卒哭，宰夫执木铎以命于宫曰[②]："舍故而讳新[③]。"自寝门至于库门[④]。

【注释】

①虞祭以前的奠都没有尸，也不设几筵。虞祭以后有尸，设几筵。②宰夫：官名，掌理丧事的戒令。木铎：以木为舌的铃。古人宣扬政教时摇木铎使人注意。③舍故而讳新：高祖之父当迁者，不再避讳，而新死者祔庙以后当讳。④寝门：路门。诸侯的宫室有三门，路门是最里面的门，也就是正寝的门。。 库门：宫室最外面的门。宗庙和百官都在此。从寝门到库门，是让百官均知道。

二名不偏讳[①]，夫子之母名徵在[②]，言"在"不称"徵"，言"徵"不称"在"。

【注释】

①偏：应当作“徧”，传写误作“偏”。②徵在：颜氏女。

军有忧，则素服哭于库门之外，赴车不载櫜韔[①]。

【注释】

①赴车：是回来报告打败仗消息的车子。 櫜（gāo）：盛铠甲的袋子。韔（chàng）：弓袋。不载櫜韔，铠甲、弓箭都不装进袋里，表示要报仇雪耻。

有焚其先人之室，则三日哭。故曰：“新宫火，亦三日哭[①]。”

【注释】

①这二句话亦见于《春秋·成公三年》，原文是：“新宫灾，三日哭。”

孔子过泰山侧，有妇人哭于墓者而哀，夫子式而听之。使子路问之曰[①]：“子之哭也，壹似重有忧者。”而曰：“然。昔者吾舅死于虎，吾夫又死焉，今吾子又死焉。”夫子曰：“何为不去也？”曰：“无苛政[②]。”夫子曰：“小子识之，苛政猛于虎也。”

【注释】

①子路：惠栋校宋本、《孔子家语》等作“子贡”。②政通征。指赋税和徭役。

鲁人有周丰也者[①]，哀公执挚请见之[②]，而曰不可。公曰：“我其已夫。”使人问焉，曰：“有虞氏未施信于民而民信之，夏后氏未施敬于民而民敬之，何施而得斯于民也？”对曰：“墟墓之间，未施哀于民而民哀；社稷宗庙之中，未施敬于民而民敬。殷人作誓而民始畔，周人作会而民始疑。苟无礼义忠信诚悫之心以莅之，虽固结之，民其不解乎？”

【注释】

①周丰：鲁国的贤士。②挚：通贽，见面的礼物。

丧不虑居，毁不危身。丧不虑居，为无庙也；毁不危身，为无后也。

延陵季子适齐[①]，于其反也，其长子死，葬于嬴博之间[②]。孔子曰：“延陵季子，吴之习于礼者也。”往而观其葬焉。其坎深不至于泉，其敛以时服。既葬而封，广轮揜坎，其高可隐也[③]。既封，左袒，右还其封[④]，且号者三，曰“骨肉归复于土，命也。若魂气则无不之也，无不之也。”而遂行。孔子曰：“延陵季子之于礼也，其合矣乎。”

【注释】

①延陵季子，即吴国公子季札。延陵是他的封邑，因以为号。季札是吴王寿梦的季子，寿梦想把王位传给他，辞不受。②嬴、博：齐国二邑名，位于今山东莱芜县西北，泰安县东北。季札聘齐时可能带着长子同行，故把长子葬在齐地。③隐：用手凭靠着。意谓坟堆得不高。④右还（xuán）：还，通旋。古之右还即今之左转。古代以外手言，今以内手言。

邾娄考公之丧[1]，徐君使容居来吊含[2]，曰："寡君使容居坐含，进侯玉[3]，其使容居以含。"有司曰："诸侯之来辱敝邑者，易则易[4]，于则于[5]，易于杂者[6]，未之有也。"容居对曰："容居闻之：事君不敢忘其君，亦不敢遗其祖。昔我先君驹王西讨，济于河，无所不用斯言也。容居，鲁人也，不敢忘其祖。"

【注释】

①邾娄考公：邾娄，春秋时国名。考公，应当是定公，因为考公时，徐国已被吴国所灭。②徐：春秋时国名，僭称王。　容居：徐国的大夫。③进侯玉：当时徐子僭称王，妄自尊大，打算用天子为诸侯吊含的礼节来为定公吊含。④易：简略。⑤于：广大，尊显。⑥易于杂者：易是臣礼，于是君礼，而当时容居想以臣的身份行君礼，此是徐君自比天子，想让自己的大夫和诸侯平起平坐，所以邾娄的有司拒绝了容居的要求。

子思之母死于卫，赴于子思，子思哭于庙。门人至曰："庶氏之母死，何为哭于孔氏之庙乎[1]？"子思曰："吾过矣，吾过矣。"遂哭于他室。

【注释】

①庶氏：子思的母亲改嫁后夫家的姓氏。妇女改嫁后就和前夫的家族断绝关系了，所以她去世后就不能在前夫的祖庙里哭她。

天子崩，三日，祝先服；五日，官长服；七日国中男女服；三月，天下服。虞人致百祀之木，可以为棺椁者斩之；不至者，废其祀，刎其人。

齐大饥，黔敖为食于路[1]，以待饿者而食之。有饿者，蒙袂辑屦，贸贸然来。黔敖左奉食，右执饮，曰："嗟来食[2]。"扬其目而视之，曰："予惟不食嗟来之食，以至于斯也。"从而谢焉，终不食而死。曾子闻之曰："微与[3]？其嗟也可去，其谢也可食。"

【注释】

①黔敖：春秋时齐国的士，一作禽敖。②嗟来：来，是语助词。嗟来，是叹词，表示怜悯。③微：是"非"的意思。

邾娄定公之时[1]，有弑其父者。有司以告，公瞿然失席，曰："是寡人之罪也。"曰："寡人尝学断斯狱矣：臣弑君，凡在官者杀无赦；子弑父，凡在宫者杀无赦。杀其

人，坏其室，洿其宫而猪焉[②]。盖君逾月而后举爵。”

【注释】

①定公：名貜且。②洿（wū）：挖掘。　猪：通潴，蓄水。洿其宫而猪，意思是把地基毁坏，以后不可能再在该处重建屋舍。

晋献文子成室[①]，晋大夫发焉。张老曰[②]：“美哉轮焉[③]！美哉奂焉[④]！歌于斯，哭于斯，聚国族于斯。”文子曰：“武也得歌于斯，哭于斯，聚国族于斯，是全要领以从先大夫于九京也[⑤]。”北面再拜稽首。君子谓之善颂善祷[⑥]。

【注释】

①献：郑玄认为是“贺”的意思。　文子：即晋卿赵武，也称赵孟，文是谥，赵盾的孙子。②张老：晋国大夫，姓张名老。③轮：高大。④奂：通焕，明亮。⑤要：通腰。　领：就是头。全要领，是没有受刑戮而善终。　九京：即九原，晋国卿大夫的墓地都在九原，位于今山西新绛县北。⑥因为张老在赞美中还寓有讥刺、规劝的意思，所以说他“善颂”。文子，闻义则服，所以说他善祷。

仲尼之畜狗死，使子贡埋之，曰：“吾闻之也：‘敝帷不弃，为埋马也；敝盖不弃，为埋狗也。丘也贫，无盖；于其封也，亦予之席，毋使其首陷焉。’”路马死[①]，埋之以帷。

【注释】

①路：路车，天子及诸侯所乘的车，即辂车。

季孙之母死，哀公吊焉。曾子与子贡吊焉，阍人为君在，弗内也，曾子与子贡入于其厩而修容焉。子贡先入，阍人曰：“乡者已告矣。”曾子后入，阍人辟之。涉内霤[①]，卿大夫皆辟位，公降一等而揖之。君子言之曰：“尽饰之道，斯其行者远矣。”

【注释】

①内霤：寝门里边的屋檐。

阳门之介夫死[①]，司城子罕入而哭之哀[②]。晋人之觇宋者[③]，反报于晋侯曰：“阳门之介夫死，而子罕哭之哀，而民说，殆不可伐也。”孔子闻之曰：“善哉觇国乎！诗云：‘凡民有丧，扶服救之[④]。’虽微晋而已，天下其孰能当之？”

【注释】

①阳门：宋国都城门名。　介夫：披甲的卫士。②司城：即司空，宋国因武公讳，把司空改作司城。　子罕：宋国正卿乐喜。以贤大夫著称。③觇：窥视。引申为侦探。④这二句诗见《诗经·邶风·谷风》。扶服，《毛诗》作“匍匐”。

鲁庄公之丧，既葬，而绖不入库门。士大夫既卒哭，麻不入[①]。

【注释】

①这一章是记在非常情况下提前除服的情况。庄公去世后，庆父作乱，世子般立而被弑。闵公八岁即位，局势混乱。因此丧礼也无法按常规进行，庄公延迟了半年才下葬。闵公不敢居丧，庄公下葬后，他马上穿上吉服回来，以正君臣之位。宾客也就可以不戴绖进库门了，士大夫在卒哭后也可以不戴孝进入公门了。麻：首绖。

孔子之故人曰原壤[①]，其母死，夫子助之沐椁。原壤登木曰[②]：“久矣予之不托于音也。”歌曰：“狸首之斑然，执女手之卷然[③]。”夫子为弗闻也者而过之[④]，从者曰：“子未可以已乎？”夫子曰：“丘闻之，亲者毋失其为亲也，故者毋失其为故也。”

【注释】

①原壤：春秋鲁国人，孔子的老朋友，是个不拘礼法的人。②登木：叩木。③卷（quán）然：喜悦的样子。④为（wèi）：通伪，假装。

赵文子与叔誉观乎九原[①]。文子曰：“死者如可作也，吾谁与归？”叔誉曰：“其阳处父乎[②]？”文子曰：“行并植于晋国[③]，不没其身[④]，其知不足称也。”“其舅犯乎？”文子曰：“见利不顾其君，其仁不足称也。我则随武子乎[⑤]，利其君不忘其身，谋其身不遗其友。”晋人谓文子知人。文子其中退然如不胜衣[⑥]，其言呐呐然如不出诸其口。所举于晋国管库之士，七十有余家，生不交利，死不属其子焉。

【注释】

①叔誉：即晋大夫羊舌肸，字叔向。博议多闻，能以礼让为国。②阳处父：晋襄公的太傅。③并：意为专，身兼众事而专权。 植：刚直。④不没其身：阳处父被狐射姑所杀，所以说他不得善终。⑤武子：即晋国大夫士会，字季，食采邑于随、范，所以也称随会、随季或范季。死后称范武子、随武子。⑥退然：柔弱的样子。

叔仲皮学子柳[①]。叔仲皮死，其妻鲁人也，衣衰而缪绖[②]。叔仲衍以告[③]，请繐衰而环绖[④]，曰：“昔者吾丧姑、姊妹亦如斯，末吾禁也。”退，使其妻繐衰而环绖[⑤]。

【注释】

①叔仲皮：鲁国公族叔仲彭生的后代。 学（xiào）：教。 子柳：叔仲皮之子。②其妻：子柳之妻。 鲁：愚蠢。 衣：当为齐。 缪（jiū）：通樛，是纠结的意思。缪绖，是用一条麻绳从前额绕到后脑勺，再打个结。齐衰樛绖为士妻为舅姑之服。③叔仲衍：叔仲皮的弟弟。④繐衰：纱缕较细，和小功服相近。 环绖：这是吊服的绖，是用一条麻绳绕成一个环，首尾相连，可以戴在头上。此服较齐衰樛绖轻。⑤其妻：子柳之妻。前人对这一章解说不一，这里仍用郑玄说。

成人有其兄死而不为衰者[①]，闻子皋将为成宰，遂为衰。成人曰：“蚕则绩而蟹有

匡[②]，范则冠而蝉有绥[③]，兄则死而子皋为之衰。”

【注释】

①成：春秋时鲁国邑名，在今山东宁阳县东北。②匡：同筐。蟹壳像筐子一样。蚕丝、蟹匡各不相干。③范则冠：范是蜂，蜂头像冠一样。　蝉有绥：绥是冠缨打结垂下的部分。蝉的喙在腹下，就像帽带的末梢一样。蜂冠、蝉绥也各不相干。

乐正子春之母死，五日而不食[①]。曰：“吾悔之，自吾母而不得吾情，吾恶乎用吾情？”

【注释】

①五日而不食：依礼，应三日不食。此是子春勉强做得过分些，不是真情，所以后悔。

岁旱，穆公召县子而问然[①]，曰：“天久不雨，吾欲暴尪而奚若[②]？”曰：“天久不雨，而暴人之疾子，虐，毋乃不可与？”“然则吾欲暴巫而奚若？”曰：“天则不雨，而望之愚妇人，于以求之，毋乃已疏乎？”“徙市则奚若？”曰：“天子崩，巷市七日[③]，诸侯薨，巷市三日，为之徙市，不亦可乎[④]？”

【注释】

①然：语气助词，意“焉”。②暴（pù）：曝的本字，在烈日底下曝晒。　尪（wāng）：羸病的人。把有残疾的病人放在太阳底下晒，是希望上天怜悯他们而下雨。③巷市：罢市以后，民间的交易就在巷里进行，称巷市。④有国君之丧事才罢市，所以用罢市的方式求雨，就含有自责的意思。

孔子曰：“卫人之祔也，离之；鲁人之祔也，合之，善夫。”

【译文】

国君的嫡子在十六至十九岁时夭折，葬礼用三辆遣车。国君的庶子用一辆，大夫的嫡子也用一辆。

公的丧事，凡由国君直接任命的官吏，都要持丧杖。

国君对大夫的丧事，在葬前先到殡宫吊丧。柩车离开殡宫时，孝子拉住柩车号哭，不忍柩车离去。国君命人拉柩车，拉三步就停下。像这样共三次，国君离开。在柩车朝庙时也如此，孝子哭踊致哀的地方也如此。

五十岁而无车可座的人，不可以远道越过疆界去吊丧。

季武子卧病在床，蟜固正在服丧，不脱齐衰就进去探问，说：“士只在进公门时才脱下齐衰，这种礼仪如今快消失了。”武子说：“这不是很好吗？君子就是要彰明礼的细微之处。”季武子死时，曾点倚靠在自家门上唱歌，以表示自己与季武子无所关涉。

大夫去吊丧，正当丧主忙于殡殓等事时，不出迎，只派人说明，请稍微等待一会。

向人吊丧，这天不得奏乐。

妇人不必越过疆界去吊丧。

吊丧的日子不得饮酒吃肉。

举行葬礼时去吊丧，一定要拉柩车。如果随柩车到墓穴，都要执绋帮助下葬。

诸臣之丧，如果国君来吊，吊后，主人当亲往拜谢。如果没有主后，就让亲戚往拜，如果亲戚也没有，那么朋友、同州同里的人或丧家典舍之人往拜也可以。国君吊丧，命传话人传话："寡君来助办丧事。"丧主说："谢辱临之重。"

国君在路上遇到柩车，一定要派人过去慰问。

大夫的丧事，庶子不得接受慰问。

妻子的兄弟同时又是岳父的继承人，如果死了，要在正寝哭他。让儿子做这里的丧主，袒露胳膊，脱帽扎发，用布缠头，号哭踩脚。自己则立在门的右边，派人站在门外，告诉听到哭声来慰问的人死者是谁。关系亲密的人就进去哭。若自己的父亲仍健在，则在妻子的寝室哭。如果死者不是岳父的继承人，则在别的房间哭他。

当家中停放着灵柩时，听到异地远房兄弟死去的消息，要在偏房哭他。如果没有偏房，就在门内的右侧哭；如果是在国内，就到他的灵堂哭他。

子张死时，曾子正为母亲服丧。他穿戴着齐衰去哭子张。有人劝止他说："自己有齐衰之服，不可去吊丧。"曾子说："我难道是去吊慰生者的吗？"

有若的丧事，鲁悼公亲临吊丧。子游是赞丧礼的傧相，站在悼公的左边。

齐襄公的夫人王姬死了，齐人到鲁国报丧。鲁庄公为她服大功。有人说："王姬是从鲁国出嫁的，所以为她服姊妹之服。"也有人说："王姬是庄公的外祖母，所以才为她服大功。"

晋献公死了，秦穆公派人到狄，慰问逃亡于狄的公子重耳，并且告诉他："寡人听说，丢掉君位常在这种时候，获得君位也常在这种时候，尽管你肃穆地处在忧伤的丧服之中，居丧也不可以太久，时机也不可失去，请你考虑。"重耳把这话告诉了舅犯，舅犯说："你还是拒绝了吧。逃亡的人没有宝物，只有把仁爱思亲当作宝物。父亲去世意味着什么？借着这机会返回国以图利，天下人有谁能为你解说，说你无罪？你还是谢绝了吧。"公子重耳回答来客说："承蒙国君慰问我这逃亡的外臣重耳。我出亡在外，父亲去世，不得居于丧位哭泣以表达哀痛，以至让国君为我担忧。父亲去世意味着什么？怎敢产生别的念头，玷污了国君的高义。"说完俯地叩头而不是像丧主一样拜谢。边哭泣边起立，起立后便不再和使者私下说话。子显把这情形汇报给穆公，穆公说："太仁厚了，公子重耳！他只叩头不拜谢，是不以继承人自居，所以不成拜。哭着起立，是爱慕父亲。起来后不再私下说话，是没有借着丧事返国图利的念头。"

朝夕哭殡挂着帷幕，不是古制。是从敬姜哭穆伯时开始的。

丧礼中孝子悲哀到极点。以种种礼仪节制悲哀，这是顺着孝子的心情以适应剧变。这是君子念及先人的缘故。

招魂，是孝子尽其爱亲之心的作法。而分祷五祀则是希冀亲人从幽暗之处返回，这是祈求鬼神的方法。面朝向北方，是向处于幽暗之处的鬼神祈求的意思。

拜和叩头触地，都是极其哀痛的表现。而叩头触地更是哀痛到极点的表现。

饭含，用生米和贝壳，是不忍心让死者空着口。这不是饮食之道，只是用自然生成的美洁之物充实死者之口罢了。

铭，是死者柩前的旌旗，以表示死者的地位和身份。因为死者形貌已不可见，无法区别，所以用它作旗帜来作他的标志。因为爱他，所以记下姓名；尊敬他，因此用事生之道待他。重，和神主牌位的意义相同，使灵魂有所凭依。殷人立神主时将神主与重连在一起，周人立了

神主就把重撤掉了。

盛放祭品用素器，是因为活着的人怀着哀痛的心情，因此对任何器具都不加修饰。只有祭祀时的吉礼，主人才尽量加以修饰。哪里知道神之所以歆享，是因为主人怀有庄严敬重的心情所致。

捶胸跳脚，是因为哀痛之极。但有规定的次数，为了有所节制，不使过度哀戚。

赤膊，用麻束发，是形貌之变；悲哀愠恚，是哀情之变；以除去平日的服饰和华美。赤膊，用麻束发，是除去修饰之中达到极点的作法。有袒露的时候，有穿衣的时候，是为了使悲哀有所节制。

以爵弁上加葛绖的服饰举行葬礼，是与神明交往的礼节，这是因为对神明怀有崇敬的心情。因此，周人戴着爵弁行葬礼，殷人戴着祭冠行葬礼。

丧三日后，让主人、主妇、家臣之长喝粥，为的是不让他们饿坏了。所以，国君命令他们必须进食。

送葬以后，回到祖庙里号哭。主人是在堂上，即平生祭祀、冠、婚行礼之处；主妇入室，即馈食供养之处。

送葬后回来号哭时，亲友要来慰问，因为这是极其悲哀的时候。回来后亲长不可复见了，消逝了。这时是最悲痛的。

殷人是在下葬后就在墓所慰问孝子的，周人是在下葬返回后号哭时才去慰问孝子的。孔子说："殷人的做法过于质朴了，我赞成周人的做法。"

埋葬在国都的北方，头朝向北，是三代通行的葬礼，这是因为鬼神要到幽暗的地方去的缘故。

下棺之后，主人把束帛放入墓圹，祝回去请虞祭时的尸。返回祖庙哭过之后，主人和执事去看虞祭的牺牲，执事把几案筵席摆在墓左，以脯醢作祭品。返回后，在正午举行安神的虞祭。

下葬的那一天举行虞祭，是孝子不忍心在这天和亲人离别。因此，在这个月用虞祭代替奠祭。

卒哭之祭，称为"成事"。从这天开始，吉祭取代了丧祭。第二天，奉神主入祖庙，使其神祔于死者的祖父。变丧祭为吉祭，直至祔于祖庙，必定在卒哭这天连接。孝子不忍亲人的魂灵一天无所依归。

殷人在周年练祭之后举行祔祭，周人在卒哭之后举行祔祭。孔子认为殷人的礼法好。

国君去吊唁臣子的丧事，让巫执桃枝，祝执苕帚，小臣执戈护卫着。是因为活人厌恶死人的凶邪之气，所用的礼与对待活人不同。丧礼含有厌恶死的因素，这是先王所不便于明言的。

丧礼规定葬前要先朝祖庙，这是顺从死者"出必告"的孝子之心，也因为死者对远离故居感到哀痛，所以先到祖父、父亲的庙里告辞然后启程。殷人是朝庙后停柩在祖庙里，周人是停柩于寝宫，朝庙后就出葬了。

孔子认为用明器殉葬的人懂得办丧事有道理，备办的器物都不能实际使用。太令人悲哀了，让死者用活人使用的器物，这不是近乎用活人殉葬了吗？所以说，把殉葬的器物称为"明器"，是把死者尊奉为神明的意思。用泥土做的车马，草扎的人形，自古就有了，这就是明器的来龙去脉了。孔子认为用草扎的人形殉葬的人，心地仁善。认为用俑殉葬的人不仁。因为那太近于用活人殉葬了。

鲁穆公问子思说："旧君死了，过去的旧臣回来服丧，这是古代的礼仪吗？"子思说："古代的国君用人时依据的是礼法，不用人时依据的也是礼法。所以有旧臣返回为旧君服丧的礼仪。现在的国君，用人时好像要把他抱到膝盖上似的，不用人时好像要把他推下深渊似的。被斥退的臣子不带领别国军队打过来，也就算不错了，又怎么会有返回来服丧的礼仪呢？"

为鲁悼公办丧事时，季昭子向孟敬子说："为国君服丧，每天应该吃什么？"敬子说："吃粥，这是天下通行的礼仪。我们仲孙、叔孙、季孙三家不能以臣礼事君，天下已经无人不知晓了。勉强吃粥而消瘦，我也可以做到，可那不是让人疑心我不是因心中哀痛而消瘦的吗？我还是照常吃饭好了。"

卫国的司徒敬子死了，子夏去吊丧。主人还没有举行小殓，就戴绖进去。子游穿常服去吊丧，主人举行了小殓之后，子游出去戴上绖再回来号哭。子夏问："从哪里听说的这种礼仪？"子游说："从夫子那里听说的，主人未改服时宾客不戴绖。"

曾子说："晏子可以说是懂得礼的人了，有谦恭之心，肃敬的举动。"有若说："晏子一件狐裘穿了三十年，为亲长办丧事出葬只用一辆遣车，下葬之后不拜宾送宾，转身就回家。依礼，陪国君下葬的牲体有七个，遣车也用七辆；大夫用牲体五个，遣车五辆。晏子哪里懂得礼呢？"曾子说："国君无道，君子耻于完全按礼行事。国君奢侈，就把俭朴的作风表现给他看；国君俭朴，就把礼仪表现给他看。"

国昭子的母亲死了，他问子张说："出葬时来到墓地后，男子和妇人各就什么位置？"子张说："司徒敬子的葬事，是我的老师掌管礼仪，男子面向西，妇人面向东。"国昭子说："噫，不能要这样的。我家办丧事，许多宾客都会来观礼。一切由你掌管，宾客站在一边，主家站在一边，主家这边的妇人站在男子后边一律面向西。"

敬姜为丈夫穆伯居丧，只在白天哭；为儿子文伯居丧，白天夜里都哭。孔子说："敬姜懂得礼仪。"

文伯死了，敬姜凭倚着文伯的床却不哭，说："从前这孩子活着时，我以为他会成为一个有贤德的人，我没有到他做事的地方去过。现在他死了，朋友众臣没有为他落泪的，而妻妾们却都为他痛哭失声。这孩子一定早就把礼荒废了。"

季康子的母亲死了，小殓之前，季康子连她的内衣也摆了出来。敬姜说："妇人没有装饰，连公婆也不敢见，何况将有四方宾客来吊问，内衣怎么能摆在这里？"马上命人撤掉了内衣。

有子和子游一起站着，见一个孩子啼哭着找父母。有子对子游说："过去我总不明白丧礼中跳脚有什么意义，我早就想废除这个规矩了。原来失去亲人的哀痛体现在里面，就和这孩子的啼哭一样。"子游说："各种礼仪的意义不同，有的用来节制感情，有的借衰绖等物来引发心中的情感。把感情直率地表现在举止上，是没有开化的野蛮人的做法。礼义之道却不是这样。人遇到喜事心中就高兴了，心中高兴了就歌唱，歌唱仍不满足，渐渐地到了摇动身体，乃至手舞足蹈。舞蹈无节制就会厌倦而愠怒，愠怒转为悲戚，悲戚就会叹气，叹气仍不足以发泄，就会捶胸顿足了。将这些情绪加以区别节制，就叫做'礼'。人死了，就使人厌恶。死者不具备任何能力，人们就要背弃他了。因此，制作殓尸用的束带，盖尸用的被子，在柩车上设置盖子和四周遮挡的扇形屏障。为的是不让人们看到尸体而生厌恶之心。刚死时，用肉脯肉酱祭祀死者；出葬之前，用遣奠之车为死者送行；葬后，还有各种祭祀；却从未见过死者的魂灵来享用的。自上古以来，未见有人废止这种做法，为的是不让人背弃先人。所以，你对礼的批评，并不是礼本身的毛病。

吴国入侵陈国，砍伐祠祀的树木，杀害患病的百姓，然后军队撤离了国境。陈国的太宰嚭出使到吴军，吴王夫差对行人仪说："这个人很会说话，我们何不试着问他一下，出兵都有原因，所谓师出有名。人们称我们这支军队叫什么军队。"太宰嚭说："古时入侵攻伐别国的军队，不砍伐祠祀的树木，不杀害患病的百姓，不俘获须发斑白的老人。现在贵国的军队不是杀害病人吗？那不是可以称为'杀厉之师'吗？"吴王又问："归还你们被占领的土地和被俘获的臣民，又叫什么军队呢？"回答说："君王讨伐敝国的罪过，又同情而赦免了我们，这样的军队嘛，还能称为无名之师吗？"

颜丁居丧时的举止很得体：亲人刚死时，栖栖惶惶，好像有所期望而得不到。到殡的时候，一副往而不顾的样子，好像要追随先人而没能赶上。下葬以后，怅惘而归，好像先人的魂灵来不及跟他回家，且行且止地等待着。

子张问道："《尚书》记载着'殷高宗居丧，三年不说话。直到他除服说话，大家才高兴起来。'有这种事吗？"仲尼说："怎么会不是这样的呢？古时天子去世，王太子听凭冢宰摄政三年。当然可以不说话。"

晋智悼子去世了，晋平公知道，他还没有下葬，晋平公就喝起酒来。师旷、李调作陪，敲钟奏乐。杜蒉从外面回来，听到钟声，问："国君在哪里？"有人答道："宴于正寝。"杜蒉走进正寝，一步两级地登上台阶，倒了一杯酒，说："师旷，喝了这杯酒吧！"又倒了一杯酒，说："李调，喝了这杯酒吧！"又倒了一杯酒，自己面向北坐在堂上喝了这杯酒。然后走下台阶，快步而出。平公喊他，命他进来，问道："刚才你可能是存心开导我，因此，我没有和你说话。你让师旷喝酒，是为什么呀？"杜蒉说："甲子、乙卯不奏乐。智悼子的灵柩还停在堂上，这时奏乐比在甲子、乙卯日奏乐的错误大多了。旷是掌乐的太师，却不把这些告诉您，因此罚他喝酒。""你让调喝酒，又是为什么呢？"答道："调是您身边的近臣，为了吃喝竟然忘记了国君的过失，因此罚他喝酒。""你罚自己喝酒，为什么呢？"答道："我杜蒉只是个宰夫，不去做份内炊事的事情，却胆敢参与谏诤防闲之事，因此也该罚自己一杯。"平公说："寡人在这件事上也有过失，倒一杯，也该罚寡人喝酒。"杜蒉洗过觯，高高举起。平公对侍者说："如果我死了，一定不要废弃这只酒爵。"直到现在，敬完酒后高举酒杯的动作还叫"杜举"。

公孙文子去世了，他的嗣子戍请求国君赐予谥号，说："出葬的日期已经定了，将要出葬了，请赐给谥以代替他的名字。"卫灵公说："从前卫国遇到凶年发生饥荒，夫子熬粥救济挨饿的国人。这不是非常仁惠吗？从前卫国有了危难，夫子拚着自己的性命保卫寡人，这难道不是非常忠贞吗？夫子治理卫国的政事，排好诸臣的班位，制定法度以与周围邻国交往，使卫国的声誉没有受到玷辱。这不是非常达文知礼吗？所以，可以称夫子为"贞惠文子"。

石骀仲死了，没有嫡子，只有六个庶子。便用占卜的方式决定继承人。卜人说："沐浴佩玉，就会得到吉兆。"其中五人马上都去沐浴佩玉了，只有石祁子说："哪里有为父亲居丧，却沐浴佩玉的呢？"便不沐浴佩玉。占卜的结果，石祁子得到了吉兆。卫国人认为龟甲是通灵的。

陈子车客死在卫国，他的妻子和家宰商议用活人殉葬。决定了殉葬者之后，陈子亢来到了。他们把这一决定告诉了他，说："夫子有病，没有人在地下侍奉他，请你同意用活人殉葬。"子亢说："用活人殉葬，不合乎礼制。尽管如此，他的病也确实需要伺候，可伺候他谁能比得上他的妻子和家宰？如果能取消决定，那我是很同意取消的；如果不能取消，那我就同意用这两个人殉葬。"因此，殉葬的事没有能实行。

子路说："贫穷可真伤心哪！父母活着没有锦衣美食奉养，死了没有钱帛办丧事。"孔子说："哪怕吃煮豆，喝清水，只要能让父母高兴，这就是孝了。死后衣被能够遮盖身体，殓毕就葬，哪怕没有椁，只要能根据自己的财力去办，这就是礼了。"

卫献公逃亡国外，后来又返回卫国复位。走到国都郊外，想把封地赏赐给跟随他一起逃亡的人，然后进城。柳庄说："如果大家都留下来保卫国家，那还有谁牵着马络头和缰绳跟随您？如果大家都跟着您，那谁来保卫国家？您一返回国家就有了偏心，恐怕不大好吧？"结果便没有颁赏。

卫国有个太史叫柳庄，卧病不起。卫公说："如果病情危急，即使我正在祭祀时也一定要报告我。"后来柳庄果然在卫公祭祀时去世。卫公拜了两拜，叩头触地，向尸请求说："有个叫柳庄的臣子，他不但是寡人的大臣，也是整个国家的大臣。刚得到他去世的消息，请允许我前往吊丧。"说完不脱祭服就去了。于是就把身上穿的祭服送给死者。把裘氏邑和潘氏县封给柳庄，写了誓约，放入棺内，说："这一封赠世代相传，到一万代子孙也不能改变。"

陈乾昔卧病不起，嘱咐他的兄弟，又命令他的儿子尊己，说："如果我死了，一定要为我做一口大棺，让我的两个妾躺在我两边。"陈乾昔死后，他的儿子说："用活人殉葬不合礼制，何况又是放在一口棺中呢？"结果就没有把两个妾杀掉。

鲁国的卿仲遂死在齐国的垂。壬午讣告到达，鲁宣公仍举行绎祭，照常有不用乐的干舞，只把吹籥而舞的籥舞取消了。仲尼说："这不合礼制。依礼，卿死不举行绎祭。"

季康子的母亲死了，匠师公输若掌殓事。他的年龄还小尚未知礼，大殓以后，公输般请求用他的机械下葬。正要按他说的办，公肩假说："不行！鲁国自有先例，国君比照四座大碑的方式下葬，我们仲孙、叔孙、季孙三家比照四根大柱的方式下葬。般，你用人家母亲的葬礼来试验你的技巧，难道是因为没有试验你技巧的机会吗？不在这里试验你就不舒服吗？噫！"最后，没有听公输般的。

齐国军队已经打到郎这里，公叔禺人遇到一个扛着兵杖的人走进城堡休息。他说："尽管徭役繁多，赋税沉重，卿大夫却不能为国谋划，士也不能为国死难。不行，我既然说了这话，就得实行。"于是和邻里的少年汪踦一起奔赴战场，两人都死在那里。鲁国人不想用儿童的丧礼办汪踦的丧事，便向仲尼请教。仲尼说："能拿起武器保卫国家。童子汪踦为国而死，应以成人之礼葬他，不能视为夭殇，不也是合乎礼制的吗？"

子路要离开鲁国，对颜渊说："你拿什么话赠我？"颜渊说："我听说，要离开国家，就要到先人的墓前去哭拜，然后上路。回国时不哭，到墓地省视之后就可以入城。"又对子路说："你赠我什么话让我作为安身立命的原则？"子路说："我听说过，驾车路过墓地，要凭轼致敬；经过祭祀的地方要下车致敬。"

楚国的工尹商阳和陈弃疾追赶吴国的军队。追上后，陈弃疾对工尹商阳说："这是执行国君的使命，您可以把弓拿在手中了。"工尹商阳拿起了弓。"您可以射了。"箭射出去了，倒下一人，工尹商阳将弓放回弓袋。又一次追上敌人，陈弃疾又对他说了那些话，又射倒两个人。每倒下一人，他都要掩住自己的眼睛，让御者停车，说："像我这样朝见时没有座位，宴会上没有席位，地位低贱的人，射杀了三个人，已经可以回去复命了。"孔子说："即使是杀人，其中也是有礼法的。"

诸侯联合讨伐秦国，曹宣公死在诸侯会合之后。诸侯要求为宣公举行含礼，曹国人请诸侯为宣公袭，诸侯也照办了。

鲁襄公到楚国去朝拜，正逢楚康王去世。楚国人说："一定要请您为康王袭。"鲁国人说：

“这不合礼制。”楚国人非要鲁襄公做。于是，襄公就做君临臣丧的袭，命巫执桃枝先拂柩，楚人非常后悔。

滕成公死了，鲁国派子叔敬叔去吊丧，并递交鲁君的书信，派子服惠伯做他的副手。到了滕国国都郊外时，正逢惠伯的叔父懿伯的忌日，子叔敬叔不愿入城。惠伯说：“这是政事，不能因为是我叔父的忌日这种私事而废弃公事。”于是进城。

蕢尚家里有丧事，鲁哀公派人去吊问。在路上遇到柩车，蕢尚让开路，在地上画了殡宫，然后受吊。曾子说：“蕢尚不如杞梁的妻子懂得礼仪。齐庄公从小道偷袭莒国，杞梁在这次偷袭中战死了。他的妻子在路上迎接灵柩，哭得很悲痛。庄公派人去吊慰她，她回答说：“国君的臣杞梁如果有罪，就应该陈尸于市朝，拘捕他的妻妾；如果他没有罪，那我们还有先人留下的一所简陋的房子可供行礼，在这里可不敢劳您的大驾。”

为少子敷办丧事时，鲁哀公想在柩车上加设拉车的绳子，向有若请教可不可以。有若说：“当然可以，国君的三家权臣还设了呢。”颜柳说：“天子用的是车辕上画龙的柩车，再加上椁和帷幔；诸侯的柩车加帷幔。因为柩车是榆木的，太沉重，所以加设拉车的绳子。三家权臣不敢用这种柩车却加设了绳子，是徒有盗用天子诸侯的丧礼之名又没有得到中用之实，国君为什么要学他们呢？”

悼公的母亲死了，哀公为她服齐衰。有若说：“为妾服齐衰，合乎礼吗？”哀公说：“我这不是不得已吗？鲁国人是把她当作我的妻子看待的。”

季子皋埋葬他的妻子时，践踏了人家的庄稼。申祥把情况告诉他，说：“请您赔偿人家的庄稼。”子皋说：“主人孟氏不会为了这件事怪罪我，朋友也不会为了这件事背弃我。因为我是这里的主管，如果我买路出葬，就会形成惯例，恐怕后人难以照办。”

为国君做事而又没有田邑俸禄的人，国君送东西给他，称“献”。使者向他传达君命时，称国君为“寡君”。离开国家后国君去世，也不为国君服丧。

下葬后的虞祭才设尸，并且设几和席子。

卒哭避死者之名，因为这时侍奉活人的礼仪已经结束，侍奉鬼神的礼仪开始了。卒哭之后，宰夫摇动木舌的大铃在宫中喊：“舍故而讳新！”从宗庙正寝门口一直喊到库门。

双字的名不同时避讳。孔夫子的母亲名叫“征在”，就说“在”时不称“征”，说“征”时不称“在”。

军队打了败仗，国君就率领群臣穿着素服到宗庙正朝外的大门前号哭。而报告战败消息的马车上的武士也不把武器放入袋内，以示要报仇雪耻。

宗庙遭了火灾，要为祖先哭三天。所以，《春秋》记载：“新宫着火，君哭了三天。”

孔子经过泰山旁边，有个妇人在墓地哭得非常哀痛。夫子凭轼肃立，听着她的哭声。然后派子路去问她，说：“听您的哭声，好像是有双重的哀痛。”妇人回答说：“是的。以前我公公死于虎口，我的丈夫也死于虎口，现在我的儿子又死于虎口了。”夫子问：“那你为什么不离开这里呢？”妇人说：“这里没有繁重的徭役和赋税。”夫子说：“弟子们好好记住，繁重的徭役和赋税比老虎还厉害呀！这就是‘苛政猛于虎’。”

鲁国有一个叫周丰的人，鲁哀公要带上礼物去拜访他，他却说：“不行。”哀公说：“那我就不去了。”派人去请教他，问：“有虞氏虽然没有教人民要诚信，而人民却信任他；夏后氏没有教人民要恭敬，而人民却敬重他。他们是用什么法子得到人民的信任和敬重的呢？”周丰答道：“在先民的废墟和祖先的坟墓上，没有人教人民要哀痛而人民自然哀痛；在神社和宗庙里，没有人教人民要肃敬而人民自己会肃然起敬。殷人要人起誓，人民才懂得背叛；周人要会盟，人民才起了疑心。如果没有礼义、忠信、诚实之心，却去统治人民，即使把他们牢牢地绑在一起，他们最终不还是会瓦解吗？"

办丧事不能为了厚葬而考虑毁家，哀伤悲痛不能损伤身体。不能为厚葬而毁家，是因为如果家没有了，宗庙也就不能独存；哀伤悲痛不能损伤身体，是因为自己如果有亡身的危险，也就没有继承人了。

延陵季子到齐国去，在他返回的途中，他的长子死了，就葬在了齐国的嬴、博二邑之间。孔子说："延陵季子是吴国讲习礼仪的人。"于是前去观看他举办的葬礼。墓穴的深度，达不到有地下泉水的地方，殓时穿的是平时的衣服，下葬以后在墓上堆了土，长宽和墓穴相当，高度可以让人依凭。墓堆好后，季子袒露左臂，往右绕着墓堆走，并且号哭三次，说："骨肉又回到土中去了，这是命该如此。你的魂灵则无所不在，无所不在。"然后就上路了。孔子说："延陵季子所行的礼，都很合乎礼的实际。"

邾娄人为国君考公治丧时，徐国国君派容居来吊问，并行含礼。容居说："敝国君派我来坐行含礼，致送侯爵所含之玉。请让我行含礼。"邾娄负责治丧的官员说："承蒙各国诸侯来到敝国，依据来人身份，该简略就简略，该隆重就隆重，人臣要行人君之礼，让二者混杂在一起，敝国还从来没有过。"容居回答说："我容居听说过，代表君主行事，不敢忘记君主的身份，也不敢忘记他的祖先。从前我们的先君驹王，向西征讨，渡过黄河，没有一处不用此王者之言。我虽是鲁钝之人，却不敢忘记祖先。"

子思的母亲死在卫国，来人向子报丧。子思就到宗庙去哭。门人来到说："庶氏死了母亲，怎么到孔氏的宗庙来哭呢？"子思说："我错了，我错了。"就到别的房间去哭了。

天子去世三天后，祝先成服；五天，百官成服；七天，国都王畿内的庶民成服；三个月，天下诸侯及大夫成服。掌管山泽的官吏搜罗王畿内所有神社的大树，凡是可以做棺椁的都要砍伐来用。不肯送来的，废掉神社，杀死掌管山泽的人。

齐国发生了严重的饥荒。黔敖在路边准备了饭食，等饥民来时给他们吃。有一个饿坏了的人用衣袖蒙着脸，拖拉着鞋，昏昏沉沉地走了过来。黔敖左手端着饭，右手拿着汤，怜悯地喊道："喂！吃吧！"那人瞪起眼看着他说："我就是因为不吃这无礼吆喝的饭才落到这一步的。"黔敖听了跟在后面向他道歉，他最后还是不吃，以至饿死了。曾子听到这件事，说："恐怕不太对吧？当他无礼吆喝时，可以离去不吃；道歉之后，也就可以吃了。"

邾娄定公在位时，有人杀害了自己的父亲。官吏把这件事报告给定公，定公吃惊地瞪着眼，坐也坐不稳了。说："这是寡人我的罪过。"又说："寡人曾经学习过判决这种案子，臣下弑国君，凡是官府中的人都可以杀掉他，不得宽赦；儿子弑父亲，凡是在场的人都可以杀掉他，不得宽赦。杀了凶手后，要拆除出事的房子，把地基挖成池子，放满水。国君也得过了这个月以后才能喝酒。"

晋国献文子的新厦落成，晋国大夫们都送了礼物前往祝贺。张老说："多么高大漂亮！多么多啊！以后主人就可以在这里祭祀奏乐，在这里居丧哭泣，在这里宴集僚友、聚会宗族了。"文子说："我赵武也能在这里祭祀奏乐，在这里居丧哭泣，在这里宴集僚友、宗族，这就表明我能善终，追随先人合葬在九原。"然后向北拜两拜，叩头致谢。知礼的君子称张老善于祝福，赵武善于祈祷。

仲尼养的狗死了，让子贡去埋掉，说："我听说过，破旧的帷幔不要丢弃，为的是可以用

来埋马；破旧的车盖不要丢弃，为的是可以用来埋狗。我很穷，没有车盖，在埋的时候也得给它一张席子，别把它的头埋在土里。”国君驾车的马死了，是用帷幔裹了再埋的。

季孙的母亲死了，鲁哀公去吊丧。曾子和子贡也去吊丧，看门人因国君在里面，就不让他们进去。曾子和子贡走进季孙家的马房修饰仪容。然后子贡先进去，看门人说：“刚才已经通报了。”曾子后进去，看门人让开了路。走到门屋的后檐下，卿大夫都让开位置，哀公从祚阶上走下一级，拱手迎接。君子评论这件事说：“整饰仪容，这作用可够大呀。”

宋国阳门的一个卫士死了，司城子罕走进灵堂，哭得很是哀痛。晋国派往宋国刺探情报的人回来后报告晋侯，说：“阳门有个卫士死了，子罕哭得很哀痛，百姓都很受感动，恐怕不能去伐宋国。”孔子听到这件事，说：“这个探子真行啊！《诗》云：‘凡是邻里有了丧事，都要尽力帮助他们。’恐怕不光是晋国，天下又有谁能和宋国作对呢。”

为鲁庄公治丧时，下葬以后闵公就在库门外除下了麻绖。士大夫在卒哭之后，也不再戴孝进入公门。

孔子有一个老朋友名叫原壤。他的母亲死了，夫子帮他整修椁材。原壤敲着木料说：“我好久没有把心意寄托在歌声中了。”于是唱道：“椁材的文理像狸头，我紧紧握住你的手。”夫子就像没有听见一样就过去了。随从的人说：“您还不和他绝交吗？”夫子说：“我听说，亲人毕竟是亲人，老朋友毕竟是老朋友。”

赵文子和叔誉一起到九原去巡视。文子说：“死者假如能复活，我应该追随谁呢？”叔誉说：“恐怕该是阳处父吧？”文子说：“他在晋国既专权又固执，不得善终，他的智慧不值得称道。”“那么该是舅犯吧？”文子说：“见了好处就不顾自己的君主，他的仁德不值得称道。我看还是追随武子吧，为国君谋利，又不忘记自身的利益；既为自己打算，又不忘记朋友。”晋国人都认为文子很了解人。

文子身体柔弱，好像衣服的重量都禁受不了，说话声音又小又慢像说不出口来。他为晋国前后共推荐了七十多人管理库房，但是生前不与他们有钱财上的来往，死的时候也不把儿子托付给他们。

叔仲皮教儿子子柳学习。叔仲皮死了，子柳的妻子是个鲁钝的人，服了斩衰，头上用打结的缪绖。叔仲皮的弟弟叔仲衍告诉子柳说这不合适，要求改服质地较细的绖衰，头上用环状的绖。说：“以前我为姑姊妹服丧，就是这样的，没有人禁止我。”子柳回去就让妻子服缌衰，戴环缌。

鲁国成邑有一个人，哥哥死了却不肯服齐衰。听说子皋要来任邑宰，就赶快服了齐衰。成邑的人唱道：“蚕儿吐丝，不用螃蟹的筐；蜂儿有帽子，帽带却在蝉身上；兄长死了，却等子皋来了才服丧。”

乐正子春的母亲死了，他五天没有吃东西。后来说：“我真后悔这么做，我母亲并不能得到我的真情，但是我把真情用在何处呢？”

天气干旱，穆公召见悬子，向他请教求雨的法子。说：“很久没下雨了，我想把有病的人赶到太阳下去暴晒，怎么样？”回答说：“天不下雨，让人家有病的人暴晒，这太残酷了，恐怕不可以吧？”“那么我就把巫赶去暴晒，怎么样？”答道：“天不下雨，却寄希望于愚昧的妇人，用这种法子求雨，只怕这样做差得太远了吧？”“那么徙市怎么样？”回答道：“天子去世，巷市七天；诸侯去世，巷市三天。为求雨而徙市，不也是可以的吗？”

孔子说：“卫国人合葬的方式是椁中夫妇二人的两口棺用东西隔开。鲁国人合葬的方式是两口棺并在一起，中间不隔东西。鲁人的方式好些。”

王　　制①

王者之制禄爵②，公侯伯子男，凡五等。诸侯之上大夫卿、下大夫、上士、中士、下士、凡五等。

天子之田方千里③，公侯田方百里，伯七十里，子男五十里。不能五十里者④，不合于天子，附于诸侯，曰附庸。天子之三公之田视公侯，天子之卿视伯，天子之大夫视子男，天子之元士视附庸⑤。

制：农田百亩。百亩之分⑥：上农夫食九人⑦，其次食八人，其次食七人，其次食六人，下农夫食五人。庶人在官者⑧，其禄以是为差也⑨。

诸侯之下士视上农夫，禄足以代其耕也。中士倍下士，上士倍中士，下大夫倍上士；卿，四大夫禄；君，十卿禄。次国之卿，三大夫禄，君，十卿禄；小国之卿，倍大夫禄，君十卿禄。

次国之上卿，位当大国之中，中当其下，下当其上大夫。小国之上卿，位当大国之下卿，中当其上大夫，下当其下大夫。其有中士下士者，数各居其上之三分⑩。

凡四海之内九州，州方千里。州，建百里之国三十，七十里之国六十，五十里之国百有二十，凡二百一十国。名山、大泽不以封，其余以为附庸、间田⑪。八州，州二百一十国。天子之县内，方百里之国九，七十里之国二十有一，五十里之国六十有三，凡九十三国。名山，大泽不以朌⑫，其余以禄士，以为间田。凡九州千七百七十三国。天子之元士、诸侯之附庸不与⑬。

天子百里之内以共官⑭，千里之内以为御⑮。千里之外设方伯。五国以为属，属有长；十国以为连，连有帅；三十国以为卒，卒有正；二百一十国以为州，州有伯。八州八伯，五十六正，百六十八帅，三百三十六长。八伯各以其属⑯，属于天子之老二人，分天下以为左右，曰二伯。千里之内曰甸，千里之外曰采，曰流。

天子三公，九卿，二十七大夫，八十一元士。大国三卿，皆命于天子⑰，下大夫五人，上士二十七人。次国三卿，二卿命于天子，一卿命于其君，下大夫五人，上士二十七人。小国二卿⑱，皆命于其君，下大夫五人，上士二十七人。

天子使其大夫为三监，监于方伯之国，国三人。天子之县内诸侯，禄也；外诸侯，嗣也。

【注释】

①郑玄说：名曰“王制”者，以其记先王班爵授禄祭祀养老之法度。②禄：俸禄。爵：爵秩，爵位。③田：禄田。方：方圆。④能：相当。⑤元士：官名。天子之士叫元士，区别于诸侯之士。⑥分：比率。⑦食（sì）：养活。⑧庶人在官者：指平民无田在官府服务的人。⑨差：等级，分等级。⑩数：礼数。引申为等级，等差。分：职他，职分。⑪间田：古代封建以土地封国，封余之田称之间田。⑫朌：古通颁，赐，分给。⑬与：计算在内。⑭共：供给。官：官府的文书财用。⑮御：天子所用物品。⑯以：率领，带领。⑰命：任命。⑱此句郑玄认为“小国亦三卿，一卿命于天子，二卿命于其君，此文似误脱耳。”

制："三公一命卷[①]，若有加，则赐也[②]，不过九命；次国之君不过七命；小国之君不过五命。大国之卿不过三命，下卿再命[③]，小国之卿与下大夫一命。

凡官民材[④]，必先论之[⑤]。论辩然后使之[⑥]任事然后爵之[⑦]，位定然后禄之。爵人于朝，与士共之；刑人于市，与众弃之。是故公家不畜刑人[⑧]，大夫弗养，士遇之涂，弗与言也。屏之四方[⑨]，唯其所之，不及以政[⑩]，亦弗故生也[⑪]。诸侯之于天子也，比年一小聘[⑫]。三年一大聘，五年一朝。天子之五年一巡守：岁二月东巡守，至于岱宗，柴而望祀山川[⑬]，觐诸侯[⑭]，问百年者就见之。命大师陈诗，以观民风；命市纳贾[⑮]，以观民之所好恶，志淫好僻[⑯]；命典礼考时、月，定日[⑰]，同律，礼、乐、制度、衣服，正之[⑱]。山川神祇有不举者为不敬，不敬者君削以地；宗庙有不顺者为不孝[⑲]，不孝者君绌以爵[⑳]；变礼易乐者为不从，不从者君流[㉑]；革制度衣服者为畔，畔者君讨[㉒]；有功德于民者，加地进律[㉓]。五月，南巡守至于南岳。如东巡守之礼。八月、西巡守至于西岳，如南巡守之礼。十有一月，北巡守至于北岳，如西巡守之礼。归，假于祖、祢[㉔]，用特[㉕]。

天子将出，类乎上帝[㉖]，宜乎社[㉗]，造乎祢[㉘]。诸侯将出，宜乎社，造尔祢。

天子无事与诸侯相见曰朝[㉙]，考礼、正刑、一德[㉚]，以尊于天子。天子赐诸侯乐，则以柷将之[㉛]赐伯子男乐，则以鼗将之[㉜]。

诸侯，赐弓矢，然后征；赐铁钺，然后杀；赐圭瓒，然后为鬯[㉝]。未赐圭瓒则，则资鬯于天子[㉞]。

天子命之教，然后为学。小学在公宫南之左，大学在郊。天子曰辟雍，诸侯曰泮宫。

天子将出征，类乎上帝，宜乎社，造乎祢，禡于所征之地[㉟]，受命于祖，受成于学[㊱]。出征，执有罪，反，释奠于学[㊲]，以讯馘告[㊳]。

天子诸侯，无事，则岁三田[㊴]：一为干豆[㊵]，二为宾客，三为充君之庖[㊶]。无事而不田曰不敬，田不以礼曰暴天物。天子不合围，诸侯不掩群。天子杀则下大绥[㊷]，诸侯杀则下小绥，大夫杀则止佐车[㊸]。佐车止，则百姓田猎。獭祭鱼[㊹]，然后虞人入泽梁；豺祭兽[㊺]，然后田猎；鸠化为鹰[㊻]，然后设罻罗[㊼]；草木零落，然后入山林。昆虫未蛰[㊽]，不以火田。不麛不卵，不杀胎，不殀夭[㊾]，不覆巢[㊿]。

【注释】

①卷：同衮，古时皇帝及王公穿的绣有衮龙的礼服。②赐：这里在命服（古时帝王按等级赐给公侯至卿大夫士的制服）之外特赐的服。③再：二。④官民材：使庶民之材为官。⑤论：考论。⑥辨：明。使：用做事来试验。⑦任事：经试验能担负某种事情。爵：定位次。⑧畜：容留。⑨屏：放逐。⑩政：征役之事。⑪故：应是欲字。⑫比年：每年。聘：通问致意。⑬柴：燔柴祭天。望祀：遥望而祭。⑭觐：接见。⑮市：管理市场的官吏。纳：缴上。贾：物价。⑯志：志趣。辟：怪僻。⑰考：考校。⑱同律：律法齐一。⑲不顺：变乱昭穆辈份。⑳绌：通黜，降级。㉑君流：流放国君。㉒君讨：讨伐国君。㉓律：疑为"禄"字。进禄：加田禄。㉔假：至。祢：音 mǐ，父死在宗庙中立主。㉕特：牲一头。㉖类乎上帝：祭天。类，祭名，礼亡。㉗宜乎社：祭地。宜，祭名，礼亡。㉘造：祭告。㉙无事：无兵戎、死丧之事。㉚

一道：道德风尚整顿齐一。㉛柷：打击乐器名。状如漆桶，中间有一椎，乐开始先击。㉜鼗：乐器名。㉝鬯：郁用金香和黍造的香酒。㉞资：供给。㉟出兵之前的祭祀，为战争祈祷。㊱受成：决定战争谋略。㊲释奠：置爵于神前而祭。㊳讯：被抓获而要讯问的俘虏。馘：杀死敌人割取左耳。㊴田：田猎，打猎。㊵干豆：盛干肉的器皿。豆，古时盛肉之器。㊶庖：厨房。指家常食用。㊷大绥：天子田猎所立之旌旗，黑色垂。㊸佐车：协助驱赶野兽的车。㊹獭祭鱼：指正月。余见《月令》篇注。㊺豺祭兽：指九月。㊻鸠化为鹰：指八月。㊼罻：捕鸟的网。㊽蛰：隐藏。㊾殀：杀死，砍伐。夭：初生的禽兽。㊿覆：翻，倾覆。

冢宰制国用[①]，必于岁之杪[②]。五谷皆入，然后制国用。用地小大，视年之丰耗[③]。以三十年之通制国用[④]，量入以为出。

祭用数之仂[⑤]。丧三年不祭，唯祭天地社稷，为越绋而行事[⑥]。丧用三年之仂。丧祭，用不足曰暴[⑦]，有余曰浩[⑧]。祭，丰年不奢，凶年不俭。国无九年之蓄曰不足，无六年之蓄曰急，无三年之蓄曰国非其国也。三年耕，必有一年之食；九年耕，必有三年之食。以三十年之通，虽有凶旱水溢，民无菜色[⑨]，然后天子食，日举以乐。

天子七日而殡，七月而葬。诸侯五日而殡，五月而葬。大夫、士、庶人三日而殡，三月而葬。三年之丧，自天子达。庶人县封，葬不为雨止，不封不树。丧不贰事，自天子达于庶人。丧从死者，祭从生者。支子不祭。

天子七庙，三昭三穆，与太祖之庙而七。诸侯五庙，二昭二穆，与太祖之庙而五。大夫三庙，一昭一穆，与太祖之庙而三。士一庙。庶人祭于寝[⑩]。

天子诸侯宗庙之祭：春曰礿[⑪]，夏曰禘[⑫]，秋曰尝，冬曰烝。

天子祭天地，诸侯祭社稷，大夫祭五祀。天子祭天下名山大川，五岳视三公，四渎视诸侯。诸侯祭名山大川之在其地者，天子诸侯祭因国之在其地而无主后者。

天子[⑬]犆礿，祫禘、祫尝、祫烝[⑭]，诸侯礿则不禘，禘则不尝，尝则不烝，烝则不礿。诸侯礿犆。禘一犆一祫，尝祫烝祫。

天子社稷皆大牢[⑮]，诸侯社稷皆少牢[⑯]。大夫士宗庙之祭，有田则祭，无田则荐。庶人春荐韭，夏荐麦，秋荐黍，冬荐稻。韭以卵，麦以鱼，黍以豚，稻以雁。祭天地之牛角茧栗[⑰]，宗庙之牛角握[⑱]，宾客之牛角尺。诸侯无故不杀牛[⑲]，大夫无故不杀羊，士无故不杀犬豕，庶人无故不食珍[⑳]。庶羞不逾牲[㉑]，燕衣不逾祭服[㉒]，寝不逾庙。

古者公田藉而不税[㉓]，市廛而不税[㉔]，关讥而不征[㉕]，林麓川泽以时入而不禁。夫圭田无征[㉖]。用民之力，岁不过三日。田里不粥[㉗]，墓地不请[㉘]。

司空执度度地[㉙]，居民山川沮泽[㉚]，时四时，量地远近，兴事任力[㉜]。凡使民，任老者之事，食壮者之食。

凡居民材[㉝]，必因天地寒暖燥湿。广谷大川异制，民生其间者异俗，刚柔、轻重、迟速异齐[㉞]，五味异和[㉟]，器械异制[㊱]，衣服异宜[㊲]。修其教[㊳]，不易其俗；齐其政，不易其宜。

中国戎夷，五方之民，皆有性也[㊴]，不可推移[㊵]。东方曰夷，被发文身[㊶]，有不火食者矣[㊷]。南方曰蛮，雕题交趾[㊸]，有不火食者矣。西方曰戎，被发衣皮，有不粒食者矣。北方曰狄，衣羽毛穴居，有不粒食者矣。中国、夷、蛮、戎、狄，皆有安居、和

味、宜服、利用、备器。五方之民，言语不通，嗜欲不同。达其志，通其欲：东方曰寄，南方曰象，西方曰狄，鞮北方曰译。

凡居民，量地以制邑，度地以居民。地、邑、民居，必参相得也。”[45]无旷土[46]，无游民，食节事时[47]，民咸安其居[48]，乐事劝功[49]，尊君亲上，然后兴学。

【注释】

①冢宰：周代官名。为六卿之首。一称太宰。用：费用。②杪：末尾，末端。③耗：凶歉之年。④通：此指预测三十年的收入，以年岁丰凶通隔相较得出的一个数，即平均数。⑤仂：平均数的十分之一。⑥越绋：指为此丧期所限。⑦暴：损耗，糟蹋。⑧浩：富足。⑨菜色：用菜充饥而营养不良的脸色。⑩寝：庶人供奉祖先的地方。⑪礿：夏商两代春祭曰礿，周代夏祭曰礿。⑫禘（dì）：祭名。⑬犆：单独。⑭祫禘、祫尝、祫烝：集合远近祖先主于太庙大合祭。三年举行一次。⑮社：祭地神。稷：祭谷神。大牢：用牛羊猪三牲祭祀。⑯少牢：用羊猪祭祀。⑰角茧栗：牛角初出，像蚕茧、栗子样。⑱角握：郑玄称“长不出肤”为“握”。旧时一指宽为一寸，四指为一肤。郑玄之意为：长度不超过四寸。⑲故：祭飨。⑳珍：珍美的食物。㉑庶羞：日常的食物。㉒燕衣：帝王退朝闲居所穿之衣。此处借指日常衣服。㉓藉：借。借民力治公田。㉔廛：市场中储藏、堆积和出售货物的地方。㉕关：关口，关门。在边界上设关，稽查过往行旅。讥：稽查，察问。征：征税。㉖圭田：古时卿大夫士供祭祀用的田地。㉗田里：田地、住宅。粥：鬻，卖。㉘请：请求。㉙前一“度”（dù），指计量土地的工具；后一“度”（duó），指测量。㉚居：安置。沮泽：水草丛的生沼泽地带。沮（jū），湿润。㉛前一“时”字是“测定气候”之意。㉜兴事：兴役事。任力：使用民力。㉝材：材质。㉞齐：整齐，齐一。㉟和：调和。㊱制：形制，式样。㊲宜：相称，适当。㊳修、齐：整治。㊴性：习性。㊵推移：变迁，转易。㊶被：同披，披散。㊷火食：用火制作食物。㊸雕题：用丹青在额上刺出花纹。题，额头。交趾：两足趾相向走路。㊹粒：五谷。㊺参相得：地域、城邑、居民三者相配得宜。参：叁。㊻旷土：荒废的土地。㊼食节：节省消费。事时：及时生产。㊽咸：都。㊾劝：努力。

司徒修六礼以节民性[1]，明七教以兴民德，齐八政以防淫，一道德以同俗，养耆老以致孝，恤孤独以逮不足[2]，上贤以崇德，简不肖以绌恶[3]。

命乡简不帅教者以告[4]，耆老皆朝于庠[5]，元日习射上功[6]，习乡上齿[7]。大司徒帅国之俊士与执事焉[8]。不变，命国之右乡简不帅教者移之左，命国之左简不帅教者移之右，如初礼。不变，移之郊，如初礼。不变，移之遂[9]，如初礼。不变，屏之远方，终身不齿[10]。

命乡论秀士[11]，升之司徒[12]，曰选士。司徒论选士之秀者而升之学[13]，曰俊士。升于司徒者不征于乡[14]，升于学者不征于司徒，曰造士。乐正崇四术、立四教[15]，顺先王诗书礼乐以造士[16]：春秋教以礼乐，冬夏教以诗书。王太子，王子，群后之太子[17]，卿、大夫、元士之适子，国之俊选[18]，皆造焉。凡入学以齿[19]。

将出学[20]，小胥、大胥、小乐正简不帅教者[21]，以告于大乐正，大乐正以告于王，王命三公、九卿、大夫、元士皆入学[22]。不变，王亲视学。不变，王三日不举[23]，屏之远方。西方曰棘，东方曰寄，终身不齿。

大乐正论造士之秀者以告于王，而升诸司马，曰进士。司马辩论官材[24]，论进士之贤者以告于王，而定其论。论定然后官之，任官然后爵之，位定然后禄之。

大夫废其事[25]，终身不仕，死以士礼葬之。有发[26]，则命大司徒教士以车甲。凡执技论力[27]，适四方，羸股肱，决射御。

凡执技以事止者，祝、史、射、御、医、卜及百工。凡执技以事上者，不贰事[28]，不移官[29]，出乡不与士齿。仕于家者，出乡不与士齿。

【注释】

①节：节制，调节。②恤：救济。逮：及，到达。③简：选择。绌：贬斥，废退。④帅：遵循，服从。⑤朝：聚会。庠：乡间官办学校。⑥元日：吉日。习射：行射礼。上功：尚功。尚，崇尚，重视。⑦习乡：行乡饮酒礼。上齿：尚齿，老者在上。⑧俊士：周代称选取入学的人。⑨遂：远郊之外。⑩齿：录用，任用。⑪论：挑选。⑫升：移名。⑬学：国学。⑭征：徭役。⑮乐正：乐官之长，掌管国学的教育。四术：诗书礼乐。⑯顺：依从，顺从。⑰群后：指诸侯。⑱俊选：俊士。俊士由选士而升，故名。⑲齿：年龄。⑳出学：学习结束。㉑小胥、大胥、小乐正：国学官命。小胥管学士征令，大胥掌管学士之版，小乐正掌握国学之政事。㉒此处疑有脱文或省略，指入学所行之事似乡学之礼。㉓不举：不举乐。㉔官材：指可以担任某种官职的人材。㉕废：废黜，罢官。㉖发：派遣。此指出兵作战。㉗力：勇力。㉘贰事：做别的事情。㉙移官：改换行业。官，职业，行业。

司寇正刑明辟[1]，以听狱讼[2]，必三刺[3]。有旨无简不听[4]。附从轻[5]，赦从重[6]。

凡制五刑[7]，必即天论[8]，邮罚丽于事[9]。

凡听五刑之讼，必原父子之亲[10]，立君臣之义以权之[11]。意论轻重之序[12]，慎测浅深之量以别之。悉其聪明[13]，致其忠爱以尽之[14]。疑狱，汜与众共之[15]；众疑，赦之。必察小大之比以成之[16]。

成狱辞，史以狱成告于正[17]，正听之。正以狱成告于大司寇，大司寇听之棘木之下[18]。大司寇以狱之成告于王，王命三公参听之。三公以狱之成告于王，王三又[19]，然后制刑。凡作刑罚，轻无赦。刑者侀也，侀者成也。一成而不可变，故君子尽心焉。

析言破律[21]，乱名改作，执左道以敌政[22]，杀。作淫声、异服、奇技、奇器，以疑众，杀。行伪而坚[23]，言伪而辨[24]，学非而博，顺非而泽[25]，以疑众，杀。假于鬼神、时日、卜筮以疑众[26]，杀。此四诛者，不以听。凡执禁以齐众[27]，不赦过。

有圭璧、金璋，不粥于市；命服、命车，不粥于市。宗庙之器，不粥于市。牺牲不粥于市。戎器不粥于市，用器不中度[28]，不地粥于市。兵车不中度，不粥于市。布帛精粗不中数[29]，幅广狭不中量，不粥于市。奸色乱正色[30]，不粥于市。锦文珠玉成器，不粥于市。衣服饮食，不粥于市。五谷不时，果实未熟，不粥于市。木不中伐，不粥于市。禽兽鱼龟不中杀，不粥于市。关执禁以讥，禁异服，识异言。

大史典礼，执简记[31]，奉讳恶[32]。天子齐戒受谏，司会以岁之成[33]，质于天子[34]，家宰齐戒受质[35]。大乐正、大司寇、市，三官以其成，从质于天子。大司徒、大司马、大司空，齐戒受质，百官各以其成，质于三官。大司徒、大司马、大司空，以百官之成质于天子，百官齐戒受质。然后休老[36]，劳农成发事。制国用。

凡养老：有虞氏以燕礼[37]，夏后氏以飨礼[38]，殷人以食礼[39]，周人修而兼用之[40]。五十养于乡，六十养于国，七十养于学，达于诸侯。八十拜君命[41]，一坐再至[42]，瞽亦

如之[43]；九十使人受。

五十异粻[44]，六十宿肉[45]，七十贰膳[46]，八十常珍，九十饮食不离寝，膳饮从于游可也。

六十岁制[47]，七十时制[48]，八十月制[49]，九十日修[50]。唯绞、紟、衾、冒[51]，死而后制。

五十始衰，六十非肉不饱，七十非帛不暖，八十非人不暖，九十虽得人不暖矣。

五十杖于家，六十杖于乡，七十杖于国，八十杖于朝，九十者，天子欲有问焉，则就其室，以珍从。

七十不俟朝[52]，八十月告存[53]，九十日有秩[54]。五十不从力政[55]，六十不与服戎[56]，七十不与宾客之事，八十齐丧之事弗及也。

五十而爵，六十不亲学[57]，七十致政[58]，唯衰麻为丧[59]。

有虞氏养国老于上庠，养庶老于下痒。夏后养国老于东序，养庶老于西序。殷人养国老于右学，养庶老于左学。周人养国老于东胶，养庶老于虞庠。虞庠在国之西郊[60]。

【注释】

①正刑：正定刑书。明辟：明断罪法。②听：审理。③刺：侦察，探询。④无简：律无明文。简，刑书。⑤附：施行法律。⑥赦：赦免。⑦制：裁决，决定。⑧郑玄注曰：即或为则，论或为伦。“必即天论”为“必则天伦”。⑨邮：裁定罪刑。罚：责罚。丽：附丽，依附。⑩原：推求本源，推究。⑪权：衡量。⑫意：内心。序：层次。⑬悉：尽；尽其所有。聪明：听、看而能审察、分辨是非真假的能力。⑭致：评审，推究。⑮汜：普遍，广泛。⑯此句似应在“邮罚丽于事”之后。察：详审，细究。小大：轻重。比：则例，成规。成：裁决。⑰正：职掌狱讼的官吏。⑱棘木之下：借指审理狱讼之处。周天子议政事之处，种有棘木。⑲又：郑玄说当作“宥”，宽宥，宽减其罪。⑳形体；已成形之物。引申为成事不可改变的意思。㉑析言：割裂文字。㉒左道：邪术。㉓坚：顽固坚持。㉔辨：辞理明辨。㉕顺非：顺从邪恶之事。泽：文饰、掩饰。㉖假：利用。㉗齐众：约束民心。㉘度：规格，法度。㉙数：定数，定量。㉚奸色：不正之色。㉛简记：记事的竹简、策书。㉜奉：进献。讳恶：忌讳的名称、日子。㉝司会：冢宰部属。成：计要；统计的文书。㉞质：评断，评量。㉟受质：辅佐天子评断。㊱休老：使老人安居休养。劳农：慰劳农民。㊲燕礼：设宴于寝，行一献之礼，坐而饮酒至醉。此礼最轻。㊳飨礼：设宴于朝，以尊卑为献数。此礼最重。㊴食礼：有饭食，有菜肴，设酒而不饮。此礼以食为主，故名。㊵修：遵循。㊶君命：指国君有赏赐。㊷坐：跪，旧时席地而坐的姿式。至：到。这里指叩首到地。㊸瞽：双目失明。㊹粻：粮。㊺宿：留存，常备。㊻贰：另外，不同。㊼岁制：每年都有所制作。此指棺木之类。㊽时制：每季都有所制作。此指殓葬衣物之类。时，季节，季度。㊾月制：每月都有所制作。此指容易做的殓葬衣物。㊿日修：每日都有所置备。(51)绞、紟、衾、冒：殡殓之物。见《檀弓》篇。(52)不俟朝：朝君之时，入门到达朝位，国君出来作揖后即退下，不等朝中之事结束。(53)告存：官吏到八十岁以后，国君每月派人致送食物，讯问其人是否健在。(54)秩：禄俸，食。此指食物。(55)力政：力役，劳役。(56)服戎：从事军队或战争之事。(57)亲学：到国学受业。郑玄说是“备弟子礼”。(58)致政：告老辞官归居。(59)此句似应接于“八十齐丧之事弗及也”之后。(60)上庠、东序、右学、东胶均为大学。下庠、西序、左学、虞庠均为小学。国老、庶老、庶：王运说，前者是国子师，后者是造士师。

有虞氏皇而祭[1]，深衣而养老。夏后氏收而祭[2]，燕衣而养老。殷人冔而祭，缟衣而养老[3]。周人冕而祭，玄衣而养老。

凡三王养老皆引年[4]。

八十者，一子不从政[5]。九十者，其家不从政。废疾非人不养者，一人不从政。父母之丧，三年不从政。齐衰、大功之丧，三月不从政。将徙于诸侯，三月不从政。自诸侯来徙家，期不从政。

少而无父者谓之孤，老而无子者谓之独，老而无妻者谓之矜，老而无夫者谓之寡。此四者，天民之穷而无告者也[6]，皆有常饩[7]。喑、聋、跛、躃、断者、侏儒、百工[8]，各以其器食之[9]。

道路，男子由右，妇人由左，车从中央。父之齿随行，兄之齿雁行，朋友不相逾。

轻任并[10]，重任分，斑白不提挈[11]。

君子耆老不徒行[12]，庶人耆老不徒食。

大夫祭器不假[13]。祭器未成，不造燕器[14]。

方一里者为田九百亩[15]。方十里者，为方一里者百，为田九万亩。方百里者，为方十里者百，为田九十亿亩。方千里者为方百里者百，为田九万亿亩[17]。

自恒山至于南河，千里而近[18]。自南河至于江，千里而近。自江至于衡山，千里而遥[19]。自东河至于东海，千里而遥。自东河至于西河，千里而近。自西河至于流沙，千里而遥。西不尽流沙，南不尽衡山，东不尽东海，北不尽恒山，凡四海之内，断长补短，方三千里，为田八十万亿一万亿亩[20]。方百里者，为田九十亿亩：山陵、林麓、川泽、沟渎、城郭、宫室、涂巷[21]，三分去一[22]，其余六十亿亩。

古者以周尺八尺为步，今以周尺六尺四寸为步。

古者百亩，当今东田百四十六亩三十步[23]。

古者百里，当今百二十一里六十步四尺二寸二分。

方千里者，为方百里者百。封方百里者三十国，其余，方百里者七十。又封方七十里者六十，为方百里者二十九，方十里者四十。其余方百里者四十，方十里者六十。又封方五十里者百二十，为方百里者三十。其余，方百里者十，方十里者六十。名山大泽不以封。其余以为附庸间田。诸侯之有功者，取于间田以禄之。其有削地者，归之间田。

天子之县内：方千里者，为方百里者百。封方百里者九，其余方百里者九十一。又封方七十里者二十一，为方百里者十，方十里者二十九。其余方百里者八十，方十里者七十一。又封方五十里者六十三，为方百里者十五，方十里七十五。其余方百里者六十四，方十里者九十六。

诸侯之下士，禄食九人，中士食十八人，上士食三十六人，下大夫食七十二人，卿食二百八十八人，君食二千八百八十人。次国之卿，食二百一十六人，君食二千一百六十人。小国之卿，食百四十四人，君食千四百四十人。次国之卿命于其君者，如小国之卿。

天子之大夫为三监，监于诸侯之国者，其禄视诸侯之卿，其爵视次国之君，其禄取之于方伯之地。

方伯为朝天子，皆有汤沐之邑于天子之县内㉔，视元士。

诸侯世子世国，大夫不世爵。使以德，爵以功。未赐爵，视天子之元士，以君其国。诸侯之大夫不世爵禄。

六礼：冠、昏、丧、祭、乡、相见。

七教：父子、兄弟、夫妇、君臣、长幼、朋友、宾客。

八政：饮食、衣服、事为㉕、异别、度、量、数、制。

【注释】

①皇画有羽饰的冠。制式不详。②收：夏代冠名，制式不详。③缟衣：白衣。④三王：夏商周三代君王。引年：引户校年。引户，相连之户，逐户。校年，校定年龄。⑤政：读为征，征召。从征：赴征召。⑥穷：贫，缺少财物。⑦饩：赠送人的谷物。⑧喑：哑，不能说话。跛：瘸腿。躃：两脚不能走路。断：肢体不全。⑨器：才能，本领。⑩任：担子。⑪斑白：头发半白的老人。⑫君子：大夫士。徒：空。⑬假：借。⑭燕器：日常生活用品。⑮一里：方三百步。⑯亿：郑玄说："今十万"。⑰万亿：郑玄说"今万万也"。⑱千里而近：不满千里。⑲千里而遥：超过千里。⑳八十万亿一万亿：孔颖达说："当云八十一万亿亩"。㉑沟渎：沟渠。涂巷：道路。㉒指山陵等约占三分之一。㉓东田：东方之田。孙希旦说："汉初儒者皆齐鲁人，自据其地言之，故曰东。"㉔汤沐之邑：郑玄说："给斋戒自洁清之用"；许慎说："诸侯朝天子，天子之郊皆有朝宿之邑，从泰山之下皆有汤沐之邑"。㉕事为：百工技艺。异别：五方用器不同。制：指布帛幅度的宽窄。

【译文】

王者制定的俸禄爵位，分公、侯、伯、子、男，共五等。诸侯的上大夫或卿、下大夫、上士、中士、下士，共五等。

天子的禄田千里见方，公侯的禄田百里见方，伯爵的禄田七十里见方，子、男五十里见方。不足五十里的，不直辖于天子，只将其归附于诸侯之国，称为"附庸"。天子的三公，禄田比照公、侯；天子的卿，比照伯爵；天子的大夫，比照子、男；天子的元士比照附庸。

颁禄之制：农田以百亩为单位，一夫百亩。分配的比率：上等田可以养活九个人，称上农夫，二等养活八人，三等七人，四等六人，五等田养活五人，称下农夫。平民在官府服务的，他们的俸禄可以根据以上五等区分等级。

大国诸侯的下士比照上农夫，俸禄完全可以替代耕种所得。中士的俸禄是下士的两倍，上士是中士的两倍，下大夫是上士的两倍。卿四倍于大夫的俸禄，国君则十倍于卿的俸禄。次国的卿三倍于大夫的俸禄，国君十倍于卿的俸禄。小国的卿，两倍于大夫的俸禄，国君则要十倍于卿的俸禄。

次国的上卿，爵位相当于大国的中卿；中卿相当于下卿；古卿相当于上大夫。小国的上卿，爵位相当于大国的下卿；中卿相当于大国的上大夫；下卿相当于大国的下大夫。至于士，凡次国、小国有中士、下士的，其等级各居上国的三分之二。

四海之内共有九个州，每个州千里见方。每州内封建百里之国三十个，七十里之国六十个，五十里之国一百二十个，共二百一十国。名山、大川不封与诸侯，剩余的土地作为其附庸和闲田。八个州，每州都是二百一十国。另一州是天子的畿辅地区，称"县"。其中百里之国九个，七十里之国二十一个，五十里之国六十三个，共九十三国。名山、大湖一律不分封。分封剩余的作为士人俸禄的闲田。九州共有一千七百七十三国。天子的元士、诸侯的附庸不算在内。

天子用百里之内的田赋收入供王朝百官府文书之费，用千里之内的田赋收入供自己日常生活费用。王畿千里之外，设“方伯”，为一州最高长官。建制是：五国为一“属”，属有“属长”；十国为一“连”，连有“连帅”；三十国为一“卒”，卒有“卒正”；二百一十国为一“州”，州有“方伯”。八个州，共八个方伯，五十六个卒正，一百六十八个连帅，三百三十六个属长。八个方伯各自统领自己的属下。直属天子的则有二老，分天下为左右，这二人就是左右二伯。千里之内供应天子日常所需的地方称“甸”。千里以外，最近的称“采”，最远的称“流”。

天子属下有三公、九卿、二十七大夫、八十一元士。其他的八州，大国有三卿，都由天子直接任命。下大夫五人，上士二十七人。次国有三卿，其中二卿由天子直接任命，一卿由国君任命。下大夫五人，上士二十七人。小国二卿，都由国君任命。下大夫五人，上士共二十七人。

天子派遣自己的大夫为三监，到方伯之国监察，每国三人。天子的“县”，为内诸侯供给俸禄；王畿之外，外诸侯的封地世代继承。

命服之制：三公八命，即最高的等级，服衮衣。如果有再加的服，就是赐服，不是命服。大国国君，不超过九命。次国的国君，不超过七命。小国国君，不超过五命。大国的卿，不得超过三命。下卿两命，小国的卿和下大夫一命。

凡以庶民之材为官，必须先行考评。审定才德之后，再试用，经试用能够胜任再定品位，品位确定之后给予俸禄。在朝廷上定品位时，士也都要参与。对人判罪要在市上当众进行，和众人一同鄙弃他。所以，公家不容留任判过罪的人，大夫和士不供养判过罪的人，在路上遇到也不和他交谈。把他放逐到边远的四方去，剥夺他的权利，以示不想让他活下去。

诸侯侍奉天子：每年派大夫为代表问候一次，这叫小聘；每三年派卿为代表问候一次，这叫大聘；每五年诸侯要亲自朝见天子一次。天子每五年巡视诸侯职守一次：当巡守之年的二月出发，向东巡守到达泰山，燔柴祭天，遥望并祭祀名山大川，接见诸侯，访问有没有百岁老人，到老人家中去探望。命大师演唱采集到的诗歌，以考察民间风俗，命管理市集的官吏报告物价的贵贱，以观察人民的好恶，志趣是否奢华，爱好是否邪僻。命典礼官的官吏校定当地的季节、月份、日、时，统一律法，礼仪、乐则、文物制度、衣服样式，都要有标准。对山川神祇的祭祀有不举行的，就是不敬，如有不敬的，要削减国君的封地。宗庙有祭祀失时或变乱昭穆次序的，就是不孝。如有不孝的，要贬降或废除国君的爵位。改变礼仪、音乐的，就是不从，如有不服从的，放逐国君。变革制度及衣服样式的，就是背叛，有背叛的，要声讨国君之罪。有功德施及人民的，加封土地或赐爵位。五月，向南巡守到达南岳，和向东巡守的礼仪相同。八月，向西巡守到达西岳，和向南巡守的礼仪相同。十一月，向北巡守到达北岳，和向西巡守的礼仪相同。巡守归来，用特牲祭告于祖、父之庙。

天子将要出巡，先举行祭告天地和宗庙的礼仪。诸侯将出国朝见天子或与其他诸侯会盟，就要祭地和宗庙。

天子在没有战争和祭祀活动时，与诸侯相见，称为“朝”。考订礼仪，校正刑法，统一道德，以便遵从于天子。

天子赏赐诸侯乐器，就把柷赐给他。赏赐伯、子、男乐器，就把鼗赐给他。

诸侯得到天子赐给的弓矢有权讨伐叛逆，才可以征伐；得到天子赐给的斧钺有权判决死刑，才可以诛杀；得到天子赐给的圭瓒有权敬神，才可以酿造鬯酒。没有得到圭瓒的，只能从天子那里求得鬯酒。

天子命诸侯施行教化，然后诸侯各国设立学校。小学在国君宫室南方的左边，大学设在郊外。天子设的大学称“辟雍”，诸侯设的大学称“泮宫”。

天子出兵征伐叛逆之前，一定先要祭告天地和宗庙，在军队驻扎处举行祃祭。到祖庙中告祖，在大学里决定战争谋略。出征后，抓获有罪的人回来，在大学里举行释奠之礼，报告抓获俘虏的情况。

天子和诸侯在没有战争和凶丧之类的事时，每年要打猎三次：首先是充作祭祀鬼礼的干豆，其次用来宴请宾客，最后作家常食用。没有战争和凶丧之事而不打猎，就是不敬；打猎不遵循礼的规定进行，就是暴殄天物。按礼的规定：天子打猎不四面合围，诸侯不成群捕杀。天子捕杀野兽之后，要放倒自己的大旗。诸侯捕杀野兽之后，放倒自己的小旗。然后大夫打猎。大夫捕杀野兽之后，就下令帮助驱赶野兽的佐车停车。佐车停下后，百姓才可以打猎。

正月獭开始捕鱼之后，掌管山泽、田猎的虞人才能筑水堰捕鱼。九月豺捕杀野兽之后，才可以打猎。八朋鸠化为鹰之后，才可以张网捕鸟。九月草木凋零飘落之后，才可以进入山林伐木。昆虫还没有冬眠时，不得焚草烧荒肥田。打猎时不得捕杀幼兽，不得搜取鸟卵，不得捕杀怀胎的母兽，不得捕杀幼兽，不得捣毁鸟兽的窝巢以把它们斩尽杀绝。

冢宰制定国家费用的预算，一定要在年终，等五谷都收上来之后再制定。还要看国土的大小，年成的好坏，用三十年的平均数制定国家费用的预算。要根据收入的多少决定支出的用度。

一年中祭祀的费用是平均数的十分之一。父母之丧，虽然三年不亲祭，但祭祀天地和社稷之神是不受丧事限制的。丧事费用是三年平均数的十分之一。丧事与祭祀有一定之规，祭品不足叫做“暴”，祭品过多叫做“浩”。所以，丰年时丧、祭不可过于奢费，歉年不可过于简陋。国家没有九年的储备，叫做“不足”；没有六年的储备，叫做“急”；没有三年的储备，就叫做“国非其国”了。耕种三年必须要有一年的存粮；耕种九年必须要有三年的存粮。以三十年的平均数来通融相较，即使遇到荒年和水旱之灾，百姓不致挨饿而无菜色，这样，天子就得以享乐，每天可以杀牲盛馔，钟鸣鼎食。

天子死后七天，灵柩移于殡宫，七个月以后下葬。诸侯五天移入殡宫，五个月以后下葬。大夫、士、庶人，三日后移入殡宫，三个月以后下葬，三年的丧期，从天子直到庶人全都如此。庶人悬棺下葬。下葬时不应该由于下雨而停止，不堆土为坟，不植树。丧期之内，不做居丧以外的事，也是从天子到庶人都一样。丧事的礼仪按死者的身份地位举行；祭祀的礼仪按主持祭祀的人的身份地位举行。支子不得主持祭祀。

天子有七所宗庙，三所昭庙，三所穆庙，加上太祖之庙共七庙。诸侯有五所宗庙，两所昭庙，两所穆庙，加上太祖之庙共五庙。大夫三所宗庙，一所昭庙，一所穆庙，加上太祖之庙共三庙。士只有一庙。庶人无庙，在寝处祭祀。

天子诸侯的宗庙祭祀，每季一次：春祭称“礿”，夏祭称“禘”，秋季称“尝”，冬祭称“烝”。

天子祭祀天地，诸侯祭祀社稷，大夫祭祀五祀。天子祭祀天下的名山大川，祭五岳比照三公，祭四读比照诸侯。诸侯祭祀自己境内的名山大川。天子诸侯祭祀自己境内已经灭绝了的国家的祖先。

天子丧后，单独举行祭礼，这叫“犆”，事后合先君主于祖庙而祭，这叫祫。而其四季再合祭于祖庙，春季之祭叫礿，夏祭叫禘，秋祭叫尝、冬祭叫烝。诸侯举行过礿祭，就不再举行禘祭，举行过烝祭，就不再举行尝祭；举行过尝祭，就不再举行礿祭；举行过烝祭，就不再举行礿祭。诸侯的礿祭是单独的祭祀；禘祭是一年独祭，一年合祭；尝、烝二祭是合祭。

天子祭祀社稷，都用牛、羊、猪三牲，统称“太牢”。诸侯祭祀社稷，都用羊、猪二牲，称“少牢”。大夫和士的宗庙之祭，有田的就祭，没有田的则“荐”。庶人行荐礼，春献韭，夏献麦，秋献黍，冬献稻。献韭时配以蛋，献麦时配以鱼，献黍时配以小猪，献稻时配以大雁。祭祀天地用的牛，要刚长角的，牛角一握大小。宴享宾客用的牛，牛角可达一尺。诸侯没有祭飨不杀牛，大夫没有祭飨不杀羊，士没有祭飨不杀犬、猪，庶人没有祭飨不吃珍美、时鲜之物。日常的食物不得超过祭祀时用的牲牢。日常穿的衣服不得超过祭祀时穿的礼服。日常起居的地方不得超过祖庙的殿堂。

上古时候，帮助耕种公家的田亩，不缴税；市集上堆放和储存货物的地方不缴税；边界关口只稽察出入边界的行人，不征往来货物之税。丛林、山麓、江河湖泊按照规定的日期进入伐木、捕鱼，而不禁止。卿大夫用于祭祀的田地不征税。徭役一年不能超过三天。田地房屋不许私自买卖，墓地不得要求多占。

司空执掌测量土地，安置人民到山野河川沼泽地区，测定各地四季的气候。斟酌距离远近，兴役事，使民力以营造城邑村镇。凡是使用民力，要求只完成老年人的工作量，供应壮年人所需的饮食。

凡安置民众的城邑村镇，要看民众的材质，必须根据气候的寒暖燥湿不同、深山广谷和大河流域的不同而不同。民众生活在不同的地区，风俗不一样，性情的刚柔、轻重、迟速不同，调和口味也就不同，器具的形制不同，衣着穿戴也不同。要整治统一他们的政治、教化，但是却不必改变他们的风俗习惯和已经适应了的生活方式。

中原和边远地区各方的民众，都有各自的习性，不可改变。东方的民族叫夷人，披散头发，身上刺有花纹，吃的食物不用火烧煮。南方的民族叫蛮人，在额头上刺花纹，走路两脚相向，吃的食物也不用火烧煮。西方的民族叫戎人，披散头发，身穿兽皮，不吃五谷。北方的民族叫狄人，身披羽毛，住在洞穴里，也不吃五谷。中国、夷、蛮、戎、狄，各自有自己安定的住处，适合于自己的口味、服装和器具。五方的民众，言语不相通，嗜好不一样。为了交流各自的想法和欲望，就有了通译语言的人。东方称之为“寄”，南方称“象”，西方称“狄鞮”，北方称“译”。

凡是安置民众，先测量地形以决定城邑如何营建，并估量地方大小以安置民众。地域、城邑、安置民众的数量，三者必须相互配合得当。使天下没有荒废的土地，没有无业的游民，让民众省吃俭用，及时生产，人人都有安定的住处，乐于并努力地做事，敬重国君，拥戴上司，然后兴办学校。

司徒修习六礼以节制民众的性情，明辨七教以提高民众的道德水平，整齐八政以防止淫乱，统一道德规范以使风俗相同，赡养老人以提高民众的孝心，救济孤独以弥补社会的不足，尊重贤能的人以便提倡道德风尚，淘汰品行恶劣的人以贬斥邪恶。

命令乡官挑出不遵循教诲的人以报告司徒。选择吉日，让乡里的老人都到学校聚会。练习射礼，以射中者为上；练习乡饮酒之礼，以年龄大为上。大司徒率领国家的俊士参与指导行礼

事。这样做了之后，那些不遵循教诲的人仍不改，命令国之右乡把那些人移到左乡，左乡的则移到右乡，仍如以前所行的礼，使之接受教化。仍不改，就移到郊外，仍旧象以前所行的六礼。仍不改，就移到远郊之外，仍像过去一样。还不改，就把他们驱逐到远方，终身不予录用。

命令乡官挑选才德出众的人上报司徒，称为“选士”。司徒挑选选士中优秀的人上报到国学，称为“俊士”。选士免除乡里的徭役，俊士免除国内的徭役。选士和俊士统称“造士”。掌管国学的乐正提倡诗、书、礼、乐四种学术，制订这四门课程，按照先王的诗、书、礼、乐来造就人才。春秋二季教以礼、乐，冬夏二季教以诗、书。王太子、王子、诸侯的太子、卿大夫和元士的嫡子、国内的俊士、选士，一律都送到国学造就。凡入国学的，以年龄长幼为序。

学习将要结束时，乐正的属官小胥、大胥和小乐正挑出不遵循教诲的人，报给大乐正，大乐正上报给王。于是王命三公九卿大夫元士都到国学，重新习礼以感化他们。如果不改变，王就要亲自视察国学。还不改变，王三天吃饭不奏乐，将这些人驱逐到远方。驱逐到西方，叫“棘”，东方叫“寄”。终生不予录用。

大乐正挑选造士中的优秀者上报给王，并移名到司马，称为“进士”。司马考评可以充任官职的人才，挑选进士中贤德之人上报给王，作最后的决定。决定之后，授以官职。胜任之后，再决定品位。品位决定之后，发给俸禄。

大夫失职，终生不再做官的，死后用士礼埋葬。遇有出兵作战之事，就命大司徒把乘兵车、穿衣甲等教给国学之士。凡凭借技能、较量勇力的人，除了派往四方之外，还要裸露四肢，较量射箭和驾车。

凡凭借技能服侍主上的，有祝、史、射、御、医、卜和各种工匠。这些人不得兼做他事，不得改换行业。离开本乡不和士人叙年辈。在大夫家作家臣的人，离开本乡也不得和士人论年辈。

司寇正定刑书，明断罪法，审理诉讼。必须实行一讯群臣，二讯群吏，三讯庶民，凡无罪证的人，不给予定罪。施刑时取其罚轻的，赦免时取其罚重的。

凡制定五等轻重的刑罚，必须符合天理人伦。判定有罪而当责罚时，必须使责罚依附于犯罪事实。

凡审理五等罪刑的案子，必须推究父子之亲和君臣之义，判断其是否为忠爱而犯法，从内心衡量其情节的轻重，仔细探查其罪行深浅的程度，以区别对待。尽自己审察、分辨是非真假的能力，详尽审察其忠爱之心来穷究罪案。案情可疑无法裁决的，公开与民众共同审理；如果民众也有疑而不能裁决，就要赦免他。如果赦免，就要根据案情轻重援引先例办理。

裁定判决后，“史”把裁决情况报告给“正”。“正”审理过，把裁决结果报告给大司寇。大司寇亲自在棘木之下审理一遍，然后把裁决结果呈报给王。王命三公参与审理。三公把裁决结果呈报给王。王提出是否因不懂法律、过失、遗忘而犯罪，假如是，当宽减其罪；如果不是，再裁定刑罚。凡已判定刑罚，罪行再轻也不赦免。因为刑就是侀，侀就是成。一旦成事就不可改变。因此，君子一定要尽心尽力审理诉讼。

凡割裂文字以曲解法律，混淆概念以擅改法律，操邪术以扰乱政令者，杀。制作淫靡之音，奇装异服，诡幻技艺，奇特器械以蛊惑民心者，杀。行为诡诈又顽固坚持，言语虚伪又辞理明辨，充满邪恶的知识，掩饰罪行以蛊惑民心者，杀。假托鬼神之祸福，时日之吉凶，卜筮之休咎以惑乱民心者，杀。犯了这四款罪的，不须复审。凡执行禁令，要让所有的人一体遵行

的，违反禁令一律不赦免。

凡圭璧金璋等宝物，不准在市上出售。命服、命车、宗庙的祭器、牺牲，不准在市上出售。兵器，不准在市上出售。用具不合规格的，不准许在市上出售。兵车不合规格的，不准许在市上出售。布帛质料的精粗、幅度的宽窄和颜色不合法度，不准许在市上出售。用锦文珠玉制作的器具，不准许在市上出售。衣服、饮食，不准在水上出售。不到收割季节的五谷，未成熟的水果，不准在市上出售。未成材的树木不准在市上出售。未长成的禽兽、鱼、鳖，不准在市上出出售。在关口上执行禁令以稽察过往行人有无违犯上述禁令，同时禁止奇装异服，辨识不同的言语，以防奸伪。

太史主管一切礼仪，执掌文书简策。把忌讳的日子、名称等内容记载下来，进呈给天子。天子斋戒以接受劝谏。

冢宰之属的司会把一年来的统计文书报请天子评断，冢宰也要斋戒，辅佐天子评断功过。大乐正、大司寇和市官把各自的统计文书附在司会的文书后，请天子评断。大司徒、大司马、大司空斋戒以后执行评断。百官都要把自己的文书呈给上述三官。他们把百官的文书转呈给天子，请天子评断。然后百官斋戒，听候天子的评断。天子评断之后，举行使老人安居休养的宴会，慰劳农民。到这时，便完成了一年的政事，开始制定明年的国家预算。

凡养老之礼：有虞氏用燕礼，夏后氏用飨礼，殷人用食礼。周人遵循前代，一年中兼用燕礼、飨礼、食礼。五十岁就有资格受养于乡学，六十岁受养于国之小学，七十岁受养于太学。这一礼仪从天子通达诸侯。八十岁拜受君命，只须一跪两叩首。双目失明的人也是如此。九十岁时就让人代为接受。

五十岁的人，可以吃较精细的粮。六十岁，有常备的肉食。七十岁，有另外储备的一份膳食。八十岁，可以常吃时令鲜物。九十岁，饮食常放在居室，出外时也随时供应于左右。

六十岁后，每年都要备好棺木。七十岁后，每季准备一次殓葬衣物。八十岁后，每月准备一次殓葬衣物。九十岁后，每天都要随时准备。只有绞、紟、衾、冒等，可以死后再制。

人从五十岁时开始衰老，六十岁时没有肉食就吃不饱。七十岁时没有丝棉就不能保暖。八十岁时必须随时着人侍奉才能取暖。九十岁时即使有人也不觉得暖了。

五十岁时，可以在家中扶杖。六十岁时，可以在乡里扶杖。七十岁时，可以在国内扶杖。八十岁时，如上朝可以在朝廷上扶杖。九十岁时，天子想有所请教，要亲自到家中去，并带上时鲜以奉侍。

大夫到七十岁时，可以不在朝廷上侍候。八十岁时，天子要每月派人问候。九十岁时，要每天馈送食物。

五十岁的人可以不服力役。六十岁，可以不再参与兵戎之事。七十岁，不参加宾客应酬。八十岁，不参与丧祭之事。

大夫五十岁可以封爵位。六十岁，可以不到国学受业。七十岁，辞官告老。如遇丧事，只穿戴孝服，不参与丧礼。

有虞氏时，在太学奉养国老，在小学奉养庶老。夏后氏，养国老于东序，即太学。养庶老于西序，即小学。殷人养国老于右学，即太学，养庶老于左学，即小学。周人在东胶奉养国老，在虞庠奉养庶老。虞庠即小学，在国都西郊。

有虞氏时，祭祀戴“皇”冠，养老穿深衣。夏后氏时，祭祀戴“收”冠，养老穿黑衣。殷人祭礼戴“冔”冠，养老穿白衣。周人祭祀戴“冕”冠，养老穿黑衣。

夏殷周三代养老，除上述国老、庶老外，其余的登记年龄。八十岁的老人，家中可有一子不服徭役。九十岁的老人，全家不服徭役。家中有残疾人，没有人侍候便不能生活的，留一人不服徭役。父母之丧，守孝三年不服徭役。齐衰、大功之丧，三个月内不服徭役。将迁居其他诸侯国的，三个月内不服徭役。自其他诸侯国迁来的，自迁来之日起一年之内不服徭役。

幼年没有父亲的人叫“孤”，老年没有子女的人叫“独”，年老没有妻室的人叫“矜”，年老没有丈夫的人叫“寡”。这四种人都是承受穷困而且有苦无处诉的人，要按时供应粮食。哑、聋、一足残废、双足俱废、肢体不全、身材矮小的侏儒以及各种残疾的手艺人，要依据各人的技艺安排工作使他们能养活自己。

行路，男子走在妇女右边，妇女走在男子左边。车子走在路中间。与父亲年龄相当的，要跟在他后面走。与兄长年龄相当的，可并行而稍后。朋友一起走路，不可以超越对方。

与老人同行时，老人有担子，年轻人应将老年人的担子合并起来挑。如果很重，要与老人分担，不要让头发斑白的老人提重物。属于士大夫阶层的老人，出门不步行，要有车马。庶民中的老人吃饭要有肴馔。

大夫的祭器不假于声乐，没有祭器时，不制造日常生活用具。一里见方的土地，为田九百亩，十里见方的土地，为一里见方的土地的一百倍，为田九万亩。一百里见方的土地是十里见方的一百倍，为田九百万亩。一千里见方的土地是一百里见方的一百倍，为田九亿亩。

自北岳恒山南到黄河，距离不到一千里。从黄河到长江，距离也不到一千里。自长江到南岳衡山，距离超过一千里。从东河到东海，距离也超过一千里。自东河到西河，距离不到一千里。从西河到西域沙漠地带，距离超过一千里。西边不算沙漠以外之地，南边不算衡山以南之地，东边不算东海以外之地，北边不算恒山以北之地，总计四海之内，截去多余部分补上不足部分，有三千里见方，为八十一亿亩田。百里见方的诸侯国，虽有田九百万亩，其间必须除去高山、森林、江河湖泊、沟渠水道、城郭、宫室、道路等，大约三分之一。其余的有六百万亩。

古时候以周尺的八尺为一步，现在以周尺的六尺四寸为一步。

古时候一百亩地，相当于现在一百四十六亩又三十步。

古时候一百里，相当于现在一百二十一里六十步四尺二寸二分。

千里见方的土地，包括一百块百里见方的土地。分封百里见方的三十国，还剩七十个百里。又封七十里见方的六十国，等于占去了二十九个百里、四十个十里。还剩四十个百里，六十个十里。再封五十里的一百二十国，等于三十个百里的。还剩十个百里，六十个十里。名山大泽不作为封地，剩下的作为诸侯的附庸或闲田。诸侯有功的，赐给闲田以增加俸禄；有削去封地的，就把封地归入闲田。

天子所辖的县内，千里见方的土地等于一百个百里。封百里之国九个，剩余九十一个百里。又封七十里之国二十一个，等于十个百里，二十九个十里。剩余八十个百里，七十一个十里。再封六十三个五十里之国，相当于十五个百里，七十五个十里。剩余的是六十四个百里和九十六个十里。

诸侯的下士，俸禄可以供养九个人。中士可以供养十八人。上士供养三十六人。下大夫的俸禄可以供养七十二人。卿可以供养二百八十人。大国国君十倍于卿的俸禄，可以供养二千八百八十人。次国之卿的俸禄，可以供养二百一十六人。其国君十倍于卿，可以供养二千一百六十人。小国之卿，可以供养一百四十四人，其国君一千四百四十人。次国由国君任命的卿，俸禄比照小国之卿。

天子的大夫作为三监，监察诸侯之国的，他的俸禄比照诸侯的卿，爵位比照次国的国君，他的俸禄从方伯之地取得。

方伯为了朝拜天子，在天子之县内部备有沐浴斋戒的地方，大小比较参照天子的元士。

诸侯的太子世袭封国，天子的大夫只世袭俸禄不世袭爵位。天子使人要看他是否有德，封爵要看他是否有功。诸侯的太子袭国之后尚未赐给爵位时，身份等于天子的元士，以此身份统治其封国。诸侯的大夫一般不世袭爵位也不世袭俸禄。

六礼为：冠礼、婚礼、丧礼、祭礼、乡饮酒礼、士相见礼。

七教为：父子、兄弟、夫妇、君臣、长幼、朋友、宾客等人伦关系。

八政为：饮食方式、衣服制度、工艺标准、器具品类、长度单位、容量单位、数码、规格标准等。

月　令①

孟春之月②，日在营室③，昏参中④，旦尾中⑤。其日甲乙⑥，其帝大皞⑦，其神句芒⑧，其虫鳞⑨，其音角⑩。律中大蔟⑪。其数八⑫，其味酸⑬，其臭膻⑭，其祀户⑮，祭先脾⑯。

东风解冻，蛰虫始振⑰，鱼上冰，獭祭鱼⑱，鸿雁来。

天子居青阳左个⑲，乘鸾路⑳，驾仓龙㉑。栽青旗㉒，衣青衣，服仓玉。食麦与羊，其器疏以达㉓。

是月也，以立春。先立春三日，大史谒之天子曰：“某日立春，盛德在木。”天子乃齐。立春之日，天子亲帅三公、九卿、诸侯、大夫以迎春于东郊。还反，赏公卿、诸侯、大夫于朝。命相布德和令㉔，行庆施惠㉕，下及兆民。庆赐遂行㉖，毋有不当。

乃命大史守典奉法，司天日月星辰之行㉗，宿离不贷㉘，毋失经纪㉙，以初为常㉚。

是月也，天子乃以元日祈谷于上帝㉛。乃择元辰㉜，天子亲载耒耜㉝，措之于参保介之御间㉞，帅三公、九卿、诸侯、大夫躬耕帝藉㉟。天子三推，三公五推，卿诸侯九推。反，执爵于大寝，三公、九卿、诸侯、大夫皆御，命曰劳酒。

是月也，天气下降，地气上腾，天地和同㊱，草木萌动。王命布农事㊲，命田舍东郊㊳，皆修封疆㊴，审端经术㊵，善相丘陵、阪险、原隰土地所宜㊶，五谷所殖㊷，以教道民㊸，必躬亲之。田事既饬㊹，先定准直㊺，农乃不惑。

【注释】

①郑玄说：名曰“月令”者，以其记十二月政之所行也。②孟春之月：春季第一个月，即农历正月。③营室：即室宿，二十八宿中北方七宿之一，今在飞马座。从我国看，其位置偏南。④参：星宿名，二十八宿中西方七宿之一，今在猎户座。中：指南方之中。⑤尾：星宿名，二十八宿中东方七宿之一，今在天蝎座。⑥甲乙：春季。十个天干配以五行、四季，为：甲乙属“木”，为春季；丙丁属“火”，为夏季；戊己属“土”，为中央；庚辛属“金”，为秋季；壬癸属“水”，为冬季。⑦大：上古五帝之一。五帝也配以五行：春之帝曰大，夏之帝曰炎帝，秋之帝曰少，冬之帝叫颛顼，中央叫黄帝。⑧句芒：木盛在春，所以

称木神为句芒。⑨虫：泛指动物。禽为羽虫，兽为毛虫，龟为甲虫，鱼为鳞，人为倮虫。分配五行，鳞属木，为春之虫。⑩音：乐器之声。五音配五行，鳞属木，为春。⑪大蔟：十二律之一。中：相应。⑫五行生成次序的数目为：水一、火二、木三、金四、土五。地为土，所以地上的五行各加土之数，即木三加土五，数目为八。下仿此类推。⑬味：味道。⑭臭：气味。郑玄说：酸、膻，木之臭味。⑮五行配于建筑物：木为户，火为灶，金为门，水为井，土为中溜。因此春天祀户。⑯五行配于五脏：木为脾，火为肺，金为肝，水为肾，土为心。⑰振：活动。⑱祭：杀。⑲青阳：明堂东方之堂名。个：青阳之室。明堂依五行构筑，分东西南北中五部分：东曰青阳，西曰总章，南叫明堂，北叫玄堂，中叫太庙太室。除当中的庙只有一个太室之外，其余四者又各有左中右三个室：左叫左个，右叫右个，中亦叫太庙。天子循五行之周转，每月换居一室。⑳鸾：古通銮，铃铛。路：车。㉑仓：古通苍，青色。龙：马高八尺以上叫龙。㉒旗：指旧时一种旗子，上面画龙，杆顶挂铃。㉓疏：粗疏。达：通达。此处指容易透气。㉔相：三公。㉕行庆：褒扬善事。施惠：周济贫乏困穷。㉖庆赐：褒扬赏赐。㉗司：从事。㉘宿：日之所在。离：月之所历。贷：差错、差误。㉙经纪：天文进退迟速的度数。㉚初：原来，往常。㉛元日：第一个辛日。旧时以干支纪日，辛日为天干。㉜元辰：亥日。㉝耒耜：旧时一种耕地农具，像犁。㉞措：放，置。参：参乘，陪乘的人。保介：衣甲。此处指使勇士穿前甲居右参乘位置。御间：御者和车历之间。㉟帝藉：天神借民所耕之田。藉，借助。㊱和同：融合一致。㊲布：布置。㊳田：田，主家之官。㊴封疆：井邑之界。㊵术：《周礼》作“遂”，小沟。㊶相：察看。丘：土山。陵：大土山。阪：斜坡。险：山泽。原：宽广平坦的地面。隰：低湿的地方。㊷殖：种植。㊸道：古通导，引导。㊹饬：清理，整治。㊺准：平。此处借指种植方法。

是月也，命乐正入学习舞。乃修祭奠，命祀山林川泽，牺牲毋用牝。禁止伐木。毋覆巢，毋杀孩虫、胎、夭、飞鸟，毋麛毋卵。毋聚大众，毋置城郭。掩骼埋[①]。

是月也，不可从称兵[②]，称兵必天殃。兵戎不起，不可从我始。毋变天之道，毋绝地水之理，毋乱人之纪。

孟春行夏令，则雨水不时，草木蚤落，国时有恐[③]；行秋令，则其民大疫，飙风暴雨总至[④]。藜、莠、蓬、蒿并兴[⑤]；行冬令，则水潦为败，雪霜大挚[⑥]，首种不入[⑦]。

仲春之月，日在奎[⑧]，昏弧中[⑨]，旦建星中[⑩]。其日甲乙，其帝大皞，其神句芒，其虫麟，其音角，律中夹钟[⑪]。其数八，其味酸，其臭膻，其祀户，祭先脾始雨水，桃始华[⑫]，仓庚鸣[⑬]，鹰化为鸠[⑭]。

天子居青阳大庙。乘鸾路，驾仓龙，载青旗，衣青衣，服仓玉，食麦与羊，其器疏以达。

是月也，安萌芽，养幼少，存诸孤[⑮]。择元日[⑯]，命民社[⑰]。命有司省囹圄[⑱]，去桎梏[⑲]，毋肆掠[⑳]，止狱讼。

是月也，玄鸟至[㉑]。至之日，以大牢祠于高禖[㉒]，天子亲往，后妃帅九嫔御[㉓]。乃礼天子所御，带以弓[㉔]，韣授以弓矢，于高禖之前。

是月也，日夜分[㉕]，雷乃发声，始电，蛰虫咸动，启户始出[㉖]。先雷三日，奋木铎以令兆民曰：“雷将发声，有不戒其容止者[㉗]，生子不备[㉘]，必有凶灾。”日夜分，则同度量，钧衡石，角斗甬，正权概[㉙]。

是月也，耕者少舍[㉚]，乃修阖扇[㉛]，寝庙必备。毋作大事，以妨农之事。

是月也，毋竭川泽，毋漉陂池[㉜]，毋焚山林。天子乃鲜羔开冰[㉝]先荐寝庙。上丁[34]，命乐正习舞，释菜[35]。天子乃帅三公。九卿、诸侯、大夫亲往视之。仲丁[36]，又命乐正入学，习舞。

是月也，祀不用牺牲，用圭璧，更皮币。

仲春行秋令，则其国大水，寒气总至，寇戎来征。行冬令，则阳气不胜，麦乃不熟，民多相掠。行夏令，则国乃大旱，暖气早来，虫螟为害。

季春之月，日在胃[37]，昏七星中[38]，旦牵牛中[39]。其日甲乙，其帝大皞，其神句芒，其虫麟，其音角，律中姑洗[40]。其数八，其味酸，其臭羶，其祀户，祭先脾。桐始华，田鼠化为鴽[41]，虹始见，萍始生[42]。天子居青阳右个，乘鸾路，驾仓龙，载青旗，衣青衣，服仓玉，食麦与羊，其器疏以达。

是月也，天子乃荐鞠衣于先帝[43]。命舟牧覆舟[44]，五覆五反，乃告舟备具于天子焉。天子始乘舟，荐鲔于寝庙[45]乃为麦祈实。

是月也，生气方盛，阳气发泄，句者毕出[46]，萌者尽达[47]，不可以内[48]。天子布德行惠，命有司发仓廪，赐贫穷，振乏绝[49]，开府库，出币帛，周天下[50]。勉诸侯，聘名士，礼贤者。

是月也，命司空曰："时雨将降，下水上腾，循行国邑，周视原野，修利堤防，道达沟渎[51]，开通道路，毋有障塞。田猎、罝罘、罗罔、毕翳、喂兽之药[52]，毋出九门[53]。

是月也，命野虞无伐桑柘[54]。鸣鸠拂其羽[55]，戴胜降于桑[56]。具曲植篴筐[57]，后妃齐戒，亲东乡躬桑[58]。禁妇女毋观[59]，省妇使[60]，以劝蚕事。蚕事既登[61]，分茧称丝效功[62]，以共郊庙之服[63]，无有敢惰。

是月也，命工师令百工审五库之量[64]：金铁、皮革筋、角齿、羽箭杆、脂胶丹漆，毋或不良。百工咸理[65]，监工日号，毋悖于时，毋或作为淫巧[66]，以荡上心[67]。

是月之末，择吉日，大合乐[68]，天子乃率三公、九卿、诸侯、大夫亲往视之。

是月也，乃合累牛、腾马[69]，游牝于牧。牺牲、驹、犊，举[70]，书其数。命国难[71]。九门磔攘[72]，以毕春气[73]。

季春行冬令，则寒气时发，草木皆肃[74]，国有大恐[75]。行夏令，则民多疾疫，时雨不降，山林不收[76]。行秋令，则天多沉阴，淫雨蚤降，兵革并起。

【注释】

①骼：枯骨。腐烂的肉。②称兵：兴兵，指采取军事行动。③恐：火灾等祸事。④飙风：旋风，暴风。总：通，忽然。⑤兴：生。⑥挚：至。⑦首种：头轮播种的谷物。⑧奎：星宿名。二十八宿中西方七宿之一，今属仙女座。⑨弧：二十八宿中无此名。唐《开成石经》月令篇改为"昏东井中"。东井即井宿，二十八宿南方七宿之一，今属双子座。⑩建星：二十八宿中无此名。郑玄说"建星在南斗上"。他的理由是"弧近井，建近斗，故举弧、建以定昏旦之星也"。斗宿，二十八宿北方七宿之一，今属人马座。⑪夹钟：十二律之一。⑫华：开花。⑬仓庚：黄鹂。⑭鸠：布谷鸟。⑮存：抚恤。诸弧：士大夫的遗族。⑯元日：第一个甲日。⑰社：祭地神。⑱省：减去。囹圄：监狱。⑲桎梏：枷锁。在足叫桎，在手叫梏。⑳肆掠：《淮南子》作"笞掠，拷打"。㉑玄鸟：燕子。㉒高：尊贵的神。禖：主婚嫁之神。㉓九嫔：借此指全部宫眷。㉔弓套。弓矢为男子所用，以此为礼是希望生男孩。㉕日夜分：指春分时日夜时间相等。㉖启户：爬出洞穴。启，开。户，穴。㉗戒：检点。容止：指私生活。㉘备：全。㉙同、钧、角、正：校正。

衡石：旧时对衡量的通称。衡、秤。石，旧时重量单位，一百二十斤为一石。甬：斛。权：秤锤。概：量米粟时刮平斗斛用的木板。㉚舍：止息。㉛阖：用木头做的门。扇：用竹苇做的门。㉜漉：滤。陂：蓄水之处。㉝鲜：当为“献”。开冰：冬季储冰，至二日开冰为献。㉞上丁：第一个丁日。㉟释菜：用芹藻之属祭祀先师。㊱仲丁：第二个丁日。㊲胃：星宿名，二十八宿中西方七宿之一，今在白羊座。㊳七星：即星宿。二十八宿中南方七宿之一。今属摩羯座。㊴牵牛：即牛宿。二十八宿中北方七宿之一。今属长蛇座。㊵姑洗：十二律之一。㊶驾鹌鹑之类的鸟。㊷萍：浮萍。㊸鞠衣：黄桑色衣服。祈蚕时用。先帝：大之类古帝王。㊹诛牧：主管般只的官吏。覆：翻，翻转过来。㊺鲔：一种鱼。今称鲟鱼。㊻句：拳曲的萌芽。㊼萌：有芒且直的萌芽。㊽内：纳。不可征收财贷。㊾振：救。乏：暂时缺少。绝：居而无食。㊿周：赐。供给不足的人。51道：导。52置罘：捕兽的网。罔：捕鸟的网。毕：打猎用的有长柄的网。翳：射猎时掩蔽自己的工具。喂兽之药：毒药。53九门：天子皇城的九处城门。54野虞：看守田野及山林的人。桑柘：其叶可以喂蚕。55鸣鸠：斑鸠。拂：抖动，拍打。56戴胜：鸟名。状似雀，头有冠，五色，如方胜，故名。57曲：蚕薄。植：放蚕薄的木架。养蚕用具，圆形叫籧，籧方形叫筐。58躬桑：亲手采桑。59观：妆饰，打扮仪容。60省妇使：减少妇女们的杂务。61登：实现，完成。62分茧：分配蚕茧使妇女缫丝。称丝：称量缫丝轻重。效功：考核功效。63共：供给。郊：祭神。庙：祭祖。64工师：司空之部属。五库：储藏各种物品的地方。65理：操作，从事。66淫巧：过度奇巧。67荡：摇动。震动。68合乐：众乐同时合奏。69累牛：交配期的公牛；泛指公牛。腾马：公马。70举：生育。此指生下小牛小马。71难：旧时驱除鬼之祭。后写作“傩”。72磔：砍碎牲体。攘：通去邪除恶之祭。73毕：止，结束。74肃：枝叶零。75大恐：水灾之祸。76山陵不收：高地没有收成。

孟夏之月，日在毕①，昏翼中②，旦婺女中③。其日丙丁④，其帝炎帝，其神祝融⑤，其虫羽，其音徵⑥。律中中吕⑦。其数七，其味苦，其臭焦。其祀灶，祭先肺。蝼蝈鸣⑧，蚯蚓出，王瓜生⑨，苦菜秀⑩。天子居明堂左个，乘朱路，驾赤骝⑪，载赤旗，衣朱衣，服赤玉。食菽与鸡。其器高以粗。

是月也，以立夏。先立夏三日，大史谒之天子曰：“某日立夏，盛德在火。”天子乃齐。立夏之日，天子亲帅三公、九卿、大夫以迎夏于南郊。还反，行赏，封诸侯。庆赐遂行，无不欣说⑫。乃命乐师习合礼乐，命太尉赞桀俊⑬，遂贤良⑭举长大⑮。行爵出禄，必当其位。

是月也，继长增高，毋有坏堕⑯，毋起土功，毋发大众，毋伐大树。

是月也，天子始絺⑰。命野虞出行田原，为天子劳农劝民，毋或失时。命司徒巡行县鄙⑱，命农勉作，毋休于都⑲。

是月也，驱兽毋害五谷，毋大田猎。农乃登麦⑳。天子乃以彘尝麦。先荐寝庙。

是月也，聚畜百药。靡草死㉑，麦秋至㉒。断薄刑㉓，决小罪，出轻系㉔。蚕事毕，后妃献茧。乃收茧税，以桑为均㉕，贵贱长幼如一，以给郊庙之服。是天也，月子饮酎㉖，用礼乐。

孟夏行秋令，则苦雨数来㉗，五谷不滋，四鄙入保㉘。行冬令，则草木蚤枯，后乃大水，败其城郭。行春令，则蝗虫为灾，暴风来格㉙，秀草不实。

仲夏之月，日在东井㉚，昏亢中㉛，旦危中㉜。其日丙丁，其帝炎帝，其神祝融，其虫羽，其音徵。律中蕤宾㉝。其数七，其味苦，其臭焦，其祀灶，祭先肺。小暑至，螳螂生，鵙始鸣㉞，反舌无声㉟。天子居明堂太庙，乘朱路，驾赤骝，载赤旗，衣朱衣，服赤玉，食菽与鸡，其器高以粗，养壮佼[36]。

是月也，命乐师修鞀鞞鼓[37]，均琴瑟管箫，执干戚戈羽，调竽笙篪，饬钟磬柷敔[38]。命有司为民祈祀山川百源，大雩帝[39]，用盛乐[40]。乃命百县雩祀百辟卿士有益于民者，以祈谷实。农乃登黍。是月也[41]，天子乃雏尝黍，羞以含桃[42]，先荐寝庙。令民毋艾蓝以染[43]，毋烧灰，毋暴布[44]。门闾毋闭，关市毋索[45]。挺重囚[46]，益其食。游牝别群[47]，则絷腾驹[48]，班马政[49]。

是月也，日长至[50]，阴阳争，死生分。君子齐戒，处必掩身，毋躁[51]，止声色，毋或进。薄滋味，毋致和[52]，节耆欲，定心气。百官静事毋刑，以定晏阴之所成[53]，鹿角解[54]，蝉始鸣，半夏生，木堇荣[55]。

【注释】

①毕：星名。二十八宿中西方七宿之一。今属金牛座。②翼：星宿名，二十八宿中南方七宿之一。今分属巨爵座及长蛇座。③婺女：星名，即女宿，二十八宿中北方七宿之一，今属宝瓶座。④丙丁：火日。⑤祝融：火神之号。⑥徵：五音之一。⑦中吕：十二律之一。⑧蝼蝈：其说不一。郑玄说是青蛙。⑨王瓜：栝楼。⑩秀：植物抽穗开花。⑪骝：黑鬃黑尾的红马。⑫说：悦。⑬赞：选拔，推荐。桀俊：有才的人。⑭遂：举荐。⑮长大：身材高大有力的人。⑯堕：毁坏。⑰絺，指夏季的衣服。⑱鄙：五百家。县：两千五百家。⑲休：此字《吕氏春秋》作"伏"。⑳登：进，献。㉑靡草：指荠菜、葶苈之类。㉒麦秋：麦子成熟。㉓薄刑：罪刑轻。㉔系：关押，拘禁。㉕以桑为均：按照每人所用桑叶数量的多少匀摊其应献出蚕茧多少的数量。㉖饮酎：献酎酒于宗庙。酎：重酿的醇酒。㉗苦雨：久下不停使人生厌的雨。数：屡次。㉘鄙：边境。保：小城。㉙格：至，到。㉚东井：即井宿。㉛亢：星宿名，二十八宿中北方七宿之一，今属室女座。㉜危：星宿名，二十八宿中北方七宿之一，今分属宝瓶座与飞马座。㉝蕤宾：十二律之一。㉞䴗：又名伯劳、子规、杜鹃。㉟反舌：百舌鸟。㊱壮佼：肥硕强健。此句当在"挺重囚，益其食"之后。㊲鞀：同鼗，拨浪鼓。鼓：旧时用于祭祀之鼓，属六鼓中雷鼓一类。㊳柷敔：古时乐器名。在雅乐结束时击奏。㊴大雩：求雨祭名。㊵盛：隆重。㊶此句疑为错简，似应在"挺重囚，益其食"之前。㊷羞：进献。含桃：樱桃。㊸艾：通刈，割。㊹暴：晒。㊺关市：存放物品的地方，商贾在此隐藏货物以避征税。索：搜索。㊻挺：宽缓。㊼别群：分别牝牡之群。㊽挚：用绳子拴、捆。㊾马政：饲养马匹的方法。㊿日长至：日长之至极，白天最长。[51]此句《吕氏春秋》作"处必掩身欲静毋躁"。[52]和：调和。[53]晏：安静，平静。阴主静，故曰"晏阴"。《小尔雅·广言》："晏、明，阳也。"故"晏阴"为"阳阴"。[54]解：脱。[55]堇：花草。荣：茂盛。

是月也，毋用火南方。可以居高明，可以远眺望，可以升山陵，可以处台榭。

仲夏行冬令，则雹冻伤谷，道路不通，暴兵来至。行春令，则五谷晚熟，百螣时起[①]，其国乃饥。行秋令，则草木零落，果实早成，民殃于疫。

季夏之月，日在柳[②]，昏火中[③]，旦奎中。其日丙丁，其帝炎帝，其神祝融，其虫羽，其音徵。律中林钟[④]。其数七，其味苦，其臭焦，其祀灶，祭先肺。温风始至，蟋蟀居壁，鹰乃学习。腐草为萤。天子居明堂右个，乘朱路，驾赤骝，载赤旗，衣朱衣，服赤玉。食菽与鸡，其器高以粗。命渔师伐蛟取鼍[⑤]，登龟取鼋[⑥]。命泽人纳材苇[⑦]。

是月也，命四监大合百县之秩刍[⑧]，以养牺牲，令民无不咸出其力，以共皇天上

帝，名山大川，四方之神，以祠宗庙社稷之灵⑨，以为民祈福。

是月也，命妇官染采⑩，黼、黻、文、章以法故⑪，无或差贷⑫，黑黄仓赤莫不质良⑬，毋敢诈伪，以给郊庙祭祀之服，以为旗章，以别贵贱等给之度。

是月也，树木方盛，乃命虞人入山行木⑭，毋有斩伐。不可以兴土功⑮，不可以合诸侯，不可以起兵动众，毋举大事以摇养气⑯，毋发令而待⑰，以妨神农之事也。水潦盛昌，神农将持功⑱，举大事则有天殃。

是月也，土润溽暑⑲，大雨时行，烧薙行水⑳，利以杀草，如以热汤，可以粪田畴㉑，可以美土疆。

季夏行春令，则谷实鲜落㉒，国多风欬㉓，民乃迁徙。行秋令，则丘隰水潦，禾嫁不熟，乃多女灾㉔。行冬令，则风寒不时，鹰隼蚤鸷㉕，四鄙入保。

中央土，其日戊巳，其帝黄帝，其神后土㉖，其虫倮㉗，其音宫。律中黄钟之宫㉘。其数五，其味甘，其臭香，其祀中溜，祭先心。天子居大庙大室，乘大路㉙，驾黄骝，载黄旗，衣黄衣，服黄玉。食稷与牛，其器圆以闳㉚。

【注释】

①螣：吃苗叶的害虫。②柳：星宿名，二十八宿中南方七宿之一，今属长蛇座。③火：火星。④林钟：十二律之一。⑤鼍：一种鳄鱼。⑥登：捕取，鱼，鳖。⑦泽人：看管湖荡之官。材苇：蒲苇之类。⑧四监：职管山林川泽的官。秩刍：经常供应的喂牲口的草料。⑨以：及，连及。⑩妇官：职掌妇女工作的人。染采：染色彩绘。⑪黼：黑白相配。黻：黑青相配。文：青红相配。章：红白相配。法：方法。故：习惯。⑫差贷：差错。⑬质：真，实。⑭行：巡视。⑮土功：治水筑城等工程。⑯大事：指兴土功、合诸侯、起兵动众等。摇养气：动长养之气。⑰毋发令而待：《吕氏春秋》作“毋发令以干时。”⑱持功：持稼穑之功。指竭力助长万物。⑲溽暑：夏天潮湿而闷热的气候。⑳薙：锄草。㉑粪：施肥。㉒鲜：少，稀少。落：零落，零散。㉓欬：咳嗽。㉔女灾：失女之灾。㉕鸷：凶猛。㉖后土：土神。㉗倮：倮虫，指身上没有羽毛鳞甲的动物，也用来指人。㉘黄钟：十二律之一。㉙大路：大车。㉚闳：宏大，宽广。

孟秋之月，日在翼，昏建星中，旦毕中。其日庚辛，其帝少皞，其神蓐收①。其虫毛②，其音商，律中夷则③。其数九，其味辛，其臭腥。其祀门，祭先肝。凉风至，白露降，寒蝉鸣④。鹰乃祭鸟，用始行戮⑤。天子居总章左个，乘戎路⑥，驾白骆⑦，载白旗，衣白衣，服白玉，食麻与犬⑧，其器廉以深⑨。

是月也，以立秋。先立秋三日，大史谒见之天子曰：“某日立秋，盛德在金。”天子乃齐。立秋之日，天子亲帅三公、九卿、诸侯，大夫以迎秋于西郊。还反，赏军帅、武人于朝。天子乃命将帅选士厉兵⑩，简练桀俊⑪，专任有功，以征不义，诘诛暴慢，以明好恶，顺彼远方⑫。

是月也，命有司修法制，缮囹圄⑬，具桎梏，禁止奸，慎罪邪，务搏执⑭。命理瞻伤、察创、视折、审断⑮。决狱讼必端平，戮有罪，严断刑。天地始肃⑯，不可以赢⑰。

是月也，农乃登台。天子尝新，先荐寝庙。命百官始收敛⑱，完堤坊，谨壅塞，以备水潦。修宫室，坏墙垣⑲，补城郭。

是月也，毋以封诸侯，立大官，毋以割地，行大使，出大币。

孟秋行冬令，则阴气大胜，介虫败谷[20]，戎兵乃来。行春令，则其国乃旱，阳气复还，五谷无实。行夏令，则国多火灾，寒热不节，民多疟疾。

仲秋之月，日在角[21]，昏牵牛中，旦嘴觿中[22]。其日庚辛，其帝少皞其神蓐收，其虫毛，其音商，律中南吕。其数九，其味辛，其臭腥，其祀门，祭先肝。盲风至[23]，鸿雁来[24]，玄鸟归。群鸟养羞[25]。天子居总章大庙。乘戎路，驾白骆，载白旗，衣白衣，服白玉。食麻与犬。其器廉以深。

是月也，养衰老，授几杖，行糜粥饮食[26]。乃命司服具饬衣裳[27]，文绣有恒[28]，制有小大，度有长短，衣服有量[29]，必循其故，冠带有常，乃命有司申严百刑，斩杀必当，毋或枉桡[30]。枉桡不当，反受其殃。

是月也，乃命宰祝循行牺牲[31]，视全具[32]，案刍豢[33]，瞻肥瘠，察物色。必比类[34]，量小大，视长短，皆中度。五者备当，上帝其飨。天子乃难，以达秋气。以犬尝麻，先荐寝庙。

是月也。可以筑城郭，建都邑，穿窦窖[35]，修囷仓[36]。乃命有司趣民收敛[37]，务畜菜，多积聚。乃劝种麦，毋或失时。其有失时，行罪无疑[38]。

是月也，日夜分，雷始收声，蛰虫坏户，杀气浸盛[39]，阳气日衰，水始涸。日夜分，则同度量，平权衡，正钧石，角斗甬。

是月也，易关市[40]，来商旅[41]，纳货贿，以便民事。四方来集，远乡皆至，则财不匮，上无乏用，百事乃遂。凡举大事，毋逆大数[42]，必顺其时，慎因其类。

仲秋行春令，则秋雨不降，草木生荣，国乃有恐。行夏令，则其国乃旱，蛰虫不藏，五谷复生。行冬令，则风灾数起，收雷先行[43]，草木蚤死。

【注释】

①蓐收：西方之神，意为秋时万物摧萎而收敛。②毛：兽类。③夷则：十二律之一。④寒蝉：蝉的一训，夏末初在树上叫。⑤用始：《吕氏春秋》作“始用”。戮：杀。⑥戎路：兵车，以白以作装饰。⑦骆：白马黑鬃。⑧麻：林麻，旧时九谷之一。⑨廉：平直有边角。⑩厉兵：磨砺后兵器。⑪简练：挑选。⑫顺：顺服，驯服。此处是使动意义。⑬缮：修缮。⑭搏执：捕捉拘禁。⑮理：职责是管理监狱的官吏。蔡邕说：皮曰伤，肉曰创，骨曰折，骨肉皆绝曰断。⑯肃：天气寒凉。草木萎缩、凋落。⑰羸：缓，松懈。⑱收敛：收聚，收藏。此处指秋季农作物的收获。⑲坏：通培。⑳介虫：甲虫。㉑角：星宿名，二十八宿中东方七宿之一，今属室女座。㉒觜：星宿名，二十八宿中西方七宿之一，今属猎户座。觿：解绳结用的锥子。㉓盲风：疾风。㉔鸿雁来：此句“来”字疑有误，似应为“去”。㉕羞：美味食品。㉖行：赐。糜：碎，烂。㉗司服：掌管衣服之官。㉘文绣：指祭服。文，画祭服之制，画衣而绣裳。㉙衣服：朝、燕及其他衣服。量：指大小长短等。㉚枉桡：屈曲，弯曲。㉛宰祝：主管祭祀之官。宰，大宰。祝，大祝。㉜全：纯绝。具：整体。㉝刍：用草喂养。豢：用谷喂养。㉞比类：比照祭祀的种类。㉟穿：开凿，挖掘。窦：椭圆地洞。窖：方形地洞。㊱囷：圆形谷仓。仓：方形谷仓。㊲趣：古通促，催促。㊳罪：罚。㊴浸：渐。㊵易：给予便利。㊶来：招致。㊷大数：天道。㊸收雷：收声之雷。先行：提早发声。

季秋之月，日在房[1]，昏虚中[2]，旦柳中。其日庚辛，其帝少皞，其神蓐收，其虫毛，其音商，律中无射[3]。其数九，其味辛，其臭腥，其祀门，祭先肝。鸿雁来宾[4]，爵入大水为蛤[5]，鞠有黄华[6]，豺乃祭兽戮禽。天子居总章右个，乘戎路，驾白骆，载

白旗，衣白衣，服白玉。食麻与犬，其器廉以深。

是月也，申严号令，命百官贵贱无不务内⑦，以会天地之藏⑧，无有宣出⑨。乃命冢宰，农事备收，举五谷之要，藏帝藉之收于神仓，祗敬必饬⑩。

是月也，霜始降，则百工休。乃命有司曰："寒气总至，民力不堪，其皆入室。"上丁，命乐正入学习吹。

是月也，大飨帝⑪，尝⑫，牺牲告备于天子。合诸侯，制百县⑬，为来岁受朔日⑭，与诸侯所税于民轻重之法，贡职之数，以远近土地所宜为度，以给郊庙之事，无有所私。

是月也，天子乃教于田猎，以习五戎⑮，班马政⑯。命仆及七驺咸驾⑰，载旌旐⑱，授车以级⑲，整设于屏外⑳，司徒搢扑㉑，北面誓之。天子乃厉饰㉒，执弓挟矢以猎，命主祠祭禽于四方㉓。

是月也，草木黄落，乃伐薪为炭。蛰虫咸俯在内，皆谨其户㉔。乃趣狱刑，毋留有罪。收禄秩之不当㉕，供养之不宜者㉖。

是月也，天子乃以犬尝稻，先荐寝庙。

季秋行夏令，则其国大水，冬藏殃败，民多鼽嚏㉗。行冬令，则国多盗贼，边境不宁，土地分裂，行春令则暖风来至，民气懈惰，师兴不居㉘。

【注释】

①房：星宿名，二十八宿中东方七宿之一，今属天蝎座。②虚：星宿名，二十八宿中北方七宿之一，今分属宝瓶座、小马座。③无射：十二律之一。④来宾：客人停留未去。⑤爵：古通雀。大水：指海水。蛤：音，蛤蜊、文蛤等软体动物。⑥鞠：《吕氏春秋》作菊。⑦务内：从事收敛。内，纳，收缴。⑧会：合。⑨宣出：宣露散出。⑩祗敬：恭敬。祗：敬。⑪大飨帝：在明堂祀上天之帝。⑫尝：宗庙秋祭，遍祭群神。⑬制：合。⑭受：授，给予，付与。⑮五止戎：五种兵器，即弓矢、殳、矛、戈、戟。⑯马政：用马的方法。⑰驺：喂马兼驾驭的人。⑱旐：画有龟蛇的旗。⑲级：级别，等别。⑳整设：整队排列。㉑搢：插。扑：教刑之具。㉒厉饰：戎服威武。㉓主祠：职掌祭祀之官。㉔用泥土涂塞门窗孔隙。㉕禄秩：有位而有常禄。㉖供养：无常禄而国家供给。㉗鼽嚏：粘膜因受刺激而打，即俗所谓伤风。㉘不居：无休止。

孟冬之月，日在尾，昏危中，旦七星中。其日壬癸，其帝颛顼，其神玄冥①。其虫介②，其音羽，律中应钟③。其数六，其味咸，其臭朽④。其祭行⑤，祭先肾。水始冰，地始冻。雉入大水为蜃⑥，虹藏不见。天子居玄堂左个，乘玄路，驾铁骊⑦，载玄旗，衣黑衣，服玄玉。食黍与彘，其器闳以奄⑧。

是月也，以立冬，先立冬三日，史谒之天子曰："某日立冬，盛德在水。"天子乃齐。立冬之日，天子亲帅三公九卿大夫以迎冬于北郊。还反，赏死事⑨，恤孤寡⑩。

是月也，命大史衅龟荚⑪，占兆审卦⑫，吉凶是察，阿党则罪⑬，无有掩蔽。

是月也，天子始裘。命有司曰："天气上腾，地气下降，天地不通，闭塞而成冬。"命百官谨盖藏。命司徒循行积聚⑭，无有不敛⑮。坏城郭，戒门闾，修键闭，慎管龠，固封疆，备边境，完要塞，谨关梁，塞傒径。饬丧纪⑯，辨衣裳，审棺椁之薄厚，茔丘垄之大小、高卑、厚薄之度[17]，贵贱之等级。

是月也，命工师效功[18]，陈祭器，按度程。毋或作为淫巧以荡上心。必功致为上[19]。物勒工名[20]，以考其诚。功有不当[21]，必行其罪，以穷其情[22]。

是月也，大饮烝[23]。天子乃祈来年于天宗[24]，大割祠于公社及门闾[25]，腊先祖五祀[26]，劳农以休息之。天子乃命将帅讲武，习射御，角力。[27]。

是月也，乃命水虞、渔师收水泉池泽之赋[28]，毋或敢侵削众庶兆民，以为天子取怨于下。其有若此者，行罪无赦。

孟冬行春令，则冻闭不密，地气上泄，民多流亡。行夏令，则国多暴风，方冬不寒，蛰虫复出。行秋令，则雪霜不时，小兵时起，土地侵削。

仲冬之月，日在斗，昏东壁中[29]，旦轸中[30]。其日壬癸，其帝颛顼，其神玄冥，其虫介，其音羽，律中黄钟。其数六，其味咸，其臭朽，其祀行，祭先肾。冰益壮，地始坼[31]，鹖旦不鸣[32]，虎始交[33]。天子居玄堂大庙，乘玄路，驾铁骊，载玄旗，衣黑衣，服玄玉。食黍与彘，其器闳以奄。

饬死事[34]。命有司曰："土事毋作，慎毋发盖，毋发室屋及起大众，以固而闭。地气沮泄[35]，是谓发天地之房，诸蛰则死，民必疾疫，又随以丧，命之曰畅月。"

【注释】

①玄冥：水神。传说为少之子。②介：甲壳类动物，以龟为首。③应钟：十二律之一。④朽：郑玄说，气若有若无为朽。⑤行：宫内道路之神。《白虎通》、《淮南子》及蔡邕《独断》皆云"冬祀井"。依后者。⑥大水：指淮河。蜃：大蛤。⑦铁骊：马色黑如铁。⑧奄：覆盖。⑨死事：为国捐躯的人。⑩孤寡：为国捐躯者的妻子儿女。⑪衅：血祭，即用牲血祭祀。⑫卦：筮所得结果。⑬阿：逢迎上意。党：朋比为奸。⑭积聚：禾稼露天堆积的。⑮敛：放入仓。⑯丧纪：丧事的规格。⑰茔：墓域。丘垄：坟墓封土而高。⑱效功：呈缴百工制作的器物。⑲功致：精巧细致。⑳勒：雕刻，刻。㉑功有不当：用材精美而器不坚固。㉒穷：揭穿。情：情形。㉓饮：十月天子诸侯与群臣在大学饮酒。烝：把牲体盛放在俎上。㉔天宗：日月星辰。㉕大割：大杀群牲而割之。公社：社以上公家配祭，故名。这指天子祭祀天地鬼神的地方。㉖腊：祭名。献田猎之兽名腊。㉗角力：较量勇力。㉘水虞：管理湖泊沼泽的官。㉙东壁：壁宿，二十八宿中北方七宿之一，今分属仙女座和飞马座。㉚轸：星宿名，二十八宿中南方七宿之一，今属乌鸦座。㉛坼：裂开。㉜鹖（hé）旦：鸟名。㉝交：交尾。㉞《吕氏春秋》无此句。㉟沮：《吕氏春秋》作"且"。

是月也，命奄尹申宫令[1]，审门闾，谨房室，必重闭[2]，省妇事，毋得淫[3]。虽有贵戚近习[4]，毋有不禁。乃命大酋秫稻必齐[5]。曲蘖必时[6]，湛炽必洁[7]，水泉必香，陶器必良，火齐必得[8]。兼用六物[9]，大酋监之，毋有差贷。天子命有司祈祀四海、大川、名源、渊泽、井泉。

是月也，农有不收藏积聚者，马牛畜兽有放佚者，取之不诘[10]。山林薮泽[11]，有能取蔬食[12]，田猎禽兽者，野虞教道之。其有相侵夺者，罪之不赦。

是月也，日短至。阴阳争，诸生荡[13]。君子齐戒，处必掩身[14]，身欲宁，去声色，禁耆欲，安形性，事欲静，以待阴阳之所定。芸始生[15]，荔挺出[16]，蚯蚓结[17]，麋角

解，水泉动。日短至，则伐木，取竹箭。

是月也，可以罢官之无事，去器之无用者。涂阙廷门闾[13]，筑囹圄，此以助天地之闭藏也。

仲冬行夏令，则其国乃旱，氛雾冥冥[19]，雷乃发声。行秋令，则天时雨汁[20]，瓜瓠不成，国有大兵。行春令，则蝗虫为败。水泉咸竭，民多疥疠[21]。

季冬之月，日在婺女，昏娄中[22]，旦氐中[23]。其日壬癸，其帝颛顼，其神玄冥，其虫介，其音羽，律中大吕。其数六，其味咸，其臭朽，其祀行，祭先肾。雁北乡，鹊始巢，雉鸲鸡乳[24]。天子居玄堂右个，乘玄路，驾铁骊，载玄旗，衣黑衣，服玄玉。食黍与彘，其器闳以奄。命有司大难，旁磔[25]，出土牛[26]，以送寒气。征鸟厉疾[27]。乃毕山川之祀，及帝之大臣[28]，天之神祇[29]。

是月也，命渔师始渔。天子亲往，乃尝鱼，先荐寝庙。冰方盛，水泽腹坚[30]，命取冰，冰以入。令告民出五种[31]，命农计耦耕事[32]，修耒耜，具田器。命乐师大合吹而罢。乃命四监收秩薪柴，以共郊庙及百祀之薪燎[33]。

是月也。日穷于次[34]，月穷于纪[35]。星回于天，数将几终[36]，岁且更始[37]，专而农民[38]，毋在所使。天子乃与公卿大夫共饬国典，论时令，以待来岁之宜，乃命太史次诸侯之列[39]，赋之牺牲[40]，以共皇天、上帝、社稷之飨。乃命同姓之邦共寝庙之刍豢[41]。命宰历卿大夫至于庶民[42]，土田之数，而赋牺牲，以共山林名川之祀。凡在天下九州之民者，无不咸献其力，以共皇天、上帝、社稷、寝庙、山林、名川之祀。

季冬行秋令，则白露蚤降介虫为妖[43]，四鄙入保。行春令，则胎夭多伤，国多固疾[44]，命之曰逆。行夏令，则水潦败国，时雪不降，冰冻消释。

【注释】

①奄尹：主领太监之官。②重闭：内外关闭。③淫：女人从事制作奢侈怪异的物品。④近习：天子宠信之人。⑤大酋：酒官之长。酋，酒熟。秫稻：制酒原料。必齐：秫稻不杂秕稗。⑥曲蘖：酒曲。必时：必须达到一定的发酵时间。⑦湛：渍米。炽：炊蒸。⑧火齐：火候，指温度调节。⑨六物：心齐、必时、必洁、必香、必良、必得六事。⑩诘：追究。⑪薮：高诱说，无水曰薮，有水曰泽。⑫蔬食：草木的果实。⑬荡：植物萌动而生芽。⑭《吕氏春秋》此句无“身”字。掩：闭藏。⑮芸：香草。⑯荔挺：草名。郑玄说是“马”。⑰结：屈。⑱涂：堵塞。⑲氛雾：雾气。冥冥：昏暗。⑳雨汁：雨雪杂下。㉑疥：疥疮。疠：恶疮。㉒娄：星宿名。二十八宿中西方七宿之一，今属白羊座。㉓氐：星宿名。二十八宿中东方七宿之一，今属天秤座。㉔雉鸣叫。乳：孵化。㉕旁桀：磔牲于国门之旁。㉖出：制作。㉗此句依姜兆锡说在“雉鸡乳”之后。征鸟：鹰。厉疾：猛厉迅疾。㉘帝之大臣：先帝之大臣。㉙天之神祇：风师雨伯之属。㉚腹：水之深处。㉛五种：五谷的种子。㉜耦耕：两人并耕。泛指耕种。㉝薪：烹饪用柴。燎：引火或照明用柴。㉞穷：尽，完结。此指日、月都走完了各自的一个过程。次：太阳运行过程中经过、停留的地方。㉟纪：会，指日月脍处。㊱几：近，将近。㊲且：将要。更始：从头开始。㊳专：使用。而：你，你们。㊴次：接顺序排列等次，列：国之大小。㊵赋：征收。㊶刍豢：指牺牲。㊷历：同次。㊸介虫：鳖蟹之类。㊹固疾：不易治愈的病。

【译文】

夏历的孟春正月，太阳的位置在营室。黄昏时参星在南方天中，黎明时尾星在南方天中。

春之日，按天干为甲乙，属木。春之帝为太皞，春之神为木神，名为勾芒。春之虫为鳞虫。音为角音，十二律应在太蔟。数为八，口味为酸，气味为羶。祭祀对象为户，祭品以脾脏为上。

东风使江河土地解冻，冬眠的蛰虫开始活动。水底的鱼游近水面的薄冰，獭杀鱼，鸿雁由南而来。

这一个月，天子居住在太寝东堂北偏的青阳左个。乘系着鸾铃的车，驾八尺高的青色马，车上载青色旗。穿青色衣服，佩青色玉佩。食物以麦子和羊为主。使用的器皿上镂刻的花纹要粗疏而直。

这个月是“立春”的月份。立春前三天，太史谒见天子，报告说：“某日立春，盛德在木。”天子于是斋戒。立春的那天，天子亲自率领三公、九卿、诸侯、大夫往东郊举行迎春之礼。礼毕返回，在朝廷上赏赐公卿大夫。命三公发布恩德之令，褒扬善事，广施恩惠，普及到天下万民。实行褒奖赏赐，要做得恰当。

于是命令太史依照六典八法，推算日月星辰的运行，位置、度数和轨道不得出差错，以历年推算的结果为标准。

这一个月，天子在第一个辛日举行祭天之礼，向上帝祈祷五谷丰收。然后挑选一个亥日，天子亲自装载耒耜，放在车右和御者之间，率领三公、九卿、诸侯、大夫，在藉田里亲自耕种。其礼仪为：推耜入土，天子推三下，三公各推五下，卿和诸侯各推九下。返回以后，天子在大寝举行宴会。三公、九卿、诸侯、大夫侍奉在旁，称为“劳酒”。

这个月，天气下降，地气上升，天地二气融合，草木开始萌发。天子命令布置农事，派遣田官住在东郊，让农民都把耕地的疆界修好，把田间小路、沟渠查明修正。仔细斟酌丘陵、山坡、平原及低湿处适宜种植何种作物，教给农民种植方法，并引导他们去耕作。田官必须亲自动手。田地清理完毕，先确定种植什么和种植的方法，农民才不会无所适从。

这个月，命令乐正进入国学教习舞蹈。修定一年的祭祀的典则。命令祭祀山林川泽，牺牲不得用牝。禁止伐树。不许捣毁鸟巢，不许杀幼虫、没有出生的和已出生的幼兽、刚学飞的小鸟。不许捕杀小兽，掏取鸟蛋。不要在这个月里聚集大批民众，不要修建城郭。要掩埋枯骨腐肉。

这个月不能起兵，起兵必遭到上天惩罚。战争没有发生时，不能主动挑起战端。不要改变上天好生之道，不要断绝大地的生理，不要惑乱生人的纲纪。

如果在正月里行夏季的政令，就会出现不按时下雨的现象，草木过早凋落，国家常发生火灾等祸事。如果行秋季的政令，那么民间会流行大瘟疫，狂风暴雨突然到来，蒺藜野草丛生。如果行冬季的政令，就会洪水泛滥，雪霜到来，头番的种子也无法播种。

夏历仲春二月，太阳的位置在奎宿。黄昏时井宿在南方天中，黎明时斗宿在南方天中。春之日，按天干为甲乙，属木。春之帝为太皞，春之神为木神勾芒。春之虫为鳞虫。音为角音，十二律应在夹钟。数为八，口味为酸，气味为羶。祭祀对象为户，祭品以脾脏为上。

开始有雨水，桃树开始开花，黄鹂鸣叫，鹰变形为布谷。

天子居住在青阳堂的太庙。乘系有鸾铃的车，驾八尺高的青色马，车上载青色旗。穿青色衣服，佩青色玉佩。食物以麦子和羊为主。使用的器皿上的花纹要粗疏而直。

这个月，要保护植物发生的幼芽，更加注意保养幼儿，抚恤孤儿。选择第一个甲日，命民众祭祀地神。命司法官吏减少在押的囚徒，去掉手脚上戴的刑具，不得拷打，停止诉讼。

这个月，燕子又飞回来了。燕子回来的那天，要用牛、羊、豕三牲的太牢祭祀尊贵的禖

神。天子要亲自前往，后妃率领全体宫眷陪同前往。祭毕向怀孕的嫔妃敬酒。在尊贵的禖神之前，把弓衣、弓矢交给她们，祝愿她们生男孩。

这个月，白天和黑夜的时间逐渐相等。开始打雷，出现闪电。冬眠的昆虫全部复苏蠕动，开始穿穴而出，

春分前三天，天子命人摇动木舌的铜铃警告天下万民，喊道："要打雷了，房事不检点的，生下孩子肢体不全，父母遭祸殃。"在日夜相等的春分时，校正各种度量衡器。

这个月，农民稍有空闲，要修理门窗。家中、庙里全都齐备。不要兴兵以妨碍农事。

这个月，不可竭干河湖池塘的水，不得点火焚烧山林。天子献上羊羔和新从冰窖取出的冰，先在寝庙举行荐礼。在第一个丁日，命乐正教习舞蹈，举行祭祀先师的释菜之礼。天子率领三公、九卿、诸侯、大夫，亲自前往观礼。在第二个丁日，再命乐正前往国学教习舞蹈。

这个月，祭祀不用牺牲，改用圭璧和皮币代替。

如果在仲春二月行秋季的政令，那么国内将会有大水灾，寒气突然袭来，还会有敌人侵犯边境。如果行冬季的政令，那么阳气就不旺盛，麦子就不会成熟，引起饥荒，百姓会互相掠夺。行夏季的政令，那么国内就会大旱，热浪早来，发生虫灾。

夏历季春三月，太阳的位置在胃宿。黄昏时星宿在南方天中，黎明时牛宿在南方天中。春之日，按天干为甲乙，属木。春之帝为太皞，春之神为木神勾芒。春之虫为鳞虫。音为角音，十二律应在姑洗。数为八，口味为酸，气味为羶。祭祀对象为户，祭品以脾脏为上。

桐树开始开花，田鼠变为鹌鹑，彩虹开始出现，浮萍开始生长。

天子居住在太寝东堂南偏的青阳右个。乘系有鸾铃的车，驾八尺高的青色马，车上载青色旗，穿青色衣服，佩青色玉佩。食物以麦子和羊为主。使用的器皿上镂刻的花纹要粗疏而挺直。

这个月，天子要向先帝祭献黄桑色的衣服，以祈祷蚕茧丰收。命主管船只的舟牧翻看船只，船面船底翻看五次，然后向天了报告船只已备好。天子开始乘船。天子用小鱼在宗庙在祭献，并祈祷麦穗颗粒饱满。

这个月，正是生气最盛的时候，阳气往外发散，拳曲和挺直的幼芽全都长出来了。为顺应生气的宣泄，不宜收储财货。天子要广布恩德，命主管官吏打开粮仓赏赐贫穷，救济困乏。同时打开府库拿出币帛，广施恩德于天下。勉励诸侯，礼聘著名的学者和才德兼备的贤人。

这个月，要命令司空说："雨季将要到来，地下的水开始往上涌，要巡行国内各地，普遍察看原野，整修堤防，疏通沟渠，开通道路，不要发生堵塞。捕猎鸟兽的罗网、毒药等，均不得放出九门。"

这个月，命令看守田野山林的官吏不准砍伐桑条柘条。斑鸠和戴胜会扑动翅膀，飞入桑林。这时要开始准备蚕箔、木架和盛桑叶用的筐篮。天子的后妃要举行斋戒，面向东方亲自采摘桑叶。禁止妇女过分打扮仪容，减少她们的女工，以鼓励她们专心养蚕。蚕事完毕，分配蚕茧让妇女缫丝，称量缫丝轻重，考核功效以供给祭神祭祖的礼服，不许怠惰。

这个月，要命工师下令百工检查五库：金铁、皮革筋、角齿、羽箭杆、脂胶丹漆等的储备，不要有次品。百工都要开始工作，监工每天发出号令：不得违背制作程序，不得制作过度奇巧之器以惑君心。

这个月，要聚合种牛种马，把牝牛牝马散放于牧场上，任其交配。用作牺牲的牛马和生下的小马驹牛犊，要记载其数量。然后下令在国都举行傩祭，在九门都要砍碎牲体以驱除厉疫之

气，结束春季。

如果在季春三月行冬季的政令，那么寒气会不断发作，草木都会凋零，国内会出现水灾。如果行夏季的政令，那么民间会发生瘟疫，该下雨时无雨，山林没有收成。如果行秋令，那么这个月会经常是阴天，雨季提前来到，各处都会出现战争。

夏历孟夏四月，太阳的位置在毕宿。黄昏时，翼宿出现在南方天中。黎明时，女宿出现在南方天中。夏之日，按天干为丙丁，属火。夏之帝为炎帝，夏之神是火神，名为祝融。夏之虫是羽虫。音为徵音，十二律应在中吕。数为七。口味为苦，气味为焦。祭祀的对象为灶，祭品以肺为上。

青蛙鸣叫，蚯蚓出土，栝楼结实，苦菜开花。天子居住在太寝南堂东偏的阴堂左个。乘红车，驾红马，车上载红旗。穿着红色衣服，佩带红色玉佩。食物以豆类和鸡为主。用的器皿高而粗大。

这个月是“立夏”的月份。立夏的前三天，太史谒见天子，报告：“某日立夏，盛德在火。”天子于是斋戒。立夏那天，天子亲自率领三公、九卿、大夫往南郊举行迎夏之礼。礼毕回来，大行赏赐，进封诸侯，奖励善事，无不欢欣喜悦。于是命令乐师练习合奏礼乐，命令太尉推荐有才能之士，举荐贤德善良之人，选择身高力大的勇士，授给爵位和俸禄，使其爵禄与才德相配。

这个月，一切生物都在继续生长、增高。不可有毁坏行为，不要大兴土木，不要征发民众，不要吹伐大树。

这个月，天子开始换上夏季的细葛布衣服。命主管田野山林的野虞巡视各处田地原野，代表天子慰劳和勉励农民，提醒他们不要失去农时。命令司徒到各地督促农官，勉励农民努力耕作，不得停留在都邑休息。

这个月，要经常驱赶野兽，不让它们伤害五谷，不可以举行大规模的田猎。农官献上新麦，天子配之以猪，先在寝庙举行荐祭，以之作为尝新麦之礼。

这个月，要积蓄各种药物，预防疾疫。这时荠菜之类野生植物都已死掉，麦子到了成熟的时候。凡是罪小刑轻的，这时要迅速判决。释放短期拘禁的人。蚕事结束后，后妃们举行献茧之礼，然后收缴茧税。无论贵贱长幼，一律按所用桑叶的数目作比例收取，以缫丝织锦，供制祭祀时的礼服之用。

这个月，天子在朝廷上举行“饮酎”，喝重酿的醇酒，伴以礼乐。

如果孟夏四月行秋季的政令，那么苦雨就会频繁到来，五谷不能生长，四方边境有盗寇侵犯。如果行冬季的政令，那么草木就会早枯，以后还会有洪水，冲坏城墙。如果行春季的政令，就会出现蝗灾，风暴时时到来，草木就不能结实。

夏历仲夏五月，太阳的位置在井宿。黄昏时，亢宿在南方天中。黎明时危宿在南方天中。夏之日，按天干为丙丁，属火。夏之帝为炎帝，夏之神是火神，名为祝融。夏之虫是羽虫。音为徵音。十二律应在蕤宾。数为七。口味为苦，气味为焦。祭祀的对象为灶，祭品以肺为上。

小暑来到，螳螂长大，伯劳开始鸣叫，蛤蟆不再鸣叫。

天子居住在明堂太庙。乘红车，驾红马，车上载红旗。穿着红色衣服，佩带红色玉佩。食物以豆类和鸡为主。使用的器皿高而粗大。选择身材高大、面目佼好的人养于宫中，以助盛夏生长之气。

这个月，命乐师整修各式大鼓、小鼓，清理所有的琴瑟管箫等弦管乐器，试用盾、斧、戈

戟、鸟羽等文武二舞的舞具，调好吹奏的管乐，擦拭钟磬等类打击乐器。命有关的官吏代百姓向山川百河之源祈祷，举行求雨祭，用隆重的音乐。同时命畿内各邑举行求雨的雩祭，祭祀古时对民众有功德的百官卿士，以祈求有好收成。这时农官献上新的黍子，天子配以嫩鸡，另加樱桃，荐祭于寝庙。命令百姓不许割蓝草染布，不许烧灰煮布，不许晒布。顺应着阳气的发散，不关闭门户，关市不搜索。重囚减刑，增加囚粮。这时牛马已怀胎，牝牡要分群，把欢腾的牡马拴在别处，公布养马的政令。

这个月，“夏至”是一年中白天最长的一天，阳极阴生，阴气和阳气互争，正是万物死生的分界。这时君子要斋戒，居处要遮掩身体不裸露，安定情绪，不得急躁。停止声色娱乐，饮食宜清淡，节制嗜好欲望，平心静气。百官要静谋所职之事，不要动刑罚，以使阴气稳定地走上正规。这时鹿将脱角，蝉开始鸣叫，半夏生长，木槿花盛。

这个月，不能在南方用火，以免火气过盛。人们可以在这时住在高爽敞亮的地方，可以远望，可以登上山林避暑，可以住在高台和水榭上。

如果仲夏五月行冬季的政令，就会下冰雹，冻坏庄稼，道路不通，有敌人来侵犯。如果行春季的政令，五谷就会晚成熟，会发生各种病虫害，国家就会出现饥荒。如果行秋季的政令，就会草木零落，就会果实早熟，百姓被时疫伤害。

夏历季夏六月，太阳的位置在柳宿。黄昏时，火星在南方天中。黎明时，奎宿在南方天中。夏之日，按天干是丙丁，属火。夏之帝为炎帝，夏之神是火神，名为祝融。夏之虫是羽虫。音为徵音，十二律应在林钟。数为七，口味为苦，气味为焦。祭祀对象为灶，祭品以肺为上。

这时温风开始吹来，蟋蟀已能爬上穴壁，雏鹰开始学飞，腐草里生出萤火虫。

天子居住在太寝南堂西偏的明堂右个。乘红车，驾红马，车上载着红旗。穿红色衣服，佩红色玉佩。食物以豆类和鸡为主。用的器皿高而粗大。

命渔师捕捉鳄鱼、登龟、抓鳖。命管理湖荡的“泽人”收缴成材的蒲苇。

这个月，命管理山林川泽的“四监”征集各地应缴纳的草料，用来喂养祭祀用的牺牲。命令百姓竭尽全力割草，供给祭祀皇天上帝、名山大川、四方神祇、宗庙社稷，用来为百姓祈福。

这个月，命“妇官”从事染色彩绘，各种颜色花纹的配合必须依照前代先例，不能出一点差错。黑、黄、青、红，必须用质量上好的真材实料，不能有一点诈伪。制成后，用来供给祭祀上天、祖先的礼服和旗帜，并以此区别贵贱不同的等级。

这个月，树木长得最茂盛，命令掌管山林的虞人进山巡查森林，不许砍伐树木。不要在这个月内大兴土木，不可以会合诸侯，不要在这个月兴师动众，不要做这些大事以动摇长养之气。不要预先发出徭役之令让百姓等待而妨碍神农氏的工作。因为这时雨水正盛，神农借此竭力助长万物，如果做那些大事就会遭到上天的惩罚。

这个月，土地湿润，天气潮湿闷热，大雨常下。如果先割除野草，晒干，大雨来时淹没野草，再加上日晒，如同热水浸泡，既有利于肥土，又可借此整修耕地。

如果在季夏六月行春季的政令，就会使五谷颗粒稀少、零落。国内流行风寒咳嗽，百姓多迁徙流散。如果行秋季的政令，就会高地潮湿，低地水淹，庄稼不能成熟，孕妇容易流产。如果行冬季的政令，就会常有风寒出现，鹰隼早早开始搏杀，边境遭到敌人入侵。

一年的中央属土行。属土的日子，按天干为戊己，中央之帝为黄帝，中央之神为后土。虫为倮虫。音为宫音，十二律应在黄钟。数为五，口味为甘，气味为香。祭祀对象为中霤，祭品以心脏为上。

天子居住在正中央的太庙太室。乘大车，驾黄马，车上载黄旗。穿黄色衣服，佩黄色玉佩。食物以稷和牛为主。用的器皿圆而宽大。

夏历孟秋七月，太阳的位置在翼宿。黄昏时，斗宿在南方天中。黎明时，毕宿在南方天中。秋之日，按天干是庚辛，属金。秋之帝是少皞，秋之神是金神，名蓐收。秋之虫是毛虫。音为商音，十二律应在夷则。数为九，口味为辛，气味为腥。祭祀对象为门，祭品以肝脏为上。

凉风吹来，白露出现，寒蝉鸣叫。鹰杀飞鸟，肃杀的季节开始。

天子居住在太寝西堂南偏的总章左个。乘兵车，驾白马，车上载白旗。穿白色衣服，佩白色佩玉。食物以大麻和犬为主。用的器皿棱角平直而深。

这个月，是"立秋"的月份。立秋前三天，太史谒见天子，报告："某日立秋，盛德在金。"天子于是斋戒。立秋那天，天子亲自率领三公、九卿、诸侯、大夫到西郊举行迎秋之礼。礼毕回来，在朝廷上赏赐军帅武人。天子顺应秋季肃杀的时气，命令将帅挑选士卒，磨砺武器，选拔训练勇士，专门任用有功的战将，征伐不义之国，向残暴傲慢之人问罪。使善恶分明，使远方的人顺服。

这个月，命有关官吏修正法律制度，修缮监狱，备好手足戴的刑具，禁绝犯罪行为，有罪犯就拘捕。同时命治狱之官视察受过轻重刑罚的囚犯，审理案件要公正，杀戮那些有罪的人，要审慎地定刑。这时是肃杀天气，不是懈怠。

这个月，农官献上新谷，天子品尝时鲜，必选荐献于寝庙。此时命百官收贮秋季作物，修补堤防，严禁河道壅塞，以防备大水。修理宫室，增筑墙垣，补葺城郭。

这个月，不封赏诸侯，不立大官，也不做割地、出使、赐币等事。

如果在孟秋七月行冬季的政令，阴气就会太盛，甲壳类昆虫祸害庄稼，敌国军队来犯。如果行春季的政令，就会天旱不雨，阳气重新返回，五谷不能结实。如果行夏季的政令，国内就会常发生火灾，寒热失去调节，百姓多患疟疾。

夏历仲秋八月，太阳的位置在角宿。黄昏时，牛宿在南方天中。黎明时，觜宿在南方天中。秋之日，按天干是庚辛，属金。秋之帝是少皞，秋之神是金神，名蓐收。秋之虫是毛虫。音为商音，十二律应在南吕。数为九，口味为辛，气味为腥。祭祀对象为门，祭品以肝脏为上品。

疾风吹来，鸿雁南去，燕子南归，群鸟已养肥可作美味肴馔。

天子居住在总章太庙。乘兵车，驾白马，车上载白旗。穿着白色衣服，佩白色玉佩。食物以大麻和犬为主。用的器皿棱角平直而深。

这个月，要养护衰老的人，授给几杖，赐给糜粥作饮食。命掌管衣服的"司服"整理所有的衣服，花纹、刺绣、大小、长短都要有一定的制度。朝服、燕服及其他衣服的大小、长短，冠带的样式，必须遵循常法。命管理监狱之官重申谨慎用刑的戒令。或斩或杀，务求最精当，不得有屈枉。如果有屈枉的，司法的人要反受惩罚。

这个月要命令主牲的"宰"，告神的"祝"察看祭祀用的牺牲，看其毛色是否纯一，肢体是否完整，所吃的草料是否充足，牺牲的肥瘦和颜色的黑黄。然后按祭祀的种类、用牲的要求，把它们按类分清。量度大小、长短，都必须合乎标准。只有体型、肥瘠、毛色、大小、长

短全都合乎要求，上帝才享用。

此时天子举行傩祭，以消除过时的阳暑，使秋气通达。使用大麻配犬，荐献于寝庙。

这个月，可以修筑城郭，建造城邑，挖圆形和方形的地窖，修葺谷仓。命令司农之官，督促百姓收藏谷物，存储干菜，多多积蓄过冬的粮食。鼓励种麦，不许耽误时日，如有延误时日的，即时实施惩罚不得迟疑。

这个月，白天和黑夜一样长，不再打雷。蛰虫在洞穴门口堆土，准备蛰伏。肃杀之气渐盛，阳气日益衰减，积水开始干涸。在日夜相等的时候，要及时校正各种度量衡器。

这个月，要减轻关口的稽察和市场的税收，以招徕各地行商和旅客，购进他们带来的货物，以便利百姓。如果四方和极边远处的人都来这里聚集，财用就不会匮乏。国家不缺乏财用，什么事情就都可以办好。凡是举办兴师动众的大事，都不可违背天道，必须顺应天时，在合适的时候行事。

如果在仲秋八月行春季的政令，就会不下秋雨，草木二次开花，国内常有火灾。如果行夏季的政令，国内就会大旱，蛰虫不眠，五谷重新发芽。如果行冬季的政令，风灾就会频频发生，雷声响起，草木早早枯死。

夏历季秋九月，太阳的位置在房宿，黄昏时，虚宿在南方天中，黎明时。柳宿在南方天中。秋之日，按天干是庚辛，属金。秋之帝是少皞，秋之神是金神，名蓐收。秋之虫是毛虫。音为商音，十二律应在无射。数为九，口味为辛，气味为腥。祭祀对象为门，祭品以肝脏为上品。

鸿雁从北飞来，短时间休息后又向南飞去。雀飞入大海化为蛤，秋菊开出黄花，豺开始杀兽。

天子居住在太寝西堂北偏的总章右个。乘兵车，驾白马，车上载着白旗。穿白色衣服，佩白色玉佩。食物以大麻和犬为主。用的器皿棱角平直而深。

这个月，重申收贮的号令。命令百官无论职位高低都要从事收缴储备的工作，来配合天地收藏的时令，不要将所藏之物宣露于外，以避免背离时气。命令冢宰在粮食收完之后，登记租赋收入的总数。并要把藉田的收获恭敬地收贮于神仓。

这个月，天气开始有霜冻，所有工匠都要停止工作。命有关官吏宣布："寒气突然到来，人们的体力不能抵挡，都要回到屋子里去。"第一个丁日，命乐正到国学教习吹奏管乐。

这个月，举行大飨五帝和遍祭群神的尝祭。需用的牺牲备好后，就报告天子。天子于是命各诸侯和畿内各县官员颁布来年每月初一所应做的事，与诸侯国内税率的轻重、贡献物品的多少和距离远近，土地大小要相称，以供给祭神祭祖。不得由个人随意决定。

这个月，天子在田猎时教百姓作战的阵法，兵器的使用，颁布用马的政令。命仆夫、御者将七种车辆都驾好，插上旗帜，依照职位的高低分配车辆，整队排列于猎场的屏障之外。司徒把教具刑具插在腰间，面向北方宣布军法。天子戎装，手持弓箭开始打猎。然后命主管祭祀的官员用所获的禽兽祭于郊，以报四方之神之恩德。

这个月，草木枯黄凋落，于是砍柴烧炭。过冬的昆虫都蛰伏在洞内，并用泥土封住门窗的隙缝。这时要抓紧处理案件，有罪的要立即判罪，不得拖延。收回不应得的俸禄和供养。

这个月，天子品尝新稻，并配以犬。要先荐祭于寝庙。

如果在季秋九月行夏季的政令，国内就会发生大水灾，储藏起来过冬用的粮食、蔬菜都会烂掉，百姓多患伤风。如果行冬季的政令，国内就会出现大批盗贼，边境不得安宁，土地被敌国所侵占。如果行春季的政令，就会吹来暖风，百姓因倦，战争爆发，却不能止息。

夏历孟冬十月，太阳的位置在尾宿。黄昏时，危宿在南方天中。黎明时，星宿在南方天中。冬之日，按天干是壬癸，属水。冬之帝是颛顼。冬之神是水神，名玄冥。冬之虫是介虫。音为羽音，十二律应在应钟。数为六。口味为咸，气味为朽。祭祀对象为庙门外之西的行神。祭品以肾脏为上品。

这时水开始结冰，地面冻硬。雉飞入淮河化为蛤，彩虹也藏起来不再出现。

天子居住在太寝北堂西偏的玄堂左个。乘黑车，驾黑马，车上载黑旗。穿黑色衣服，佩黑色玉佩。食物以黍子和猪为主。用的器皿下宽上窄。

这个月，是“立冬”的月份。立冬前三日，太史谒见天子，报告：“某日立冬，盛德在水。”天子于是斋戒。立冬的那天，天子亲自率领三公、九卿、大夫到北郊举行迎冬之礼。礼结束后返回，奖赏为国捐躯的人，抚恤他们的妻子和儿女。

这个月，命太史杀牲取血涂龟甲与蓍草，占卜吉凶。审察结党营私的人，使他们的罪行不能隐匿。

这个月，天子开始穿皮裘。命有关官员宣布：“天气上腾，地气下降。上下不能相通，闭塞而成冬天。”命令百官小心准备收储工作，命司徒巡查各处堆积的禾稼，都要收入囷仓。增补城郭，警戒门闾，修理门拴，小心锁钥。巩固封疆，防备边境，完善要塞，守备关卡桥梁，堵塞野兽往来的小道。整饬丧事的规格，备办的衣裳，察看棺椁的厚薄，墓穴的大小，坟墓的高低等是否符合死者身份的贵贱等级。

这个月，命工师呈献百工制作的器物。陈列祭器，考查其样式、法度是否符合规定。不许制作过分奇巧的器物以惑乱上心。做工要以精确细致为上。器物要刻上制作者的名字以考查各人的质量。如果质量不合格，要治罪并追究原因。

这个月，举行大型的饮烝之礼。天子向日月星辰祈祷来年丰收。大杀群牲祭祷于社神及门闾之神。用田猎得来的禽兽祭祀先祖及五祀之神。并慰劳农民，让他们休息。天子命将帅在这时讲习武功，操练射御并较量勇力。

这个月，命管理湖泊的“水虞”和“渔师”收取水泉池泽的赋税。不得侵夺庶民百姓的利益而使他们归怨于天子，如果有这样做的，一定治其罪，决不宽恕。

如果在孟冬十月行春季的政令，就会使地面冻得不紧密，地气向上泄出，百姓多流失逃亡。如果行夏季的政令，国内就会常常出现暴雨，冬天不冷，冬眠的昆虫复苏出土。如果行秋季的政令，霜雪就会不按时下来，经常发生小规模的战争，国土被侵。

夏历仲冬十一月，太阳的位置在斗宿。黄昏时，壁宿在南方天中。黎明时，轸宿在南方天中。冬之日，按天干是壬癸，属水。冬之帝是颛顼。冬之神是水神，名玄冥。冬之虫是介虫。音为羽音，十二律应在黄钟。数为六。口味为咸，气味为朽。祭祀对象为庙门外之西的行神。祭品以肾脏为上品。

这时冰冻得更加结实，地面冻得开始裂开。鹖旦鸟不再鸣叫，老虎开始交尾。

天子居住在太寝北堂正对太室的玄堂太庙。乘黑车，驾黑马，车上载黑旗。穿黑色衣服，佩黑色玉佩。食物以黍子和猪为主。用的器皿下宽上窄。

戒饬军士作战要有必死之志。命有关官员宣布：“不得挖掘动土，封闭的地方不得揭起封盖。不得大开房门，不得劳民动众，以顺应闭藏的天时。”如果地气泄出，就是打开了天地封闭起来的房子，冬眠的蛰虫就会死去，百姓会生瘟疫，随后还会接着死去。这个月也叫畅月。

这个月，命太监首领“奄尹”重申宫内的禁令。查看门户、房屋，必须做到宫内外均关闭。减少妇女们的女红，不许做过于精巧的女红。即使是天子的族姻和嬖幸之人，也必须遵守这个禁令。天子命令酒官之长“大酋”监督酿酒，秫稻的用量必须适中，使用酒曲必须按时，渍米炊蒸必须清洁，使用泉水必须甘甜，贮酒陶器必须完好，酿造时间必须充分。以上六项，大酋必须负责监察，不得出现差错。天子命令曲礼的官员祭祀四海、大川、河源、深泽和井泉的神祇。

这个月，农民有不收藏谷物，仍把牛马家畜散放在外面的，任人拿取而不追究。山林薮泽之中有能拾取蔬果或猎取鸟兽的，管理山泽的“野虞”要指导他们。如果互相侵夺，就必须治罪，不准许宽赦。

这个月，白天最短，阴极阳生，正是阴阳二气互相消长的时候，万物的生机开始萌动。君子这时要斋戒，居处要闭藏，要安神养气，摒弃声色娱乐，禁绝嗜好欲望。稳定身心，不妄生事，静待阴阳的消长。这时芸、荔之类香草开始萌动，蚯蚓屈曲于土中，麋鹿角脱落，水泉流动。白天最短的冬至时，可以伐木取竹箭。

这个月，可以罢免无事的冗官，废弃无用的器物。关闭堵塞官阙门闾，修筑牢狱。这是用以助成天地闭藏之气。

如果在仲冬十一月行夏季的政令，那么来年国内将有大旱，雾气弥漫，冬天打雷。如果行秋季的政令，就会雨雪交加，来年瓜果就不能长成，国内会发生战争。如果行春季的政令，就会有蝗虫祸害庄稼，水泉枯竭，百姓多生疥疮。

夏历季冬十二月，太阳的位置在女宿。黄昏时，娄宿在南方天中。黎明时，氐宿在南方天中。冬之日，按天干是壬癸，属水。冬之帝是颛顼。冬之神是水神，名玄冥。冬之虫是介虫。音为羽音，十二律应在大吕。数为六。口味为咸，气味为朽。祭祀对象为庙门外之西的行神。祭品以肾脏为上品。

这时鸿雁开始北来，鹊开始筑巢，雉鸣叫，鸡孵化。

天子居住在太寝北堂东偏的玄堂右个。乘黑车，驾黑马，车上载黑旗。穿黑色衣服，佩黑色玉佩。食物以黍子和猪为主。用的器皿下宽上窄。

命典礼之官举行傩祭，在四方之门斩碎牲体以攘除阴气，制作土牛以毕送寒气。这时鹰隼猛厉迅疾。于是结束一年之中山川神鬼的祭祀以及对帝之大臣与天之神祇的祭祀。

这个月，命渔师开始捕鱼，天子亲自前往。先荐祭于寝庙，然后尝鱼。这时天气极冷，冰冻得最坚实，水下也都冻成了冰。天子命人取冰，存入冰窖。命农官告示百姓，选出五谷的种子，准备耕田事宜，修理耒耜，备好耕田的农具。命乐师举行管乐大合奏，然后结束一年的奏乐。命主管山林川泽的“四监”收缴百姓应缴纳的薪柴，以供祭祀之用。

这个月，日月星辰都运行了一周天，新的一年即将从头开始。天子告诫百姓：“你们要专心务农，不会让你们服别的劳役。”然后，天子与公卿、大夫共同修订国家法典，讨论四时的政纲，以适合来年的应用。命太史排列诸侯的次序，让他们如数献上牺牲，以供皇天、上帝、社稷的祭祀之用。命同姓之国供给祭祀宗庙所用的牺牲。又命小宰排列卿、大夫禄田次序及百姓土地数量，让他们如数供给祭祀山林名川所用的牺牲。凡是天下九州之人，都要尽力贡献，用来供给祭祀皇天、上帝、社稷、宗庙以及山林名川所用的祭品。

如果在季冬十二月行秋季的政令，就会使白露早降，甲壳动物作怪，四境百姓避兵逃入城堡。如果行春季的政令，胎儿和幼儿多受伤害，国内百姓多患其难以治愈的疾病，叫做“逆”。

如果行夏季的政令，就会有水灾，该下雪时无雪，冰冻提前融化。

学　记[1]

发虑宪[2]，求善良，足以謏闻[3]，不足以动众[4]。就贤体远，足以动众，未足以化民[5]。君子如欲化民成俗，其必由学乎[6]！

玉不琢不成器，人不学不知道。是故古之王者建国君民，教学为先。《兑命》曰："念终始典于学[7]。"其此之谓乎！

虽有嘉肴，弗食不知其旨也。虽在至道，弗学不知其善也。是故学然后知不足，教然后知困，知不足，然后能自反也[8]。知困，然后能自强也[9]。故曰：教学相长也。《兑命》曰："学学半[10]"。其此之谓乎！

【注释】

①郑玄说：名曰"学记"者，以其记人学教之义。②宪：思，思考。③謏：小。④动：感应，感动。⑤化：感化。转变人心、风俗。⑥学：学习，接受教育。⑦典：经，常。⑧自反：要求自己。⑨自强：自己努力向上。⑩第一个"学"（xiào），教，教授。

古之教者，家有塾[1]，党有庠，术有序[2]，国有学。比年入学[3]，中年考校[4]。一年视离经辨志[5]，三年视敬业乐群[6]，五年视博习亲师，七年视论学取友[7]，谓之小成。九年知类通达[8]，强立而不反[9]，谓之大成。夫然后足以化民易俗，近者说服而远者怀之[10]。此大学之道也。《记》曰："蛾子时术之[11]"。其此之谓乎！

【注释】

①塾：郑玄说：古代不再作官之人回家教书，每天坐在门处，"门侧之堂谓之塾"。②术：遂。一万二千五百家为遂。③比年：每年。④中：间，隔。⑤离经：断句读。离：析。辨志：辨别志向所趋。⑥敬业：专心致志，以事其业。乐群：乐于使群人得益。⑦论学：谈论学术上的是非得失。⑧知类通达：闻一知十，触类旁通。⑨强立：临事不惑。不反：不违失师道。⑩说：悦。怀：来，来归附。⑪蛾子：蚂蚁。术：学，指学衔泥垒窝。

大学始教[1]，皮弁祭菜[2]，示敬道也，宵雅肄三[3]，官其始也。入学鼓箧[4]，孙其业也[5]。夏楚二物[6]，收其威也。未卜不视学，游其志也[7]。时观而弗语[8]，存其心也[9]。幼者听而弗问，学不躐等也[10]。此七者教之大伦也。《记》曰："凡学，官先事[11]，士先志[12]"。其此之谓乎！

【注释】

①始教：开学。②皮弁：朝服。祭菜：对先圣先师行礼。③宵：小。肄：学习，三：指《鹿鸣》、《四牧》、《皇皇者华》。④鼓：击鼓，召学子。箧：书箧。⑤孙：逊，恭顺。⑥夏楚二物：用荆之木制作的扑打责问的工具，引申为鞭笞。夏：通，楸木。楚：荆。⑦游：悠闲。指使学子们情绪悠闲，轻松，而不急

切。⑧观：示，提示所学之端绪。语：告诉。⑨存其心：以求自有所得。⑩躐（liè）：超越。⑪官：做官。⑫士：学士。

大学之教也，时教必有正业[①]，退息必有居学[②]。不学操缦[③]，不能安弦；不学博依[④]，不能安诗；不学杂服[⑤]，不能安礼；不兴其艺[⑥]，不能乐学。故君子之于学也，藏焉，修焉，息焉，游焉[⑦]。夫然，故安其学而亲其师，乐其友而信其道，是以虽离师辅而不反[⑧]。《兑命》曰："敬孙务时敏[⑨]，厥修乃来[⑩]"。其此之谓乎！

今之教者，呻其占毕[⑪]，多其讯[⑫]，言及于教[⑬]，进而不顾其安[⑭]，使人不由其诚[⑮]，教人不尽其材[⑯]，其施之也悖[⑰]，其求之也佛[⑱]。夫然，故隐其学而疾其师[⑲]，苦其难而不知其益也。虽终其业，其去之必速。教之不刑，其此不由乎！

大学之法，禁于未发之谓豫[⑳]，当其可之谓时[㉑]，不陵节而施之谓孙[㉒]，相观而善之谓摩[㉓]。此四者，教之所由兴也。

发然后禁，则扞格而不胜[㉔]；过时然后学，则勤苦而难成；杂施而不孙，则坏乱而不修[㉕]；独学而无友，则孤陋而寡闻；燕朋逆其师[㉖]；燕辟废其学[㉗]。此六者，教之所由废也。

君子既知教之所由兴，又知教之所由废，然后可以为人师也。故君子之教喻也，道而弗牵[㉘]，强而弗抑[㉙]，开而弗达。道而弗牵则和，强而弗抑则易[㉚]，开而弗达则思。和、易以思，可谓善喻矣[㉛]。

学者有四失，教者必知之。人之学也，或失则多[㉜]，或失则寡，或失则易，或失则止。此四者，心之莫同也。知其心，然后能救其失也。教也者，长善而救其失者也[㉝]。

善歌者使人继其声，善教者使人继其志。其言也约而达[㉞]，微而臧[㉟]，罕譬而喻[㊱]，可谓继志矣。

【注释】

①时：依时，按时。正业：正规科目。②退息：下学及放假。居学：私居之所学。③操缦：调协弦音。④博依：郑玄就是"广譬喻"。指诗歌的比兴手法。⑤杂服：洒扫，应对，投壶，沃细碎之事。服，事。⑥艺：郑玄说是礼乐射御书数。⑦藏：孙希旦说入学受业。修：修习正业。息：放假休息。游：悠闲轻松。⑧辅：佐助。指同学，朋友。⑨时敏：无时不疾。每，疾。指不间断学习。⑩厥：助词，无意义。来：指有所成就。⑪呻：吟，吟读。占：视。毕：书简。⑫讯：问。指难题。⑬数：朱熹说是"形名度数"。⑭此句是说：只管往下讲，而不管是否能够听得懂。⑮使：教。由：用。诚：诚心。⑯尽：度量，估计。材：资质，能力。⑰悖：违背道理。⑱佛：乖戾，悖逆。⑲隐：不称扬。⑳未发：念头，欲望还没产生。豫：预防。㉑可：正逢可以教育的时机。㉒陵：超过。节：限度。孙：顺。㉓善：受益，得到好处。㉔扞格不胜：通过教育也不能制止其念头的产生。㉕修：通"条"，条理。㉖燕朋：朱熹说是"私亵之友"，即不庄重，不恭敬的朋友。㉗燕壁：朱熹说是"私亵之谈"。㉘道：导，引导。牵：强制。㉙强：勉力，勤勉。㉚易：平易。㉛喻：晓喻。㉜则：之。㉝长：增长。㉞约：简约。达：通晓，明白。㉟微：隐微。藏：善，好。指使人得益。㊱罕：少。

君子知至学之难易而知其美恶[①]，然后能博喻[②]，能博喻然后能为师，能为师然后能为长③，能为长然后能为君。故师也者，所以学为君也，是故择师不可不慎也。《记》曰："三王、四代唯其师④"。此之谓乎！

凡学之道，严师为难⑤。师严然后道尊，道尊然后民知敬学。是故君之所不臣于其臣者二；当其为尸，则弗臣也；当其为师，则弗臣也。大学之礼，虽诏于天子，无北面⑥，所以尊师也。

善学者，师逸而功倍⑦，又从而庸之⑧。不善学者，师勤而功半，又从而怨之。善问者如攻坚木⑨，先其易者，后其节目⑩，及其久也，相说以解⑪。不善问者反此。善待问者如撞钟，叩之以小者则小鸣，叩之以大者则大鸣，待其从容⑫，然后尽其声。不善答问者反此。此皆进学之道也。

记问之学⑬，不足以为人师，必也其听语乎⑭！力不能问。然后语之。语之而不知，虽舍之可也。"

良冶之子⑮，必学为裘⑯；良弓之子，必学为箕⑰；始驾马者反之⑱，车在马前⑲。君子察于此三者，可以有志于学矣。

古之学者，比物丑类⑳。鼓无当于五声㉑，五声弗得不和；水无当于五色，五色弗得不章；学无当于五官㉒，五官弗得不治；师无当于五服，五服弗得不亲。

君子曰："大德不官，大道不器，大信不约，大时不齐㉓。察于此四者，可以有志于学矣"。

三王之祭川也，皆先河而后海，或源也，或委也㉔。此之谓务本。

【注释】

①至学之难易：孙希旦说是"学者入道之深浅次第。"美恶：孙希旦说是"无失者为美，有失者为恶"。②喻：晓喻，开导。③长：首领，官长。④帅：择师。⑤严：尊敬。⑥北面：朝见时臣下面向北。⑦逸：亲适，安乐。⑧庸：功。庸之：归功于老师。⑨坚木：坚硬的木头。⑩节目：树木枝干交结和纹理纠结不顺的地方。⑪说：脱，脱离。解：分开。⑫从容：不急迫。⑬记问：记诵诗书以待问。⑭听语：非要等到学子发问才给以解答。⑮冶：冶炼铸造。⑯此句孔颖达释为：积世善冶这家，其子弟见父兄陶铸金铁，使之柔合以补破器，使之完好。故子弟仍能学为裘袍补续兽皮，片片相合，以至完全。⑰此句孔颖达释为：善为弓之家，使角干挠曲调和以成弓，故其子弟观之，仍学的挠之成器。⑱始驾；马开始学驾车。⑲此句意为将学驾车的马拴在车后，使之习惯而不惊。⑳比物丑类；比丑物类，即比较事物异同而划分类别。㉑当：相当，相应。㉒五官：五种官职。㉓大时：天时。㉔委：指海。

【译文】

致其思虑以求合乎法则，广求优秀贤能之士，就足以做到小有声誉，但不足以感动大众。向贤良之人请教，和才艺卓越的人亲近，足以感动大众，但不能以此教化百姓。君子如果想教化百姓，造成良好的风俗，必须要从教育入手呢！

玉不经过雕琢就不能成为玉器，人不经过学习就不会明白道理。因此，古代的王者建立邦国，君临百姓，以立教立学为先务。《尚书·兑命》说："自始至终都要想着学习。"就是这个意思。

即使有佳肴，不吃，就不知道它的味美；即使有至善的道理，不学，就不明白它好在哪里。因此，学习之后才知道自己的知识不足；教人，然后才知道自己的知识困惑。知道不足，

然后才能反省自己；知道困惑，然后才能加强自己。所以说，教和学是互相促进增长的。《尚书·兑命》说："教和学各是学问的一半。"大概说的就是这个道理吧。

古时教学，家中有塾，党中有庠，遂中有序，国中有学。每年入学一次，隔一年考试一次。入学一年后考试经文的句读，辨别志向的邪正。三年之后考察是否专心学业，乐于公益。五年后考察是否广博学习，亲敬师长。七年后考察学术上的见解，对朋友的选择。这叫做小成。九年后能闻一知十，触类旁通，卓然自立，临事不惑，就叫做大成。做到这样，然后就能够教化百姓，改变旧俗，附近的人心悦诚服，而远方的人都来归附。这就是太学教人之道。古书说："蚂蚁时时学习衔泥垒窝，终能筑成大垤。"大概就是这意思。

太学开学时，有司服皮弁之服，以芹藻祭先师，表示崇敬道艺。演唱《诗经·小雅》中的《鹿鸣》、《四牡》、《皇皇者华》三首诗歌，以为官之道进行开学初的教育。入学时，大胥之官击鼓召集学士，打开书箧，出示书籍等物，使他们以逊顺之心从事学业。用夏、楚二物警策学士，使学者有所畏惧，约束其威仪。夏天没有举行禘祭时，天子不到太学视察，使学士们情绪悠闲，确立志向。教学时要常提示而不详细讲解，以便使学士自己能有所得。年幼的学子只能听，不得发问。是因为学习不能超越进度。这七项是教学的基本原则。古书说："凡学习，做官的人先学习职事，没有做官的学士先坚定志向。"大概说的就是这个意思。

太学的教学，要顺应四季时序，而且必须有正规科目。放假时必须在家学习。不学调协弦音就不能安放琴弦；不学习赋、比、兴之法就不能作诗；不学洒扫应对等杂事就不能行礼；不兴六艺就不能引起学习的兴趣。所以，君子对待学习的态度，表现在入学修业、修习正业、放假休息和悠闲轻松之中。这样才能安心学习，并且尊敬师长，同学相处才能融洽而且信奉道德学问。因此，即使离开师长、同学也不会违背道义。《尚书·兑命》说："恭敬谦逊、勉力学习，修业就有成就。"大概说的就是这个意思。

现在教书的人，只会看着书简吟读，自己也不明白，只会提许多问题难为学生，所说的又不止一端，只管往下讲，不管懂不懂，不以忠诚教人，又不考虑学生的资质能力。教育学生的方法如果违背情理，学生的追求也就乖戾背谬。这样，学生们不称扬师长的教学，反而憎恶师长，苦于学习之难却不知道有什么好处。即使学完了学业，很快又会忘得干干净净。教育之所以不能成功，大概就是这个原因。

太学教人的方法是，在欲望未产生之前就预先禁止它，叫做预防。正逢可以教育的时机进行教育，叫做适时。不超过限度进行教学，叫做顺序。相互观摩学习以提高自己，叫做切磋。这四种就是使教育兴盛的方法。

欲望已经产生，然后要再加以禁止，就象冰冻三尺的地，其学格格难入，教育也就不起什么作用。适当的学习时机过后再学习，即使勤学苦练，而且难以学成。杂乱无章地学习而没有顺序，就会使头脑混乱而失去条理。单独学习而没有学友，就会孤陋寡闻，见识短浅。不敬重同学和师长，就会违背师训，荒废学业。这六项就是导致教育失败的原因。

君子既了解教育兴盛的原因，又了解教育失败的原因，然后就可以为人师表了。所以，君子的教育是晓喻别人，加以引导而不去强制，让人勉力学习又不使之压抑，加以启发又不直接告诉结论。引导而不强制就会关系融洽，勉力学习而不使之压抑就会平易近人，加以启发而不直接说出就会使人思考。融洽可亲，平易近人，可以说是善于晓喻了。

学习的人可能会出现四种失误，教学的人必须了解。人在学习时，有的失之于贪多，有的失之于过少，有的失之于把学习看得简单，有的失之于畏难而退却。这四种过失，想法没有相

同的，知道了具体的想法，然后才能挽救其所失。教育就是增长学生的知识而挽救他们的失误。

善于歌唱的人，能使人继承他的歌声。善于教育的人，能使人继承他的志向。教育所使用的言语要简练而使人通晓，隐微而使人受益，使用譬喻而让人明白，这才能使学生继承师志。

君子了解求学的深浅次序，求学者资质的优劣，然后才能广博地加以晓喻。能广博晓喻然后才能成为师长，能成为师长然后才能成为官长。能做官长然后才能做国君。所以，学做师长就是学做国君。因此，选择师长不能不慎重。古书上说："三王四代都很重视选择师长。"大概说的就是这个意思。

求学之道，最难做到的就是尊敬师长。师长受到尊敬，然后师道才受到敬重，师道受到敬重，然后百姓才知道恭敬严肃地对待学习。因此，君主不以对待臣下的态度来对待臣下有两种情况：一是当臣作尸的时候，一是当臣作君主老师的时候。按太学的礼制，即使给天子授课也不面朝北居臣位，就是为了尊敬师长。

教善于学习的人，师长很闲适，而效果却能倍增，学生们又都归功于师长。教不善于学习的人，师长很辛苦，而效果反而减半，学生们又都归怨于师长。善于发问的人，如同砍伐坚硬的木头，先从较软的地方开始，再砍枝干交叉和有结的地方，时间一长，木头自然脱落分开。不善于发问的人与此相反。善于答问的人如同撞钟，轻轻叩击，钟声就小，重重敲打，钟声就大。问者要从容不迫，答者才能回答得详尽。不善于答问的人与此相反。这都是使学问得以增加长进的方法。

只能记诵诗书以待发问的人，做不了别人的师长。一定要等到学生发问再予以解答，如果学生没有能力提出问题，要告诉他。告诉了也不懂，即使舍弃这样的学生也可以。

好铁匠的儿子一定能学会做皮衣，好弓匠的儿子一定能学会做畚箕。刚学驾车的马都先拴在车后面，即车在马前。君子观察到这三件事，就会因此而有志于学了。

古时治学的人，能够比较事物的异同而使之触类旁通。鼓的声音并不是五声中的哪一声，但没有鼓声的节奏，五声就不谐和。水的颜色并不是五色中的某一色，但没有水的调和，五色就不能形成自己的颜色。治学的人并不相当于五官中的某一官，但五官不学习就不会治理政务。师长并不相当于人伦关系中的某一亲属，但任何亲属不向师长学习就不会懂得人伦关系。

君子说："具有最高的道德，不局限于只胜任某一具体职务。至高的道理，不局限于只能说明一种事物。最大的信任，不需要任何盟誓要约。天时四季，寒暑错行，而不整齐划一。考察了这四种情形，就能以志于学为其根本了。

夏商周三代之王祭祀河川，都是先祭河而后祭海。河是海水之源，海是河水汇聚之处。先本而后末，这就叫做"务本"。

乐　　记[①]

凡音之起，由人心生也。人心之动，物使之然也。感于物而动，故形于声[②]。声相应。故生变，变成方[③]，谓之音；比音而乐之，及干戚羽旄[④]，谓之乐。

乐者，音之所由生也；其本在人心之感于物也。是故其哀心感者，其声噍以杀[⑤]。其乐心感者，其声啴以缓[⑥]。其喜心感者，其声发以散[⑦]。其怒心感者，其声粗以厉[⑧]。其敬心感者，其声直以廉[⑨]。其爱心感者，其声和以柔。六者，非性也，感于物

而后动。是故先王慎所以感之者。故礼以道其志，乐以和其声，政以一其行，刑以防其奸。礼乐刑政，其极一也⑩；所以同民心而出治道也⑪。

凡音者，生人心者也。情动于中，故形于声。声成文，谓之音。是故，治世之音安以乐，其政和。乱世之音怨以怒，其政乖⑫。亡国之音哀以思⑬，其民困。声音之道，与政通矣。宫为君。商为臣，角为民，徵为事，羽为物。五者不乱，则无怗懘之音矣⑭。宫乱则荒⑮，其君骄。商乱则陂⑯，其官坏。角乱则忧，其民怨。徵乱则哀，其事勤。羽乱则危，其财匮。五者皆乱，迭相陵，谓之慢。如此，则国之灭亡无日矣。郑卫之音，乱世之音也，比于慢矣⑰。桑间濮上之音，亡国之音也，其政散，其民流，诬上行私而不可止也⑱。

凡音者，生于人心者也。乐者，通伦理者也⑲。是故，知声而不知音者，禽兽是也⑳；知音而不知乐者，众庶是也。唯君子为能知乐。是故，审声以知音，审音以知乐，审乐以知政㉑，而治道备矣。是故，不知声者不可与言音，不知音者不可与言乐。知乐则几于礼矣。礼乐皆得，谓之有德。德者得也。

【注释】

①郑玄说：名曰“乐记”者，以其记乐之义。②形：表现。③方：郑玄说是“文章”，即如同五色交错而成文章，五音具备即成歌曲。④干戚：武舞的道具。羽旄：文舞的道具。⑤噍杀（jiāoshài）：声音急促而低微。⑥啴（chán）缓：声音宽舒而徐缓。⑦发：高昂。散：悠扬。⑧厉：猛烈。⑨廉：洁净，纯净。⑩极：终极目的。⑪治：治平，太平安定。⑫乖：乖差，乖误。⑬哀：（声音）凄清。思：悲伤。⑭怗懘：不和谐。⑮荒：孔颖达说是“放散”。⑯陂（pō）：郑玄说是“倾颓”。⑰比：接近。⑱诬：欺骗。⑲伦理：人伦物理。⑳禽兽知道声音，但不能了解宫商的变化。㉑从不同心情的乐声中可以了解各种政治情况。

是故，乐之隆，非极音也。食飨之礼，非致味也①。清庙之瑟，朱弦而疏越②，壹倡而三叹③，有遗音者矣。大飨之礼，尚玄酒而俎腥鱼，大羹不和，有遗味者矣④。是故先王之制礼乐也，非以极口腹耳目之欲也，将以教民平好恶而反人道之正也⑤。

人生而静，天之性也；感于物而动，性之欲也。物至知知⑥，然后好恶形焉。好恶无节于内，知诱于外，不能反躬，天理灭矣⑦。夫物之感人无穷，而人之好恶无节，则是物至而人化物也⑧。人化物也者，灭天理而穷人欲者也。于是有悖逆诈伪之心⑨，有淫泆作乱之事。是故，强者胁弱，众者暴寡，知者诈愚，勇者苦怯，疾病不养，老幼孤独不得其所，此大乱之道也。

是故先王之制礼乐，人为之节；衰麻哭泣，所以节丧纪也；钟鼓干戚，所以和安乐也；昏姻冠笄，所以别男女也；射乡食飨，所以正交接也⑩。礼节民心，乐和民声，政以行之，刑以防之，刑以防之，礼乐刑政，四达而不悖，则王道备矣。

乐者为同，礼者为异⑪。同则相亲，异则相敬。乐胜则流⑫，礼胜则离⑬。合情饰貌者礼乐之事也⑭。礼义立⑮，则贵贱等矣；乐文同，则上下和矣；好恶著，则贤不肖别矣。刑禁暴⑯，爵举贤，则政均矣⑱。仁以爱之，义以正之，如此，则民治行矣。

乐由中出，礼自外作。乐由中出故静，礼自外作故文⑲。大乐必易，大礼必简。

乐至则无怨，礼至则不争[20]，揖让而治天下者，礼乐之谓也。暴民不作，诸侯宾服[21]。兵革不试[22]，五刑不用，百姓无患，天子不怒，如此，则乐达矣。合父子之亲，明长幼之序，以敬四海之内天子[23]，如此，则礼行矣。

大乐与天地同和，大礼与天地同节。和故百物不失，节故祀天祭地，明则有礼乐，幽则有鬼神。如此，则四海之内，合敬同爱矣。礼者殊事合敬者也[24]；乐者异文合爱者也[25]。礼乐之情同，故明王以相沿也[26]；故事与时并，名与功偕[27]。

故钟鼓管磬，羽龠干戚。乐之器也。屈伸俯仰，缀兆舒疾[28]，乐之文也[29]。簠簋俎豆，制度文章[30]，礼之器也。升降上下，周还裼袭[31]，礼之文也。故知礼乐之情者能作，识礼乐之文者能述[32]。作者之谓圣，述者之谓明；明圣者，述作之谓也。

【注释】

①致：极。②越（huō）：瑟底小孔。③倡：唱。叹：赞和。指歌尾曳声以相助。④遗：遗失，不在。指不在乎“音”和“味”。⑤平好恶：郑玄说是“教之使知好恶”。⑥至：到来。指给人的刺激。知知：指刺激被人的心智感觉到，也就是人的心智产生感觉。前一“知”是“智”。心智。后一“知”字是知觉、感觉。⑦天理：天性，生的本性。⑧人化物：指人随外物而变化。⑨悖逆：违乱忤逆。⑩交接：交生。⑪同、异：陈说是“统同”、“辨异”。⑫流：放纵，淫放。⑬离：隔离，隔膜。⑭合：融洽。⑮礼义：礼仪。⑯暴：指不肖的人。⑰爵：封赏爵位。举：举荐。⑱政均：治理国事公允。均，公允。⑲文：美德。⑳至：通行，施行。㉑宾服：诸侯入贡朝见天子。也指归顺、臣服。㉒试：用，动用。㉓从上句“暴民不作……则乐达矣”，可知此句结构混乱。“乐”“礼”两句对举，仿上句结构，应将此句改动为“四海之内以敬天子”。㉔殊事：事类不同。㉕异文：曲调有别。㉖沿：同沿，沿袭，沿用。㉗偕：俱，并。㉘缀兆：指舞者进退的位置。缀：舞者的位置。兆：舞位的界域。㉙文：指情状。㉚制度：指车器宫室的制式尺度。文章：器物的雕琢装饰。㉛周还：周旋。㉜识（zhì）：记住。

乐者，天地之和也；礼者，天地之序也。和故百物皆化[1]；序故群物皆别。乐由天作，礼以地制。过制则乱[2]，过作则暴[3]。明于天地，然后能与礼乐也。

论伦无患[4]，乐之情也[5]；欣喜欢爱，乐之官也[6]。中正无邪，礼之质也，庄敬恭顺，礼之制也。若夫礼乐之施于金石[7]，越于声音[8]，用于宗庙社稷，事乎山川鬼神，则此所以与民同也。

王者功成作乐，治定制礼。其功大者其乐备，其治辩者其礼具[9]。干戚之舞非备乐也，孰亨而祀非达礼也。五帝殊时，不相沿乐；三王异世，不相袭礼。乐极则忧，礼粗则偏矣。及夫敦乐而无忧[10]，礼备而不偏者，其唯大圣乎？

天高地下，万物散殊[11]，而礼制行矣。流而不息，合同而化[12]，而乐兴焉。春作夏长，仁也；秋敛冬藏，义也。近仁于乐，义近于礼。乐者敦和[13]，率神而从天[14]，礼者别宜[15]，居鬼而从地[16]。故圣人作乐以应天，制礼以配地。礼乐明备，天地官矣[17]。

天尊地卑，君臣定矣。卑高已陈[18]，贵贱位矣。动静有常，小大殊矣。方以类聚[19]，物以群分[20]，则性命不同矣[21]。在天成象，在地成形；如此，则礼者天地之别也。地气上齐[22]，天气下降，阴阳相摩，天地相荡[23]，鼓之以雷霆[24]，奋之以风雨[25]，动之以四时，煖之以日月[26]，而百化与焉[27]。如此，则乐者天地之和也。

化不时则不生[28]，男女无辨则乱升[29]；天地之情也[30]。及夫礼乐之极乎天而蟠乎地[31]，行乎阴阳而通乎鬼神；穷高极远而测深厚[32]。乐著大始[33]，而礼居成物[34]。著不息者天也，著不动者地也。一动一静者天地之间也。故圣人曰礼乐云。

昔者，舜作五弦之琴以歌南风，夔始制乐以赏诸侯。故天子之为乐也，以赏诸侯之有德者也。德盛而教尊，五谷时熟，然后赏之以乐。故其治民劳者，其舞行缀远[35]；其治民逸者，其舞行缀短[36]。故观其舞，知其德；闻其谥，知其行也。大章，章之也。咸池[37]，备矣。韶，继也。夏，大也。殷周之乐[38]，尽矣。

【注释】

①化：化生。②乱：紊乱。③暴：暴慢。④患：悖害。⑤情：本情。⑥官：《史记·乐志》作“容”。⑦施：用。金石：指钟磬等乐器。⑧越：扬，发。⑨辩：遍。⑩敦：尊重。⑪散：散布，分散。殊：不同之处。⑫合同：合会齐同。⑬敦和：敦重合同。⑭率：循。⑮别宜：辨别不同。⑯居：率，循。⑰官：职分。⑱卑：泽。高：山。陈：成列。⑲方：走虫禽兽。⑳物：草木花卉。群：群落。㉑性：天生的性质。命：后天的禀受。㉒齐：郑玄说“读为跻”，升。㉓荡：激荡。㉔鼓：振动。㉕奋：《易·系辞上》作“润”。㉖煖：明亮。指照耀。㉗《史记·乐志》为“百物化兴”。化兴，即化生。㉘化：化养。㉙升：成。㉚情：本性。㉛蟠：致。㉜测：《说文》释作“深所至”。至，到达极点。㉝大（tài）始：原始。㉞居：俞樾释作“辨别”。㉟缀远：舞位的距离远，谓人相对减少。㊱缀短：舞位的距离近，谓人相对增多。㊲池：施，施与。㊳殷周之乐：孔颖达说是殷的《大》、周的《大武》，歌颂汤武革命。

天地之道，寒暑不时则疾，风雨不节则饥。教者[1]，民之寒暑也；教不时则伤世。事者，民之风雨也；事不节则无功；然则先王之为乐也，以法治也[2]，善则行象德矣[3]。夫豢豕为酒[4]，非以为祸也，而狱讼益繁，则酒之流生祸也[5]。是故先王因为酒礼，壹献之礼，宾主百拜[6]，终日饮酒而不得醉焉；此先王所以备酒祸也，故酒食者所以合欢也，乐者所以象德也，礼者所以缀淫也[7]。是故先王有大事[8]，必有礼以哀之；有大福[9]，必有礼以乐之。哀乐之分，皆以礼终。乐也者，圣人之所乐也，而可以善民心，其感人深，其移易俗，故先王著其教焉[10]。

夫民有血气心知之性，而无哀乐喜怒之常[11]，应感起物而动，然后心术形焉[12]。是故志微噍杀之音作[13]，而民思忧。啴谐慢易[14]，繁文简节之音作[15]，而民康乐。粗厉猛起[16]，奋末广贲之音作[17]，而民刚毅。廉直劲正庄诚之音作，而民肃敬。宽裕、肉好、顺成、和动之音作[18]，而民慈爱。流辟、邪散、狄成、涤滥之音作[19]。而民淫乱。

是故，先王本之情性，稽之度数[20]，制之礼义[21]。合生气之和[22]，道五常之行[23]，使之阳而不散[24]，阴而不密[25]，刚气不怒，柔气不慑，四畅交于中而发作于外，皆安其位而不相夺也；然后立之学等[26]，广其节奏[27]，省其文采[28]，以绳德厚[29]。律小大之称[30]，比始终之序[31]，以象事行[32]。使亲疏贵贱长幼男女之理[33]，皆形见于乐，故曰：乐观其深矣。

土敝则草木不长[34]，水烦则鱼鳖不大[35]，气衰则生物不遂[36]，世乱则礼慝而乐淫[37]。是故其声哀而不庄，乐而不安，慢易以犯节，流湎以忘本[38]。广则容奸，狭则思欲，感条畅之气而灭平和之德[39]。是以君子贱之也。

【注释】

①教：乐教。②以法治：郑玄说是“以乐为治之法”。③象：仿效。④豢：饲养。为：制作。⑤流：指过度。⑥百拜：谓其次数多。⑦缀：停止。淫：过分。⑧大事：郑玄说是指死丧。⑨大福：吉庆之事。⑩著：明白规定。⑪常：固定不变。⑫心术：指哀乐喜怒。⑬志微：《汉书·乐志》作“纤微”。⑭慢易：平易。⑮繁文：含义丰富。简节：节奏简明。⑯粗厉：粗犷。猛起：起始猛烈。⑰奋末：终结昂奋。广贲：广大而愤怒。⑱肉好：圆润。⑲流辟：流宕怪僻。邪散：散乱。狄成、涤滥：孔颖达说是乐曲折、速成速止。⑳稽：参考。㉑礼：理，准则。㉒生气：阳阴之气。㉓道：循。㉔散：杂乱。㉕密：闭塞。㉖等：等次。㉗广：增匀。㉘省：审查。文采：指音曲是否五音和应。㉙绳：度量。㉚律：校正。㉛比：排列。㉜事行：事功、行能。㉝理：伦理。㉞敝：衰敝。㉟水烦：经常搅动的水。㊱遂：成。㊲慝：邪恶。㊳流湎：流连沉湎。㊴条畅：条直通畅。

凡奸声感人，[1]而逆气应之，逆气成象，而淫乐兴焉。正声感人[2]，而顺气应之，顺气成象，而和乐兴焉。倡和有应，回邪曲直[3]，各归其分[4]；而万物之理[5]，各以其类相动也。是故，君子反情以和其志[6]，比类以成其行[7]。奸声乱色，不留聪明[8]；淫乐慝礼，不接心术。惰慢邪辟之气不设于身体[9]，使耳目鼻口心知百体[10]，皆由顺正以行其义。

然后发以声音，而文以琴瑟，动以干戚，饰以羽旄，从以箫管[11]。奋至德之光[12]，动四气之和[13]，以著万物之理。是故清明象天，广大象地，终始象四时，周还象风雨。五色成文而不乱[14]，八风从律而不奸[15]，百度得数而有常[16]。小大相成[17]，终始相生。倡和清浊，迭相为经[18]。故乐行而伦清[19]，耳目聪明，血气和平[20]，移风易俗，天下皆宁。故曰：乐者乐也[21]。君子乐得其道，小人乐得其欲。以道制欲，则乐而不乱；以欲忘道，则惑而不乐。是故，君子反情以和其志，广乐以成其教，乐行，而民向方[22]，可以观德矣。德者性之端也[23]。乐者，德之华也[24]。金石丝竹，乐之器也。诗言其志也，歌咏其声也[25]，舞动其容也[26]。三者本于心，然后乐器从之。是故情深而文明[27]，气盛而化神。和顺积中而英华发外，唯乐不可以为伪。

乐者，心之动也；声者，乐之象也。文采节奏，声之饰也[28]。君子动其本，乐其象，然后治其饰[29]。是故先鼓以警戒，三步以见方[30]，再始以著往[31]，复乱以饬归[32]。奋疾而不拔[33]，极幽而不隐[34]。独乐其志，不厌其道；备举其道[35]，不私其欲。是故情见而义立，乐终而德尊。君子以好善，小人以听过[36]。故曰：生民之道[37]，乐为大焉。

乐也者施也；礼也者报也。乐，乐其所有生；而礼，反其所自始。乐章德，礼报情反始也。所谓大辂者，天子之车也。龙旗九旒，天子之旌也。青黑缘者，天子之宝龟也。从之以牛羊之群，则所以赠诸侯也。

乐也者，情之不可变者也。礼也者，理之不可易者也。乐统同，礼辨异，礼乐之说，管乎人情矣[38]。穷本知变，乐之情也；著诚去伪，礼之经也[39]。礼乐偩天地之情[40]，达神明之德，降兴上下之神[41]，而凝是精粗之体[42]，领父子君臣之节[43]。是故，大人举礼乐，则天地将为昭焉[44]。天地䜣合[45]，阴阳相得，煦妪覆育万物[46]，然后草木茂，区萌达[47]，羽翼奋，角觡生[48]，蛰虫昭苏[49]，羽者妪伏[50]，毛者孕鬻，胎生者不

鬻[51]，而卵生者不殈，而卵生者不殈。[52]，则乐之道归焉耳。

乐者，非谓黄钟大吕弦歌干扬也，乐之末节也，故童者舞之[53]。铺筵席，陈尊俎，列笾豆，以升降为礼者，礼之末节也，故有司掌之，乐师辨乎声诗，故北面而弦；宗祝辨乎宗庙之礼，故后尸；商祝辨乎丧礼，故后主人。是故，德成而上，艺成而下；行成而先，事成而后。是故先王有上有下，有先有后，然后可以有制于天下也。

【注释】

①奸：邪恶不正。②正：纯正不邪。③回邪：乖违邪辟。④分：分限，分界。⑤理：情理。⑥反：反省。和调节。⑦类：指善类。⑧聪明：指耳目。⑨惰慢：轻薄下流。邪慢：邪伪怠慢。设置：指沾染。⑩百体：各种器官，各个部分。⑪从：随从。指伴奏。⑫奋：发扬。⑬动：引动。⑭五色成文：指五音构成乐曲。⑮八风：八方之风。指八风所应的八音。奸：冒犯。⑯百：谓其多。⑰小大：声音大小高低。⑱经：纲纪。⑲伦：理，条理。清：井然有序。⑳血气：心气。㉑后一“乐”（lè），快乐，高兴。㉒方：道义。㉓端：端正。㉔华：光华。㉕咏：曼声吟唱。㉖容：姿态。㉗情：指心志。文：文采，即乐曲旋律的变化。㉘饰：文饰，文采修饰。㉙治：从事，致力。㉚方：郑玄释作“舞之渐”。㉛始以著往：循环往复。㉜复：回复原位。乱：乐曲的最后一章。饬归：指像武王整饬师旅还回。㉝拔：指匆忙。此句指动作。㉞幽：深刻。隐：隐晦。此句指表情。㉟举：施行。㊱听：审辨。㊲生民：教养人民。㊳管：《史记·乐书》作“顺”，通贯。㊴经：常，指常态。㊵偩：《史记·乐书》作“顺”。郑玄释作“依象”。㊶兴：出。此句指上降下出的神灵。㊷精粗之体：孔颖达说是万物大小的形体。㊸领：孙希旦释作“统会”。㊹昭：昭明。㊺䜣：郑玄说，读为熹，熹犹蒸也。蒸，蒸腾。㊻妪（yù）：养育；禽类孵卵。伏：蛰伏的虫豸苏醒复生。㊼区萌：勾萌蜷曲的萌芽。㊽觡：骨角。㊾昭苏：苏醒复生。㊿煦：温暖。指阳气温暖。妪（yù）：养育；禽类孵卵。[51]鬻：胎殆腹中。[52]殰：卵未孵成而破裂。[53]童者：孙希旦说是国子。

魏文侯问于子夏曰[1]：“吾端冕而听古乐[2]，则唯恐卧；听郑卫之音，则不知倦。敢问：古乐之如彼何也？新乐之如此何也？”子夏对曰：“今夫古乐，进旅退旅[3]，和正以广[4]。弦匏笙簧，会守拊鼓[5]，始奏以文[6]，复乱以武[7]，治乱以相[8]，讯疾以雅[9]。君子于是语，于是道古，修身及家，平均天下。此古乐之发也。今夫新乐，进俯退俯，奸声以滥[10]，溺而不止；及优侏儒[11]，獶杂子女[12]，不知父子。乐终，不可以语，不可以道古。此新乐之发也。今君之所问者乐也，所好者音也！夫乐者，与音相近而不同。”

文侯曰：“敢问何如？”子夏对曰：“夫古者，天地顺而四时当，民有德而五谷昌，疾疢不作而无妖祥[13]，此之谓大当[14]。然后圣人作为父子君臣，以为纪纲。纪纲既正，天下大定。天下大定，然后正六律，和五声，弦歌诗颂，此之谓德音；德音之谓乐。诗云：莫其德音[15]，其德克明，克明克类[16]，克长克君，王此大邦[17]；克顺克俾[18]，俾于文王，其德靡悔[19]。既受帝祉，施于孙子[20]。此之谓也。今君之所好者，其溺音乎？”

文侯曰：“敢问溺音何从出也？”子夏对曰：“郑音好滥淫志[21]，宋音燕女溺志[22]，卫音趋数烦志[23]，齐音敖辟乔志[24]；此四者皆淫于色而害于德，是以祭祀弗用也。诗云：‘肃雍和鸣，先祖是听。’夫肃肃，敬也；雍雍，和也。夫敬以和，何事不行？为人君者谨其所好恶而已矣。君好之，则臣为之。上行之，则民从之。诗云：‘诱民孔易。’此之谓也。”

然后，圣人作为鼗、鼓、椌、楬、埙、篪[25]，此六者德音之音也。然后钟磬竽瑟以和之，干戚旄狄以舞之[26]。此所以祭先王之庙也，所以献酬酳酢也，所以官序贵贱各得其宜也，所以示后世有尊卑长幼之序也。

钟声铿，铿以立号[27]，号以立横[28]，横以立武。君子听钟声，则思武臣。石声磬[29]，磬以立辨[30]，辨以致死[31]。君子听磬声，则思死封疆之臣。丝声哀，哀以立廉[32]，廉以立志。君子听琴瑟之声，则思志义之臣。竹声滥[33]，滥以立会[34]，会以聚众。君子听竽笙管箫之声，则思畜聚之臣[35]。鼓鼙之声欢[36]，欢以立动，动以进众[37]。君子听鼓鼙之声，则思将帅之臣，君子之听音，非听其铿锵而已也，彼亦有所合之也。

【注释】

①魏文侯：晋国大夫毕万的后代。②端冕：古时朝服。端：玄端。冕：冠。古时用于祭祀，祭时端冕，故曰端冕而听古乐。③进旅退旅：指众人共同动作，整齐划一。④正：纯正。广：宽舒。⑤会：会和。守：待。拊：用皮做袋，内装有糠，当节拍用器敲击。拊、鼓都是调节弦管乐器的。⑥文：鼓。⑦武：钟。⑧相：就是拊。因糠也叫相，因名。⑨讯：迅，迅疾。雅：乐器。郑玄说，状如漆桶，中有椎。⑩滥：充满，充斥。⑪优：俳优。侏儒：指丑角。⑫猱：郑玄说是猕猴。王念孙说是"糅"，混在一起。两说角度不同，实质相同。⑬疢：火患。⑭大当：孙希旦说是天地之间无不得其当。⑮莫：通寞，沉寂。⑯类：善恶的种类。此处指善类。⑰王：为王。⑱俾：通比。比配，可以相比。⑲靡：无。⑳施：延续。㉑滥：孔颖达释作"男女相偷窃"，即轻佻，不庄重。㉒燕女：孔颖达释作"燕安己之妻妾"，即沉溺情欲。㉓趋数：郑玄说"读为促速"。㉔敖辟：傲僻。乔：骄。㉕埙：陶制吹奏乐器。其形上尖底平，大者如鹅卵，小者如鸡蛋。六孔，顶端为吹口。篪：古代的一种竹管乐器。㉖狄：通翟。雉羽。㉗号：号令。㉘横：充满。㉙磬：郑玄说当为"罄"。孔颖达说：其声罄罄然。㉚辨：分辨节义。㉛致死：孔颖达说是不爱其死。㉜廉：品性端方。㉝滥：郑玄释作"揽聚"。即收敛。㉞会：会合。㉟畜：积。㊱欢：喧嚣。㊲进：促进。

宾牟贾侍坐于孔子[1]，孔子与之言及乐，曰："夫武之备戒之已久[2]，何也？"对曰："病不得众也[3]。""咏叹之[4]，淫液之[5]，何也？"对曰："恐不逮事也[6]。""发扬蹈厉之已蚤[7]，何也？"对曰："及时事也。""武坐致右宪左[8]，何也？"对曰："非武音也。""声淫及商何也[9]？"对曰："非武坐也。"子曰："若非武音则何音也？"对曰："有司失其传也[10]。若非有司失其传，则武王之志荒矣[11]。"子曰："唯！丘之闻诸苌宏，亦若吾子之言是也。"

宾牟贾起。免席而请曰："夫武之备戒之已久，则既闻命矣。敢问：迟之迟而又久，何也？"子曰："居[12]！吾语汝。夫乐者。象成者也[13]；总干而山立，武王这事也；发扬蹈厉，大公之志也。武乱皆坐，周召之治也。"

且夫武，始而北出，再成而灭商[14]。三成而南，四成而南国是疆，五成而分周公左召公右，六成复缀，以崇天子，夹振之而驷伐[15]，盛威于中国也。分夹而进，事蚤济也。久立于缀，以待诸侯之至也。

且女独未闻牧野之语乎[16]？武王克殷，反商[17]。未及下车而封黄帝之后于蓟，封帝尧之后于祝，封帝舜之后于陈。下车而封夏后氏之后于杞，投殷之后于宋[18]。封王子比干之墓；释箕子之囚，使之行商容而复其位[19]。庶民弛[20]政，庶士倍禄。

济河而西[21]，马，散之华出之阳，而弗复乘；牛，散之桃林之野，而弗复服[22]。车甲衅而藏之府库，而弗复用。倒载干戈，包以虎皮；将帅之士，使为诸侯；名之曰："建櫜[23]。"然后，天下知武王之不复用兵也。散军而郊射，左射狸首，右射驺虞，而贯革之射息也[24]。裨冕搢笏，而虎贲之士说剑也[25]。祀乎明堂而民知孝。朝觐，然后诸侯知所以臣；耕藉，然后侯诸知所以敬。五者，天下之大教也。食三老五更于大学，天子袒而割牲，执酱而馈，执爵而酳，冕而总干，所以教诸侯之弟也。若此，则周道四达，礼乐交通。则夫武之迟久，不亦宜乎？

君子曰：礼乐不可斯须去身[26]。致乐以治心[27]，则易直子谅之心油然生矣[28]。易直子谅之心生则乐，乐则安，安则久，久则天[29]，天则神。天则不言而信，神则不怒而威，致乐以治心者也。致礼以治躬则庄敬，庄敬则严威。心中斯须不和不乐，而鄙诈之心入之矣。外貌斯须，不庄不敬，而易慢之心入之矣。故乐也者，动于内者也，礼也者，动于外者也。乐极和，礼极顺，内和而外顺，则民瞻其颜色，而弗与争也；望其容貌，而民不生易慢焉。故德辉动于内，而民莫不承听，理发诸外，而民莫不承顺。故曰：致礼乐之道，举而错之，天下无难矣。

【注释】

①宾牟贾：人名。复姓宾牟，名贾。②武：指模仿武王伐纣故事的武舞。备戒：击鼓警众。已：太。③病：忧虑。④咏叹：拉长声音唱。⑤淫液：指乐声连绵不断。⑥逮：及。⑦蚤：早。⑧致：膝至地。宪：郑玄说读为"轩"。抬起。⑨淫：超过。商：商声主杀伐。⑩传：传授。指传授错误。⑪荒：迷乱。⑫居：坐下。⑬成：既成的事实。⑭成：郑玄说。每奏武曲一终为一成。⑮夹振：指武舞中两司马夹士卒两旁，振铎以作。振，振铎。驷：四。⑯语：传说。⑰反：反还。⑱投：迁徙。⑲前人解说不一。《史记》载：使毕公释箕子之囚，复商容之位。取此说。商容，商贤臣。⑳弛：免除。㉑济：渡。㉒服：驱使。㉓建櫜：郑玄说是"键櫜"，闭藏兵甲。㉔贯：穿。㉕虎贲：勇猛。说：脱，解下。㉖斯须：片刻。㉗致：郑玄释作"深审"。㉘子：爱，像对子女一样地爱护。谅：诚信。油然：自然而然。㉙孙希旦说：久而体性处然，而无作为之劳。故曰"天"。

乐也者，动于内者也；礼也者，动于外者也。故礼主其减[1]，乐主其盈[2]。礼减而进[3]，以进为文[4]；乐盈而反[5]，以反为文。礼减而不进则销[6]，乐盈而不反则放[7]；故礼有报而乐有反[8]。礼得其报则乐，乐得其反则安；礼之报，乐之反，其义一也。

夫乐者乐也，人情之所不能免也。乐必发于声音，形于动静，人之道也。声音动静，性术之变[9]，尽于此矣。故人不耐无乐[10]，乐不耐无形，形而不为道不耐无乱。先王耻其乱，故制雅颂之声以道之，使其声足乐而不流[11]，使其文足论而不息[12]，使其曲直繁瘠廉肉节奏足以感动人之善心而已矣[13]。不使放心邪气得接焉[14]，是先王立乐之方也[15]。是故乐在宗庙之中，君臣上下同听之则莫不和敬；在族长乡里之中，长幼同听之则莫不和顺；在闺门之内，父子兄弟同听之则莫不和亲。故乐者，审一以定和[17]，比物以饰节[18]，节奏合以成文。所以合和父子君臣，附亲万民也，是先王立乐之方也。故听其雅颂之声，志意得广焉；执其干戚，习其俯仰诎伸，容貌得庄焉，行其缀兆，要其节奏[19]，行列得正焉，进退得齐焉。故乐者，天地之命[20]，中和之纪[21]，人情之所不能免也。

夫乐者，先王之所以饰喜也[22]，军旅铁钺者，先王之所以饰怒也。故先王之喜怒，皆得其侪焉[23]。喜则天下和之，怒则暴乱者畏之。先王之道，礼乐可谓盛矣。

子赣见师乙而问焉[24]，曰："赐闻声歌各有宜也。如赐者，宜何歌也?"师乙曰："乙贱工也，何足以问所宜？请诵其所闻[25]，而吾子自执焉。爱者宜歌商[26]；温良而能断者宜歌齐。夫歌者，直己而陈德也[27]。动己而在天地应焉，四时和焉，星辰理焉，万物育焉。故商者，五帝之遗声。宽而静，柔而正者宜歌颂。广大而静，疏达而信者宜歌大雅。恭俭而好礼者，宜歌小雅，正直而静，廉而谦者宜歌风。肆直而慈爱。商之遗声也，商人识之[28]，故谓之商。齐者，三代之遗声也，齐人识之，故谓之齐。明乎商之音者[29]，临事而屡断，明乎齐之音者，见利而让。临事而屡断，勇也；见利而让，义也。有勇有义，非歌孰能保此？故歌者，上如抗下如队[30]，曲如折，止如槁木，倨中矩，句中钩[31]，累累乎端如贯珠[32]。故歌之为言也，长言之也。说之[33]，故言之；言之不足，故长言之；长言之不足，故嗟叹之[34]；嗟叹之不足，故不知手之舞之[35]，足之蹈之也。"子贡问乐[36]。

【注释】

①郑玄说：礼主其减，人所倦也。减：减员，减少。②郑玄说：乐主其盈，人所欢也。③进：自我勉励。④文：美好，美善。⑤反：自我抑制。⑥销：销衰。⑦放：流浪。⑧报：郑玄说"读为褒"。勉励。⑨性：人的性情。术：表达方式。⑩耐：能。⑪流：流浪。⑫论：考虑。指歌辞可以思索，品味。息：郑玄释作"销"，孔颖达释作"止息"，均不切合。王梦鸥依《荀子·天论》释作"胡思乱想"，近是。⑬瘠：省约。廉：清脆。肉：圆润。节奏：作止。⑭放：放荡。⑮方：准则。⑯乡里：乡亲。⑰一：郑玄说是"人声"。孙希旦释作"宫声"，孙氏之说近是。一即指音乐的基准，乐器以此定音。⑱比物：郑玄说是乐器的配合。⑲要：会，合。⑳命：为，制作。指乐是天地阴阳之气制作而成。㉑纪：条理。㉒饰：假托，借用。㉓侪：齐。㉔子赣：从篇末题名及下文问者自称"赐"，可知此为子贡。师：乐工。乙：乐工的名。㉕诵：述说。㉖此句衍一"爱"字。㉗直己：端正自己的行为。陈德：用歌述说德行。㉘识：懂得。㉙明：通晓，明了。㉚方悫说：抗，声之发扬；队，声之重浊。㉛孙希旦说：倨是小折，勾是大折。㉜累累：系连不绝。㉝说：悦，高兴。㉞嗟叹：孙希旦说，歌之叹和流连者，谓之嗟叹。㉟不知：不知不觉。㊱这是篇题名。

【译文】

声音的发出，都是由人的内心活动产生的。人的内心活动是由于受到外物的刺激而发生。对外物的刺激产生感应而动，就表现为声音。不同的声音互相应和，就会发生变化。及其变化将自成文章而出于声音就成为歌曲了。比照歌曲而用乐器演奏，再加上干戚的武舞，羽旄的文舞，这就是乐了。

乐，是由歌曲发展而来的，它的本原在于人的内心活动受到外物的刺激作用而产生。因此，内心产生悲哀的感应，发出的声音急促而低微；内心产生快乐的感应，发出的声音宽舒而徐缓；内心产生喜悦的感应，发了的声音高昂而悠扬；内心产生愤怒的感应，发出的声音粗壮而猛烈；内心产生恭敬的感应，发出的声音正直而整齐；内心产生爱慕的感应，发出的声音温和而柔顺。这六种感应的不同，不是由于人的本性不同，而是由于外物的刺激不同而不同。因

此，古代的圣王重视引起人的内心感应的事物。所以，就用礼来引导人们的志向，用乐来调谐人们的声音，用政令来统一人们的行为，用刑罚来防止人们的奸邪。礼、乐、政、刑的最终目的是一个，即统一百姓的思想而实现国家的安定。

声音是由人的内心产生出来的，内心的感情表现为声音，声音节奏和谐就叫做音乐。因此，太平盛世的音乐，安详而愉快，因为政治宽和；乱世的乐，怨恨而愤怒，因为政治乖戾；亡国的音乐，哀伤而凄凉，因为百姓承受着流离困苦。音乐之道是和政治相通的。宫象征君，商象征臣，角象征民，徵象征事，羽象征物。这五音不杂乱，就没有不和谐的声音了。宫音杂乱，就显得音乐散温，如同国君骄逸；商音杂乱，就显得音乐颓丧，如同官纪败坏；角音杂乱，就显得音乐忧愁，如同百姓怨恨；徵音杂乱，就显得音乐哀苦，如同徭役繁重；羽音杂乱，就显得音乐危殆，如同财物匮乏一样。五音混乱，交相侵凌，这就叫做“慢音”，是亡国之音。这样下去，国家灭亡就没有几日了。春秋时郑、卫地方的音乐就是乱世的音乐，接近慢音。桑间、濮上的音乐，这就是亡国之音。国君政教散慢，百姓四处流亡，官吏欺骗上司，假公济私盛行而无法制止。

声音是从人的内心产生出来的。音乐，是通达人伦物理的。因此，只能感觉到声音而不懂音乐的，是禽兽。能辨别音乐而不懂得音乐的实质和效用的，只是普通人。因此，分辨声音可以懂得音乐，辨别音乐可以知道音乐的效用，辨别音乐的效用可以了解政事的好坏，治国之道就在其中了。因此，感觉不到声音的人，不能和他谈论音乐；不懂音乐人，不能和他谈论音乐的作用。了解音乐的作用，就差不多了解礼治了。礼、乐都懂得了，就叫做有德。所谓德，就是有所得。

因此，音乐隆盛，不是为了演奏最美的音乐。禘、祫之祭，飨宴盛大，不是为了追求滋味之美。演唱《清庙》之诗伴奏的瑟，朱红的丝弦和稀疏的底孔，一人唱诗而三人伴唱，然而却有不尽的余音。祭享盛大，以玄酒为上，俎上摆的也是生鱼生肉，太羹中不加任何调料，然而却有不尽的余味。因此，古代圣王制定礼乐的目的，不是为了满足口腹耳目的欲望，而是为了教育百姓辨别爱憎，将他们导引回归到道德规范的正途上。

人生来是爱静的，这是人的天性。有感于外物而冲动，是人性中的各种欲望所致。外物的刺激使人的心智产生了感觉，然后喜好和厌恶两种感情就表现了出来。内心的喜好和厌恶没有节制，物欲诱惑于外，又不能反省自己，那么天性就灭绝了。外物对人的刺激无穷无尽，而人的喜好、厌恶又没有节制，那么在外物的刺激下，人就被物的引诱而发生变化。人被物所引化，这就会灭绝天性而极力追求欲望的满足。这时就会产生违乱忤逆、诡诈虚伪的心计，出现纵欲放荡，为恶作乱的事情。因而强暴的人胁迫软弱的人，多数人欺压少数人，有才智的人欺骗愚笨的人，勇力者欺侮怯懦的人，有病没有人侍奉，老幼孤独流离失所。这就是大乱的渊源了。

因此，古代圣王制定礼乐，目的是为了节制人民不越出常轨。衰麻哭泣，用来节制丧期；钟鼓舞蹈，用来谐和安乐；婚姻冠笄，用来分别男女；射乡食飨等礼仪，用来正订交往。用礼来节制人们的性情，用乐来调和人们的声音，用政令推行政事，用刑罚防祸未然，礼乐刑政四个方面发生作用而不互相冲突，那么王道政治就完备了。

乐的功用在于统同，礼的功用在于辨异。统同就会使人们互相亲近，辨异就会使人们互相尊敬。乐超过限度会使人们放纵，礼超过限度会使人们产生隔膜。使人们感情融洽，并表现在外貌上，就是礼乐的事情。建立了礼义，就形成了尊卑的等级；乐音统同，就出现了上下的和睦。有了明显的好恶标准，那么贤和不肖就区别开了。不肖的，用刑罚加以禁止；贤良的，用封爵加以举荐。这样，治理国家就公允了。用仁爱之心来施爱，又用礼仪保持仁爱之心。这样，民治就可以施行了。

乐从内心产生，礼表现于外。乐从内心产生，因此可以表现真情；礼表现于外，因此可以展示美德。盛大的音乐必定是平易的，隆重的礼仪必定是简要的。乐教得以通行，那么人们的心情舒畅，没有怨恨；礼教施行，人们将互相谦让，不会发生冲突。揖让而治天下，就是礼乐政教所致。暴民不起来作乱，大小诸侯都来朝拜臣服，不动用军队征伐，各种刑罚都不施用，百姓无忧无虑，天子没有不满的情绪。这样，就是乐教通行了。父子的亲情融洽，长幼的次序分明，四海之内的人都尊敬天子。这样，就是礼教通行了。

通行于天下的乐有着自然的和谐，通行于天下的礼有着自然的节限。能和谐，所以万物各遂其性而生长；有一定的节限，所以人们祭祀天地。在显明的地方用礼乐教人，在幽冥的地方有鬼神相助。这样，四海之内的人们就能相互尊敬而彼此爱戴了。礼是尊卑有别，总的说来，合则相敬；音乐的曲调有别，但仁爱的心情无异。礼乐表达的感情相同，都在于相互敬爱。因此，历代圣明的君王都沿袭不变，用以治国。所以他们的事业与时代并存，名望与功绩相偕伴。

钟鼓管磬等乐器，羽籥干戚等舞具，都是乐的器具。屈伸俯仰的姿势，进退快慢的动作，都是乐的情状。盛祭祀食物的簠簋笾豆，制度文章，都是行礼的用具。升降上下，舞蹈时周旋回转，袒臂掩衣，都是行礼的情状。所以，了解了礼乐深刻意义的人，能够创制新的礼乐；而记住举乐和行礼的情状的人，只能复述旧的礼乐。能创制礼乐的人叫做“圣”，能复述的人叫做“明”。明和圣，就是能复述和创制礼乐的人。

乐是表现自然的和谐的，礼是体现自然的秩序的。和谐能够化生万物，井然有序，就能使万物分别而有差异。乐是调畅阴阳、是天地之和，礼用以明贵贱、是天地之序，如制礼失误则将使尊卑淫乱，作乐失误则将流於暴戾不轨。通晓大地的秩序、和谐，然后才能制作礼乐。

乐以主和不互相损害，是乐的主旨。欣喜欢爱，是乐之事。中正无邪，是礼的本质，庄严恭敬，是礼的节制。至于礼乐施之于钟磬，发出声音，用之于宗庙社稷的祭祀，奉事山川鬼神，都是和庶民一样的。

王者功业成就，开始创制乐教；天下平定，动手制作礼教。功绩越大，政治越安定，礼乐就越完备。只有干戚的武舞，不能算是完备的乐。只知熟烹的祭祀，还没有通晓礼的本意。五帝、三王的时代各不相同，他们不沿用前代的乐名，不袭用前代的礼制。乐极就会产生忧虑；礼制如果粗疏，就会失去中正而偏颇。能做到礼乐完备，不忧不偏，那恐怕只有通晓礼乐的大圣人了。

天在上，地在下，万物散处在不同的地方，礼就依其不同而施行。万物流转不停，合会齐同而变化，乐在其变化中而产生。春生夏长，是仁的表现。秋收冬藏，是义的反映。仁爱近于乐，义近于礼。乐敦厚和同，依循神气的伸展本性，像天一样流动不息；礼崇尚别异，其精神所在，从地之所宜。所以，圣人制礼乐以配天地。礼乐如此显明完备，天地也得以各尽其职了。

天尊在上，地卑在下，君臣的名分已经确定了。山高河低，自然成列，贵贱上下也已各有位置。阳动阴静，自有一定的规律，万物的大小也各不相同。万物各按同类聚集在一起，各遵循群落加以区分。这是因为它们天生的性质不同。在天上，就表现为不同的天象，在地下，就

表现为不同的地形。礼就是效法天地的差别而制定的。地气上升，天气下降，阴阳相摩擦，天地激荡，雷霆震动，风雨滋润，四季运行，日月照耀，在天地阴阳的作用下，万物化生出来。乐就是仿效天地的和谐而创制出来的。

天地化育如果不得其时，万物也就不生。阴阳混杂，男女无别就会乱成。这是天地的本性。至于礼乐，极致天地上下，通达阴阳鬼神，穷尽高远深厚。乐显示原始的动机，礼辨别已经生成的事物。显示着不停运动的是天，体现着凝固静止的是地。既动又静而处于天地之间的，就是圣人所说的礼乐。

从前，舜制作五弦琴，弹琴而唱南风之诗。夔始作乐来赏赐诸侯。所以，天子作乐赏赐给诸侯中有德行的人。德行深厚，教化尊崇，五谷丰足，然后天子用乐赏赐。凡是治下的百姓劳苦的，参加乐舞的人就少；凡是治下百姓安逸的，参加乐舞的人就多。所以，看参加乐舞的人数多少，就可以知道他的德政治绩的情况如何；听到他的谥号，就能够知道他的作为怎样。《大章》，是尧的乐名，因为尧之德彰明于天下。《咸池》是黄帝的乐名，因为黄帝之德完备，全部施之于天下。《韶》，是舜的乐名，韶义为继，因为他继承了尧的品德。《夏》，是禹的乐名，夏义为大，因为他发扬光大了尧舜的美德。殷周之乐，是极尽人事的。

自然的规律，寒暑紊乱不时就会发生疾病，风雨无节制就会发生饥荒。教化就是百姓的寒暑，教化不合时宜就会伤害世道人心。事功就是百姓的风雨，没有节制就不会有成效。既然这样，那么古代圣王作乐，把乐作为治天下的方法，教化善良，百姓的行为就会仿效圣王的德行。养猪、酿酒，本来不是为了制造祸乱，但是诉讼却逐渐增多，是由于饮酒过量引出的祸患。所以，古代圣王为此制定饮酒的礼仪，敬一杯酒，宾主有许多礼仪。这样，即使一天到晚喝酒也不会喝醉。这就是古代圣王用来防止酒祸的办法。饮酒吃饭，目的是聚会欢乐。乐是使人仿效圣王的品德，礼则使人停止过分的行为。所以，古代圣王有死丧的事情一定有衰麻哭泣等礼节表示悲哀；有吉庆的事情也一定有钟鼓歌舞等礼节来抒发欢乐。哀乐都用礼节，各自终止在自己的分界处，乐是圣人喜欢的，能使人心向善。它感人至深，并能改变风俗，所以古代圣王都明确规定必须施行乐教。

百姓都有血气心智的本性，但没有固定不变的哀乐喜怒的心情。必须感受到外物的刺激才会产生感情活动，然后表现出哀乐喜怒的形象。因此，创作出细微低沉的音乐，可知的愁思忧虑；创作出宽和平易，含义丰富而节奏简明的音乐，可知百姓是安逸欢乐的；创作出粗犷、起始和结尾都很猛烈、昂奋的音乐，可知民风是刚强坚毅的；创作出纯净正直、庄严诚恳的音乐，可知民风是严肃恭敬的；创作出宽舒、圆润、和顺的音乐，可知民风是慈祥仁爱的；创作出流宕怪僻、散乱曲折、急成速止的音乐，可知民风是淫侈混乱的。

因此，古代圣王作乐，是依据人的本性和情感，参考音律的度数，制定礼义。既适合阴阳生气的和畅，又遵循金、木、水、火、土五行的流动，使阳气发散而不至杂乱，阴气收敛而不至闭塞，刚强而不粗暴，柔顺而不怯懦，阳阴刚柔四气交汇于中而表现在外，安于各自的位置而不相互侵凌。然后根据才质设立学校的等次，增加乐的节奏，审查乐的施律，以量度德的厚薄。同时，校正五音度数的匀称，排列章节终始的次序，以象征事行。使亲疏、贵贱、长幼、男女的伦理都表现在乐中。所以说：从乐中所观察到的意义是深远的。

土壤衰竭，草木就不能生长；常下网于水中，鱼鳖也就养不大；阴阳之气衰竭，生物无法生长；世道衰乱，则礼义乖辟，而乐淫乱放荡。因此，音乐悲哀而不庄重，喜悦而不安定，过分宽缓而冲犯节奏，流连沉湎而失去本性。节奏宽缓就会容纳邪恶，狭迫就要思念嗜欲，感伤

天地条畅之气，毁灭人心平和之德。因此，君子鄙视这种乐。

凡是邪恶不正的声音刺激人的感官，就会有逆乱之气相对应。这种逆乱之气一经形成，淫乐就出现了。纯正无邪的声音刺激人的感官，就会有顺畅之气应和。这种顺畅之气一经形成，和乐也就产生了。刺激和反应一唱一和，乖违邪曲和正直，各自归到善恶之所在。万物的情理都是同类的事物互相感动。所以，君子要反省自己的情欲而调节自己的志趣，比照善类以成就自己的善行。使邪僻、逆乱的声色不能存留在耳目中，淫佚邪恶的乐声足以乱色，不使之成于耳目之中，以致耳目失于聪明，淫佚的乐和邪恶的礼，不让它们存于心中。怠惰、傲慢、邪僻之气不能沾染于身，使自己的耳目鼻口心智各个部分都按照顺畅正直原则施行道义。

然后表达为声音，用琴瑟加以文饰，武舞使用干戚，文舞有羽旄装饰，用箫管伴奏。发扬高尚品德的光辉，引动阳阴刚柔的和畅之气，显示万物的本性。这样的乐，清明像天，广大像地，终而复始像四季，周旋回转像风雨，五声配五行之色，各成文而不相乱，八音配八卦之风，各自从律而不相犯。一切律调都有一定的度数，声音高低大小相成不悖，乐章有始有终相生不废。长短清浊先后唱和，更迭运用互为纲纪。因此，乐的演奏条理井然，使人耳聪目明，心气平和，移风易俗，天下可以安定。

所以说：乐就是快乐。君子乐于获得道义。小人高兴，因为满足了私欲。用道义来制止私欲，就可以快乐而不乱；因私欲而抛弃道义，就会迷惑而得不到快乐。因此，君子反省自己的情欲以调节自己的志趣，推广乐教来施行教化。乐教施行了，百姓就会向往道义，也就可由此看出君子之德了。德行是本性的端正，乐是德行的光华，金石丝竹是作乐的器具。诗是抒发心志的，歌是曼声吟唱心志的，舞是心志在姿容上的表现。诗、歌、舞都发自内心，然后用乐器伴奏。所以，乐表达的心志深远，但旋律的变化鲜明；蕴积内心的志气旺盛，而感动外物，变化神通；和顺的情感蓄积在心中而光华显露在外面。只有乐不能作假。

乐是由内心活动而产生的，声音是乐的形象，旋律节奏是声音的文饰。因为乐而感动了君子的本性，君子喜欢乐的形象，致力于声音的文饰。先击鼓警戒众人，由三举足开始起舞。一曲结束，再次循环往复，舞到结尾又回到原先的位置。动作敏捷但不匆忙，表情深刻但不隐晦。每个人为自己的志趣而快乐，不厌弃道义，并能全面地施行道义，不放纵个人的情欲。所以，心志显现的同时，道义也就确立了。乐舞结束也就显示出德行的崇尚。君子因此更加喜欢行善，而小人也可因此审视明辨自己的过错。所以说：教化百姓的方法中乐是最重要的。

乐是施与，礼有往来。乐是快乐自生出来的，礼要回溯到它原来的起始。乐使德性彰明，而礼是为了报答恩情而返回本源的。

所谓大辂，本来虽然天子的车。龙旂九旒，本来是天子的旗。青黑色为边缘的龟，本是天子的宝龟。附以牛群羊群，是天子回报来朝诸侯的礼物。

乐因情而作，所以心志不可改变；礼依据理而定，因此道理不能变换。乐是同和合的，礼是分别尊卑的，礼乐二端通贯了人情。穷究内心的本源，了解声音的变化，这是乐的情理；发扬诚信，清除虚伪，这是礼的经纬。礼乐依顺自然的法规，通达神明的德行，使神灵得以上下升降，而凝聚成万物大小不同的形体，父子君臣的节限也统合在礼乐之中。所以，统治者施行礼乐之教，自然的法则将因此而昭明。天地阳阴二气欣然交合，化育万物。草木茂盛，植物萌芽，禽鸟振翅，走兽生角，蛰伏的虫豸苏醒复生，鸟类孵卵，兽类怀胎，胎生的不会死在腹中，卵生的不会破裂在地。乐的道理正是属于这样的自然法则。

乐不是指黄钟、大吕、弹唱、舞蹈，这些都是乐的细枝末节，所以童子学习歌舞。摆设筵

席，陈设尊俎笾豆，以登堂下阶为礼，也都是礼的细枝末节，所以由执事人掌管。乐师能够分辨声律歌诗，但在下位面朝北弹奏。宗祝熟悉宗庙的礼仪，但行礼时跟在尸的后面。丧祝了解丧礼，却跟随在主人后面待侯。由此可见，成就道德的在上位，只学会技艺的在下位，将首先体现在行为上的在先，仅靠技艺完成事情的在后。因此，先王明白了上下先后的道理，然后才可能为天下创制礼乐。

魏文侯请教子夏说："我穿着朝服听古乐，只恐怕躺下睡着了；可是听郑卫的音乐，就不知道疲倦。请问，古乐怎么会使人那样，新乐又怎么能使人这样呢？"子夏回答说："现在说的古乐是许多人共同进退的整齐动作，再配上纯正宽舒的音乐。弦管乐器，都依从拊鼓的节奏。开始演奏时击鼓，乐舞结束时敲钟，用相来指挥结束乐曲，用雅要调节快速动作。君子据此论说，讲述古今的事情，诸如修身齐家治国平天下等。这就是古乐的表演。现在的新乐，跳舞的人进退都弯着腰，其间充斥着奸邪的声音，使得人们陷溺其中而不得自拔。至于那些俳优丑角，则男女混杂，父子不分。乐舞终结，不能论说，也不能讲述古今。这就是新乐的表演。现在您问的是乐，可您爱好的是音。乐和音虽然相似，但不是一回事。"文侯问："请问这是怎么回事？"子夏回答道："古时候，风调雨顺，四季得当，人民有德而五谷丰登。灾祸没有发生而反常的妖邪也不出现。这就叫做"大当"。然后圣人出现，设立父子君臣名分作为纲纪。纲纪正，天下就安定。天下安定，就校正六律，调和五音，用乐器伴奏歌唱《诗》、《颂》。这就叫做"德音"，德音也就是乐。《诗经·大雅·皇矣》云：'美德声望传播四方，他（指王季）的美德明辨是非。明辨是非又类别善恶，诲人不倦赏罚得中，统治了这个大国，他既爱众使上下相睦。这些美德传给文王，他的道德毫无悔恨。既接受上帝的福禄，还延及子子孙孙。'这说的就是德音。现在您所喜欢的，大概是溺音吧？"文侯问："请问溺音是从哪儿来的呢？"子夏回答道："郑音轻佻，使人心志淫荡；宋音耽情，使人心志沉溺；卫音急促，使人心志烦乱；齐音傲僻，使人心志骄逸。这四种音都偏重情欲而戕害人的德性，因此，祭祀不能用这类音乐。《诗经·周颂·有瞽》云：'演奏幽雅悦耳，先祖细心地倾听。'肃肃，是恭敬的样子；雍雍，是和谐的样子。有了恭敬和谐的心志，什么事做不成呢？做国君的，对自己的好恶一定要谨慎。国君喜好的，臣下也一定会去做；官府干什么，百姓也会跟着干。《诗经·大雅·板》云：'这样诱导人民也就容易。'说的就是这种情形。"

然后圣人制作小鼓、大鼓、柷、敔、熏、篪。这六种乐器发出的是德音之音，然后用钟磬琴瑟来合奏，用干戚旄狄来伴舞。这才是用于祭祀宗庙的音乐，是献酬酳酢时的音乐，是排列贵贱次序各得其宜的音乐，是告诉后世有尊卑长幼秩序的音乐。

钟的声音铿锵，可以作为号令。听到号令可以令人气壮，气壮可以成就武事。国君听到钟声就会思念武臣。石磬的声音罄罄，可用它来分辨节义，能分辨节义就不会吝惜生命。国君听到磬声，就会怀念为保卫国土而牺牲的臣民。弦乐的声音哀婉，可以使人品性端方，品性端方，就可以确立志节。国君听到琴瑟的声音就会想念那些有志节的臣下。管乐的声音收敛，收敛可以使人想到会合，会合就可以聚合百姓。国君听到竽笙箫管的声音，就会想起能聚合民众的臣下。鼓鼙的声音喧嚣，可以使人激动，激动方可以促进民众。国君听到鼓鼙的声音就会怀念那些统率士卒的将帅。国君听音乐，不是只欣赏那铿锵的声音，而是因为那乐声与心中的想法相契合。

宾牟贾侍坐于孔子之侧，孔子和他谈到了乐的事，问："武舞开始时击鼓警戒众人，时间那么长，是为什么呢？"宾牟贾回答说："这是模仿武王担心得不到士众的支持。"孔子问："为什么歌声拉得那么长，乐声连绵不断？”回答说：“大概是模仿武王担心迟到的诸侯来不及参战。”孔子问：“很早就开始猛烈地手舞足蹈，这是为什么呢？”宾牟贾说：“那是模仿乘此时机进行征伐。”孔子问：“武舞右膝跪地，左膝抬起，是为什么呢？”宾牟贾说：“那不是武舞的跪。”孔子问：“歌乐中有过多的杀伐之声，是为什么呢？”宾牟贾说：“那不是武舞的歌乐。”孔子问：“如果不是武舞的歌乐，那是什么声音呢？”宾牟贾说：“是有司传授错误，失去了本来面目。这是有司传闻失实，才误认为武王之志迷乱，有嗜杀之心了。”孔子说：“是的，我从苌弘那里听到的也和您说的一样。很对。”

宾牟贾站起来，离开坐席向孔子请教说：“我说的武舞击鼓警众用了那么长时间的理由，已经闻教了。请问，需要那么长的时间，这是为什么呢？”孔子说：“请坐下，让我告诉你。所谓乐舞，是歌领象徵王业已经成功。持盾站立如山之不动摇，象征武王等待诸侯来到；激烈地手舞足蹈，象征姜太公威武鹰扬之志；武舞尾声时全体跪坐，象征武功告成，周、召二公文德之治。

武舞的队列变化：第一成，从原位向北行进，象征武王始出伐纣，到孟津会合诸侯；第二成，队列东进，象征消灭了商纣；第三成，队列向南，象征武王灭商南还；第四成，象征南方各诸侯国回归本国；第五成，队列一分为二，象征周公治理左边的国土，召公治理右边的国土；第六成，队列返回原位，象征天下诸侯尊奉天子。武王与大将摇铃以为武舞的节奏，象征士卒四次用戈矛出击，使其威德声振中国。有时候分成两列行进，象征武功告成，周、召二公分治。开始时长时间站立在舞位上不动，象征着武王代纣时等待着各国诸侯的来到。

再说，难道你没听说过牧野的传说吗？武王战胜了殷纣，就把政权交还给商的后人。他还没下战车就把黄帝的后人封在蓟，把帝尧的后人封于祝，把帝舜的后人封于陈。下了战车，又把夏后氏的后人封于杞，把殷的后人迁徙到宋。为王子比干的墓堆土筑坟，派华公释放被囚禁的箕子，让箕子去看望贤臣商容，并恢复了他的职位，免除了百姓的徭役，一般的士都增加一倍的俸禄。

武王战胜殷纣后，渡过黄河向西，将驾兵车的马放到华山的南坡，不再骑乘；将载重车的牛放到桃林的原野上，不再驱使；将兵器涂上牲血收藏到府库里，不再使用；把盾牌、戈矛倒装起来，用虎皮包裹；把将帅派到各国做诸侯，并把这叫做“键橐”。这样做之后，天下人都知道武王不再用兵了。解散了军队而举行郊射之礼，在东学射箭时，有《狸首》之诗作节限，在西学射箭时用《驺虞》之诗作节限，取消贯穿皮革的猛射。大家穿朝服、戴冠冕，腰间插着记事的笏板，勇猛的武士解下了刀剑。在明堂祭祀，以使百姓知道孝敬；朝拜觐见，以使诸侯知道如何做臣下；耕种籍田，以使诸侯懂得如何敬奉。这五种做法，是天下最重要的教化。在太学宴飨三老五更，天子袒开上衣亲自分割牲体，端着肉酱向他们献食，举起酒杯向他们劝酒。天子戴着冕冠，拿着盾牌歌舞，这是教给那些诸侯懂得孝悌。像这样，周代的教化通达四海，礼乐交互通行，那模仿武王成功的大武舞用那么长的时间，不是很合适的吗？”

君子说：“人不能片刻离开礼乐。穷究乐教之理来陶冶身心，于是和易、正直、慈爱、诚信的心理就自然而然地产生了。有了这种心理，就会感到愉快，愉快就会感到安乐，安乐就能持久，持久就能习惯成自然，能成自然就可以不见形迹。天不说话，但四时运行从不失去信用；神不发怒，但人们没有不敬畏的。这就是穷研乐教之理以陶冶身心。

详审礼教之理来调节自身的言行，就可以使举止言谈庄重恭敬，庄重恭敬就会使人感到严肃威重。内心稍有片刻不和不乐，那卑鄙诡诈的想法就会乘机而入。外貌稍有片刻不庄不敬，

那轻忽怠慢的念头也会乘机而入。所以，乐是调理内心的，礼是调节外貌的。乐最和畅，礼最恭顺，一个人内心和畅而外貌恭敬，那么人们看到他的脸色表情，就不敢和他抗争；看见他的仪容外表，就不敢有轻忽怠慢的念头。所以，德性的光辉发动于内心，百姓不敢不听从；理性表现于外表，百姓也不敢不顺从。所以说，穷究礼乐的道理，并将其加以实行，天下就没有难事了。

乐是调理内心的，礼是调节外貌的。所以，礼以减损为原则，以防倦怠；乐以充盈为原则，促使欢乐。礼主于减损，就要自我勉励，以自我勉励为美德；乐主于充盈，就要自我抑制，以自我抑制为美德。礼减而不能自我勉励，礼道就衰退了；乐盈而不能自我抑制，乐道就松弛了。所以，礼道有勉励而乐道有抑制。行礼得到了勉励，就会使人乐于从事；举乐得到了抑制，就使人心绪安宁。礼道有勉励，乐道有抑制，它们的意义是一致的。

乐就是欢乐，是人情不能抑制的。欢乐必然表现在声音和动作上，这是做人的自然道理。声音表现于一动一静之中，而人的性情变化，到这一境界已到尽头了。所以，人不能忍受没有欢乐，欢乐不能没有表达方式，如果表达方式不合道义，就会出现惑乱的事情。古代圣王以惑乱为耻辱，所以制作雅、颂的乐声来引导人们，使人们的歌声足以表达欢乐而不放浪，歌辞足以表达意义而不至胡思乱想，使乐声的宛曲直捷、繁促简洁、清脆圆润、节奏快慢足以感动人的善心就可以了。不能让放荡邪恶的心气流入人心，这就是古代圣王立乐的原则。

因此，乐在宗庙中演奏，君臣上下同时听到，而无不和谐恭敬；在宗族乡里中演奏，长幼同时听到，而无不和谐恭顺；在家中演奏，父子兄弟同时听到，而无不和谐亲密。所以，奏乐要审定一个基准来决定乐器的和声，配合乐器来文饰节奏，配合节奏再合成乐曲。父子君臣和睦，万民归附为一体，这就是古代圣王立乐的原则。

因此，听雅颂的乐声，可以使人志趣高远；拿着干戚——盾和斧，练习俯仰屈伸，会使人仪容庄重；舞者进退有据，合着节奏，能够使行列、动作整齐如一。所以，乐是天地的和同，中和的条理，是人情所不可或缺的。

乐是古代圣王借以表达喜悦的，军旅铁钺是借以表达愤怒的。所以，古代圣王的喜怒都能使天下齐一。圣王喜悦，天下就会附和响应；圣王愤怒，暴乱的人就会畏惧。古代圣王的治世措施中，礼乐可以说是最兴盛的。

子贡见到师乙时，向他请教说："我听说学习唱歌要每个人各自选择对于自己相适宜的，像我这样的人，适合唱什么歌呢?"师乙说："我师乙是个卑贱的乐工，怎么配得上您来问适合唱什么歌呢？请让我把听说过的说出来，您根据自己的性情选择吧。处于悲哀情绪的人适宜于歌唱《商》声。温良恭俭而有决断的人，适宜歌唱《齐》声。歌唱，在于直说自己的志向而陈述德行，动己之所行而与天地变化相适应，春、夏、秋、冬四时顺序和畅，天上的星辰顺其自然之理而运行，万物生长。所以，《商》是五帝时代的遗音，宽和而安静，柔顺而正直，适宜于歌《颂》。心怀广大而安静自如，旷达而自信，宜于歌唱《大雅》。恭俭而好礼的人，宜于歌唱《小雅》。直爽而安静，廉洁而谦逊，宜于歌《风》，能使人正直而慈爱。

所以，《商》是五帝时代的遗声，商代人懂得它，所以叫做《商》。《齐》是三代的遗声，齐国人懂得它，所以叫做《齐》。通晓商音的人，遇事常常能果断处理；明了齐音的人，遇到好处能推让。遇事能果断，这是勇；见利能推让，这是义。有勇有义，没有歌谁能保持这些美德？所以，唱歌的人，唱高音如上举，唱低音如下坠，婉曲处如折断，终止时如槁木，小的回旋合乎矩尺，大的回旋合乎环钩，歌声连绵不绝如同贯穿的珠子。所以，歌唱就是说话，是拉长声音说话。心里高兴，就要说；说还不尽兴，就拉长声音说；拉长声音说仍不尽兴，就慨叹和流连地唱；到唱也不尽兴时，就不知不觉手舞足蹈起来了。

杂记上[①]

诸侯行而死于馆[②]，则其复，如于其国。如于道，则升其乘车之左毂，以其绥复。其輤有裧[③]，缁布裳帷素锦以为屋而行[④]。至于庙门，不毁墙[⑤]，遂入，适所殡[⑥]，唯輤为说于庙门外。

大夫士死于道，则升其乘车之左毂，以其绥复，如于馆死，则其复，如于家。大夫以布为輤而行[⑦]，至于家而说輤，载以輲车[⑧]，入自门至于阼阶下而说车，举自阼阶，升适所殡。士輤，苇席以为屋，蒲席以为裳帷。

凡讣于其君，曰：君之臣某死。父母，妻，长子，曰：君之臣某之某死。君讣于他国之君，曰：寡君不禄，敢告于执事。夫人曰，寡小君不禄，大子之丧，曰：寡君之适子某死，大夫讣于同国，适者曰[⑨]，某不禄；讣于士，亦曰：某不禄。讣于他国之君。曰：君之外臣寡大夫某死。讣于适者，曰：吾子之外私寡大夫某不禄，使某实[⑩]。讣于士，亦曰：吾子之外私寡大夫某不禄，使某实。士讣于同国，大夫，曰：某死。讣于士，亦曰：某死，讣于他国之君，曰：君之外臣某死。讣于大夫，曰：吾子之外私某死。讣于士，亦曰：吾子之外私某死。

大夫次于公馆以终丧[⑪]，士练而归，士次于公馆。大夫居庐，士居垩室。

大夫为其父母兄弟之未为大夫者之丧，服如土服。士为其父母兄弟之为大夫者之丧，服如土服。大夫之适子，服大夫之服。大夫之庶子为大夫，则为其父母服大夫服；其位，与未为大夫者齿[⑫]。士之子为大夫，则其父母弗能主也，使其子主之。无子，则为之置后。

大夫卜宅与葬日[⑬]，有司麻衣布衰布带[⑭]，因丧屦，缁布冠不蕤。占者皮弁[⑮]。如筮，则史练冠长衣以筮[⑯]。占者朝服。

大夫之丧，既荐马[⑰]。荐马者，哭踊，出乃包奠而读书[⑱]。大夫之丧，大宗人相，小宗人命龟[⑲]，卜人作龟。

内子以鞠衣褒衣。素沙、下大夫以襢衣，其余如士。

【注释】

①郑玄说：名曰“杂记”者，以其杂记诸侯以下于士之丧事。②馆：主国安排的馆舍。③裧：载柩车。古时装饰柩车的裙缘，像鳖甲形状。④裳帷：围绕载柩车四面的布。⑤墙：孔颖达说是裳帷。⑥所殡：指堂上。⑦布：未染的白布。⑧郑玄说。⑨适：郑玄说，读为“匹敌”之敌，谓爵同者。⑩实：郑玄释作“至”，孙希旦释作“告”。依孙说。⑪指丧次在公馆的大夫、士。⑫齿：同列，相同。⑬宅：葬地。⑭有司：大夫家臣。麻衣：大祥穿的丧服，用十五升的白布做的。⑮皮弁；吉服。⑯史：家臣中主持筮事的人。练冠；小祥冠。长衣：素色深衣。⑰荐马：牵马人庙门，运送灵柩。⑱包奠：包裹遣奠用的物品。读书：读。⑲大宗人、小宗人：其说不一。王梦鸥释作“大夫家之族长及宗人。”此处依王说。命龟：转述命令告知卜人。

复，诸侯以褒衣①，冕服，爵弁服。夫人税衣。揄狄，狄税素沙②。内子以鞠衣，褒衣，素沙。下大夫以衣③，其余如士。

复西上。大夫不揄绞④，属于池下。

大夫附于士，士不附不于大夫，附于大夫之昆弟。无昆弟，则从其昭穆⑤。虽王父母在，亦然。妇附于其夫之所附之妃⑥，无妃⑦，则亦从其昭穆之妃。妾附于妾祖姑，无妾祖姑，则亦从其昭穆之妾。男子附于王父则配⑧；女子附于王母⑨，则不配。公子附于公子。君薨，大子号称子，待犹君也。

有三年之练冠，则以大功之麻易之⑩；唯杖屦不易。有父母之丧，尚功衰⑪，而附兄弟之殇则练冠⑫。附于殇，称阳童某甫⑬，不名，神也。

凡异居，始闻兄弟之丧⑭，唯以哭对，可也。其始麻，散带绖。未服麻而奔丧，及主人之未成绖也；疏者⑮，与主人皆成之；亲者⑯，终其麻带绖之日数⑰。

主妾之丧⑱，则自祔至于练祥，皆使其子主之。其殡祭，不于正室。君不抚仆妾⑲。女君死，则妾为女君之党服，摄女君，则不为先女君之党服。

闻兄弟之丧，大功以上，见丧者之乡而哭。适兄弟之送葬者弗及⑳，遇主人于道，则遂之于墓㉑。凡主兄弟之丧，虽疏亦虞之。凡丧服未毕，有吊者，则为位而哭拜踊。大夫之哭大夫，弁绖；大夫与殡㉒，亦弁绖。大夫有私丧之葛㉓，则于其兄弟之轻丧，则弁绖。

为长子杖，则其子不以杖即位。为妻，父母在，不杖，不稽颡㉔。母在，不稽颡。稽颡者，其赠也拜㉕。违诸侯之大夫㉖，不反服。违大夫之诸侯，不反服。

丧冠条属㉗，以别吉凶。三年之练冠，亦条属，右缝，小功以下左。缌冠缲缨㉘。大功以上散带。朝服十五升，去其半而缌；加灰，锡也。

【注释】

①褒衣：始命为诸侯及朝觐时天子赏赐的品服。②狄税：即揄狄。绘有雉的图案的衣。③衣：下大夫妻的白色命服。④见《丧大记》注。⑤昭穆：指和所的人同辈的祖先。⑥妃：配，配偶。指祖姑。⑦无妃：指祖姑尚在。⑧配：配享。⑨女子：指未嫁女子。⑩指三年丧期满一年时，又遇上大功的丧事，再加大功的麻。⑪尚：还。⑫兄弟之殇：指大功亲属以下未成年而死的人。⑬阳童：郑玄说是庶殇，孙希旦说男子为殇。⑭孔颖达说是大功以上兄弟。⑮疏者：小功以下。⑯亲者：大功以上。⑰日数：指大功的丧期。⑱主妾：主妇死，取代主妇地位的妾。⑲抚：抚尸。仆妾：孙希旦说是宫中臣仆内小臣、阍、寺等人和贱妾。⑳适：往，去。㉑之：到。㉒与殡：参与移殡。㉓私丧：郑玄说是妻子之丧。葛：已葬以葛代麻。㉔稽颡：居父母之丧时跪拜宾客之礼，以额触地，表示极大悲痛。㉕拜：古代表示敬意的一种礼节。行礼时，跪在地上，双手至地，低头与腰平齐。㉖违：离开。㉗条属：孙希旦说，在大祥以前丧冠是用一条布捆缚而固定在头上的，再把一条缨缝缀在右边，左边用来打结。这就是条属。条，指布条。属，连缀。㉘缲：澡，指漂洗，经过漂白。

诸侯相襚，以后路与冕服①。先路与褒衣②，不以襚。遣车视牢具③，疏布，四面有章④，置于四隅。载粻⑤，有子曰⑥："非礼也。丧奠，脯醢而已。"祭称孝子孝孙。

丧称哀子哀孙。端衰[⑦]，丧车，皆无等。

大白冠，缁布之冠，皆不蕤[⑧]。委武玄缟而后蕤。大夫冕而祭于公[⑨]，弁而祭于己[⑩]。士弁而祭于公，冠而祭于己[⑪]。士弁而亲迎，然则，士弁而祭于己可也。

畅臼以掬[⑫]，杵以梧[⑬]。枇以桑[⑭]，长三尺；或曰五尺。毕用桑[⑮]，长三尺，刊其柄与末[⑯]。率带[⑰]，诸侯大夫皆五采；士二采。醴者，稻醴也。瓮甒筲衡[⑱]，实见间而后折入[⑲]。重[⑳]，既虞而埋之。

凡妇人，从其夫之爵位。小敛，大敛，启，皆辩拜[㉑]。朝夕哭，不帷。无柩者不帷。君若载而后吊之[㉒]，则主人东面而拜，门右北面而踊。出待，反而后奠[㉓]。

子羔之袭也[㉔]，茧衣裳与税衣纁袡为一[㉕]，素端一，皮弁一，爵弁一，玄冕一[㉖]。曾子曰：不袭妇服[㉗]。

为君使而死于公馆，复；私馆不复。公馆者，公宫与公所为也。私馆者，自卿大夫以下之家也。公七踊[㉘]，大夫五踊，妇人居间[㉙]，士三踊，妇人皆居间。公袭：卷衣一，玄端一，朝服一，素积一，纁裳一，爵弁二，玄冕一，褒衣一。朱绿带，申加大带于上[㉚]。

小敛环绖，公、大夫士一也。公视大敛，公升，商祝铺席，乃敛。鲁人之赠也；三玄二纁，广尺，长终幅。

吊者即位于门西[㉛]，东面；其介在其东南，北面西上，西于门。主孤西面[㉜]。相者受命曰[㉝]："孤某使某请事。"客曰："寡君使某如何不淑。"相者入告，出曰："孤某须矣。"吊者入，主人升堂，西面。吊者升自西阶，东面，致命曰："寡君闻君之丧，寡君使某如何不淑！"子拜稽颡，吊者降，反位。

【注释】

①后路：随从的车。②先路：卿大夫的座车。③遣车：送葬时载牲体的车。牢具：即包奠。④章：障蔽。⑤粻：粮食。指黍稷。⑥有子：孔子弟子有若。⑦祭：指吉祭。丧：凶祭。端衰：孔颖达说是丧服上衣缀六寸之衰于心前，故称。⑧蕤；结在颔下的帽带的穗子。⑨冕：礼帽。⑩弁：文官的制帽。⑪冠：一般的帽子。⑫畅：陆德明说是"鬯"，郁鬯。掬：柏木。⑬梧：桐木。⑭枇：从锅中挑起牲体用的工具。⑮毕：木叉。⑯刊：削。⑰率带：不加缝边的帛带。⑱孔颖达说：瓮盛醋酱，盛醴酒，筲盛黍稷。衡，木制的桁，放瓮之类的器物。⑲实：填充。见：孔颖达说是棺外的饰物，孙希旦说是棺饰帷荒一类的东西。折：上面放置席子用的木架。⑳重：见《檀弓》注。㉑辩：遍。㉒孔颖达说：这是君来吊臣之葬。柩已下堂，载在柩车，而君吊之。㉓指主人出去等待。㉔子羔：孔子弟子高柴。㉕茧衣裳：填入丝绵的上衣下裳。㉖玄冕：郑玄说或为玄冠，或为玄端。㉗浅红色滚边的黑衣是妇人服。㉘公：国君。踊：始死至大殓的哭踊。㉙居间：孔颖达说是，妇人与丈夫更替哭踊，居宾主之间。㉚申加：添加。申：重复。㉛吊者：诸侯派来作吊的使者。㉜孤：嗣子。㉝相者：帮助料理丧事并传达话语的人。

含者执璧将命曰[①]："寡君使某含。"相者入告，出曰："孤某须矣"含者入，升堂，致命。再拜稽颡。含者坐委于殡东南[②]，有苇席；既葬，蒲席。降，出，反位。宰夫朝服[③]，即丧屦[④]，升自西阶，西面，坐取璧，降自西阶以东。

襚者曰："寡君使某。"襚相者入告，出曰："孤某须矣。"襚者执冕服；左执领，

右执要人，升堂致命曰："寡君使某襚"。子拜稽颡。委衣于殡东。襚者降，受爵弁服而门内溜[5]，将命，子拜稽颡，如初。受皮弁服于中庭，自西阶受朝服，自堂受玄端，将命，子拜稽颡，皆如初。襚者降，出，后位。宰夫五人[6]，举以东。降自西阶。其举亦西面。

上介赗[7]，执圭将命，曰："寡君使某赗。"相者入告，反命曰："孤某须矣。"陈乘黄大路于中庭[8]，北辀[9]。执圭将命，客使自下，由路西。子拜稽颡，坐委于殡东南隅。宰举以东。凡将命，向殡将命，子拜稽颡。西面而坐，委之。宰举璧与圭，宰夫举襚，升自阶，西面坐取之，降自西阶。赗者出，反位于门外。

上客临[10]，曰："寡君有宗庙之事，不得承事，使一介老某相执绋。"相者反命，曰："孤某须矣。"临者入门右，介者皆从之，立于其左东上。宗人纳宾，升，受命于君，降曰："孤敢辞吾子之辱，请吾子之复位。"客对曰："寡君命某，毋敢视宾客，敢辞，宗人反命曰："孤敢固辞，吾子之辱，请吾子之复位。"客对曰："寡君命，某毋敢视宾客，敢固辞，宗人。"反命曰："孤敢固辞，吾子之辱，请吾子之复位。"客对曰："寡君命，使臣某毋敢视宾客。是以敢固辞。固辞不获命，敢不敬从。"客立于门西，介立于其左，东上。孤降自阼阶，拜之，升哭，与客拾踊三。客出，送于门外，拜稽颡。其国有君丧，不敢受吊。

外宗房中南面，小臣铺席，商祝铺绞紟衾。士盥于盘北，举迁干敛上，卒敛宰告。于冯之踊夫人东面坐冯之兴踊。

士丧有与天子同者三：其终夜燎，及乘人[11]，专道而行。

【注释】

①含者：奉命来赠含的人。将命：奉命。②坐：跪。委：放、置。③宰夫：孔颖达说：宰是上卿，"夫"是衍字。④即：就。⑤郑玄说：把衣服交给吊者的是贾人。者一人捧送五次衣服。⑥宰夫五人分别捧着冕服、爵弁服、皮弁服、朝服、玄端。⑦赗：送给丧家助葬的车马等物。⑧乘黄：四匹黄马。大路：车。⑨北辀：车辕朝北。⑩上容：指使者。临：视。指使者想进去看看丧事料理如何，给以帮助，实际是为进去哭泣。⑪乘人：指人牵引柩车。

【译文】

诸侯出行，死在别国的馆舍里，他的招魂仪礼和在本国一样。如果死在路上，就登上他所乘车的左毂，用升车的绥来招魂。载柩车上有顶盖，顶盖周围有垂边，用缁色的布作裳帷围绕柩车，用白锦作宫室一样的屋，这样送他回国。到达殡宫门外，不拆除裳帷就进入殡宫，到了堂上，只把车上的顶拆下来放在殡宫门外。

大夫和士死在路上，就登上他所乘车的左毂，用升车绥招魂。如果死在馆舍，招魂的仪式和在家里一样。大夫用未染的白布作为柩车的装饰，到家门外去掉饰物，用辁车来装载灵柩，进家门到阼阶下，将尸体抬下，然后抬着尸体沿阼阶登堂，放到停尸的地方。士的柩车用苇席作屋，蒲席作裳帷。

凡是臣下死了，向国君去报丧，说："君之臣某死了。"父、母、妻、长子死了，报丧时说："君之臣某的某亲属死了。"国君死了，向他国的国君报丧，说："寡君不禄，敢告于执

事。”如果夫人死了，报丧说：“寡小君不禄。”如果太子死了，报丧说：“寡君之嫡子某死了。”大夫死了，向本国地位相当的大夫报丧，说：“某人不禄。”士死了，报丧也说：“某人不禄。”向他国的国君报丧，说：“君之外臣寡大夫某死了。”向他国地位相当的大夫报丧，说：“先生在国外的好友寡大夫某不禄，派我来报丧。”向士报丧，也说：“先生在国外的好友寡大夫某不禄，派我来报丧。”士死了，向本国的大夫报丧，说：“某人死了。”向士报丧，也说：“某人死了。”向他国的国君报丧，说：“君之外臣某死了”。向大夫报丧，说：“先生在国外的好友某死了。”向士报丧，也要说：“先生在国外的好友某死了。”

遇到国君的丧事，大夫要在国君馆舍的丧次守丧三年。士守丧一年到小祥，就可以回家。士也住在馆舍内的丧次里，但和大夫不一样，大夫住在倚庐，士住在垩室。

大夫为他的父母兄弟而不是大夫的人服丧，只按照士礼穿丧服。士为他的父母兄弟是大夫的人服丧，也依士礼穿丧服。大夫的嫡子可依大夫的礼穿丧服。大夫的庶子如果是大夫，那就为他的父母服大夫的丧服，但他的位置要排在不是大夫的嫡子之下。士的儿子做了大夫，如果死了，他的父母不能为他主丧，要让他的儿子主丧。如果没有儿子，就要为他立一个后嗣。

为大夫卜择葬地和葬期时，主管卜事的家臣穿白布深衣，吉布的衰和带，穿丧鞋，戴没有蕤的缁布冠。卜人则戴皮弁。如果用筮，筮人戴白练冠，穿素色深衣而筮。卜人穿朝服。

大夫的丧事，在灵柩迁出庙时，先牵马入门。孝子们见到牵马的人，就号哭顿脚。已经迁出庙，包裹遣奠的物品一同去埋葬，宣读方版。大夫的丧事，大宗伯辅助主人卜葬地、葬期，小宗伯将主人之命转告卜人，卜人钻灼龟甲以卜。

招魂时，卿的嫡妻服鞠衣、襄衣、素沙。下大夫之妻服禮衣，其他则与士之妻服相同。

招魂时，诸侯用赐衣、冕服、爵服；诸侯夫人用有雉鸡图案的黑衣，与刻有雉形的揄狄、狄税、素纱。

招魂的时候，位置以西为上位。

大夫的灵车不得用揄绞系在池下。

大夫死后可祔祭于做士的祖父，士死后不能祔祭于做大夫的祖父，而祔祭于祖父兄弟中做士的人。如果没有，就祔祭于与祖父同昭穆的士。即使祖父母在世，也是这样。妇人要祔祭于丈夫所祔祭的祖父的配偶。如果祖母尚在，也祔祭于与祖父同昭穆的高祖的配偶。妾祔祭于祖父的妾。如果祖父无妾，就祔祭于与祖父同昭穆的高祖的妾。男子祔祭于祖父，要同时祭祖母。尚未出嫁的女子祔祭于祖母时，不并祭祖父。国君的别子如果祖父是国君，则别子只能祔祭于祖父兄弟中也是别子的人。国君刚死，太子改称“子”，但身份和待遇与国君相同。

为父母守丧，到练祭时如果又遇到大功之丧，就改戴大功的麻绖，只有丧杖和绳屦不改换。为父母守丧，又在大功丧服期间，如果遇到未成年兄弟的厌祭时，只戴练冠，不加麻绖。殇者的厌祭，称“阳童字某”，不称名，是因为以鬼神之道待他。

凡是与兄弟异地而居的，听到兄弟的死讯，可以只用痛哭来回答报丧的人。刚开始戴孝时，散垂着腰间的麻带。没有穿丧服就赶去奔丧的，和主人一起成服。如果是堂兄弟，就和主人一起成服；如果是亲兄弟，就要披麻戴孝到丧期结束。

妾代为主妇，她的丧事从卒哭次日祔祭起直到小祥、大祥的祭祀，都由她的儿子主持。殡祭不设在正室，只在侧室。主人不抚仆、妾的尸体。主妇死后，众妾仍要为主妇的家族服丧。代为主妇的妾不为先主妇的家族服丧。

听到兄弟的死讯，凡是大功以上的亲属奔丧，见到兄弟所在的乡就开始哭泣。死者兄弟的

朋友参加送葬没有赶上，在路上遇到主人已经从墓地返回，不可随主人而返，仍然要走到墓地。凡为只有小功、缌麻的远房兄弟主丧，尽管关系较为疏远，也要为他主持虞、祔之祭。凡是服丧没有结束，有人来吊问，就要设立祭位而哭，拜而且踊。大夫哭吊大夫，在皮弁上加环绖。参与移殡，也是这样。大夫的妻子死了，卒哭之时，已换上葛衣，又遇到远房兄弟的丧事，就在皮弁上加环绖。

长子死了，父亲为他持丧杖，长子的儿子就不再持丧杖就孝子的位置。父母在世，不为妻子持丧杖；有人来吊丧，也不叩首回礼。即使只有母亲在世，也不叩首。需要叩首的，如对赠物助丧的才叩首。

离开诸侯投奔大夫的，不必再为诸侯服丧；离开大夫投奔诸侯的，也不再为大夫服丧。

丧冠有条属用来分别吉凶。服丧三年的，一年后改戴练冠，也有条属，缝在右边上结于左。小功以下则缝在左边。缌麻亲属的丧冠用经过漂白的麻布条作缨。大功以上的亲属，小殓以后散垂麻带不系。朝服用十五升，即一千二百缕的细布，减去一半就是缌麻。用石灰煮沤成的缌麻就是锡衰。

诸侯互相赠送死人殓葬用的衣物，可用随从的车和冕服，但不用座车和天子赏赐的品服。送葬的遣车要视包奠的多少而确定。包奠上面有粗布顶盖，四面都有障蔽。包奠放在墓圹的四角。遣车上载有黍稷等粮食，有子说："这不合礼制。丧事的奠祭只用肉干肉酱。"吉祭时称"孝子"，"孝孙"，凶祭时称"哀子"、"哀孙"。丧服、丧车没有等差。

白布冠、黑布冠，都没有结在颔下的帽带穗子。有冠卷的玄色帽子和白色帽子才有帽带穗子。大夫戴冕参加国君的祭祀，戴弁去参加家祭。士戴弁参加国君的祭祀，戴冠参加家祭。士戴弁迎亲，那么士戴弁参加家祭也可以。

捣鬯的臼用柏木的，杵用桐木的。捞牲体用的大枇用桑木的，长三尺，也有说五尺的。叉肉的木叉也用桑木，长三尺，削去柄和叉尖。率带，诸侯大夫都用五色的，士用两色的。殉葬所使用的醴酒，用稻米酿成，成瓮的醋、酱，成缸的醴酒，成筲的黍稷放在桁上，填在圹壁和棺衣之间，然后把支架放在椁上，盖上席子，最后封墓。暂代神主的"重"，在虞祭举行之后，埋在祖庙门外之东。

凡是妇人的丧礼，都与丈夫的爵位高低相应。小殓裹尸，大殓入棺，启殡移棺，要遍拜来吊的宾客。早晚哭泣时，堂上要撩起帷幕，移棺下葬后，堂上撤下帷幕。

国君如果在灵柩已载到车上之后才来吊问，那么主人就要退回宾位朝东拜谢，再在门右朝北哭踊，然后出门等候。国君离去后，再回来祭奠。

孔门弟子子羔小殓时穿戴的是：丝棉的衣、裳和浅红色镶边的黑衣；外面是素色的衣和裳；皮帽，制帽，黑冠。曾子说："不应该穿妇人的衣服。"

为国君出使而死在公家的馆舍，要招魂；死在私家的馆舍，不必招魂。公馆，是公宫和国君指定的馆舍；私馆，是卿大夫以下的私人的住宅。

国君的丧事，从死到大殓，哭踊七次；大夫五次；士三次；妇人与男子更替哭踊。

国君小殓时用衮衣一套，玄色衣、玄色裳一套，朝服一套，细褶白布衫一套，浅红色衣裳一套，爵弁两通，玄冕一套，褒衣一套，朱绿色杂带之上再加大带。

小殓时，头上加环绖，国君、大夫、士是相同的。国君来参加大殓，登堂时，丧祝要更换铺席，然后才移尸入殓。鲁人赠送死者殉葬的礼物是三束黑色、两束浅红色的帛，宽度只有一尺，长只有一幅。

诸侯派来吊丧的使者，在大门的西边就位，面朝向东。他的介站在他的东南方，面向北，以西边为上。所有的人都站在门的西边，辅助料理丧事的相传达丧主之命，说："孤某（嗣子）派我出来接待。"使者说："寡君派我来吊问不幸。"相入内报告，出来说："孤某在内恭候。"吊问的人进入大门，丧主由祚阶升堂，面向西站立。吊问的人由西阶位升堂，面向东站立，致辞说："寡君听到了贵国国君之丧，寡君派我来吊问不幸。"丧主拜谢叩首。吊问的人下堂，出门返回原位。

奉命致"含"的人端看玉璧上前致辞说："寡君派我来致含礼。"相入内报告，出来说："孤某在内恭候。"致含的人进入大门，登堂致辞。丧主拜谢叩首。致含的人跪坐下来，把玉璧放在殡宫东南的苇席上。如果已经埋葬，则设蒲席，放在蒲席上。致含的人下堂，出门，返回原位。宰夫穿朝服，换上绳屦，从西阶登堂，面向西，跪下取璧，然后再从西阶下堂向东走以藏璧。

奉命来赠禭的人上前致辞说："寡君派我来赠禭"。相入内报告，出来说："孤某在内恭候。"赠禭的人捧着冕服，左手提着衣领，右手托腰，进入大门，登堂，致辞说："寡君派我来赠禭"。孝子拜谢叩首。赠禭的人把冕服放在殡宫东边的席上。送禭的人下堂，到门外从贾人手中接过爵弁服，回到门内雷致辞，孝子拜谢，如刚开始时一样，如受冕服之礼仪。在中庭受皮弁服，在西阶受朝服，在堂上受玄端。双方致辞、拜谢的礼仪如初时一样。然后赠禭的人下堂，出门，返回原位。宰夫五人各捧一服从西阶下堂向东，捧起禭服时跪在殡东，面朝向西。

上介进赗，捧着圭致辞说："寡君派我来送帽礼。"相入内报告，返回传达主命说："孤某已在恭候。"来人将四匹黄马拉的大车陈列在中庭，车辕向北。上介捧圭升堂致辞，从者将马拴在车子西边。孝子拜谢叩首。上介跪坐，把圭放在殡东南的席上。上卿捧起圭下堂向东。凡转达辞命，都是向死者转达，孝子跪拜叩首。凡是放下礼物的，都是面向西边的殡跪下安放。上卿捧璧和圭，宰夫捧禭服，都从西阶登堂，面向西，跪下取物，再从西阶下堂。进赗的人出去，返回门外的原位。

吊丧的使者来到，告诉相："寡君有宗庙大事，不能亲自前来参与丧事，派老臣某来帮忙牵引丧车。"相入内禀告，返回来答道："孤某已在恭候。"使者从大门右边进来，介都随在后面，站立在他的左边，以东为上位。宗人负责接待这些宾客，要先登堂，从主人处受命，然后下堂，说："孤某不敢承当你们的厚意，请你们回到原位。"使者答："寡君派我们来当差，我们不敢把自己看作宾客，请你一定不要客气。"宗人进内又返回，仍说："孤某不敢接受你们之所赐，还请回复客位。"客仍回答："寡君派我们来，我们不敢把自己当成宾客，请一定不要客气，敬敢辞谢。"宗人进内又返回，仍说："孤某不敢接受你们之所赐，还请回复客位。"客仍回答："寡君派我们来当差，不敢把自己看作宾客，请一定不要客气。既然不能同意，只好从命了。"于是，以宾客的礼仪相见。使者站在门西边，介站在使者左边，以东为上位。孤从阼阶下堂，向使者拜谢，然后与客登堂，哭泣，和使者轮流哭踊三次。使者出门，孝子送出大门外，拜谢叩首。

如果国君去世，卿大夫即使家有丧事也不得接受他国宾客的吊祭。

士的丧礼和天子相同的地方有三处：出殡之夜，整夜要有灯火；用人牵引柩车；由于路上行人避让柩车，柩车等于在专道上行进。

杂记下

有父之丧，如未没丧而母死[①]，其除父之丧也，服其除服[②]。卒事，反丧服。虽诸

父昆弟之丧，如当父母之丧，其除诸父昆弟之丧也，皆服其除丧之服。卒事，反丧服。如三年之丧，则既颍[③]，其练祥皆行。王父死，未练祥而孙又死，犹是附于王父也。

有殡[④]，闻外丧[⑤]，哭之他室。入奠，卒奠，出，改服即位，如始即位之礼。

大夫士将与祭于公，既视濯[⑥]，而父母死，则犹是与祭也，次于异宫。既祭，释服出公门外，哭而归。其他，如奔丧之礼。如未视濯，则使人告。告者反，而后哭。如诸父昆弟姑姊妹之丧，则既宿[⑦]，则与祭。卒事，出公门，释服而后归。其他如奔丧之礼。如同宫，则次于异宫[⑧]。

曾子问曰："卿大夫将为尸于公，受宿矣，而有齐衰内丧，则如之何?"孔子曰："出舍乎公宫以待事[⑨]，礼也。"孔子曰："尸弁冕而出[⑩]，卿大夫士皆下之。尸必式，必有前驱。"父母之丧，将祭[⑪]，而昆弟死；既殡而祭。如同宫，则虽臣妾，葬而后祭。祭，主人之升降散等[⑫]，执事者亦散等。虽虞附亦然。"

自诸侯达诸士，小祥之祭，主人之酢也哜之；众宾兄弟，则皆啐之[⑬]。大祥，主人啐之，众宾兄弟皆饮之，可也。凡侍祭丧者[⑭]，告宾祭荐而不食[⑮]。

子贡问丧[⑯]，子曰："敬为上，哀次之，瘠为下[⑰]。颜色称其情；戚容称其服。"请问兄弟之丧。子曰："兄弟之丧，则存乎书策矣[⑱]。君子不夺人之丧，亦不可夺丧也[⑲]。"孔子曰："少连大连善居丧，三日不怠，三月不解，期悲哀，三年忧。东夷之子也。"三年之丧，言而不语[⑳]，对而不问；庐、垩室之中，不与人坐焉；在垩室之中，非时见乎母也，不入门。疏衰皆居垩室[㉑]，不庐。庐，严者也。

【注释】

①没丧：丧期结束。没，竟。②除服：祥祭之服。③颍：草名，似，可以缉麻为布。郑玄说：无葛之乡，去麻则服。④有殡：指父或母的灵柩尚在殡宫。⑤外丧：指远方兄弟的丧事。⑥视濯：祭祀前日检视器、祭品等是否新鲜干净。⑦宿：祭前三日留宿宾客举行斋戒，然后参与祭祀。⑧异害：另外的宫室。⑨待事：等候公祭。⑩弁冕：指士大夫的服饰。⑪祭：指练、祥之祭。⑫散等：历阶，一脚踩一层台阶而上，散：栗，即历。等：阶。⑬哜、啐：郑玄说"皆尝也，哜至齿，啐至口。⑭侍：孔颖达说"相与丧祭礼者"。祭丧：依郑注当为"丧祭"。⑮荐：肉干、肉酱。⑯问丧：问居父母之丧。⑰瘠：面容憔悴。⑱书策：书籍简策。⑲指自己居丧行礼也要按照礼法，不可取消。⑳语：告诉别人。㉑疏衰：齐衰，期丧之服。

妻视叔父母[①]，姑姊妹视兄弟，长中下殇视成人。亲丧外除[②]，兄弟之丧内除[③]。视君之母与妻，比之兄弟。发诸颜色者[④]，亦不饮食也。免丧之外，行于道路，见似目瞿[⑤]，闻名心瞿[⑥]。吊死而问疾，颜色戚容必有以异于人也。如此，而后可以服三年之丧。其余[⑦]，则直道而行之[⑧]，是也。

祥，主人之除也，于夕为期，朝服。祥因其故服[⑨]。子游曰："既祥，虽不当缟者必缟，然后反服。"

当袒[⑩]，大夫至，虽当踊，绝踊而拜之[⑪]，反改成踊，乃袭。于士，既事成踊[⑫]，袭而后拜之，不改成踊。

上大夫之虞也，少牢。卒哭成事[⑬]，附，皆大牢。下大夫之虞也，犆牲。卒哭成事，附，皆少牢。祝称卜葬虞[14]，子孙曰哀，夫曰乃，兄弟曰某，卜葬其兄弟曰伯子某。古者，贵贱皆杖。叔孙武叔朝[15]，见轮人[16]以其杖关毂而𫐐轮者[17]，于是，有爵而后杖也。凿巾以饭[18]，公羊贾为之也[19]。冒者何也[20]？所以掩形也。自袭以至小敛，不设冒则形，是以袭而后设冒也。

或问于曾子曰："夫既遣而包其余，犹既食而裹其余与？君子既食，则裹其余乎？"曾子曰："吾子不见大飨乎？夫大飨，既飨，卷三牲之俎归于宾馆[21]。父母而宾客之，所以为哀也！子不见大飨乎？"

非为人丧，问与赐与？三年之丧，以其丧拜；非三年之丧，以吉拜[22]。三年之丧，如或遗之酒肉，则受之必三辞。主人衰绖而受之。如君命，则不敢辞，受而荐之。丧者不遗人[23]，人遗之，虽酒肉，受也。从父昆弟以下[24]，既卒哭，遗人可也。

县子曰："三年之丧，如斩。期之丧，如剡[25]。"期之丧，十一月而练，十三月而祥，十五月而禫。三年之丧，虽功衰不吊[26]，自诸侯达诸士。如有服而将往哭之，则服其服而往。练则吊。既葬，大功吊，哭而退，不听事焉[27]。期之丧，未葬，吊于乡人，哭而退，不听事焉。功衰吊，待事不执事。小功缌，执事不与于礼。相趋也[28]，出宫而退。相揖也[29]，哀次而退。相问也[30]，既封而退。相见也[31]，反哭而退。朋友，虞附而退[32]。吊，非从主人也。四十者执绋；乡人五十者从反哭，四十者待盈坎[33]。

【注释】

①视：比照。②外除：指外表丧服去掉而悲哀仍存心中。③内除：指内心的悲哀和外表的丧服一起去掉。④指酒食之类。⑤似：容貌和父母相似。瞿：吃惊的样子。⑥名：和父母的名字相同。⑦指期亲以下的。⑧孔颖达说：直依丧之道理而行之于义。⑨故服：指前一天晚上穿的朝服。⑩当袒：指小殓、大殓时。⑪绝踊：中止跳踊。⑫既事：小殓、大殓之事结束。⑬指卒哭之祭成为吉事。⑭祝：称谓。⑮叔孙武叔：鲁大夫叔孙州仇。⑯轮人：制作车轮的匠人。⑰关：穿。𫐐：旋转。⑱凿：穿孔。巾：覆盖死者面部的巾。⑲公羊贾是士，凿巾饭含是失礼。⑳冒：古时装殓死尸的套子。㉑卷：卷包。㉒丧拜、吉拜：郑玄说。稽颡而后拜叫丧拜，拜而后稽颡叫吉拜。㉓遗：馈赠。㉔从父昆弟大功丧服。㉕剡：削。㉖功衰：已练祭之服。孔颖达说：小祥后衰，与大功同，故曰"功衰"。㉗不听事：不等候主人进行袭殓等事。㉘相趋：慕名而去吊丧。㉙相揖；作揖之交。㉚相问：有赠物往来。㉛相见：交往较深。㉜附：王引之认为虞附不在同天举行。"附"为衍字。㉝盈：填满。

丧食虽恶必充饥，饥而废事[①]，非礼也；饱而忘哀，亦非礼也。视不明，听不聪，行不正，不知哀，君子病之[②]。故有疾饮酒食肉，五十不致毁，六十不毁，七十饮酒食肉皆为疑死[③]。有服，人召之食，不往。大功以下，既葬，适人，人食之，其党也食之，非其党弗食也。功衰食菜果，饮水浆，无盐酪[④]。不能食食，盐酪可也。孔子曰："身有疡则浴，首有创则沐[⑤]，病则饮酒食肉。毁瘠为病。君子弗为也。毁而死，君子谓之无子"。

非从柩与反哭[⑥]，无免于堩[⑦]。凡丧，小功以上，非虞附练祥，无沐浴。疏衰之丧，既葬，人请见之，则见；不请见人。小功，请见人可也。大功不以执挚[⑧]。唯父母之丧，不辟涕泣而见人。三年之丧，祥而从政[⑨]；期之丧，卒哭而从政；九月之丧，

既葬而从政；小功缌之丧，既殡而从政。

曾申问于曾子曰："哭父母有常声乎[⑩]？曰："中路婴儿失其母焉，何常声之有？"

卒哭而讳。王父母兄弟，世父叔父，姑姊妹。子与父同讳[⑪]。母之讳，宫中讳。妻之讳，不举诸其侧；与从祖昆弟同名则讳。

以丧冠者，虽三年之丧，可也。既冠于次[⑫]，人哭踊，三者三[⑬]，乃出。大功之末，可心冠子，可以嫁子。父小功之末，可以冠子，可以嫁子，可以取妇。已，虽小功既卒哭，可以冠，取妻；下殇之小功，则不可[⑭]。

凡弁绖[⑮]，其衰侈袂[⑯]。父有服，宫中子不与于乐[⑰]。母有服，声闻焉不举乐。妻有服，不举乐于其侧。大功将至，辟琴瑟。小功至，不绝乐。

姑姊妹，其夫死，而夫党无兄弟，使夫之族人主丧。妻之党，虽亲弗主。夫若无族矣，则前后家，东西家；无有[⑱]，则里尹主之。或曰：主之，而附于夫之党。

【注释】

①废事：指不能行礼。②病：忧虑。③疑死：害怕因为过哀生病而死掉。疑，郑玄释作"恐"。④酪：醋酱之类。⑤疡、创：疮。⑥从柩：送葬。⑦塯：道路。⑧执挚：孙希旦说是接受宾客的礼物将其拿在手中。⑨政；指力役，徭役。⑩常声：一定的声音。⑪指儿子随着父亲而避讳。⑫次：倚庐。⑬三者三：一哭三踊进行三次。⑭末：郑玄说是"卒哭"。孙希旦说：大功九月，小功五月，均以卒哭后为末。⑮弁：弁冠麻。⑯侈：宽大。⑰指不摆弄乐器。⑱指所有和他左邻右舍的均是妻党。

麻者不绅[①]，执玉不麻。麻不加于采[②]。国禁哭，则止朝夕之奠。即位自因也[③]。童子哭不偯，不踊、不杖，不菲，不庐。孔子曰："伯母叔母，疏衰，踊不绝地。姑姊妹之功，踊绝于地。如知此者，由文矣哉！由文矣哉[④]！"

世柳之母死[⑤]，相者由左。世柳死，其徒由右相。由右相，世柳之徒为之也。

天子饭[⑥]，九贝；诸侯七，大夫五，士三。士三月而葬，是月也卒哭；大夫三月而葬，五月而卒哭；诸侯五月而葬，七月而卒哭。士三虞[⑦]，大夫五，诸侯七。诸侯使人吊[⑧]，其次含襚赗临，皆同日而毕事者也，其次如此也[⑨]。卿大夫疾，君问之无算；士一问之。群于卿大夫，比葬不食肉，比卒哭不举乐；为士，比殡不举乐。升正柩，诸侯执绋五百人，四绋，皆衔枚[⑩]，司马执铎，左八人，右八人，匠人执羽葆御柩[⑪]。大夫之丧，其升正柩也，执引者三百人，执铎者，左右各四人，御柩以茅[⑫]。

孔子曰："管仲镂簋而朱纮，旅树而反坫，山节而藻棁。贤大夫也，而难为上也。晏平仲祀其先人，豚肩不掩豆。贤大夫也，而难为下也。君子上不僭上，下不偪下[⑬]。"

妇人非三年之丧，不逾封而吊[⑭]。如三年之丧，则君夫人归。夫人，其归也以诸侯之吊礼；其待之也，若待诸侯然。夫人至，入自闱门[⑮]，升自侧阶[⑯]，君在阼。其他如奔丧礼然。嫂不抚叔，叔不抚嫂。

君子有三患：未之闻，患弗得闻也；既闻之，患弗得学也；既学之，患弗能行也。君子有五耻：居其位，无其言[⑰]，君子耻之。有其言，无其行，君子耻之。既得之而又失之[⑱]，君子耻之。地有余而民不足，君子耻之。众寡均而倍焉[⑲]，君子耻之。

孔子曰："凶年则乘驽马。祀，以下牲[20]。"恤由之丧，哀公使孺悲之孔子学士丧礼。士丧礼于是乎书。子贡观于蜡。孔子曰："赐也乐乎？"对曰："一国之人皆若狂，赐未知其乐也！"子曰："百日之蜡，一日之泽，非尔所知也。张而不弛，文武不能也；弛而不张，文武弗为也。一张一弛，文武之道也。"

孟献子曰[21]："正月日至[22]，可以有事于上帝；七月日至[23]，可以有事于祖。"七月而禘，献子为之也。夫人之不命于天子，自鲁昭公始也[24]。外宗为君夫人[25]，犹内宗也。

焚，孔子拜乡人为火来者。拜之，士壹，大夫再。亦相吊之道也。孔子曰："管仲遇盗，取二人焉，上以为公臣，曰："其所与游，辟也。可人也。管仲死，桓公使为之服。官于大夫者之为之服也，自管仲始也，有君命焉尔也。

【注释】

①绅：大带，吉服。②采：玄衣裳。③自因：自己站在原来的位置上。④由文：用礼文。⑤世柳：鲁穆公时贤人。也作"泄柳"。⑥饭：饭含。⑦指士从埋葬到卒哭有三次虞祭。⑧指吊邻国诸侯之丧。⑨次：次序。⑩枚：衔在口中用以防止喧哗的器具，形如筷子。⑪羽葆：用鸟羽扎在木柄的头部，像盖子一样。葆：盖子。⑫茅：编扎白茅而成，用以指挥。⑬见《礼器》及《郊牲牲》偪：逼。⑭逾封：越过疆界。⑮闱门：侧门。⑯侧：旁。⑰指没有和其职位相称的计划、谋略。⑱指由于无能而失去职位。⑲众：役用民众。信：指别人的功绩倍于己。⑳下牲：特豚等。㉑孟献子：鲁国大夫仲孙蔑。㉒正月：周正月，即夏历十一月。日至：科至。㉓七月：周七月，即夏历五月。日至：夏至。㉔郑玄说：周制同姓百世不通婚姻，鲁与吴同姓，鲁昭公娶吴孟子，不告诉天子，天子也不命。㉕外宗：指出嫁异姓和自他姓嫁到宗内的妇人。

过而举君之讳[1]，则起。与君之讳同，则称字。内乱不与焉，外患弗辟也。《赞大行》曰[2]："圭，公九寸，侯伯七寸，子男五寸。博三寸，厚半寸。剡上，左右各寸半，玉也。藻[3]，三采六等[4]。"哀公问子羔曰："子之食奚当[5]？"对曰"文公之下执事也[6]。"

成庙则衅之[7]。其礼：祝，宗人，宰夫，雍人[8]皆爵弁纯衣[9]。雍人拭羊[10]，宗人视之，宰夫北面，于碑南[11]，东上。雍人举羊，升屋自中，中屋南面，刲羊，血流于前，乃降。门、夹室[12]，皆用鸡。先门而后夹室。其衈[13]，皆于屋下。割鸡，门当门，夹室中室。有司皆向室而立[14]，门则有司当门北面。既事。宗人告事毕，乃皆退。反命于君曰："衅其庙事毕。"反命于寝。君南向于门内朝服。既反命，乃退。路寝成则考之而不衅。衅屋者，交神明之道也。凡宗庙之器，其名者，成则衅之以豭豚[15]。

诸侯出夫人[16]，夫人比至于其国，以夫人之礼行；至，以夫人入。使者将命曰："寡君不敏[17]，不能从而事社稷宗庙，使使臣某，敢告于执事。"主人对曰："寡君固前辞'不教'矣[18]，寡君敢不敬须以俟命[19]。"有司官陈器皿[20]；主人有司亦官受之。妻出，夫使人致之曰："某不敏，不能从而共粢盛，使某也敢告于侍者。"主人对曰："某之子不肖[21]，不敢辟诛[22]，敢不敬须以俟命。"使者退，主人拜送之。如舅在，则称舅。舅没，则称兄。无兄，则称夫。主人之辞曰："某之子不肖。"如姑姊妹，亦皆称之。

孔子曰："吾食于少施氏而饱[23]少施氏食我以礼。吾祭，作而辞曰：'疏食不足祭也。'吾飧，作而辞曰：'疏食也，不敢以伤吾子。'"

纳币一束[24]：束五两，两五寻[25]。妇见舅姑，兄弟，姑姊妹，皆立于堂下，西面北上，是见已。见诸父，各就其寝。女虽未许嫁，年二十而笄。礼之，妇人执其礼[26]。燕则鬈首[27]。韠长三尺，下广二尺，上广一尺。会去上五寸[28]。纰以爵韦六寸[29]，不至下五寸。纯以素[30]，紃以五采[31]。

【注释】

①过而举：由于一时的过错而将其说出来。②赞大行：孔颖达说：《周礼》有《大行人》篇。作此《记》之前，另有书论说《大行人》之礼，其篇名谓之《赞大行》。赞，明。大行，官名，职责是主管天子诸侯间接重大交际礼仪。亦谓大行人。③藻：衬玉器的垫子。④三采：朱，白，苍三色。六等：一采二等，三采相间而为六等。等，行。⑤郑玄说是问子羔的先人在哪个国君时开始出仕食禄。⑥下执事：孙希旦说：下执事，谓士也。⑦衅：古代用牲血祭祀的一种仪式。⑧雍人：职掌祭祀中宰割祭牲及烹调的人。⑨爵弁：士服。纯玄：玄衣裳。⑩拭：擦拭。⑪碑：庙内拴牲口的石碑。⑫门：庙门。夹室：东西厢房。⑬衈：古代祭名，杀羽牲以祭。郑玄、孔颖达将此释作"先灭耳旁毛荐之"。孙希旦说："灭耳旁毛"之说，本无所据。而先后衅，《记》中实无此义。⑭有司：孙希旦说是宰夫、宗人与祝。⑮豚：小公猪。⑯出：充逐，休掉。⑰不敏：不才。⑱郑玄说：前辞不教谓纳采时。⑲孙希旦说：不敢嫁，以俟后命，冀其反。⑳孙希旦说：夫人之器物，各有典主之官，会其官各以所典者陈之，主人亦使有司各以其官受之。㉑肖：似。㉒诛：责罚。㉓少施氏：鲁惠公子施父之后。㉔纳币：婚礼纳征。㉕寻：八尺。㉖妇人：在家的妇人，如伯母，叔母等。㉗鬈首：郑玄、孔颖达、孙希旦等均说"分发为。"即结。王梦鸥说："犹今言双桃髻。"结是否如王氏说，未详。㉘会：领缝，即束带之处。㉙纰：两旁。爵韦：见《玉藻》注。㉚纯：下端。素：孙希旦说是白色绫。㉛紃：圆形饰带。

【译文】

在父亲的丧期尚没有结束时，母亲如果又死了，此时遇到为父亲除重服的日子，要改换轻服举行祥祭。祥祭结束，再为母亲服重服。即使是在叔伯、兄弟的丧期中，又遇到父母的丧事，也要在除丧的日子改换除服。待祭事完毕再为父母服重服。如果父母的丧期已到了改换葛衣时，那么前丧的练祭、祥祭都可以举行。祖父去世，还没到练祭、祥祭时孙子又死了，孙子的神主还是要祔于祖父。

父母的灵柩尚停在殡宫中时，如果听到远方兄弟去世的消息，应在别的房室中哭他。回到殡宫祭奠父母，祭毕出来，要改换丧服，到原先哭远方兄弟的房间去哭他。

大夫、士参加国君的祭祀，已经"视濯"了，遇到父母去世，就要参与祭祀直到结束，但要住在别人的房室里。祭祀结束，脱下祭服走出公门外，哭泣着回家。其他的礼仪与奔丧一样。如果还没有"视濯"，就让人报告国君。报告的人返回，然后再为父母哭泣。如果是叔伯、兄弟、姑姊妹去世，祭奠已经到了斋戒了，就要参加祭奠。祭事结束，走出公门，脱下祭服后再回去。其他的礼仪与奔丧相同。如果死者生前是与自己同住的，斋戒要更换其他房室。

曾子问："卿大夫将充任国君祭祀时的尸，已经斋戒了，遇到叔伯、兄弟、姑姊妹去世，那该怎么办呢？"孔子说："出去住在国君的馆舍里等待祭祀，这才合于礼。"又说："国君的尸穿士和大夫的服饰出来，卿、大夫、士都要下车致敬。尸必须凭轼致敬。尸前面必须要有清道的人。"

父母的丧期将要到练祭、祥祭时，遇到分居异地的兄弟去世，要等到他的灵柩移入殡宫后，再举行练、祥之祭。如果是同居一处的亲属，即使是卑贱的臣妾去世，也要等到埋葬以后再举祭。祭时，主人升堂下堂，都是每脚踩一层台阶，执事的人也是这样。即使是葬后的虞祭、祔祭也是如此。

从诸侯直到士，小祥之祭时，主人饮宾客回敬的酒只略沾唇。众宾兄弟，则稍饮一些。大祥祭时，主人可以稍饮一些，众宾兄弟就可以都饮尽。凡是帮助别人举行丧事祭奠，主人告宾进献干肉和酱时，宾客不可以吃。

子贡问丧礼，孔子说："首先是虔敬，其次是悲哀，外貌憔悴为最下。脸色要和悲哀的心情相称，悲戚的面容要和丧服相称。"子贡又向孔子请教兄弟的丧事，孔子说："这种礼文，书籍简策上都有了。"君子没有剥夺他人居丧行礼的权利，自己居丧行礼也必须遵照礼法，不能取消。"孔子说："少连和大连特别善于守丧，父母刚死的头三天号哭不止，水浆不入口；三个月内朝夕祭奠，毫不松懈；周年时还是经常悲哀，想起父母就哭泣。过了三年仍然是满面忧色。他们是东夷地方的人。"在父母的三年丧期中，可以回答别人问自己的话，但不主动地和人说话，也不问别人话。在倚庐和垩室里，不和别人在一起。周年后移住在垩室中，如果不是按时去拜见母亲，就不入家门。凡是服期年齐衰的人都住在垩室，不住在倚庐。但在倚庐的礼仪就更严格了。

居丧之礼，妻丧比照叔父母，姑姊妹丧比照兄弟，长殇、中殇、下殇比照成年人。为父母守丧，到除服时，外面的丧服可以去掉而内心的悲戚仍然留存。为兄弟居丧，到除服时，外面的丧服和内心的悲戚就一起去掉了。为国君的母亲和妻子服丧，比照兄弟。能使脸色发生变化的酒食之类不可食用。除丧之后，走在路上看到和双亲面貌相似的，听到和父母的名字相同的，都会感到心惊悲哀。哀悼死者，探问病人，悲戚的脸色一定和他人不同。这样的人才可以服三年之丧。其他期亲以下的，按照丧礼的规定去做就可以了。

祥祭是丧主除服的祭祀。祥祭前一天晚上预告明日祭祀的时间，此时穿朝服。祥祭时继续穿前一天晚上穿的衣服。子游说："大祥后有来吊者，尽管不是祥祭缟冠之时，也必须服此服以受吊者之礼，然后反服大祥后素缟麻衣之服。"

在小殓、大殓时，主人赤膊哭踊，遇到大夫来吊，要停止哭踊去拜谢大夫。拜毕回来，行完哭踊之礼，然后再穿好衣服。如果来吊的人是士，就要在哭踊完成，穿好衣服之后再拜谢他，不改变哭踊的礼仪。

上大夫的虞祭，用羊、豕二牲的少牢。卒哭，祔庙的祭祀，一律都用牛、羊、豕三牲的太牢。下大夫的虞祭，用一豕的特性。卒哭、祔庙的祭祀，都用羊、豕二牲的少牢。

卜葬择日和虞祭，祝辞如下：子卜葬父，祝辞为"哀子某卜葬其父某甫"。孙卜葬祖，祝辞为"哀孙某卜葬其祖某甫"。夫卜葬妻，祝辞为"乃某卜葬其妻某氏"。弟卜葬兄，祝辞为"某卜葬兄伯子某"。兄卜葬弟，祝辞为"某卜葬其弟某"。古时候，不论尊卑贵贱的人都用丧杖。鲁国大夫叔孙州仇有一次看见制作车轮的匠人用丧杖穿过车毂以滚动车轮，从此规定只有有爵位的人才能用丧杖。士在覆面巾上穿孔以举行饭含的仪礼，是从士人公羊贾开始这样做的。"冒"是什么？是用来遮掩死人形体的。从给死人穿衣，直到小殓，不用冒套住，形体就可以显露出来，所以穿衣后再加上冒。

有人问曾子说："出殡时已有遣奠，并且把剩余的食物包起来送葬，这不像是吃饱以后又把剩下的食物带走吗？君子是吃饱之后再把剩下的兜走吗？"曾子说："您难道没见过国君的大

飨之礼吗？宴会过后，还要把没吃完的三牲卷包起来送到宾客居住的馆舍。包奠只是把父母当做一去不返的宾客，这是用以表达悲哀心情的。难道您没见过大飨之礼吗？”

不是为了他人的丧事而馈赠，是探问呢还是赐予呢？为父母守丧，接受他人馈赠，用丧拜来拜谢；不是居父母丧，就是用吉拜来拜谢。为父母守丧，如果有人因探病而赠送酒肉，接受时必须再三辞谢，然后丧主披麻戴孝接受下来。如果是国君的赏赐，就不得推辞，接受以后先用来供祭。居丧的人不馈赠别人，别人馈赠的，即使是酒肉，也可以接受。叔伯、兄弟以下的丧事，举行卒哭之祭以后，馈赠给别人也可以。

县子说：“三年之丧，痛如刀割；期年之丧，痛如刀削。”期年的丧事，到了十一个月练祭，十三个月举行小祥之祭，十五个月举行禫祭，由于三年之丧创痛在心，仍然不去吊问别人。这是从诸侯到士都一样的。如有五服以内的亲人的丧事，必须去哭，但要改换相应的丧服而去吊丧。练祭而吊，既葬之后，如遇大功之丧，往吊，哭毕而退，不参与丧事的料理。居期年之丧的人，下葬以前也可以到乡人家去吊丧，哭后就退出来，也可以等候丧事进行，但不参与丧事的料理。居小功缌麻丧的人，出去吊丧，可以参与料理丧事，但不参与馈奠。慕名前去吊丧的，灵柩出了殡就可以回去。作揖文交去吊丧的，灵柩出殡宫到门外举哀的地方就可以回去了。有赠物往来的，要送葬到墓地，下棺封土后就回去。交情较深的人，要到下葬以后，主人迎灵魂回家时再回去。如果是朋友，在举行安置神主的祭祀以后再回去。吊丧并不是只跟在主人后面走走，而是要帮助主人做事。四十岁的人要拉绋牵引柩车。同乡的人，五十岁的可以不出力，下葬后就跟着丧主回家。四十岁的人要帮助填土到满坎再回去。

居丧时吃的饭食虽然不好，但必须用它来充饥。饿着肚子而误了丧事的料理，是不合乎仪礼的；吃饱了肚子却忘掉了哀伤，也是不合乎礼的。因哭泣悲伤而看不清，听不见，或者举止反常，麻木得不知悲哀，这都是君子所担忧的。所以，居丧的人有病也可以饮酒吃肉。五十岁的人哀伤要有限度，不能使身体憔悴。六十岁的人可以不必哀伤自毁。七十岁的人可以照常饮酒吃肉。这都是为了怕年老的人过于哀痛而死去。身有丧服，如果有人邀请吃饭，不可以前往。服大功以下丧服的人，下葬以后可以拜访别人。有人请吃饭，如果是亲属，可以接受；不是亲属，不可接受。练祭以后，可以吃菜果，喝汤水，不用盐酪佐餐。如果吃不下饭，才可以佐以盐酪。孔子说：“居丧的人身上或头上生了疮，就要洗澡、洗头；有病的人可以饮酒吃肉。哀伤憔悴而生重病，君子是不这样做的。因过度哀伤而死，君子认为是使父母绝嗣了。”

孝子如果不是送葬和葬后回家，都不得“免”冠在路上行走。凡是居丧的人，小功丧服以上的，不是虞、祔、练、祥等祭日，不能洗头，洗澡。齐衰之丧，已经下葬，有人求见可以见客，但自己不主动求见别人。小功之丧，则可以求见别人。有大功之丧的人不接受宾客的见面礼物。只有父母之丧有人来吊，才可以带着鼻涕眼泪见人。守三年之丧的人，祥祭之后就要服徭役。期年之丧，卒哭以后就要服徭役。大功九月之丧，下葬以后就要服徭役。小功和缌麻之丧，殡后就能服徭役了。

曾申问曾子道：“哭父母之丧，有固定的哭法吗？”曾子说：“这就像小孩子在路上找不到自己的母亲了，哪里会有一定的哭法呢？”

卒哭之祭以后就要避讳死者的名字。父亲避讳已死的祖父母及其兄弟、伯父叔父、姑母及其姊妹的名字，儿子随着父亲也避这些亲属的名讳。母亲避讳的人名，全家人都随着在家中避讳。妻子避讳的人名，当着她的面也不要说出来。如果母亲和妻子避讳的人名与自己的从祖兄弟相同，在任何地方都要注意避讳。

将行加冠礼，遇到丧事，在成服的时候可以加冠，即使是三年之丧也可以。在丧次加冠之后，就进去对着灵柩哭踊，一哭三踊总共三次，然后退出。服大功的丧服，在卒哭之后，可以为儿子举行加冠礼，也可以嫁女儿。父亲服小功丧服，卒哭之后，可以为儿子施行加冠礼，可以嫁女儿，可以娶媳妇。自己虽是小功丧服，卒哭以后，也可以加冠，娶妻。为下殇而服小功丧服的，因为本来属于齐衰的亲属关系，卒哭之后，仍然不能举行冠礼和婚礼。

凡是戴弁冠麻绖吊丧的人，所穿的衰衣都是衣袖宽大的。父亲有丧服在身，家里人不能随便动乐器。母亲有丧服在身，只能听他人奏乐，自己不能演奏。妻子有丧服在身，不可在她身边奏乐。在服大功丧服的人来访之前，要把琴瑟等乐器收起来。如果服小功丧服的人来访，不必避免举乐。

姑母、姊妹的丈夫死了，既无子嗣，他的家族又无兄弟，就要请他的族人为他主丧。妻的家族，虽然是至亲，但因为是外姓人，也不能主丧。丈夫如果没有族人，就请前后左右的邻居主丧。如果邻居也没有，就由里尹主丧。也有人说，妻子的家族可以主丧，不过仍要祔祭于丈夫的祖姑。

披麻戴孝的人不能用大带，捧着玉行礼的人不能戴麻绖、束麻带。麻衣不能套在吉服的外面。国家大祭，禁止哭泣，就要暂时中止早晚的哭奠，但还要站在原来的位置上。在丧期中，儿童的哭泣不必拖长声，不必跳踊，不用丧杖，不穿绳屦，不住倚庐。孔子说："伯母、叔母的丧事，要穿齐衰丧服，踊时要脚不离地。姑母姊妹的丧事，要穿大功丧服，踊时脚要离地。懂得这些的，这就是懂得礼文了，懂得礼文了。"

世柳的母亲去世了，有宾客来吊，相礼的人从左边出来。世柳死了，他的门徒从右边出来相礼。从右边出来相礼，是世柳的门下最初做出来的。

上古时天子饭含用九个贝壳，诸侯七个，大夫五个，士三个。士死后三个月埋葬，在埋葬的月份卒哭。大大死后三个月埋葬，五个月卒哭。诸侯死后五个月埋葬，七个月卒哭。从埋葬到卒哭的虞祭，士三次，大夫五次，诸侯七次。诸侯死了，邻国诸侯派使者先吊祭，次含、襚、赗、临，在同一天做完这些事。它的次序就和上述的一样。卿、大夫有病，国君多次派人问候；士有病，国君只派人问候一次。国君对卿、大夫的丧事，不到下葬以后不能吃肉，不到卒哭以后不举乐。对士的丧事，不到殡以后不举乐。诸侯出殡，用大绳牵引柩车的有五百人，用四根粗绳索挽车。牵引柩车的人口中都要衔枚，不得喧哗。司马拿着铃铎，左右各有八人，警告路人回避。匠人拿着羽葆走在前面指示道。大夫出丧，也要将灵柩放正。牵引柩车的三百人，执铃铎的左右各四人，用白茅来引导柩车。

孔子说："管中用镂花的簋，朱红的帽带在过道两边立屏风，堂上设反坫，梁柱绘山形和水藻图案。他虽然是个贤大夫，可是做他的国君太难了。晏平仲祭祀祖先，用的豚肩还遮不住豆。他虽然也是个贤大夫，可是做他的下属太难了。君子要做到对上不僭越国君，对下不刻薄下属。"

如果不是父母的丧事，妇人不得到他国去吊丧。如果是父母的丧事，那么即使是国君的夫人也得回去奔丧。国君夫人奔丧，要按诸侯之礼吊祭，她的祖国接待她也要像接待诸侯一样。夫人回去后，从侧门进去，登侧阶上堂，国君在阼阶上，不降阶相迎。其他的礼仪都和奔丧相同。

丈夫的兄弟死了，做嫂嫂的哭时不按抚尸体。嫂嫂死了，小叔哭时也不按抚嫂嫂的尸体。

君子有三忧：对没有听到的知识，忧虑无法听到；对已经听说的知识，忧虑学不到；对已

经学到的，忧虑不能做到。君子还有五耻：身居某种职位，却拿不出相应的意见，君子认为是耻辱；能说到却不能做到，君子认为是耻辱；得到的职位因无才德而失去，君子认为是耻辱；治理的地域广大，但因治理不善，百姓流亡，人口稀少，君子认为是耻辱；役用民众的人数相等而他人的功绩成效却多于自己，君子认为是耻辱。

孔子说："灾荒年时，驾车要用劣马，祭祀用牲降等。"

鲁国为恤由治丧时，哀公派孺悲到孔子那里学习士的丧礼。士丧礼从这以后就有了记载。

子贡观看年终的蜡祭，孔子问："端木赐，你觉得有乐趣吗？"子贡回答道："全国的人都像发了狂一样，我不知道这有什么乐趣。"孔子说："他们辛苦了一年，才得到这一天的恩泽，这不是你所能够理解的。总是紧张，不许松弛，文王武王都做不到；总是松弛，而不紧张，文王武王都不愿做；既有紧张，也有松弛，这才是文王和武王治事的原则。"

鲁国大夫孟献子说："正月冬至，可在南郊举行祭祀上帝的郊祭；七月夏至，可以祭祀祖先。"七月禘祭，孟献子曾经举行过。诸侯的夫人不要天子的封赠，是从鲁昭公开始的。国君的姑母及姊妹之女，舅之女及从母等外姓女子为君夫人服齐衰，与宗族内的亲人相同。

马厩失火，孔子拜谢为火灾而来慰问的乡人。对士，一拜；对大夫，两拜。这也是互相吊问的礼节。孔子说："管仲曾遇到盗贼。他从其中选出两人推荐给齐桓公为公臣。还说这两人是与邪僻之人交往才做了盗贼，仍是可用之才。管仲死时，齐桓公让这两人为管仲服丧。官于大夫而又为大夫服丧，是从管仲开始的。因为君命不可违。"

一时误说出国君的名讳，要马上站起来表示歉意。称呼与国君名讳相同的人，要称他的字。卿、大夫不得参与国内的祸乱，但对外来的侵犯不能躲避。《赞大行》上说："圭，公爵用的长九寸，侯、伯的长七寸，子、男的长五寸。各宽三寸，厚半寸，上面的左右两角各斜向上削去一寸半，用玉制成。衬玉器的皮垫子是朱、白、苍三色相同，每色两行共六行。"鲁哀公问子羔道："你的先人是在哪位国君执政时做官的？"子盖回答说："从卫公时代开始做下执事。"

新庙落成要举行血祭。祭礼是：祝、宗人、宰夫、雍人。一律都穿戴士的玄衣纁裳和爵弁。雍人把羊擦拭干净，宗人致祝辞，宰夫面向北站在拴祭牲的石碑南面东边的上位。雍人托举着羊从两阶之间登上屋顶，走到屋脊正中，面向南，然后宰羊。等到羊血流到屋檐下，雍人再走下来。在庙门和东西厢房等三个地方，都用鸡血祭，先祭门再祭两边厢房。杀鸡取血在各自的屋下，把鸡血滴在门上和厢房当中。血祭厢房时，所有执事的人都面向厢房站立。血祭门时，所有执事的人都面朝向北对着门。血祭结束后，宗人宣布祭礼完成，众人全都退出。然后，禀告国君说："衅某庙的事已经完毕"。禀告的地方是在路寝，国君穿朝服面向南站在门内。禀告完毕即退下。如果是路寝落成，就设盛宴庆祝，不必举行血祭。血祭屋子是和神明沟通的方法。宗庙中使用的祭器，其中有名的重要祭器制成后，要用雄小猪举行血祭。

诸侯弃逐自己的夫人，从启程直到她的祖国，都按国君夫人的礼仪护送前行，到家后仍以夫人的身份进去。护送的使者转达国君的话，说："寡君不才，不能再和她共同主持社稷宗庙的事，派使臣某谨告于左右执事。"主人回答说："寡君原本早就说过她不聪明，缺乏教导。现在既已如此，寡君怎敢不遵从待命。"使者的从吏把她的妆奁器皿一一摆出，主人方面也派人一一收下。

丈夫弃逐妻子，派人到她娘家传话说："某不才，不能和她一起奉祀祖先，现在让我来报告给待从的人。"主人回答道："我的女儿这么不像样，不敢逃避责罚，怎么敢不遵从待命。"

使者退出，主人依礼拜送。男家的使者来传话时，如果被出妇人的公公还在，就说奉公公之命。没有公公就说奉兄长之命。没有兄长就说奉丈夫之命。女家主人回答“我的女儿不像样”，如果是姑母或姊妹，也各按各分回答。

孔子说：“我在小施氏家吃饭，吃得很饱，因为他家以礼待我。我祭饭食时，他站起来说：‘粗茶淡饭不值一祭’。我吃饭时，他又站起来说：‘粗劣的饭食，不敢伤您的胃口。’”

婚礼定聘时纳的币，十个为一束，取其成双作对。每两个合卷为一两，一束共五两。每两四丈长。妇人拜见公公婆婆，丈夫的兄弟，姑母、姊妹，都要面朝西，站在堂下，以北为上。新妇从南门进来，经过他们面前，这就算见过了。拜见伯父、叔父，要分别到他们的房间。女子即使还没有许婚，到二十岁就要举行成年之礼。为她行礼，由在家中的妇人主持。在家日常居处时，就束发为结。古人的蔽膝，长三尺，下边宽二尺，上边宽一尺。上边束带处的“合”离上端五寸。两边用爵韦六寸，距下端五寸，用白绫镶边，带子是五色丝织的。

坊　　记[①]

子言之[②]：“君子之道，辟则坊与[③]？坊民之所不足者也，大为之坊，民犹逾之，故君子礼以坊德，刑以坊淫，命以坊欲。[④]”

子云：“小人贫斯约[⑤]，富斯骄[⑥]。约斯盗，骄斯乱。礼者，因人之情而为之节文，[⑦]以为民坊者也。故圣人之制富贵也，使民富不足以骄，贫不至于约，贵不慊于上[⑧]，故乱益亡。”

子云：“贫而好乐，富而好礼，众而以宁者，天下其几矣！《诗》云：‘民之贪乱，宁为荼毒。’[⑨]故制国不过千乘，都成不过百雉[⑩]，家富不过百乘。以此坊民，诸侯犹有畔者。”

子云：“夫礼者，所以章疑别微，[⑪]以为民坊者也。故贵贱有等，衣服有别，朝廷有位，则民有所让。”

子云：“天无二日，土无二王，家无二主，尊无二上，示民有君臣之别也。《春秋》不称楚越之王丧[⑫]，礼君不称天，大夫不称君，恐民之惑也。《诗》云[⑬]：‘相彼盍旦[⑭]，尚犹患之。’”

子云：“君不与同姓同车，与异姓同车不同服，示民不嫌也。以此坊民，民犹得同姓以弑其君。”

子云：“君子辞贵不辞贱，辞富不辞贫，则乱益亡。故君子与其使食浮于人也[⑮]，宁使人浮于食。”

子云：“觞酒豆肉让而受恶，民犹犯齿。衽席之上，让而坐下，民犹犯贵。朝廷之位，让而就贱，民犹犯君。《诗》云：‘民之无良，相怨一方。受爵不让，至于已斯亡。’”

子云：“君子贵人而贱己，先人而后己，则民作让。故称人之君曰君，自称其君曰寡君。”

子云：“利禄先死者而后生者[⑯]，则民不偝[⑰]；先亡者而后存者[⑱]，则民可以托[⑲]。《诗》云：‘先君之思，以畜寡人[⑳]。’以此坊民，民犹偝死而号无告。”

【注释】

①郑玄说：名“坊记”者，以其记六艺之义所以坊人之失者也。陆德明说：坊音防。孙希旦说：此篇言先王以制度坊民之事。坊，同防，防水或御敌的狭长建筑物。引申为防范。规范。②子：任铭善《礼记目录后案》说，此“子”不指孔子而言，盖战国诸子之语。其弟子记之，皆称子也。南齐大儒刘献说《缁衣》公孙尼子作。《坊记》《表记》《缁衣》中的“子”究竟为何人，除征引《论语》节可知非孔子外，其他篇节尚无定论。因此这三篇译文中的“子”姑且译作“孔子”。在此作一总的说明。③辟：孔颖达释作“譬如”。④命：政令。⑤约：窘迫。斯：就。⑥骄：骄奢。⑦节文：节制整理。⑧慊：怨恨，不满。⑨宁：必定。荼毒：伤害。⑩雉：高一丈，长三丈为一雉。⑪章：辨别，区分。⑫称：述说。⑬这是逸诗。⑭盍旦：夜鸣求旦之鸟。⑮食：俸禄。浮：超过。⑯利禄：财利荣禄。⑰偝：背弃。⑱亡者：在国外的人。存者：留在国内的人。⑲托：寄托。⑳畜：《诗经》作“勖”，勉励。

子云：“有国家者，贵人而贱禄，则民兴让；尚技而贱车①，则民兴艺。故君子约言，小人先言。”

子云：“上酌民言②，则下天上施③。上不酌民言，则犯也④；下不天上施，则乱也。故君子信让以莅百姓，则民之报礼重。《诗》云：‘先民有言，询于刍荛⑤。’”

子云：“善则称人，过则称己，则民不争。善则称人，过则称己，则怨益亡。《诗》云：‘尔卜尔筮，履无咎言⑥。’”

子云：“善则称人，过则称己，则民让善。《诗》云：‘考卜惟王⑦，度是镐京⑧。惟龟正之，武王成之。’”子云：“善则称君，过则称己，则民作忠。《君陈》曰：‘尔有嘉谋嘉猷⑨，入告尔君于内，女乃顺之于外。曰：‘此谋此猷，惟我君之德。’于乎！是惟良显哉！’”⑩

子云：“善则称亲，过则称己，则民作孝。《大誓》曰：‘予克纣⑪，非予武，惟朕文惟考无罪⑫。纣克予，非朕文考有罪，惟予小子无良。’”

子云：“君子弛其亲之过⑬，而敬其美。《论语》曰：‘三年无改于父之道，可谓孝矣。’高宗云‘三年其惟不言，言乃欢⑭。’”

子云：“从命不忿，微谏不倦，劳而不怨，可谓孝矣。《诗》云：‘孝子不匮⑮。’”

子云：“睦于父母之党⑯，可谓孝矣。故君子因睦以合族。《诗》云：“此令兄弟⑰，绰绰有裕⑱；不令兄弟，交相为瘉⑲。’”

子云：“于父之执⑳，可以乘其车，不可以衣其衣，君子以广孝也㉑。”子云：“小人皆能养其亲，君子不敬，何以辨？”

【注释】

①车：郑玄说是“车服”。②酌：取。③下：指庶民。④犯：触犯。⑤刍尧：樵夫，砍柴的人。刍：草。荛：柴。⑥履：《诗经》作体，卦体。咎言：不吉利的话。⑦考：稽考。⑧度：谋划。⑨嘉：好。猷：方法。⑩良显：良善显明。⑪克：战胜。⑫文考：指武王之父文王。⑬弛：忘记。⑭郑玄说当作“欢”。⑮匮：匮乏，缺少。⑯党：亲族。⑰令：善。⑱绰绰：宽裕的样子。⑲瘉：病。⑳执：志同道合的朋友。㉑广：传播。

子云："父子不同位[①]，以厚敬也。《书》云：'厥辟不辟[②]，忝厥祖[③]'"。

子云："父母在，不称老，言孝不言慈，闺门之内，戏而不叹。君子以此坊民，民犹薄于孝而厚于慈。"

子云："长民者，朝廷敬老，则民作孝。"

子云："祭祀之有尸也，宗庙之有主也，示民之有事也。修宗庙，敬祀事，教民追孝也[④]。以此坊民，民犹忘其亲。"

子云："敬则有祭器，故君子不以菲废礼[⑤]，不以美没礼[⑥]。故食礼，主人亲馈则客祭，主人不亲馈则客不祭。故君子苟无礼，虽美不食焉。《易》曰：'东邻杀牛[⑦]，不如西邻之禴祭实受其福[⑧]。'《诗》云：'既醉以酒，既饱以德。'以此示民，民犹争利而忘义。"

子云："七日戒，三日齐，承一人焉以为尸[⑨]，过之者趋走，以教敬也。醴酒在室，醍酒在堂，澄酒在下，示民不淫也。尸饮三，众宾饮一，示民有上下也。因其酒肉，聚其宗族，以教民睦也。故堂上观乎室，堂下观乎上。《诗》云：'礼仪卒度[⑩]，笑语卒获[⑪]'。"

子云："宾礼每进以让，丧礼每加以远。浴于中溜，饭于牖下，小敛于户内，大敛于阼，殡于客位，祖于庭，葬于墓，所以示远也。殷人吊于圹，周人吊于家，示民不偝也。"子云："死，民之卒事也，吾从周。以此坊民，诸侯犹有薨而不葬者。"

子云："升自客阶，受吊于宾位，教民追孝也。未没丧[⑫]，不称君，示民不争也。故鲁《春秋》记晋丧曰：'杀其君之子奚齐，及其君卓[⑬]'。以此坊民，子犹有弑其父者。"

子云："孝以事君，弟以事长，示民不贰也。故君子有君不谋仕[⑭]，唯卜之日称二君[⑮]。丧父三年，丧君三年，示民不疑也。父母在，不敢有其身，不敢私其财，示民有上下也。故天子四海之内无客礼，莫敢为主焉。故君适其臣，升自阼阶，即位于堂，示民不敢有其室也。父母在，馈献不及车马，示民不敢专也。以此坊民，民犹忘其亲而贰其君。"

子云："礼之先币帛也，欲民之先事而后禄也。先财而后礼则民利[⑯]，无辞而行情则民争[⑰]，故君子于有馈者弗能见，则不视其馈。《易》曰：'不耕获，不灾畬[⑱]，凶。'以此坊民，民犹贵禄而贱行。"

【注释】

①同位：尊卑相等。②辟：君主。③忝：辱。④追：补行。⑤菲：菲薄。⑥没：过。⑦东邻：郑玄说是"纣国中"。⑧西邻：文王国中。⑨承：奉事。⑩卒：完全。⑪获：恰到好处。⑫没丧：终丧。⑬此事见《左传》僖公九年、十年。⑭君子：国君的儿子。⑮二：贰，副贰。⑯财：指币帛。利：贪图。⑰辞：孙希旦说是宾主相接之辞。行情：用币帛表达情谊。⑱灾畬：《尔雅》说：田一岁曰灾，三岁曰畬。

子云："君子不尽利以遗民[①]。《诗》云：'彼有遗秉[②]，此有不敛穧[③]，伊寡妇之利[④]'。故君子仕则不稼，田则不渔，食时不力珍[⑤]。大夫不坐羊，士不坐犬[⑥]。《诗》

云：‘采葑采菲[⑦]，无以下体[⑧]。德音莫违[⑨]，及尔同死。’以此坊民，民犹忘义而争利，以亡其身。”

子云：“夫礼，坊民所淫，章民之别，使民无嫌，以为民纪者也。故男女无媒不交，无币不相见，恐男女之无别也。以此坊民，民犹有自献其身[⑩]。《诗》云：‘伐柯如之何[⑪]？匪斧不克。取妻如之何，匪媒不得。’‘艺麻如之何？横从其亩[⑫]。取妻如之何？必告父母。’”

子云：“娶妻不取同姓，以厚别也。故买妾不知其姓，则卜之。以此坊民，鲁《春秋》犹去夫人之姓曰吴，其死曰孟子卒。”

子云：“礼，非祭，男女不交爵。以此坊民，阳侯犹杀缪侯而窃其夫人[⑬]，故大飨废夫人之礼。”

子云：“寡妇之子，不有见焉[⑭]，则弗友也，君子以辟远也。故朋友之交，主人不在，不有大故则不入其门[⑮]。以此坊民，民犹以色厚于德。”

子云：“好德如好色，诸侯不下渔色[⑯]，故君子远色，以为民纪。故男女授受不亲，御妇人则进左手，姑姊妹女子子已嫁而反，男子不与同席而坐。寡妇不夜哭。妇人疾，问之，不问其疾。以此坊民，民犹淫泆而乱于族[⑰]。”

子云：“昏礼，婿亲迎，见于舅姑[⑱]，舅姑承子以授婿[⑲]，恐事之违也。以此坊民，妇犹有不至者[⑳]。”

【注释】

①尽：取尽，用尽。②秉：禾把。③敛穧：割后散铺在田间的谷物。④伊：是，这。⑤力：力求。⑥郑玄说：古时杀牲吃肉坐它的皮，坐皮表明牲已杀掉。⑦葑、菲：菜名。⑧下体：根部。⑨德音：美好的话语。⑩指不待媒妁、币聘而奔人的人。⑪柯：斧柄。⑫从：纵。⑬缪侯宴飨阳侯，阳侯看上缪侯的夫人，于是阳侯就灭了缪国，占有缪侯夫人。⑭有见：郑玄说是睹其才艺。⑮大故：郑玄是丧病。⑯郑玄说是诸侯不内娶于国中。⑰淫泆：纵欲放荡。乱于族：郑玄说是犯非妃匹。⑱舅姑：指女方父母，即外舅姑。⑲承：引，引取。⑳不至：不随夫以行。

【译文】

孔子说：“君子的道，不就像是堤防吗？它是防范百姓行为上的缺失的。防范是那么严密，还是有人越过它，所以君子用礼来作道德上的防范，用刑罚来防范淫邪的行为，用政令来防范人们邪恶的欲望。”

孔子说：“小人贫穷时窘迫，富贵了就骄奢。窘迫就会去偷盗，骄奢就会犯上作乱。礼就是顺应人情而制定的节制的标准，以作为百姓道德上的堤防。所以，圣人制定富贵的制度，使百姓富裕达不到骄奢的程度，贫穷不至于窘迫，地位尊贵不会对君主不满。这样一来犯上作乱的事就逐渐没有了”。

孔子说：“贫穷而喜好乐，富裕而爱好礼，家中人口众多而安宁度日，像这样的人普天之下能有几个呢！《诗经·大雅·桑柔》云：‘人心思乱呵，宁愿遭受苦难荼毒。’所以，规定诸侯之国不得超过一千辆兵车，国都的城墙不得超过百雉，卿大夫家的封地所出的兵车不得超过一百辆。用这种方法来防范，诸侯之中还是有反叛的。”

孔子说："礼是用来分辨疑惑，彰明隐微，作为百姓道德上的堤防的。所以，贵贱有等级，衣服有区别，朝廷有秩序，百姓互相谦让。"

孔子说："天上不能有两个太阳，地上不能有两个君王，一家不能有两个主人，权威不能有两个，这是向百姓表明有君臣的分别。《春秋》不载楚、越国君的丧事。按照礼，诸侯不得称天，以避天子；大夫不得称君，以避诸侯。这是恐怕百姓迷惑误会。《逸诗》云：'看那想反夜为昼的鸡，人们讨厌它企图混淆黑白，何况对那些僭君谋逆的人呢！"

孔子说："国君不与同姓的人共乘一辆车，和异姓的人共乘一辆车时，要穿不同颜色的衣裳，以免人们疑惑以至于误认。用这种办法来防范人们，却还有同姓弑其君的。"

孔子说："君子推辞尊贵而不推辞卑贱，推辞富裕而不推辞贫穷。这样，作乱的事也就逐渐没有了。所以，君子与其使俸禄超过才能，不如使才能超过应得的俸禄。"

孔子说："一觞酒，一豆肉，经过推让才接受粗恶的那份，这样还有人侵犯长者。衽席之上，也经过推让才坐在下首，这样还有人侵犯尊者。朝廷上的位次，经过谦让才站在卑贱的位置上，这样做还有人侵犯国君。《诗经·小雅·角弓》云："一个人存心不良，只知埋怨对方，争取爵禄毫不谦让，所谓仁义丢在一旁。"

孔子说："君子尊重别人而贬损自己，先人而后己。这样，人们就兴起谦让的风气。所以，称别国的国君为君，对别人称呼自己的国君为'寡君'。"

孔子说："利益和荣誉先给予死去的人，然后再给活着的人，这样人们才不会背弃死者。先给为国事而出亡在外的人，然后再给留在国内的人，这样才能使民风淳厚，值得信托。《诗经·邶风·燕燕》云："怀念已故的人呵，深深地勉励了我。用这种方法来防范，还有人背弃死者，使得老弱号哭无处求告。"

孔子说："有国有家的诸侯大夫，尊重人才而轻视爵禄，这样人们就兴起谦让的风气。重视技艺而轻视车服，这样人们就兴起学习技艺的风气。所以，君子少说话多做事，而小人没有开始做就先说大话了。"

孔子说："国君能斟酌百姓的意见行事，百姓会认为是上天施恩。国君不斟酌百姓的意见就行事，百姓就会违抗，不认为是上大所施，就会发生动乱。所以，君子用诚实谦让的态度来对待百姓，百姓给他的回报之礼一定厚重。《诗经·大雅·板》说：古人征求意见有句格言，即使樵夫也不要轻视。"

孔子说："有好处要让给别人，有过错要自己承当，这样人们就不会发生争执。有好处要让给别人，有过错要自己承当，这样怨恨也就逐渐没有了。《诗经·微风·亡民》云：'你占卜问卦了，卦象吉利没有凶险。'"

孔子说："有好处要推给别人，有过错就自己承当。这样人们就会推让好处。《诗经·大雅·文王有声》云：'武王问卜于神，可否建都镐京，龟卜做了正确的决定，武王在镐建成都城。'"

孔子说："有善事要归功于君主，有过错就自己承当，这样人们就会兴起忠于国君的风气。《尚书·君陈》说：'你有了好的谋略和方法，要告诉你的君王。你在外面照此而行，要谦称这个谋略和方法体现了我们君王之德。啊！我们君王之德良善彰明。'"

孔子说："有善事要归功于父母，有过错就自己承当，这样人们就会兴起孝顺的风气。《尚书·太誓》说：'我战胜了殷纣，不是我武王的功勋，是因为我父亲文王无罪所致，如果殷纣战胜了我，这并不是因为我父亲文王有罪，只是因为我武王没有本领。'"

夫子说："君子应该忘记父母的过错，要敬重他们的优点。《论语》说：'父亲去世三年，

儿子依旧没有改变父亲的主张，就可以称为孝顺了。’殷高宗说：‘居丧三年不发布政令，发布了政令，天下就欢呼喜悦。’”

孔子说：“听从父母的教诲，不能有不满意的表示；含蓄地劝谏父母，辛勤地侍奉父母而不厌倦，就可以称为孝了。《诗经·大雅·既醉》云：‘孝子之诚无穷无尽。’”

孔子说：“和父母的亲族和睦相处，可以称为孝了。所以，君子用和睦来聚合宗族。《诗经·小雅·角弓》云：‘以善意对待兄弟，他们就会融洽裕余。不以善意对待兄弟，他们就会尔虞我诈。’”

孔子说：“对于父亲志同道合的朋友，可以乘他的车子，不可以穿他的衣裳。君子这样做的目的是扩大孝道。”

孔子说：“小人都能供养他的双亲，君子如果只能供养而不孝敬双亲，那和小人又有什么区别呢？”

孔子说：“父亲和儿子不处在同等的地位，这是为了增加敬意。《尚书·太甲》说：‘君不像君，而与臣下相互亵渎，那就辱没祖先了。’”

孔子说：“父母在世，儿子不得自称老，只谈论如何孝敬，不企求对自己的慈爱。内室之中，可以嬉笑，不能哀叹。君子用这种规定防止人们不孝，但人们还是孝敬的少，要求慈爱的多。”

孔子说：“统治百姓的人在朝廷上要尊敬老人，民间才会兴起孝敬的风气。”

孔子说：“祭祀的有尸，因为尸代表宗庙的主人。这是向百姓表明祭祀是大事。修缮宗庙，恭敬地举行祭祀，是教育百姓追行孝道。用这种方法防止人们不孝，却还是有忘记父母的人。”

孔子说：“尊敬宾客，就使用祭器款待。所以，君子不因待客的物品菲薄就废弃行礼；也不因物品丰盛而埋没礼。因此，食礼规定：主人亲自馈送，客人要祭；主人不亲自馈送，客人就不祭。所以，君子如果遇到无理的接待，即使是美味的食品也不吃。《周易·既济》说：‘殷纣杀牛祭祀，不如文王杀猪祭祀切实受到福佑。’《诗经·大雅·既醉》云：‘尽量地开怀畅饮，尽量地予人以恩德。’用这个来指示人们，却还是有争利忘义的人。”

孔子说：“用七日的散斋，三日的致斋，奉事一个作尸的人。士大夫看到尸就要下车疾行回避，这是用来教育人们恭敬。祭祀时，醴酒摆在室中，醍酒摆在堂上，请酒摆在堂下，这是指示人们不要贪得无厌。尸饮三次，众宾客饮一次，是向百姓表示人有尊卑上下之分。借祭祀用的酒肉，会聚宗族，这是教人们要和睦相处。所以，堂上的人以观测室内的人，堂下的人以堂上的人为准则。《诗经·小雅·楚茨》云：‘礼仪恰如其分，笑语正到好处。’”

孔子说：“迎宾之礼，每次前进都辞让；治丧之礼，每到一个阶段就离家远一些。浴尸在中霤，饭含在窗下，小殓在户内，大殓在堂上主位，停灵在殡宫，祖奠在庙庭，埋葬在坟墓，这就是表示越来越远。殷人在墓地吊问，周人在家中吊问，这是向人们表示不背弃死者。”孔子说：“死是人生的最后一件事，在家吊问安慰生者较为合理，我遵从周人的做法。用这种方法防止人们不孝，诸侯中还有死后不成丧的。”

孔子说：“反哭的时候，孝子从西阶登堂，在宾位接受吊问，这是教导人们追行孝道。三年守丧没有结束，诸侯不称‘君’，这是向百姓显示不争君位。所以鲁国的《春秋》记载晋国的丧事说：‘里克弑杀了他的国君的儿子奚齐以及他的国君卓子。’用这种办法防止人们不孝，却还有人杀自己父亲的。”

孔子说：“像孝敬父亲一样侍奉国君，像敬事兄长一样侍奉尊长，这是向百姓表示对国君不能有贰心。所以，国君之子在国君尚健在的时候不谋求官职，只在代父卜筮的时候自称国君的副贰。父亲死了守丧三年，国君死了也要守丧三年，这是向百姓表示尊崇君主是无可怀疑的。父母在世，儿子不敢专有自己的身体，不敢私存自己的财物，这是向百姓表示尊卑上下的区别。所以，天子在天下所有的地方没有做客的礼，因为没有人敢做天子的主人。所以，国君到臣下那里，从主人上下堂的阼阶登堂，在堂上就主位。这样做是向百姓表示在国君面前不得有自己的私室。父母在世，向别人赠送或进献的礼物，不能是车马一类的贵重物品，这是向百姓表示父母在不得专擅家政。用这种方法防止人们不孝，却还是有忘掉父母和背叛君主的。”

孔子说：“相见之礼，是先行相见之礼，然后奉上币帛以致其情。这样做是希望百姓先做事而后得到俸禄。先奉上礼物，然后行礼，就会使百姓贪图财货。没有相互交往的辞令，而只用礼物表达情谊，就会使百姓争夺财货。所以，君子在有人馈赠礼物时，如果不能和赠礼之人相见，就不能收礼。《周易·无妄》说：‘不耕种就想有收获，刚开垦的土地不耕种就想变成良田，凶。’用这种方法防止人们贪利，却仍然有看重利禄而轻视做事的。”

孔子说：“君子不可取尽利益，要留一部分给百姓。《诗经·小雅·大田》云：‘那里有遗下的禾把，这里有留下的稻穗，让寡妇们取此为利。’所以，君子做官就不再种田，田猎就不打鱼，吃饭不求美味。大夫无故不杀羊，士无故不杀狗。《诗经·邶风·谷风》云：‘采摘萝菁和萝卜，不要鄙视根茎，只要不违背昔日良言，愿和你同生共死。’用这种方法防止人们争夺，却还有因忘义争利而丧生的。”

孔子说：“礼是用来防范人们贪淫好色，明辨男女之别，使人们无贪淫之嫌，作为道德纲纪的。所以，男女之间没有媒妁就不得交往，不到纳币的阶段不能私自相见。这是恐怕担心男女之间没有区别。用这种方法防止人们不守礼，却还有不结婚就以身相许的。《诗经·齐风·南山》云：‘怎样伐木，没有斧头不行。怎样娶妻，没有媒人不行。怎样种麻，要纵横耕耘田亩。怎样娶妻，必须告诉父母。’”

孔子说：“娶妻不娶同姓的女子，是重视宗族的区别。所以，买妾时如果不知道她的姓氏，就要占卜。用这种方法防止人们混同血统，可是据鲁国《春秋》记载，鲁昭公娶夫人还是去掉了她的姓，只说娶自吴国。到她去世的时候，也只说‘孟子’死了。”

孔子说：“按照礼的规定，除非祭祀，男女不相互敬酒。用这种方法防止出乱子，可是阳侯杀了缪侯而占有了他的夫人。因此，诸侯大飨之礼就不让夫人参加了。”

孔子说：“寡妇的儿子，如果不是表现出确有才德，就不要和他交朋友，君子要避嫌疑，远离是非。所以朋友之间的交往，如果主人不在家，没有大事就不要进人家的家门。用这种方法防止不道德的事，可是还是有人把女色看得比道德更重要。”

孔子说：“爱好道德应该像爱好美色一样。诸侯不娶本国的女子为妻，所以君子把远离女色作为人们的纲纪。男女不亲手传递物件。为女子驾车，要左手在前。姑姊妹等已出嫁又返回娘家，男子不得和她们同席而坐。寡妇不在夜里哭泣。妇女有病，去问候时不要问得了什么病。用这种方法防止人们淫乱，却还有人纵欲放荡以致乱伦。”

孔子说：“举行婚礼之前，男方要亲自到女方家迎接新娘，拜见岳父母。岳父母把女儿亲自交托给新郎，并告诫女儿，唯恐她违礼。用这种方法防止妇人不守妇道，却还是有守妇道的媳妇。”

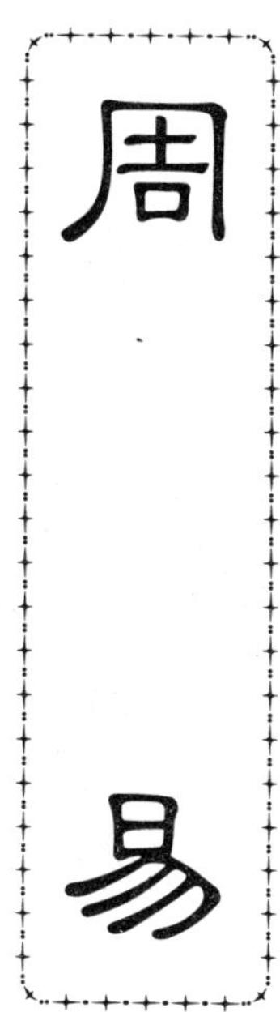
周易

上 经

乾卦第一 ☰

乾下乾上 乾[①]元亨，利贞。[②]

初九 潜龙，勿用。[③]

九二 见龙在田，利见大人。[④]

九三 君子终日乾乾，夕惕若，厉无咎。[⑤]

九四 或跃在渊，无咎。[⑥]

九五 飞龙在天，利见大人。[⑦]

上九 亢龙，有悔。[⑧]

用九 见群龙无首，吉。[⑨]

【注释】

①乾卦：上卦下卦均为乾，象征天，纯阳至健之美德。“乾”即健，即天，指日影移动的法则，“坤”是地，“有天地万物生焉”。②元亨：顺利大吉。“元”表示天地万物之本始，元气、太初，都由此而来；“亨”指古代祭祀的供品，包括六畜、稻菽和酒；“利”即收获、有利的意思；贞：卜问、预测，“贞”在此有“纯正”的含意。乾卦中的“元、亨、利、贞”是古代大型祭奠中太宰的赞辞（祝词），以示天地接同。③潜龙：龙是古代人崇信的代表神祇的动物，它是三栖动物：能翱游太空，潜藏海底，又可行动如飞，云游西方。龙也意味着一种阳刚之气，是正的化身。④见：现，发现，通现。田：指垄亩大田之间。大人：有大才大德之人。⑤君子：指德高之人。乾乾：努力不懈，即健行不息。惕：警惕，小心谨慎。厉：危险。咎：灾祸。⑥或：有似的意思，或者有人或有时；这里是有时的意思。⑦见：发现。⑧亢：极，高。悔：困厄。⑨用九：无首，即无终结，势在必变中也。

【译文】

乾卦 乾象征天。乾的卦象是六条阳爻，表示宇宙的广阔和层出不穷。乾卦以龙为代表，以“君子”代表人类。筮得此卦大吉大利，祥和坚实。

初九 在初始阶段，像一条潜龙处在相对静止之中，伏在深渊，循世无闻，不轻举妄动，意指暂时不宜施展才能，不会有明显的发展。

九二 随着时间的发展，像一条潜龙出现在田野，又如种子胚芽破土而出，崭露头角，有利于大才大德之人出世。

九三 君子刚得过重，以致劳作不息，却终日戒惕忧惧，这样，遇到了危险，虽可以免遭灾祸，但也未免太艰苦卓绝。

九四 此时潜龙已跃出了低渊，伺机而动，有时腾跃而起，有时潜退渊谷。

九五　潜龙刚健得中，飞上天空受到大德大才之人的拥戴。

上九　潜龙飞得过高，必然遭到困厄，说明事物的转化，满招损。

用九　意指新旧事物的转化。天空出现一群巨龙，首尾不见，变化没有穷尽，吉。

【讲解】

此卦六爻爻辞，揭示具有开创气质的阳刚元素的发展变化规律，龙由潜而见，由跃而飞，喻示事物的发展是按照由酝酿到发展、由低级到高级的变化过程进行的，并将向它主导方向发展——吉。

九三爻辞，谓朝乾夕惕，虽厉无咎，喻示经过奋发努力，可化险为夷，转危为安。

但亢龙有悔，一旦轻举妄动就终将有所悔恨，喻“物极必反”、祸福相倚的深刻哲理。

坤卦第二 ䷁

坤下坤上　坤①元亨，利牝马之贞。君子有攸往，先迷后得主，利。西南得朋，东北丧朋。安贞吉。②

初六　履霜，坚冰至。③

六二　直、方、大，不习，无不利。④

六三　含章，可贞。或从王事，无成有终。⑤

六四　括囊，无咎无誉。⑥

六五　黄裳，元吉。⑦

上六　龙战于野，其血玄黄。⑧

用六　利永贞。⑨

【注释】

①坤卦：上卦下卦均为坤，为地，象征宇宙纯阴至顺的灵德；坤也有伸的意思，乾是日光普照；坤，地气充溢。②元亨，利牝马之贞：元亨，前途非常亨通、顺利。牝马，母。“乾为马”，而马代表天，为阳性；坤卦言“牝马”则属阴性，故称地。攸：所。因此说坤在“东北丧朋。”③履：踏。霜：这里是用薄霜象征阴气初起，预示严寒将至。④直、方、大：天圆地方，博大无边，这里表示坤之德性。直：正直；方：端方；大：弘大。⑤章，文采绚丽，美德。王：指乾，指君王。⑥括囊：束紧口袋，缄口不言。⑦黄裳：黄色服饰。黄色在“五色”之中，象征中道，中色。裳，下服。古时服装上称衣，下称裳，裳居下，象征谦下。所以说“黄裳，元吉”。⑧龙战：指阴阳交合。阴极阳来而阴气未消。所以有阴阳二气交合的“龙战”之象。玄黄：玄为天色，黄为地色。所谓玄黄是天地色，混杂不明，阴阳互渗难别。⑨永贞：占问长久之吉凶。

【译文】

坤：像大地一样柔顺和包容。坤卦上可承乾天，下可容天物，表现了坤地的广博。筮得此卦大吉大利，尤其有利于占问牝马之德性。君子出行，筮得此卦，不宜先行。始则迷失方向，继而可寻得所在追求的目标。宜往西南方向，坤与西南合，西南为乾，不要往东北方向，东北为艮，为山。往西南能够遇到朋友，往东北则遇不到志同道合的人。如果占问是否平安，筮得

此卦可获吉祥。坤是配合乾为天地，但其中又有对当时的策略性比喻。

初六 走在薄霜的上面，已知坚硬的冰块就要到来了，预示严寒将至，这是见微知著，说明乾阳已转化，开始了坤阴的时间运转。

六二 “直”指纵横上下，“方”是指面积的前后左右，故有“天圆地方”之说。“大”指无穷无尽。“习”为演化，运动。意思是，柔顺之德，纵向无边，横向无涯，宽厚而博大，具备了这样的美德，不需要再要小聪明了，否则聪明反被聪明误。

六三 具备着美好品德，无成而有终。辅佐君王大业，起初可能无所建树，最后总能克尽臣职，得到好的结果，说明大度有包容之心的人能成就大器。

六四 韬光养晦，守口如瓶，可以免遭灾祸，但是只能求无过，却不能获得美誉。

六五 穿着黄色裙裳，保持恭顺的德性，结果大利。

上六 龙战于原野，血流遍地，两败俱伤。

用六 通观此卦可得知天地初开，天离不开地，地离不开天。这是天地运行之道。依此行动，则吉。

【讲解】

坤卦的卦爻辞性属阴柔，以象征大地母亲那艰苦奋斗，滋育子孙的胸襟与德能。强调坤的柔弱、顺从、居下的特性，主张柔顺地辅助君主。

“履霜，坚冰至”，是对自然气候变化规律的总结，含有事物发展由量变到质变的哲理。

屯卦第三 ䷂

震下坎上 屯①元亨利贞。勿用有攸往，利建侯。②

初九 磐桓，利居贞，利建侯。③

六二 屯如邅如，乘马班如，匪寇婚媾；女子贞不字，十年乃字。④

六三 即鹿无虞，惟入于林中；君子几，不如舍，往吝。⑤

六四 乘马班如，求婚媾，往吉，无不利。

九五 屯其膏，小贞吉，大贞凶。⑥

上六 乘马班如，泣血涟如。⑦

【注释】

①屯卦：震下坎上，幼苗破土的初生状态。“屯者，物之始生也。”②勿用：不宜。用，宜。建侯：授爵封侯。③磐桓：磐，大石；桓，树名，大石压住树头，比喻前进踌躇难行。居：居处，住所。④屯如邅如：乘马欲进，又班师而回。表示行进艰难。匪：通非。不字：不嫁人。字，古时礼仪，女子订婚后即用簪子插住发髻，这里引申为许嫁。⑤即鹿无虞：追鹿而无虞人作向导。虞人，古时管理山林之官名。几：求。舍：放弃。吝：恨、耻。⑥屯：积聚。膏：油脂。小、大：指少量和大量。⑦泣血：痛哭至眼睛出血。涟如：泪水不断的样子。

【译文】

屯 一般指粮草的屯积，或人遇困难时也会屯留。屯卦卦象是下单卦为震，上单卦为坎，为水，象征初生。筮得此卦大吉大利，和谐坚实。不宜冒昧行动，只要锲而不舍，有利于进封。屯象是静止的状态，但能相对保存自己。

初九 徘徊流连，难于前行。但只要刚强居正，获得民心，也有利于授爵封侯。应持以退为进的策略，要像磐石一要稳定、沉着，以谋将来之发展。

六二 开始时想赶路，但继之原地打转，徘徊不前。因为他们杂路不前，还以为他们是贼寇呢。这时他就想找个带路人，能找到吗？如同女子也只有到了可以谈婚论嫁的年龄，才可以嫁给他，何况小伙子自己也要有点功名呀。

六三 打猎中没有向导，会误入山林迷途中。如果出兵征战，没有同盟相助，则会孤掌难鸣。在这种情况下，与其继续追逐，不如舍弃而回返；一意前往，必遭艰难。

六四 乘马的人可以找到向导了，人家愿意帮助他，就像答应求婚的事一样，无往而不利。

九五 雨是由云层中降下的水，适量雨水能滋润禾苗，多了，就成灾了。

上六 物极必反。乘马的人过于大张旗鼓，兴师动众，这就会好景不长，而引来血的教训。

【讲解】

“屯”，下震上坎，象征雷雨并作，险象横生。万物初生步履维艰，在艰险困苦里边，有着美好的前途，故曰“屯，元、亨、利、贞”。全卦正是扣住这一旨意，启迪人们要注意化险为夷。当险难出现的时候，要有依靠力量，如“磐桓”（坚强的石柱）之类。居家的就可以安居，有国的就可以封侯。新生事物艰难成长，对某些似是而非的事物，要取分析态度，作出恰当的判断，千万不能把为“婚媾”而来的人群当做盗寇。在关键时刻要善于作出正确的选择，做到“君子几不如舍”，不能因小失大。

蒙卦第四 ䷃

坎下艮上 蒙[①]亨，匪我求童蒙，童蒙求我。初筮告，再三渎，渎则不告。利贞。[②]

初六 发蒙，利用刑人，用说桎梏，以往吝。[③]

九二 包蒙，吉。纳妇，吉。子克家。[④]

六三 勿用取女，见金夫，不有躬，无攸利。[⑤]

六四 困蒙，吝。[⑥]

六五 童蒙，吉。

上九 击蒙，不利为寇，利御寇。[⑦]

【注释】

①蒙：卦名。坎下艮上，意为覆，被。蒙昧蛮荒之象。②童蒙：无知之人。蒙，蒙昧，指需要教育的人。再三：这里承前省略了一个“筮”字，所以“再三”即“再三筮”，意为接二连三地占筮。渎：亵渎。③发蒙：开启蒙昧人之智慧。刑人：体罚或刑罚人，带有强制性。说：通脱。桎梏：古代刑具名，铐在足上称桎，铐在手上称梏。以：而。④包蒙：强调教育的广泛。纳妇：迎娶媳妇。子克家：家不指一个小

家。这里有修身治国的意思。⑤取：通娶。金夫：美称，指貌美郎君。不有躬：不顾体统，自失其身。⑥困蒙：陷于蒙昧之中的人。⑦击蒙：用严厉的办法管教，但不能过头。

【译文】

蒙卦 蒙：愚昧。蒙卦卦象是下单卦为坎，坎为水；上单卦为艮，艮为山。蒙昧无知的人，是否能改进，不取决于我们，而是蒙昧无知的人要有诚意改革自新。初次前来占筮，告诉他吉凶；接二连三地占筮，便是对占筮的亵渎了，这样，便不再告诉其吉凶，因为求学与施教都要持严肃的态度。

初六 改造初始，即要法规严明，甚至强制对被改造人的惩戒。如果放任自流，就是管理不善，将困难重重。

九二 受教育者很多，教育者要以“有教无类”的原则一视同仁，这未必不是好事，正如娶妻纳妾一样天经地义。人们接受教育后才能修身、治家。

六三 不宜娶这个女子为妻，因为她见到美貌郎君就动心了，甚至以身相许，这个女人不接受教育，故不可教也。

六四 陷于蒙昧无知的人，深深被愚昧所困扰，远离了接受教育的条件，故处境艰难。

六五 没有敌意，无邪念的蒙昧无知的人可以启发教育，必获吉祥。

上九 要惊醒愚昧无知的人促其转化，但不宜采用过激的行动使矛盾激化，而如果你的方法对头，被教育者的坏习气便可以改掉。这样才是吉利的。

【讲解】

蒙卦重在开导统治阶层要妥善处理各阶层的关系，反映出古人对教育、启蒙的重视。启蒙可以培养人的美好品德，使其走正道，这是神圣的功劳。蒙昧之人并非一成不变，只要引导得法，蒙就可以转化为不蒙。刑人脱去枷锁，亦可为我所用。

需卦第五 ䷄

乾下坎上 需①有孚，光亨，贞吉。利涉大川。②

初九 需于郊，利用恒，无咎。③

九二 需于沙，小有言，终吉。④

九三 需于泥，致寇至。⑤

六四 需于血，出自穴。⑥

九五 需于酒食，贞吉。⑦

上六 入于穴，有不速之客三人来，敬之，终吉。⑧

【注释】

①需卦：乾下坎上，象征等待。“物种不可不养，故受之以需。”需也作饮食解。②孚：诚信。光亨：大为通顺。③郊：城邑之外。恒：此指恒心。④沙：沙滩。小：少。言：议论。⑤致：招来。⑥血：血泊，此指危险。出：离开。穴：陷阱。这里比喻险恶。⑦酒食：此指酒宴。⑧不速之客：未经邀请而来的客人。

【译文】

需卦　需：需要。需卦卦象是下单卦为乾，为发展中的政权。上单卦为坎是坎水、坎险，象征等待。即使前面有险阻，但能有正当的等待方法心怀诚信，自然光明亨通。有利于涉越大江大川，有利于前程。

初九　有阳刚之勇，但极易犯难而行，故要在郊野中等待，宜持之以恒，才无灾祸。

九二　沙与郊野又靠近了一步，应为水边了，在水边上等待。有回旋的余地，但也引起争议，此时如能耐心等待，并一致行动，最后还是吉祥的。

九三　由沙滩进而到达河边泥泞之中等待，此时已有险境，并已短兵相接，且勿冒险而行。

六四　此卦不仅有水，有泥，还有血，在浴血奋战，但能脱离险境。

九五　从险境中出来，竟然受到热情的接待，此卦在酒食宴中等待，占之必获吉祥。

上六　陷入险境，不速之客“三人”（三阳）来访，但只要有乾阳接替，可催促转化，最终必获吉祥。

【讲解】

《易》对“需”予以赞美，认为“需”包含着诚信，抱有信念，耐心等待，结果广大而亨通。“需”反映的是某一件事或一项事业，在最初阶段必须耐心等待时机。等待必须合乎规律，才可能遇险化险而达光明亨通的境地。

讼卦第六　☰☵

坎下乾上　讼①有孚，窒惕，中吉，终凶。利见大人，不利涉大川。②

初六　不永所事，小有言，终吉。③

九二　不克讼，归而逋；其邑人三百户，无眚。④

六三　食旧德，贞厉，终吉。或从王事，无成。⑤

九四　不克讼，复即命，渝。安贞，吉。⑥

九五　讼元吉。⑦

上九　或锡之鞶带，终朝三褫之。⑧

【注释】

①讼卦：下坎上乾，象征争讼、争论。有孚：指诚信。②窒惕：阻塞。③永，久长。不永所事：不长久困于争讼之事。④不克讼：争讼失败。归而逋：逃亡，逃避。邑：封地，古代三百户为一邑是小国。眚：过失，灾祸。⑤食旧德：吃昔日俸禄。贞厉：正确但危险。⑥复即命：回归正理。渝：改变习性，改变初衷。⑦讼：这里指“决讼”，即审断讼案。⑧锡：通赐。鞶：大带。古代根据官阶颁赐的腰带，上或有金玉之饰。终朝：终日，整天。褫：剥夺。

【译文】

讼卦　讼：象征争讼。讼卦卦象是下单卦为坎，险陷；上单卦为乾，代表刚健。只要心怀

诚信，加以警觉，申辩中，持中和之道不偏不倚，可获吉祥；如果始终强争不息，不见好就收，则有凶险。利见大德大才之人，不宜涉越大江大川。

初六 不利于长久困于争辩不休中，应减少口舌，平息是非，最终可获吉祥。

九二 食邑：古作官之人世袭为生，食先祖领地的俸禄。明智地退出是非之地，暂避到有利于自己的地方，意指逃到只有三百户的小邑，便可息事宁人躲过灾难。

六三 安享昔日俸禄，守住纯正的美德，虽然此地仍会有不中不正之事，但最终可获吉祥。或许还有辅佐君王的可能，但居功不足。

九四 争讼失利，回归正理，改变争讼的初衷，安贞守正，则可以平安无事。过去的功败、得失皆可不计。

九五 审断争讼，应判明是非曲直，并从事情开端就将争讼平息下来。中正无讼则吉。

上九 也可能由于决讼清明而荣获颁赐或加封，但由于君王反复无常，一天中又三次下令收回，这是要警觉的。莫忘荣辱。

【讲解】

讼卦的思想，在今天仍给人以启示。强调“有孚”。“孚”是“信”的意思，这首先是指“诚信”、“信实”，也就是事实确凿，实事求是，这是打官司有信心的可靠依据。但即便这样，打官司也仍要强调一个“惕”字，即有戒惧之心，谨慎从事。讼卦强调“不永所事”与“复即命”。前者是说不要陷入拖延不决的困境，后者在今天来看就是接受调解。倘若一意孤行，纠缠不休，或不知进退，不接受较为公平的调解而改变行动，这最终也是会自受其害的。所以讼卦说“不永所事……终吉”，又说“复即命，渝，安”，包含着有益的经验，可结合实际情况加以运用。

师卦第七 ䷆

坎下坤上 师①贞，丈人吉，无咎。②

初六 师出以律，否臧，凶。③

九二 在师中，吉无咎；王三锡命。④

六三 师或舆尸，凶。⑤

六四 师左次，无咎。⑥

六五 田有禽，利执言，无咎。长子帅师，弟子舆尸，贞凶。⑦

上六 大君有命，开国承家，小人勿用。⑧

【注释】

①师卦：坎下坤上，讲战争理论。②丈人：老成持重者，此指军事统帅。③律：军乐，有行进退从的功能和号令作用。否臧：不善，不好。④在：统率。中：中正。王三锡命：君王多次颁赐奖赏其功。锡命：发布奖赏的命令。⑤舆尸：用车载运尸体，比喻兵败如山。⑥左次：驻扎在左方。如驻扎在左低右高的地势上，利于防御和攻击。⑦禽：动物。执言：责难，声讨。弟子：次子。⑧大君有命：君王降下诏命，论功封爵。开国：封诸侯，开创千乘之国。承家：授大夫，承袭百乘之家。家，大夫封地。小人勿用：意在用君子，不要用小人。

【译文】

师卦卦象是上单卦为坤，坤为地，为母；下单卦为坎，为水，是险与水。师卦指军旅而言。军事上以刚直中正，听从天命，众望所归的统帅率师出征才能非常吉利，必无灾祸。

初六　军队出征，必须号令如山，军纪严明，对敌战斗才有震慑力；如果治军不严，军纪败坏，必有凶险。

九二　统率军队出征打仗，只要持守严明中道又有英明将军，此将军又能得到君王的赏识，并三度给以褒奖，则可获吉祥。

六三　卒缺乏将军之才，却刚愎自用，盲目行事，擅自用权，最后兵败如山，大败而归。凶。

六四　布阵得当，能守能攻，并严阵以待，可免灾祸。

六五　打仗和打猎一样，王者之师，用将必须刚断，如命长不出师，即指有才能的统帅指挥作战，复又让小人，无能之辈参与争功，势必大军败北，即使声势浩大，也大而无功。

上六　班师回朝，天子颁布诏命，论功封爵，大功封侯，赐土地；功次之的封卿，但要重用君子，不要重用德才都差的小人。

【讲解】

师卦经文有两点值得注意：首先，“师出以律”，是古人实践经验的总结，对我们今天仍有指导意义。其次，反映“任人唯贤”。大人“开国承家”，“小人勿用”，正是统治阶层用人之道。

比卦第八 ䷇

坤下坎上　比①吉。原筮，元永贞，无咎。不宁方来，后夫凶。②

初六　有孚比之，无咎。有孚盈缶，终来有它吉。③

六二　比之自内，贞吉。④

六三　比之匪人。⑤

六四　外比之，贞吉。⑥

九五　显比。王用三驱，失前禽，邑人不诫，吉。⑦

上六　比之无首，凶。⑧

【注释】

①比卦：坤下坎上，象征亲近、亲辅；协和邦国之意。②原筮：旧筮，指再三占筮。原，追寻之辞。元：下脱一“亨”字，所以“元”即“元亨”，意为大吉大利。永贞：占问长期之吉凶。不宁方来：不安宁的事可并行而至。方国：商周时代对少数部落的称呼。后夫：后来者。③有孚比之：有诚信之心者前来亲辅。盈缶：美酒装满酒坛。缶：大肚小口，用来盛酒的瓦罐。终来有它：最终会发生意外情况。④内：内在要求。⑤匪人：非其人。⑥外比：向外亲辅。⑦显比：明显地亲辅。三驱：不合围，开一面之网。诫：诫告。⑧无首：没有首领，即没用对象。

【译文】

比卦　象征亲辅。比卦卦象是下单卦为坤，为地；上单卦为坎，为水。比卦卦象是众星捧月之象。此卦吉祥。当年古人筮遇此卦，必有吉利，占问长久之事，没有灾祸。辅指古代的车子是用木做的，但车轮两旁的木楔与车子是一体的，车轮的木楔必须依从车子而转动。正如不愿臣服的邦国看到势头不对也都来朝，迟缓而来者必成独夫民贼，必有凶险。

初六　诚信归顺的人前来辅佐，必无灾祸。诚信之意就如装满美酒的酒坛，最终会有人前来依附，肯定会有意外的吉祥。

六二　臣以人事君，忠贞之笃，必将吉祥。

六三　所亲辅的人不是忠贞的人，既以伤世，还可自伤，其害惨重。

六四　向外依附，也不能什么人都投靠，要选择贤明之君，才可获吉祥。

九五　招贤纳士应当宽宏无驻，竭诚欢迎所有前来投靠的人。正如君王狩猎，三方驱围，网开一面，舍逆而取顺，使邑人都不惧怕之，这样才会吉祥。

上六　开始时没想去亲辅去投靠，现在事过境迁，为时晚矣。凶。

【讲解】

比卦讲的是人与人之间的相交之道，强调亲比的重要性。亲比的范围比较广泛，或自内亲于外，或自外亲于内，或自下亲于上，或自上亲于下。亲比的原则在于诚信、忠贞。与没有诚信、缺乏忠贞的人亲比，是“比之匪人”，结果必遭凶祸。

小畜卦第九 ䷈

乾下巽上　小畜①亨。密云不雨，自我西郊。②

初九　复自道，何其咎？吉。③

九二　牵复，吉。④

九三　舆说辐，夫妻反目。⑤

六四　有孚，血去，惕出，无咎。⑥

九五　有孚挛如，富以其邻。⑦

上九　既雨既处，尚德载，妇贞厉。月几望，君子征凶。⑧

【注释】

①小畜卦：乾下巽上，象征阴柔力量的聚集，有“止”的意思。小，少。畜，通“蓄”。②自我西郊：浓云从我邑西郊而起。③复自道：回归自身的道行。④牵复：牵连而复回。⑤舆：大车。说：通脱。辐：古代车子上固定车轮于轮轴上的掣栓。说：同悦。反目：失和。⑥孚，诚信。血去：排除惊恐。血，同恤，忧虑。⑦挛：拘系，捆绑。如：样子。富以其邻：与邻人同富。以，与。⑧既雨既处：天已降雨，雨已停息。尚德载：还可以运载。德，同“得”。几望：即既望，古代历法，每月十六日为“既望”。征：出征。

【译文】

小畜卦　象征小有积聚。小畜卦卦象是下单卦为乾，为天，为健；上单卦为巽，巽为风。

风行于天上。筮得此卦亨通。浓云密布虽不降雨，云气从我邑西郊升起，终归会下大雨。意旨文章才艺与道德君子尚未到大有作为的时刻。

初九　不要太过刚阳，要回归自身的道行，才不会有什么灾祸。过于猛烈了，就要回头，这才吉祥。

九二　与志同道合的人携手而进，处于中庸而得正，也能获得吉祥。

九三　阳刚前行，阴柔挡道，正如车轮脱了轴，夫妻反目为仇。

六四　如能谦容大度，并得到有力的相助，就可以避免伤害和恐惧，远离惕血之灾，有惊无险。

九五　只要以诚信之德与人相处，并真诚配合，便可刚柔相济，共同致富。

上九　天上已降下大雨，风已经停息。积集的德行与富贵都可用车轮来载运了，这时就要想到福、灾所依之事，未雨绸缪，以盈满告诫自己，家道也是如此，悍妻持家，必有祸殃。

【讲解】

小畜卦爻辞讲的是小有积聚，多反映古代游牧民族的生活图景。放牧要选择好的天气，还要防范强者的抢劫。“密云不雨，自我西郊”，反映天气变化的自然规律。

履卦第十 ☱

兑下乾上　履虎尾，不咥人，亨。①

初九　素履往，无咎。②

九二　履道坦坦，幽人贞吉。③

六三　眇能视，跛能履，履虎尾，咥人，凶。武人为于大君。④

九四　履虎尾，愬愬，终吉。⑤

九五　夬履，贞厉。⑥

上九　视履考祥，其旋元吉。⑦

【注释】

①履卦：兑下乾上，象征谨慎行走。履又为足，践也。咥，咬。②素：质朴无华。履：此为谨慎行走的意思。③幽人：安适恬淡之人。④眇：目盲即眼不能视。武人：勇武之人。为：作为，引申为效命。大君：君王，天子。⑤愬愬：谨慎申诉的样子。⑥夬：果决。⑦视：回顾。考：考察。祥：此指吉凶祸福的征兆。旋，返。

【译文】

履卦　象征谨慎行走。履本意是“踩”。履卦卦象是下单卦为兑，为泽，为柔；上单卦为乾，为刚健。态度谦和，中正无私，即使行走时不慎踩了老虎尾巴，老虎也不会咬他。亨通顺利。

初九　衣着质朴，行走谨慎，做什么事都没有灾祸。这是指能唯守中道以自安，故吉。

九二　正志以居，与天下凶危相忘，抑志而养德，安适恬淡，当吉。占问此爻可获吉祥。

六三　目盲偏要观察，足跛偏要行走，志怀叵测，无忌惮而鼓乱，必有凶险。正如勇武之

人为君王效命，却拥兵自重，好大喜功，必然伤及王朝。

九四　即使走在老虎的后面，但只要我们戒慎戒躁，谦谦而警觉，总可以避开灾祸，施展抱负。

九五　即使位居尊位，也不可贸然行事，避免独断专行，否则有危险。

上九　回顾自己的行事处方，肖弭化灾，善以长人，实是大吉。

【讲解】

履卦讲的是人在社会如何实践、如何处世的问题。认为履道险恶，贵在慎、谦。同是“履虎尾”，由于态度不同，结果相反。以戒慎心情对待，结果“终吉”；自以为“眇能视，跛能履”，趾高气扬，结果凶险。可见，谦柔能自保，刚强则丧生，柔弱胜刚强。

泰卦第十一　䷊

坤上乾下　泰①小往大来，吉，亨。②

初九　拔茅茹，以其汇，征吉。③

九二　包荒，用冯河，不遐遗；朋亡，得尚于中行。④

九三　无平不陂，无往不复，艰贞无咎。勿恤其孚，于食有福。⑤

六四　翩翩，不富以其邻，不戒以孚。⑥

六五　帝乙归妹，以祉元吉。⑦

上六　城复于隍，勿用师。自邑告命，贞吝。⑧

【注释】

①泰卦：通也。坤上乾下，象征自然与社会的祥和美好。②小往大来：小的往外，大的来内。③汇：同类会信。茹：草根。茹以其汇：草根的根相连，以致牵连其同类。④包荒：荒是污秽，包是包容。冯河：即遇到虎，徒于搏斗；遇到河，毅然泅渡。不遐遗：不因偏远而遗弃。遐，远。朋亡：不要结党营私。朋，同道，同党。亡，通无，音义同。得尚于中行：能辅佐德行持中的君王。尚，辅佐。中行，德行持中不偏。此指六五爻。⑤陂：山边、水旁倾斜之处。艰贞：占问患难之事。勿恤其孚：不必忧虑返还。恤，忧。孚，返回。于食有福：有口福之吉。⑥翩翩：鸟疾飞样，比喻人举止轻浮。戒：戒备。孚：诚信。⑦帝乙归妹：帝乙嫁女。帝乙，纣王之父。归妹：嫁女。以祉：以之祉，意为因此而得福。以，因。之，代“帝乙归妹”。祉，福。⑧隍：干涸的护城河。勿用师：不可出兵征战。师，军队。告命：祷告天命。

【译文】

泰卦　象征通泰。泰卦卦象是下单卦为乾，为天，为健；上单卦为坤，为地。乾下坤上是地在泰的卦象。筮得此卦必获吉祥。

初九　拔除茅草，从其根部萌发的情况，就可知道是否春回大地，该开始播耕了。连根拔除茅草，也象征干事要以团结志同道合的人一起去汇征。

九二　如果有包容大川的胸怀，对外能容忍他人之不足，对己有临危不惧，果断处之的作风。于公对私光明磊落，持中正之道，必吉。

九三　没有只平直而不倾险之地，也没有只出行而不再返还的人；平之必陂，往之必复，这是自然之理。故要坚守中正之道，并相信该来的一定会来。该有饭吃，该有酒喝，自然会来，这就是福。复有福吉。

六四　用鸟的轻盈飞翔，比拟人之轻狂冒进，不能保住财富，人没诚信就成为阳实阴虚的状态，因而丧失了实力。

六五　帝已位居尊位，却能将自己的妹妹下嫁给自己的属臣，以柔居中，合于帝已大吉，也体现了满朝的福祉。

上六　城墙倾倒在城壕之中，不可以动用很多人去修复，因为此时已盛极已衰。也不宜在城邑中乞求援兵，难免有羞辱。在城邑中祷告天命，占问必有艰难之兆。

【讲解】

本卦从不同角度强调“小往大来，吉”。认为阴阳之间相交感能够获吉，有着对立统一的因素；“无平不陂，无往不复”，承认事物是相对的，有着一切事物向相反方向发展变化的辩证法因素；“尚于中行”，崇尚中正不偏、提倡诚实守信。

否卦第十二 ䷋

坤下乾上　否之匪人，不利君子贞，大往小来。①

初六　拔茅茹，以其汇，贞吉，亨。②

六二　包承，小人吉；大人否，亨。③

六三　包羞。④

九四　有命无咎，畴离祉。⑤

九五　休否，大人吉。其亡其亡，系于苞桑。⑥

上九　倾否，先否后喜。⑦

【注释】

①否：不通泰，事不然也。否卦：坤下乾上，象征天地闭塞，阴阳隔绝。匪人：非其人，即不当其人。②茹以其汇：草根牵连其同类。③包承：被包容并承包尊者。④包羞：被包容而为非，故可耻。⑤命：君命。畴：同类人。离祉：受福，依附福德。⑥休否：闭塞止息。其亡：行将灭亡。系于苞桑：系在桑树丫子上。⑦倾否：开通闭塞。倾，倾覆，引申为“转化”。

【译文】

否卦　阴阳阻隔，万物不生，否卦卦象是下单卦为坤，为地；上单卦为乾，乾为天，看似吉象，但在否卦中却是天地背离的卦象。筮得此卦对君子坚守中正之道不利，因为此时是阳气极敛，阴气上升的时候，君子应俭德避之。

初六　秋风劲，枯草黄，小人得势之力已衰，但君子尚需成之，此卦吉。

六二　阴气得势，做非小人表现的谦卑、可笑，而正道君子却超然世外，行动迟缓而消沉。但大人终不可被小人之势所干扰。

六三　其位不当，小人整日寻欢作乐，珍馐美食。君子却贱恶之。

九四　君子想拯济天下，必须依天命而行。君子需排除阻力，行收揽人才、体国用人之道。

九五　否极泰来，坤阴当道，有其亡象。但君子力求复兴泰平，仍任重而道远。桑根入土深固，必须惴惴不安。

上九　小人之伎俩已毕尽，天下皆恶之，乘时而倾之，当刚断。吉也。

【讲解】

否与泰相反，阴阳相背而不交，呈闭塞状态。闭塞不通，于君子不利。反映崇尚阴阳对应、相互交渗的辩证法思想，认为在不利环境下，时刻防范，小心谨慎，可趋吉避凶。

同人卦第十三 ䷌

离下乾上　同人于野，亨。利涉大川，利君子贞。①

初九　同人于门，无咎。②

六二　同人于宗，吝。③

九三　伏戎于莽，升其高陵，三岁不兴。④

九四　乘其墉，弗克攻，吉。⑤

九五　同人，先号咷而后笑，大师克相遇。⑥

上九　同人于郊，无悔。⑦

【注释】

①同人卦：离下乾上，象征人事和同、集众之意。野：在古代，以国为中心，国外为郊，郊外为野，此指国之外域。②于门：指王门、宫门。③宗：宗族之人。④伏戎于莽：预设伏兵于草莽、树丛之中。伏：埋伏。戎：军队。莽：树丛。升：登上。岁：年。兴：指兴兵征战。⑤乘其墉：登上城墙。乘，登上，即攻占。墉，城墙。弗克攻：不用进攻。克，能。⑥号咷：嚎啕大哭。大师：强大的军队。克：取胜。⑦悔：困厄。

【译文】

同人卦　象征人事和同。同人卦卦象是下单卦为离，离为火；上单卦为乾，乾为天。两单卦结合为天火，同人的卦象。在旷野上族众聚集在一起，光与火聚，人与人同。亨顺利。利于涉越大川巨流，有利君子。

初九　必无灾祸，会聚臣僚及民众于王门，打破门户之见，共谋国家大事，必无灾祸。

六二　君子要结交天下善人志士，不可搞宗族，否则不利于君子之风阐扬天下。

九三　刚健居中，必遭显露，难有胜草。必须在草丛中设下伏兵，登高而远眺。结果强敌不敢近前，三年也没有战争。

九四　虽君子已占优势，但尚不能为此而强用兵，这是识时务的。

九五　和同之中有哭有笑，有苦有甘。先悲苦，是因为中正不得伸张，当大家归于一统，又不免破啼为笑。当大军出征告捷，各路兵马相遇会合，同庆胜利时，天下一同。

上九　但愿天下同人，但是这个目的尚未达到。有些桀骜不驯的人还在离群索居，像这种无求同之志的人，虽非他甘心情愿，但他并不后悔。

【讲解】

同人卦强调团结的重要性。和同的范围越广越好。阴柔属于适当而中正的地位，又与阳刚相呼应，反映人与人之间志同道合的和谐关系。

大有卦第十四 ䷍

乾下离上　大有①元亨。

初九　无交害，匪咎；艰则无咎。②

九二　大车以载，有攸往，无咎。

九三　公用亨于天子，小人弗克。③

九四　匪其彭，无咎。④

六五　厥孚交如，威如，吉。⑤

上九　自天佑之，吉无不利。⑥

【注释】

①大有卦：乾下离上，象征盛大富有。②无交害：没有相交的侵害。③公用亨于天子：君天子，日天子。君临天下者便为天子。公侯都得向天子进献贡品。亨：进贡的果品珍玉等，指向天子进献的贡品。弗克：做不到。④彭：盛大。⑤厥孚交加：用其诚信智谋结交上下。厥：他的。威如：威严自显。⑥佑：佑助，保佑。

【译文】

大有卦　象征富有。大有卦卦象是下单卦为乾，为天；上单卦为离，为火。两单卦结合为乾指刚健，离指光明，象征应天命，得人心之卦象。年丰人富，百废待兴，亨通顺利。

初九　与人相处中只求中定而不利害相加，自然不会招致灾祸；须知只有在艰辛中审戒疑惧才能免遭灾祸。

九二　委以重任、重托，其寄托之期望如用大车运载财货。满负希望前行，再无疑恙了。

九三　公侯向君王进献贡品，以报知遇之恩。君王也赐给饮食，给以礼遇。而小人是不可能仿效的。

九四　鼓声集众，但君位之人能以柔济刚，尚不会有犯上的事端，但身居君位的人要明辨是非。

六五　胸怀坦荡，诚信施德，恩威并举，天下臣服，威严自显，当可获吉祥。

上九　“天自佑之，吉无不利”，佑助从天上降下来，吉祥便无所不至。

【讲解】

本卦与《同人》联系紧密。《同人》强调与人和同，《大有》强调与人相交。反映刚健而文明，能顺应天道，按规律办事，使自然和社会呈现和谐景象。

谦卦第十五 ䷎

艮下坤上 谦[①]亨，君子有终。

初六 谦谦君子，用涉大川，吉。[②]

六二 鸣谦，贞吉。[③]

九三 劳谦，君子，有终，吉。[④]

六四 无不利，㧑谦。[⑤]

六五 不富，以其邻，利用侵伐，无不利。[⑥]

上六 鸣谦，利用行师，征邑国。[⑦]

【注释】

①谦卦：艮下坤上，象征敬恭谦虚。亨：指谦虚地待人接物，君子谦而有终，必致亨通。②谦谦君子：指在逆境中不畏缩，不沮丧，在顺境中保持谦和，宠辱不惊的人。③鸣谦：谦虚之名传扬在外。④劳谦：天道酬勤，有功而能谦虚。⑤㧑谦：发挥谦虚之美德。⑥利用侵伐：宜用讨伐。⑦行师：兴兵征伐。

【译文】

谦卦 象征谦谨。谦卦的卦象下单卦是艮，艮为山，为止；上单卦为坤，坤为地，为顺。内止知道抑止，乃谦也。只要谦虚地待人接物，做事必然亨通；然而只有君子才能无始也有终，虚心而识时务。

初六 凡君子都是谦而又谦，君子凭着这种谦虚的美德陶冶自己的修养，才可以涉越大江大川，并获吉祥。

六二 柔顺中正是谦虚的美德，真正做到坦诚而光明磊落，不形诸于外，就能深得众人的共识、共鸣，必获吉祥。

九三 能够始终辛劳而不夸耀，功而不骄，并匡济众人。君子能保守这种美德，必获吉祥。

六四 只要持守发挥谦虚的美德，处人行事便无往不利。

六五 本身虽不富有，但能以德服人，从而得到友邻的拥戴。即使为了征讨侵伐之敌，不得已使用了武力，也让人折服。

上六 传扬谦虚的美名，兴兵征伐，抵御来犯之敌，都是为了显示其德，力量和德分不开。而没有功劳，又如何能显谦。就是这个道理。

【讲解】

本卦主要赞颂“谦”德。认为“谦”是人类生活中的高尚品德，人的德行很高，但能自觉不张扬，这就是谦虚的美德。有了它，处世无所不利。

豫卦第十六 ䷏

坤下震上 豫[①]利建侯行师。[②]

初六　鸣豫，凶。[3]

六二　介于石，不终日，贞吉。[4]

六三　盱豫，悔。迟有悔。[5]

九四　由豫，大有得。勿疑，朋盍簪。[6]

六五　贞疾，恒不死。[7]

上六　冥豫，成有渝，无咎。[8]

【注释】

①豫卦：坤下震上，象征预虑、和悦。②建侯：授爵封侯。行师：兴兵征伐。③鸣豫：喜逸豫好欢乐而扬名于外。④介于石：比磐石还坚贞。介，中正坚定。于，比。不终日：不待终日。⑤盱：张目，形容媚上之相。迟：迟疑缓慢。⑥由：从，借助，依赖。盍簪：合拢，合聚簪子。簪：古代系绾头发的首饰。盍簪有会集朋友的意思。⑦恒：长久。⑧冥：日暮。这里引申为昏乱、盲目。渝：改变。

【译文】

豫卦　象征欢悦。豫卦的卦象是下单卦为坤，坤为地，为顺；上单卦为震，震为动，为雷。二单卦结合，说明雷发于地。以人事比拟，乐于追随则行动。从而建立授爵封侯的基业、利于兴兵讨伐有罪之师。

初六　凡事不可自鸣得意，夸夸其谈。骄矜而狂妄，将有凶险。

六二　持守正固，像磐石一样坚，而稳妥，该早晨干的，绝不晚上再去做。你这样一丝不苟，自然吉祥。占问定获吉祥。

六三　一味阿谀奉承，自然得到青睐，但必须悔改，如果一再迟疑，终会陷入困境。

九四　众人凭依他而得到欢乐，将大有作为；君子坦诚不疑，贤者不期而至，不会犹虑没有好友。

六五　占问疫病的吉凶，筮得此爻幽忧致疾，人气已微，困穷一生。故必须坚守中正，才能化凶为吉。

上六　沉迷作乐，其势已危，自苦终身，如果能及早改正，没有灾祸。

【讲解】

豫卦对“豫”持有谨慎态度。反映在安逸和乐的环境中，人们所要避免的是“鸣豫”、“盱豫”、“冥豫”，做到既享受安乐，又头脑清醒，利用好的环境，更好地有所作为。否则，将会带来祸害。

随卦第十七　䷐

震下兑上　随[1]元亨，利贞，无咎。

初九　官有渝，贞吉。出门交有功。[2]

六二　系小子，失丈夫。[3]

六三　系丈夫，失小子。随有求得，利居贞。[4]

九四 随有获，贞凶。有孚在道，以明，何咎[⑤]？

九五 孚于嘉，吉。[⑥]

上六 拘系之，乃从维之。王用亨于西山。[⑦]

【注释】

①随卦：震下兑上，象征追随。②官：通馆，馆舍做官人的居所。渝，改变。交：与人交往。③系小子：倾心依从小人。系，系属，引申为倾心依从。④随有求：追随别人而有所求。居：居处。⑤有孚在道：有诚信之心而持守正道。以明：以光明正大立身。⑥孚于嘉：施诚信给美善者。嘉，指嘉会。祭祀的时候，献上玉佩玉器以示恭敬、诚信。⑦拘系：囚禁。从维：释放。从，即纵。亨：祭享。亨，通享。

【译文】

随卦 象征随从。随卦卦象是下单卦为震，震为动；上单卦为兑，兑为泽，为悦。两单卦结合，受之以随，随心而动。亨通，利卦，没有灾难。

初九 当出任的官位有了变动，自己应做到恪守中正，荣辱不惊，这才能保住吉祥。出门广交朋友定能成功。

六二 一心依附留恋小人，就会失掉刚直的正人，不要贪小而失大。

六三 依附刚直的正人，摆脱柔顺的小人，可以得利，有利必有得，但动机必须纯正。

九四 你所获得的不是你该获得的，也有凶险，一个人要走道义之门，持守正道，光明正大，才不会有灾难。

九五 将诚信献给美善之人，可获吉祥。

上六 不以精诚感化，只以拘禁，强求其跟随，岂能教人感悦？此非正道，要以王之风范巩固江山。

【讲解】

易卦把“随”看做“元、亨、利、贞”的体现：视为最高美德。“随”，是有原则的。要随上而不随下。六二随初九是随下，被看做“系小子，失丈夫”，表明随下不可取。六三随九四，是随上，被看做“系丈夫，失小子”，故曰“随有求得”，表明随上可取。“易”虽推崇“随”，但不主张盲从。若随到极点，则必盲从，结果必然会被人拘系，而成为牺牲品。

蛊卦第十八 ䷑

巽下艮上 蛊[①]元亨，利涉大川。先甲三日，后甲三日。[②]

初六 干父之蛊，有子，考无咎，厉，终吉。[③]

九二 干母之蛊，不可贞。[④]

九三 干父之蛊，小有悔，无大咎。

六四 裕父之蛊，往见吝。[⑤]

六五 干父之蛊，用誉。[⑥]

上九 不事王侯，高尚其事。[⑦]

【注释】

①蛊卦：巽下艮上，象征积弊日久，必须救弊治乱。“蛊”字本义为腹中之虫，这里引申为蛊惑。②先甲三日，后甲三日：甲子从十天开始。十天干是甲、乙、丙、丁、戊、己、庚亲、壬癸，一个月三个十天，一旬正好十天。如果将十天排列成一圆，那么甲的前面就是癸、壬、辛，即光甲三日。后甲三日就是乙、丙、丁。③干父之蛊：儿子匡正父亲之弊乱。④贞：正，引申为干涉。儿子不能干涉母亲的闺房之事。所以说“不可贞”。⑤裕：这里是纵容、宽缓的意思。⑥用：以，因。誉：称誉。⑦高尚其事：其事，指专心治家，与“事王侯”相对。高尚，以专心治家为高尚之事。

【译文】

蛊卦　象征积弊日久，拯弊治乱，蛊卦卦象是下单卦为巽，为风；上单卦为艮，为山。两单卦结合风行山止，打旋而邪。盛极而衰，凡事必须防患于未然，才有利于涉越大江大川，用甲前三日甲后三日比喻天时之运转，时事之变化，最后天下大治，长治而久安。

初六　力挽父辈或前任的过失；儿子重整父亲或前任的事业，不指责他们的过错，不抹杀他们的功劳，即使有些艰难，终可避开灾祸，最终会获得吉祥。

九二　匡正母辈的过失，治理家事，只可用柔承的办法，否则必无裁。

九三　改正父辈的过失，儿子尽管过于刚强，为父辈的败绩而焦躁，但仍不失顺承之道，便没有巨大灾难。

六四　姑息宽容父辈的过错，长此以往，定遭谴辱。

六五　匡正父辈的败绩，重整家业，再建雄风，当受誉。

上九　逸民不乐，在为朝廷效命，而专心治家，可以效尤。

【讲解】

蛊卦既讲事物积弊不通，更强调对事物积弊不通的治理。“易”赞颂“干父之蛊”，即儿子匡正父辈的弊端。干父之蛊者，或“终吉”，或“无大咎”，或“用誉”，均无不祥。认为“不事王侯”，乃“高尚”之事。

临卦第十九 ䷒

兑下坤上　临①元、亨、利、贞。至于八月有凶。

初九　咸临，贞吉。②

九二　咸临，吉，无不利。

六三　甘临，无攸利。既忧之，无咎。③

六四　至临，无咎。④

六五　知临，大君之宜，吉。⑤

上六　敦临，吉，无咎。⑥

【注释】

①临卦：兑下坤上，象征莅临、临察。②咸临：胸怀感化之心临于百姓。·咸，通感。③甘：借为钳，钳制。既：已经。④至：下。⑤知：通智。⑥敦：温柔笃厚。

【译文】

临卦　最为亨通。临卦卦象是下单卦为兑，兑为泽，为喜悦；上单卦为坤，坤为地，两单卦结合，地临泽，有一种伟岸的感观。元、亨、利、贞四德俱备，只要持正固本，便有利吉。到了八月时间转凉，阴盛阳退，意指有凶险。

初九　心怀感召之德，莅临百姓，可获吉祥。

九二　以刚毅之德治理百姓，使其折服必获吉祥。

六三　用宽悦甜言的政策治民，并没有什么好处。如果已经足感自己的过分并加以戒慎，没有灾祸。

六四　体察民情造福四海，任用贤能，则无灾祸。

六五　君临百姓，以委任贤能之才，体察民意，并智慧监临，是为天子之道。必获吉祥。

上六　以敦厚宽仁之心治民，授治于刚，辅之以柔，定获吉祥，没有灾祸。

【讲解】

临卦强调统治者应当临民视事，深入下层，以便密切君民关系。但“临”是有原则的，对“知临”、“敦临”、“至临”、“咸临”是肯定的，但对“甘临”持否定态度。所谓“甘临”，是指用甜言蜜语或给人小恩小惠来进行治理，这是带有欺骗性的。

观卦第二十　䷓

坤下巽上　观①盥而不荐，有孚颙若。②

初六　童观，小人无咎，君子吝。③

六二　阙观，利女贞。④

六三　观我生，进退。⑤

六四　观国之光，利用宾于王。⑥

九五　观我生，君子无咎。

上九　观其生，君子无咎。⑦

【注释】

①观卦：坤下巽上，象征观仰、瞻仰。②盥而不荐：盥，古代举行祭祀大典时祭前洗手称为盥，并延用至今。荐：献祭，指进献酒食以祭先祖和神灵。盥而不荐是指洗手时的虔诚心还没有退减，还持守在虔诚的礼拜之中。孚，诚信。颙：大。若，语助词，无义。③童观：这里指初涉世的人显得幼稚，浅薄。意为像幼童一样。④阙观：通窥，从门缝或小洞中偷看，意即偷偷窥测。⑤生：通姓。进退：指如何施政。⑥用宾于王：在君王那里做客或以宾客之礼朝拜君王。

【译文】

观卦　象征瞻仰。观卦卦象是下单卦为坤，为地；上单卦为巽，为风。两单卦结合为：风行地上。有顺的意思。祭祀之前洗手自洁时便要像进献酒食举行祭奠礼拜那样虔诚自躬，方能以自己的仪象、道义展示于人，从而使人民信仰臣服。

初六　庶民无知，不能高瞻远瞩，无可指责，而对于立命君子而言，却是不可理喻之事。

六二　古代女人足不出户，难免有头发长，见识短之嫌，而堂堂七尺男子还从门内窥视之，甚至吹毛求疵，只能坏事。

六三　能观察自己的主张，进不趋类，退不沮丧，便不会盲从了。

六四　观察一国的风土人情，就能观察到这个国家君主的治国之政，君王德政好，尚仕之，有贤的大夫还会前来投靠。

九五　君子能经常自醒自己所做所为，做到内省外察便不致有远虑。

上九　君子外能观国之民俗民情，内能省醒自身，便可尽其道，以图发展。

【讲解】

观卦提倡把施政方针建立在“观”的基础上，在观本族的同时，也要观他族。“观我生”，考察本族意向，决定施政良策，表明对血族关系的重视。还要“观其生”，考察异族动向，以资借鉴。

噬嗑卦第二十一 ䷔

震下离上　噬嗑[①]亨，利用狱。[②]

初九　屦校灭趾，无咎。[③]

六二　噬肤灭鼻，无咎。[④]

六三　噬腊肉，遇毒，小吝，无咎。[⑤]

九四　噬乾胏，得金矢，利艰贞，吉。[⑥]

六五　噬乾肉，得黄金，贞厉，无咎。

上九　何校灭耳，凶。[⑦]

【注释】

①噬嗑卦：震下离上，象征治狱、刑罚。噬是咀嚼，嗑是合嘴。②狱：刑狱。③屦校灭趾：指用麻或藤编成的鞋套刑具遮没犯人的脚趾，不伤皮肉，故刑罚很轻。④噬肤灭鼻：将耳朵割下一些肉，鼻子割下一部分来，虽非重刑，但却是按罪量刑，从达处惩罚而无咎。⑤噬腊肉：意即咀嚼又干又硬且味香的腊肉。⑥乾胏：又干又硬的带骨腊肉。得金矢：金箭横亘其间。下文“黄金”同此。⑦何：通荷，意为负荷承受。灭：意为伤亡。

【译文】

噬嗑卦　象征治狱。噬是咀嚼，嗑是合嘴。噬嗑卦是指刑罚。阳阴对抗。其卦象，下单卦是震，震为动，为雷；上单卦是离，离为火，为明。两单卦结合指雷霆施令。施用刑罚，宜于刚政。

初九　量刑不重的刑罚，使人戒惧，不致犯大恶，这对制约犯罪，无疑是好事。

六二　加重判罪，使之鼻肉受苦，刑必当罪，量刑得当，也不失惩治之本。.

六三　施用刑罚惩戒犯人，遭遇顽固者，必遇挫折，但只要噬法得当，小有不适，并没有大的灾祸。

九四　遇到棘手的案件，刚而明但不能过分果断和偏激；冷静处理又必须像金箭一样正直无私，避免操作之嫌。所以，棘手的案件处理起来要增加透明度。

六五　居尊位之人，以中正之德，严格执法，虽立威很严，只要谨慎量刑，则无妨。

上九　肩负木枷堵住了耳朵，定有凶险。

【讲解】

噬嗑卦是针对触犯刑律的服刑服法强调按罪量刑，恰当严格治狱，处在严重的矛盾对抗之中，刑罚不重则民无所措手足。

贲卦第二十二　䷕

离下艮上　贲①亨，小利有攸往。

初九　贲其趾，舍车而徒。②

六二　贲其须。③

九三　贲如濡如，永贞吉。④

六四　贲如皤如，白马翰如，匪寇，婚媾。⑤

六五　贲于丘园，束帛戋戋，吝，终吉。⑥

上九　白贲，无咎。⑦

【注释】

①贲：卦名。下离上艮，象征文饰。“贲”的本义为饰。②徒：徒步。③须：胡须。④濡：本浸湿，润色。⑤皤：白。翰：天鸡，赤羽也。⑥丘园：丘和园是指在城外的地方。丘：平坦的地方；园：园林。束帛戋戋：束一般指五匹为一束；帛指绸缎、丝织品、棉织品；戋戋是少的意思。⑦白贲：用白色来装饰。

【译文】

贲卦　象征文饰。贲卦的卦象是下单卦为离，为火；上单卦为艮，为山。两单卦结合象征美丽、文采。行为符合礼仪，以文明教化举止，吉。

初九　以刚居下的君子，淡泊明志，虽受以华车而不受，却安于徒步。

六二　胡须随着面腮而动，所以只修饰胡须，又有何用?

九三　以修饰悦人，甚至沉溺其中，有何用? 不如持之中道，更有节风。

六四　将白马装扮得灿若锦鸡，使人疑为贼寇其实不是贼寇，是谁来求婚了，相求合德相好的人。

六五　不要拘泥于礼节，徒于装饰、点缀，还是自然一点好，到丘园陶冶心情，找一份纯真，虽然显得小然，倒也安吉。

上九　身处事外，得行其志，不藉外物之修表，定无伤。

【讲解】

贲卦反映古人的审美观。人格美，提倡高尚的人格，不慕虚荣，洁身自爱，宁可徒步走路，也不乘车招摇；装饰美，或贲其趾，或贲其须，婚嫁装饰丘园。同时，还介绍了古代婚嫁的习俗和气派，是宝贵的民俗学资料。

剥卦第二十三 ䷖

坤下艮上　剥[①]不利有攸往。

初六　剥床以足，蔑贞凶。[②]

六二　剥床以辨，蔑贞凶。[③]

六三　剥之，无咎。

六四　剥庆以肤，凶。[④]

六五　贯鱼，以宫人宠，无不利。[⑤]

上九　硕果不食，君子得舆，小人剥庐。[⑥]

【注释】

①剥卦：坤下艮上，象征剥落剥蚀。②剥床以足：床是人安身的住所。古代床是坐、卧的地方。把床拆了，象征是对人的轻蔑与侮辱。③剥床以辨：辨即指辩，床垫。已侵蚀到床板、床垫了。④肤：床身。⑤贯鱼以宫人宠：受宠爱的宫人鱼贯而来。宫人，宫中妃嫔。以：引。⑥舆：大车。庐：房舍。

【译文】

剥卦　象征剥落。剥的过程就是阴邪侵蚀的过程。剥卦卦象是下单卦为坤，坤为地；上单卦为艮，艮为山。两单卦结合正如山体被风云剥蚀。阴邪的侵蚀是对阳正的剥损，不利于有所行动。

初六　床已剥落到床脚，足见阴邪之嚣张，故凶险。

六二　剥蚀已然损及床板、床垫，已十分张狂，必有凶险。

六三　虽然处于剥蚀之中，君子却不肯与之同流合污，小人自知理短心虚，尚无妨。

六四　君子茫昧软弱，小人穷困极恶，其祸惨重。

六五　引导宫中妃嫔自上而下，依名次承接君主的宠幸，无不利。

上九　硕果仅存不被蚕食，君子定会受到拥戴，如坐车一样轻快前行。小人阴险，则摘食果必损落。

【讲解】

本卦爻辞多借梦占预示吉凶。剥卦属于不利之卦。初六至六四通过梦见床足、床板到床上草席的逐渐腐烂，说明事物遭腐蚀是逐渐发展的，是指远期效果而言，是一种预示性的劝戒。六五言宫女鱼贯依次得宠，说明事物循序渐进可以获利。上九说明同一现象对于君子和小人的意义不同。

复卦第二十四 ䷗

震下坤上　复[①]亨。出入无疾。朋来无咎。反复其道，七日来复，利有攸往。[②]

初九　不远复，无祇悔，元吉。③

六二　休复，吉。④

六三　频复，厉，无咎。⑤

六四　中行独复。⑥

六五　敦复，无悔。⑦

上六　迷复，凶，有灾眚；用行师，终有大败，以其国君凶，至于十年不克征。⑧

【注释】

①复卦：震下坤上，象征复归、返还。②反复其道：指冬去春来，月盈月亏，年年、月月、日日，朝起暮落，都有定规，法则。七日来复：以晷盘表测日影，按冬至到夏日，测出天行规律以七日为一期，每月四期。"七日"在此象征转化迅速。③不远复：行而不远即复。祇（qī）悔：悔恨。④休：喜。⑤频：频繁。⑥中行独复：居中行正，独自返还。⑦敦：敦促，迫促。⑧迷复：误入迷途而求返还。灾眚：灾祸。行师：兴兵征伐。以：及。克：能。

【译文】

复卦　象征归顺。复卦的卦象下单卦为震，震为动，为雷；上单卦为坤，为地。两单卦结合为地雷复。指阴阳二气循环返复。亨通顺利，出入没有阻隔，志同道合的朋友交往也无妨。每期七天，循环往复，天地万物运行不止，这是天理。没有灾祸。

初九　君子修身，知错必改，走了弯路，返回即好。君子理当自强不息。

六二　休养生机，至善至美，必获吉祥。

六三　把持不定，屡屡受挫，但能排除干扰，错了重来，必无灾祸。

六四　四阴环拱，不言期吉，应以仁德从道。

六五　刚居尊位，厚重自持，无后悔之言。

上六　柔居非天子之位，天灾人祸相继而来，众臣不服，累及国君，倘有战事，行师将不利，十年终极也不会荡平敌寇。将大凶。

【讲解】

复卦所说的都是讲复，它通过对各种不同的复，即各种不同的返回的分析，来谈其利弊得失和吉凶。

无妄卦第二十五　☰☳

震下乾上　无妄①元亨，利贞。其匪正有眚；不利有攸往。②

初九　无妄往吉。

六二　不耕获，不菑，畬。则利有攸往。③

六三　无妄之灾，或系之牛，行人之得，邑人之灾。④

九四　可贞，无咎。

九五　无妄之疾，勿药有喜。⑤

上九　无妄，行有眚，无攸利。

【注释】

①无妄卦：震下乾上，象征不妄为。②其匪正有眚：指元、亨、利、贞即正，不持守正道就会有灾异。匪，非，不。正，指正道。眚，灾祸。③菑：开垦一年的瘠田。这里用作动词，意为开垦。畬：熟田。④无妄之灾：意想不到的灾祸。或：有人。系：拴。行人之得：路人顺手牵走据为己有。邑人之灾：邑中人家遭受缉捕的横祸。⑤勿药：不治疗。有喜：古人称病愈为有喜。

【译文】

无妄卦　象征不要妄为。无妄卦的卦象是下单卦为震，震为动，为雷；上单卦为乾，为天。两单卦结合天雷无妄。指天下万物与之相应，不妄行，不妄为也。利卦。持守元、亨、利、贞四德道行，若不持守正道就会有灾异，不宜妄动。

初九　不妄为，承天之命，行天子之道，定获吉祥。

六二　不期望不耕而获，不垦而熟，要静听自然以收其成。有利于所为。

六三　遭遇料想不到的灾祸：比如系在路边的一头耕牛，路人顺手把它牵走据为己有，邑中人家却遭受被缉捕的牵连。

九四　固守中正无妄之理，刚健无私，没有灾祸。

九五　中正得位，坦然任之，正如健康之人患无关生命的小疾，不需用药，即可自愈。

上九　无志妄行，将有灾祸，且自毙之。

【讲解】

无妄卦的卦辞讲：“无妄：元亨，利贞。其匪正有眚，不利有攸往。”意思是说一个人思想、行为不虚妄，就能通达顺利。思想行为不正，就有灾祸，不利于所行。而人的行动要不虚妄，就要顺着客观规律而动；如果逆规律而动，就是轻举妄动，就会有灾祸。

大畜卦第二十六 ䷙

乾下艮上　大畜①利贞。不家食，吉。利涉大川。②

初九　有厉，利已。③

九二　舆说輹。④

九三　良马逐，利艰贞。曰闲舆卫，利有攸往。⑤

六四　童牛之牿，元吉。⑥

六五　豮豕之牙，吉。⑦

上九　何天之衢，亨。⑧

【注释】

①大畜卦：乾下艮上，象征积蓄。畜，蓄。②不家食：非求食于家，而食禄于朝。以天下为公。③已：停止。④舆说輹：舆指车子。輹是古代木车下的横木，车轴由它固定、转动。车子停下来，就将輹取下。走时再套上去。说：脱离。⑤逐：奔驰。闲：练习。卫：防止。⑥童牛：无角小牛。牿：牛角上束的

横木。⑦豮豕之牙：豮与牿同义。指对猪牛的驯养，去掉它们的野性。⑧何天之衢：何其畅达的通天之路。衢，四通八达的道路。

【译文】

大畜卦　象征很有积蓄。大畜卦卦象是下单卦为乾，为天；上单卦为艮，为山。两单卦结合刚健无比的乾，被艮止住。阴刚之。气积聚之为之大畜。有利之卦。不囿于小家好，而利于食禄在朝，定获吉祥。宜于涉越大江大河。

初九　积蓄不可求成之心过切，要适可而止，不可冒行。

九二　马车与车輹脱离，车子停了下来。这说明君子应安居，只求无过。

九三　千里马善于奔驰，是驾车人技术娴熟，卫士抓紧练车，演兵，行则无所不利。

六四　在小牛的头上绑一根短木，以示驯养，养士则可收百年之利。吉。

六五　野猪不易驯服，但制服它只能将它阉了，使其牙齿退化而圈居。当有吉。

上九　负云气，背青天，肩重任，荷阳刚之德，行天之大道。

【讲解】

大畜卦讲的是蓄聚、蓄积的道理，透露了人的行为应当有所约止的思想。卦象下乾上艮，乾为健，艮为止，虽健亦有所止，乃能大畜。初九强调“利已”（宜于停止），九三强调“利艰贞”（宜于在艰难的条件下守正道），都是教人自觉地约制自己，以免咎灾。不单对人，即使是牲畜也礼当约制。

颐卦第二十七　䷚

震下艮上　颐[①]贞吉。观颐，自求口实。[②]

初九　舍尔灵龟，观我朵颐，凶。[③]

六二　颠颐，拂经，于丘颐，征凶。[④]

六三　拂颐，贞凶。十年勿用，无攸利。[⑤]

六四　颠颐，吉。虎视眈眈，其欲逐逐，无咎。[⑥]

六五　拂经，居贞吉。不可涉大川。

上九　由颐，厉吉，利涉大川。

【注释】

①颐卦：震下艮上，象征颐养。颐即下巴的通称，观颐：观其所养，观察某一时间、某一特定环境中的吉或凶，以求养颐好自己。②口食：食物。③尔：你。灵龟：指卜得的龟兆。古人认为龟不死而能长寿，是神物，所以龟甲行卜，并且称之为灵龟。朵颐：朵，指下巴垂下，馋涎欲滴的样子。观我朵颐：即指看我吃饭眼馋。颐，指自己居中正之位，应不缺颐养的，却求之他人，求不着，又向下求，故曰颠颐。拂经：颠倒事理。拂，逆，经，常理。于丘颐：向高处上索取颐养，甚至不惜使用武力征伐。颐，颐养。征：兴兵出战。⑤拂颐：违背颐养之道，违逆了常理。⑥逐逐：迫切的追求。

【译文】

颐卦　象征颐养。颐卦卦象是下单卦为震，震为动，为雷；上单卦为艮，为山。观两单卦结合，似作咀嚼状。故为颐养也。

初九　丢弃你灵龟般的聪慧，却咂嘴咂舌，观看我蠕动的两腮，必有凶险。

六二　不是厚施于民，而是侈民之美。甚而违逆常规，以致上为君所恶，下为民不齿。故凶。

六三　违反颐养之道，终因不正而有余殃。天道十年一变，得失凶吉，自有天命。

六四　柔居尊位，求养于下，难免受到鄙夷，故须眈眈而视，威而不显，可无灾。

六五　尽管违逆常理，但他上求是为了施教施养于下民，故天理顺，人性通达，必无险阻。

上九　养万民，养贤人，正己无私，能涉险渡过难关。君子宁静而致远。

【讲解】

颐卦着重讲“颐养”，提倡“自求口实”，即依靠自己解决物质供应问题。“拂经于丘”，开垦阡陌以广农产，是解决颐养问题的正道。反对“舍尔灵龟，观我朵颐”；更反对“颐征”，按现在的说法就是自己要通过劳动养活自己。又推崇食气自养的灵龟，这里有着注重气功延寿思想痕迹。

大过卦第二十八 ䷛

巽下兑上　大过[①]栋桡，利有攸往，亨。[②]

初六　藉用白茅，无咎。[③]

九二　枯杨生稊，老夫得其女妻，无不利。[④]

九三　栋桡，凶。

九四　栋隆，吉。有它，吝。[⑤]

九五　枯杨生华，老妇得其士夫，无咎，无誉。[⑥]

上六　过涉灭顶，凶，无咎。

【注释】

①大过卦：巽下兑上，象征大有过越。②栋桡：栋是指栋梁之才，房子的梁木。桡是弯曲。是说梁弯曲了。③藉：铺垫。白茅：古代不用桌椅，席地而坐。祭祀时将供品放在地上。地上铺一层洁白的茅草，以示虔诚。④稊：老树生新芽。女妻：年少的妻子。⑤隆重：隆起。它：指意外情况。⑥华：花。士夫：幼夫。

【译文】

大过卦　象征大有过越。大过卦卦象是下单卦为巽，巽为风，为木，为喜；上单卦为兑，兑为泽，为悦。两单卦结合，喜与悦过于齐美，则“过”了，所谓“大过之时大矣”。脊木不可处之过刚，应上下顺遂，则利也。

初六　白茅草洁而朴素，不以华美而至尊，卑柔自谨，当无过。

九二　杨比喻阳木，阳亢则枯，根下生出新芽，新芽可以再荣。女妻可以育嗣。故刚柔应当调谐之。

九三　躁于进而不体恤属下，必怨声大作。做事不可过刚。

九四　刚柔相济，尚可以隆而不亢；如若上弱相辅，则不足以胜任，行事反受制带。

九五　枯萎的杨树开新花，年迈的老妪嫁个年轻的丈夫，正如阳过已极，下无相济之阴，终必至危。亢极而屈似失所之阴有，必自辱之。

上六　水盛涨而仍要徒涉，尽管有灭顶之患，但却是冒险者险行之道。。

【讲解】

大过卦涉及到的事物，大多属于反常现象，如“栋桡”、“栋隆”、“有它”、“枯杨生稊”、“枯杨生花”、“过涉灭顶”等，对于这些反常现象，大过卦分析了人们处理问题可持的态度与方法。通过“栋桡”、年龄不对称的婚姻、过河被灭顶等爻象断其吉凶，供人们在类似状况下参考。这些爻象、爻辞所反映的社会生活离我们的生活已很遥远，但大过卦所强调的非常时期应有独立不惧的精神以及对非常事件采用非常方法的观点，对人却有所启示。

坎卦第二十九　䷜

坎下坎上　习坎①有孚，维心亨，行有尚。②

初六　习坎，入于坎窞，凶。③

九二　坎有险，求小得。④

六三　来之坎坎，险且枕。入于坎窞，勿用。⑤

六四　樽酒簋贰，用缶，纳约自牖，终无咎。⑥

九五　坎不盈，祇既平，无咎。⑦

上六　系用徽纆，置于丛棘，三岁不得，凶。⑧

【注释】

①习坎卦：坎下坎上，象征重重险难。坎字的意思是险、陷。习坎，即重坎。习，重复。②有孚：指诚信。维：维系。尚：通赏。③入于坎窞（dàn）：落入陷穴深处。窞：通陷，深坑。④坎有险：陷穴中有凶险。求小得：九二是阳居阴位，看来不正，但它居中，故求得小得。⑤来之坎：来往都处在坑穴之间，进退都有险。坎险且枕：坑穴既险又深。枕：通沈，深。⑥樽酒：一樽薄酒。簋贰：两簋淡食。簋，古代盛谷物的竹器。缶：瓦器。纳约自牖：通过窗口收得信约。牖，窗。⑦祇：安。⑧系：捆绑。徽纆：徽，三股绳子；纆，两股绳子。

【译文】

坎卦　象征重重艰险。坎卦方位北，属性水。坎卦是两坎相重，故坎险重坎险。虽然险阻重重，但惟有在重重险阻中，方显出诚信的意志。而唯有诚信才能涉险而通，并一一克服艰苦，磨难。

初六　不能忘记坎险当头时，已自陷其中。必凶。

九二　虽在陷穴中处境险恶，但若只求小安，仍可以脱险。

六三　既已处于险难之中，人于险地，进退两难，危难既险且深。暂时不宜再施展才能。

六四　臣子将一杯薄酒，两筐淡食，用瓦钵盛起来，由窗户献给君王，以表达险境中廉洁的真诚，君心胸洞开，君臣险渡难关。

九五　坎困尚未消除，但阳刚已居尊位，只要他不枉自尊大，且能匡扶天下，则险难自会平息，水流而不盈。险难自平。

上六　绳索捆绑，似置于丛棘之中，囚禁三年而不得解脱，必有大凶。

【讲解】

此卦爻辞主要反映对待被征服的异邦人（俘虏），或采取各种笼络手段，使其臣服；或将其关入凶险的牢狱，使之难以解脱，酒饭只从窗口送入。但被俘者力图谋求脱险。纵观全卦，表明：尽管处于险境，但吉凶不同，这里的关键在有无诚信。有诚信且又刚健中正者，就能脱离险境。

离卦第三十　䷝

离下离上　离[①]利贞，亨，畜牝牛，吉。[②]

初九　履错然，敬之，无咎。[③]

六二　黄离，元吉。[④]

九三　日昃之离，不鼓缶而歌，则大耋之嗟，凶。[⑤]

九四　突如其来如，焚如，死如，弃如。[⑥]

六五　出涕沱若，戚嗟若，吉。[⑦]

上九　王用出征，有嘉折首。获匪其丑，无咎。[⑧]

【注释】

①离卦：离下离上。象征彩丽。②牝牛：母牛。③错然：走路的样子不整齐，步伐错乱的样子。④黄离：黄指土色，土是五行的中央所以为黄色。⑤日昃之离：向西倾的斜阳，夕阳西下，太阳偏西。大耋之嗟：耋是指七八十岁的老人。老暮穷衰之嗟叹。⑥突如其来如：突如其来的焦心如焚的样子。⑦沱若：滂沱的样子，形容泪流满面或泪如雨下。⑧折：折服。首：首领。匪：非。丑：同类，随从。

【译文】

离卦　有利之卦，亨通顺利。离卦，方位为南。《说卦传》中：“离为火，为日，为电……”后书中又引申为：“离亦为彩色羽毛，文彩之类。”总之离有光明之象。离卦卦象是两火，更是通明之象。畜：聚而养；牝牛：顺而柔之。持守固正，定获吉祥。

初九　步履忙乱，贸然行之，必陷险境，应审慎而不妄行，当无灾难。

六二　黄色依附，中道灿然，大吉大利。

九三　知己日暮残年，遂击钵而高歌。自艾年少不勤劳，老矣亦不能安享天年。如不击瓦罐而歌，将会有老暮穷衰的感叹，定遭凶险。

九四　君位之刚遽然受制，奸邪小人试图挟击而逞威，但小人之势无所依，无所容，亦就

无所明。

六五　尽管六五忧悒于处境之维艰，但如能时刻警觉，可以化险为夷，这是因为六五地位显贵，奸恶小人不能不畏惧不安。

上九　位居尊位，阳刚果断，用兵可以立功平乱，小人仍不可滥杀无辜，宜击匪乱之首恶，胁从者不必问究，可以免事非。

【讲解】

本卦爻辞告诫人们：灾难可能随时发生，应当时时防范，早作防备；已经发生的灾祸，要及时有效地处理。黄昏时出现的灾情，应当倍加重视，以防更大的凶险。突如其来不可抗拒的自然灾祸，损失更加巨大，大灾后应痛定思痛，积极贮蓄力量，力争挽回损失。对于祸首要严加惩治，以保国泰民安。

下　　经

咸卦第三十一 ䷞

艮下兑上　咸[1]亨，利贞。取女，吉。[2]

初六　咸其拇。[3]

六二　咸其腓，凶，居吉。[4]

九三　咸其股，执其随，往吝。[5]

九四　贞吉，悔亡；憧憧往来，朋从尔思。[6]

九五　咸其脢，无悔。[7]

上六　咸其辅颊舌。[8]

【注释】

①咸卦：艮下兑上，象征“天人合一、天人感应”。咸即“感”。②取女：取，通娶，少男迎娶，少女出嫁。③拇：脚大趾。④腓：小腿肚。居：居家不出。⑤股：大腿。执：执身。追随他人。执随：执著地盲从。⑥悔亡：从困境中解脱出来。悔，困窘危难，这里指困境。亡，通无，消失。憧憧：心思不安，思绪不宁的样子。从：顺依。思：意愿，想法。⑦脢：后背的肉。⑧辅：牙床，颚。颊：面颊。

【译文】

咸卦　象征感应。咸卦是下为艮，少男；上为兑，少女。艮又为群山；兑为水，山水好景色。亨通和顺，天地感而万物化生，有利之卦。男娶，女嫁，阴阳交感，可获吉祥。

初六　脚趾感应，力尚微弱，不足以牵动全身。但“咸其拇，志在外也”。这是一种心的感应。

六二　因感腓而易妄动，妄动则必有凶险。如能居正安分，则可吉。

九三　因感股而更躁动，如无止道，且执著随欲而往，则必然蒙羞。

九四　当心感应而生善念，并持守中正则无悔。如身之本体，不定其情，或循小人私情，则不够光明正大。

九五　刚中得立，如受脊肉之安，则不免有离群索居之感，虽不受感应，但也绝少沟通。从而志不能通达。故“咸其晦，志末也”。

上六　口耳俱动，摇唇鼓舌，足见其躁急。此举最不可受感。心的感应才是正固吉祥。

【讲解】

本卦所记可以看做是青年男女的婚恋图。好像少男与少女相见甚欢，产生感情，一方表示

追慕，进而发展成爱恋的曲折过程。这是“近取诸身”的又一例证。通过男女爱恋发展的曲折经历，说明阴阳交感形成对立面的统一，是一个曲折的过程。揭示了处理事物发展的矛盾过程，必须耐心细致，不可卤莽从事。

恒卦第三十二 ䷟

巽下震上　恒[①]亨，无咎；利贞，利有攸往。

初六　浚恒，贞凶，无攸利。[②]

九二　悔亡。

九三　不恒其德，或承之羞，贞吝。[③]

九四　田无禽。[④]

六五　恒其德贞，妇人吉，夫子凶。[⑤]

上六　振恒，凶。[⑥]

【注释】

①恒卦：巽下震上，象征恒久不变。②浚：指疏通的意思。渠道、井、坑、河道堵塞后的疏通。③承：承受，蒙受。羞：耻辱。④田无禽：打猎时没有禽兽。⑤夫子：男人。⑥振：振动不安，变化无常。此指不能持恒守德。

【译文】

恒卦　象征恒久相持。恒卦的卦象是下单卦为巽，为木，为风；上单卦为震，为雷。两单卦结合雷风相与，刚柔相应。是利卦。这是万物循环往复的自然法则。君子持中正之道，教化世人。没有灾祸；利于有所作为。

初六　已经疏通好了，还要持久疏通，就要适得其反了。定有凶险，没有什么益处。

九二　筮得此爻，有贞德之象，固守中庸，则可以永恒。危厄将会消失。

九三　能恃位而安，守其美德，是为悔亡。不能长久者，便会蒙受耻辱，行事艰难。

九四　隐伏相机处事，犹如守株待兔，真是：“久非其位，安得禽也”。

六五　顺服之德是妻子的本分，坚守此道，可获吉祥。但男子匿于其妻下以求安，其刚不振，柔而相从乃妇人之贞，失丈夫之义，故凶。

上六　恃其居高得位，苟且柔和，不能以坚持为长久，终无自御之力。凶。

【讲解】

本卦反映的是先民掘沟壑进行田猎的情况。当时社会很可能是多种生产方式并存。“浚恒，贞凶”，表示出人们意识到田猎不如农业劳动有效益。

“不恒其德，或承之羞”，反映了古代的道德价值观。朝三暮四，翻云覆雨，表面做好人，暗中施毒计的人，是要遭人唾弃的。

遁卦第三十三 ䷠

艮下乾上　遁[①]亨，小利贞。

初六　遁尾，厉，勿用有攸往。②

六二　执之用黄牛之革，莫之胜说。③

九三　系遁，有疾厉；畜臣妾，吉。④

九四　好遁，君子吉，小人否。⑤

九五　嘉遁，贞吉。⑥

上九　肥遁，无不利。⑦

【注释】

①遁卦：艮下乾上，遁象征逃遁退避。“遁”古字为“遯”。②遁尾：末尾，意为退避迟缓而落在后边。但“遁尾，厉”就有一定危害性了。“末大必折，尾大不掉”，比喻难以驾驭控制或自保。勿用：暂不施展才能。③执：缚。革：皮。说：通脱。④系遁：心中有所顾恋，而迟迟不能退避。自己系住了自己的心。畜：畜养。臣：臣仆。妾：侍妾。⑤好：指心怀恋情而身已退避。⑥嘉遁：居阳位的人能不显示自己，也指相机而动，时机嘉美。⑦肥遁：宽松，富裕的意思。

【译文】

遁卦　象征避退。遁卦卦象是下单卦为艮，艮为山，为止；上单卦为乾，为天。两单卦结合：山近于内，而天远于外。亨通顺利，君子虽有匡扶天下之心，奈何小人得势，只得避而求其安，小人则势盛气扬。

初六　退避不及，落在后边，有凶险，但忍隐以待时机，则无咎。

六二　黄牛皮绳捆绑，没人能逃脱。这里意指捆住的是天的意志，人的意志。而天意不可违。一切要顺从天意。

九三　阳居阳位，本该隐遁，但却张狂不羁，如疾患上身；独夫当关，定有危险。不如回家蓄养妻妾，倒也相安。

九四　虽性情梗介，但君子能适时退避，并善于隐遁，君子能行君子之道，必吉。这是小人无法比拟的，故小人不利。

九五　九五虽位居尊位，但能审时度势，戒慎戒躁，从不显露自己。因而可以适时、适度地行事，无不利。

上九　超脱世俗，置身世外，无往不胜。

【讲解】

此卦爻辞反映了古人对隐遁避世持肯定态度的多，这也许与当时的社会环境险恶有关。君子遁隐则吉，小人遁亡则凶，显示了人们身处乱世两种人的不同结果。

大壮卦第三十四 ䷡

乾下震上　大壮①利贞。

初九　壮于趾，征凶；有孚。②

九二　贞吉。

九三　小人用壮，君子用罔；贞厉，羝羊触藩，羸其角。③

九四　贞吉，悔亡，藩决不羸，壮于大舆之輹。④

六五　丧羊于易，无悔。⑤

上六　羝羊触藩，不能退，不能遂，无攸利，艰则吉。⑥

【注释】

①大壮卦：乾下震上，象征刚大、盛壮、健壮。②趾：脚趾也表示一种行动，有所为。③小人用壮，君子用罔：小人持壮逞强，感情用事，君子盛壮而不用，没有自己的私欲。罔：无，不。羝羊触藩，羸其角：公羊强顶藩篱想冲出去，羊角必然被篱笆上的绳藤缠绕。羝羊，很强壮的公羊。羸，缠缚，纠缠。④輹：辐。⑤易：应作移。易羊即放羊。古代渭河流域到黄河中游，居住过徼羊的民族，是一种游牧的生活方式。⑥遂：进。

【译文】

大壮卦　象征刚大气盛。大壮卦卦象是下单卦，为天；上单卦为震，为雷。两单卦结合，雷天大壮，阳德刚健，为天地之大用。壮盛阴消，故隆盛者必操守纯正，则利。

初九　壮于趾，表示有所往，有所征，但出征必有凶险，应坚持“天人合一”的规律，不可妄动。即使有承诺，前进会有凶险。

九二　阳刚得中，阳以中为盛。吉。

九三　小人盛壮，逞强凌势，君子盛壮刚强得中；任性发威，就像公羊用角强顶藩篱，羊角定然被藩篱羁绊。

九四　吉卦，君子刚柔相济，无所阻悔，犹如藩篱决口，缠不住羊角，又如大车车輹坚实适用，奔走如飞。

六五　男儿敢做敢当，即使遇到“丧羊之象”又何惧之。

上六　公羊抵触藩篱，既不能前，也不能后。只有知艰难而能审时度势者，才不敢犯难。

【讲解】

大壮卦借用各种喻象，揭示了一个千古不易的真理，即正才能大，才能壮，才能持久。人也好，事也好，如能以正为其立身行事的基点，将如雷行于天一样，势壮而无阻。

大壮卦六一爻说“丧羊于易，无悔”，其意思是指有人在易的地方丧失了羊，但没有悔恨。但也有人认为羊在大壮卦中表示刚性，丧羊，表示除去刚性，而代之以柔性。因六五爻处在尊位，地位较高，处于这样位置的人，如果只知道用刚的手法去处事，即今人所说的“硬碰硬”，不一定有好的效果。因此，六五爻强调去除刚性，改用柔和的方法，来达到治理的目的。

晋卦第三十五 ䷢

坤下离上　晋①康侯用锡马蕃庶，昼日三接。②

初六　晋如摧如，贞吉。罔孚，裕无咎。③

六二　晋如愁如，贞吉，受兹介福，于其王母。④

六三　众允，悔亡。⑤

九四　晋如鼫鼠，贞厉。[⑥]

六五　悔亡，失得勿恤，往吉，无不利。[⑦]

上九　晋其角，维用伐邑，厉吉，无咎，贞吝。[⑧]

【注释】

①晋卦：坤下离上，象征前进，晋升。②康侯：是周朝的一种封侯。凡治理得好，便赐地封侯。当时曾有“康明安邦”之说。锡马蕃庶：锡是赐。马：指马和车。蕃庶：众多。不知赐马和车，还多次接见给以奖赏。这就有了晋（晋升）的含义。③晋如：前进，晋升的样子。摧如：遇挫折而退却的样子。罔，不。孚：信。裕：宽容。④受兹介福：兹，这个或那个。介福：大福。全意是弘大的福祉，福泽。于其王母：王母的意思是祖母。六五位居尊位，故称王母。⑤允：信任。⑥鼫鼠：即硕鼠，俗名土狗。比喻五技不精者。飞不过房、游不过河、爬不上树、挖坑埋不了自己、一跑就让人追上。⑦恤：忧虑。⑧晋其角：赐予将军帽，意指派他去征讨。

【译文】

晋卦　象征进长晋升。晋卦的卦象是下单卦为坤，为地；上单卦为离，为火。火升起于大地，乃光明之象。将自己的封地治理得安康的封侯晋见天子，得到很多赏赐，一天中三次接见，给予极大的礼遇。

初六　进长一开始就遇到阻碍，故不能急于求成，要处之裕如。虽未受登位之命，却安然以等，才无过失。

六二　六二得正得中，但孤立无援，难免愁苦。幸好他能固守柔顺之节，以承上。因而可获大福。

六三　众人协心效顺，危厄将会消亡。

九四　硕鼠之行，缩首缩尾，技艺不高，贪而无能。定有危险。

六五　六五阴阳不合，不免忧之再三。辛好位居尊位，只要怀柔得道，不计得失，则无所不利。

上九　进长到顶，便不宜再征讨邑国以建功立业。要以施柔道为常，行法令，刚而得明，则可厉、可吉。

【讲解】

此卦爻辞从不同角度论述战略进攻的有关问题，好像是对战争经验的总结，是中国古代军事思想史上的重要资料。其中有着如何转败为胜、临危而“晋其角”等军事辩证法思想。

明夷卦第三十六 ䷣

离下坤上　明夷[①]利艰贞。

初九　明夷于飞，垂其翼；君子于行。三日不食。有攸往，主人有言。[②]

六二　明夷，夷于左股，用拯马壮，吉。[③]

九三　明夷，于南狩，得其大首，不可疾，贞。[④]

六四　入于左腹，获明夷之心，于出门庭。[⑤]

六五 箕子之明夷，利贞。[6]

上六 不明晦。初登于天，后入于地。[7]

【注释】

①明夷卦：离下坤上，象征光明伤损。明，光明，此指太阳。夷：与痍同，伤痍、创伤。明夷：太阳已经西下，看不见了。②明夷于飞，垂其翼：这指的是飞鸟。飞鸟被打猎人追的，一个翅膀受了伤，还在拼命地飞。惊荒飞逃。主人有言：遭到主人责备。③用拯马壮：拯马是将马骟掉，骑这种马向前壮行。④南：古代南方为光明的方向。狩：道，头顶。首：古人称四蹄皆白之马为“首”，俗称踏雪。疾：病。⑤入：退。腹：腹地。获：获知。心：指内中情状。于：于是。⑥箕子：殷商纣王之叔父，贤臣，因进谏而遭纣王囚禁，遂佯装疯癫以自保。⑦晦：暗。

【译文】

明夷卦 象征光明受损。明夷卦的卦象是下单卦为离，离为火，上单卦为坤，坤为地，就是指火在地下，太阳沉没地下，光明受损，所以黑暗。文明受损，贤者处境艰难，但要想突破逆境，就不能违背道德，唯有固正固本，刻苦忍耐，方能自保。

初九 光明遭到伤损时就像飞鸟低垂翅膀，仓皇逃离。又如君子弃无道而去，三日不食，虽穷极潦倒，但志在道行。

六二 光明遭到伤损，如伤及左边大腿，若能以强壮的骟马来代步，终可受命于天。

九三 “南狩”指周武王伐纣之志，必须隐忍以得大事，以明治暗，韬光养晦，时至乃功成。

六四 要心悉卑人之主谋，窥其心思之短长，留在家中，祸及自身，不如隐于市井之中，以利进退，谋其所行。

六五 如果能像殷纣贤臣箕子被囚却佯狂自保，则为利卦。

上六 明德被之，昏暗丧亡，以见周之革商乃阴阳理数之使然。天命人事昭然。

【讲解】

此卦爻辞暗喻自由出行之人，遇到各种甘苦，虽一时挣脱羁绊，获得自由翱翔的机会，最终未能摆脱痛苦的现实。喻箕子一类君子，渴望济世而又只能自晦其明的悲剧命运。亦喻明夷之君丧失人心，贤人离去的孤立处境。

家人卦第三十七 ䷤

离下巽上 家人[1]利女贞。

初九 闲有家，悔亡。[2]

六二 无攸遂，在中馈，贞吉。[3]

九三 家人嗃嗃，悔，厉，吉；妇子嘻嘻，终吝。[4]

六四 富家，大吉。

九五 王假有家，勿恤，吉。[5]

上九 有孚威如，终吉。[6]

【注释】

①家人卦：离下巽上，象征家人圜居。②闲：防备。③无攸遂：一个女人不应去想太多，家庭必须有人操持，有人做饭。馈：主持炊事。④嗃嗃：很严肃的样子，比喻斥责之声，指森严治家。⑤假：是至、达之意。另说与嘏通用，指大的，到。恤：忧虑。⑥孚：诚信。威：威严。

【译文】

家人卦　讲述持家之道。主妇正，则家庭正，家兴旺。家庭中男主外，女主内，父母、子女、兄弟、夫妻各司其责。

初九　持家要御其邪而护正，预防不妄之灾。对家中成员要养蒙于早，以定其志，以杜后患，则无悔。

六二　主妇在家固守正德，并在家中操持烹饪饮食，则可获吉祥。

九三　家长治家严谨，威严自立，家道中吉。家长治家失之谨严，妻儿子女无调，则必丧失家节。

六四　富非大吉之道。但柔顺静持而不贪进，不溢于非分，则可保其富而大吉。此艉积善积福之家。

九五　王者乃君王之德，一家人如能以刚健之德至诚感动家人和邻里，则家自宜。

上九　家长治家诚信而不渎，身正而威自立，即秉于持家之道也，最后必获吉祥。

【讲解】

此卦爻辞讲治家之道：防守家园，谨防内祸外患滋生的任务由男人承担。由女人担起持家重任；家教威严，家人不可嬉笑、哀怨，当安分守己，谨小慎微。

睽卦第三十八 ䷥

兑下离上　睽[①]小事吉。

初九　悔亡。丧马勿逐，自复。见恶人，无咎。[②]

九二　遇主于巷，无咎。

六三　见舆曳，其牛掣，其人天且劓，无初有终。[③]

九四　睽孤，遇元夫，交孚，厉无咎。[④]

六五　悔亡。厥宗噬肤，往何咎[⑤]？

上九　睽孤。见豕负涂，载鬼一车。先张之弧，后说之弧，匪寇，婚媾。往遇雨则吉。[⑥]

【注释】

①睽卦：兑下离上，象征乖离、隔膜。②逐：追。③曳：往后。掣：牵制。其人天且劓：天，这里指趺跤。在古代罪人额头上刺字称天。劓，古代刑名，割鼻。④睽孤：指孤傲自负。元夫：善人，元，善。⑤厥宗噬肤：他与宗人共同吃肉。厥，其，他；宗，宗人即同一宗族之人；噬：咬，此为吃的意思；肤，肉。指作：唇齿相依。⑥豕：猪。涂，泥土。弧：弓。说：通脱，放下。

【译文】

睽卦 象征违逆隔离。睽卦卦象下单卦为兑，兑为泽，为水；上单卦为离，为火，为明。两单卦结合，火势向上，而泽水下浸，是为违逆。推理睽之卦理，若乖戾而不适于存同，则可善用之。因人与物之情理，皆可因异而得同。这是万物之事理。

初九 虽有“丧马”不能行之苦，但以仁德相感，不去相逼，自可回返，人事难料，凡事化解在宽大包容之中。丢失了马自会返回；谦谨地对待与自己对立的恶人，不会招致灾祸。

九二 在小巷中不期而遇碰见主人，不管是恩主、债主，抑或仇主，只要秉承正直，都不为过。

六三 大车被拖住不动，驾车人急鞭其牛，牛奋力向前拉。至使驾车人额鼻都被摔伤。但有强者使牛驯服改过以服善，终可获吉。

九四 孤傲无主之时，处势虽危，但能与刚正之人交往，授之以诚信，虽严厉，但可得志而行。

六五 自相残杀，终将同归于尽。不如唇齿相依，同心同德，排除万难，共同前进，这样必有吉庆。

上九 一位孤傲躁突的人怀疑一头猪的身上满是污泥；又怀疑一辆车上坐着的都是恶鬼，本想张弓来射，又放下了，原来不是鬼，也不是贼，而是婚娶的车子。猜疑被澄清，有如雨过天晴，故为吉。

【讲解】

此卦爻辞讲述一旅客途中见闻。反映了古代行旅的甘苦。举出两个故事：有一辆货车，一头牛吃力地拉着，一人在推车，走近一看，原来推车的是一个刺了额、割了鼻的奴隶；一辆大车上满载着鬼怪一样的人前去抢婚。两个故事反映的内容，为研究古代刑法制度史和古代民俗史提供了两条重要资料。

蹇卦第三十九 ䷦

艮下坎上 蹇①利西南，不利东北。利见大人，贞吉。②

初六 往蹇来誉。③

六二 王臣蹇蹇，匪躬之故。④

九三 往蹇，来反。⑤

六四 往蹇，来连。⑥

九五 大蹇，朋来。

上六 往蹇，来硕，吉。利见大人。⑦

【注释】

①蹇卦：艮下坎上，象征行事艰难。蹇，难也。②利西南，不利东北：西南象征平地，所以“利”；东北象征山丘，所以“不利”。③来：返回，归来。④匪：非。躬：自身。⑤反：通返。⑥连：连络、连

合。⑦硕：大。

【译文】

蹇卦　因跛而行走不便，象征处事艰难。蹇卦的卦象是下单卦为艮，艮为东北，指山区地貌；上单卦为坎，坎为水。山水结合有奔涉千山万水之象利西南，不利东北。困境中必须有大才大德之人，固守正道，整饬家邦。宜于君子修德。

初六　知难而止，量力而行，耐心等待，才能获得美誉。

六二　君王的臣子历尽艰险，奔走赴难奋力营救。不为自己的私事，而是意在报国。

九三　外出行动遭逢艰难，不如相与慎守返回家园。

六四　风险赴难，为的是济世救人。因此必须同心同德，这样才能担此重任。

九五　九五难是大难。君王如能深体天下之危机，虽无为但善与人同。并操守中正，故能得臣民之拥护。

上六　努力拯救时艰，历尽艰难可建大功，十分吉祥。有利于施世大德人才之出现。

【讲解】

本卦主要是指点人们在遇到困难时能做出明智的选择，以利于克服困难，走出困境。

解卦第四十 ䷧

坎下震上　解[①]利西南。无所往，其来复吉。有攸往，夙吉。[②]

初六　无咎。

九二　田获三狐，得黄矢，贞吉。[③]

六三　负且乘，致寇至，贞吝。[④]

九四　解而拇，朋至斯孚。[⑤]

六五　君子维有解，吉。有孚于小人。[⑥]

上六　公用射隼于高墉之上，获之，无不利。[⑦]

【注释】

①解卦：坎下震上，象征解脱、舒解。②夙：早。③田：田猎。④负且乘：背着东西坐车。⑤解而拇：解开大脚趾头。斯：乃。⑥君子维有解：君子被绑而又解脱，指消除祸患。维，语助词，无义。⑦隼：一种猛禽名，俗称鹞子。墉：城墙。

【译文】

解卦　象征化解、解脱。解卦卦象是下单卦为坎，坎素有坎坷、艰险之象；上单卦为震，指动，行动。两单卦结合指解散其纷乱。西南的坤是地，平而静，故有利。但艰险消除后，便应与民同息，以人情纲纪行于险坡之中，众人也会臣服。

初六　刚柔相济，排解蹇难，自省无过，则可相安。

九二　田中狩猎，不仅猎获了三只狐狸，还获得上等的（黄色的）箭的奖赏，所从贞吉。

六三　屈居卑贱，却躁进尤妄。本是背负之小人却偏要乘君子车而行，可谓“居非所得”。冠贼见之，必夺。这是自招其损。

九四　解开脚拇趾，才可以自由行走。但尚未当位，没有解脱小人的羁绊，力弱而情殊，君子只有懂得摆开小人的干扰，退小人之道，才可以招天下之朋友。

六五　位于君位的人必须以诚信感化小人，小人能退就足见君子之功夫，则吉也。

上六　在高墙上王公用利箭射大隼，一箭中的，消除祸患，无往而不利。

【讲解】

解卦爻辞讲在“解”的过程中，一是要注意清理周围环境。二是要注意解决自身问题。反映了我国古代先民渴望外间自由、不满礼规束缚的心情。

损卦第四十一 ䷨

兑下艮上　损[①]有孚，元吉，无咎，可贞，利有攸往。曷之用？二簋可用享。[②]

初九　已事遄往，无咎；酌损之。[③]

九二　利贞。征凶，弗损益之。[④]

六三　三人行则损一人，一人行则得其友。

六四　损其疾，使遄有喜，无咎。

六五　或益之十朋之龟，弗克违，元吉。[⑤]

上九　弗损益之，无咎，贞吉，利有攸往。得臣无家。

【注释】

①损卦：兑下艮上，象征减省，减损。“损”是减少的意思。②曷之用：用什么。簋：食具，古代盛谷物的竹篮。亨：祭祀鬼神。③已事：即祀事、祭祀之事。遄：速。④益：与“损”相反，增加。⑤或：有人。十朋之龟：价值十朋的宝龟。朋，古代货币值，双贝为一朋。“十朋”形容价值连城。

【译文】

损卦　象征减损。损卦的卦象是下单卦为兑，为泽，上单卦为艮，两卦结合是好事中有人作梗。损未必凶，益未必吉。损刚而益柔，中道自得，根本自固，故为吉。何况一元之开阖，一岁之流转，一天之晨暮，一刻之推移，皆有损益存于其间。用什么体现减损之道？以两竹篮淡食祭祀神灵，贡献先者就足够了。

初九　刚健有余，阴柔不足，故应让损事迅速离去，多做善己为人的道行，并酌情而定，则无灾。

九二　固守其中而不妄动，乃吉。往损，则凶。故要劝其往，劝其征。

六三　三人行数已盈，疑乃生，故必损一人。无俱损之理，亦无俱合之道。而一人行，其行必得其友。

六四　小人阴阳相冲，如疾患染身，益及早治愈。君子喜于居而相安，静正而无所求，则可避小人之祸。

六五　货币两贝（贝壳）为一朋，十朋“大龟”，乃“守国之室”。天下君王能安于尊位，是居正之宝。这是天理指数，即使用龟占卜亦如是。无所待而自吉也。

上九　忘家忧国之臣得到人民真心的拥护。能得到忘家之臣，乃得志而利于行。

【讲解】

本卦爻辞强调祭祀要“心诚”，只要心诚祭品多或少，神都不怪。若出征，须多加祭品，越丰盛，得的福佑越大。

益卦第四十二 ䷩

震下巽上　益[①]利有攸往，利涉大川。

初九　利用为大作，元吉，无咎。[②]

六二　或益之十朋之龟，弗克违，永贞吉；王用享于帝，吉。[③]

六三　益之用凶事，无咎。有孚中行，告公用圭。[④]

六四　中行，告公从，利用为依迁国。[⑤]

九五　有孚惠心，勿问元吉，有孚惠我德。[⑥]

上九　莫益之，或击之，立心勿恒，凶。[⑦]

【注释】

①益卦：震下巽上，象征增益。益，饶也。损而不已，必益，故受之以益。②利用为大作：利于有大作为。③王用享于帝：君王享祭上天祈求福泽。帝，上天，先帝。④益之用凶事：将增益用于凶险困难之事。中行：执守中正之道行。告公用圭：手执玉圭向王公告急求助。圭，一种玉器的信物，古代大夫祭祀、朝聘时，执之以示“信”。⑤迁国：迁都。⑥惠：仁爱。⑦或击之：攻击。

【译文】

益卦　象征增益。益卦卦象是下单卦为震，为动；上单卦为巽，为风，为木。雷动则风行。益卦是上损益下之卦象。民众受益，利于有所行动，宜于涉越大江大川。

初九　施善才可以大有作为，吉。但如位在下，下为私，为我，则不足以为继，不宜行大事。

六二　君子为保其正，必须坚守正道，才会吉祥。即使用价值十朋之宝龟占卜也如此。古代君王祭祀天神时，也先祈天，虔诚而至尊，也必得助益。

六三　当危险发生时，君子恳求别人帮助，不是耻辱之事，不过要心怀诚意，向诸王报告时要手持玉圭，以示信诚。

六四　执持守中庸之道谨慎从事，可得到邻国的信任，从而对迁移国都及利民的大业都有益。

九五　胸怀诚信施仁爱之心，不用占卜就可以知道是吉祥的，而天下人也定将以诚爱之心来回报之。

上九　骄吝而无施惠之心，别人就会攻击他。再加上自己的意志摇摆不定，必有凶险。

【讲解】

益卦六爻中，下面的三爻，即初九、六二、六三爻，都是受益者。初九爻第一个得益，得到上级的信任和重用去办大事，因而大有作为，大吉利。六二爻，受“十朋之龟”的大益，并用于祭祀上帝，吉利。六三爻在国中有难时，将收益用于百姓，实行损上益下，以示诚信。当然在实行中要报告国君。“告公用圭”，圭是古时官员所用的礼器。报告时“用圭”，表示诚敬与慎重。六四爻具体表现了损上益下之道。是讲古代迁国之事。迁国是一个国家最大的事，为的是让老百姓有更好的地理条件来休养生息，这是最大的益下、益民之举。

夬卦第四十三 ䷪

乾下兑上 夬①扬于王庭，孚号，有厉。告自邑，不利即戎，利有攸往。②

初九 壮于前趾，往不胜，为咎。

九二 惕号，莫夜有戎，勿恤。③

九三 壮于頄，有凶，君子夬夬，独行遇雨，若濡，有愠，无咎。④

九四 臀无肤，其行次且。牵羊悔亡。闻言不信。⑤

九五 苋陆夬夬，中行，无咎。⑥

上六 无号，终有凶。⑦

【注释】

①夬卦：乾下兑上，象征决断。“夬”是拉弓时戴在拇指上的护套，弦由戴护套的手指弹出，故曰决除，决断的意思。②扬于王庭：在君王的朝廷之上宣扬自己的言论。扬，张扬。庭，通廷。自邑：指自己封邑的民众。即戎：指兴兵出战，立即征伐。③惕号：因惊恐而大叫。莫：通暮。恤：忧虑。④頄：颧骨。夬夬：决断的样子。濡：沾湿。愠：怒，怨。⑤次且：即趑趄不前，行走艰难。⑥苋陆：草名，一种像苋菜一样的草。⑦号：大声号哭。

【译文】

夬卦 象征果断的决除。夬是对抗性矛盾的卦象。夬卦卦象下单卦为乾，为天；上单卦为兑，为叛逆的小人，两卦结合即铲除离经叛道的人。在君王的朝堂之上宣告叛离者的罪状。告之自己封邑的民众，合力排除异己。但不宜立即兴兵征伐，应有万全的准备。

初九 脚趾健壮，贸然前行不能决胜小人，反而招来灾祸。

九二 “惕”是心之忧虑；“号”呼号。只要提高警觉，即使深夜发生战事，也没有危险，不必担心了。

九三 君子刚强过之，遭小人怨恨，有凶。君子独行遇雨，淋湿衣裳，心中怨恼，但不形于色，无妨。

九四 心中迟疑，坐立不安，如臂部的皮肤伤损一样。要像赶羊一样，在羊后面行走，就可以自由自在了。无奈忠言逆耳。

九五 刚毅中正，决断小人之患，取中庸之道，可免灾祸。只要居中行正，一定没有灾祸。

上六 小人即使穷途末路，奔走呼号也无济于事。凶。

【讲解】

此卦爻辞是讲王庭受到寇戎的威胁，应随时防范，必要时还得动用武力。反映出古代社会的矛盾和冲突。

在人生旅途中，既要随时防范，又要果敢前行，要像山羊那样敏捷而果断地在大路中间行走，如不走中正之道，一意孤行，必遭灾。

姤卦第四十四 ䷫

巽下乾上　姤①女壮，勿用取女。②

初六　系于金柅，贞吉。有攸往，见凶，羸豕孚蹢躅。③

九二　包有鱼，无咎，不利宾。④

九三　臀无肤，其行次且，厉，无大咎。

九四　包无鱼，起凶。

九五　以杞包瓜，含章，有陨自天。⑤

上九　姤其角，吝，无咎。⑥

【注释】

①姤卦：巽下乾上，象征柔刚相遇。②取女：娶女。③柅：铜制的车轮车闸。羸豕：瘦猪。孚：此为通浮的意思。蹢躅：此为踯躅的意思。④包：通疱，厨房。⑤以杞包瓜：用杞柳的柳叶蔽护树下之瓜。含章：涵藏彰美。陨：降落。⑥角：动物的角，指上方，角落。

【译文】

姤卦　象征通过，刚柔遇到。姤卦卦象是下单卦为巽，为风；上单卦为乾，为天。风生水起，万物萌生。姤卦为分离；姤卦为相遇。女子过分健壮必会有伤男子，不宜娶此种女子为妻。

初六　将小人紧紧缚在铜车闸上，定有吉祥。而急于让小人有所行动，则必然出现危险，如同把一头瘦猪捆绑起来，它仍会竭力挣脱。

九二　用草袋将厨房里的鱼（象征小人）包起来，不让他与宾客接触。可以免灾。

九三　臀部无皮，趑趄不前，坐立不安，但有险无灾。

九四　厨房无鱼，比喻不能包容小人，而且缺乏包容容让之心，会使人心背离，凶。

九五　用杞柳荫护树下之瓜，象征心有彰美之德，定有喜庆。

上九　不与小人正面抵触，虽看似不够刚正，但却没有灾祸。

【讲解】

此卦爻辞讲男女婚媾。指出男人不宜娶过分刚强的女人。娶之则多发生矛盾。反映了古代夫刚妇柔的道德观念和抢婚的民俗。

萃卦第四十五 ䷬

坤下兑上　萃[①]亨。王假有庙，利见大人，亨，利贞；用大牲吉。利有攸往。[②]

初六　有孚不终，乃乱乃萃。若号，一握为笑。勿恤，往无咎。[③]

六二　引吉，无咎。孚乃利用禴。[④]

六三　萃如嗟如，无攸利。往无咎，小吝。[⑤]

九四　大吉，无咎。

九五　萃有位，无咎；匪孚；元永贞，悔亡。[⑥]

上六　赍咨涕洟，无咎。[⑦]

【注释】

①萃卦：坤下兑上，象征聚集。②假：到。庙：宗庙。③一握：古代占筮术语，指在不吉利的情况下筮得吉卦之数。④引吉：迎吉。引，迎。禴（yuè）：古代四季祭祀之一，此为夏祭，也称作“禴”。⑤嗟如：叹息的样子。⑥萃有位：会聚而各有其位。匪孚：不信任。元：君长。⑦赍咨：悲伤的哀怨。涕洟：哭泣。

【译文】

萃卦　草丛生象征聚集。萃卦的卦象是下单卦为坤，为地，为顺；上单卦为兑，为泽。象征欢悦的顺从。君王到宗庙祭祀祖先，利见大德大才之人，亨通。利于居中得正。以大牲祭祀，必获吉祥。有利于行动。

初六　力图前行汇聚却遭阻隔，若两端交战，必不得结果；若力争求援，虽可以握手言欢，但却有失顺阳。一个人其志已乱，也只能苟且偷安了。

六二　迎来相聚，无灾祸。心怀诚信有益于祭祀祈福。

六三　由于没能会聚而心生叹息，没有用。即使有坚强有力的援助，如其不能刚直守正，宁愿舍弃也不能苟合；或许远方不得势的人倒是志同道合的朋友。

九四　位不当，却有福禄，也可以说是吉。

九五　会聚而获得拥戴，没有灾祸，但是还不能获取众人信任，就要用德性去感化了，才能使民众臣服。

上六　居上而孤处不安，其情必然戚戚。此时就要反思其行了，这样才能身不安而义自正。

【讲解】

此卦讲的是君主亲临祭祖，方能信于臣民，臣民归顺。强调祭祀必诚信，并用大牲献祭；又认为取信于民的原则是保持至善品德。

升卦第四十六 ䷭

巽下坤上　升[①]元亨。用见大人，勿恤，南征吉。

初六　允升，大吉。[②]

九二　孚乃利用禴，无咎。[③]

九三　升虚邑。[④]

六四　王用亨于岐山，吉无咎。[⑤]

六五　贞吉，升阶。[⑥]

上六　冥升，利于不息之贞。[⑦]

【注释】

①升卦：巽下坤上，象征顺势向上升。②允升：肯定上升；允：诚信。③禴：古代四时祭祀之一，指薄祭。④虚邑：空的城邑。⑤用亨：献祭。岐山：地名，位于今陕西省岐山县东北。⑥升阶：登上一级台阶。⑦冥升：幽昧中上升。不息：指昏夜不停。

【译文】

升卦　象征顺势向上升。升卦的卦象下单卦为巽，为木；上单卦为坤，为地。两单卦结合木自土中升。亨通的卦象。利见大德大才的人，不必担忧。南方相当于上方，一往南方，可会见到大德之人，吉。

初六　在晋升中，要追随贤能的君子，才可大吉大利。

九二　祭祀求福中要挚诚恳切，才不会有灾难。

九三　凡升之道，主宾相得而成礼，君臣互奖而为治，故升道中不必疑虑、疑沮，方可勇往直前。

六四　君王前往岐山祭祀神灵，定获吉祥，一切顺理应当，没有灾难。

六五　占问吉祥，如步步升阶。

上六　君子在危亡之际，出世以求济难，受重任而不辞，还在乎以死相求吗。

【讲解】

升卦认为君子鉴于地中升木的卦象，对自身品德修养的提高应顺时以动，遵循自然发展的规律，从小处着手积累，不断充实自己，有所前进，逐步达到高尚完美的境界。

升卦还揭示了“积小以高大”必须具备的主客观条件。“孚乃利用禴，无咎”，表示在“升”的过程中，人有无至诚之心很重要。在此强调了人的信念问题、信心问题。有信念、有信心者，手中便掌握有打开“升”之大门的钥匙。

困卦第四十七　䷮

坎下兑上　困[①]亨。贞，大人吉，无咎。有言不信。

初六　臀困于株木，入于幽谷，三岁不觌。[②]

九二　困于酒食，朱绂方来，利用享祀，征凶，无咎。[③]

六三　困于石，据于蒺藜，入于其宫，不见其妻，凶。[④]

九四　来徐徐，困于金车，吝，有终。[⑤]

九五　劓刖，困于赤绂，乃徐有说，利用祭祀。⑥

上六　困于葛藟，于臲卼，曰动悔有悔，征吉。⑦

【注释】

①困卦：坎下兑上，象征困厄。②株木：树木。幽谷：幽深的山谷。觌：见。③困于酒食：醉酒。朱绂：朱，君王遮蔽膝部的朱红色服饰。绂，古代祭服的饰带。④困于石：道路被巨石阻挡。据是凭借、占据的意思，此引申为居处。蒺藜：一种带刺的植物，一年一生。宫：居室，此引申为自己的家见其妻，意思是得婚配。⑤困于金车：被金车所困阻。⑥劓：古代刑法，削鼻。刖：古代刑名，断足。说：通脱。⑦葛藟：一种柔韧缠延之蔓。臲卼：惶惑不安。悔：这里是后悔和悔悟的意思。

【译文】

困卦　象征陷入困厄或难以自拔。困卦的卦象是下单卦为坎，为险；上单卦为兑，为水。两卦结合指困于某种险厄之中。君子刚中正位，坚守自己的道行，即使身陷窘困，仍化裁通变，顺应而不穷志，故吉。但小人窥测其中，阴邪挟其智力，乘势相掩，旁人则难辨是非，是为困。

初六　不明争势，守枯木而困，坐待自匿，三年而不屈。

九二　酒食过于骄奢，服饰过于华丽，意外得到高爵，难免会感到窘迫。这只适于祭祀神灵。

六三　以柔居刚，所处不安，欲前往又有巨石相阻，欲退之，又困于蒺藜葛菡之中，犯天下之不祥，凶必及之。

九四　身陷囹圄，又有铁车阻困，救助行动艰难，只可量力，不可操急。

九五　削鼻断足不足为君子所困，倒是易被小人怀柔，享大人之亨，才是真正的理极势穷。但君子中正刚直，以神道感格之，鬼神当自祷，小人当自解。

上六　阴柔的小人被葛藤缠绕得劳心苦形惶惶不安，赶快悔悟自省，行则吉也。

【讲解】

困卦爻辞谈了种种困境，反映了统治者既借助“神”的力量来制服臣民，同时制定种种惩治奴隶的刑罚，臣民像牲畜一样受统治者奴役。这一社会情况，描绘了臣民倍受刑罚、妻离子散的悲惨场面。

井卦第四十八 ䷯

巽下坎上　井①改邑不改井，无丧无得，往来井井。汔至亦未繘井，羸其瓶，凶。②

初六　井泥不食，旧井无禽。③

九二　井谷射鲋，瓮敝漏。④

九三　井渫不食，为我心恻。可用汲，王明，并受其福。⑤

六四　井甃，无咎。⑥

九五　井洌，寒泉食。

上六　井收勿幕，有孚元吉。⑦

【注释】

①井卦：巽下坎上，象征汲取之理。②邑：泛指村庄城邑。井井：从中取水。第一个“井”字用作动词，取水。汔：接近。繘井：淘井。羸：此为倾覆的意思。瓶：古代汲水器皿。③不食：不能食用。旧井无禽：禽也解作“擒”捕获，又作水禽解。④井谷射鲋：井底小鱼来回窜游。鲋，小鱼。瓮：瓦罐。敝漏：破旧，破碎。⑤渫：治井淘沙。为我心恻：使我心中悲伤。王明：君王贤明。⑥甃：修整。⑦井收勿幕：修整水井后，不须覆盖井口。幕，盖。

【译文】

井卦　象征汲取之理。井卦的卦象是下单卦为巽，为木；上单卦为坎，坎为水。两卦结合木汲取水源而新生。林邑可以迁变，但水井依旧。以汲水之理，汲水引而上之可养人，反之为凶。这说明凡事都有定分，用人亦得相宜。如井太深，绳不及即未能尽其用；深入其下，瓶触于井边而毁，亦功败垂成，徒劳而无功。

初六　水井浚治不及，泥滓聚积，井水不能食用，没有飞鸟再来栖息。

九二　涓涓细流，只堪滋润小鱼了，就像漏了的瓦瓮一样。这说明用人者无掖贤才之实，虽有君子，也遇而不见。

九三　枯井已经淘净却不能饮用，未免感到痛惜，怜才者见之亦心伤。贤士也应有待求沽之意，如王明之受福。

六四　修井要修井壁，才不会有灾难。贤士也当进修，以待时机。

九五　井水清冽，能以食用，如贤能有德的人可普济众生。

上六　井已修复，无须再盖井口。

【讲解】

井卦讲人们对井的整治，使井水变清的过程。井，出现在原始社会末期。奴隶社会实行井田制，井的作用：是用于农业灌溉；便于土地的分封和管辖。此卦是古代井田制度下关于井的一些情况。昏庸的邑主，弃旧井而不顾，让人民遭殃；开明的邑主，则积极修治井壁，使人民用上洁净清凉的泉水。

革卦第四十九　䷰

离下兑上　革①，巳日乃孚。元亨，利贞，悔亡。②

初九　巩用黄牛之革。③

六二　已日乃革之，征吉，无咎。

九三　征凶，贞厉。革言三就，有孚。④

九四　悔亡有孚，改命吉。⑤

九五　大人虎变，末占有孚。⑥

上六　君子豹变，小人革面，征凶，居贞吉。⑦

【注释】

①革卦：离下兑上，象征变革去故。②已日乃孚：在十干中巳日已过中央，意指由盛极而致衰的时刻。③巩：固守。革：皮革。此处为变革。④革言三就：变革必须慎重，须再三商议，一致认可，方可行动。三就：多番俯就众论。⑤改命：改革天命，改朝换代。⑥虎变：虎至冬日，皮泽光鲜亮丽。⑦豹变：与虎变义相同。

【译文】

革卦　象征质变改革。革卦的卦象，下单卦为离，离为火。上单卦为兑，兑为水，泽水而润。两卦结合水浇到火上，一旦熄灭，又会燃起，是变革的卦象。时至已日，下定决心改革，明智而使人悦服。吉。当革之时，行革之事，利卦。

初九　用黄牛的革防卫巩固，黄乃中庸之色，说明变革要稳妥从之。

六二　到了巳日断然实行改革，其往必吉。

九三　革之不可轻试，天人之理数不到，征则必凶。变革一定要审慎行事，经过多次计议，行动必须让大家心悦诚服。

九四　刚柔相济，道足以取信天下将自行消除。胸怀诚信之心的人，变革天命的时刻，仍然需要民众的信任与支持，才可以功成名就。

九五　大德大才之人阳自上而来，正天中之位，承天洪之祷，如老虎皮一样，鲜亮光泽，未卜吉凶，便知他光辉盛著，人所共睹。

上六　君子在改革之时毛皮会像豹子那般光彩，庶民革除往日的陋习，也会面貌一新。兴师动众持续变革中要有喘息的时刻，以逸待劳，方可吉祥。

【讲解】

革卦有变革、改革之意。强调“变革以时”，根据事物发展的特点，选择适宜的时机，进行变革。主张君子变革之势要迅猛如虎、灵活如豹，小人才会革面洗心以相从。体现出作者强烈的阶级意识和对广大被统治者的威胁敌视态度。

鼎卦第五十 ䷱

巽下离上　鼎[①]元吉，亨。

初六　鼎颠趾，利出否；得妾以其子，无咎。[②]

九二　鼎有实，我仇有疾，不我能即，吉。[③]

九三　鼎耳革，其行塞，雉膏不食；方雨亏悔，终吉。[④]

九四　鼎折足，覆公悚，其形渥，凶。[⑤]

六五　鼎黄耳，金铉，利贞。[⑥]

上九　鼎玉铉，大吉，无不利。

【注释】

①鼎卦：巽下离上，象征三足两耳的鼎器，鼎不止煮食，还代表君王的权威。鼎上的花纹，还有镇妖避邪的功用。②鼎颠趾：鼎颠覆，足朝上。利出否：利于倾倒无用之物。否，不，指无用之物。以其子：

因其子。以，因。③实：此指食物。仇：匹配，此指妻子。④革：革除，这里是失去的意思。塞：阻塞，引申为困难。雉膏：用雉肉做的美味食物。方雨亏悔：天刚下雨阴云又散去。悔，通晦，指阴云。⑤覆公𫗧：将王公的八珍粥倾倒出来。公，王公。𫗧八珍菜粥。其形渥：洒得遍地都是。渥，沾濡之状。⑥金铉：金制鼎耳的吊环。

【译文】

鼎卦　古代烹煮食物用的三足两耳的鼎器。鼎卦的卦象是下单卦为巽，为木；上单卦为离，为火。两单卦结合即以木取火。象征革新。大吉大利，亨通顺畅。

初六　大鼎翻倒，其足向上，宜于倒出鼎中之渣滓，去旧立新；就如娶妾生子，其妾能佐立辅子，其身价也另当别论，当无灾。

九二　鼎中装满食品，说明君子有才，但仍要审慎。因小人染疾，君子要坚守中正之道，方可不被染。君子要慎所授。

九三　大鼎丢失了鼎耳，象征变革遇阻，君子志不相通。吃不到山鸡的美味，意指得不到图谋发展之路。待阴阳之和的雨来到，一切会吉祥的。

九四　大鼎折足，打翻了王公的美食，鼎身沾满污物，如同小人得志，必有凶险。

六五　大鼎配上黄色的金属鼎耳，鼎耳上有铜制的吊环，乃有利之卦。

上九　鼎耳配备玉制的吊环，宜受大烹之养，无不利也。

【讲解】

鼎卦，有立新之义。立是事物发展的必然要求，如果旧的已破，新的不立，事物将处于无序和混乱的状态。只有立新，才能保持事物的稳定，并促使其向前健康发展。鼎在古代社会几乎成为贵族福祸和社会政治、经济状况的“衡量器”，也是社会变革、权力转移的“指示器”。

震卦第五十一　䷲

震下震上　震[①]亨。震来虩虩，笑言哑哑。震惊百里，不丧匕鬯。[②]

初九　震来虩虩，后笑言哑哑，吉。

六二　震来厉，亿丧贝。跻于九陵，勿逐，七日得。[③]

六三　震苏苏，震行无眚。[④]

九四　震遂泥。[⑤]

六五　震往来厉，亿无丧，有事。

上六　震索索，视矍矍，征凶。震不于其躬，于其邻，无咎。婚媾有言。[⑥]

【注释】

①震卦：震下震上，象征雷霆震动。②虩虩：是壁虎，引申为恐惧的样子。哑哑：为欢笑声。匕：是匙、勺。鬯：祭祀用的黍米酒，浸泡了郁金草，洒在地上，恭请诸神降临。③厉：迅猛。亿丧贝：将会大量失去钱财。亿，古制，十万为亿，这里是极多的意思。贝，古代货币。跻于九陵：登上九重高陵。跻，登。④苏苏：恐惧不安的样子。震行：震恐而行。眚：病，过失。⑤遂：附。⑥索索：沮丧发抖的样子。矍矍：视线不定，不敢正眼看。躬：亲身。有言：闲言碎语。

【译文】

震卦　象征剧烈而快速的震颤。又意为惊恐震悚。上下单卦都为震，指大地震动，阴阳交合。雷霆轰响，人人惊恐，只有恬而安之，才能尽于欢笑中。即使雷声惊闻百里，虔诚祭祀神灵的人，匙中的美酒不会洒落。

初九　雷霆急响，万物俱惶，内省后复而笑谈，可得福。记取震慑的教训，足以为之。随后又谈笑风生，必获吉祥。

六二　雷霆来临，损失大量家财。应该赶快逃往九重高山避难，而不要去追寻财物，七天之内财物自会失而复得。

六三　雷霆震动，恐惧而知反省，改过从善，不会有灾难。

九四　雷霆震动，惊慌失措的人会落入泥沼中，不能自拔。

六五　雷霆震动，上行下往，都有危险；恪守中庸之道，才不会发生事故。

上六　雷霆震动，心情沮丧，心神不定，干任何事，都不会成功；但仅震及近邻，能戒以动摇其心志，则无灾祸。不过近邻受难，难免遭到报怨。

【讲解】

震卦中所说的雷，是一种自然现象，但它也比喻人世间的震动、震荡，或各种不测之事。震雷是可怕的自然现象，不同的人会有不同的心理反映。对震惊百里的巨雷，祭神者仍镇定自若，表现其对神明的极度虔诚；有的人心惊肉跳，惊慌失措；有的则嘻笑自如，无所畏惧。

艮卦第五十二 ䷳

艮下艮上　艮[①]艮其背，不获其身；行其庭，不见其人，无咎。[②]

初六　艮其趾，无咎，利永贞。[③]

六二　艮其腓，不拯其随，其心不快。[④]

九三　艮其限，列其夤，厉薰心。[⑤]

六四　艮其身，无咎。

六五　艮其辅，言有序，悔亡。[⑥]

上九　敦艮，吉。[⑦]

【注释】

①艮卦：艮下艮上，《说卦传》说："艮为山…"山为静，为止。《序卦传》说："物不可以终动，止之，故受之以艮，艮者止也。"②庭：庭院。③趾：脚趾。④腓：腿肚。拯：举。⑤限：指人的上下部位的界限，即胯，腰部。列：裂。夤：脊背肉。薰：烧烤。⑥辅：颚部，面颊。⑦敦：敦厚。

【译文】

艮卦：象征抑止。艮封的卦象是下单卦为艮，为止；上单卦为艮，为静。两单卦结合意指物不可以终动，止之。背部静止不动，人的身体就不能动了；内心平静，耳不听声，目不取色，在庭院里行走，有人则若无人，没有灾祸。

初六：人动，脚趾先动。如抑止趾动，抑制事情在发生前，则无灾。即劝之进不如阻其止。永贞而利。

六二：腿肚居下体，随股动而不跺，顺手常理。但下位柔顺却中正，刚强却偏激。下位给以忠告，上位不听，下位郁闷不生只有追随。

九三：腰部横列其间，横施而不屈伸，使脊背也因之受制。这就十分危险了，君子要抑止邪祟，必须立身于事外，耳目清而心定。

六四：人的上身是心的所在，心是五官的中枢，言行的裁抑所在，故心必须善于自持，方无灾。

六五：抑止颚部，言则有序。言词刚厉时要简而明，言词柔顺时可以多说一点，此乃巧说法。所言得体，则无灾。

上九：操守敦厚严谨的美德晚节，必获吉祥。成德者，一生功力。

【讲解】

全卦反映的是事物进入相对静止时期人们的处世态度。卦辞部分是讲气功的起势入静状况，练功可以养生，象征行事无咎。爻辞自初六至上九具体描写了真气自脚趾至腿肚，再至腰身，至颊诸经络，自下而上的运动变化过程，反映了变化发展的观念和当时人们养生强身的知识水平。

渐卦第五十三 ䷴

艮下巽上　渐，[①]女归吉，利贞。[②]

初六　鸿渐于干，小子厉，有言，无咎。[③]

六二　鸿渐于磐，饮食衎衎，吉。[④]

九三　鸿渐于陆，夫征不复，妇孕不育，凶，利御寇。[⑤]

六四　鸿渐于木，或得其桷，无咎。[⑥]

九五　鸿渐于陵，妇三岁不孕，终莫之胜，吉。[⑦]

上九　鸿渐于逵，其羽可用为仪，吉。[⑧]

【注释】

①渐卦：艮下巽上，象征一步步渐进，“渐”又有“水浸透”的意义，指逐渐为之。②女归：女子嫁人，归嫁。③鸿：鸿雁即大雁。干：水边。小子：指年轻小孩子。④磐：大石头。

衎衎：和乐的样子。⑤陆：指中原平旷之地。⑥或：有的。桷：角材，房屋的木椽，引申为直树枝。⑦陵：山陵。⑧逵：四通八达的道路。

【译文】

渐卦　象征事物一步步地渐进。渐卦的卦象是下单卦为艮，艮为山，为止；上单卦为巽，为顺遂而进。物不可终止，故循次以进。女子出嫁婚姻大事都要循礼渐进，如地相邻，爵相

等，族相若，年相均，媒妁以通，各得其正，以渐而吉。

初六　鸿雁飞落到水边，但仍逡巡不前。象征小孩子不可急于行动，虽不致有危，但应自循其本分。

六二　鸿雁飞落在巨石上，落脚平稳，正在欢悦地饮食。吉。

九三　鸿雁飞落到中原平旷之地，失落于雁群，犹如丈夫打仗不回还，妻子还有孕在身，其情不固，所以凶。而刚强只适用于抵御外敌。

六四　鸿雁飞落在房屋的椽木上可以暂安，但鸿雁不可木栖，故应变而不失其正。

九五　鸿雁飞落到高陵上，居高而不遽然飞下，预示与妻子三年不相交而未怀孕，今朝聚首，夙愿以偿。

上九　鸿雁在天空中自由飞翔，落下的羽毛鲜艳光彩，可用作饰仪，十分吉祥。

【讲解】

渐卦记的是一首哲理诗。它通过鸿雁栖息之地渐次从水洼→岸边→陆地→树林→丘陵→山阿的渐进过程的描绘，反映了一个女子婚后生活逐渐改善、命运逐渐转好的曲折过程。新婚先要忍受丈夫的疾言厉色；关系稍事改善，丈夫又从征戍边，全部家务由她一人承担，以致孕而不育，备尝艰辛。丈夫三年未归，她亦未能生育小孩，做出极大牺牲。丈夫御寇有功，得以提升，她亦因此显贵。这一由贫贱而富贵的发展过程，虽然是借鸿雁象征，但却完全合乎逻辑，是形象思维的典型一例。

归妹卦第五十四　䷵

兑下震上　归妹[①]征凶，无攸利。

初九　归妹以娣，跛能履；征吉。[②]

九二　眇能视，利幽人之贞。[③]

六三　归妹以须，反归以娣。[④]

九四　归妹愆期，迟归有时。[⑤]

六五　帝乙归妹，其君之袂不如其娣之袂良。月几望，吉。[⑥]

上六　女承筐，无实；士刲羊，无血。无攸利。[⑦]

【注释】

①归妹卦：兑下震上，象征女子妯嫁。归，嫁。②归妹以娣：少女出嫁，其妹从嫁。古代习俗，一夫多妻，姐姐，妹妹同嫁一夫，妹妹的名份称“娣”。③眇：瞎了一只眼。幽人：安恬幽居之人。④须：通媭，姐。反归：回娘家。⑤愆期：错过了日子，延误时日。⑥君：这里指正室即大妻。袂：衣袖，指衣饰。良：好。几望：既望，每日十六日。⑦筐：竹器，指盛嫁妆的奁具。实：指嫁妆。刲（kuī）：割。

【译文】

归妹卦　象征古代婚嫁。但“周乃六十四卦”凡女、妇、妻皆指小人，都为凶卦。出嫁的少女，不以礼制而行，故前行有凶险。

初九　姐与妹同嫁一夫，妹为娣，即妾，因其身份卑微，就像跛足者走路十分艰难。但妹妹能恒守贞洁，姐妹共事一夫，仍然吉祥。

九二　刚居不正的小人，尽管娶了贤能的妻妾，仍通晓不了贞邪治乱的辨本，犹如眼疾者。但如果他能做到无欲而清，倒也能恒常。

六三　女人不能坚守妇道，即使嫁出也要被遣回娘家，这时以娣之身份从嫁倒可以了，只适合做妾的名分。

九四　男人三十而娶，不可过期；但女子若待年待礼，其志本正，也未尝不可以。这是圣人之教诲。

六五　帝乙嫁女，正室的服装反而不如陪嫁妹妹的服装华美；成亲日期定在既望之日，十分吉祥。帝已是商代的帝王（商纣之父），他的女儿出嫁，尽管身份高贵，却不如其妾衣著光鲜。但帝已的女儿德称其位，故贵为天下之母。

上六　少女手捧空筐篮，无嫁妆可盛；刚刚杀了的羊，却没有放出血来，说明有名无实，不会有什么好处。

【讲解】

此卦反映殷代婚姻的“媵嫁”制度，嫁姐，妹随嫁，共侍一夫。嫁后，姐称嫡，妹称娣。此风俗直至清代中叶在我国的西南诸省仍然残存着，是古代群婚制的遗迹。同时，爻辞中还谈到姐姐的嫁妆不如妹妹的嫁妆好，说明妹妹更受宠爱。

丰卦第五十五 ䷶

离下震上　丰[①]亨，王假之，勿忧，宜日中。[②]

初九　遇其配主，虽旬无咎，往有尚。[③]

六二　丰其蔀，日中见斗。往得疑疾，有孚发若，吉。[④]

九三　丰其沛，日中见沫，折其右肱，无咎。[⑤]

九四　丰其蔀，日中见斗。遇其夷主，吉。[⑥]

六五　来章，有庆誉，吉。[⑦]

上六　丰其屋，蔀其家，阙其户，阒其无人，三岁不觌，凶。[⑧]

【注释】

①丰卦：离下震上，象征丰厚硕大。②亨：通享，祭祀。假：通格、到达。日中：中午。③配主：匹配之人，即佳偶。旬：十日，又为均，相当。“旬”并不是最佳状态。尚：通赏。④蔀：遮光之物。斗：星斗。疑疾：疑嫉，猜忌。发若：发挥。⑤沛：与旆通用，黑暗无光似遮一大幕。沬，昏昧、小星星。肱：臂。⑥夷主：平易可沟通的君王。⑦章：文采。庆誉：喜庆和美誉。⑧阙：通窥。阒：空。觌：见。

【译文】

丰卦　象征丰盛硕大。丰卦的卦象下单卦为离，离为火，为光亮、光明；上单卦为震，为动。日中则斜，月盈则食，故丰封并不都是亨通之卦。王者在天下蔚为盛观的日子，拥有权威、财富和人民，他不必忧虑。但应在如日中天之际，普赐于人民。

初九　得遇匹配的主人，虽不能致察，但无忧，不会有灾祸；但超过十日，由满而亏，就

会有灾难了。

六二 昏暗的君主如太阳已被遮盖，即使中午也能见到北斗星光。跟随这样乖戾君主，会遭以猜忌。不过诚信竭诚，可以获吉。

九三 日中而暗，如幡幔障无，只见小的星光。虽想撤蔽也无望，如折了右臂。但终不能以奸蔽贤，使大贤之人不能为天下所用。

九四 贤臣虽以刚居位，无奈昏暗的君王如太阳被大幕遮盖。当昏昧之世，贤良的臣子，只能求贤能以辅朝政，只能以刚试动于障蔽之中。这还是可以的。

六五 昏暗的君主有贤能的大臣相佐，就会获得吉庆，因而吉与誉并存。

上六 阴柔的小人设重屋厚障，居幽室之中。有人若想见之，屋内似空无一人。遇如此暗幽之人，三年如一日，必凶。

【讲解】

丰卦六爻中，有三爻专门记载了太阳被遮蔽，出现了日食现象。六二爻“丰其蔀，日中见斗”，说的是中午时太阳被遮蔽，在白天见到了夜晚才出现的北斗星。九三爻“丰其沛，日中见沫”，日食的程度更进一步，中午时分连天上昏暗的小星星也能看得见。九四爻“丰其蔀，日中见斗”，回复到六二爻，说明日食慢慢地在退去。三四千年前的古人看见出现日食，怀疑自己得了疾病，有人在惊慌中不慎折了右臂。后来当日食全部消除，太阳重现光明时，人们才恢复常态。“有庆誉”，庆祝、称颂光明的重现。丰大强盛的太阳之所以被遮蔽，从科学的角度讲，是太阳、月亮、地球在某一时刻正好运动成一条直线，这是一种天体运动的自然现象。它既不是传说中的“天狗吃太阳”，也不是天帝降灾的警示，没有什么可奇怪的。但古人却能从“天地盈虚”的自然现象中进一步思考长葆丰盛之理。

旅卦第五十六 ䷷

艮下离上 旅[①]小亨，旅，贞吉。

初六 旅琐琐，斯其所取灾。[②]

六二 旅即次，怀其资，得童仆，贞。[③]

九三 旅焚其次，丧其童仆，贞厉。[④]

九四 旅于处，得其资斧，我心不快。[⑤]

六五 射雉，一矢亡，终以誉命。[⑥]

上九 鸟焚其巢，旅人先笑后号咷，丧牛于易，凶。[⑦]

【注释】

①旅卦：艮下离上，象征行旅，失职，寄居他乡。②琐琐：琐碎小气之人。斯：此。③即次：住进旅店。即：住，就。次：停止，旅店。童仆：仆人。贞：忠贞。④焚：失火。⑤处：止，此指旅行受阻。资斧：行旅途中携带的钱财和护身工具（斧）。⑥誉：美名。命：爵命。⑦易：通埸，田边。

【译文】

旅卦 象征行旅，失所。旅卦卦象下单卦，为艮，为山；上单卦为离，为火，两单卦结合指山上之火，行旅之火。行路人急于赶路，行动变换不定，故多不为吉。出外旅行，颠沛劳苦，四周陌生，故只有遵守文明之德，才得吉也。吉祥之卦。

初六　出外旅行，猥猥琐琐，舍不得花钱，坐车，自窘于微细之中，有招灾祸。

六二　旅人住入客店，带着足够的钱财，并得到童仆忠心侍奉，则免于灾。

九三　客店失了大火，童仆也跑掉了，即使不做不义之事，但未免也有穷途末路之感。

九四　尽管旅途中有足够的钱财，并有防身备用的利斧，但仍会感到孤苦无着（不安定）。

六五　射杀山鸡，丢失利箭，未免感到可惜，不过最后还是获得了荣誉并领受封爵之命。

上九　树上的鸟巢被焚毁，旅人先欢声笑语后嚎啕大哭；田边又丢失了耕牛，大凶。

【讲解】

本卦爻辞讲的是，由于受到客观物质条件的限制，对周围环境产生的不适，在旅之人必须小心谨慎，尽可能顺应旅途中的生活环境，以防不测，求得平安。

巽卦第五十七 ䷸

巽下巽上　巽[①]小亨，利有攸往，利见大人。

初六　进退，利武人之贞。[②]

九二　巽在床下，用史巫纷若，吉，无咎。[③]

九三　频巽，吝。[④]

六四　悔亡。田获三品。[⑤]

九五　贞吉，悔亡，无不利，无初有终。先庚三日，后庚三日，吉。[⑥]

上九　巽在床下，丧其资斧，贞凶。

【注释】

①巽卦：巽下巽上，象征顺伏、顺从。②进退：进进退退。武人：勇武之人。③巽在床下：指祝史、巫觋，暗自传话给君王。史：祝史，职掌占卜，祈祝的官员。巫：即巫觋，巫婆。纷若：勤勉异常的样子。若，样子。④频：一次接一次。⑤田：田猎。三品：三等，以禽兽射杀的部位而论，上等的为心脏，为祭品，二等的为禽兽腿肉，用作招待宾客；三等的留作自己食用。⑥先庚三日，后庚三日：庚与更通，含变更意；庚前三日为丁日、戊日、己日，庚后三日即辛日、壬日、癸日。

【译文】

巽卦　象征顺从。巽卦是象征阴柔，巽阴潜起于阳下，故只有小亨。巽卦的卦象下单卦为巽。上单卦也为巽，是阴卦。柔顺修谨。因柔皆顺乎刚，慎以进而不敢干，故不会有灾祸。但过于优柔寡断，故只有见到大德之人才有利。

初六　过于谦谨，犹豫不前，不能果断处之。只有勇敢之人才有利。

九二　跪伏在神坛之下的谦顺，犹如效仿祝史、巫师般虔诚敬神的样子，仍会吉祥，没有灾祸。

九三　频与“颦”通，一再地顺从，但心犹未甘，并落不到好处，反招来羞辱。

六四　田猎所获可分为祭品、待宾、自用三等。国之大事，亦如田猎，能率夫役民，方能

成大事，猎而多获。

九五 庚与更通，有变更的意思。一事在变通之前，应知会众人，让众人通晓其事端；变更后，再警其得失，这样才可以做到：命无不行，事无不主也。是礼乐征伐之道。

上九 顺从地匍匐在地，如行程中丢失旅资和利斧，即使地位显赫之人，也未免处境尴尬。凶。

【讲解】

本卦爻辞讲，人们应有顺从的品德，但不可一味顺从。武该顺从命令，令进则进，令退则退，方能吉利。若心中不顺从，愁眉苦脸勉强去顺从，必出现危险。

兑卦第五十八 ䷹

兑下兑上 兑[①]亨，利贞。

初九 和兑，吉。

九二 孚兑，吉，悔亡。

六三 来兑，凶。[②]

九四 商兑未宁，介疾有喜。[③]

九五 孚于剥，有厉。[④]

上六 引兑。[⑤]

【注释】

①兑卦：兑下兑上，象征怡悦。兑又为泽，为水。泽能生长。万物丛生，故万象欢欣。②来兑：前来谄媚取悦。③商：考虑、琢磨。介疾：医愈。疾：小病。④剥：指丧乱损伤正道。厉：严厉。⑤引兑：引诱、和悦。

【译文】

兑卦 象征欢悦。兑卦意指的卦象有较大的变动性，得视具体卦象而定。兑卦卦象中下上单卦皆为兑，为交换，重卦中有返朴归真的含义。不过兑卦大都表示顺应天理，符合民意的卦象，是利卦。

初九 与人和谐，但阳刚得位，与物无竞，故十分吉祥。

九二 心怀诚信，和颜悦色，吉。虽不当位，难免抱屈，但志诚可赢得朋友相信，亦无妨。

六三 柔以躁进，此小人之媚世，必流于邪祟，凶。

九四 未宁为患，治愈疾患是令人喜悦的事。君子要以刚居柔，酌量于宽严之中，得咸宜之道，这才能安宁获喜。

九五 居君位之人，如被疾邪小人包围，则有危险。这时他虽处剥丧之中（篡夺他的权力），但他仍不相信叛离。

上六　引诱拉拢的手段很不光明正大，但是否能得逞，就看受惠者的定力了。

【讲解】

此卦爻辞讲的是人获得喜悦的各种原因，实际是揭示了人与人的交往之道。宣扬和悦处世的原则。反对无原则地取悦别人，更不能讨好取悦没有诚信的人。互相间和悦相处，必吉而无害。

涣卦第五十九 ䷺

坎下巽上　涣[①]亨，王假有庙，利涉大川，利贞，

初六　用拯马壮，吉。[②]

九二　涣奔其机，悔亡。[③]

六三　涣其躬，无悔。[④]

六四　涣其群，元吉。涣有丘，匪夷所思。[⑤]

九五　涣汗其大号，涣王居，无咎。[⑥]

上九　涣其血，去逖出，无咎。[⑦]

【注释】

①涣卦：坎下巽上，象征涣，涣散，离散。水流散。涣卦的卦象下单卦，为坎，为水。上单卦为巽，为风。两单卦结合风动水起，水浮木泛。②用拯马壮：借助壮马。③机：即几，几案，矮脚的桌子。④躬：自身。⑤群：众人。丘：山陵。匪夷所思：不是一般所能想象的。⑥大号：大政令、王命。居：占有。⑦血，通恤，战争，战事。逖：即惕，也可解为远。

【译文】

涣卦　象征水散。当人情凝滞不能通达时，君子能以怀安之志，善待天下，则可使阻塞之情上通下达。君王到宗庙进行祭祀大典，感化百姓，可利涉大江大川。

初六　马壮，则有奔驰踔啮之伤，故开始时就要调理它，使之驯服。拯救民众也当如此，吉在初始。

九二　机作"投之以机"的机，即所凭借的安定之所。由疆外奔回，得中位而止，伏几而息，得以安定，使危难消除。

六三　身居刚位，能为公而忘私，虽不当位，但有就阳之素心，故无悔。

六四　豪杰之士能拔流俗以奋出，团结群众一致奉公，即非常之人成非常之功，光明正大，乃吉。涣有丘，指山丘低于山而高于地，涣起的民众如山丘一样高，而且倚以为群，是一般人难以想象的。。

九五　汗为阳出而散阴者，指的是刚中得天位，应诰赏天下，虽王者以王位自居，仍应将聚敛的财富救济天下万民，以天子之畿封赐诸侯，必无灾祸。

上九　阴阳失位，必然有争。故能远于交争之害，必可以超然事外。

【讲解】

本卦讲的是古人防洪治水的经验：洪水发来了，幸有健壮的奔马来营救；洪水冲毁台阶，冲散了人群，冲上丘岭，又冲向王宫，人们相互救助才可以避免灾祸扩大；洪水过去了，人们得救了，但千万不能放松警惕。

节卦第六十 ䷻

兑下坎上　节，①亨。苦节，不可贞。②

初九　不出户庭，无咎。③

九二　不出门庭，凶。

六三　不节若，则嗟若，无咎。

六四　安节，亨。④

九五　甘节，吉，往有尚。⑤

上六　苦节，贞凶，悔亡。

【注释】

①节卦：兑下坎上，象征竹节、时节、节制、节俭。②亨：通享，祭祀。苦节：过于节省，过分的控制。③户庭：内院。④安节：安于节俭。⑤甘节：和怡的节制。

【译文】

节卦　象征节制、节俭。节卦的卦象下单卦为兑，为译为水；上单卦为坎，为止。两单卦结合为泽之所容有准，不泄不漏。节应有度，应顺乎天理之正，如强人所难，过度节俭，则不足以济天下，且穷而未正。

初九　逢初九虽阳刚中正，但逢节卦，仍应慎之于内院，不宜外出，则无灾。

九二　阳刚中正，时至事起，但审慎藏于内室，不愿外出门庭，会坐失良机，凶。

六三　过于奢靡，不知节俭，再想节制已柔失其位无法控制。这是咎由自取，又怎么能再怨天忧人呢?

六四　安于节俭，适当其宜亨通。

九五　以节俭为乐事，合乎理，顺乎情，为天下悦服。亨通。

上六　过分的节制行为是不可取的，因事物有其节俭之本，过之则损。物不顺则穷，故凶。

【讲解】

节卦卦辞认为"'节'：亨"，认为有节制、守节度便能亨通。"'节'：亨"，首先是当节即节，不当节则不节。如节卦初九爻"不出户庭，无咎"，表明初九当节时有所节，因而无咎。而九二爻却说"不出门庭，凶"。这里的"门庭"、"户庭"是比喻，指在一定的范围，只是条件或时机有所不同。不脱离限定的范围，条件或时机不同，会导致相反的结果。

其次是审时度势，"节以制度"，在一定的条件下，人们应安于节制。就是六四爻爻辞所指的“安节，亨”。

再次“中正以通”，甘心受节制。这就是九五爻爻辞说的“甘节，吉。往有尚”，九五爻因处尊位，其节不是一家一户之节，也不是一人一己之节，而是守天下之“节”，守国家之“节”。这种“节”可以表现为节约的原则，所谓“节约”，也是一种节制。

与世界上任何事物都有两重性一样，“节”也有两个方面，“节”如果失去“度”，也会走向反面，成为“苦节”。节卦卦辞认为“苦节，不可贞”，“苦节”，即过分节制，“不可贞”就是说肯定不行，不用占卜了。节卦上六爻辞说得明白：“苦节，贞凶。”

中孚卦第六十一 ䷼

兑下巽上　中孚，[①]豚鱼吉。利涉大川，利贞。[②]

初九　虞吉，有它不燕。[③]

九二　鸣鹤在阴，其子和之；我有好爵，吾与尔靡之。[④]

六三　得敌，或鼓、或罢、或泣、或歌。[⑤]

六四　月几望，马匹亡，无咎。[⑥]

九五　有孚挛如，无咎。[⑦]

上九　翰音登于天，贞凶。[⑧]

【注释】

①中孚卦：兑下巽上，象征内诚、诚信。②豚鱼：豚和鱼。豚，小猪，此指祭品。③虞吉：因忧虑而获吉。燕：通晏，安乐。④阴：通荫。和：应和。好爵：美酒。爵，酒器，借指酒。尔：你。靡：共亨。⑤得敌：在战场上面临了劲敌。罢：通疲。⑥亡：丧失。⑦挛如：广系天下之心。⑧翰音：鸡日翰音。翰，古代祭祀宗庙，依礼，祭品中必有鸡，称翰。

【译文】

中孚卦：象征诚实。中孚卦卦象是下单卦为兑，为泽；上单卦为巽，为木。两单卦结合，木在泽上，利于涉越大江大河，利于取信。只要内心虔诚用豚和鱼祭祀先祖，先祖也会赐福。此卦利于涉越大江大河。

初九：虽是诚信的卦，但仍应审度以求信实，继之，则应再无乖违之意，则去。

九二：相处遥远，但心灵互有呼应，就如同野鹤在树荫下鸣叫，小鹤也会应声随和；我有一尊美酒，今朝愿与君共享。

六三：遭遇势均力敌的对手，有时想击鼓而进，有时又想伺机后退；或哭或笑，或高唱凯歌，简直躁而不宁，不知所以了。

六四：月亮未满将盈的，走失两匹马，如失去了助手。但破小群而无悖大信，感应之正，故无灾难。

九五：刚中居尊，心中减灾，故能感化共同战斗的朋友，没有灾祸。

上九：刚中居尊，虽鸣而不信，奈何鸣声高亢，但却不自量其刚中之不足，因此颇有孤掌难鸣之危。凶必及之。

【讲解】

中孚卦体现至诚之心。至诚之心是人在社会生活中做人的根本态度，至诚之心不仅是与人相处之道，更是人的生存之道。

人培养至诚之心，最忌的是心系旁物，为物所累。如六三爻辞所说“得敌，或鼓或罢，或泣或歌”，别人鼓他也鼓，别人歌他也歌。六三爻的境况可能出于无奈，但与自身缺乏自信心有关。可见，至诚之心来自对自身力量的认识。“精诚所至，金石为开”，这样的至诚至信，没有坚韧之心是难以达到的。

小过卦第六十二 ䷽

艮下震上　小过，①亨，利贞。可小事，不可大事。飞鸟遗之音，不宜上，宜下，大吉。②

初六　飞鸟以凶。③

六二　过其祖，遇其妣；不及其君，遇其臣，无咎。④

九三　弗过防之，从或戕之，凶。⑤

九四　无咎，弗过遇之，往厉，必戒，勿用，永贞。⑥

六五　密云下雨，自我西郊，公弋取彼在穴。⑦

上六　弗遇过之，飞鸟离之，凶，是谓灾眚。⑧

【注释】

①小过卦：艮下震上，象征略有过越小有过失、交错。②飞鸟遗之音：飞鸟飞过后，其音不绝。③以：与，带来。凶：凶兆。④过：越过。祖：祖父。妣：祖母。⑤从或戕之：放纵自己从而有被人杀害的危险。从，即纵；戕，害。⑥过遇：过分而强求。⑦公弋取彼在穴：射鸟，鸟栖于穴中。弋，带丝绳的箭。⑧离：网罗，捕捉。

【译文】

小过卦：象征小有过失、交错。小过卦的卦象是下单卦为艮，为山，为止；上单卦为震，为雷。山上之雷，可谓过雷，雷声大雨点小。此卦为小事利之卦象，可谓“雁过留声，其音不绝。”但大雁不宜高飞，只应向低飞，向下飞，如此才有利。

初六：飞鸟掠过头顶凶，实非飞鸟凶，而是遇之凶也，并大有妻子挟制丈夫，臣子挟制君王，蛮夷挟制中原之势。

六二：与祖父失之交臂，却和祖母相遇；高攀不到君王，只得与臣下交往，不可能得到原来的期望值，但并无灾恙。

九三：坦荡君子却遭小人算计，审慎戒之，可免于危；委曲求全则有被加害的危险。大凶。

九四：刚而兼柔，守正而不争，即不逞强，便没有危险。但如果过于仗义执言，秉持公道便会引火烧身。

六五：浓云密布不见雨，云气却从城邑的西部冉冉升起，这是阴阳不和之状。这时君王位居尊位，就不能亲自去寻找辅佐自己的人，正如亲自执箭将钻入穴中的鸟猎捕来。

上六：势盛极必过，骄亢极必有失，正如飞鸟飞得太高，目标太露，终会被射杀。这是天之降灾，不可避。凶

【讲解】

此卦讲若逾小矩越造成小过，还算亨通。如果去征伐和进行祭祀等国家大事则绝不可以。一旦冒进，则宜当退守，不然必酿成大错。步调保持要一致，不应放纵冒进，以免造成过失。批评或表扬，注意分寸，不可太过或不及，要注意事物的量的限度。

既济卦第六十三 ䷾

离下坎上　既济，[①]亨，小利贞。初吉，终乱。

初九　曳其轮，濡其尾，无咎。[②]

六二　妇丧其茀，勿逐，七日得。[③]

九三　高宗伐鬼方，三年克之，小人勿用。[④]

六四　繻有衣袽，终日戒。[⑤]

九五　东邻杀牛，不如西邻之禴祭，实受其福。

上六　濡其首，厉。

【注释】

①既济卦：离下坎上，既即迹也，济，成，象征事物的完成。济，渡河，引申为成功。②曳：拖住。尾：车尾。③茀：车上的帘子，车幔。妇女坐车没车帘如何坐？④高宗伐鬼方：鬼方是商代西北方一个小国，经常骚扰中原。殷高宗去征伐。

袽：华服将变成破旧的衣服。繻：华服；

袽败衣，棉絮。

【译文】

既济卦：象征事业有成。即济卦的卦象是下单卦为离，离为火，上单卦为坎，坎为水，为艰。这卦象不是利卦。亨通，但只利于小事。因缺乏变通，终至僵化、离乱，后危乱。

初九：拖住车轮，车便不能前行，但无妨。因为刚阳总能镇住邪阴，正如狡猾的狐狸以狐媚乱人，终会让人抓住尾巴。

六二：妇人遗失了首饰，不要急于寻找，一巡之后第七日自会失而复得。

九三：殷高宗兴兵讨伐鬼方，经历三年苦战才打败了鬼方，但息劳而骄的小人，只可犒赏，切勿重用之。

六四："繻"指华丽的衣服，"枷袽"则为破絮。华丽的衣服再好，也有破旧的时候，凡事总要防微杜渐才好。

九五：东邻杀牛举行盛大祭奠，倒不如西邻只简单地举行一个祭祀却实享天福。

上六：水浸过头顶，定有灾难。

【讲解】

既济卦讲的是获得成功以后应持守。爻辞用“妇丧其茀，勿逐，七日得”与“高宗伐鬼方，三年克之，小人勿用”来说明在“既济”阶段，只要等待时机，善于用人，无论大事小事都能顺利通达。

在大功告成以后，主政者一定要居安思危，防患于未然。六四爻以“繻有衣袽，终日戒”来告诫执政者要日日思患，并早做准备；九五爻以“东邻杀牛，不如西邻之禴祭，实受其福”来劝导统治者如想持守现有的福祉，就必须像祭祀那样，竭尽诚敬之心，事事认真对待，而不要只追求表面的铺张。否则就会“福兮祸所伏”，在顺境中懈怠放松，骄奢淫逸，自己种下动乱的祸根，以致在上六爻中出现“濡其首”的危象。这时就会应了“初吉终乱”的预言，“既济”走向了自己的反面——“未济”，从而又展开了新一轮的矛盾发展过程。

未济卦第六十四 ䷿

坎下离上　未济，①亨，小狐汔济，濡其尾，无攸利。②

初六　濡其尾，吝。

九二　曳其轮，贞吉。

六三　未济，征凶。利涉大川。

九四　贞吉，悔亡。震用伐鬼方，三年有赏于大国。③

六五　贞吉，无悔。君子之光，有孚，吉。④

上九　有孚，于饮酒，无咎。濡其首，有孚，失是。⑤

【注释】

①未济卦：坎下离上，象征尚未成功。②汔：极浅的河流。③震用：动用，指兴兵征战。震，强有力。大国，指殷商，又称大邦，大殷。④光：光辉。⑤孚：诚信。这里指举杯同庆。

【译文】

未济卦：象征事物仍在运作，尚未成。未济卦的卦象下单卦为坎，为水；上单卦为离，为火。火在水之上，形成水火未济的卦象。小狐狸渡浅河快要到岸的时候，打湿了尾巴，功亏一篑。

初六：小狐狸过河，都快到了，尾巴却湿了，结果无利而终。

九二：用力将车轮往后拉，让车慢慢往前走，这是因为他有自知之明，深知凡事不可冒然而进。故吉。

六三：还没有过河，也有风险，贸然前进，势必凶危。但凡事总要找到出路，克服重重艰难，故可以干大事，宜于涉越大江，大河。

九四：持正固本，吉卦。雷霆之师讨伐鬼方，三年征战，大胜而归。按功行赏封侯、封地，但战事未息，尚需再接再厉。

六五：有君子之德，故没有晦恨。君子的荣光不仅表现在持正固本上，而且表现在能与普天大众共渡难关上。故其光辉可鉴。

上九 举酒庆贺，没有灾祸。但酗酒或贪于酒色，就偏离了正道。

【讲解】

未济卦讲的是事物的变化发展是不会终结的这一深刻的辩证法则。事物的发展，有一个艰难曲折的过程，需要不断努力。只有真诚努力，辛勤工作，积极促进事物向前发展，才能善始善终，由未济转化为既济，获得良好结果。

从卦序来看，作《易》者将未济卦安排在六十四卦的最后一卦，包含有揭示《易》道真谛的深意。正如《周易集解》引崔憬语所指出的："夫《易》之为道，穷则变，变则通，而以'未济'终者，亦物不可穷也。""未济"即未穷也，未穷则有"生生之义"。这样，《周易》虽只有六十四卦，但最后一卦的"生生之义"使它不仅没有在终点停下来，反而以终点为起点又展开新一轮的矛盾运动过程。

把握"未济，物不可穷也"，事物的变化发展永不会终结这一辩证法则，对我们从事"认识世界、改造世界"的实践创造活动具有现实的指导意义。

文言传①

乾文言

"元"者，善之长也；"亨"者，嘉之会也；"利"者，义之和也；"贞"者，事之干也。②君子体仁足以长人，嘉会足以合礼，利物足以和义，贞固足以干事。③君子行此四德者，故曰："乾：元、亨、利、贞。"

初九曰："潜龙勿用。"何谓也④？子曰："龙，德而隐者也。不易乎世，不成乎名。遁世无闷，不见是而无闷；乐则行之，忧则违之，确乎其不可拔，潜龙也。⑤"九二曰："见龙在田，利见大人。"何谓也？子曰："龙，德而正中者也。⑥庸言之信，庸行之谨；闲邪存其诚，善世而不伐，德博而化。⑦《易》曰：'见龙在田，利见大人。'君德也。"九三曰："君子终日乾乾，夕惕若厉，无咎。"何谓也。子曰："君子进德修业。忠信，所以进德也；修辞立其诚，所以居业也。⑧知至至之，可与言几也；知终终之，可与存义也。⑨是故居上位而不骄，在下位而不忧。⑩故乾乾因其时而惕，虽危无咎矣。⑪"九四曰："或跃在渊，无咎。"何谓也？子曰："上下无常，非为邪也；进退无恒，非离群也。⑫君子进德修业，欲及时也，故无咎。"九五曰："飞龙在天，利见大人。"何谓也？子曰："同声相应，同气相求。⑬水流湿，火就燥。云从龙，风从虎。圣人作而万物睹。⑭本乎天者亲上，本乎地者亲下，则各从其类也。⑮"上九曰："亢龙有悔。"何谓也？子曰："贵而无位，高而无民，贤人在下位而无辅，是以动而有悔也。⑯"

"潜龙勿用"，下也，"见龙在田"，时舍也。⑰"终日乾乾"，行事也。⑱"或跃在渊"，自试也。"飞龙在天"，上治也。⑲"亢龙有悔""穷之灾也，乾元用九"，天下治也。

"潜龙勿用"，阳气潜藏。"见龙在田"天下文明。⑳"终日乾乾"，与时偕行。㉑"或跃在渊"，乾道乃革。㉒"飞龙在天"，乃位乎天德。㉓亢龙有悔"，与时偕极。㉔乾元"用九"，乃见天则。㉕

乾"元"亨者，始而亨者也。"利贞"者，性情也。乾始能以美利利天下，不言所利，大矣哉！大哉乾乎！刚健中正，纯粹精也。㉖六爻发挥，旁通情也㉗；时乘六龙，以御天也㉘；云行雨施，天下平也。

君子以成德为行，日可见之行也。㉙"潜"之为言也，隐而未见，行而未成，是以君子弗"用"也。君子学以聚之，问以辩之，宽以居之，仁以行之。㉚《易》曰："见龙在田，利见大人。"君德也。九三重刚而不中，上不在天，下不在田，故"乾乾"因其时而“惕”，虽危“无咎”矣。[31]九四重刚而不中，上不在天，下不在田，中不在人，故“或”之。[32]或之者，疑之也，故“无咎”。夫“大人”者与天地合其德，与日月合其明，与四时合其序，与鬼神合其吉凶。先天而天弗违，后天而奉天时。[33]天且弗违，而况于人乎？况于鬼神乎？“亢”之为言也，知进而不知退，知存而不知亡，知得而不知丧。其唯圣人乎！知进退存亡而不失其正者，其唯圣人乎！

【注释】

①《文言传》:《易传》之一。共有两篇，分别解说乾卦和坤卦的要旨，因此前篇称《乾文言》，后篇称《坤文言》。又省称《文言》。文言，文饰即说明，阐述的意思。②长：尊长。嘉：美好。会：会合。义：宜。干：根本。③体仁：以仁为根本。④何谓也：这是《文言》作者设问之辞。下同。此句以下至篇终，从多方面依次反复阐释乾卦六爻爻辞及“用九”辞。下文“子曰”即孔子说。旧说《文言》系孔子所作，虽然不可信，但其中采用了孔子的某些观点却是真实的。⑤不易乎世：不因不良世俗而改变节操。易，改变。乎，于，被。不成乎名：意为不被功成名就所迷惑。遁世无闷：逃离世俗而不感到苦恼。遁：古遯字，逃避。闷，苦闷，烦恼。不见是：不被。见，被。是，以……为是，即肯定。确：坚定。拔：动摇。⑥正中：指九二居下卦之中。⑦庸：平常。信：诚信，即言出必行。闲：防止。善世：美好正大。世，大。伐：衿夸。化：感化。⑧修辞：饰以言辞。居业：蓄积功业。居，积。⑨知至至之：知道进取的目标，就努力达到。至，达到。前一个“至”为名词，指要达到的目标；后下一个“至”为动词，达到，实现。下文“终终”类此。可与言几：即可与之言几。之，代词，代君子。几，微，此为征兆。下文“可与存义”类此。存，保全。义，宜。⑩上位、下位：上位，指九三居下卦之上位；下位，指九三居上卦之下方。⑪因其时：因，沿，随着；时，指一天中的各个时辰。⑫上下无常：与下文“进退无恒”互文，指九四处于可上可下，可进可退，变化无常之位。恒，常。⑬同声相应，同气相求：意为同类的事物相互感应，彼此求合，声、气，此处是举此二者以概括一切同类事物。⑭作：振作，奋起。睹：看见。⑮本：出于，依存于。各从其类：分别依从其同类而发挥作用。⑯贤人在下位而无辅：贤人，指下卦九三。三、上为两阳，而两阳不应，所以说上九无“贤人”辅助。⑰舍：即舒，舒展。⑱行事：从事某项事业。⑲上治：最好的局面。治，太平，指安定的形势。⑳文明：文采灿烂。㉑与时偕行：追随着时光向前发展。偕，一同。行，发展。㉒乾道：天道。革：变化。㉓位：意为尊有“天位”。㉔极：尽，消亡。㉕天则：大自然的运动变化规律。㉖纯粹精：即纯粹之精。纯，不杂为纯；粹，不变为粹。此句指乾卦六爻皆为阳爻，为阳气之精华。㉗旁通：广泛会通。㉘御天：驾驭大自然。㉙行：指行动目的。㉚辩：指通过论辩来辨疑决难。㉛重刚而不中：初九，九二均为阳刚之爻，九三又为阳刚之爻，所以称重；易卦每卦只有二爻、五爻居中，九三居三位，所以称“不中”。上不在天，下不在田：易卦六爻分天地人三才，上、五为天，四、三为人，二、初为地。九三居天、地之间，所以称上不在天，下不在田。㉜中不在人：九四与九三虽居人道，但人道之中，人近于地，上远于天，而九四则下远于地，上近于天，不是人的正常处境，所以称“中不在人。”或：无指代词，有时。㉝先天：先于天象。此指在自然界尚出现变化时，就应预先采取必要措施。后天：后于天象。

【译文】

元始，是善良事物之首；亨通，是美好事物的交会；利益，是义的适当和谐；正固，是立命之本源。君子把仁爱之心作为行事的根本凭据，完全可称作众人的尊长；寻求美好事物的交会，完全符合礼仪的要求；施舍好处给其他事物，完全符合道义的原则；坚持正固节操，完全可以妥善处理各种事情，君子就是行使这四种美德的人，所以才说：“乾卦象征上天，元始，亨通，和谐有序，贞正坚固。”

初九爻爻辞说："巨龙潜藏在深渊，暂时不适合施展才能。"这话是什么意思呢？孔子说："这是比喻一种具有龙一样德行而隐居的君子。他不为污浊的世俗而改变情操，不沉迷于成就功名；远离尘世不感到烦恼，所作所为不为世人赞扬也不感到苦闷；称心如意的事情就付诸实际，深以为不对的事情则决不去做，意志坚定因而不可动摇，这就是潜藏的巨龙。"

九二爻爻辞说："巨龙出在田间，利于大德大才的人出世。"这话是什么意思呢？孔子认为："这是比喻具有龙的德行的君子已经得到中正之大道了。他谈吐平淡却能说到做到，行动寻常却能严谨有度；凡是邪妄之事都能防微杜渐而使中正之德行更加充实，为世人作善事而从不自己夸耀。《易经》说'其中正之德行在田间，有利于大德大才之人出世。'这话正是说大德大才之人虽然还没有占据君王之位，但是已经具备人君之德行了。"

九三爻爻辞说："君子终日健行不停止，时刻警惕戒惧，这样即使遇到困难也能免遭损害。"这话是什么意思？孔子认为："这是说明君子之所以终日健行不息，是在于增进美德、营建功业。待人诚实守信，是增进美德的途径；说话出于诚心诚意，是积攒功业的门路。看到发展上升的征兆，就努力进步，这种人可以跟他谈论孢微之事；看到有走向终极的危险，就即时停止，这种人可以跟他共同把事情处理得适当。这样就能够居于上位而不骄傲，居于下位而不担忧。所以才能终日健行不息，时刻警惕戒惧，即使遇到困难也能免遭损害。"

九四爻爻辞说："巨龙待机而动，有时腾跃前进，有时退居深渊，必无损害。"这话是什么意思？孔子认为："这是比喻处在这种境况君子，或上升或下降，都依据具体之事件而决定，不去做那种徒劳无益的邪妄之事；上进居于尊位或撤退安居本位，都不是一成不变的，只是现在并没有离开在下的众人而决意上升。君子增益美德，营修功业，都是在等待机会以便及时进取，所以才说必无损害。"

九五爻爻辞说："巨龙飞上苍天，适合于发现大德大才之人。"这话是什么意思？孔子认为："俗语说：'同类的声音互相感应，同类的气息互相求合。水向湿处流，火向干处烧。流云伴着龙吟而出，山风和着虎啸而生。圣贤之人振作而尽力治世，则万民仰慕而天下归附。'可见，依存于天者其性亲于上，依存于地者其性亲于，一切事物都是各自依据其同类而发挥作用。"

上九爻爻辞说："巨龙飞翔上升至极点，必遭困境。"这话是什么意思呢？孔子认为："这是比喻某种人身份显贵而没有实际地位，地位崇尚而失去民众，虽有贤人居于下位却不去辅佐他，所以他一旦轻举妄动必有困难。"

"巨龙潜藏在水中，暂时不适合施展才用。"是由于地位低下卑贱。"巨龙出现在田间"，是由于时势开始缓解。"终日健行不息"，是表示事业开始付诸实践。"有时腾挪上进，有时退居深渊"，是为了自我检验以具有自知之明。"巨龙飞上苍天"，是由于君子已经成为大德大才之人，并且上居尊位而治理下等之民。"巨龙飞升到极点，终将遭遇悔恨"，是由于处于危险的境地而不知随机变通，必遇灾难。天有元始之德行而"用阳刚化为阴柔的老阳之数"，就是说九这个数字，是表明天下大治理所当然。

"巨龙潜藏在水中，暂不适合施展才用"，是说明阳气虽然已经生成但是没有出现。"巨龙出现在田间"，是解释天下形势灿烂。"终日健行不息"，是说明随着时间的变化而变化，不断起作用，从而使万物万世不竭。"有时腾跃上进，有时退居深渊"，是说明大道发生变化，出现变革。"巨龙飞上苍天"，则说明阳气旺盛正当天位，其造就万物之功力已成，具备了天之美德。"巨龙飞升到极点，必有困难"，是说明阳气随着时间条件的变化而达到了困难境地，再不可能向前发展了。天有元始之德行而“用阳刚化为阴柔的老阳之数”即九这个数字，这是表明了大自然运行的原则。

乾卦中的“元始”，说明天的德行在于创造万物并使它们亨通。“和谐有利，贞正坚固”，则是天的本质和真情。天一开始就用美好的利物之德去施舍好处给天下，而自己却从来不居功自夸它所施舍的美善之利，这种美德是何等的伟大啊！伟大啊，天！刚健强劲，居中守正，通体不杂，始终不改变，纯粹而又纯粹，堪称纯粹精华。乾卦六爻一经发起，其变化就穷尽天地万物之情理；好像顺着不同的时期驾起潜龙、现龙、惕龙、跃龙、飞龙、亢龙这六条巨龙，驾驭着整个天道的更替；行云降雨，普遍施予万物以恩泽，为天下带来平安。

君子应该把成全自己的品德为目的去做事，而且所做的事是每天表现于外，人人看得到的。而初九爻爻辞所说的“潜藏”，意思是君子的德行虽然已经具备但还隐藏于内而未曾表现出来，说明其行为高尚，还不足成就其品德，所以君子这时不能轻易施展才华。君子努力学习以积累知识，释疑解惑难以辨别是非，平常胸怀宽广以博学深藏，并能以仁爱之心去行事。《易》书说：“巨龙出现在田间，有利于大德大才之人出世。”这是说具有这种大德大才的人虽然身在下位，但是已经具备了人君的德行。九三爻是多重刚爻重叠而成的，居于不中之位，上不能达于天空，下不能达于地面，因此要健行不息，时刻“警惕戒惧”，以便即使遇到危急也能“免遭损害”。九四爻也是从重刚爻重叠而成的，居于不中之位，不仅上不能达于天空，下不能立于地面，而且中不能处于人间，因此强调“有时这样，有时那样”。重视“有时这样，有时那样”，是为了说明这时还存在诸多疑虑，应该审时度势。这样才能“免遭咎害”。九五爻辞所说的“大德大才之人”，它的德行像天地一样化育世间万物，其英明像日月一样光照天地，其行为像四时一样井井有条，其赐吉降凶像鬼一样毫无私心杂念。他先于天时而行动，天不违背他；他后于天时而做事，也能尊奉天的变化规则。天尚且不违背他，又何况人呢？何况鬼神呢？上九爻爻辞所说的“上升到极致”，是说明某种人只知道前进不知道即时引退，只知道生存而不知道终将灭亡，只知道获得而不知道所得必失。在这方面，恐怕只有圣人才是英明的吧！深知前进与引退，生存与灭亡之间的关系，行动不会迷失正道的，或许只有圣人吧！

坤文言

坤至柔而动也刚，至静而德方。[①]“后得主”而有常，含万物而化光。[②]坤道其顺乎，承天而时行。[③]

积善之家，必有余庆；积不善之家，必有余殃。臣弑其君，子弑其父，非一朝一夕之故，其所由来者渐矣[④]！由辩之不早辩也。[⑤]《易》曰：“履霜，坚冰至。”盖言顺也。

“直”其正也，“方”其义也。[⑥]君子敬以直内，义以方外，敬义立而德不孤。[⑦]“直方大，不习，无不利”，则不疑其所行也。

阴虽有美，“含”之以“从王事”，弗敢成也。[⑧]地道也，妻道也，臣道也。地道“无成”而代“有终”也。[⑨]

天地变化，草木蕃；天地闭，贤人隐。《易》曰：“括囊，无咎无誉。”盖言谨也。

君子“黄”中通理，正位居体，美在其中，而畅于四支。发于事业，美之至也[⑩]！

阴疑于阳必“战”，为其嫌于无阳也，故称“龙”焉。[11]犹未离其类也，故称“血”焉。[12]夫“玄黄”者，天地之杂也，天玄而地黄。

【注释】

①坤至柔而动也刚，至静而德方：此句是对六二爻要旨的阐释。由于六二爻是既中且正，是本卦卦主，所以传文首先对它加以解说。动也刚，指坤卦性虽至柔，但遇六则变为阳。方，这是上承“动也刚”而言的，意为坤卦性虽至柔，但得阳而动，其德却能流播四方。方本作端方、正派讲，这里含有流布四方的意思。②常：常理。③时行：顺随四时变化而运行。④弑：下杀上，卑杀尊为弑。⑤由辩之不早辩：意为由于未能早日察觉所演化而成。辩，同辨，察觉，识别。⑥义：宜，指行为适中恰当、得宜。下文“义以方外”中的“义”同此。⑦德不孤：意思是美德广播，人人响应。⑧弗敢成：无成，即不以成功自居。⑨代：继。⑩“黄”中通理：“黄”中，黄为中和之色，六五爻性柔而居上卦中位，所以称黄中。理，物理。支：通肢。⑪疑：类似，等同。嫌：嫌疑。⑫血：阴类物质，阳取象气，阴取象血，即所谓“阳气而阴血。”

【译文】

大地性格极为柔顺，但是一旦变化却显得相当强硬；性格极为文静，但是一旦运行其德行却能够流布四方。“大地承受天之给予而后主持行养万物”，乃常理所在；包容孕育万物而使之运化光大，乃是其本能。大地的性格多么柔顺啊，它承受天道依照四时的变化而运行！

修善积德的家族，肯定多有吉庆；作歹损德的家族，必然多有祸殃。人臣弑杀君王，儿子弑杀父亲，不是一朝一夕的缘故，这种大逆不道行为的原因早已渐渐出现了！而所以这样，都是因为为君为父者未能及早明察事实。《易》书说：“天降薄霜，显示严寒将至。”这句话或许是说事物都是沿习积小成大，渐进至极的趋向而发展的吧。

“纵无边”，说明品德正派；“横无涯”，说明行为适当。君子庄重不苟，以率直作为内心修养，行为得宜，以方正进行对外交流，只要做到庄重不苟、行为适宜，就能够使自己的德行广布而众人依归。君子能够“宽厚博大，即使后天修习，有所举动也无不顺利。”他的所说所行便都无可置疑了。

阴柔在下者即使具有美德，也只能是“隐含不露”地用来“辅助君王大业”，而且成功也不敢居功。这就是所谓的地顺天的原则，妻从夫的原则，臣忠君的原则。地顺天的原则说明，“起初无所建树”是承继天之末尾，“最后则能尽责臣职，有好的结果”。

天地运行变化，草木就繁衍生息；天地闭塞不通，圣人就隐身匿迹。《易》书说：“系紧囊口，可以免遭灾难，但也不会获得称赞。”这句话应该是告诉人们处世要谨慎戒惧吧。

君子的德行好比“黄色”，中和柔润，通达事理；他身居正当的位置，美质深藏于内心，却畅流于四肢，发扬于事业，这才是德行的极致啊！

阴气旺盛到相当于阳气，双方必然互相冲突，《易》书作者担心人们误会坤卦没有阳爻，冲突不是阴阳交会，特意在爻辞中称谓“巨龙”，以表明是极旺盛的阴气与衰极的阳气发生了你死我活的斗争。又因为阴气虽然发展到极致已经相当于阳气，但毕竟还没有脱离其同类，为避免人们由于爻辞中称为“巨龙”而误会为阴气已经转化阳气，所以特意在爻辞中称作“鲜血”。至于说鲜血的颜色为“青黄相杂”，这是说明这种颜色是天地阴阳的相互混合则使天成为青色，地成为黄色啊。

彖辞上传①

乾　卦

大哉乾"元"，万物资始，乃统天。②云行雨施，品物流形。③大明终始，六位时成，时乘六龙以御天。④乾道变化，各正性命，保合太和，乃"利贞"。⑤首出庶物，万国咸宁。⑥

【注释】

①《彖辞传》：《易传》之一。对应上经下经而分为上下两篇，凡六十四节，即六十四卦，分别解释各卦卦断，即论断一卦大义。②元：元始，指元始之气即阳气。资：取，凭借。统：领。天：大自然，即以天表形的整个宇宙。③品物：各类事物即万物。品，众。流形：流布扩散而生成形体。④大明：即太阳。终始：循环运转。六位：即六爻的位序。时：按时。御：驾驭。⑤乾道：天道。正：确定。性命：性质。保合：保全。太和：阴阳二气相生相克对立统一。⑥首：最先。

【译文】

伟大啊，创造万物的阳气！万物依靠它才开始萌生，它统治着整个宇宙。云彩纷飞，甘霖普降，宇宙万物因此而流传广布成形。光辉灿烂的太阳循环运转，乾卦六爻的位序按照时间次序排列确定，好像阳气按时乘着六条巨龙起伏升降，以控制宇宙万物变化中各自确定自身的属性，并保全阴阳既对立又统一的太阳之气，以有利于持守正固。总之，阳气乃是宇宙的本原，它首创万物，使天下四方都得到安宁。

坤　卦

至哉坤"元"，万物资生，乃顺承天。①坤厚载物，德合无疆。②含弘光大，品物咸"亨"。"牝马"地类，行地无疆，柔顺"利贞"③。"君子"攸行，"先迷"失道，"后"顺"得"常。"西南得朋"，乃与类行；"东北丧朋"，乃终有庆。④"安贞"之"吉"，应地无疆。

【注释】

①至：极，引申为崇高。②无疆：时空没有极限。③地类：地上的一个物类。④类：同类，即朋。庆：喜庆。

【译文】

崇高啊，与天共同创造万物的大地！万物根据它生长，而它则听从地禀承天的意向。大地宽厚而能承载万物，其德性与天相合而长久无边，辽远无疆。它含容一切于自身，并发扬光大用来生成万物，在辽阔无垠的大地上纵横驰骋，但是它毕竟德性柔顺，因而有利于持守正固。君子前进，如果跃居人前，必然误入歧途从而偏离正道。假若跟随人后，顺从而行则能寻得宇宙运动变化的情理之常。走向西南将得到同类，可以和同类共奔前方；走向东北则将失去同道，但是最后却可以获得喜庆福祥。安守正固的吉祥，正好暗合大地的美德——长久无边，辽远无疆。

屯 卦

屯，刚柔始交而难生。①动乎险中②，大“亨贞。”雷雨之动满盈，天造草昧。③宜“建候”而不宁。④

【注释】

①难：艰难。②乎：于，在。③雷雨：屯卦下震上坎，而震为雷，坎为雨。草昧：初开，蒙昧。④不宁：不可安宁。

【译文】

初生，好像阳刚阴柔之气刚刚开始相互交会，艰难必然随之而生。这是处在危险之中，尽管前景非常顺利却须持守正固。雷雨将至，阴阳二气郁结密布充塞于天地之间，正像大自然始创万物之时那种混沌的情状。此刻，君王应该及时授爵封侯以治理天下，万不可安然处之而无所作为。

蒙 卦

蒙，山下有险，险而止，蒙①。蒙“亨”，以亨行时中也②。“匪我求童蒙，童蒙求我”，志应也③。“初筮告”，以刚中也④。“再三渎，渎则不告”，渎蒙也⑤。蒙以养正，圣功也。⑥

【注释】

①山下有险，险而止，蒙：山，指上艮，艮为山；险，指下坎，坎为险。这是以上下卦象解释卦名“蒙”。②以亨行时中也：这是九二爻处上卦之中，沿亨通之道“治蒙”而把握适中的时机，以解释“蒙，亨”之义。③志应：指九二爻和六五爻多阳相应，如师生志趣相投。④刚中：指九二爻阳刚居中，比喻幼童刚毅中正，以此释“初筮告”。⑤渎蒙：这是对启蒙开化的亵渎。⑥圣功：致圣之功，这是对“利贞”的解释。

【译文】

童蒙，好像高山之下有险阻，遇险则停步不前，正是童蒙的状态。童蒙，“亨通顺利”，是说顺着亨通顺利之道进行启蒙，并把握住适当的时机。“不是我有求于蒙昧无知的人，而是蒙昧无知的人有求于我”，这样双方的志向兴趣就能呼应。“初次前来占筮，告诉他吉凶”，是因为幼儿气质刚强，行为中正。“连续地占筮，便是对占筮的轻侮亵渎，这样则不再告诉吉凶”，是因为他亵渎了启蒙，违反求教的本意。启蒙是为了培养纯正的品德，而这正是造就圣人的事业。

需　卦

需，须也。险在前也，刚健而不陷，其义不困穷矣。①需，“有孚，光亨，贞吉”，位乎天位，以正中也。②“利涉大川”，往有功也。

【注释】

①险在前也，刚健而不陷，其义不困穷矣。险，指上卦坎，坎为险。刚健，指下卦乾，乾德刚健。义：宜。②位乎天位，以正中也：指九五爻处于天位，得正而持中。

【译文】

需，意思是“须”，而“须”兼有等待和需要双重含义，前方有“坎”的危险，必须等待；乾之性刚健，本不应该不进，但为了等待有利时机，以免陷入危险，也要采取等待的正确方式，以不会遭遇困境。待养，“心怀诚信，光明亨通，占问可获吉祥”，这是因为九五爻处于天位，而且处于正中。“有利于涉越大江大河”，是说有所行动必获成功。

讼　卦

讼，上刚下险，险而健，讼。①讼，“有孚，窒，惕，中吉”，刚来而得中也。②“终凶”，讼不可成也。③“利见大人”，尚中正也。④“不利涉大川”，入于渊也。⑤

【注释】

①上刚下险，险而健：刚、健，指上卦乾，乾德刚健。险，指下卦坎，坎为险。②刚来而得中：九二爻阳刚而处于中位。③讼不可成：指上九爻“争讼”穷极，行事难成。④尚中正也：指九五爻中正决讼而受崇尚。⑤入于渊：指上下卦乾刚乘坎险，将有陷入深渊的危险。

【译文】

争讼，阳刚在上，险阻居下，虽身临险境却仍然健行不息，因而争讼纷纷出现。“心怀诚信，引起警惕，改正错误，持守中和之道而不偏不倚可以获得吉祥”。说明九二爻阳刚前来处险而保持适中。“始终不断地强争则有凶险”，说明争讼穷极事功难以成功。“有利于大德大才之人出世”，表明九五爻中正决讼而被尊敬。“不利于涉越大江大河”，说明乾刚乘坎险将有陷入深渊的危险。

师 卦

“师”，众也；“贞”，正也，能以众正，可以王矣。[1]刚中而应，行险而顺，以此毒天下，而民从之，“吉”又何“咎”矣。[2]

【注释】

①能以众正：能使众多部属持守中正之道。以，使。可以王矣：可以成就王业。王，用作动词，称王。以上是解释卦名。②刚中而应：刚中，指九二爻阳刚居中正之位；应，指上应六五。行险而顺：险，指下卦坎，顺，指上卦坤。毒：造成灾祸。以上是解释卦义。

【译文】

师，是下属众多的意思；贞，是持守正固的意思。下属众多而能使它们持守中正之道，就可以成就王业了。刚健居中处下又上顺应尊者，象征君王将兵权完全交给统帅，统帅行使难险之事而顺合正理，凭借这些条件兴兵征战，尽管会给天下造成灾祸，但是民众却情愿追随，如此，一定会十分吉祥，又哪里会有什么灾难呢？

比 卦

比，“吉”也；比，辅也，下顺从也。[1]“原筮，元永贞，无咎”，以刚中也。[2]“不宁方来”，上下应也。[3]“后夫凶”，其道穷也。[4]

【注释】

①下顺从也：指在下群阴顺从于九五爻。这是解释卦名。②以刚中也：指九五爻刚健处于中正之位。③上下应也：上，指九五爻；下，指初、二、三、四诸爻。应，应合，感应。④其道穷也：指上六处于卦终而“亲比”之道穷尽，说明为什么“后夫凶”。

【译文】

亲密比辅，必然获得吉祥；所谓“比”者，是亲辅，就是相亲相爱，相互帮助的意思，比如属下都依从尊上。“古人当年筮遇此卦，大吉大利，宜于占问长久之事，没有灾祸”，是因为贤明君王刚健而处于中正之位。“不安宁的事可并行而至”，是由于上下五个阴爻都抢着与唯一的阳爻九五来应合。“迟缓而来者必有危险”，是由于亲辅之道到此已经终结，走投无路了。

小畜卦

小畜，柔得位而上下应之，曰小畜。[1]健而巽，刚中而志行，乃“亨”。[2]“密云不雨”，尚往也。[3]“自我西郊”，施未行也。[4]

【注释】

①柔得位而上下应之：柔，指六四爻；上下，指卦中五个阳爻。②健而巽：健，指下卦乾，巽，顺，指上卦巽。刚中而志行：刚中，指九二爻，九五爻。志行，指上健下顺，且阳刚居中，其志可行。③尚往也：指阳气还在上升之中，阴尚不足以畜阳，未能成雨。④施未行也：指阴阳二气交会之功刚刚进行，还没有充分施展。

【译文】

小有积聚，意思为柔顺者六四爻居得其位上下所有阳刚之爻都与之应合，但力量还不充分，所以称“小有积聚。”由于上下刚健而又顺从阳刚居中之九二、九五两爻，志向自然可以畅行，所以必然“亨通顺利”。浓云密布但不降雨，是由于阳气还处在上升之中，阴还不足以畜阳，雨未能形成。“云气从我邑西郊升起”，说明阴阳二气交会之功刚刚进行，还没有充分施展。

履 卦

履，柔履刚也。[①]说而应乎乾[②]，是以“履虎尾，不咥人亨。”刚中正，履帝位而不疚，光明也。[③]

【注释】

①柔履刚：柔，指六三爻；刚，指上卦乾，乾性刚健；履，行走。②说而应乎乾：说，悦，指下卦兑，兑为悦。③刚中正：指九五爻，既为阳爻又居阳位，既中且正，帝位，既中且正，所以说“刚中正”。履帝位而不疚：帝位，指九五居君位。不疚，指九五爻阳爻居阳位而得正，位居上卦中央内，处至尊至贵之位，登上君王之位自然不会愧疚。

【译文】

谨慎行事，好像弱小者小心谨慎地行走在刚大者之后。只要弱小者能以温和的态度去应合、对待刚大者，即使碰到不可摸屁股的老虎，也不至于受到伤害，所以说“谨慎走路时踩了老虎尾巴，老虎却不咬人，反而亨通顺利。”阳刚处中守正，登上君王之位，自然不会愧疚，因为具有光辉贤明的德行。

泰 卦

“泰，小往大来，吉亨。”则是天地交而万物通也，上下交而其志同也。[①]内阳而外阴，内健而外顺，内君子而外小人。[②]君子道长，小人道消也。[③]

【注释】

①天地：天，指下卦乾；地，指上卦坤。上下：上，喻君；下，喻臣。②内阳而外阴：内阳，指内卦乾卦，乾卦三阳爻。外阴，指外卦坤卦，坤卦三阴爻。内健而外顺：内健，指内卦乾卦，乾卦三阳爻，其性刚健。外顺，指外卦坤卦，坤卦三阴爻，其性柔顺。内君子而外小人：内君子，指内卦乾卦，乾为阳，

而阳为君子；外小人，指外卦坤卦，坤为阴，而阴为小人。③君子道长，小人道消：这是承接上文，申明卦义。由纯阴的坤卦，变化为三阴三阳的泰卦，阳在内卦成长，将阴排斥于外，象征君子的声势在扩张，小人的声势在消退，定使天下通泰，即“吉祥”、“亨通”。

【译文】

“通泰，弱小者往外发展，刚大者主持内部，筮得此卦必然获吉祥，亨通顺利。”这说明，天地阴阳交会，万物的生长必然畅行无阻；同理，君臣上下沟通，他们的关系一定志同道合。这时，阳者居内而阴者处外，刚健者居内而柔顺者处外，君子居内而小人处外。这是一种君子声势在扩张，小人声势在消退的标志。

否 卦

“否之匪人，不利君之贞，大往小来。”则是天地不交而万物不通也，上下不交而天下无邦也。①内阴而外阳，内柔而外刚，内小人而外君子。小人道长，君子道消也。

【注释】

①无邦：与《彖辞传》中泰卦“志同”含义相反，意思是人与人之间志不同道不合，必然导致人心离散而邦国混乱。否卦卦义与泰卦卦义相反。

【译文】

“阻隔的是不应该阻的人，筮得此卦对君子不利，因为这时刚大者往外，弱小者来内。”这表明，天地阴阳互不交会，万物的生长必然停滞不通；同理，君臣上下互不联系，天下必然离散混乱而不成邦国。这时，阴者居内而阳者处外，柔顺者居内而刚健者处外，小人居内君子处外。这是一种小人声势在扩张，君子声势在消退的标志。

同人卦

“同人”柔得位得中，而应乎乾，曰同人。①同人，曰“同人于野，亨，利涉大川”，乾行也。②文明以健，中正而应，“君子”正也。③唯君子为能通天下之志。④

【注释】

①柔得位得中：柔，指六二爻；得位得中，指六二爻阴爻居阴位，处下卦之中。乾：刚健，指九五爻。②乾行：指六二爻得位得应于乾又得乾刚辅助。③文明以健：文明指下卦离，离为火，为文德光明；健，指上卦乾。中正而应：中正，指六二爻、九五爻位处中正之位。应，指六二爻、九五爻相互应合。④唯君子为能通天下之志：这是总结上文，重申卦辞的“利君子贞”的含义。

【译文】

人事和同，是因为柔顺者处于正位，持守中道，还能上呼应刚健者，所以才能人事和同。人事和同，强调“在旷野之中与人和同接近，亨通顺利，有利于穿过大川巨流”，是因为刚健者齐力前进，能够超越险阻禀性文明而又刚健，行为中正而又能相互应合，这正是君子的纯正之德的表现。只有君子才能会通天下民众的意志。

大有卦

“大有”，柔得尊位大中，而上下应之，曰大有。①其德刚健而文明，应乎天而时行，是以“元亨”。②

【注释】

①柔得尊位大中：柔，指六五爻；得尊，指六五爻得“五”位之尊，即得君王之位；大中，指六五爻居上卦之中，其德贵高并持守中道。上下应合：上下，指初、二、三、四和上五个阳爻；应之，意为此卦是一阴获五阳之应。②刚健而文明：刚健，指下卦乾，乾性刚健；文明，指上卦离，离为火。天：指下卦乾，乾为天。时行：依四季之时序而行事。

【译文】

“富有”，是因为柔顺者得以尊位，尊贵高大并持守中道，上下刚健者纷纷与之相互应合，一柔获五刚，因此称“富有”。其德性刚强而又文明，能够顺应天时，依循四季的时序而行事，所以“年丰人富，亨通顺利”。

谦　卦

谦，“亨”。天道下济而光明，地道卑而上行。①天道亏盈而益谦，地道变盈而流谦。鬼神害盈而福谦，人道恶盈而好谦。②谦，尊而光，卑而不可逾，“君子”之“终”也。③

【注释】

①天道下济而光明：天道下济，指阳气下降，济助万物；光明，荣耀而光明。这是指下卦艮，有如日光阳气照射大地而一片光明。地道卑而上行：指上卦坤。坤，为地，地道卑顺而居下，正由于居下，才能使其阴气上升而交会于天，否则，便不能上行。②亏盈：使盈亏。益谦：使谦益。益，增。下文“害盈”、“福谦”结构同此。鬼神：此指天地运动变化而造就万物的现象，即所谓“造化之迹”。鬼即死，神即生，鬼神即死死生生，生生死死。③终：一义为只有君子能始终持守谦德，二义为君子终将获谦福。

【译文】

谦虚，就“亨通顺利”。因为天道是阳气下降普照万物，光照大地而一片光明；地道是卑微处下而阴气上升，使阴阳联系。天道是使满盈亏损而给谦虚补充，地道是改变满盈而充满谦虚，鬼神之道是损坏满盈而给谦虚施福，人类之道则是厌恶满盈而爱好谦虚。谦虚，居于高位备受崇拜，其德更加光明，即使下处卑位，也不超越原则，因此只有谦虚君子能够始终保持谦虚美德并终将因此而获得恩泽。

豫 卦

豫，刚应而志行，顺以动，豫。[①]豫，顺以动，故天地如之，而况“建侯行师”乎[②]？天地以顺动，故日月不过，而四时不忒；圣人以顺动，则刑罚清而民服。[③]豫之时，义大矣哉。[④]

【注释】

①刚应而志行：指九四爻阳刚，与群阴相应而其志得行。顺以动：顺，指下卦坤，坤德顺；动，指上卦震，震为动。②天地如之：天地的运行全都如此。之，代“顺以动”。③过：错误。忒：差错。刑罚：兼含惩罚和奖赏两义。④时：指顺时而动的意义。大：弘大。

【译文】

欢乐，是因为阳刚者与群阴相应而志向得以畅行，并能够顺应时机而行事，所以必然获得欢乐。欢乐，呼应时机而行事，正如天地的运动，天地尚且如此，更何况“授爵封侯，兴兵征伐”呢？天地按照时机而行动。因此日月运行才不会出差错，四季更替才不会有偏失，而圣人按照时机而行事，就会赏罚分明而公正，万民心悦诚服。豫卦所表现的顺时而动的意义，实在伟大啊！

随 卦

随，刚来而下柔，动而说，“随”。[①]大“亨，贞，无咎”，而天下随时。[②]随时之义大矣哉。

【注释】

①刚来而下柔，动而说：刚、动，指下卦震，震为阳卦，义为动。柔、说（悦），指上卦兑，兑为阴卦，义为悦。刚来而居于柔下，象征君王能礼下臣民，臣民必然追随君王。②天下随时：世间万物适时追随。

【译文】

追随，是因为阳刚谦居于阴柔之下，一旦有所举动，万物必然乐意跟从，所以称为“追随”。大为“亨通”，“有利之卦，没有灾害”，于是世间万物都适时而追随它。追随必须即时，时机的价值多么伟大啊！

蛊 卦

蛊，刚上而柔下，巽而止，“蛊”。[①]蛊“元亨”，而天下治也。“利涉大川”，往有事也。“先甲三日，后甲三日”，终则有始，天行也。[②]

【注释】

①刚上而柔下，巽而止：刚、止，指上卦艮，艮为阳卦，义为止，柔、巽（顺），指下卦巽，巽为阴卦，义为顺。②天行：宇宙的运行自然规律。

【译文】

惩弊治乱，是由于阳刚居上而阴柔处下，万物遵从，其弊其乱必能得以整治，所以称“惩弊治乱”。惩弊治乱，“大为亨通”，于是天下就乱而恢复治。“利于涉越大江大河”，是说天下大乱，正是向前迈进而有作为的时候。“经过七天的观察思索，就会明白应怎么去做”，是说混乱完结之日就是平安开始之时，而这，就是宇宙运行的自然规律。

临　卦

临，刚浸而长，说而顺，刚中而应。①大“亨”以正，天之道也。“至于八月有凶”，消不久也。②

【注释】

①刚浸而长：刚，指初九爻和九二爻两爻；浸，渐。说（悦）而顺：说，指下卦兑，兑为悦；顺，指上卦坤，坤为顺。刚中而应：刚中，指九二爻，此爻阳刚居下卦之中位。应，指九二爻上应六五爻。②消不久：消而不长久。

【译文】

临察，表明此时阳刚之气正日渐增长，逼近阴气，下临万物温和而柔顺，刚健居中且与尊上相互应和。至为“亨通”而且行为得当，这正与天道一致。而“到了八月会有凶险”，则是因为阳气不会永远强大，此时已经接近消亡，其好景不长了。

观　卦

大观在上，顺而巽，中正以观天下。①观，“盥而不荐，有孚颙若”，下观而化也。②观天之神道，而四时不忒；圣人以神道设教，而天下服矣。③

【注释】

①大观在上，顺而巽，中正以观天下：在观、中正，指九五爻刚居中得正；顺，指下卦坤，坤为顺；巽，指上卦巽。“大观”意为以伟人的德行居于上，被万民敬仰。②下观而化：在下者通过瞻仰而领受美好的教化。③神道：神奇的变化规律。忒：差错。

【译文】

以弘大的德行居于上位而被万民敬仰，是由于具备柔顺温和的品质和中和刚正的德行，以此展示于天下而让万民敬仰。“祭祀之前仅仅洗手自洁，并不进献酒食祭品，是因为有个头很大的俘虏作为人牲”，表明在下者看到在上者的伟德，从而领教了美好的教化而深受感动。仰

观宇宙变化的神奇规律，就能理解四季交替毫无偏差的原因；圣人效仿宇宙变化的神奇规律，设立教化，天下万民欣然顺从。

噬嗑卦

颐中有物，曰噬嗑；噬嗑而“亨”。[①]刚柔分，动而明，雷电合而章。[②]柔得中而上行，虽不当位，“利用狱”也。[③]

【注释】

①颐：上下颚之间，即口腔。②刚柔分，动而明，雷电合而章：刚、动、雷，皆指下卦震，震为阳卦，为动、为雷；柔、明、电，皆指上卦离为阴卦，为明、为电。章，彰。③柔得中而上行，虽不当位：柔，指六五爻。六五爻阴居阳位，不当纯柔正位，却能阴阳相济。

【译文】

口中吃着食物，所以称为噬嗑。由于咬合，而能把食物嚼碎，所以“亨通顺利”。刚柔上下首先各自分开，然后交相咬合，动作有力而清楚，好像雷电交合之理昭著彰显。此时柔顺者处于中道并能向上勇进，尽管不在纯柔之位却能刚柔并济，对于施行刑罚还是合适的，所以说“利于施用刑罚”。

贲　卦

贲，“亨”，柔来而文刚，故“亨”；分刚上而文柔，故“小利有攸往”。[①]刚柔交错，天文也；文明以止，人文也。[②]观乎天文，以察时变；观乎人文，以化成天下。[③]

【注释】

①柔来而文刚：柔，指六二爻；刚，指九三爻。分刚上而文柔：刚，指上九爻；柔，指六五爻。文，文饰。②天文：天的文彩即形象，指日月星辰，阴阳变化等。文明以止：文明，指下卦离，离为火、为日；止，指上卦艮，艮为止。人文：人的文采，指文章、礼仪等。③化成天下：教化天下，达到大治。

【译文】

文饰，“亨通顺利”，是因为阴柔前来修饰阳刚，所以“亨通顺利”；又分出阳刚在上修饰阴柔，所以“对柔弱者有所举动有利”。阳刚与阴柔相互交错，形成天象的五彩斑斓；文理鲜明而止于礼仪，形成人类的斑斓文彩。仰观日月星辰的变化，可以知道四季更替的规律；俯察人间的伦常秩序，可以进行教化以达到天下大治。

剥　卦

“剥”，剥也，柔变刚也。[①]“不利有攸往”，小人长也。[②]顺而止之，观象也；君子尚消息盈虚，天行也。[③]

【注释】

①柔变刚：指卦中一阳在上，而五阴在下，一刚爻将被五柔爻所剥落。②小人长：小人，指卦中五个阴爻；长，盛长。③顺而止之：顺，指下卦坤，坤为顺；止，指上卦艮，艮为止。君子尚消息盈虚：君子，指卦中一阳即上九爻；消息，消亡与生息；盈虚，满盈与亏虚。

【译文】

所谓"剥"，即剥落的意思，具体地讲，指阴柔者改变了阳刚者的本性。"不适合有所举动"，是由于小人的声势旺盛。此时应符合形势而停止行动，这从观察内外卦的卦象就可以知道；君子崇拜消亡与生息、满盈与亏虚互转之道理，深知这是宇宙运行的自然规律。

复　卦

复，"亨"，刚反[①]；动而以顺行，是以"出入无疾，朋来无咎。"

"反复其道，七日来复"，天行也。"利有攸往"，刚长也。[②]复其见天地之心乎[③]？

【注释】

①刚反：即刚复。反，返。指卦下一阳即初九爻回复上升。动而以顺行：动，指下卦震，震为动。顺：指上卦坤，坤为顺。②刚长：指卦中阳刚日益增长。③天地之心：指天地生生不息之心。

【译文】

复归，则"亨通顺利"，是因为阳刚在复苏回转；阳刚发动，顺从自然之理而向上运行，所以"或出或入都没有疾病，朋友前来也没有灾祸"。

"返转回归依照一定的规律，只须七日就是一个来回"，这是宇宙的运行规则。"利于有所举动"，是由于阳刚在逐渐增长。从复归之道中，应该可以看出天地育化万物而万世不竭的意志吧？

无妄卦

无妄，刚自外来而为主于内，动而健，刚中而应，大"亨"以正，天之命也。[①]"其匪正有眚，不利有攸往"，无妄之往何之矣？天命不佑，行矣哉[②]？

【注释】

①刚自外来而为主于内：刚、外，指乾卦居外卦；内指震居内卦。动而健：动，指震卦；健，指乾卦。刚中而应：指九五爻阳刚居中正而下应合六二爻。②无妄之往何之矣：这是个设问句，探问无妄之"往"意义何在。行矣哉：还能够有所举动吗？

【译文】

不妄为，是因为阳刚者从外部到来而成为内部的主宰，有所行动强健有力，并且刚正居中而又应合于下；此时最为“亨通顺利”，有利于持守正道，而“天”的目的正是如此。“不持正道就会有灾异，不宜有所行动”，那么不妄为的所说的“举动”是什么意义的“举动”呢？违背正道，将得不到上天的保佑，这样，还能够有所举动吗？

大畜卦

大畜，刚健笃实，辉光日新其德。①刚上而尚贤，能止健，大正也。②不家食，“吉”，养贤也。③“利涉大川”，应乎天也。④

【注释】

①刚健笃实：刚健，指下卦乾刚劲健强。笃实，指上卦艮敦厚充实。②刚上而尚贤：刚上，指上九爻；尚贤，喻上九多爻刚大居上而能礼贤于下。能止健：止，抑止，规范，指上卦艮，艮为止。健，指下卦，乾为健。大正：至大的正道。③养贤：畜养贤才。④应乎天：与天道相互应合即一致。

【译文】

大有积蓄，是由于刚强笃实者积蓄不止，使得才德积蓄于内而光华焕发于外，而且日有增益，日有所新。阳刚者居于上位而尊崇贤能，能够规范健强者的行为，此乃至大正道。“不求食于家，而食俸禄于朝，必获吉祥”，表明蓄养贤才以后有用。“利于涉越大江大河”，是由于顺依天理，可以克服各种艰难。

颐　卦

颐，“贞吉”，养正则吉也。①“观颐”，观其所养也；“自求口实”，观其自养也。②天地养万物，圣人养贤以及万民，颐之时，大矣哉。③

【注释】

①养正：颐养而遵循正道。②观其所养：指观察颐养的客观条件。观其自养：指观察颐养的主观条件。③以及万民：以之及于万民。之，代“养贤”。时：适时。这就是上文说的“养正”即颐养的正道。

【译文】

颐养，“占问则必然获得吉祥”，说明只有遵循正道而颐养才能获得吉祥。“观察事物的颐养表现，”是观察获得养育的客观条件；应该明白，“用正道自己谋取食物”，是观察养育自己的正确方法。天地化育万物，圣人养育贤能并以此用于万民，可见，适时颐养，其道理太伟大了啊！

大过卦

“大过”，大者过也，“栋桡”，本末弱也。①刚过而中，巽而说，行。②“利有攸往”，乃“亨”。大过之时，大矣哉。[3]

【注释】

①大者过：指卦中刚大者，即阳爻超过阴爻。本末弱：指卦中首尾两端，即初爻和上爻为阴爻，其性柔弱。②刚过而中：刚、中，指九二爻、九五爻阳刚居中。巽（顺）而说（悦）：巽即顺，指下卦巽，巽义顺。说即悦，指上卦兑，兑为悦。

【译文】

“大有过越”，是说刚大者大大超过了弱小者；“大梁弯曲”，说明首尾两端十分脆弱。阳刚太过而超过了中正的限度，阴柔弱小温顺而柔和，更可以使阳刚有所行动。因阳刚可以有所行动，所以“利于有所行动”，而且“亨通顺利”。大有过越时机的意义，太伟大了啊！

坎　卦

“习坎”，重险也，水流而不盈。[1]行险而不失其信，“维心，亨”，乃以刚中也；“行有尚”，往有功也。[2]天险不可升也，地险山川丘陵也，王公设险以守其国，险之时用，大矣哉。[3]

【注释】

①重险：指卦中上下坎两“险”相重。水流而不盈：如水流陷穴而不能充满。水，指上下两坎，坎为水。②行险而不失其信：指九二爻和九五爻阳刚居中，为行险而不失信之象。刚中：亦指九二爻和九五爻阳刚居上下坎之中。③险之时用，大矣哉：这是总结“天险”、“地险”、“王公设险”，赞美险难因时而用则功效巨大。

【译文】

“习坎”，意思是重重艰难，就像水流注入坑穴而看不到充满。行走在险难之中而不失诚信，两颗“刚毅之心紧紧系在一起”，通力共济艰险，前景必然“亨通顺利”，乃是因为阳刚居中而不偏不倚；“行事必定获取奖赏”，则是因为行动取得了成效。天道的险难高远而无法穿越，地道的险难如山川丘陵也难以跨过，而国君王侯则效仿天地设置关卡、建筑城池，人为地制造险难用来守护国境，险难因时而使用，其功效是多么的巨大啊！

离　卦

“离”，丽也，日月丽乎天，百谷草木丽乎土。[1]重明以丽乎正，乃化成天下；柔丽乎中正，故“享”，是以“畜牝牛吉”也。[2]

【注释】

①丽：附丽即附着。此句是解释卦名“离”的含义。②重明以丽乎正：重明，指上下卦皆为离，离为

火。丽乎正，指两个阴爻即六二爻和六五爻皆在上下卦之内。柔丽乎中正：柔，指六二爻和六五爻。二者皆柔顺居于中正。

【译文】

“离”，意思是附丽；其情形有如日月附丽于高天，百谷草木附丽于大地。光明相重而又附丽于中正大道，就能够化育生成天下各种事物；柔顺者附丽于适当方正之处，前景一定“亨通顺利”，所以“蓄养母牛定获吉祥”。

彖辞下传

咸　卦

“咸”，感也；柔上而刚下，二气感应以相与。① 止而说，男下女，是以“亨，利贞，取女吉”也。②天地感，而万物化生；圣人感人心，而天下和平。观其所感，而天地万物之情可见矣。

【注释】

①柔上而刚下：柔上，指上卦兑为阴卦，刚下，指下卦艮为阳卦。与，亲。②止而说（悦）：指下卦艮，艮为止、为悦。男下女：即男在女之下。男，指下卦艮，艮为少男；女，指上卦兑，兑为少女。

【译文】

“感”，意思是相互感应。具体说，指的是阴柔上升而阳刚下降，阴阳二气相互感应，两相亲和。交感之时，一者稳重而知道适可而止，一者乐观而能够欢快欣悦，犹如英俊少男追求纯情少女，两方相互感应而一见钟情，所以“亨通顺利，适合占问，迎娶此女为妻，可获吉祥。”天地交感，而使万物化育生长；圣人感化人心，而使天下安稳太平。观察此类“交感”现象，天地万物化育生长的情况就可以明了了。

恒　卦

“恒”，久也。刚上而柔下，雷风相与，巽而动，刚柔皆应，恒。①恒“亨，无咎利贞”，久于其道也。②天地之道恒久而不已也；“利有攸往”，终则有始也。日月得天而能久照，四时变化而能久成，圣人久于其道而天下化成。观其所恒，而天地万物之情可见矣。

【注释】

①刚上而柔下：刚上，指上卦震，震为阳卦。柔下，指下卦巽，巽为风。与，济助。巽而动：巽即顺，指下卦巽，巽为顺。动，指上卦震，震为动，刚柔皆应：指卦中六爻阴阳都能相互应合。②道：正道即规律。

【译文】

“恒”，意思是长久。例如阳刚居上而阴柔处下；雷乘风而行，风因雷而盛，二者常相互帮助；先须谦逊和顺，尔后才可以行动；阳刚阴柔均互相应和，这一切都是天地之间恒常持久之理的表现。“恒久，亨通顺利，必无灾祸，适于占问”，表明要永久保持正道。天地的运行规律，是永远变化而不会停止；“利于有所行动”，表明事物的发展有始则必有终，有终则必有始，终始相因而往复变化无穷，日月顺承天道而能永久光照天下，四季往复变化而能永久生成万物，而圣人永久持守正道，就能教化天下万民从而形成美好的伦常秩序。观察这类“恒久”现象，天地万物化育生长的情形就可以明白了！

遁　卦

“遁，亨”，遁而亨也，刚当位而应，与时行也。① “小利贞”，浸而长也。②遁之时义大矣哉。

【注释】

①刚当位而应：刚，指九五爻；当位，指九五阳刚居阳位，尊位。与时行：顺应时机而行。行，特指退避。②浸而长：浸，渐。长，增长。

【译文】

“退避，亨通顺利”，意思是必须首先退避之后方可致亨通顺利；例如阳刚者处正居尊而能与阴柔者相互呼应，并顺应时势及早退避。“利于柔小者占问”，是由于柔顺的阴气正在浸润扩展而滋润生长。可见，对于退避来说，顺应时势，意义是多么重要啊！

大壮卦

“大壮”，大者壮也；刚以动，故壮。① “大壮，利贞”，大者正也。②正大，而天地之情可见矣。③

【注释】

①大者壮：大者盛壮。《易》例，阳大阴小，卦中初、二、三、四爻四阳盛长，因此说称大者盛壮。刚以动：刚，指下卦乾。动，指上卦震。②大者正：意为刚大者既要大又要正。③正大，而天地之情可见：古人认为，天地化生万物不偏不倚，其德既大且正，所以称“正大”可见“天地之情”。

【译文】

“刚大盛壮”，指的是刚强者声势强大伟壮；其气质刚健而又能奋发，因此称“盛壮”。“刚大盛壮，利于占问”，表明刚大者既要刚强还要端正。只有持守端正刚强的态度，天地化育万物的端正刚大的精神就可以明白了！

晋　卦

“晋”，进也，明出地上。①顺而丽乎大明，柔进而上行，是以“康侯用锡马蕃庶，昼日三接”也。[②]

【注释】

①明出地上：明，指上卦离，离为火、为日，所以“明”。地，指下卦坤，坤为地。②顺而丽乎大明：顺，指下卦坤，坤性顺。丽乎大明，指下卦离，因为离既有“附丽”之义，又有“大明”之象。柔进而上行：柔，指六五爻；上行六五爻上进而处于尊位。

【译文】

“晋”，意思是进步、生长，就像光明逐渐出现在地上。由于在下者顺从而又附着于在上者的宏大光明，以柔顺之德不断进步而向上直行并得以处于尊位，所以方能“像显贵的公侯得到天子赏赐的许多车马，并在一天之中蒙受三次接见”。

明夷卦

明入地中，明夷。[①]内文明而外柔顺，以蒙大难，文王以之。[②]“利难贞”，晦其明也，内难而能正其志，箕子以之。[③]

【注释】

①明入地中：明，指下卦离，离为火、为日，所以称“明”。地，指上卦坤，坤为地。②内文明而外柔顺：内文明，指内卦即下卦离；外柔顺，指外卦即上卦坤。文王以之：周文王就是以此法度过危难的。③内难：箕子乃纣王叔父，被纣王囚禁，所以称“内难”。

【译文】

光明退入地下，表示“光明伤损”。内含文明美德，外显柔顺情态，如此，才可以承受巨大的灾难，周文王就是用这种方法逃过大难而顺利脱险的。“宜于牢记艰难，持守正道”，表明遭遇危难之时要隐藏自身的锋芒，即使蒙受内难也能保持光明正大的志气，殷朝的贤臣箕子就是利用这种方法晦明守正的。

家人卦

家人，女正位乎内，男正位乎外；男女正，天地之大义也。[①]家人有严君焉，父母之谓也。父父，子子，兄兄，弟弟，夫夫，妇妇，而家道正；正家而天下定矣。[②]

【注释】

①女正位乎内，男正位乎外：女，指六二爻；六二爻阴爻居内卦处阴位，所以称“女正位乎内。”男，指九五爻。九五爻阳居外卦处阳位，所以称“男正位乎外。”②正家而天下定：这是说明“正家”与“定天下”的关系，即事不同而理同，治天下要从齐家做起。

【译文】

一家之人，应该女子在家中处于正当之位，男子在家外处于正当之位；男女居位都正当适中，正是天地之间阴阳关系的大规则。一家之人必有严肃的君长，这里的君长说的就是父母。父亲尽到父亲的职责，儿子尽到儿子的职责，兄长尽到兄长的职责，幼弟尽到幼弟的职责，丈夫尽到做丈夫的职责，妻子尽到做妻子的职责，这样家规就能端正了；而只要端正了家规，天下人与人之间的伦常秩序自然也就明确了。

睽　卦

睽，火动而上，泽动而下；二女同居，其志不同行。①说而丽乎明，柔进而上行，得中而应乎刚，是以“小事吉”。天地睽而其事同也，男女睽而其志通也，万物睽而其事类也。睽之时，用大矣哉。

【注释】

①火动而上，泽动而下：火指上卦离，离为火。泽，指下卦兑，兑为泽。上、下，二者反对，含“睽违”之义。二女同居，其志不同行：二女，指下卦兑为少女，上卦离为中女。同居，共处，此二句是说“二女”共处，成人后必各怀其志，归向不一。②说而丽乎明：说即悦，指下卦兑，兑为悦，丽乎明，指上卦离，离为附丽，为火即为明，柔进而上行。得中而应乎刚：柔、中，指六五爻柔顺而中正；刚指九二爻。

【译文】

违背隔膜，是由于火焰燃烧而烧上，泽水流动而润下；两个女子共处一室，志向不同而行动各异。可是此时欣悦附着于光明。以柔顺之道追求进步而向上直行，并且居处适中而又应合于阳刚之物，这样，“小事可获吉祥”。天与地上下违背，但化育万物的道理却是相通的；男女阴阳违背，但交感求合的心志却是相通的；天下万物形态违背、情志隔膜，但身受天地阴阳之气的情况却是相似的。而这种违背隔膜都是由于时间变廷而发生，时间作用真是太伟大了！

蹇　卦

“蹇”，难也，险在前也；见险而能止，知矣哉！①蹇“利西南”，往得中也；“不利东北”，其道穷也。②“利见大人”，往有功也；当位“贞吉”，以正邦也。③蹇之时用，大矣哉。

【注释】

①险在前也；见险而能止，知矣哉：险，指上卦坎，坎为险。止，指下卦艮，艮为止。知，智，明智。②往得中：行事适中、合宜。其道穷：行事路困途穷。③正邦：整顿家国。正，端正，整顿。

【译文】

“蹇”，意思是行动艰难，由于险境在前，行动必难；遇到险境而能及时停止，才是明智的啊！行动艰难之时，“出行宜于向西南方向去”，因为这样做才能适中合宜；“不宜于向东北方向走”，因为这样就会陷入末路。“有利于大德大才之人出现”，表明度过险境不是常人所能做到的，只有大德大才之人才能担此重任并且建功立业；居处于适当位置“保持正道，可获吉祥”，说明度过险境可以治理家国。可见，蹇难虽然不会经常发生，但是一旦出现，只要因时进退，其意义还是巨大的啊！

解　卦

解，险以动，动而免乎险，解。①解“利西南”，往得众也；“其来复吉”，乃得中也，“有攸往，夙吉”，往有功也。②天地解而雷雨作，雷雨作而百果草木皆甲坼。③解之时，大矣哉。

【注释】

①险以动，动而免乎险：险，指下卦坎，坎为险。动指上卦震，震为动。②众：众庶之地，指西南，西南象征众庶之地。③天地解而雷雨作，雷雨作而百果草木皆甲坼：雷，指上卦震，震为雷；雨，指下卦坎，坎为雨；甲，指植物果实的外壳；坼，裂，引申为绽开。

【译文】

缓解险难，好像身处险境而能奋然行动，奋然行动就能摆脱险难从而避免进入险境，这就叫做缓解险难。应到险难之时，“利于西南之地”，因为到了那里必然会获得众人帮助；“返归原处安居其所可获吉祥”，只因这样才适中合宜，“如果有所行动就提前前往，可获吉祥”，是因为前往必能建立功业。大地缓解之后，雷雨就会兴起；雷雨兴起，各种草木的种子就会裂开萌芽。可见，缓解险难的时间因素，太重要了！

损　卦

损，损下益上，其道上行。①损而“有孚，元吉，无咎，可贞，利有攸往，曷之用？二簋可用享”。二簋应有时，损刚益柔有时，损益盈虚，与时偕行。②

【注释】

①损下益上：上卦艮为阳卦能止于上，下卦兑为阴卦能悦而顺之，所以称“损下益上”。上行：向上奉献。②损益盈虚：即减损或增益，盈满或亏虚。偕行：同行。

【译文】

“减损”，意思是减少损失于下，增加好处于上，减损增益的法则是卑下者进献于尊上者。减损之时，“胸怀诚实之心，大吉大利，没有灾难，此乃平卦，适于有所举动。用什么来表现减损这种情况呢？用两簋淡食祭祀神灵。奉献尊者就足够了。”而两谈食的奉献，必须顺应时势。总之，减损刚大者而增益柔小者，要依时而行，不管减损还是增益，盈满还是亏虚，都要

顺应时势，随着时势的发展而进行。

益 卦

“益”，损上益下，民说无疆；自上下下，其道大光。① “利有攸往”，中正有庆；“利涉大川”，大道乃行。②益动而巽，日进无疆；天施地生，其益无方。③凡益之道，与时偕行。

【注释】

①损上益下，民说无疆：损上益下，指巽为阴卦而居上，震为阳卦而居下，巽逊顺而不违震。说，悦。下下：向下。前“下”为动词，后“下”为方位名词，指下方。②中正：指九五爻阳爻居阳位。木道：木舟渡水之途。木，指上卦巽，巽为木，木可为造舟，所以“木”即木舟。③益动而巽：动，指下卦震，震为动。巽，意为逊顺，指上卦巽，巽义顺。天施地生：指上天施予的恩泽和地化生的万物。无方：万方。方，方所，即地方。

【译文】

“增益”，意思是减少损失于上，增加好处于下，万民因为身受其惠而欢欣喜悦无休无止；从尊上者施惠于卑下者，这种惠民道义必然大放光彩。“利于有所举动”，是因为尊上刚中纯正而必将大获吉祥；“应该涉越大江大河”，是因为木舟渡水其河道顺利通畅。增益之时卑下者兴起而尊上者谦逊和顺，恩惠就能日日增多而广大无边；犹如上天行云施雨而降下恩泽，大地承受恩泽而化生万物，天地施育化之功，遍及各地，可见，增益的尺度，是要顺依时势，随时势的进展而进行。

夬 卦

夬，决也，刚决柔也；健而说，决而和。① “扬于王庭”，柔乘五刚也；“孚号有厉”，其危乃光也；“告自邑不利即戎”，“所尚乃穷也；“利有攸往”，刚长乃终也。②

【注释】

①刚决柔：刚，指卦中五个阳爻。柔，指卦中一个阴爻。健而说：健，指下卦乾，乾义健；说即悦，指上卦兑，兑为悦。②柔乘五刚：柔，指卦中一阴即上六爻。刚，指卦中五阳。乘，乘凌。《易》例，凡阴爻居阳爻之上，谓之乘，即阴柔凌驾阳刚。反之，则不称“乘”，可见，《易》崇阳而抑阴。尚，崇尚。

【译文】

“夬”，意思是决断，具体的讲，就是阳刚君子果断地制裁阴柔小人；这样，刚健君子才能欢快喜悦，通过果断的制裁引导众物协和。“在君王的朝廷之上发表言论”，是因为一个阴柔小人任意乘凌五个阳刚君子；“竭诚疾呼将有危险”，是提醒人们时时警惕就能弘扬决断之道；告诫“自己封邑的民众，此时不宜于立即兴兵征伐，表明如果崇尚武力因此滥行兵事会使决断之道陷入穷途；“利于日后有所行动”，是由于阳刚君子逐渐盛长，最终必会战胜阴柔小人。

萃　卦

萃，聚也，顺以说，刚中而应，故聚也。[①]“王假有庙”，致孝享也；“利见大人，亨”，聚以正也；“用大牲吉，利有攸往”，顺天命也。[②]观其所聚，而天地万物之情可见矣！

【注释】

①顺以说：顺，指下卦坤，坤为顺。说即悦，指上卦兑，兑为悦。刚中：指九五爻阳刚居中正之位。②致孝享：致，表达。享，奉献。

【译文】

萃，意思是聚集；具体的讲，指物性和顺而欣悦，阳刚居尊处上能够保持中道并呼应于下，所以就能广聚众物。“君王到达宗庙祭祀祖先”，这是表达对祖先的尊敬，向他们呈献诚实守信之心；“利于大德人才之人出世，亨通顺利”，止是由于大德人才之人主持聚会必能持守正道；“以大牲祭祀，必获吉祥，利于有所行动”，是警告人们聚会必顺从“天”的尺度。观察聚会现象，天地万物的情状就可以明白了！

升　卦

柔以时升，巽而顺，刚中而应，是以大“亨”。[①]“用见大人勿恤”，有庆也；“南征吉”，志行也。[②]

【注释】

①柔以时升：柔，指上下卦均为阴卦。以，因。巽而顺：巽即逊和，指下卦巽，巽义顺，顺即逊和；顺，指上卦坤，坤义顺。刚中以应：刚中，指九二爻阳刚居中。应，上应尊者即六五爻。②庆：吉祥，喜庆。

【译文】

顺着阴柔之道适时上升，谦逊而又柔顺，阳刚居中而又能向上呼应于尊者，所以到达“亨通”。“利于大德大才之人出世，不必有什么忧虑”，是因为此时上升肯定有喜庆；“向南方兴兵征战，必获吉祥”，是由于上升的意志可以如愿执行。

困　卦

困，刚揜也。[①]险以说，困而不失其所，“亨”，其唯君子乎[②]！“贞大人，吉”，以刚中也；“有言不信”，尚口乃穷也。[③]

【注释】

①刚：此卦下坎上兑，而坎为阳卦，兑为阴卦，阳下而阴上，呈阳刚被遮而不能伸张之象。揜，通掩。②险以说：险，指下卦坎，坎为险；说即悦，指上卦兑，兑为悦。③刚中：指九二爻和九五爻阳刚居于中正。尚口：崇高多言巧辩。口，指言说，论辩。

【译文】

困穷，是由于阳刚被阴柔掩盖而志向不能实现，身处险境而仍然欢快欣喜，表明虽然困穷仍然不放弃所持守的志向，追求“亨通顺利”的前途，这大概只有君子才能这样吧！“卜问，大德大才之人可获吉祥”，是由于阳刚君子具有居中守正的品格；身处困境“即使有言告诉也不相信”，是由于崇尚多言巧辩不但于事无补，反而会使自己愈发困穷。

井 卦

巽乎水而上水，井；井养而不穷也。[①]“改邑不改井”，乃以刚中也；“汔至亦未繘井”，未有功也；“羸其瓶”，是以凶也。

【注释】

①巽乎水而上水：巽即顺，指下卦巽，巽义顺；水，指上卦坎，坎为水；上，用作动词，使……上。

【译文】

顺从水性向下挖掘而引水向上，挖出的便是水井；井用水养人而汲取不尽。“村邑改动而水井不能迁移”，乃是表现君子具有阳刚居中正焉的品德；“水将枯竭也无人淘井”，则无法实现井水养人的作用；“毁坏水瓶”，这说明必然有凶险。

革 卦

革，水火相息；二女同居，其志不相得，曰革。[①]“己日乃孚”，革而信之；文明以说，大“亨”以正；革而当，其“悔”乃“亡”。[②]天地革而四时成；汤武革命，顺乎天应乎人。[③]革之时，大矣哉。

【注释】

①水火相息：水，指上卦兑，兑为泽，泽有水。火，指下卦离，离为火。息，长。二女同居：二女，指上下卦，一卦兑为少女，下卦离为中女。同居，共处。②文明以说：文明，指下卦离，离为火，为日。说即悦，指上卦兑，兑为悦。③汤武革命：指商汤灭夏桀，周武王灭商纣。

【译文】

变革，犹如水火相克相长而相互转化；又像两个女子共处一室，双方志向不同必将发生变化，这就称为变革。“时至己日，再下定改革的决心”，实行变革起来才能得到众人的遵信；凭借文明的美德从事变革而使众人诚服，变革的宏图才能大为“亨通”，并使变革进入正道；变革方式稳重得当，一切“困难”将会“消亡”。天地变革而引起四季形成；商汤和周武变革天命，消灭桀纣，既依天理又应合民心。可见，变革的时间因素太重要了！

鼎　卦

鼎，象也；以木巽火，亨饪也。①圣人亨以享上帝，而大亨以养圣贤。②巽而耳目聪明，柔进而上行，得中而应乎刚，是以“元亨”。③

【注释】

①以木巽火，亨饪也：木，指下卦巽，巽为木。巽，顺从：火，指上卦离，离为火。亨，通烹，煮。②享：祭享。养，奉养。③巽而耳目聪明：巽，逊顺，指下卦巽。聪明，指上卦离，离为火、为日。柔进而上行，得中而应乎刚：柔进、得中，指六五爻，此爻上行居尊，得处中位。刚，指九二爻。

【译文】

鼎，卦体的形状好像煮食物的容器；把木柴放进火里燃烧，就是烹煮食物的情形。圣王烹煮食物养育圣贤可以使圣贤谦顺地辅助圣王，而圣贤的谦逊和顺辅佐可以使圣王耳聪目明；这时圣王凭着谦顺的美德向前进取并向上直行，高居中位但能向下呼应刚健的圣贤，所以才“更为亨通顺利。”

震　卦

震，“亨”。“震来虩虩”，恐致福也；“笑言哑哑”，后有则也。①“震惊百里”，惊远而惧迩也；出可以守宗庙社稷，以为祭主也。②

【注释】

①恐：恐惧戒惕。则：法则，法度。②迩：近。出：指君王出行。守宗庙社稷，以为祭主：指震有“长子”之象，君王出行，长子可以留守朝廷执掌权柄。

【译文】

雷声震动，可导致“亨通顺利”。雷霆猝响，“震得万物惊恐惶惧”，表明警惧戒惕定能获得福祥；“随后却又谈笑风生”，表明警惧戒惕之后能够使后来的行为遵守法则。“雷声惊闻百里”，说明无论远近都惊恐惶惧；并说明此时纵使君王出巡在外，也会有长子保护宗庙社稷，成为祭祀大典的主祭人。

艮　卦

“艮”，止也。时止则止，时行则行；动静不失其时，其道光明。①艮其止，止其所

也。[2]上下敌应，不相与也，是以“不获其身，行其庭，不见其人，无咎”也。[3]

【注释】

①时：指一定的时间、时机。②艮其止，止其所也：这是就艮卦上下体艮的主爻解释艮为止之义。艮卦主爻为九三爻和上九爻，这两个刚爻居上下艮体之上，皆为止其所当之地。③上下敌应，不相与：这是就艮卦六爻上下不应合解释艮为止之义。卦中六爻，初六爻对六四爻，六二爻对六五爻，九三爻对上九爻，刚对刚、柔对柔，都相敌而不相应。敌应，敌对。

【译文】

“艮”，就是制止的意思。在适当的时候，应当制止就及时制止，应当前行就及时前行。如果动静、举止适当而不延误时机，这样制止之道就会光辉灿烂。艮卦的大义是制止，其法则是制止应当适得其所。卦中六爻上下都相互对应，而不相互亲和，所以就造成“使整个身子不能动作，在庭院里走动而见不到人，却没有灾祸。”

渐 卦

渐之进也，“女归吉”也。[1]进得位，往有功也；进以正，可以正邦也。[2]其位，刚得中也；止而巽，动不穷也。[3]

【注释】

①渐之进：逐渐前行而进。之，用作动词，去，往，引申为前行。②进得位，往有功也；进以正，可以正邦也：这是举九五爻例，说明“渐进”而能“得位”、“得正”，可以“建功”、“正邦”，因为九五爻阳爻刚正居中处尊，因而既“得位”又“得正”。③其位，刚得中：此卦二至五诸爻皆居正得位，此所谓“其位，刚中”乃特意指明上文称“得位”专指九五爻。止而巽，动不穷也：此卦下卦为艮，艮为止，上卦为巽，巽为顺，卦象静止而又和顺，如此而动，是渐进，所以不会路困途困。

【译文】

逐步向前渐进，好像“女子出嫁循礼渐行，因而可获吉祥”。渐进可以获得显贵的地位，表明有所举动必能建功立业；渐进而保持正道，又可以整治家邦。渐进而得居尊位，是因为具有阳刚中和的品德；只要处静不躁而又谦逊和顺，渐渐运动，就不会路困途穷。

归妹卦

归妹，天地之大义也。天地不交，而万物不兴；归妹，人之终给也。[1]说以动，所归妹也；“征凶”，位不当也；“无攸利”，柔乘刚也。[2]

【注释】

①人之终始也：指人类社会周而复始地繁衍生息。②说以动：说即悦，指下卦兑，兑为悦。动，指上卦震，震为动。所归妹：即可归妹。所，可。位不当：指卦中二、三、四、五诸爻，此四爻皆不当位。柔

乘刚：指六三爻阴柔凌驾九二爻阳刚。

【译文】

嫁出女儿，是天经地义之事。如果天与地阴阳不互相交合，那么万物就无从产生；所以，嫁出女儿，是人类周而复始生生不息的前提。因为欢快欣悦而奋斗不止，正是可以嫁出女儿的时候；而“向前行进必有凶险”，是因为居不当位置；“没有什么好处”，是因为阴柔凌驾于阳刚之上。

丰　卦

“丰”，大也；明以动，故丰。①“王假之”，尚大也；“勿忧，”宜日中，宜照天下也。日中则昃，月盈则食；天地盈虚，与时消息，而况于人乎？况于鬼神乎②？

【注释】

①明以动：明，指下卦离，离为火、为日；动，指上卦震，震为动。②昃：时过午偏西。食：蚀。消息：消亡与生长。息，长。

【译文】

“丰”，是丰厚壮大的意思；太阳光芒万丈而使万物奋发生长，就能获得丰厚壮大的成果。“举行祭祀大典，君王亲自到宗庙主祭”，是由于王者崇拜弘大的美德；“无须忧虑，宜于在太阳居中时开祭”，表明要想保持丰厚壮大就应该让自己的盛德之光普照天下。太阳正居中天必会向西偏斜，月亮盈盛圆满必会向缺亏蚀；天地之间万物既有丰盈之时，也有亏缺之日，一切都随着一定的时间死死生生、生生死死，又何况人呢？何况鬼神呢？

旅　卦

旅，“小亨”，柔得中乎外而顺乎刚，止而丽乎明，是以“小亨，旅，贞吉”也。①旅之时义大矣哉②！

【注释】

①柔得中乎外而顺乎刚：柔，指六五爻。此爻以阴柔居外卦之中，所以称“柔得中乎外”，又上承上九爻，所以称“顺乎刚”。止而丽乎明：止，指下卦艮，艮为止。丽乎明，指上卦离，离为丽、为明。②义：意义。

【译文】

出外旅行，“小有亨通顺”，是因为柔小者外居适中之位而又顺依刚大者，能止其所当止并归附具有大明美德之人，因此说“小有亨通顺利，外出旅行可获吉祥。”由此可见，出外旅行的时间选择，太重大了！

巽 卦

重巽以申命,[①]刚巽乎中正而志行，柔皆顺乎刚，是以“小亨，利有攸往，利见大人”。[②]

【注释】

①重巽以申命：重巽，指巽卦上下卦皆为巽，意为上下顺从；申命，三令五申下达命令。②刚巽乎中正：刚，指，九五爻；巽，顺；中正，指九五爻居尊而阳刚中正。柔皆顺乎刚：柔，指初六爻和六四爻；刚，指卦中四个阳爻。

【译文】

上下呼应，正宜于三令五申传达命令。这是由于阳刚尊者以其中正美德使阴柔卑者顺依从而畅行其志；阴柔都能归顺阳刚，因此说“柔小者亨通顺利，宜于有所举动，利于大德大才之人出现。”

兑 卦

“兑”说也。[①]刚中而柔外，说以“利贞”，是以顺乎天而应乎人。[②]说以先民，民忘其劳；说以犯难，民忘其死。[③]说之大，民劝矣哉。[④]

【注释】

①说：通悦，欣悦，欢乐。下同。②刚中而柔外：刚中，指九二爻和九五爻，此二爻阳刚居中；柔外，指六三爻和上六爻，此二爻阴柔处外。③先民：蒙后省略一“劳”字，完整的说法应为“先于民而劳”。犯难：即赴难。④劝：勉，努力。

【译文】

“兑”，就是欢乐喜悦的意思。阳刚居中而柔处外，使人欢乐喜悦而“利于占向”，因此正当的欢乐欣悦顺依天理又呼应人情。阳刚君子在欢乐喜悦之时只要勇于身先百姓承受劳苦，百姓必能任劳忘苦；只要敢于奔赴危难不避艰险，百姓必能舍生忘死。可见，欢乐喜悦的意义是那样重大，它可以使百姓都努力奋发啊！

涣 卦

涣，“亨”，刚来而不穷，柔得位乎外而上同。[①]“王假有庙”，王乃在中也；“利涉大川”，乘木有功也。[②]

【注释】

①刚来而不穷，柔得位乎外而上同：刚，指九二爻；来而不穷，指九二爻阳刚来居下卦而与初六爻、

六三爻和六四爻诸阴交往却未陷入困穷。柔，指六四爻；得位乎外而上同，指六四爻阴爻居阴位当位居于上卦，上承九五爻和上九爻两阳而与之志同道合。②王乃在中：王，喻九五爻居位正甲，处九五尊位，乘木有功：乘木，指上卦巽，巽为木，和下卦坎，坎为水，上巽上坎如木舟行于水上；有功，以“乘木”即木舟行于水上喻聚合人力而渡过险难。

【译文】

涣散，“亨通顺利”，乃是因为阳刚者前来处于阴柔之中但自身却陷入困穷，而阴柔者则在外取得正位，并向上与阳刚者，志协作，从而使阴阳二气虽然涣散但心聚神通。“举行祭祀大典，君王亲自去宗庙祭祀祖先”，表明君王聚集人心居正处中；“宜于涉越大江大河”，说明乘坐木舟过河，只要协力涉险必能取得成功。

节　卦

节“亨”，刚柔分而刚得中。[①]“苦节，不可贞”，其道穷也。[②]说以行险，当位以节，中正以通。[③]天地节而四时成；节以制度，不伤财，不害民。[④]

【注释】

①刚柔分而刚得中：刚，指上卦坎，坎为阳卦；柔，指下卦兑，兑为阴卦；刚得中，指九二爻和九五爻，二阳爻分别居于上下卦之中。②其道穷：指上九爻终极于上。③说以行险，当位以节，中正以通：说，即悦，指下卦兑，兑为悦，险，指上卦坎，坎为险。当位，指六四爻和九五爻，此二爻阴得阴位、阳得阳位，所以称“得位”。中正，指九五爻，此爻阳居阳位且在上卦之中，居中处正，因而称“中正”。④制度：即典章制度，引申为尺度，分寸。

【译文】

节制，必然“亨通顺利”，这是因为阳刚与阴柔分别居于上下而区分得十分清楚，且阳刚又取得中正之道。“举行祭祀大典，如果以节俭为苦事所以不肯节俭，则不可占问”，所以节俭之道到此已经穷极不通了。节俭确是一种苦事，施行起来好像欢乐欣悦地趋危赴险，此时只要处置适当就能自觉节俭，保持中正节俭之道必将畅通无阻。天地的运行正是因为应用则用，该节就节，才使四季形成并更替有序；节俭要有一定的尺度和分寸，按此而行，才能既不会浪费资财，也不致伤害百姓。

中孚卦

“中孚”，柔在内而刚得中；说而巽，孚乃化邦也。[①]“豚鱼吉”，信及豚鱼也；“利涉大川”，乘木舟虚也；中孚以“利贞”，乃应乎天也。[②]

【注释】

①柔在内而刚得中：柔，指六三爻和六四爻；刚，指九二爻和九五爻。从此卦整体看，两个阴爻正居卦体之内，呈内虚至城之象。从上下卦象，两个阳爻分别居于上下卦之中，呈中实有信之象。是对卦名

"中孚"的解释。说而巽：说，即悦，指下卦兑，兑为悦；巽，即顺，指上卦巽，巽义顺。化邦：教化家国。②乘木舟虚：木舟，指上卦巽，巽为木，而木可为舟。又，下卦兑为泽，泽有水，而水可行舟，与上卦巽相合，有乘坐木舟渡河之象。虚，也指木舟：一、木中虚而成舟；二、"中孚"卦的卦形呈外实中虚之象而如舟。郑玄认为古"舟"又名"虚"。

【译文】

"内心诚信"，好像柔顺者处内而谦虚实诚，刚健者居外而正直有信；因此使在下者欢乐欣悦，在上温文和顺，共同以诚信之德整治家邦。"用豚和鱼祭祀祖先，可得吉祥"，这是说诚信之德已经应用到豚和鱼身上，连它们都具有诚信之德了；"利于跋涉越大江大河"，表明只要持守诚信之德，不管遇到什么危难，都能够像乘坐木舟渡过江河那样畅行无阻；只要胸怀诚信就"宜于占问"，是由于应合天的中正美德啊。

小过卦

小过，小者过而亨也；过以"利贞"，与时行也。柔得中，是以小事吉也；刚失位不中，是以"不可大事"也。①有"飞鸟"之象焉："飞鸟遗之音，不宜上，宜下，大吉"，上逆而下顺也。②

【注释】

①柔得中：指六二爻和六五爻分别处于下卦和上卦之中。刚失位而不中：指九三爻和九四爻，九三爻不中，九四爻失失不正。此句谓九三爻和九四爻一者"不中"，一者"失位"。②上逆下顺：上逆，指六五爻柔居上而乘刚；下顺，指六二爻阴处下而阳。

【译文】

小有过越，表明在寻常小事上略有过越行事会亨通顺利；有所过越却"利于占问"，是说奉行此道需要按照适当的时机。柔顺者居中不偏，因此"做寻常小事"可得吉祥；而刚健者有的居位不正有的不能持中，所以"不可以做军国大事"。卦中有"飞鸟"的比喻："飞鸟过去之后其悲鸣遗音不绝，此时不宜于向上强飞，而宜于在下栖息，如此，则大吉大利"，这是因为向上强飞违反中正之道，而向下安栖则顺依中正之道。

既济卦

既济，"亨"，小者亨也。"利贞"，刚柔正而位当也。①"初吉"，柔得中也；"终"止则"乱"，其道穷也。②

【注释】

①刚柔正而位当：卦中六爻，阳刚阴柔均当位，即阳爻居阳位，阴爻居阴位。②柔得中：指六二爻柔顺居中。"终"止则"乱"：意为最终停息不前必将导致危乱。止，停息不前。

【译文】

事功已成，“亨通顺利”，表明这时连柔小者的前景也亨通顺利。之所以“利于占问”正是因为卦中六爻阳刚阴柔都持守正道而居处得当。“最初吉祥”，乃是由于阴柔者持中不偏；“最后”停息不前必将引起“危乱”，乃是由于事功告成之后取得事功之道便已穷极不通了。

未济卦

未济，“亨”，柔得中也。[①]“小狐汔济”，未出中也；“濡其尾无攸利”，不续终也。[②]虽不当位，刚柔应也。[③]

【注释】

①柔得中：指六五爻居上卦之中。②未出中：指九二爻，居下卦之中，未能出险。险，指下卦坎，坎为险。不续终：指初九爻居于卦下，因力弱未能持续前进至终。③虽不当位，刚柔应也：指卦中六爻皆不当位，即阳爻居阴位，阴爻居阳位，但刚柔却有应合。

【译文】

事功未成，也“亨通顺利”，这是因为柔顺者能够持守中道。“小狐狸渡河接近成功”，说明尚未脱出险境之中；“沾湿了尾巴，就没什么好处”，表明成就事业的努力未能坚持至终。卦中六爻虽然居位均不妥当，但是阳刚阴柔却能相互呼应。

象辞上传[①]

乾　卦

天行健，君子以自强不息。

“潜龙勿用”，阳在下也。“见龙在田”，德施普也。[②]“终日乾乾”，反复道也。[③]“或跃在渊”，进“无咎”也。“飞龙在天”，“大人”造成。[④]“亢龙有悔”，盈不可久也。“用九”，天德不可为首也。[⑤]

【注释】

①《象传》：《易传》之一。随上下经分为上下两篇，目的在于解释各卦卦象及各爻爻象。又分为《大象传》和《小象传》：解释卦象者称《大象传》，每卦一则，凡六十四则。解释爻象者称《小象传》，每爻一则，共三百八十六则。《大象传》的体例，是先解释每卦卦象的重大要旨，再从重卦卦象中推衍出切近人事的象征意义，文辞多以“君子”的言行、品德为喻。《小象传》的体例，则是根据每爻的内容性质、处位特点，论断爻义吉凶利弊的原因。象，形象，象征。②普：普遍，广泛。③反复道：反复行道。④造：为，作。⑤天德：阳刚中正之德。不可为首：不可以有终极之时，否则便刚去柔来。首，终。

【译文】

苍天的运行强劲刚健，君子具有苍天的品德，因此能够奋发图强，奋斗不止。

“巨龙潜伏在深渊，暂时不适合施展才能”，说明阳气初生位处低下，尚无力进取。

“巨龙出现在田野”，表明德业卓著，正在遍施天下“终日健行不息”，说明反复行道用来求进而上升。

“有时腾跃上进，有时退居深渊”，表明适时而进“必无祸害”。

“巨龙飞上云天”，说明“大德大才之人”已经抖擞奋起而大展英才。

“巨龙飞升到极致，必遭困厄”，表明已经上升到穷极之地，不可能长久保持下去。

“用九之数”，说明天的德业不会有终极之时。

坤　卦

地势坤，君子以厚德载物。

“履霜坚冰”，阴始凝也；驯致其道，至“坚冰”也。[①]“六二之动，”直以方也；“不习无不利”，地道光也。[②]“含章可贞”，以时发也；“或从王事”，知光大也。[③]“括囊无咎”，慎不害也。“黄裳元吉”，文在中也。[④]龙战于野”，其道穷也。“用六永贞”，以大终也。⑤

【注释】

①驯其道：顺行其中的法则规律。驯，顺。②光：光芒，光辉。③章：刚美的光采。章，通彰。指六三爻阴柔居阳位，内含刚美而不显露。以时：根据一定时机。以，因，根据。知：通智，智慧。④文：温文，指温文之德。⑤终：终结，归宿。

【译文】

大地的风范厚实和顺，君子具有大地的风范，因此能够增加美德，容纳万物。“天降薄霜，预示严寒将至”，说明阴气已经开始聚；只要按照其中的法度而行，“严寒必然到来”。

“六二”爻的改变，“纵向无边”而“横向无涯”；“纵使不加修炼也无所不利”，是由于大地的德行光辉灿烂。

“包含彰美的阳刚之德，占问之事均可实行”，说明应当在一定时机奋发图强；“有时辅佐君王大业”，那是因为智慧光大恢宏。

“紧束囊口，可以免遭灾祸”，说明谨慎行事可以避免灾祸。

“身着黄色裙裳，大吉大利”，说明以温文美德持守中道。

“巨龙在田野里撕杀”，说明已经发展到穷极之地。

“用六之数，利于占问长期之吉凶”，说明最终以返回刚大为其目的。

屯　卦

云雷，屯；君子以经纶。①

虽“磐桓”，志行正也；以贵下贱，大得民也。“六二”之难，乘刚也；“十年乃字”，反常也。②“即鹿无虞”，以从禽也；“君子舍”之，“往吝”，穷也。“泣血涟如”，何可长也③？

【注释】

①云雷，屯：屯卦上卦为坎，坎为云；下卦为震，震为雷。云在雷上，将雨而未雨，雨刚生成，所以坎震为屯。经纶：经纶天地，比喻治国。②乘刚：《易》例，阴在阳上称“乘”。乘，乘凌，凌驾。此指六二爻乘凌于初九爻之上。反常：返归于常。反，通返。③何可长：指上六爻虽因不明时变而徒致伤悲，但随着大局进一步亨通，必将警醒自变，释然无忧，忧不久长。

【译文】

乌云翻滚，雷声轰鸣，表征雨之初生；君子看此云雷生雨之象而想世道混乱之状，因此在功业初创之时努力处置纷纭，治理天下大事。

即使徘徊流连，但是心志行为仍能够保持端正；以尊贵之身下处卑位，说明可以广得民心。

“六二”爻行动困难、迟迟不前，乃是因为阴柔乘凌于阳刚之上；“再过十年才宜嫁人”，这是因为借助外力才得以走出困境而返回常道。

"追捕山鹿没有人作向导"，只有跟着野兽奔跑，最后一无所获；君子与其继续追逐，不如放弃不追，因为一意前往追逐，必会遭遇艰难，说明穷追不舍将路困途穷。

"有求于下"而"往前"，说明具有自知之明。

"屯积膏泽"，说明积泽不施其德尚未光大。

"泪水涟涟，伤心而归"，这种情况是不能够长久保持下去的啊。

蒙 卦

山下出泉，蒙；君子以果行育德。①

"利用刑人"以正法也。②"子克家"，刚柔接也。③"勿用取女"，行不顺也。④"困蒙"之吝，独远实也。⑤"童蒙"之"吉"，顺以巽也。⑥"利"用"御寇"，上下顺也。⑦

【注释】

①山下出泉，蒙：蒙卦上卦为艮，艮为山；下卦为坎，坎为水。泉水出山，汇成江河，此时有如"童蒙"初启，所以艮坎为"蒙"。②正法：以正为法则。③刚柔接：指九二爻与六五爻上下应合。④行不顺：指六三爻阴爻居阳位，且乘凌九二爻。⑤独远实：指六四爻独自远离阳刚。实为阳，初六爻、六三爻和六五皆近阳，唯六四爻远阳。⑥顺以巽：顺而逊。以，而。巽，义为逊，谦逊。⑦上下顺：彼此顺应，相互和谐。

【译文】

高山之下涌出涓涓泉水，表明"童蒙"渐渐开启；君子因此受到启发，果断修洁自己的行为以培育美善之德。

"宜于树立楷模以启发人"，是为了让人遵守正确的法则。

"儿辈有家室"，说明阳刚阴柔上下呼应。

"不应娶此女为妻"，乃是因为行为不顺合礼仪。

"被年幼无知之人所扰乱"并进而陷入"艰难"境地，这是因为独自远离阳刚蒙师而没人教化。

"年幼无知之人正在接受启发"之所以"心得吉祥"，乃是因为对师长恭顺谦逊。

"利于"采用防御敌寇的和旭方式，则是说施教时应该使上下心志相通，心气和谐。

需 卦

云上于天，需；君子以饮食宴乐。①

"需于郊"，不犯难行也。"利用恒无咎"，未失常也。②"需于沙"，衍在中也；虽"小有言"，以"终""吉"也。③"需于泥"，灾在外也；自我"致寇"，敬慎不败也。④"需于血"，顺以听也。⑤"酒食贞吉"，以中正也。⑥"不速之客来，敬之终吉"，虽位不当，未大失也。⑦

【注释】

①云上于天，需：需卦为坎，坎为云，云生雨，雨即水；下卦乾，乾为天。云集于天，待时降雨，所以坎乾为“需”。宴乐：安乐。宴即晏，安乐。②未失常：没有违背常理。常，指恒常之理。③衍在中：此句是说九二爻阳刚居中，就像水流在河中蔓延，不可急躁轻进。衍，蔓延。④灾在外：指九三爻还有险难在身外。“险难”指上卦坎，坎为险。⑤顺以听：“听”与“顺”义近互文。此句是说六四爻柔，能顺而听命以上行。⑥中正：指九五爻阳爻居阳位居中处正。⑦位不当：上六爻阴爻居阴位，本当其位，只由于已经上达极顶，以致进退无路，虽处于最高位，却等于无位，所以称“位不当”。

【译文】

阴去聚于苍天而等待降雨，象征“等待”；君子观此知道应该等待时机以饮食颐养其身体，以安乐陶冶其性情。

“在郊野中等待”，说明不向险难之地贸然前进；“宜于持之以恒，必无灾祸”，是因为如此未曾违背常理。

“在沙滩上等待”，是因为水流在沙滩中蔓延，不可急躁轻进；纵使“能够减少口舌是非”，但是只有坚持始终才能得到“吉祥”。

“在泥泞中等待”，是因为尚还有灾祸在身外；自己不慎“招致贼寇到来”，就会自取灭亡，说明处于此时此地只有恭敬谨慎才能避免失败。

“在血泊中等待”，是说应该顺处静待而听从于时势的安排。

“在酒食宴会中等待，占问必获吉祥”，那是因为居中得正。

“不速之客来访，只要以礼相当，最终将获吉祥”，说明纵使居位不当，但是却未必会遭到重大损失。

讼　卦

天与水违行，讼；君子以作事谋始。①

“不永所事”，讼不可长也；虽“小有言”，其辩明也。“不克讼归逋”，窜也；自下讼上，患至掇也。②“食旧德。”从上“吉”也。③“复即命”，“渝”、“安贞”，不失也。“讼元吉”，以中正也。以讼受服，亦不足敬也。④

【注释】

①天与水违行，讼：讼卦上卦为乾，乾为天；下卦为坎。坎为水。古人直观自然，见天上日月星辰均由东向西转，地上江河之水均自西向东流，二者方向相反，相互对立，有冲突争斗之象，所以称讼卦卦义为“天与水违行”。②窜：伏窜，即躲藏。自下讼上，患至掇：下，指九二爻；上，指九五爻。九二爻与九五爻不相应，所以有争讼之象。患至掇，指九二爻“患至”是咎由自取。掇，拾，引申“自取”。③从上：指六二爻阴柔承乾卦阳刚。④以：因。

【译文】

天向西转，水往东流，二者互相背道而驰，象征“争讼”；君子看此，知道办事应当预谋其初，以杜绝争讼的根源。

“不长久困于争讼之事”，是说争讼不可长久持续下去；纵使“应当减少口舌是非”，可通过争辩毕竟辩明了是非。

“争讼失利，返回以后就应当逃避”，这是为了躲藏起来；卑下者与尊上者争讼，灾祸临头全部是咎由自取。

“安享昔日俸禄”，说明顺从尊上者可得吉祥。

“返心归于正理，改变争讼初衷”，就“平安无事，占问”，必无损伤。

“审断争讼，辨明是非曲直，大吉大利”，是因为尊上者断案持中守正。

因为争讼而接受华服之赏，这样不值得尊敬。

师　卦

地中有水，师；君子以容民畜众。①

“师出以律”，失律凶也。“在师中吉”，承天宠也；“王三锡命”，怀万邦也。②“师或舆尸”，大无功也。“左次无咎”，未失常也。“长子帅师”，以中行也；“弟子舆尸”，使不当也。“大君有命”，以正功也；“小人勿用”，必乱邦也。③

【注释】

①地中有水，师：师卦上卦为坤，坤为地；下卦为坎，坎为水，所以称“师”为“地中有水”。师，众的意思。古人认为地中最“众”之物为水，所以用“水”解释师卦卦义。②天宠：指九二爻与六五爻互有应合。天，指六五爻。③正：定，评定。

【译文】

大地之中包含着丰富的水源，象征“兵众”；君子见此，便广纳百姓，会聚众人。

“军队出征，必须遵循号令行事”，是因为军纪败坏必有凶险。

“统率军队出兵打仗，持守中道而不偏不倚，可获吉祥”，说明深受君王的信赖；“君王多次颁布诏命，奖赏其功”，是因为君王怀有整治天下的宏大志向。

“士卒时而用大车运尸体归来”，说明一点战功也没有建立。

“军队驻扎在左方准备随时撤退，可以免遭灾祸”，说明用兵不失通常之法。

“长子率师征战”，说明做事居中不偏；“次子用大车载尸”，这是用人不当的原因。

“天子颁布诏命”，是想论功行赏；“不要重用小人”，由于重用小人必将会危乱国邦。

比　卦

地上有水，比；先王以建万国，亲诸侯。①

比之“初六”，“有它吉”也，“比之自内”，不自失也。“比之匪人”，不亦伤乎？“外比”于贤，以从上也。“显比”之“吉”，位正中也；舍逆取顺，“失前禽”也；“邑人不诫”，上使中也。“比之无首”，无所终也。

【注释】

①地上有水，比：比卦上卦为坎，坎为水；下卦为坤，坤为地。古人认为水性下渗，与地相亲无间，所以用“地上有水”解释比卦卦义。

【译文】

在地上面到处有水，象征“亲辅”；先王见此便封立万国，接近诸侯。

比卦的“初六”爻，说明“即使发生意外情况，仍然吉祥”。

“亲辅来自内部”，说明没有自失正道。

“所亲辅的人并不是应当亲辅者”，这难道不是一件非常可悲的事情吗？

“光明正大地亲辅，”“可得吉祥”，是因为居位守正持中；舍其违背而取顺从，便像“任凭前方的禽兽逃逸”，“邑人都不惧怕”，是因为君上一向令臣下持守中道。

“亲辅而找不到首领”，表明最终将无处归从。

小畜卦

风行天上，小畜；君子以懿文德。①

“复自道”，其义“吉”也。②“牵复”，在中，亦不自失也。③“夫妻反目”，不能正室也。④“有孚惕出”，上合志也。⑤“有孚挛如”，不独富也。“既雨既处”，“德”积“载”也；“君子征凶”，有所疑也。⑥

【注释】

①风行天上，小畜：小畜卦上卦为巽，巽为风；下卦为乾，乾为天，风飘于天空，微畜而未下行，有“小畜”之象，所以用“风行天上”解释小畜卦卦义。懿：此处用作动词，使……美好。②义：宜，指行为适中。③不自失：指九二爻不失阳德。④正室：正，规正，使……正；室，家室，家庭。⑤上合志：指六四爻上承九五爻。⑥疑：类似，等同。

【译文】

暖风在天上轻轻地吹拂，力量微畜而未大发，象征“小有积聚”；君子见此，便修饰自己文章道德以待良机。

“回归自身道行”，说明行为适当，可获吉祥。

“被外界牵连而复归自身道行”，并居守中正之位，说明也能不损失阳刚之德。

“夫妻反目为仇因而离异”，说明不能使自己的家室归于正道。

“胸怀诚信并思念他人”，说明不独享富足。

“天上已经降下大雨，大雨也早已停止”，说明“美德”已经积成“满载”；“君子倘若出征，必有凶险”，说明经过积聚，阴气已经与阳气势均，双方将要发生一番恶战。

履　卦

上天下泽，履；君子以辩上下，定民志。①

“素履”之“往”，独行愿也。[②]“幽人贞吉”，中不自乱也。“眇能视”，不足以有明也；“跛能履”，不足以与行也；“咥人”之“凶”，位不当也；“武人为于大君”，志刚也。终吉，志行也。“夬履贞厉”，位正当也。“元吉”在上，大有庆也。[③]

【注释】

①上天下泽，履：履卦上卦为乾，乾为天；下卦为兑，兑为泽。天在上，泽居下，符合上下常理，不可逾越，有持礼之象，所以称履。辩：通辨。定：定正，即端正。②独：专，指专心。③大有庆：指上九爻履道大成，上下皆在喜庆。

【译文】

上是天而下是泽，上下有别因而尊卑分明，表现持礼而“谨慎行走”。君子见此，便明辨上下名分，端正民众持礼的心志。

“衣着朴素无华，谨慎行走”而“有所行动”，说明专心奉行执礼的意向。

“安适恬淡之人可得吉祥”，说明自己不曾淆乱执礼的信念。

“目瞎偏要观看”，不足以明察事物；“足跛偏要行走”，不足以出外远行；“老虎咬人”“凶险”非常，表明居位不当，勇武之人为天子效命，表明志向刚健。

“内心保持警惧，终能获得吉祥”，说明了谨慎执礼的意向。

“果断前行而不顾一切，占问以防危险”，说明居位正当。

“大吉大利”，高居上位，说明大有喜庆。

泰　卦

天地交，泰；后以财成天地之道，辅相天地之宜，以左右民。[①]

“拔茅征吉”，志在外也。[②]“包荒得尚于中行”，以光大也。“无往不复”，天地际也。“翩翩不富”，皆失实也；“不戒以孚”，中心愿也。[③]“以祉元吉”，中以行愿也。“城复于隍”，其命乱也。

【注释】

①天地交，泰：泰卦上卦为坤，坤为地；下卦为乾，乾为天。天地上下颠倒，形不可交而气可交，呈通泰之象，所以用“天地交”解释泰卦卦名。后：君王。财：通裁，裁制。左右：治理。②志在外：志在进升。③失实：即不富。实，富实。

【译文】

苍天与大地互相交合，阴阳二气沟通无阻，象征“通泰”；君王见此，便制作成就天地交通之道，辅助协理天地化生之事，用来治理天下万民。

“除去茅草，兴兵征战可获吉祥”，说明心志是向外进取。

“包容大川之胸怀”，“能够辅助持中不偏的君王”，是因为德行光明正大。

“没有只出行而不返回的人”，说明处在天地交接之际。

“往来翩翩，举止轻浮，不与其邻居共同富有”，表明上卦都失去了富有；“不以诚信之念互相告诫”，表明诸阳内心都有应下的意向。

“于是而获得福泽，大吉大利”，说明居中不偏以施行应下的意向。

“城墙倾倒在城壕之中”，说明发展前途已经错乱并开始转化。

否　卦

天地不交，否；君子以俭德辟难，不可荣以禄。①

“拔茅贞吉”，志在君也。“大人否亨”，不乱群也。②“包羞”，位不当也。“有命无咎”，志行也。“大人”之“吉”，位当也。“否”终则“倾”，何可长也！

【注释】

①开地不交，否：否卦上卦为乾，乾为天；下卦为坤，坤为地。天在上而地在下，本属正常，但在《易经》作者看来却属异常，所以称“天地不交”，并以此解释否卦卦义。辟：通避。②群：意为群小，指九五爻不可应合六二爻，否则就陷入小人之群，必致正邪混乱。

【译文】

高天与大地不相交合，阴阳二气阻隔不通，象征“闭塞”；君子见此，便以节俭美德，躲避危难，不云追求荣华，谋求禄位。

“拔除茅草，占问必得吉祥”，说明志在辅佐君王。

“大德大才之人须反其道而行之，亨通顺利”，说明不为众多小人所迷惑。

“被包容而居下，终将招致羞辱”，是因为居位不当。

“君王颁布诏命，必无灾祸”，说明志向正在执行。

“大德大才之人”“可得吉祥”，是因为居位正当。

施予灾祸呢！

“与宗族内部的人亲近和顺”，这是导致“艰难”之门。

同人卦

天与火，同人；君子以类族辨物。①

出门“同人”，又谁“咎”也。“同人于宗”，“吝”道也。“伏戎于莽”，敌刚也；“三岁不兴”，安行也②？“乘其墉”，义“弗克”也；其“吉”，则困而反则也。③“同人”之“先”，以中直也；“大师相遇”，言相“克”也。“同人于郊”，志未得也。

【注释】

①天与火，同人：与，亲和。同人卦上卦为乾，乾为天；下卦为离，离为火。天在上，火炎下，两相亲和所以用“天与火”解释同人卦卦义。类族：“类”和“族”都是同类的意思，而“类”用作动词，意为归类。②安：疑问代词，怎么。③义：通宜。反则：复返正道。反，返；则，法则。

【译文】

苍天在上，烈火熊熊上燃，双方互相亲和，象征“人事和同”，君子见此，便分类认识人类群体，辨别宇宙万物，用来识异求同。

刚走出大门就能“与人亲近和同”，还能有谁会对他施予灾祸呢！

“与宗族内部的人亲近和睦”，这是导致“艰难”之门。

“在林莽之中预设伏兵”，是因为前有劲敌；“三年也不敢兴兵出战”，是因为不能贸然行动。

“高据城头之上”，是因为此时宜与敌方亲近和睦，因而不能发动进攻；“获取吉祥”，则是因为困穷不通时能够返归正道。

“与人亲近和睦”，“起先失声痛哭”，是因为中正坦直；“大军出征告捷，各路兵马相遇会师”，表明打败了强敌。“在城邑郊外与人亲近和睦”，说明与人亲近和睦的志向未能实现。

大有卦

火在天上，大有；君子以遏恶扬善，顺天休命。①

大有“初九”、“无交害”也。“大车以载”，积中不败也。“公用亨于天子”、“小人”害也。“匪其彭无咎”，明辩皙也②；“厥孚交如”，信以发志也；“威如”之“吉”，易而无备也。③大有“上”吉，“自天佑”也。

【注释】

①火在天上，大有：大有卦上卦为离，离为火为日；下卦为乾，乾为天。古人认为火高在天，是五谷丰登之象，所以用“火在天上”解释大有卦卦义。②辩：通辨。皙：明智。③信：诚信，忠信。易：简易。

【译文】

烈火高烧在天空，必导致五谷丰登，象征，富有；君子见此，便抑恶扬善，以顺从上天的使命。

大有卦的“初九”爻，说明“与人交往而不涉及利害。”

“用大车运载财货”，说明只有装在正中之处才不会危败。

“王公按时向天子进献贡品”说明若是小人当此大任必招致灾祸。

“富有过人而不自傲，则无灾祸”，说明具有明辨时势而好自为之的才能。

“胸怀坦荡诚信交接上下”，说明欲以自己的诚信之心开启他人的忠信之志；“威严自显”的“吉祥”，说明虽然行为简单而无所戒备，却人人敬畏。

大有卦“上九”爻的吉祥，得自上天降临下的佑助。

谦　卦

地中有山，谦；君子以裒多益寡，称物平施。①

"谦谦君子"，卑以自牧也。② "鸣谦贞吉"，中心得也。"劳谦君子"，万民服也。"无不利㧑谦"，不违则也。③ "利用侵伐"，征不服也。"鸣谦"，志未得也；可"用行师"，"征邑国"也。

【注释】

①地中有山，谦：谦卦上卦为坤，坤为地；下卦为艮，艮为山。山高而地卑，山居于地，有高而谦卑之象，所以用"地中有山"解释谦卦卦义。裒聚。益：增。称：衡量。②牧：管理，引申为制约。③则：法则。

【译文】

大地上面有高山，山尊高而地卑下，山却能够谦居地上，象征"谦虚"；君子见此，便聚多而补寡，衡量万物之贫富以公平地给予。

"君子谦而又谦"，说明用谦卑来制约自己。

"谦虚美名传扬在外，占问必获吉祥"，是因为内心纯正才获得如此名声。

"君子有功而不骄傲"，万民对他都佩服。

"发挥、扩展谦虚美德，无所不利"，此举并不违反谦虚之道。

"利用征伐加以惩罚"，说明要用征伐去惩罚骄横不驯者。

"谦虚美名传扬在外"，表明此时志向还未完全实现；

能够"兴兵征战"，是说只征伐周围小国。

豫　卦

雷出地奋，豫；先王以作乐崇德，殷荐之上帝，以配祖考。①

"初六鸣豫"，志穷"凶"也。"不终日贞吉"，以中正也。"盱豫有悔"，位不当也。"由豫大有得"，志大行也。"六五贞疾"，乘刚也；"恒不死"，中未亡也。"冥豫"在"上"，何可长也！

【注释】

①雷出地奋，豫：豫卦上卦为震，震为雷；下卦为坤，坤为地。"雷出地奋"，有欢乐之象，所以以此解释豫卦卦义。殷：盛大，隆重。荐：献。配：配享，即共同接受祭祀。祖考：指祖先的神灵。

【译文】

雷声轰响而震动大地，大地感应而振动兴奋，象征"欢乐"；先王见此，便创作礼乐以赞扬功德，举行隆重的仪式祭祀上天，并请祖先的神灵共享。

"初六爻因喜欢欢乐而闻名"，是说欢乐的志向已经到头，将有凶险。

"不等一天就悟出过分欢乐的坏处"，是因为居中持正。

"媚眼向上以求宠爱的乐趣，必遭困厄"，是因为居位不当。

"众人依凭他而得欢乐，将大有所获"，说明进取之志得以通行。

"六五爻占问疾病的吉凶"，说明阴柔欺凌阳刚已经自取灭亡；"长久健康而不致死亡"，说

明持中之志未曾消亡。

“早已养成盲目纵情作乐恶习”，却贵居上位，欢乐又怎么能长久维持下去呢！

随 卦

泽中有雷，随；君子以向晦入宴息。①

“官有渝”，从正“吉”也；“出门交有功”，不失也“系小子”，弗兼与也。“系丈夫”，志舍下也。“随有获”，其义“凶”也；“有孚在道”，“明”功也。“孚于嘉吉”，位正中也。“拘系之”，上穷也。

【注释】

①泽中有雷，随：随卦上卦为兑，兑为泽；下卦为震，震为雷。雷震于泽中，泽从雷而动。为“随”之象，所以用“泽中有雷”，解释随卦卦义，晦：晚。宴：通晏，安。

【译文】

大泽之中响着雷声，雷声使泽水跟从翻动，象征“追随”；君子见此，依据太阳运行在傍晚入室安息。

“馆舍出现变化”，说明追随正道“可得吉祥”；“出门与人交往定能成功”，说明行动不会招致错失。

“一心依附柔顺的小人”，说明不能同时与多方亲和。

“一心依附刚直的丈夫”，说明志在舍弃在下的小人。

“追从他人而有所获”，从卦义看的确有凶险；“心怀诚信，合乎正道”，这是明察事理的作用。

“将诚信给予美善之人，可获吉祥”，是因为居位正中不偏。

“遭到拘禁”，是因为位居极上，随从之道已经消失。

蛊 卦

山下有风，蛊；君子以振民育德。①

“干父之蛊”，意承“考”也。②“干母之蛊”，得中道也。“干父之蛊”，终“无咎”也。“裕父之蛊”，往未得也。“干父用誉”，承以德也。③“不事王侯”，志可则也。

【注释】

①山下有风，蛊：蛊卦上卦为艮，艮为山。下卦巽，巽为风，风行山下，遇山折回而草木被摧残，有弊乱之象，所以用“山下有风”解释蛊卦卦义。②干：匡正，纠正。考：指父辈。③承以德：即“以德承”。

【译文】

山下狂风劲吹，风遇山折回而把草木摧残，象征“除弊治乱”；君子见此，便赈济百姓，育化民德。

“改正父辈的过失”，说明意在继承先辈的德业。

“改正母辈的过失”，说明应当掌握中和之道。

“改正父辈的过失”，说明最终不会有灾祸。

“姑息纵容父辈的过失”，是说有所行动不曾获得救弊治乱之道。

“改正父辈的过失而受到赞誉”，是由于以美德继承先辈的功业。

“不替王侯效命”，说明高洁的心志值得效仿。

临　卦

泽上有地，临；君子以教思无穷，容保民无疆。①

“咸临贞吉”，志行正也。“咸临吉无不利”，未顺命也。②“甘临”，位不当也；“既忧之”，“咎”不长也。“至临无咎”，位当也。“大君之宜”，行中之谓也。“敦临”之“吉”，志在内也。③

【注释】

①泽上有地，临：临卦上卦为坤，坤为地。下卦为兑，总为泽。地高泽低，有高低相临之象，所以用“泽上有地”解释临卦卦义。②未顺命：意为九二爻与六五爻相感应以临人，未必是因为顺承君命。命，指君命。③内：指家邦或国邦。

【译文】

沼泽之上有大地，地高泽低而高低相近，象征“临察”；君子见此，便花费无穷的心思教化百姓，依凭光大的德行包容、保护百姓。

“胸怀感化之心下临百姓，可获吉祥”，说明心志行为都很正直。

“胸怀感化之心下临百姓，必获吉祥而没有不顺利”，未必是因为顺承君命。

“靠着甜言蜜语下临百姓”，说明居位不当；“已经忧惧自己的过失并加以改正”，说明“灾祸”不会长久。

“亲自下临百姓”，说明居位正当。

“知道自己作为天子应当做什么”，是说必须遵循中和之道。

“敦厚宽容地下临百姓”而“可获吉祥”，是因为心志守一地想着国邦。

观　卦

风行地上，观；先王以省方观民设教。①

“初六童观”，“小人”道也。“观女贞”，亦可丑也。②“观我生进退”，未失道也。“观国之光”，尚“宾”也。“观我生”，观民也。“观其生”，志未平也。③

【注释】

①风行地上，观：观卦上卦为巽，巽为风。下卦为坤，坤为地，风行地上。万物可见，有观仰之象，

因此用“风行地上”解释观卦卦义。省方：即省察万方。②丑：不庄重。③平：灭，泯灭。

【译文】

暖风终日在大地上吹来吹去，事物日日可见可感，象征“瞻仰”；先王见此，便观察天下万方，以观察民情，施设教化。

“像幼童一样观察景物”，这是小人的浮浅之举。

“暗中偷偷地观察盛景，利于女子之卦”，可是这个闺中女子的行为毕竟有失庄重。

“观察同姓之国的国情，可以知道如何施政”，说明未曾违反治国之道。

“观察一国的风土人情”，说明该国礼尚嘉宾。

“观察同姓之国的国情”。说明平治天下的心志还没有泯灭。

噬嗑卦

电雷，噬嗑；先王以明罚来力法。①

“屦校灭趾”，不行也。“噬肤灭鼻”，乘刚也。“遇毒”，位不当也。“利艰贞吉”，未光也。“贞厉无咎”，得当也。②“何校灭耳”，聪不明也。

【注释】

①电雷，噬嗑：噬嗑卦上卦为离，离为电。下卦为震，震为雷。雷电交击，相互应合，声威可怖，有刑罚之象，所以用“电雷”解释噬嗑卦卦义。勑：通敕，正的意思。②当：正当，妥当。

【译文】

雷电交加，互相应合，象征“刑罚”；先王观此，便修明刑罚，整理法令，用刑罚治理天下。

“脚上戴上木枷，损伤了脚趾”，说明不至于再有犯罪之举。

“像撕咬柔软的皮肤一样轻易用刑，弄伤了罪犯的鼻子”，是因为阴柔欺侮了阳刚而必须严惩。

“中了毒”，说明居位不当。

“利于占问艰难之事，可获吉祥”，说明治狱之道还未发扬光大。

“占问虽然有危险之兆，可是没有祸害”，是说治狱符合正道，行为得当。

“戴上木枷伤了耳朵”，是因为怙恶不悛，因而太不聪明。

贲 卦

山下有火，贲；君子以明庶政，无敢折狱。①

“舍车而徒”，义弗乘也。“贲其须”，与上兴也。“永贞”之“吉”，终莫之陵也。②“六四”当位，疑也；“匪寇婚媾”，终无尤也。“六五”之“吉”，有喜也。“白贲无咎”，上得志也。

【注释】

①山下有火，贲：贲卦上卦为艮，艮为山；下卦为离，离为火。山下有火，山上草木因火生辉，为文饰之象，所以用“山下有火”解释贲卦卦义。②陵：通凌，凌驾。

【译文】

烈火熊熊，在山下燃烧，山上草木在火光的映照下焕发出异采，象征“文饰”；君子见此，修明各项政事，却不敢根据文饰之辞审理狱讼。

“放弃车辆徒步而行”，是因为没有可以乘车之理。

“修饰尊长在于美须”，说明要与上邻相互尊敬。

“预见长久之事”，可获“吉祥”，说明自始至终不会受人欺侮。

“六四”爻当位得正，可是心中却有疑惧；前面来者不是贼寇，而是聘求婚配的佳偶，说明终将无所怨尤。

“六五”爻的“终将获得吉祥”，说明日后必有吉庆。

“用白色装饰，定无灾祸”，说明居位最上者达到了文饰尚质的志向。

剥　卦

山附于地，剥；上以厚下安宅。[①]

“剥床以足”，以灭下也。“剥床以辨”，未有与也。“剥之无咎”，失上下也。“剥床以肤”，切近灾也。“以宫人宠”，终无尤也。“君子得舆”，民所载也；“小人剥庐”，终不可用也。[②]

【注释】

①山附于地，剥：剥卦上卦为艮，艮为山；下卦为坤，坤为地。山本来就在地上，不说山在地上，而说，“山附于地”，是由于山经过风雨长期浸蚀，终于崩倒而委附于地。用“山附于地”解释剥卦卦义，道理就在这里。②载：通戴。

【译文】

高山经过风雨浸蚀，倾倒坍塌而散落于地，象征“剥落”；尊上者见此，便加厚基础，充实房屋。

“剥蚀大床先损及床腿”，是为了损坏下部根基。

“剥蚀大床已经损及床头”，说明没有找到协作者。

“虽然处在剥蚀之中，却没有灾祸”，是因为失去了上下的帮助。

“剥蚀大床已经损及床身”，说明离灾祸已经很近了。

“指引宫中妃嫔承受君王的宠爱”，说明终究没有怨尤。“君子摘食硕果将会得到大车运载”。说明君子为百姓所拥护；“小人摘食硕果将会剥落房屋”，说明小人终究不可重用。

复　卦

雷在地中，复；先王以至日闭关，商旅不行，后不省方。[①]

“不远”之“复”，以修身也。“休复”之“吉”，以下仁也。“频复”之“厉”义“无咎”也。“中行独复”，以从道也。“敦复无悔”，中以自考也。② “迷复”之“凶”。反君道也。③

【注释】

①雷在地中，复：复卦上卦为震，震为雷。下卦为坤，坤为地。地为阴，雷在地中震动，阳气复生，有复归之象，所以用“雷在地中”解释复卦卦义。至日：冬至。关：门阙。后：君王。②考：考察。③反：违背。

【译文】

沉雷在地里震动，阳气渐渐恢复，象征“复归”；先王见此，在朝阳初兴的冬至那天关闭门阙休闲静养，客商和游子都不再出外远行，连君王也不巡视天下了。

“行而不远”就即时“复返”，目的是为了修养自身。

“高高兴兴地返回”而“必获吉祥”，说明能够下亲仁人。

“频繁地返回”而“必有危险”，可是从卦义看还不至于有什么祸患。

“居中行正，自然回返”，目的是遵循正道。

“敦厚诚信地返回，不会遭遇困危”，说明居中不偏并能反省自身。

“误入歧途又不知回返”，“必遭凶险”，是因为与君王的阳刚之道相违背。

无妄卦

天下雷行，物与，无妄；先王以茂对时育万物。①

“无妄”之“往”，得志也。“不耕获”，未富也。“行人得”牛，“邑人灾”也。“可贞无咎”，固有之也。“无妄”之“药”，不可试也。② “无妄”之“行”，穷之灾也。

【注释】

①天下雷行，物与，无妄：无妄卦上为乾，乾为天；下卦为震，震为雷。雷行天下，声传百里，无物不受雷震动，万物都应声复苏，所以用“天下雷行，物与”解释无妄卦卦义。与，应。茂：盛。对时：应合天时。对，应合。②试：用。

【译文】

雷声在天下发生，万物都受其震动，无不应声复活，象征“不妄为”；先王见此，便用天下震雷般的强大威势来应合天时，化育万物。

“不妄为却有所作为”，是说进取之志必定实现。

“不耕耘却有收获”，说明不能富实。

“路人顺手牵走”耕牛，说明“邑中人家将遭受缉捕的横祸”。

“此乃平卦，没有祸患”，说明固守不动才能免遭灾祸。

“患了想不到的疾病”，“不必要用药治疗自会痊愈”，是因为不胡乱施用。

虽“不妄为”，但“若有行动”，将由于时穷难通而遭遇灾祸。

大畜卦

天在山中，大畜；君子以多识前言往行，以畜其德。①

“有厉利已”，不犯灾也。“舆说辖”，中无尤也。“利有攸往”，上合志也。“六四元吉”，有喜也。“六五”之“吉”，有庆也。“何天之衢”，道大行也。

【注释】

①天在山中，大畜：大畜卦上卦为艮，艮为山。下卦为乾，乾为天。天为至大之物，却藏蓄在山中，有积蓄至大之象，所以用“天在山中”解释大畜卦卦义。识：记。前言往行：前代圣贤的言行。

【译文】

广阔无际的天容纳于山谷之中，象征“大有积蓄”；君子见此，便多方汲取前贤的名言，效法前代圣贤的美行，以蓄聚美好品德。

“有危险，应暂时停止前进”，是说不可冒着灾祸行事。

“车身与车轴相分离”，说明居中而不急进，不会招致过失。

“适合有所举动”，说明与“上九”爻意志相合。

“在无角的小牛头上拴一根横木”，值得高兴。

“六五”爻“可得吉祥”，值得庆祝。

“多么畅通的通天大道”，说明蓄德之道大得其行。

颐　卦

山下有雷，颐；君子以慎言语，节饮食。①

“观我朵颐”，亦不足贵也。“六二征凶”，行失类也。“十年勿用”，道大悖也。②“颠颐”之“吉”，上施光也。“居贞”之“吉”，顺以从上也。“由颐厉吉”，大有庆也。

【注释】

①山下有雷，颐：颐卦上为艮，艮为山；下卦为震，震为雷。雷在山下震动，声音遇山而止，一动一止，有口嚼食物颐养之象，所以用“山下有雷”，解释颐卦卦义。②悖：违背。

【译文】

震雷在山下响动，响声遇山而止，一动一止，似口嚼食，象征“颐养”；君子见此，慎发言语以修德，控制饮食以养身。

“观看我隆起的两腮”，说明一味求食不值得尊重。

“六二”爻“兴兵征战必有凶险”，是因为前行遇不到伙伴。

“十年之内不能施展才能”，是因为与颐养之道大相径庭。

“两腮不停地颠动”，“可获吉祥”，说明应当顺行向上依据“上九”爻阳刚。

"从两腮看尽管有危险，但仍会获得吉祥"，说明将大有吉祥。

大过卦

泽灭木，大过；君子以独立不惧，遁世无闷。①

"藉用白茅，"柔在下也。"老夫女妻"，过以相与也。"栋桡"之"凶"，不可以辅也。"栋隆"之"吉"，不桡乎下也。"枯杨生华"，何可久也？"老妇士夫"，亦可丑也！"过涉"之"凶"，不可"咎"也。

【注释】

①泽灭木，大过：大过卦上卦为兑，兑为泽；下卦为巽，巽为木。泽本是滋养木的，水涨却灭了木，实在过分，所以用"泽灭木"解释大过卦卦义。

【译文】

大泽水涨，淹没了树木，表明"大有过越"；君子见此，能够独立自守而无所畏惧，果断遁世而毫不苦闷。

"用洁净的茅草铺地以陈设祭品"，说明柔顺居下，行为敬畏。

"年迈老翁娶了个年轻娇妻"，说明行为过分但能与人亲近。

"大梁弯曲"而"定有凶险"，是因为不能再加以帮助。

"大梁隆起"而"可获吉祥"，是因为大梁不再向下弯曲。

"枯萎的杨树开放新花"，生机怎么能保持长久呢？"年迈的老妪嫁了个年轻的美丈夫"，这一行为也太不严肃。

"盲目涉水过河，大水没过了头顶"而"遇到凶险"，则是因为救弊亡身，不可视为有祸患。

坎　卦

水洊至，习坎；君子以常德行，习教事。①

"习坎入坎"，失道"凶"也。"求小得"，未出中也。"来之坎坎"，终无功也。"樽酒簋贰"，刚柔际也。"坎不盈"，中未大也。"上六"失道，"凶三岁"也。

【注释】

①水洊至，习坎：坎卦上下卦均为坎，坎为水，重坎有水流源源不断之象，所以用"水至"解释坎卦卦义。洊（jiàn），再，重。常：用作动词，使……常。习：修习，实践。教事：政教事务。

【译文】

水流不断，源源而至，象征"重重险难"；君子见此，长久地保持美德善行，反复修炼政教事务。

"面临重重艰险又落到陷穴深处"，说明违背履险之道而"必有凶险"。
"从小处谋求脱险定能得逞"，便是还未逃出险境。
"来来去去都处于险难之中"，说明最终难成履险之功。
"一杯薄酒，两筐淡食"，说明阳刚与阴柔相互交接。
"陷穴尚未满溢"，说明虽然居中但是平险功业尚未光大。
"上六"爻违反履险正道，"凶险将三年不断"。

离 卦

明两作，离；大人以继明照于四方。①

"履错"之"敬"，以辟"咎"也。②"黄离元吉"，得中道也。"日昃之离"，何可久也！"突如其来如"，无所容也。"六五"之"吉"，离王公也。"王用出征"，以正邦也；"获匪其丑"，大有功也。

【注释】

①明两作，离：离卦上下卦均为离，离为日，日生明，离又上下接连，有附丽之象，所以用"明两作"解释离卦卦义。两：接连。②辟：通避。

【译文】

光明不断升起，象征"附丽"；大德大才之人见此，便接连不断地用光辉之德照耀万方。
"处理事务谨慎庄重"而"态度恭敬"，目的是为了躲避灾祸。
"黄色依附于物，大吉大利"，是因为获得了居中不偏之道。
"太阳快要落山，垂垂悬挂在西天"，这种情状怎么能保持长久呢！
"不孝之子突然回返家中"，是因为在外面无处容身。
"六五"爻的"吉祥"，出于附着在王公之位。
"君王用兵征战"，是为了整理国邦而平治天下。"捕获的纵使不是其伙伴"，也立了大功。

象辞下传

咸 卦

山上有泽，咸；君子以虚受人。[①]

“咸其拇”，志在外也。虽“凶居吉”，顺不害也。“咸其股”，亦不处也；志在“随”人，所“执”下也。“贞吉悔亡”，未感害也。“憧憧往来”，未光大也。“咸其每”，志未也。“咸其辅颊舌”，滕口说也。[②]

【注释】

①山上有泽，咸：咸卦上卦为兑，兑为泽。下卦为艮，艮为山。山气向上，泽水向下，山泽通气，相互感应，所以用“山上有泽”解释咸卦卦义。②滕：水流滔滔向前。形容说话滔滔不绝。

【译文】

高山上面有大泽，山气向上，泽水向下，山泽相互沟通气息，象征“感应”；品德高尚的君子观此，用若谷的虚怀广纳众人。

“互相感应在脚的大拇趾”，表明感应之志在向外迸发。

虽然“有凶险，但是留在家里不出门可获吉祥”，表明顺依正道并和它感应可以免受祸害。

“互相感应在大腿”，表明不能在家静处；志向在于“执迷盲目追随他人”，表明所怀的志向是卑下的。

“可获吉祥，危难困窘将会消亡”，表明未曾因为感应不正而遭祸害；“心意不安，思绪不绝”，表明感应之道还未光大。

“互相感应在脊背”，表明感应之志并不远大。

“互相感应在口舌”，表明感应之道已经完成，双方感情和洽，因而讲起知心话来滔滔不绝。

恒 卦

雷风，恒；君子以立不易方。[①]

“浚恒”之“凶”，始求深也。“九二悔亡”，能久中也。“不恒其德”，无所容也。久非其位，安得“禽”也？“妇人贞吉”，从一而终也；“夫子”制义，从妇“凶”也。[②]“振恒”在上，大无功也。

【注释】

①雷风，恒：恒卦上卦为震，震为雷。下卦为巽，巽为风，雷风相伴，是自然界的恒常关系，所以用“雷风”解释恒卦卦义。立不易方：树立恒久不变的正确观念。方，道。②制义：决断事理。义，理。

【译文】

雷动而风行，雷风相伴是宇宙之间永恒不变的现象，象征“恒久”；有德君子观此，在思想上就会树立恒久不变的观念。

“有所追求，延续得过于恒久”的凶险，表明从开始就欲求过深。

“九二”爻“危厄消失”，是因为能恒久守中。

“不能长期保持美德”，表明他将无处容身。

恒久地处于不当之位，打猎怎么能捕得着“禽兽”呢？

“卜问妇人之事，可获吉祥”，是由于依赖一个丈夫而终身不渝；“男人”则应该能够决断事理，如果像妇人那样“从一而终”就一定会有凶险。

“振动不安，变化无常”却又高高在上，表明不会获得巨大功效。

遁　卦

天下有山，遁；君子以远小人，不恶而严。[①]

“遁尾”之“厉”，不往何灾也？“执用黄牛”，固志也。“系遁”之“厉”，有疾惫也；“畜臣妾吉”，不可大事也。“君子好遁，小人否”也。“嘉遁贞吉”，以正志也。“肥遁无不利”，无所疑也。

【注释】

①天下有山，遁：遁卦上卦为乾，乾为天；下卦为艮，艮为山。天喻君子，山比小人，天远离山，为君子远避小人，有君子遁世之象，所以用“天下有山”解释遁卦卦义。

【译文】

高天之下矗立着大山，天远离山，象征“避退”；君子观此，就会疏远小人，却并不露嫌恶之情而庄严立身。

“避退不及，落在后边”而“定有凶险”，不过，当初如不前往，又怎有什么灾祸呢？

“被黄牛皮绳捆绑”，这是巩固辅佐时事的意志。

“心中有所牵挂，迟迟不能适时退避”而“定有危险”，表明将沾染疾患，疲惫不堪；“蓄养臣仆和侍妾可获吉祥”，表明不可担负治国大事。

“君子虽然心中怀有恋情，但是已经适时退避，无德小人却做不到。”

“选择最好的时机及时退避，可获吉祥”，表明能够坚定退避的心志。

“远走高飞，完全退避，无所不利”，表明他们已经毫不犹疑，再无系恋。

大壮卦

雷在天上，大壮；君子以非礼弗履。[①]

“壮于趾”，其“孚”穷也。“九二贞吉”，以中也。“小人用壮，君子用罔”也。“藩决不羸”，尚往也。“丧羊于易”，位不当也。“不能退，不能遂”，不详也；“艰则吉”，咎不长也。

【注释】

①雷在天上，大壮：大壮卦上卦为震，震为雷；下卦乾，乾为天。雷主动，天主健，动而健，有盛壮之象，所以用“雷在天上”解释大壮卦卦义。

【译文】

雷霆响彻天际，声威风健而气势雄壮，象征“刚大盛壮”；君子看到这些，凡是非礼的事情都不会去做。

“脚趾盛壮”，表明其诚信已经枯谒。

“九二”爻“占问可获吉祥”，是因为阳刚居中。

“小人倚仗盛壮以逞刚强，君子则虽然盛壮却并不妄用。”

“藩篱开裂而羊角却被缠绕”，表明利于有所动作以求进取。

“在田边丢失羊”，是因为居位不当。

“既不能后退，也不能前进”，是由于处事不周；“经受艰苦磨难则可获吉祥”，表明灾祸不会长久。

晋 卦

明出地上，晋；君子以自昭明德。①

“晋如摧如”，独行正也；“裕无咎”，未受命也。“受兹介福”，以中正也。“众允”之，志上行也。“鼫鼠贞厉”，位不当也。“失得勿恤”，往有庆也。“维用伐邑”，道未光也。

【注释】

①明出地上，晋：晋卦上卦为离，离为日；下卦为坤，坤为地。日出于地，而升于天，有进长之象，所以用“明出地上”解释晋卦卦义。

【译文】

太阳从地面升起，一直上升到高空，象征“进长”；君子观此，就会修明自己，使自己德行更加灿烂。

“进长一开始就遇到阻碍”，表明应该独自践行正道；“宽容处之则不会有灾祸”，表明还没有领受大命。

“将要领受弘大的福泽”，是因为居中守正。

“别人都信任”他，是由于他立志向上前进。

“如身无一技之长的硕鼠，占问必有危险”，是因为居位不当。

“无须为得失而忧虑”，表明有所举动定会有福庆。

“宜于征讨邑国以建功立业”，表明进长之道，还没有完全光大。

明夷卦

明入地中，明夷；君子以莅众，用晦而明。①

“君子于行”，义“不食”也。“六二”之“吉”，顺以则也。“南狩”之志，乃大得也。“入于左腹”，获心意也。“箕子”之“贞”，“明”不可息也。“初登于天”，照四方也；“后入于地”，失则也。②

【注释】

①明入地中，明夷：明夷卦上卦为坤，坤为地；下卦为离，离为日。日入地中，光明消失，有光明伤损之象，所以用“明入地中”解释明夷卦义。莅：临。晦：隐藏。②四方：指各诸侯国。

【译文】

光明隐入大地之下而消失无踪，象征“光明伤损”；君子观此，就会来到众人之中，隐藏自己的聪明智慧从而使自己的德行显得更加光耀。

“君子急急出行，表明此举的目的在于不谋求食禄。

“六二”爻“可获吉祥”，是由于德性温顺，遵从法则。

“去南郊狩猎”的志向，将会导致大有所得。

“退居左方腹地”，是为了考察内中情状。

“像箕子被囚却佯狂自保”而“持守正贞之道”，表明内心的光明不可熄灭。

“最初登临天上”，是由于美德可以照耀四方诸国；“最后附落地下”，是由于违反了正确规则。

家人卦

风自火，家人；君子以言有物，而行有恒。①

“亲有家”，志未变也。“六二”之“吉”，顺以巽也。“家人嗃嗃”，未失也；“妇子嘻嘻，失家节也。②“富家大吉”，顺在位也。③“王假有家”，交相爱也。“威如”之“吉”，反身之谓也。

【注释】

①风自火出，家人：家人卦上卦为巽，巽为风；下卦为离，离为火。此卦内卦为火外卦为风，内火外风，有如家事由内传扬至外，所以用“风自火出”解释卦义。②失：通佚，即佚乐，佚，逸。③在位：指居尊位者。

【译文】

大风从熊熊燃烧的烈火中产生，象征“一家人”；君子观此，日常说话一定切合实情，居

家行事一定守恒不变。

“持家能够预防不测之灾”，表明志向尚未变移。

“六二”爻“可致吉祥”，是由于温顺而又谦逊。

“家人经常遭到家长严厉训斥”，表明还不敢纵情逸乐；“妇人孩子整天嬉闹调笑”，说明持家有失礼节。

“家人一起增富其家，大吉大利”，是由于能够顺从尊者。

“君王驾临其家”，说明家人之间相亲相爱和睦相处。

“心存诚信，严于治家”，“必获吉祥”，是说需要反身自省，严以律已。

睽 卦

上火下泽，睽；君子以同而异。①

“见恶人”，以辟“咎”也。“遇主于巷”，未失道也。

“见舆曳”，位不当也；“无初有终”，遇刚也。“交孚无咎”，志行也。“厥宗噬肤”，“往”有庆也。“遇雨”之“吉”，群疑亡也。

【注释】

①上火下泽，睽：睽卦上卦为离，离为火，下卦为兑，兑为泽，火生炎上，泽性即水性润下，上下相对立，有违逆隔膜之象，所以用“上火下泽”解释睽卦卦义。

【译文】

上面是火而下面为泽，火炎上而泽润下，表征“违逆隔膜”；君子观此，行事就能求同存异。

“恭谨地对待与自己对立的恶人”，是为了避免“灾祸”。

“在小巷中不期而遇碰见了主人”，表明还不曾违背正道。

“看到大车拖拖拉拉艰难前进”，表明居位不当；“当初历尽艰辛，最终将会有美好结局”，表明最终一定将与阳刚会合。

“胸怀诚信之心与善人交往不会遭逢灾祸”，表明志向正在实行。

“他与宗族之人一起吃肉”，表明有所举动必致喜庆。

“遇到大雨”，“可获吉祥”，表明各种疑虑都已消除。

蹇 卦

山上有水，蹇；君子以反身修德。①

“往蹇来誉”，宜待也。“王臣蹇蹇”，终无尤也。“往蹇来反”内喜之也。“往蹇来连”，当位实也。“大蹇朋来”，“往蹇来硕”，志在内也。“利见大人”，以从贵也。

【注释】

①山上有水，蹇：蹇卦上卦为坎，坎为水，下为卦为艮，艮为山，山险峻，水阻难，有山而且山上有

水，为艰难之象，所以用“山上有水”，解释蹇卦卦义。

【译文】

高山上积存有大水，路险峻难行，象征“行事艰难”；君子观此，遇到困难便反省自身，努力修养自身的品德。

“有所举动，尽管行事艰难但是归来却必获美誉”，适宜行动。

“君王的臣子历尽艰险奔走赴难”，表明最终不会导致过失。

“外出遭遇艰难，及早返回家园”，是因为内心阴柔者都欢迎他回来。

“外出时遭遇艰难，返回时艰难之事又连续不断”，表明正处于本实之位，艰难并非没有缘由。

“行事非常艰难，朋友纷纷前来相助”，是由于他具有中正的气节。

“外出遭逢艰难，回来可建大功”，表明志在聚合内部共同赴难，“利于大德大才之人出世”，是由于附从尊贵的君王。

解 卦

雷雨作，解；君子以赦过宥罪。[①]

刚柔之际，义“无咎”也。“九二贞吉”，得中道也。“负且乘”，亦可丑也，自我致戎，又谁咎也？“解而拇”未当位也。“君子有解”，“小人”退也。“公用射隼”，以解悖也。[②]

【注释】

①雷雨作，解：解卦上卦为震，震为雷，下卦为坎，坎为雨，雷雨兴起，草木复苏，有舒解之象，所以用“雷雨作”，解释解卦卦义。悖：违逆，引申为叛乱。

【译文】

春雷激荡，喜雨普降，草木复苏，嫩芽萌发，象征“舒解”；君子观此，便会赦免过错，饶恕罪恶。

阳刚与阴柔相互交接和合，依理而论自然不会有灾祸。

“九二”爻“占问可获吉祥”，是因为居中不偏之道使之有所获益。

“身负重物而乘车出行”，是表明其行为有失庄重；由于自身失德而招来兵戈之难，这又是谁的过失呢？

“像松开被绑的拇指一般摆脱小人的纠缠”，表明居位还不够正当。

“君子被缚又得以解脱”，“小人”一定会畏缩不前。

“王公用利箭射大隼”，表明已经平定了叛乱。

损 卦

山下有泽，损；君子以惩忿窒欲。[①]

“已事遄往”，尚合志也。“九二利贞”，中以为志也。“一人行”，“三”则疑也。“损其疾，”亦可“喜”也。“六五元吉”，自上佑也。“弗损益之”，大得志也。

【注释】

①山下有泽，损：损卦上卦为艮，艮为山。下卦为兑，兑为泽。泽低山高，有泽自损以崇山之象，因此用“山下有泽”解释损卦卦义。惩：止。窒：塞。

【译文】

高山之下有深泽，两者相对比。就好像深泽自损而增加山的崇高，象征“减损”；君子观此，便平抑忿怒，堵塞邪念，用以自损不善，修美品德。

“停止自己的事情，赶快去帮助别人”，表明与尊上志趣相合。

“九二爻利于占问”，是因为把持守中道当作自己的志向。

“一人独行能够专心求合”，“三人同行”，就会相互猜忌而不能齐心协力。

“减轻疾患”，才会获得可“喜的结果”。

“六五”爻的“大吉大利”，是来自于上天的福佑。

“不要减损，而要增益”，这将会大得人心。

益 卦

风雷，益；君子以见善则迁，有过则改。①

“元吉无咎”，下不厚事也。“或益之”，自外来也。“益用凶事”，固有之也。“告公从”，以益志也。“有孚惠心”，“勿问”之矣；“惠我德”，大得志也。“莫益之”，偏辞也；“或击之”，自外来也。

【注释】

①风雷，益：益卦上卦为巽，巽为风。下卦为震，震为雷。风烈雷疾，雷猛风怒，有相互增益之象，因此用“风雷”解释益卦卦义。

【译文】

风雷相交，互相济助，象征“增益”；君子观此，看见善行就倾心追求，有了过失就立即改正。

“大吉大利就没有灾祸”，表明原来就不能胜任大事。

“有人进献”，表明所受的好处是从外部不请自来的。

“把增益用以救助凶险之事”，这是固有的品格。

“得到王公的信任”，表明以增益天下志去亲近王公。

“胸怀诚信仁爱之心”，不用占问就明白至为吉祥；“天下人一定将以仁爱之心回报我的仁爱之德”，这样就能够大展抱负了。

“没有人能够增益于他”，这是一面之辞；“有人攻击他”，这是从外面不招自来的灾祸。

夬卦

泽上于天，夬；君子以施禄及下，居德则忌。①

“不胜”而“往”，“咎”也。“有戎勿恤”，得中道也。“君子夬夬”，终“无咎”也。“其行次且”，位不当也；“闻言不信”，聪不明也。“中行无咎”，中未光也。“无号”之“凶”，终不可长也。

【注释】

①泽上于天，夬：夬上卦为兑，兑为泽。下卦为乾，乾为天。泽水上于天，水溢溃决将倾泻而下导致洪水滔天，所以用“泽上于天”解释夬卦卦义。

【译文】

大泽水满溢并且巨浪滔天，象征“决断”；君子观此，就会施降福禄给下民，如果居积德惠却不施行，则必遭下民憎恶。

“不能取胜”而“贸然前往”，是招致灾祸之道。

“出现战事也不必忧虑”，表明将会得助于居中慎行之道。

“君子毅然前行”，是因为最终没有灾祸。

“行路艰难前进”，是由于居位不当；“听了这话不能信从”，表明无法辨明真相。

“居中行正一定没有灾祸”，表明此时中正之道还没有光大。

“不要大声号叫”，“凶险终究难以逃避”，表明高居上位终究不会长久。

姤卦

天下有风，姤；后以施命诰四方。①

“系于金柅”，柔道牵也。“包有鱼”，义不及“宾”也，“其行次且”，行未牵也。“无鱼”之“凶”，远民也。“九五含章”，中正也；“有陨自天”，志不舍命也。“姤其角”，上穷“吝”也。

【注释】

①天下有风，姤：姤卦上卦为乾，乾为天。下卦为巽，巽为风。风行天下，众物皆遇，有相遇之象，所以用“天下有风”解释后卦卦义。后：君王。

【译文】

和风在高天之下吹来拂去，无论什么东西都能遇到，象征“相遇”；君王观此，就会发布诏命，诰谕四方。

“紧紧缚在铜车闸上”，表明一定要持守柔顺之道来接受阳刚牵制。

“厨房有鱼”，从卦意上看不宜用来款待“宾客”。

“行走趑趄难进”，表明还没有牵制外物。

“厨房无鱼”，“定然惹出凶险之事”，表明已经远离下民从而失去了民心。”

“九五”爻“蕴藏彰美之德”，表示居中守正；“必有喜庆从天而降”，是由于心志没有违抗天命。

“走入空荡的角落”，表明居位极高道穷之位从而导致行事艰难。

萃 卦

泽上于地，萃；君子以除戎器，戒不虞。①

“乃乱乃萃”，其志乱也。“引吉无咎”，中未变也。“往无咎”，上巽也。“大吉无咎”，位不当也。“萃有位”，志未光也。“赍咨涕洟”，未安上也。

【注释】

①泽上于地，萃：萃卦上卦为兑，兑为泽。下卦为坤，坤为地。泽水满盈高出地面，随时都有决溃之险，只得筑坝聚水，有会聚之象，所以用“泽上于地”解释萃卦卦义。除：修理。

【译文】

大泽高出地面，因此必须筑坝聚水，象征“会聚”；君子观此，便会修整兵器，以预防不测之灾。

“行动忙乱而和他人亡聚”，表明心志已经惑乱。

“迎来吉祥，定无灾祸”，表明居中行正的志向未曾改移。

“有所行动没有灾祸”，是由于能够向上顺应强者。

“大吉大利，没有灾祸”，正表明居位尚不妥恰。

“会聚而适得到其位”，表明志向还不够光大。

“咨嗟哀叹而且痛哭流涕”，表明尚不能够安居极上之位。

升 卦

地中生木，升；君子以顺德，积小以高大。①

“允升大吉”，上合志也。“九二”之“孚”，有喜也。“升虚邑”，无所疑也。“王用亨于岐山”，顺事也。“贞吉升阶”，大得志也。“冥升”在上，消不富也。

【注释】

①地中生木，升：升卦上卦为坤，坤为地。下卦为巽，巽为木。“地中生木”，是萌芽上长之象，所以用来解释升卦卦义。

【译文】

大地之日生出树木，象征“上升”；君子观此，就会顺行美德，积累小善以成就弘大的功德。

“不断长进上升，大吉大利”，表明上升合乎上卦柔顺者的心意。

“九二”爻的诚信美德，一定会带来喜庆。

“上升顺利，一直升到空虚城邦”，表明心里没有疑虑。

“君王来到岐山祭奉神灵”，是为了顺从尊上以创立功业。

“可获吉祥，顺着台阶步步上升”，表明上升的志向已经全部实现。

“夜晚还要继续上升”，进入极位，表明必将转入衰弱而不能保持长久富盛。

困　卦

泽无水，困；君子以致命遂志。①

“入于幽谷”，幽不明也。“困于酒食”，中有庆也。“据于蒺藜”，乘刚也；“入于其宫，不见其妻”，不祥也。“来徐徐”，志在下也；虽不当位，有与也。②“劓刖”，志未得也；“乃徐有说”，以中直也；“利用祭祀”，受福也。“困于葛藟”，未当也；“动悔又悔”，“吉”行也。③

【注释】

①泽无水，困：困卦上卦为兑，兑为泽。下卦为坎，坎为水。水在泽下，泽中无水，自然干涸困穷，所以卦名为困。②有与：有外物赞助。③“吉”行：行则“吉”。

【译文】

泽水下渗，泽中已经无水，象征“困穷”；君子观此，就会竭尽全力企求实现自己的崇高志向。

“退居幽暗的山谷”，表明已经无处容身，只能暂居幽暗不明之地。

“喝醉了酒”，表明持守中道就会有喜庆。

“困坐蒺藜之上”，是因为阴柔乘凌阳刚；“退到自己的家里，却看不到婚配之日”，这很不吉祥。

“缓缓而来”，表明理想在于求下；虽然居位不当，但是只要谨慎行事志向定能实现。

“实行割鼻断脚之刑治理众人”，表明志向不能实现；“于是就慢慢脱下红色祭服”，这是因为持守刚中正直之道所致；“宜于举行祭祀”，因为如果这样就能承受神灵降下的福泽。

“为葛藤所缠绕”，表明虽居处高位尚未稳当；“有所行动便感后悔就应当赶快醒悟”，表明前行可致吉祥。

井　卦

木上有水，井；君子以劳民劝相。①

“井泥不食”，下也；“旧井无禽”，时舍也。“井谷射鲋”，无与也。“井渫不食”，行“恻”也；求“王明”，“受福”也。“井甃无咎”，修井也。“寒泉”之“食”，中正

也。“元吉”在“上”，大成也。

【注释】

①木上有水，井：井卦上卦为坎，坎为水。下卦为巽，巽为木。“木上有水”，可以滋养自身，有井水养人之象，所以用来解释井卦卦义。劳民：为民而劳。劝：勉。相：相互。

【译文】

树木上面有水渗出，象征“水井”；君子观此，就会尽心尽力为百姓操劳，并劝勉众人相互帮助。

“井底污泥淤积，井水已经不能食用，表明德行卑污；“井枯树死，飞鸟再不来栖息”，表明暂时被外物抛弃。

“枯井井底小鱼来往窜游”，表明无物与之相应相亲。

“枯井已经淘净仍然没有人取水食用”，表明此举不被理解，“使人心中凄凉悲伤”；期望“君王圣明”，是为了和他共享福泽。

“水井正在整修，一定没有灾祸”，表明此时井水只能淘洗而不能食用。

“洁净的寒泉之水”，“可供饮用”，表明已经具备中正美德。

“高居上位”而且“大吉大利”，表明治井功绩已告成功。

革 卦

泽中有火，革；君子以治历明时。①

“巩用黄牛”，不可以有为也。“已日革之”，行有嘉也。“革言三就”，又何之矣！“改命”之“吉”，信志也。②“大人虎变”，其文炳也。“君子豹变”，其文蔚也；“小人革面”，顺以从君也。

【注释】

①泽中有火，革：革卦上卦为兑，兑为泽。下卦为离，离为火。泽与火相克，有变革之象，所以用“泽中有火”解释革卦卦义。历：历法。②信：通伸，施展。

【译文】

大泽之中有烈火，水火不相容一定会引起变化，象征“变革”；君子观此，便拟定历法以明辨四季的更替变化。

“以黄牛皮绳牢固拴住，以免轻举妄动”，表明不能轻率地实行改革。

“到了已日断然实行变革”，表明如果努力实行变革必获卓越功效。

“变革一定要慎重行事，需要经过多次计议才能采取行动”，表明实行变革不能过于激进。

“毅然实行变革必获吉祥”，表明他正在施展变革之志。

“大德大才之人在变革之时气势像老虎那样威猛”，表明其美德文采斐然。

“君子于变革之时行动像豹子那般迅捷”，表明其美德文采蔚然；“小人也改易了以往的面目”，这是为了顺应君王的变革弘愿。

鼎 卦

木上有火，鼎；君子以正位凝命。[①]

“鼎颠趾”，未悖也；“利出否”，以从贵也。“鼎有实”，慎所之也；“我仇有疾”，终无尤也。[②]“鼎耳革”，失其义也。[③]“覆公悚”，信如何也！[④]“鼎黄耳”，中以为实也。“玉铉”在“上”，刚柔节也。

【注释】

①木上有火，鼎：鼎卦上卦为离，离为火。下卦为巽，巽为木。“木上有火”，为烹煮食物之象，正合鼎卦卦义。凝：严守。②之：去，往。③义：宜。④信如何：信如之何。

【译文】

木柴燃烧，火焰熊熊，象征“鼎器”在烹煮食物；君子观此，就会端正自己的居位，严守使命，恭谨履行职责。

“大鼎翻倒，其足向上”，这样不一定违背情理；“宜于倒掉无用之物”，表明应当向上跟从尊者。

“鼎中盛满食物”，表明应该谨慎行动；“我的妻子患有疾病”，表明最终没有过失。

“大鼎丢失了鼎耳”，表明失去了它应该有的东西。

“王公的美食倾倒出来”，表明他们不值得信任！

“大鼎配备上黄色鼎耳”，表明居中可以获得实在的好处。

“玉制的吊环”高居在“上”，表明阳刚能以阴柔来加以调节。

震 卦

洊雷，震；君子以恐惧修省。[①]

“震来虩虩”，恐致福也；“笑言哑哑”，“后”有则也。“震来厉”，乘刚也。“震苏苏”，位不当也。“震遂泥”，未光也。“震往来厉”，危行也；其事在中，大“无丧”也。“震索索”，中未得也；虽“凶”“无咎”，畏邻戒也。

【注释】

①洊雷，震：震卦上下卦均为震，震为雷。再，重。两震相重，则一雷未消一雷又起，雷声应和雷声而有震动不止之象，所以用“雷”解释震卦卦义。

【译文】

雷声轰鸣，接连而起，惊天动地，象征“震动”；君子观此，便会惶恐警惧，自我戒惕，修身省过，增加美德。

“雷霆急响震得万物惊恐惶惧”，表明敬惧戒惕可以得到福泽；“随后又谈笑风生”，表明惊

恐惶惧过后人的行为便会遵循法则。

“雷霆剧响起，必有危险”，是由于阴柔凌驾于阳刚之上。

“雷霆震动，惊惶不安”，是因为居位不当。

“雷霆震动，惊慌失措而落入泥沼之中”，表明阳刚之德还没有光大。

“雷霆震动，上下往来都有危险”，表明应该提防危险，谨慎前行；只要做事能够持守中道，便“没有重大损害”。

“雷霆震动，瑟索发抖”，表明未能居位适中；尽管“必有凶险”，但是“没有灾祸”，是因为近邻所受的震动使之感到恐惧而预先有所防备。

艮 卦

兼山，艮；君子以思不出其位。①

“艮其趾”，未失正也。“不拯其随”，未退听也。“艮其限”，危“熏心”也。“艮其身”，止诸躬也。②“艮其辅”，以中正也。“敦艮”之“吉”，以厚终也。

【注释】

①兼山，艮：艮卦上下卦皆为艮，艮为山。兼山，两山相重。一山即能阻止，两山更能阻止，所以用“兼山”解释艮卦卦义。出：超越。位：本分。②躬：自身。

【译文】

两座大山相重，阻隔万物前行，象征“抑止”；君子观此，便抑制内心邪欲恶念，自己的所思所虑均不超越本分。

“抑止脚趾而使之难于起步”，表明还未违背正道。

“没法举步追赶应当追随的人”，表明既不能前行又不能退回原地遵从抑止之命。

“抑制腰跨的运动”，表明危险“像烈火烧烤，使人心忧如焚”。

“抑止上身使其不能乱动”，表明能够自我压制。

“抑止面颊使其不得胡言”，表明可以居中守正。

“用敦厚的美德压抑邪欲恶念”，“必获吉祥”，表明能使宽厚的美德保持始终。

渐 卦

山上有木，渐：君子以居贤德善俗。①

“小子”之“厉”，义“无咎”也。“饮食衎衎”，不素饱也。“夫征不复”，离群丑也；“妇孕不育”，失其道也；“利用御寇”，顺相保也。②“或得其桷”，顺以巽也。“终莫之胜吉”，得所愿也。“其羽可用为仪吉”，不可乱也。

【注释】

①山上有木，渐；渐卦上卦为巽，巽为木。下卦为艮，艮为山。“山上有木”，日渐高大，有渐进之

象，所以用“山上有木”解释渐卦卦义。②群丑：同类。丑，类。

【译文】

山上有树木，逐年不断生长，日渐高大，象征“渐进”；君子观此，便逐渐增加贤德，改善习俗。

“幼童将遇到危险”，从卦义上看“不会有什么灾祸”。

“安享饮食和悦欢快”，表明不是只享受俸禄不竭尽臣职。

“丈夫随军出征一去不再回返”，表明没有同类；“妻子失贞身怀有孕却耻于生子”，表明有失妇道；“利防卫贼寇”，表明应该使夫妇关系和顺相谐。

“有的落到大树上面”，表明温驯而又谦和。

“外物最后不能获胜”但“可获吉祥”，表明实现了自己的心愿。

“羽毛非常美丽，可以用作仪饰”，表明洁美的志趣不会惑乱。

归妹卦

泽上有雷，归妹；君子以永终知敝。①

“归妹以娣”，以恒也；“跛能履吉”，相承也。“利幽人之贞”，未变常也。“归妹以须”，未当也。“愆期”之志，有待而行也。“帝乙归妹”，“不如其娣之袂良”也，其位在中，以贵行也。“上六无实”，“承”虚“筐”也。

【注释】

①泽上有雷，归妹：归妹卦上卦为震，震为雷。下卦为兑，兑为泽。震卦为阳卦，兑卦为阴卦，上震下兑，阳动于阴上，阴悦而从之之象，此象犹为女嫁于男，正合归妹卦卦义。

【译文】

大泽之上响着震雷，泽水和着雷声欣然而动，象征“嫁出少女”；君子观此，就会永远谨守夫妇之道并且预先察知其中的弊病。

“少女出嫁，妹妹从嫁作偏房”，这是婚嫁的惯常之道；“跛足者奋力前行，可获吉祥”，这是为了顺从丈夫而与之相亲相爱。

“利于安恬隐居之人占问”，表明并未变更严守贞操的恒常之道。

“少女出嫁，姐姐从嫁作偏房”，表明行为不恰当。

“少女出嫁多次拖延”的心思，在于待机而动。

“帝乙嫁女”，“服装反而不如随从出嫁妹妹的服装华贵”，表明位尊而守中，以尊贵的身份履行廉卑之道。

“上六阴柔内虚无实”，就像“手捧”空空的“衮筐”。

丰　卦

雷电皆至，丰；君子以折狱致刑。①

"虽旬无咎"，过旬灾也。"有孚发若"，信以发志也。"丰其沛"，不可大事也；"折其右肱"，终不可用也。"丰其蔀"，位不当也；"日中见斗"，幽不明也；"遇其夷主"，"吉"行也。"六五"之"吉"，"有庆"也。"丰其屋"，天际翔也；"窥其户阒其无人"，自藏也。

【注释】

①雷电皆至，丰：丰卦上卦为震，震为雷；下卦为离，离为电（火）。既有雷又有电，"雷电皆至"，威与明具备，足见其"丰"，正合丰卦卦义。

【译文】

轰隆的雷声和闪烁的电光一齐大作，声威和光明俱备，象征"丰厚盛大"；君子观此，仿效雷之威严和电之明察审断狱讼，运用刑罚。

"尽管双方彼此相当却没有灾祸"，表明假若双方势力不均等则必有灾祸。

"必怀诚信能够消除猜忌"，表明应该通过诚信之德施展自己的抱负。

"丰厚遮掩光明的幔帐"，表明不能承当重任；"折断右臂"，表明最终不能施展才干。

"丰厚遮掩光明的幔帐"，表明居位不正；"中午出现满天星斗"，表明此时幽暗而不见亮光；"碰上自己的同类"，表明"可获吉祥"而宜于前进。

"六五"爻的"吉祥"，表明一定会有"喜庆"。

"丰厚房屋"表明位最高就像在天际飞翔；"对着窗户往室内窥视，里面空无一人"，表明主人已经躲藏起来了。

旅　卦

山上有火，旅；君子以明慎用刑，而不留狱。①

"旅琐琐"，志穷"灾"也。"得童仆贞"，终无尤也。"旅焚其次"，亦以伤矣；以旅与下，其义"丧"也。"旅于处"，未得位也；"得其资斧"，"心"未"快"也。"终以誉命"，上逮也。②以"旅"在"上"，其义"焚"也；"丧牛于易"，终莫之闻也。

【注释】

①山上有火，旅：旅卦上卦为离，离为火。下卦为艮，艮为山。火在山上，其势不长，有外出旅行不会久长之象，因此以"山上有火"解释旅卦卦义。②上逮：逮上，即达到尊位。逮，及，到。

【译文】

山上燃烧着烈火，火势必不会久长，象征"行旅"；君子观此，明智而审慎地运用刑罚，绝不会让诉讼者久拘狱中。

"出外旅行，出门就猥猥琐琐，举止多变"，表明意志薄弱，将会自招灾祸。

"得到童仆的尽心侍奉"，表明最终将无所怨尤。

"客店失了大火"，表明旅人也遇到了伤害；把童仆也看作无家可归的"旅人"，那么童仆也是合于情理的。

"旅行遭遇阻碍"，表明未得恰当之位；虽然后来"幸得钱财之助，利斧之防"，但是"内心仍然不痛快"。

"最终还是获取美誉并领受封爵之命"，表明上升到了尊贵的地位。

作为"旅人"却高居上位，据理而论定会招致"焚巢"之灾；"在田边丢掉了耕牛"，表明最后再也无人搭理他了。

巽 卦

随风，巽；君子以申命行事。①

"进退"，志疑也；"利武人之贞"，志治也。"纷若"之"吉"，得中也。"频巽"之"吝"，志穷也。"田获三品"，有功也。"九五"之"吉"，位正中也。"巽在床下"，上穷也；"丧其资斧"，正乎"凶"也。

【注释】

①随风，巽：随，接连相跟。巽卦上下卦皆为巽，巽为风。上下都是风，风风相跟，顺而又顺，正切合巽卦顺从之义。

【译文】

和风吹着和风前后接连相随，象征"顺从"；君子观此，一定会先申谕政令，然后处理政事。

"进进退退，犹豫不前"，表明心意犹疑，茫然无措；"利于勇敢之人占问"，是为了用他整治犹疑的心志。

"勤苦忙碌"的"吉祥"，得自于居中守正。

"一而再，再而三地顺应他人"，"行事定然艰难"，这是由于意志太不坚定。

"打猎时捕获三种禽兽"，表明有功将受到嘉奖。

"九五"爻的"吉祥"来源于居位端正，行为持中。

"顺从过分而屈居床下"，表明位居极上走入末路；"失掉了钱财之助和利斧之防"，表明应该以持守正道来预防凶险。

兑 卦

丽泽，兑；君子以朋友讲习。①

"和兑"之"吉"，行未疑也。"孚兑"之"吉"，信志也。"来兑"之"凶"，位不当也。"九四"之"喜"，有庆也。"孚于剥"，位正当也！"上六引兑"，未光也。

【注释】

①丽泽，兑：丽泽，即"连泽"。丽，连。兑卦上下卦皆兑，兑为泽。泽性润，"丽泽"，泽与泽相连，

相互浸润，有互益欣悦之象，所以用“丽泽”解释兑卦卦义。

【译文】

两泽相连，互相浸润，象征“欣悦”；君子观此，就会与良朋益友研求道理，修习学业。

“和颜悦色待人接物”之“吉祥”，表明行为端正不会遭人疑忌。

“心怀诚信，面有喜色”的“吉祥”，来自于心志诚实。

“前来献媚以求欣悦”的“凶险”，表明居位不正。

“九四”爻“可致喜庆”，是由于有值得庆贺之迹象。

“施诚取信于损害正道者”，可是它自己却居位正当啊！

“引诱他人与自己一起欢悦”，表明健康的欢悦之道并未光大。

涣 卦

风行水上，涣；先王以享于帝，立庙。①

“初六”之“吉”，顺也。“涣奔其机”，得愿也。“涣其躬”，志在外也。“涣苦其群元吉”，光也。“王居无咎”，正位也。“涣其血”，远害也。

【注释】

①风行水上，涣：涣卦上卦为巽，巽为风。下卦为坎，坎为水。水凝而为冰，风吹冰而融化，所以“风行水上”正合涣卦卦义。

【译文】

微风在水面吹拂，象征“涣散”；先王观此，就会通过祭祀上天来建筑宗庙，归系民心。

“初六”爻的“吉祥”，来自于顺承高邻贤舍。

“大水流散，赶忙奔向几案，以祭告神灵来乞求帮助”，表明心愿已经实现。

“大水冲及自身”，表明心意在于向外谋求发展。

“大水冲开了众人，大吉大利”，表明德行正大光明。

“疏散君王聚敛的财富以救助天下万民，必无灾祸”，表明居于尊位行为端正。

“消除忧虑”，是为了躲避祸害。

节 卦

泽上有水，节；君子以制数度，议德行。①

“不出户庭”，知通塞也。“不出门庭凶”，失时极也。②“不节”之“嗟”，又谁“咎”也！“安节”之“亨”，承上道也。“甘节”之“吉”，居位中也。“苦节贞凶”，其道穷也。

【注释】

①泽上有水，节：节卦上卦为坎，坎为水。下卦为兑，兑为泽。这是用上下卦卦象解释全卦卦义。数

度：礼数法度。②极：中。

【译文】

大泽之上又出现大水，象征“节俭”；君子观此，就会制定礼数法度作为行事准则，审评道德行为使得任用得当。

“脚不踏出内院”，表明深知道路畅通则可出行、阻塞则须停止的道理。

“足不出前院，定有凶险”，表明已经丧失了适中的时机。

“度日不知节俭”而“造成嗟叹伤怀”，这又是谁造成的“祸患”呢！

“安守于节俭”而且“亨通顺利”，表明可以顺承尊上之道。

“节俭为乐事可获吉祥”，是因为居位中正。

“以节俭为苦事而不去节俭，必有凶险”，表明节俭之道已经穷困不通。

中孚卦

泽上有风，中孚；君子以议狱缓死。①

“初九虞吉”，志未变也。“其子和之”，中心愿也。“或鼓或罢”，位不当也。“马匹亡”，绝类上也。②“有孚挛如”，位正当也。“翰音登于天”，何可长也！

【注释】

①泽上有风，中孚：中孚卦上卦为巽，巽为风。下卦为兑，兑为泽。风拂泽上，吹遍各处，犹如诚信施于天下，处处都能得其泽惠，所以用“泽上有风”解释中孚卦卦义。②绝类上：绝类而上。绝，离开，脱离。类，同类。

【译文】

大泽之上吹送着和风，象征“内心诚实”；君子观此，就会以诚信之德审断案件，宽缓死罪。

“初九”爻“安守诚信之德可获吉祥”，表明不欲他求的心志未曾改变。

“小鹤应声随和”，这是发自内心的愿望。

“有时击鼓奋进，有时疲惫不前”，表明居位不正。

“走失一匹好马”，表明要离开同类而接近尊者。

“胸怀诚信并惦念他人”，表明居位正当。

“鸡鸣之声响彻天空”，这种虚声鸣叫怎么会保持长久呢！

小过卦

山上有雷，小过；君子以行过乎恭，丧过乎哀，用过乎俭。①

“飞鸟以凶”，不可如何也。“不及其君臣”，不可过也。“从或戕之”，“凶”如何也！“弗过遇之”，位不当也；“往厉必戒”，终不可长也。“密云不雨”，已上也。“弗遇

过之”，已亢也。

【注释】

①山上有雷，小过：小过卦上卦为震，震为雷。下卦为艮，艮为山。雷震于山，虽然超出地面但是还没达于天宇，其声只是稍稍超过正常，所以称“小过”。

【译文】

高山顶上有震雷在轰响，象征“稍有过越”；君子观此，就会使自己行为稍过于恭敬，居丧稍过于悲哀，花销稍过于节俭。

“飞鸟带来危险兆头”，这是自惹灾祸，谁也奈何不得。

“不到君王那里”，表明臣下不可逾越尊上。

“被人杀害的危险”，表明凶险如此严重！

“不要过分求进而强与他人遇合”，表明居位不当；“有所举动就会有危险，必须加以警惕”，表明不会长时间无灾。

“浓云密布却不下雨”，表明已经高居尊位。

“不过分求进勉强与他人遇合”，是由于已经上升到了极点。

既济卦

水在火上，既济；君子以思患而豫防之。①

“曳其轮”，义“无咎”也。“七日得”，以中道也。“三年克之”，惫也。“终日戒”，有所疑也。“东邻杀牛”，“不如西邻”之时也；“实受其福”，吉大来也。“濡其首”，何可久也！

【注释】

①水在火上，既济：既济卦上卦为坎，坎为水。下卦为离，离为火。“水在火上”，是煮食之象。食成养人，性命得济，为既济之象，所以此卦称“既济”。豫：预。

【译文】

水在火上煮，煮食成而养人，人的生命因此可以得到济助，象征“事业已成”；君子观此，在事功告成之后考虑可能出现的祸患，并采取措施加以预防。

“牵引着车轮前进”，从卦义上看本来就无灾祸。

“七日以内自会失而复得”，是因为持守中道。

“经历三年才打败了它”，表明已经到了疲累不堪的地步。

“终日戒惕以防灾祸”，表明内心已经有所疑惧。

“东面邻国杀牛举行盛大祭祀”，“不如西边邻国只举行比较简单的祭祀”，是说西方邻国祭祀非常适当；“实享天福”，表明吉祥将要接踵连续而至。

“水沾湿了头颅”，表明事功告成如不审慎行事，就不能长久守成！

未济卦

火在水上，未济；君子以慎辨物居方。①

“濡其尾”，亦不知极也。“九二贞吉”，中以行正也。“未济征凶”，位不当也。“贞吉悔亡”，志行也。“君子之光”，其晖“吉”也。“饮酒濡首”，亦不知节也。

【注释】

①火在水上，未济：未济卦上卦为离，离为火。下卦为坎，坎为水。“火在水上”，不能煮食，因而不能济物养人，为“未济”之象。

【译文】

火在水上，不能煮食，不能济物养人，象征“事功未成”；君子观此，就会审慎地分辨万物，使之各居恰当的位置，来成就万事。

“水沾湿了尾巴”，表明太不懂得慎守中道。

“九二”爻“占问可获吉祥”，表明应该持中行正。

“事业未成，急于求进，定有凶险”，表明居位不当。

“占问可获吉祥，危厄将会消亡”，表明正在实行求济之志。

“君子的光辉”，显示光耀焕发蕴藏着吉祥。

“让酒沾湿了脑袋”，如此也太不懂得节制自己了！